巨大企業と地域社会

富士紡績会社と静岡県小山町

筒井正夫

日本経済評論社

巨大企業と地域社会

富士紡績会社と静岡県小山町

目次

小山町(富士紡)位置図
東京
東京湾
山中湖
富士山
小山(富士紡)
須川
御殿場
鮎沢川
東海道線
横浜
箱根山
芦ノ湖
国府津
相模湾
至静岡
沼津
駿河湾
伊豆半島

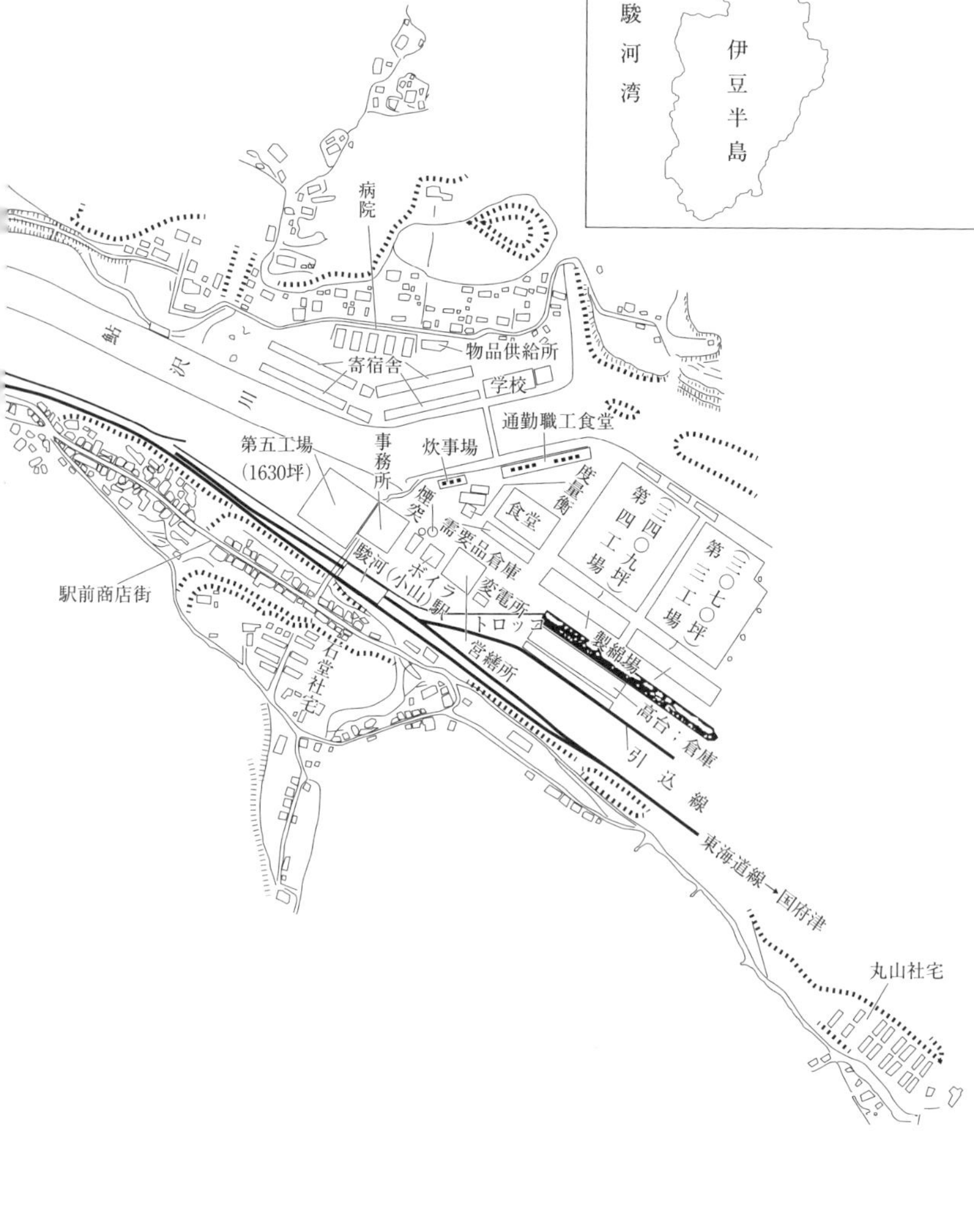
病院
鮎沢川
物品供給所
寄宿舎
学校
通勤職工食堂
第五工場(1630坪)
事務所
炊事場
度量衡
煙突
食堂
需要品倉庫
第四工場(三四〇九坪)
第三工場(三〇七〇坪)
駿河(小山)駅
ボイラ
変電所
トロッコ
駅前商店街
石堂社宅
営繕所
製綿場
高台・倉庫
引込線
東海道線→国府津
丸山社宅

静岡県小山町・富士紡績工場配置図

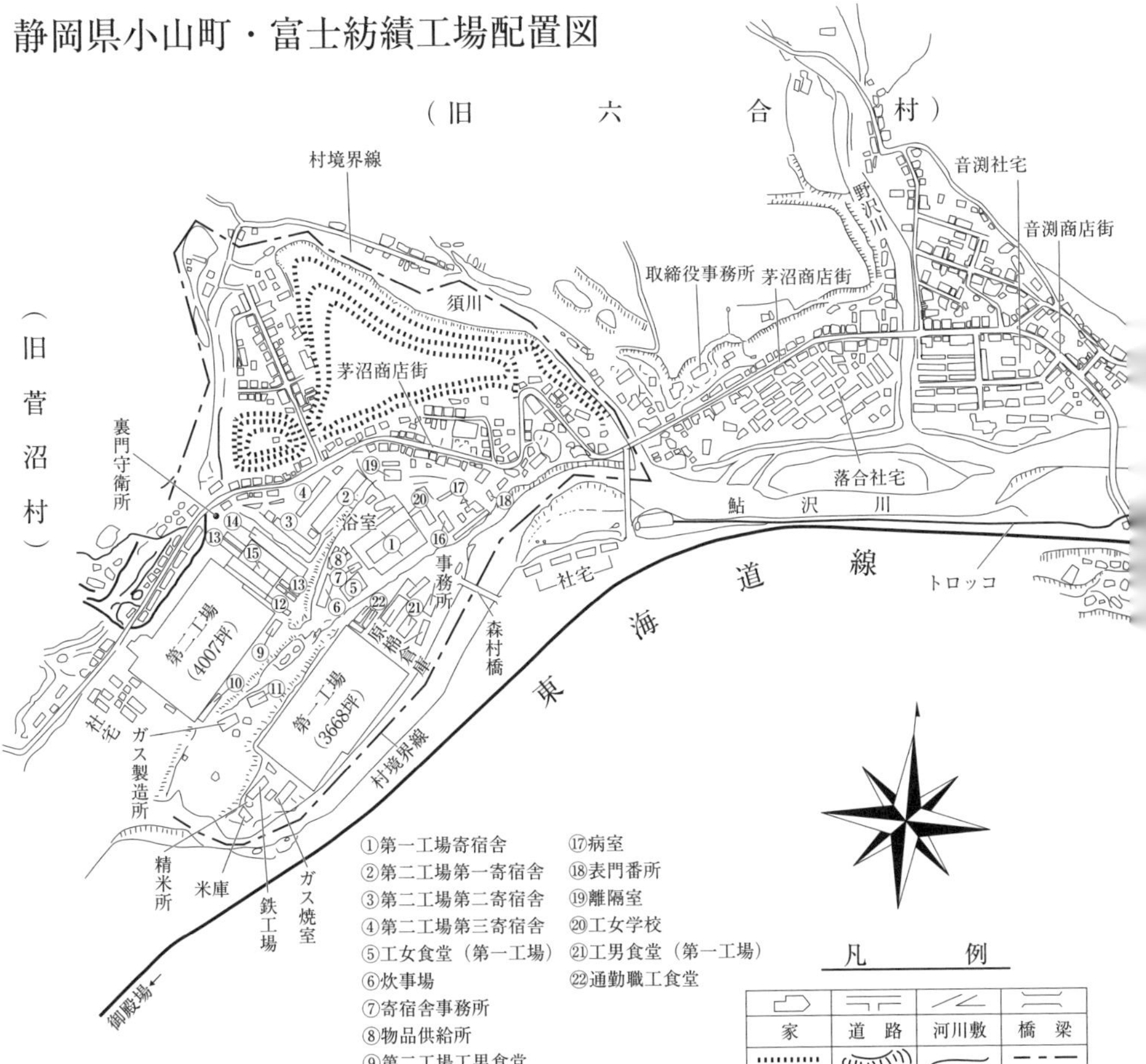

①第一工場寄宿舎
②第二工場第一寄宿舎
③第二工場第二寄宿舎
④第二工場第三寄宿舎
⑤工女食堂（第一工場）
⑥炊事場
⑦寄宿舎事務所
⑧物品供給所
⑨第二工場工男食堂
⑩絹糸原料置場
⑪暖房汽缶室
⑫第二工場事務所
⑬倉庫
⑭工女食堂（第二工場）
⑮選綿場
⑯医務所
⑰病室
⑱表門番所
⑲離隔室
⑳工女学校
㉑工男食堂（第一工場）
㉒通勤職工食堂

凡　　例

家	道　路	河川敷	橋　梁
崖	山　岳	川	村　境

出所）「小山工場配置図 大正三年現在」
持田巽「富士瓦斯紡績株式会社の動力につきて」
『機械学会誌』第18巻・第36号，大正4年1月，所収．
工場施設の情報は富士紡小山工場史料と聞き取りによる．
図中の駿河駅は旧小山町，現御殿場線駿河小山駅．

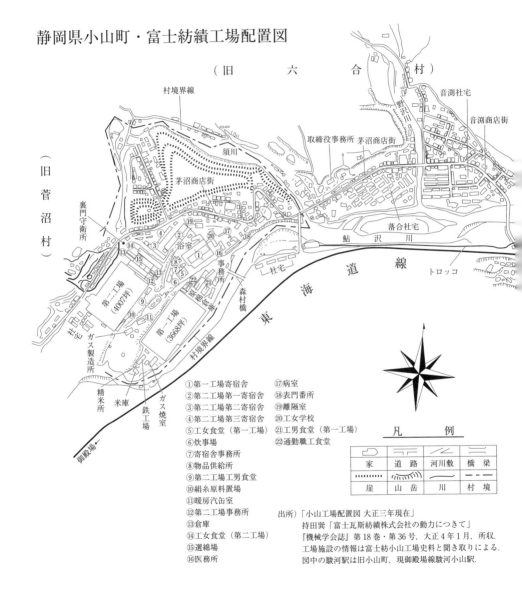

はじめに　課題と視角

今日の日本経済が、一方で莫大な資本力を有しグローバルに展開する巨大企業と、他方でそれらを支えつつまた特色ある技術力で独自展開を見せる膨大な中小企業によって築き上げられてきたことは論をまたないであろう。近代に至る歴史を振り返ってみても、幕末開港によってさまざまな影響を被りながらもたくましく成長してきた多くの在来産業(1)と、特に明治政府に先導されつつ導入建設された機械制大工場を有する移植部門の巨大企業が、時に対立しつつも総じて相互補完的に近代日本経済の形成・確立過程を彩っていったといえよう(2)。それは単に経済的な近代的成長の物語であるばかりでなく、そうした近代産業としての確立なしには、欧米列強からの植民地化の危機を脱し、真に近代国家としての独立を維持することができないという意味において、日本にとってはまさに死活的な問題であったことは言うまでもない。

本書は、そうした日本の近代国家としての確立過程でリーディングインダストリーの一つとして経済を牽引した綿絹紡織業に焦点を当てて、そのなかでも明治後期には六大紡の一つに数えられた富士紡績会社(3)に的を絞ってその経営展開の実態と、それを可能にした地域社会の独自な対応のあり方を実証的に解明することを課題としている。

ここで改めて今日存続している巨大企業に思いを馳せると、巨大企業であればあるほど長期にわたって安定的な収益を維持していくことがいかに至難の業であったかが偲ばれる。激変する世界市場に対応して明確な企業目標を定め、経営陣のリーダーシップのもとに、マーケティングと市場開拓（創造）を行って、技術革新のもと膨大な機械設備を稼働させて新製品を製造・販売するとともに、それらの企業目標に向かって協力・邁進する多数の従業員（職員・職工）を育て円滑な企業統治を実現して、競争に打ち勝っていかねばならないからである。

さらに企業が存続していくためには、広大な土地取得からインフラ整備、従業員の教育・住宅・生活環境等の確保のためにも、人口が急増して都市化する周辺地域社会との間に良好な協力関係を構築していくことが求められる。また地方自治団体も、進出してきた企業や工場を組み込んだ新たな体制を構築し、共存共栄の関係を作りあげていかねばならない。今日では、全国に特定の企業と強く結びついた「企業城下町」が多数出現し、また企業の地域社会への社会的貢献もますます求められている。(4)

現在さまざまな企業が町に林立し、多くの人々が働いている光景は当たり前の日常風景となっている。しかしながら、機械制大工場という閉じられた空間の中で、時間と規則に縛られて強い緊張の下で連続的に機械と密着して労働するという経験は、江戸時代までの伝統的な社会生活のなかでは見られなかったことである。また広大な工場を有する企業が日常的に存在し、人々がそれらの企業とさまざまな軋轢や相互依存の関係を持ちながら生活するような町や村のあり方は、やはり明治に入ってから、それも産業革命が全国的に展開していってから初めて常態化していったのである。

本書では、そうした巨大企業の存立を可能とした要因がいかにして確立されたのか、さらに周辺地域社会もそれまで存在しなかったこの巨大な異質物のような存在を、どのようにして自己の不可分の一環として組み込むことができたのか、すなわち近現代社会の原型となり「帝国日本」を根底で支えた企業と地域社会の双方が、いかにして確立し、そこに反発と結合のどのような相互関係が形成されたのかを、近代日本の国家と経済が確立する日清日露戦後の産業革命期にまで遡り、その中核産業である綿絹紡織業を事例に実証的に解明するものである。

それでは、そうした課題を追求するうえで、従来の研究はどのような成果を残してきたのかを振り返ってみよう。まず本書が対象とする綿紡織業についてみてみよう。

近代日本経済史の中でも戦前期から最も分厚い研究史を持つといっても過言ではない綿紡織業に関して、その到達点的な労作として高村直助（以後敬称は略する）の『日本紡績業史序説』上・下を挙げることができよう。(5)高村は、産業革命期における紡績資本の成長過程を、その形成過程、確立過程、独占形成過程に区分し、貨幣資本の循環形式に即して紡績資本の再生産構造と拡大再生産＝蓄積方式を検討し、それが資本主義恐慌を契機として次の様式に移っていくのかを段階的かつ総合的に提示している。

これに対し、企業経営史的アプローチでは、その代表的論者の一人である宮本又郎は、会社企業の株主と専門経営者との関係やその出自や学歴もふくめてコーポレート・ガバナンスの実態を分析し、企業の戦略を主要製品や市場選考等にわたって解明して、企業の経営実態を経営者のさまざまな特性や戦略から明らかにしている。(6)また近年、複数の会社経営に関与する企業家ネットワークの分析も盛んに行われ、その多面的な実態が明らかにされてきている。(7)

本書もこうした段階論的あるいは経営史的分析の貴重な成果に多くを学んでいるが、なおこうした従来の視角では十分考慮されてこなかったと思われる以下の諸点に留意している。

第一に、これらの研究双方において十分取り入れられていないと思われるのは、企業の存立を可能とした労使関係ならびに労務管理の分析である。(8)この点で、三池紡績会社における株主・経営者の特徴と市場戦略・特約販売の分析とともに人事組織・職工の管理組織や寄宿舎・労働力・賃金の問題も含み込んだ岡本幸雄の研究や、(9)鐘淵紡績会社における武藤山治の卓越した経営指導と製品戦略のもとでの組織整理・職工の教育と生活改善の分析を行った桑原哲也の研究が注目される。(10)また内外の研究を渉猟して戦前期の繊維産業全体（製糸・綿紡績・織物の三部門）にわたる労働市場や労務管理の実態を特にジェンダーの視点を重視しつつ多面的・総合的に考察したジャネット・ハンターの研究[11]も現れている。本書では、こうした研究に学びながら、企業家サイドの経営分析と労使関係・労務管理の双方を統一的に捉えることを目指しているが、その際、両者の中間にあって職員・職工の技術指導・統括とともに、かれらの意向を経営者に上申して双方の融和をも担った工場長や主事・主任・技師層など中間管理職の多面的な役割にも着目して分析を加えたい[12]。

第二に、企業のコーポレート・ガバナンスや企業者間のネットワークを考える際に、単なる企業者間の連携・協力のみでなく、時には熾烈な対立と抗争を展開する関係にも留意する必要があろう。そうした対立と抗争は、経営方針の違いばかりでなく、出身身分・地域、学閥等によっても惹起され、時には労使関係の軋轢以上に企業統治に深刻な影響を与えるからである。さらに企業統治というとき、近年注目されているバランスシート等の数値には現れない経営者や従業員の倫理観、秩序意識、品質向上意欲、労働意欲や生活文化、会社や国家への帰属意識や誇りの持ち方等、独特の企業風土を形成するいわゆる「インタンジブルアセット」と評されるような側面を、従業員の社内教育や日常生活を彩ったさまざまな行事やイベント、宗教者の役割等にも注目して明らかにしたい。

第三に、従来の経済史・経営史研究では、火事や台風・豪雨による水害、それにともなって猖獗を極めた伝染病など、災害に対する企業の危機管理にはほとんど意識が払われていないことである[13]。紡績工場では、乾燥した棉と工業用油と熱源が隣り合わせで同居しており、火災が絶えなかった。また水力や水運利用のため河川などの周辺に立地される場合が多く豪雨の際には水害に襲われ伝染病が蔓延することも稀ではなかった。現在の津波や台風等による企業被害の実例を見るまでもなく、日本のような自然災害が多い国では災害への危機管理の仕方如何によっては企業の命運をも左右する場合もあった。この点の実態解明にも本書は多くの紙幅を割いている。

第四に、企業が工場を建設するには広大な敷地を確保する必要があるが、それはアプリオリに可能なことではない。費用や立地条件、そして何よりも地元住民や自治体の同意が必要となる。多くの従業員が暮らすには住宅や商店街、児童を通わせる学校の存在が不可欠である。道路や鉄道・港湾などインフラの整備や衛生・治安等の社会環境の整備も重要な要件であった。工場からの排出物がさまざまな被害を周辺地域にもたらす場合には、その解決が企業と地域社会双方にとって共存を維持していく上で不可欠な事柄であった。また企業がどのくらい税を地方自治体に支払い、それがインフラや教育等の整備をはじめとしてどのような分野に使われるのかについては、企業も周辺自治体・住民も無関心ではいられない事項であり、企業は周辺地域の政治動向や行財政のあり方にも強い関心を持たざるをえないのである。

そこで、右に述べた企業・工場と地域社会の相互関係の解明が、本書のいま一つの重要な柱となる。このテーマに即して研究史を振り返ってみよう。そこで注目されるのが、すでに昭和二十八～三十二年（一九五三～五七）という戦後早い段階で日本人文学会が学際的な研究スタッフを組織して行った、近代産業と地域社会との多面的で総合的な調査研究の成果である。そこでは、戦前から戦後にかけての日立製作所・日立鉱山・東邦亜鉛精錬所等と周辺地域（茨城県日立市および群馬県安中町）との関係、さらに小野田セメント工場・大日本紡績工場と周辺地域（岡山県新見市および総社市）との関係が、土地問題・労働力・財政・政治・教育・人口・農業農村問題・公害問題といった諸領域にわたり実証的に分析されている[14]。

その後、右の画期的な研究視角と成果は必ずしも経済史、経営史のなかで十分受け継がれたとは言い難いが、企業と地域社会に関する事例研究は、いくつか積み重ねられてきた。まず経営史研究では、昭和五十二年（一九七七）森真澄が、宇部興産の生成発展と地元宇部市が工業都市として成長していく過程でのインフラ整備や生活環境の変化を、企業と地域社会との関連に焦点を当てて分析しており[15]、平成二十二年（二〇一〇）には釜石製鉄所における日本的経営の展開と企業城下町の形成に関する松石康彦の研究も現れている[16]。

また経済史の分野では、岡田知弘は四日市市の都市形成過程を、名望家資本による紡績業を中心とした明治期の企業勃興、一九二〇年代の名望家資本寡頭体制の崩壊、さらに三〇年代以降の大規模重化学工業誘致への道として跡づけ、資本蓄積様式の変化との関連で港湾開発や市勢拡大、インフラ整備といった都市問題を分析している。[17] 山下直登も、日立製作所が戦時期に軍部や地方自治体の権力をバックに茨城県の農村地帯（現勝田市）に強引に進出する過程を資本による土地買収過程と農民の抵抗運動に焦点を当てて解明している。[18] さらに平成七年（一九九五）、沼尻晃伸は、都市における工業化課程で引き起こされる工場立地問題を社会経済的実態に即して分析し、都市計画との関連を明らかにしている。[19]

このように、いくつかの都市や企業、あるいは工場立地問題という特定テーマに関して優れた成果が現れてきているが、総じて近年進展著しい地域経済史研究においては、概して企業・工場がもたらす人口集中・教育・衛生・治安・犯罪、交通・インフラ、行財政といった問題には十分関心が及んでいるとはいいがたい。[20]

他方で企業・工場が立地する近代都市を対象とした諸研究においても、代表的地方都市における地域経済と行財政、政治過程のそれぞれの実態が解明されたり、[21] 巨大都市東京における企業がもたらす都市公害や衛生悪化、京浜工業地帯の形成にともなう都市問題の噴出等が明らかにされてきた。[22] さらに近年、日本の近代化過程のなかで工業地帯の形成と並んで企業の発展とともに形成された「企業城下町」について、在来産業と近代産業の双方を基盤にした地域を対象に、企業の発展と工場関連施設・輸送施設・福利厚生施設の形成を跡づけ、特に都市計画法の施行の具体的影響を検証した中野茂夫の労作も現れている。[23] しかしながらこれらの研究には、都市の重要な経済主体である企業についての突っ込んだ経営史的分析の成果は必ずしも十分反映されておらず、企業城下町を含む都市形成と企業経営のより多面的で内在的な結合と反発の関係解明には至っていないように思われる。さらに企業進出と都市機能との関係だけでなく、企業進出が周辺農村に与えた多面的な影響についての考察もこれらの研究には見られない。

こうしたなか平成六年（一九九四）に春日豊が発表した論考「工場の出現」[24] が注目される。そこで春日は、「工場」出現の歴史的意義を、地域空間・住居空間・労働空間が、自然との調和を考慮することなく工場生産に適合的に創出されたことと捉え、工場の出現によってもたらされた日本社会・民衆生活の変容を、地域社会の変容（都市化と地域格差、環境問題の発生）、工場秩序の整備、独特の雇用関係の創出、農村経済への影響、工場労働者の生活、そして社会問題の発生等にわたって総合的に分析を試みている。

本書では、こうした「工場の出現」という歴史的意義を受け止め、日本人文学会が明らかにした総合的な実態分析に学んで、産業革命期の巨大企業と周辺地域の多面的な相互関係を解明することを企図している。

そこで次に、本書の分析対象の企業と周辺地域について概説しておこう。

本書が分析対象とする企業は、日本の産業革命をリードした機械制紡織業部門の一翼を担った富士紡績株式会社（以下富士紡と略記する）である。その設立は、産業革命がまさに進展中の明治二十九年（一八九六）一月であり、大阪紡績会社を筆頭にして明治十年代後半から二十年代にかけて簇生した機械制大工場を有する多くの近代的紡織会社に比べるといわば後発の大企業であった。これら先発の大阪紡績や鐘淵紡績（以下鐘紡と略記）などの紡績会社がリング紡績機で一六～二〇番手前後の太糸綿糸の大量生産に成功していたため、後発の富士紡は、それらとの競合を避け、リング機では主に二〇～四〇番手台の中糸を、またミュール機では六〇～八〇番手台の細糸生産を選んで市場参入し、その後明治三十九年（一九〇六）九月には東京瓦斯紡績会社と合併して細糸・瓦斯糸部門をいっそう強化し、社名も富士瓦斯紡績株式会社と改名している。また創業当初より副蚕糸（屑糸・屑繭等）を用いた絹糸紡績業を展開し、明治三十六年八月には日本絹綿紡績会社を買収して同部門を拡充している。また富士紡は明治三十六年七月に兄会社ともいうべき小名木川綿布会社を合併して綿布製織業をも兼営することとなる。さらに日露戦後から大正期にかけては細糸・中糸綿糸を用いた綿布生産や経糸・緯糸ともに紡績絹糸を用いた「富士絹」を創出して絹布生産をリードしていき、絹綿両部門における兼営織布業を展開していった。

富士紡はまた、大部分の紡績会社が動力としての水力使用を断念して石炭を燃料とする蒸気機関を採用していたのに対して、水力にこだわり、創業当初は豊富な河川の水力を利用した水車動力を用い、日露戦後からは水力発電所を建設して電気動力にいち早く移行していった。

このように絹糸紡績業における原料への廃物利用や動力における水力利用については、企業経営における経費節減・生産能力向上の意義はもちろんのこと、原料の廃物再生利用、化石燃料を用いないクリーンエネルギー活用という現代的意義を見いだせるとともに、原料・動力という基幹部分をなるべく海外に依存せず国内資源に依拠しようとする国益擁護の強い姿勢が伺われる。

いま富士紡の紡績業界における位置を確認すると（表0－1）、明治四十年末においては払込資本金の大きさでは鐘紡に肉薄する第二位であり、業界平均額の五倍強に達している。また八位までのなかには、富士紡と同じようにミュール機を擁し、細糸紡績に特化していた日本紡績会社も五位に入っている。富士紡は、紡績機械錘数でも鐘紡、三重紡に続き三位に位置しているが、払込資本金額の割に順位が低いのは、払込資本金が、綿糸紡績だけでなく絹糸紡績や織布業、さらに水力発電事業にも供されねばならなかったからであろう。いずれにせよ、富士紡は紡績業界でもトップクラスの巨大企業であるといえよう。

次に本書が分析対象とする富士紡周辺地域の特徴について説明しておこう。富士紡が最初に進出し、大正初期までに五つの工場と二つの水力発電所を建設して主力生産拠点を形成した地域は、静岡県駿東郡北部に位置する小山町域である。この地域を富士紡が進出先に選んだ理由は、水車動力のための豊富な水力が富士山の伏流水を多量に含んだ鮎沢川や須川から得られることであった。これらの河川が貫流する小山地域には、明治二十二年四月に東海道線（現御殿場線）が開通して小山駅が設けられ、東京や貿易港横浜と鉄道で結ばれて原材料や製品の搬出入に便利なことも工場立地上の有力な条件であった。小山町域の村々は、富士山麓のいわゆる中山間地に位置し、広大な共有山野とともに畑作と水田を営み、明治二十年代以降は養蚕業も発達した。

富士紡が第一・第二工場を建設した当時の村は菅沼村といい、明治二十二年（一八八九）四月の町村制施行に際しては隣村の足柄村と組合村を形成していた。日露戦後には隣村の六合村に第三・第四工場が、大正初期には

表 0-1　明治 40 年下期における資本金上位紡績会社

	工場数	創立明治年月	払込資本金 円	紡績機械錘数		計 錘	織機台数 台	平均番手	
				リング	ミュール			リング	ミュール
1. 鐘淵紡績	14	20.5	7,854,250	218,080	−	218,080	−	17.0	−
2. 富士瓦斯紡績	5	29.3	7,148,700	123,620	27,640	151,260	620	36.0	79.0
3. 三重紡績	17	19.5	5,877,675	217,144	2,000	219,144	−	18.0	11.5
4. 大阪紡績	8	15.5	3,750,000	117,456	−	117,456	2,928	19.0	−
5. 日本紡績	3	26.2	2,750,000	76,480	10,120	86,600	−	67.7	74.3
6. 京都綿ネル	2	28.12	2,450,000	9,216	4,440	13,656	500	17.6	8.0
7. 大阪合同紡績	8	21.2	2,400,000	99,752	−	99,752	−	21.7	−
8. 東京紡績	2	20.4	2,100,000	36,788	720	37,508	−	22.3	14.0
42 社の 1 社平均	3	−	1,374,551	35,525	6,917	33,677	789	21.0	30.0

出所：『明治 40 年下半期　第十次綿糸紡績事情参考書』より作成.

第五工場が建設される。また明治四十一年四月には菅沼村と足柄村が組合村を解消して各々独立し、今度は大正元年（一九一二）八月に富士紡工場が存在する菅沼村と六合村が合併して小山町が誕生する。この合併を契機に東海道線小山駅は駿河駅と改称され、現在は御殿場線駿河小山駅となっている（昭和二十七年一月に再改称）。こうして富士紡の進出は、地域社会の行政区画の再編にも大きく影響していたのである。

以上見たような富士紡並びに周辺地域については、すでにさまざまな研究が蓄積されている。まず富士紡に関しては、その設立事情から経営内容、発展の立役者である専務取締役和田豊治の功績をはじめとして貴重な史料や関係者の証言を含めて、大正十五年（一九二六）、竹越與三郎・喜多貞吉編著『和田豊治伝』（和田豊治伝編纂所）が出版されている。また昭和八年（一九三三）には富士紡創立当初から入社して主任技師として施設の建設、機械の操作、職工の訓育など万般にわたって活躍した田中身喜の回顧談『富士紡生るゝ頃』（富士瓦斯紡績株式会社）が刊行され、工場勤務者でなければわからない貴重な情報を提供している。昭和十九年（一九四四）には絹川太一著『本邦綿糸紡績史』（日本綿業倶楽部）第七巻の中で富士紡についても的確な概観が示された。これらの史資料をもとに昭和二十二年に澤田謙・荻本清蔵著『富士紡績会社五十年史』が、また平成九年（一九九七）には『富士紡績百年史』上・下（上巻は、『五十年史』と同じ）が刊行され、より包括的に富士紡の全生涯が描かれた[25]。

戦後になると、富士紡研究は活発化した。まず昭和四十五年（一九七〇）には杉山和雄が「明治期後発大紡績企業の資金調達」（一）（二）を著して、株主構造・設備の状況・原料購入・生産と販売の実態まで詳細に分析され、その上で後発紡績企業の資金調達の特徴を解明した[26]。

昭和五十九年（一九八四）には、高村直助が、従来全く明らかにされていなかった日露戦後の富士紡の朝鮮向け綿布輸出の実態を、近江商人小林吟右衛門家の経営する小林合名会社の京城出張所の活動を通して克明に明らかにした[27]。

また平成五年（一九九三）には小風秀雅・阿部武司・大豆生田稔・松村敏によって大正七・十・十一年の『和田豊治日記』（日本経済評論社）が刊行され、「大正期の財界世話役」として、和田豊治が政財界の多彩な人士と交流して、諸会社の設立・援助・整理に携わり、政財界の各種委員を務めるなど多様な社会的活動の実態が紹介された。さらに阿部武司と松村敏は、これを機に「和田豊治と富士瓦斯紡績会社」[28]を著して、富士紡の内部資金の相対的な低さ、大株主や役員に大正期から三菱系の人物が登場してくることといった経営上の特質を踏まえ、和田豊治の資産家としての実態や武藤山治と比較しての経営理念の特質など貴重な論点を指摘している。

平成二十二年（二〇一〇）には中村尚史が、明治中後期における東京の工業化の基盤となった電気供給システムの形成を解明するなかで日露戦後期の富士紡の水力発電事業の展開とその電気供給事業の拡張過程を明らかにし、富士紡研究にとっても新生面を切り開いた[29]。

実は、富士紡が当初よりこだわった水力を動力とするという観点は、大阪紡績の成功による蒸気機関への転換が着目されてきたことと、水車動力をもって発足したいわゆる二千錘紡績の多くが、その水力ゆえの不経済性（莫大な初期投資と難工事、水勢の不安定さ等）も一因として業績不振に陥っていたという認識が重なって、これまで十分顧みられてこなかったといえよう。しかしながら、高村直助は、水車動力も含む二千錐紡績会社が、明治二十年代に蘇生し、二十三年恐慌も多くが乗り越えていった事実を明らかにしている。また二千錐紡績の堺紡績から機械の払い下げを受けた水車動力の宮城紡績は、のちに水力を用いた発電事業を展開している。

さらに近代製糸業においてもその中核地帯である長野県諏訪地方の有力製糸会社（片倉組など）が、明治四十年代に至るまで経営上有利な動力として水車を選択し、その後河川の氾濫にともなう湖岸民の反対で水車利用を断念するも、今度は水力発電による動力に切り替えて中級糸生産に対応していったという注目すべき事実を高村は発掘している。(30)これらの新研究は、産業革命における水力（水車動力から水力発電）の意義の再評価を迫っているものといえよう。

次に、労務管理史研究に目をやると、間宏が、前掲『和田豊治伝』や『社史』をもとにして和田豊治の労務改革を、低賃金・長時間の重労働を機軸とする原生的労働関係下における温情主義から、外的強制によらずして労働者を自発的に勤続の長期化と出勤率の向上に向かわせる「経営家族主義」への移行の事例として位置付けている。(31)

さらに、平成二十一年（二〇〇九）金子良事は、『富士紡小山工場史料』や『廣池文書』など一次史料を用いて、富士紡の日露戦後期から大正期における支度金制度や身分保障制度、賃金形態や雇用関係、職工の人員管理、身分制度と職制並びに評価制度や報酬制度、福利厚生制度を具体的に明らかにし、特に大正九年の押上工場争議や大正末期から昭和期にかけての科学的管理法や請負賃金の実態と改正のあり方を解明して、富士紡の労使関係分析の水準を高めた。(32)

これらの研究は、いずれも富士紡の企業経営の各分野の実態解明において優れた成果を残しているが、本書では、こうした研究に学びながら企業経営史或いは経済史的視角と労務管理史的視角を統合する観点から富士紡の企業経営の全体像を解明することを目指している。その際、具体的には、以下の点に留意している。

第一に、富士紡経営陣の分析である。まずこれまで明らかにされてこなかった富士紡の創業を準備した「水力組」と呼ばれた一群の人々はいつからどのような理念で結びつき、いかにして富士紡創業に至ったのかを解明することである（第一章）。そして、その後経営の主導権をめぐって熾烈な抗争が繰り広げられるが、その真相はいかなるものであったのか。さらに日清戦後から大正期にはどのようなグループが富士紡を支配していったのか。企業家ネットワークの形成・連携と同時に激しい対立と覇権争いの実像をも活写したい（第二章・第三章）。

第二に、後発の企業として創業した富士紡が、競争に勝ち残っていくためにいまだ進出する企業が少ない中細糸紡績と絹糸紡績分野、水力の動力活用が明確に経営戦略として位置付けられていたことを明らかにするとともに、初期の和田豊治の経営・労務改革の多分野に及ぶ施策とそれがどの程度実効性を持ったのか、その意義と限界を実証的に明らかにしたい。この時期の和田改革について従来の諸研究は、『和田豊治伝』や『五十年史』に依拠するのみであり、本書ではそれがどの程度実際の効果をもたらしたのかを、生産能力や職工賃金の動向、それに対する職工や職員層の対応にまで踏み込んで解明し、社史等の評価の妥当性を検証したい（第二章）。

第三に、日露戦後期では、和田の掲げた「拡張十年計画」が具体的にどのように実行されていったのか、その際のちの工場改革にとって決定的に重要な契機となった大正元年の欧洲視察の意義を強調したい。さらに大日本紡績連合会によって継起的に実施された操業短縮決議に対して和田はどのように対応したのかを、輸入原棉と製品番手数の変化を追って検証したい。また水力電気動力への切り替えと最新機械導入による工場生産システムの転換を図り、中細糸の綿布と新たな絹布生産という兼営織布事業としての新分野を開拓していったのかが明らかにされる。ここでは、供給先の織物地帯の需要動向や和田が技師たちと開発したさまざまな新技術によって製品改良と市場開拓がなされていった点の解明が特に重視されよう。綿糸紡績業界の主流である太糸紡績の研究に比して中細糸部門の研究は少なく[33]、さらに絹糸紡績業の具体的研究はいっそう希少である[34]。本書では、水力電気動力による工場システムの再編の意義とともに、明らかにしたい（第三章・第四章）。

第四に、富士紡の職員・職工対策では、まず従来明らかにされてこなかった本店機能の拡充と職員組織の再編、職工・職員の人員、出身地、賃金等の変化を実証的に明らかに示した上で、実態解明がほとんど進んでいなかった富士紡独特の利益金分配制度を、実際の効果をも含めて解明したい（第五章）。

第五に、従来の経営史分析ではほとんど視野に入っていなかった工場に頻繁に降りかかる火災、水害、伝染病、さらに犯罪や事件等の実態を解明し、それを防遏するための企業の危機管理体制を明らかにしたい（第六章）。

第六に、富士紡の労務管理分析では、共済組合や救恤制度の展開を確認するとともに、従来明らかにされてこなかった社宅や託児所制度、寄宿舎生活と「寄宿舎学校」、地元小学校との連携、生活規範の訓育と従業員からの工場改善策の採択、年中行事やサークル活動に見る従業員生活や文化、従業員陶冶に活動した宗教者や友愛会小山支部の活動等を明らかにしたい（第七章）。

以上の分析が本書第一部を構成する。

次に、富士紡工場と周辺地域との関係史に関しての研究動向をみると、富士紡発祥の地で主力工場が建設された静岡県駿東郡小山町の自治体史が、平成二年から十二年（一九九〇～二〇〇〇年）にかけて古代中世編から民俗編、そして近現代編に至るまで次々と刊行された。そのなかで松元宏が中心となり筆者ほか永原和子・疋田康行・岩田晶が参加して編纂された『小山町史　第四巻近現代資料編1』（平成四年）では、「富士紡の進出」（松元宏執筆）の項が設けられ、富士紡の営業状況・労働問題・土地・水利・肥料・電力等をめぐる地元住民との関係を示す五五点の貴重な史料が掲載され、さらに地域の産業経済（松元宏執筆）、行財政・政治（筒井執筆）、教育・生活（永原和子執筆）、宗教（岩田晶執筆）の分野においても富士紡と地域社会との関連を示す多様な史料が紹介された。さらに『小山町史　第九巻民俗編』（平成五年）においても香月節子が「町場の形成」（第六章第三節）において、富士紡の進出によって、いかなる地域から人々が流入してどのように町場が形成され、そこに暮らす人々の生活にいかなる変化が生じたのかについて民俗学的あるいは地理学的に解明を試みている。

こうした資料編をもとに結実した『小山町史　第八巻近現代通史編』（平成十年）では、筆者が「富士紡の発展と地域住民の暮らし」（第六章第二節）を、佐々木哲也が昭和恐慌から戦時期の富士紡の動向を担当・執筆した（第七章・第九章四節）。本書第二部は、筆者がその後さらなる資料発掘と分析を進めて「工場の出現と地域社会」（1）～（4）[35]として発表した拙稿が原型となっているが、そこで留意した点は以下のようである。

第一に、富士紡が小山地域に進出する際の広大な工場用地の取得をめぐって地元社会と大きな軋轢が生じるが、それがどのような契機で解決されたのかを地方名望家層の役割[36]に注視して明らかにすることである。その際、近代化が地域社会に受け入れられ定着していく前提として、社会的価値観や公共意識が、農村社会に基礎を置く通念からいかにして近代化・工業化、あるいは工場進出を是認または支持する価値観や名望観に転換していったのかについても、解明したい。そしてその後工場周辺にどのようにして町場や商店街が形成され、日常品の購買をめぐって工場と商店街がいかなる対立と協調の関係を形成していったのかについても明らかにしたい（第八章）。

第二に、巨大工場が小山地域に進出して以来、地域社会と工場の双方に、洪水・火事・伝染病・犯罪・騒擾などさまざまな災害や事件が頻発して社会環境は激変する。ここではそうした社会環境変化の実態を明らかにするとともに、地域社会が富士紡と連携しつつどのような具体的対策を講じていったのかを示したい（第九章）。

第三に、巨大工場の進出は、その所在地であるエリアに直接的な影響を与えるのみならず、その周辺の農村エリアにもさまざまな変化をもたらした。ここでは、商業的農業の進展度合い、地主小作関係、水利や肥料をめぐる関係、電燈供給といった諸側面において農村社会が被った多様な影響を解明したい（第十章）。

第四に、小山工場が地域社会に進出した場合、周辺地方団体は、土地登記、従業員の外部からの寄留、土地や水面利用などに関する許認可、初等教育・衛生・防犯・消防行政での対応、税収並びに地方税負担、インフラ整備への協力等、行財政機構がどのような機能を果たしたのかを解明したい。その中でも企業からの税金が安定的に工場所在地の自治体にもたらされるか否かは、地方団体がそうした企業のための行政支援を持続的に実施していけるかどうかに係わる重要な問題である。さらに企業が進出した地域とそうでない地域とでは、財政負担においても大きな不均衡が生じる。そうした税負担をめぐる問題にも光が当てられる（第十一章）。

第五に、富士紡の進出によって地域政治状況にどのような変化がもたらされたのかを検証することである。従来の伝統的農村秩序の上に成立していた地域政治は、巨大工場の進出に対してどのように転換を図っていったのか、さらに右に見たようなさまざまな問題が噴出する状況に対し、どのような対策をとり安定した秩序を再興し、地域社会全体のガバナンスを構築していったのかを解明したい。その過程で、まさに企業＝工場の存在に合わせた形で地方団体の政治的な区画の変更、すなわち町村の分離と合併がもたらされた過程を明らかにしたい。明治以降頻繁に繰り返されてきた町村合併問題を考える時、行政区画の大規模化による行政の簡素化と税負担の軽減という行財政上の要請とともに、企業が拡大していくにつれ地域社会がそれに適合的な姿に改変されていく過程として捉えることも重要な観点と思われる。本書ではその具体例を提供したい（第十二章）。

最後に、こうした分析が総括され、産業革命期において、巨大企業がいかにして安定的な経営を確立し、同時に周辺地域もそうした企業を組み込んだ新たな社会として再編・確立されたのか、いわば近代社会の原型がどのような内実をもって形成・確立されたのか、その歴史的意義をまとめて終章としたい。

注

（1）近年の経済史・経営史では、特に中村隆英による在来産業発展論の提唱以来、江戸期以来の在来産業が、開港にともなう市場環境の変化にも対応して明治以降へと連続的に発展していった側面を流行市場や家族経済に着目して実証的に明らかにしている。代表的労作として谷本雅之『日本における在来的経済発展と織物業』名古屋大学出版会、平成十年（一九九八）、田村均『ファッションの社会経済史』日本経済評論社、平成十六年（二〇〇四）、を挙げておく。

（2）在来産業の再編成と近代機械制大工業の移植・導入の双方を視野に入れ、両者の交流と発展を描いた労作として西村はつ「産業資本(1)綿業」大石嘉一郎編『日本産業革命の研究』上、第三章、昭和五十年（一九七五）、また中岡哲郎『日本近代技術の形成』朝日新聞社、平成十八年（二〇〇六）、がある。

（3）富士紡績会社は、東京瓦斯紡績会社との合併を機に明治三十九年九月十八日から社名を富士瓦斯紡績株式会社に変更した。本書では、昭和二十二年（一九四七）発行の社史においても『富士紡績株式会社五十年史』とあることから社名については富士紡績会社（時に富士紡と略記する）と表記している。

（4）昭和三十～四十年代の高度経済成長と地域における公害被害の拡散という事態が常態化して以降、また地方自治体の街づくりや経済振興が求められるなか、企業の社会的責任や、地域社会へ貢献が求められるようになっていったと思われる。例えば通商産業省関東通商産業局では平成二年度（一九九〇）から「グローバル21」という懇談会を発足させるにあたり初年度のテーマとして「企業の地域社会への貢献のあり方」を取り上げ、関東圏における企業の地域社会への貢献事例を収集、検討している（通商産業省関東通商産業局編『地域貢献企業の時代』、通商産業調査会、平成三年〔一九九一年〕）。平成五年（一九九三）には、総合研究開発機構の地方シンクタンク協議会が、全国各府県の研究所の協力を得て、四〇に及ぶ地域・都市における企業と地域社会との双方向的な関係、それを踏まえた街づくり・地域経済振興策等を調査研究している（総合研究開発機構・地方シンクタンク協議会『企業と地域社会』平成五年〔一九九三〕）。

（5）高村直助『日本紡績業史序説』上・下、塙書房、昭和四十六年（一九七一）。

（6）宮本又郎『日本企業経営史研究』有斐閣、平成二十二年（二〇一〇）。

（7）代表的な研究として、小早川洋一・鈴木恒夫・和田一夫『企業家ネットワークの形成と展開』名古屋大学出版会、平成二十一年（二〇〇九）。

（8）といってもこれらの論者が紡績労働者の問題を等閑に付しているわけではない。とくに高村直助は、前掲書で確立期における「労働力と生産過程」について労働力構成と給源、労働条件、労働力移動、労働生産性について詳細にその実態を明らかにしている。

（9）岡本幸雄『地方紡績企業の成立と展開』九州大学出版会、平成五年（一九九三）。綿紡績業の経営・財務と労務管理・労使関係の双方のみならず金融・流通・土地所有関係も含めた分析としては『倉敷紡績の資本蓄積と大原家の土地所有』東京大学社会科学研究所、調査報告第一一集がある。また倉敷紡績を含めた大原孫三郎の多面的な経営展開と社会貢献に関しては大津寄勝典『大原孫三郎の経営展開と社会貢献』日本図書センター、平成十六年（二〇〇四）がある。

（10）桑原哲也「日本における近代的工場管理の形成」（上）（下）『経済経営論叢』（京都産業大学）第二七巻第四号・第二八巻第一号、平成五年（一九九三）。

(11)ジャネット・ハンター『日本の工業化と女性労働』有斐閣、平成二十年(二〇〇八)。
(12)労務管理史研究においても、確立期綿紡績業の工場内における職工統括組織として工務長(工務係・職工係)―部長(各部主任・技男・技工―子頭)―職工という編成が明らかにされ、工務長と職工の中間にある部長職が作業工程の管理とともに職工の任免黜陟の権限をもつ現場監督者として捉えられているが(間宏『日本労務管理史研究』二六八~二七〇頁、ダイヤモンド社、昭和三十九年〔一九六四〕)、本書では特に、彼ら部長職が、経営者からのさまざまな指揮・命令を現場職工に伝えて、職工の指導・教育、機械や労働環境の整備、勤務評価、消防・衛生業務監督を行うとともに、職工たちからの不満や要求、職場の問題点等を経営者に伝えて、彼らを日々円滑に職務に専念させる労務管理の実践者でもあり、さらに周辺地域社会との間に生じる種々の問題にも現場に立って処理するなどの多様な活動に注目した。なお一九〇〇~一九一〇年代における鐘紡の中間管理職の役割と「科学的管理法」導入によるその変化を明らかにした労作として、結城武延「企業組織内の資源配分」中林真幸編『日本経済の長い近代化』第6章、平成二十五年(二〇一三)、がある。
(13)宇野利右衛門は、大正二年(一九一三)『火災防備論』(職工問題叢書第二編、工業教育会)を刊行して都市大火時の紡績会社の防火法、火災防備の設備と方法、工場消防隊の模範事例等を示して企業の火災防備を訴えていた。また大正九年(一九二〇)には『防災と防疫』(職工問題叢書第二冊、工業教育会)を編術して、工場での災害予防法、大紡績会社での模範的衛生・防疫法等を紹介して、防災・防疫の具体的方法を知らしめていた。なお宇野利右衛門については、日本的労使関係の形成と普及に尽力した中間指導者として、その思想と行動を、特に工業教育会における活動に焦点を当てて分析した労作として、間宏『日本における労使協調の底流』早稲田大学出版部、昭和五十三年(一九七八)がある。
(14)前者については日本人文科学会『近代鉱工業と地域社会の展開』東京大学出版会、昭和三十年(一九五五)。後者については同『近代産業と地域社会』東京大学出版会、昭和三十一年(一九五六)。
(15)森真澄「日本の企業経営と地域社会」『日本的経営』日本経営史講座5、所収、昭和五十二年(一九七七)。
(16)松石康彦『企業城下町の形成と日本的経営』同成社、平成二十二年(二〇一〇)。
(17)岡田知弘「四日市における資本蓄積と都市形成」『三重県史研究』第一二号、平成八年(一九九六)。
(18)山下直登『資本と地域社会』校倉書房、平成七年(一九九五)。
(19)沼尻晃伸『工場立地と都市計画』東京大学出版会、平成十四年(二〇〇二)。氏はまた、兵庫県尼崎地域を事例に、一九二〇年代から高度成長期までに村落の人びとがどのように市街地を作りだしたのかを、土地所有と労働、水利用と維持管理について、土地区画整理と集落や自治体の業務と法に注目して明らかにしている(『村落からみた市街地形成』日本経済評論社、平成二十七年（二〇一五）。

（20）近年の代表的な地域経済史分析として、同業者組織や問屋制の機能、地方企業家の実態、鉄道と市場、労導市場と労使関係、商人ネットワーク、地域社会との関連といった多面的な視角から産業化と地域の変貌を追求した労作として武田晴人編『地域の社会経済史』有斐閣、平成十五年（二〇〇三）がある。また地域における工業化の多様なありかたを、従来のように西洋中心の国民国家の枠組みを前提にせず、東アジアも含めた比較史的視角と都市化との関連を追及した労作として、篠塚信義・石坂昭雄・高橋秀行編著『地域工業化の比較史的研究』北海道大学図書刊行会、平成十五年（二〇〇三）、がある。また本書が対象とする絹綿織物業に関する地域経済史研究については第四章において具体的に触れるところである。

（21）大石嘉一郎・金澤史男編著『近代日本都市史研究』日本経済評論社、平成十五年（二〇〇三）。

（22）例えば石塚裕道は、東京が近代都市として発展し、産業革命や京浜工業地帯が形成される過程における疾病衛生、産業公害、人口増、貧困住宅など多様な都市問題が噴出してくる過程を解明している。『日本近代都市論』東京大学出版会、平成三年（一九九一）。

（23）中野茂夫『企業城下町の都市計画』筑波大学出版会、平成二十一年（二〇〇九）。

（24）春日豊「工場の出現」岩波講座『日本通史』第一七巻近代2、平成六年（一九九四）。

（25）そのほか日比谷平左衛門（高風院）の伝記史料として稿本・伝記『日比谷平左衛門翁』並びに『高風院伝記史料』がある。その第十輯に富士紡経営実態に関する詳細な史料と分析があり、前掲絹川太一「小名木川綿布会社」『本邦綿糸紡績史』第五巻第六章や杉山和雄の論稿（注26）でも活用・引用されている。執筆者については判明しえないが、行論中に「吾ガ社ハ夙ニ……」「吾ガ社ノ方針トハ」といった文言が現れることから富士瓦斯紡績会社内の人物であり、明治二十九年の創業から明治四十三年上期までを対象に社内情報を駆使して、資本の内容と推移（固定資本・株式・動力等）、各事業の業況（原料・生産・販売・損益等）、職員・職工の状態等にわたって各種データの表出とその分析が行われており、当該時期の富士紡の業況を知るための貴重な史料と判断できる。

（26）杉山和雄「明治期後発大紡績企業の資金調達」（一）（二）『金融経済』一二三・一二四号、昭和四十五年（一九七〇）八月・十月。

（27）高村直助「京城出張所の綿布販売」丁吟史研究会『変革期の商人資本』第八章、吉川弘文館、昭和五十九年（一九八四）。

（28）阿部武司・松村敏「和田豊治と富士瓦斯紡績会社」慶應義塾福澤研究センター『近代日本研究』一〇巻、平成五年（一九九三）。
（29）中村尚史『地方からの産業革命』「第Ⅲ部　都市工業化の基盤形成」名古屋大学出版会、平成二十二年（二〇一〇）。
（30）高村直助「二千錐紡績の蘇生」「明治後期諏訪製糸業における水車動力」『再発見　明治の経済』塙書房、平成七年（一九九五）、所収。
（31）間宏、前掲書、三〇二〜三二一頁。
（32）金子良事『戦前期、富士瓦斯紡績における労務管理制度の形成過程』東京大学大学院経済学研究科、博士課程学位授与論文、平成二十一年（二〇〇九）。金子の論稿は、富士紡の労使関係の実態について新たな知見を示しているが、杉山和雄の論稿を参照していないように、労使関係や労務管理対策の展開が、富士紡の具体的企業経営のあり方や生産・販売・流通等の展開とどのような関係にあるのかが判然としない。また富士紡の工場史料を整理した小山町が監修した『小山町史』の成果を参照していないため、富士紡の経営展開が地域社会やさまざまな災害等に影響されていた等の点についてもほとんど触れられていない。
（33）この点でも高村直助は、日清戦後恐慌とそれに続く不況の中でとられた打開策として、国内向中高番手分野への進出を挙げ、四二番手に関しては尼ヶ崎紡績、三二番手は大阪合同紡績、八〇・六〇番手に関しては東京瓦斯紡績と日本紡績各社について、その設備拡張と生産動向を分析している（前掲『日本紡績業史序説』下、一一七〜一二一頁）。
（34）絹糸紡績業に関しては、吉武栄之進『本邦絹糸紡績事情』日本紡織通信社、大正十三年（一九二四）。織田萠『富士絹工業発達史』昭和織物新聞社、昭和七年（一九三二）。「絹糸紡績業」日本繊維産業史刊行委員会編『日本繊維産業史・各論編』第三章、昭和三十三年（一九五八）。原田栄「絹糸紡績業の展開」『研究紀要』（福島工業専門学校）第三巻第一号、昭和四十年（一九六五）。濱崎實『絹糸紡績業の経済分析』明文書房、平成二年（一九九〇）。本書では、これらのほか絹糸紡績業の発祥から昭和期に至る発展過程を各企業の動態や絹織物業の動向をも視野に入れ総合的に分析した美濃部慶二編著『本邦絹糸紡績史　稿本』『絹紡工業会月報』第二〇〜八五号、昭和八年十一月号〜昭和十四年四月号（一九三三〜一九三九）、に多くを依拠している。
（35）筒井正夫「工場の出現と地域社会」（1）〜（4）―『彦根論叢』（滋賀大学）三〇五号・三一六号。三一八号、『滋賀大学経済学部研究年報』第五巻、平成九年一月〜十一年二月（一九九七〜一九九九）。
（36）近年経済史・経営史の分野においても、明治二十年代の「企業勃興」が地方的広がりを有した理由として、企業家が地域社会においてさまざまな社会活動・政治活動を行っており、そうした「名望家」的要素の機能に注目している（例えば谷本雅之「関口八兵衛・直太郎―醤油醸造と地方企業家・名望家―」竹内常善・阿部武司・沢井実編『近代日本における企業家の諸系譜』大阪大学出版会、平成八年〔一九九六〕所収）。また谷本雅之・阿部武司「企業勃興と近代経営・在来経営」では、広範な広がりを見せる企業勃興の際に、地方において社会的活動や政治活動を担う名望家が、リスキーな企業投資など地域経済へ関与したことの意義と限界について論じている（宮本又郎・阿部武司編集『日本経営史2　経営革新と工業化』岩波書店、平成七年〔一九九五〕）。本書では、地方において名望家が投資や起業などに関与した側面だけでなく、中央の大企業や工場が地方に進出する際に、用地買収をはじめ地域社会との間に起こるさまざまな問題を解決し、地域と企業との共存共栄関係を形成するために、地域住民から名望と尊敬を集める名望家の役割が不可欠であり、その具体的役割と活動内容を解明した。

第一部　富士紡績会社の発展

第一章 「水力組」の形成から富士紡小山工場の創業へ

富士紡は、明治二十九年（一八九六）一月に創業を迎えるが、それに至る人々の出会いは早くも明治初期に遡る。この章ではいかなる人々がどのような理念で水力を動力とする巨大企業・富士紡の創業を企図したのか、その人的ネットワーク(1)はどのようにして形成され、彼らの結合の理念はいかなるものであったのかを、従来ほとんど光があてられなかった明治初期から創業期までの道のりを辿ることで解明したい。

一 「水力組」形成への道のり

富士紡の創業を主導したのは、勝海舟の産業立国論に共鳴し、日本が先進諸国に伍して富国強兵の実を挙げ工業を隆盛していくには、資源貧弱な日本においては豊富な水力によって工業立国を実現するべきだと唱えた『水力組』なる同志的結合を図っていた人々であった。『富士紡績五十年史』(2)によれば、その主唱者は、大蔵省主税局長や法制局長官を歴任し、のちに衆議院議員となる神鞭知常で、その主張に河瀬秀治・村田一郎・田代四郎・一井保といった政府高官の経験者や東京の綿糸布商が賛同し、また日本銀行総裁や東京府知事を歴任し政界の大名望家としての名声が高い富田鉄之助が加わり、技術畑では東京測量社主の磯長得三らが参集したとされる。さらに森村組を起してアメリカとの陶磁器類などの直輸出に活躍していた森村市左衛門、日銀理事の職にあった三野村利助らが後援したという。同書では、この水力組が最初に計画したのが、明治二十二年（一八八九）創立の富士製紙会社であったというから、水力組は少なくともそれ以前に結成されていたことになる。

ところが、後年富士紡の専務取締役、のち社長となって経営の全権を担う和田豊治の伝記では、水力を動力とした富士製紙会社の成功を契機に、河瀬・村田・富田の諸氏が、神鞭知常・田代一郎・一井保とともに水力組を起したとあり、[3]杉山和雄が鋭く指摘するように、[4]水力組の設立時期が、『五十年史』とは逆に富士製紙会社設立の後になっている。また富士紡で技師として勤務した田中身喜の回顧録『富士紡生る、頃』では、富士製紙会社を創立した河瀬秀治や村田一郎、また測量技師の磯長得三が、水力動力の有望性を説いた原口要技師の意見を徴して、水力組を組織し、これに神鞭知常・田代四郎・一井保が加わったとしており、[5]『和田豊治伝』はこの記述をもとにしていると思われる。またその設立へのリーダーシップが、『五十年史』では神鞭知常とあり、『和田豊治伝』『富士紡生る、頃』では、河瀬・村田に重きを置いて書かれている。

このように、これまでは水力組設立の経緯さえ不明な点が多いのである。それでは真相はどうであったのか。水力組に結集する人々が、いつごろからどのような形で、何を信条として親交を結んでいったのかを、これから追跡していこう。

それではまず、富士紡初代社長となる富田鉄之助の出自と活動の経緯から見ていくことにしよう。富田は天保六年（一八三五）仙台藩士富田実保の四男として生まれ、勝海舟に師事し、慶応三年（一八六七）幕命により米国に留学し、在米中明治維新となったが、明治二年（一八六九）政府の留学生になり、翌三年、ニュージャージー州ニューアークの商業学校に入学して経済学を学んだ。

明治五年（一八七二）には岩倉欧洲使節団に加わり、大久保利通や伊藤博文にその能力を買われて同年二月ニューヨーク在勤領事心得（直後に副領事）に抜擢された。七年にはいったん帰国して恩師福沢諭吉の媒酌で結婚する。その後上海総領事、外務省少書記官、英国公使館一等書記官等を歴任するが、明治十四年大蔵省に転じ大蔵権大書記官に任ぜられ、横浜正金銀行管理掛を命ぜられる。翌十五年には大蔵大書記官となり日本銀行の創立事務を担当する。十五年日本銀行創立とともに同行副総裁、二十一年二月、総裁吉原重俊の死去（二十年十二月）により第二代総裁となるも、松方正義大蔵大臣と横浜正金銀行への低利融資枠の設定をめぐって対立し、二十二年九月に辞職。その後、二十三年には貴族院議員、二十四年七月から二十六年十月まで東京府知事を務めている。(6)

こうした輝かしい経歴を持つ富田であるが、とくに注目されるのは、ニューヨーク副領事時代に、日本が、輸出立国を目指す上で、アメリカ貿易において茶や生糸の輸出製品の品質向上を図ることの重要性を訴えていたことである。富田の対米貿易の現状と課題の見識は、時の内務卿大久保利通にも取り上げられその「海外直売ノ基業ヲ開クノ議」と題する海外貿易発展のため直輸出促進を訴えた建議にも大きく反映されている。(7) そしてまさに、この副領事時代の仕事のなかで、富田は河瀬秀治、神鞭知常と出会うのである。

明治七年（一八七四）、ニューヨーク副領事富田鉄之助が一時帰国した折、河瀬と接触し、神鞭知常とも連携が図られた事情を富田自身が次のように語っている。

明治七年頃、私が紐育領事をして居って、一時帰朝した際、時の勧業寮権頭の河瀬秀治君が日米貿易拡張の件に就て非常に心配して居ったから、私は詳らかに彼地の事情を話し、且つ適当の人を選んで試売品を彼地に齎らさす《ママ》ることの必要を説いた。河瀬君は一々之に同意し、乃で神鞭君を選んで其任に当らしめ、神鞭君は生糸や茶の試売品を持て紐育へ来た。夫れが明治八年の事で、私は初めて君（神鞭知常のこと―引用者）と交際を結び、爾後君の死に至るまで、殆んど親戚同様に交際した。君は随分熱心に日米貿易の拡張に努めた(8)

こうして、明治七年、対米輸入防遏・輸出産業育成政策を目指すなかで、富田・河瀬・神鞭の三者は出会うのであるが、実は河瀬と神鞭はすでに旧知昵懇の仲で、この時神鞭は河瀬の部下であった。河瀬秀治は、天保十年（一八三九）丹後田辺藩の家臣の家に生まれ、後に隣藩宮津藩の重臣河瀬家の養子となり、幕末維新期には尊王攘夷運動に加わり、鳥羽伏見の戦いで幕府方についた宮津藩と新政府との調停役を務めた。明治二年に新政府に出仕するや小菅県、印旛県、群馬県、入間県、熊谷県等の県令を歴任し、その間茶業や蚕糸業の振興と輸出促進に努め、明治七年には内務省大丞兼勧業寮権頭の任に就いていた(9)。

神鞭知常は、嘉永一年（一八四八）京都府丹後与謝郡に生まれ、父重蔵は、幕末の政治動乱のなかで河瀬秀治と親密な交流を持っていた。神鞭は、そうした縁を頼って明治四年には小菅県に河瀬を訪ね、河瀬宅に私淑して東京に勉学に通い、明治六年、大蔵省租税寮、横浜税関へ出仕した。そして上記のように明治七年、帰朝していた富田鉄之助に対米貿易拡張の任に当たる適任者として河瀬が神鞭を推薦し、横浜税関長星亨に掛け合って神鞭を勧業寮職員に引き抜き、翌八年神鞭は富田の待つアメリカに赴任して、生糸など日本の試売品の優良さを熱心に説いて回ったのである(10)。

明治九年三月〜十年二月、米国フィラデルフィア博覧会が開催されると、神鞭は御用掛を務め、ここでも富田やまた審査委員として渡米してきた速水堅曹などを案内して熱心に工場や会社の見学等に出向いている(11)。神鞭はその後主に大蔵省に勤務し、明治二十三年から衆議院議員、二十九年には法制局長官を務めるが、富田鉄之助とは終生「殆んど親戚同様に交際」し、富田の紹介で妻を得、富田夫妻と星亨夫妻の媒酌で結婚している。神鞭はまた、富田との縁も預かって勝海舟との交際を深め、後には「勝の門下生」とまで称されるほどになっていった。

ここでいま一人の水力組の有力メンバーとなる村田一郎は、安政五年（一八五八）鹿児島生まれで、明治七年に渡米して貿易や製紙業の研究に従事している。同年には同郷の薩摩藩士族で叔父の林徳左衛門がアメリカ人ドイルとの共同出資で東京三田小山町に三田製紙所を開業しており、村田は帰朝後、製糸業の知見を活かして同社

副社長を務めている。(12)

また勝海舟の庶子梅太郎のもとに嫁いだ米国人女性クララ・ホイットニーが日本滞在中につけていた日記には、明治八〜十一年頃、クララと富田鉄之助・同夫人、また村田一郎・同夫人、村田の弟林恒五郎との家族ぐるみの親密な交際が確認できる。クララの父ウィリアム・コグスウェル・ホイットニーは、富田鉄之助が初の日本人生徒として入学した米国ニュージャージーのニューアーク商業学校の校長の任にあった人物で、森有礼や勝海舟・福沢諭吉らが富田と協力して日本にも開設せんとした商法講習所(現一橋大学)の初代校長として明治八年八月から家族を伴って来日していたのであった。

富田もまた、ニューアーク商業学校時代にホイットニー夫人アンナに英語や聖書を教わるほど緊密な交際を交わしていた。クララ日記には明治十一年三月十二日、村田一郎の結婚式の模様が細かく綴られているが、そこには富田鉄之助のほかニューアーク商業学校に来ていた村田の友人のことにも言及されている。(13)富田と村田もすでに渡米時代に、ニューアーク商業学校を通じて親交を結んでいたことが十分推測される。

また河瀬秀治は、村田一郎のことを「君(神鞭知常のこと―引用者)が在米中の友人」と評していることから、(14)村田は在米中に神鞭とも親交を結んでいたことがわかる。

ところで森村市左衛門もこの頃富田との関係を深めている。明治九年(一八七六)、森村は弟豊(旧名豊吉)と二人で雑貨・陶磁器等のアメリカへの直輸出を取り扱う森村組を立ち上げたが、時を同じくしてアメリカですでに輸出入に従事していた佐藤百太郎が、一時帰国して内務省勧業課の支援を受けて「米国商法実習生」を募集することになった。森村が師とも仰ぐ福沢諭吉は、森村にこの実習生として渡米を勧めたが、森村は豊を渡米させることにした。豊は、福沢から預かった紹介状を携えてニューヨークの副領事富田鉄之助を訪ね、富田に推薦されたイーストマン商業学校に入学し、創立者イーストマンに直接近代的ビジネスの基礎を教授された。(15)

また森村が東京とニューヨークの貿易取引上の必要事務を頼むところは、東京の福沢諭吉宅とニューヨークの富田鉄之助方であったという[16]。富田もまた森村のアメリカでの販路拡大を応援し、両者の間に太い絆が生まれた。その間の事情については、後に富士紡の技師となる田中身喜の回顧談にも次のように描かれている。

富田さんが……洋行した。その節、はからずも米国で日本人経営の商店のあるのを見つけた。人情家の氏だ。大いになつかしく思って色々聞いてみると、森村組という店で森村市左衛門という人がやっている。取扱う品物は日本特産の陶器雑貨類だ。売行きはどんなかと調査したところ、何分にも開拓したばかりであり、宣伝も行きわたらないので案外不振ということがわかった。煙波遠き数千里のこの異郷の空で、孤軍奮闘、大いに国家のために苦しんでいる有様を実地に探知した富田さんは、すっかり感激してしまった。こいつは何とかして後援しないといけない同情心が勃然とわいた。これ以来富田さんは、機会ある度に、いたるところで日本品の吹聴宣伝に努め、その販路開拓のために助力された。一方、森村組をも大いに激励したその結果、米国各地で、大変な評判を博するようになった。モリムラグミの名声が挙がるにつれて商売は急に繁盛した[17]。

また神鞭知常は、前述のように明治九年三月から翌十年まで、フィラデルフィア博覧会御用掛をつとめており、森村豊は、明治九年十一月に佐藤らとともに日本の雑貨輸入を取り扱う日の出商会を開設し、フィラデルフィア万博の残品や陳列棚を買い入れている[18]。ここでも森村たちと神鞭知常の交流が髣髴とされる。

次に、富田、神鞭、河瀬、森村、村田の接触が確認できるのは明治十四、五年（一八八一、八二）のことである。富田は明治十四年、英国から帰朝を命じられて十月には大蔵権大書記官に命ぜられ、さらに横浜正金銀行管理掛を拝命するが、神鞭はすでに同年二月に同じ職について横浜正金銀行の開設準備を進めており[19]、そこに富田が合流したわけである。さらに翌十五年には横浜正金銀行が設立され、初代官選取締役には河瀬秀治と村田一郎が就任している[20]。

一方富田は、同年日本銀行設立委員となり、同副総裁に就任するが、森村市左衛門はこの時同行監事に就いている[21]。また同じく理事に就いた三井銀行の三野村利助は、福沢諭吉門下であり、森村も幕末維新期に中津藩の御用商人に取り立てられたことを機に福沢とは近しく親交を結んで、明治四年弟豊（旧名豊吉）を慶應義塾に入塾させているほどであるから、三野村との交流も当然あったであろう。富田の日銀副総裁・同総裁時代には、横浜正金銀行との間に種々の問題が生じるが、その交渉過程には日銀配下の三野村監事が富田と同席し、横浜正金銀行の村田が富田との交渉を行うなど緊密な関係が保持されていた[22]。

さらに森村と河瀬は他の面でもいっそう密接な関係を結んでいる。河瀬秀治は、明治十三年に日本最初の商工会議所である東京商法会議所を結成するが、それに際しては渋沢栄一や増田孝（三井物産社長）とともに森村市左衛門に相談している。渋沢栄一が初代会頭に就任し、森村ほか森村配下の大倉孫兵衛も議員に就任している[23]。

さてここで後年水力組の一員として記される田代四郎については、明治四年にはすでに大蔵省の官吏として横浜・神戸に出張し、邦人貿易のための領事査証や貿易関係書類を作成し、通関手続きの指導にあたっていることが確認できる。同七年には大蔵省を退官するが、同時に横浜税関の構内に開通社を設立して営業を開始している。この頃は、前述のように神鞭知常が横浜税関に出仕しており、両者の交流が髣髴とされる。開通社は、十年頃には内務省の指導下に通関手続きの代理、代行業務、船積の代理業務などへ業務を拡大している[24]。

のちに水力組に連なる面々が東京に小名木川綿布会社を設立するが、田代四郎は、三代社長神鞭知常の時に「森村市左衛門の代表《ママ》として整理のため副社長に就任[25]」していることに鑑みると、森村市左衛門と貿易業務等を媒介にして親しい関係を構築していったものと推測される。前掲の田中身喜の回顧録『富士紡生るゝ頃』では、田代四郎は森村の知友と評されている[26]。また河瀬秀治や富田鉄之助とも、対米貿易を通じて交渉が生まれたであろうことも想像に難くない。

いまひとり水力組のメンバーとされる一井保については不明な点が多いが、前掲『富士紡生るゝ頃』やおそらく同書を参照したであろう『本邦綿糸紡績史』においても、小名木川綿布会社において製品の一手販売を担当した綿糸布商として紹介され、陸軍への製品販売を行っていた白木屋などもこの一井商店を介さないと陸軍との取引ができないほどであったと記されている。[27]

こうして、詳細が確認できない一井保を除いて、明治七、八年頃から十四、五年頃にかけて、富田、河瀬、神鞭、村田、森村、田代は、日米における輸出振興業務、富田を中核とした日銀や横浜正金銀行の人事・交渉、さらに東京商法会議所の設立等を通じて緊密な関係が構築されていたのであり、その背後には勝海舟と福沢諭吉の存在があった。

そしてまさに明治十三、四年頃に、水力を用いた企業勃興、産業立国という「水力組」の名にふさわしい活動が彼らによって開始されるのである。村田一郎が米国から帰国して、叔父林徳左衛門が起こした三田製紙会社の副社長として勤務していたことは先に触れたが、その村田と林徳左衛門、それに河瀬秀治が、明治十三、四年頃、洋紙製造業の有望なることに着眼し積極的に洋紙の輸入防遏の実を挙げんと志して、神鞭知常、富田鉄之助等と相謀って洋紙製造工場の建設準備を開始した。明治十五年に至ってその動力に関し、時の工部省権大技長原口要の意見をもとめたところ原口は富士山麓に有望なる水源があり、ウォーター・タービンによって原動力を起こすべきことを説き、また設計主任として内務省技師山田寅吉を紹介した。

そこで林徳左衛門、村田一郎、河瀬秀治の三名は静岡県、愛知県、和歌山県の諸県をくまなく踏査した結果、ようやく富士山麓に豊富な水源を有する工場建設のための好適地を発見した。彼らは明治十六年（一八八三）、富陽製紙会社の名称のもとに会社を起こそうとしたが、翌十七年にかけて松方デフレのため経済界は動揺を来し、会社新設の計画も一時中止のやむなきに至った。[28]

この時の森村市左衛門の動向は判然としないが、森村組は明治十七～二十年の間、アメリカへの輸出業務が意の如くならず、急激に収益を減少させて非常な困難に陥っていたことから、[29] 富陽製紙会社への援助もままならなかったのではないかと推測される。

こうして富陽製紙会社の立ち上げには失敗したが、直後の明治十七年に河瀬秀治は生糸直輸出の専門商社横浜同伸株式会社を創設して社長に就き、神鞭知常が監査役を務めている。翌十八年には貿易奨励を目的として日本貿易協会を森村市左衛門と諮って創設している(30)。

このように彼らは、村田一郎を除いて出身こそ明治政府の中核を占めた薩摩や長州からはずれていたが、輸出振興によって輸入防遏を図り国家の独立を推し進めていこうという独立自営の精神に裏打ちされたナショナリズムの持ち主でもあった(31)。また工業に水力を利用しようという計画は、河瀬秀治の回顧談によれば、明治十三年オーストラリアメルボルン博覧会に出張の途次、米国を巡視し、帰国後積年調査して水力利用の実現に呻吟していたところ神鞭知常も賛意を評し、以来共に熱心に同志を勧誘し、また村田一郎もその間製紙事業研究の結果水力活用の便を認めて同士間に諮っていたという。同じく熱心に水力の工業利用を鼓吹していた神鞭は、河瀬と村田の仲を取りもって明治二十年の富士製紙会社設立に至ったという(32)。

こうしてみてくると、明治十三、四年の製紙会社設立準備段階から、同二十年富士製紙会社創設までの時期に、神鞭・河瀬・富田・村田四氏の間で、積極的に水力の工業利用を実現しようとする同志的結合が諮られたとみて間違いなかろう。村田一郎の回顧によれば、「富士製紙会社の創設以前から富田・河瀬・神鞭・一井(保)の諸氏及び私の六人は、常に相提携して水力利用の事を研究し、諸方の水力を捜査発見しました。夫れゆへ誰れ言ふと無く此六人を呼んで水力組と云ひ、凡そ水力を利用して仕事を行ろう《ママ》とする者は、必らず此組合に就て意見を質した位でありました。」と過般の事情を述懐している(33)。

二　富士製紙会社と小名木川綿布会社の創設

景気が回復した明治二十年になると河瀬・神鞭・村田らは再び協力して、水力利用の製紙会社を起こすことに決し、工部省権大技長原口要の意見を徴して、水源を富士山麓の富士郡鷹岡村入山瀬に求め、同年八月、富士製紙株式会社設立のための発起人会を開くに至った。参集したのは、河瀬秀治・神鞭知常・村田一郎のほか林徳佐衛門・森村市左衛門・小林吟右衛門・安田善次郎・原亮三郎等であった。ここに資本金二五万円の富士製紙会社が設立され、五百馬力の水力＝水車を動力とした洋紙製造工場が、明治二十三年一月に建設された[34]。

富士製紙会社が設立された前後には、明治十六年七月開業の大阪紡績会社の成功を機に、二十一年三重紡績・天満紡績・浪華紡績、二十二年東京紡績・平野紡績・愛知紡績・鐘淵紡績、二十三年金巾製織・摂津紡績が次々に開業して紡織資本の企業勃興期を現出し、小名木川綿布製織会社も明治二十年に創設されている。そしてこれら綿紡織の包紙の需要がにわかに活況を呈し、それを見込んで明治十九年から二十三年頃には、東京板紙会社千住工場、王子製紙会社王子第二工場、同気田工場、四日市製紙会社、阿部製紙所、千寿製紙会社など次々に製紙会社が設立されており、富士製紙会社もその一つであった[35]。

富士製紙会社は、社長に河瀬秀治、副社長に村田一郎、取締役に安田善次郎等が就き、森村市左衛門を筆頭株主に村田一郎や小林吟治郎らの出資によって、当時日本ではほとんど試みられていなかった砕木パルプ製造法によって洋紙製造を展開した。当時最大のライバルであった王子製紙会社では、動力に蒸気を用いて亜硫酸木材パルプの製造を行っていたが、富士製紙会社は水力使用によって石炭費用を節約して動力コストを引き下げ、また原料にも亜硫酸木材パルプ製造法では利用が及ばない新聞紙などの多様な素材を用いることで、原料コストも抑えて収益を上げていたのであった[36]。

さてこのように村田を中心に富士製紙会社が発展の軌道を歩みだしたのとほとんど軌を一にして、神鞭知常が、近代的綿布製造会社の創設に乗り出した。神鞭知常は、当時盛んに輸入されていた金巾等の外国綿布の防遏を企図して、富田鉄之助や森村市左衛門に相談し、さらに横浜の生糸売込商原善三郎、三井呉服店の山岡正次、近江商人で日本橋にも支店を有する木綿問屋小林吟右衛門らを誘って、明治二十年（一八八七）、東京府南葛飾郡大島村の小名木川畔に、小名木川綿布会社を設立し、機械制大工場による綿糸並びに綿布生産を開始した。初代社長には村田一郎が就き、神鞭知常も三代社長を務め、取締役には小林吟右衛門・小林吟次郎・山岡正次が就任した。同工場支配人には村田一郎夫人の兄神山清也が、技師長には勝海舟の庶子梶梅太郎（前述、クララの夫）が、神鞭社長時代には、森村グループの代表として田代四郎が副社長に着任した。出資者は、森村市左衛門・三野村利助・富田鉄之助・村田一郎・小林吟右衛門・小林吟治郎・茂木保平・原惣兵衛・北岡文平・山岡正次の一〇人であった(37)。

こうしていわゆる水力組のメンバーが主導して始動した小名木川綿布工場は、動力は水力ではなく蒸気を用いている。創業準備中に村田は、機械購入のために渡米していた小林吟右衛門に対し、米国の近代的綿工業の中心地の一つであるマサチューセッツ州ホリョークで水力利用や水利会社の方法等を実地に見聞することを望んでいる(38)ことから、水力という選択肢も考えられていたようである。しかし、明治十年代に、政府が殖産興業政策の中で全国各地に展開した水力を動力とした二千錘紡績は、芳しい成績を上げていなかったことから大阪紡績など蒸気による大規模紡績会社の成功に見倣う形で蒸気を動力に選択したものと考えられる。

しかしながら操業開始した小名木川工場は、機械による紡績と製織に精通した技師がいないため操作技術が拙劣で紡績並びに製織能率が悪く、多くの工女を、高額の工賃で雇ったにもかかわらず、工場内の労働規律ははなはだ弛緩して製品の質は良くなく、主力製品の天竺布の国内向け販売や朝鮮・清への輸出も販路が伸びず、利益率も好況期の明治二十八、二十九年を除いて概して数％と低調であった(39)。

こうした経営不振を打開せんと、明治二十九年一月には、資本金を三五万円から一挙に一〇〇万円に増資して静岡県駿東郡六合村小山に水力利用の紡績分工場の建設を準備した。後述のように、水力組によってこの地に豊富な水源が発見され、富士紡績会社設立が企図されており、いよいよ小名木川綿布会社も同地に綿糸紡績工場を建設して水力を活用して営業挽回を図ろうとしたのである。結局この増資は失敗し、小山の分工場も土地と水利権を取得して施設建設を始めた段階で延期のやむなきに至り、欠損を出した会社は三十三年に再び資本金を六〇万円に減資している。[40]その後日比谷平左衛門による経営改革を経るも社運は振るわず、明治三十六年四月に富士紡に合併される。そして合併後は小名木川会社の取得した小山分工場の用地は、のちに富士紡小山第三、第四、第五工場の建設地となり、また取得された水利権は峯・漆田発電所等として活用されて富士紡の発展に寄与することとなるのである。

三　富士紡績会社の創業と株主構成

水力利用による富士製紙会社の成功と、蒸気による小名木川綿布会社の不振が同時進行するなか、水力組に結集した面々は、いよいよ近代紡績業を駆動できる豊富な水源の探査に乗り出していった。

さらにまた富士製紙の成功と工場所在地富士郡鷹岡村の発展の景況は、隣郡駿東郡にも伝わった。富士山系に源を発する鮎沢川が貫流する六合村や菅沼村（現小山町）では、開明的意識を持つ名望家岩田蜂三郎が、豊富な水力を活用して地域振興をはかりたいと念願して水力組の一井保と接触し、水力組でも測量技師磯長得三が明治二十四年十一月より一年がかりで実地調査を行って、当地が紡績工場立地として二千五百馬力という十分な水量を確保でき、東海道線の小山駅も擁する好適地であることを確認した。

早速工場用地にあてる土地買収が進められたが、祖先伝来の土地を手放すまいとする地元農家の抵抗は強く、岩田蜂三郎が地元出身の県会議員湯山壽介・室伏董平を説得し、地元世論を工場進出反対から容認・賛成へと導いていき、二十九年にはようやく工場用買収地は菅沼村を中心に九町三反余に及んだ(41)。

いよいよ水力組は、森村・三野村両氏の後援を得て、資本金五〇万円をもって水力を動力とする紡績会社を立ち上げようとしたが、時を同じくして素封家の浜口吉右衛門や柿沼谷蔵、斉藤弁之助ら日本橋に拠点を持つ綿糸布商たちが紡績事業を起こそうとする動きが見られた。ここに両者は合同することとなり、明治二十八年十二月七日に会社設立の申請が、富田鉄之助を発起人代表として農商務大臣に提出された。

このときの発起人には、水力組と日本橋組、さらに森村や神鞭とも親しい生糸売込商の原善三郎・原六郎・茂木惣兵衛、小名木川綿布会社関係から小林吟右衛門、そして静岡県周智郡出身の名望家で貴族院議員の足立孫六も加わり、資本金も倍額の一〇〇万円となった。

翌二十九年一月七日に「富士紡績株式会社発起の件」が認可されると、さらに富士紡への期待と人気は高まって株式の申し込みは盛況を呈したため一月二十九日の発起人会では五〇万円を増加して資本金を一五〇万円とし、紡機錘数も三万錘から五万錘に増加した。二月二十六日には創立総会が開かれて、定款が定められ取締役等の経営陣が選出された。取締役には富田鉄之助・村田一郎・神鞭知常・原善三郎・原六郎・斉藤弁之助・柿沼谷蔵が就任し、取締役会長には富田が選出され、監査役には大野清敬・浜口吉右衛門・足立孫六が就任した。翌三十年二月には神鞭知常が辞任したため、監査役の浜口吉右衛門が取締役に就き、監査役には東京の太物問屋で東海銀行頭取・富士製紙取締役を務める菊池長四郎が就任した。監査役の足立孫六は、天保十四年(一八四三)静岡県城東郡生まれで周智郡の足立家に入り、自由民権を主張して浜松県民会を設立して地価修正に取り組み、静岡県周智郡長となり道路開削につくした地元きっての名望家・地主であり、明治二十五年から衆議院議員を二回務めた人物(42)である。足立の出身地である静岡県周智郡は森村市左衛門の出身地でもあり、おそらくそうした縁もあって地元県の大名望家足立を富士紡の監査役に招いたものと思われる。

富士紡創業時のメンバーに当初の水力組に日本橋の綿糸商や生糸売込商が加わった経緯は詳らかではないが、富士紡の創業と並行して、箱根諸川、甲州桂川等の水力を利用してその電力を東京に供給しようという東京水力電気会社起業の目論見が進展していたことが注目される。[43] その発起人は、渋沢栄一・大倉喜八郎・浜口吉右衛門・柿沼谷蔵・森村市左衛門等であり、その委員長には富田鉄之助が、事務長には富田の配下で富士紡の初代支配人になる荒井泰治が就き、水利契約のため甲州方面に奔走していた。ここで、富田・森村・荒井の水力組系グループと浜口・柿沼の日本橋グループが顔を合わせたのである。この会社は、明治三十二年十二月に資本金三〇万円、取締役社長には大倉喜八郎、監査役に柿沼谷蔵と村田一郎が就いている。さらに三十六年には相談役に富田鉄之助と渋沢栄一が就任している。

いま一つ想起されるのが森村市左衛門の人脈による結びつきである。前述のように森村は福沢に傾倒し、弟豊は慶應義塾に学んだが、日本橋組の筆頭である浜口吉右衛門もやはり慶應義塾を卒業し、同期の友人には後に富士紡に入社して会社改革の中心として活躍する和田豊治がおり、和田と森村は、和田が日米の雑貨貿易商甲斐商店にいた時の取引を通じて旧知の間柄であり[44]、森村と浜口との交流も想起される。

他方で森村は、明治二十六年、横浜の生糸売込商茂木惣兵衛や原善三郎らと諮って横浜生糸合名会社を設立しているが、その下敷きとなったものは、この時専務取締役として抜擢した新井領一郎との親密な交際であった。この新井領一郎は、群馬県で県令河瀬秀治らと諮りながら生糸直輸出を切り開いた星野長太郎の実弟で、森村の実弟豊とともに明治九年商業実習生として渡米して研鑽を積み、明治二十六年、森村豊と協力して資本金一〇万ドルで生糸貿易会社「森村・新井商会」(Morimura, Arai & Company) を設立し、アメリカで有力な生糸取扱い業者としての地位を築いていった人物であった。[45]

こうして富士紡の重役に財界の錚々たるメンバーが就任するにつれ株式一五〇万円に対する申し込みも日ならずして満株に達する人気を博した。このため、同年三月には日清戦後に躍進の機運にあった絹糸紡績事業にも参入を決め、五〇万円の増資を行って五一〇〇錘の紡機を揃え、総資本金は二〇〇万円に達した。資本金二〇〇万円・運転錘数五万錘という規模は、当時綿紡績界では鐘淵紡績に次ぐ第二位の地位を占めた。絹糸紡績業界も、明治二十九年は会社の新増設が相次いでいたが、富士紡の五一〇〇錘という規模は、明治十年官営工場として出発し三井に引き継がれた群馬県新町工場の四五〇〇錘、二十九年新設の共立絹糸五一〇〇錘、日本絹糸紡績五一〇〇錘等と匹敵する大きさであった(46)。

ここで創業時の株主構成を表1-1によって確認しておこう。取締役と監査役の合計一〇名の持株数は、監査役足立孫六が頭取を務める足立銀行の出資株を含めても六四〇六株で、全体の一六%にすぎない。役員の中では、取締役の生糸商の原六郎・原善三郎が各一一一八株、監査役足立孫六が二四〇〇株(足立銀行分一九〇〇株含む)と多いが、政治家の色彩が強い富田鉄之助や神鞭知常は五九〇株と少なく、また企業家の村田一郎も柿沼谷蔵・斉藤弁之助の日本橋綿糸布商も六〇〇株前後にとどまっている。監査役で元小名木川綿布会社支配人の大野清敬も六六二株であり、豪商の名高い浜口吉右衛門にいたっては一三〇株と小額であった。

こうした役員層の出資不足を補ったのは、森村市左衛門であった。森村は自身の持株一五六二株で、個人では筆頭株主であり、さらに親族及び森村組の役員(森村豊・大原孫兵衛・村井保固・森村キク・廣瀬実栄)を動員して合計持株は六三〇二株となり、全体の一六%を支えていた。森村は役員には加わらなかったが、水力組を後援して小名木川綿布会社や富士製紙会社も資金的に支え、富士紡の船出にも並々ならぬ援助を差し伸べていたのである。森村組は、一八八〇年代後半に経営不振に陥るが、政府米の対米輸出によって利益を上げ、「純益」は明治二十四年八万七千円から二十八年には二一万三千円に達して好調を維持しており(47)、こうした森村組の成長が富士紡創業時の投資支援を可能にしていたといえよう。そして森村のこうした投資支援を支えたものは、福沢諭吉直伝の「独立自営」の精神と貿易立国・産業立国の理念であり、明治初期から水力組に結集するメンバーと結んできた深い親交と信頼関係であった。

表 1-1　富士紡創業時の主要株主（明治 29 年上期末）

	上位株主氏名	持株数	住所	富士紡関係	小・富紙会社関係	備考
1	足立孫六	1,900	静岡県	□		足立銀行頭取，貴族院議員
2	森村市左衛門	1,562	東京府		小・発・大株，富紙・発・大株	森村組創設者
3	村井保固	1,320	東京府			森村組幹部
4	大倉孫兵衛	1,296	東京府			森村組幹部
5	森村　豊	1,200	東京府			森村組創設者
6	三品常七	1,118	神奈川県			茂木惣兵衛後見人
7	原善三郎	1,118	神奈川県	○	小・大株	生糸売込問屋
8	原　六郎	1,000	東京府		富紙四代社長	元横浜正金銀行頭取
9	三野村利助	950	東京府		小・発	三井銀行総長代理副長，日銀理事
10	田代四郎	908	東京府		小・副社長	森村の知友
11	森村キク	684	東京府			森村市左衛門妻
12	大野清敬	662	東京府	□	小・工場支配人	
13	北村雄治	626	山梨県			
14	斉藤弁之助	626	東京府	○		綿糸布商
15	一井　保	624	東京府		小・製品一手販売	綿糸布商
16	山下清三郎	600	東京府			
17	柿沼谷蔵	600	東京府	○		綿糸布商
18	富田鉄之助	590	東京府	◎	小・発	元日本銀行総裁，貴族院議員
19	小林吟右衛門	590	東京府		小・発・取，富紙・大株	綿糸布商
20	今村清之助	590	東京府			
21	村田一郎	590	東京府	○	小・初代社長・発，富紙・社長	横浜正金銀行初代官選取締役
22	神鞭知常	590	東京府	○	小・発・三代社長	衆議院議員，法制局長官
23	河瀬秀治	590	東京府		富紙・社長	横浜正金銀行初代官選取締役
24	高田小次郎	590	東京府			
25	池田謙三	590	東京府			
計	28 人	21,514	(53.8%)			
総株主	277 人	40,000	株			

出所：富士紡関株式会社「第 1 回報告書」(明治 29 年上期).
注：富士紡関係，◎取締役会長，○取締役，□監査役．小は小名木川綿布会社，富紙は富士製紙会社，発は発起人，取は取締役，大株は大株主.

富士紡創業時の株式は、取締役・監査役など重役陣に森村市左衛門関係者、水力組、小名木川綿布会社関係者、日本橋の綿糸商、生糸売込商など富士紡の設立に関わった二五名の投資家でようやく二万九二四株、全体の五六・四％に達したのである。

残りの四四％あまりの株式はどのように集められたのだろうか。株式の地域別分布を第一回営業報告書の「株主人名表」によってみると、上記二五名のうち二一名が東京府となっており、全体でも東京府が株数で二万九二〇一株、全四万株の七三％、人数でも一七九人・全株主二七七人の六五％と圧倒的な割合を占めている。東京府ではそのほか富田鉄之助の子息富田義男（五二八株）、同友人で富士紡支配人に就いた荒井泰治（二五〇株）、三野村利助の子息三野村安太郎（二四〇株）、後に富士紡の経営改革に乗出す藤井諸照（一二〇株）や役員となる綿糸商川崎栄助（一二〇株）、小名木川綿布会社の取締役山岡正次（一〇八株）等の顔ぶれが連なる。

他県では、宮城県が一一三四株・九人を数えているが、おそらく富田鉄之助の同郷の人士であろう。また静岡県も三二四六株・四三人と比較的多くを数えている。前述の足立孫六のほかにも、小山工場の土地買収に大きな役割を果たし、のちに監査役となり地元との利害調整のパイプ役ともなる小山地域の名望家室伏董平（二四〇株）・湯山壽介（二五株）、同地の地主・商人で村長等も務める池谷愛三郎（一五六株）・岩田荘吾（一三二株）・湯山剛平（六〇株）、さらに一〇株以下の少数であるが地元小山地域の人々が名を連ねている。そのほか、小名木川綿布会社以来の小林吟右衛門（東京、五九〇株）を筆頭に、北川与平（神奈川、一二〇株）・塚本佐兵衛（東京、一〇〇株）・田附政次郎（大阪、六〇株）・田村正寛（大阪、六〇株）・阿部周吉（大阪、六〇株）・伊藤忠次郎（大阪、六〇株）という近江商人系の企業人も散見される(48)。

こうしてようやく創業を果たした富士紡が、水力という動力源を生かしてどのような経営を行っていくのか、そこにいかなる困難が立ちはだかり、経営陣はどのようにそれを解決していったのか、次章以降で解明しよう。

注

（1）産業革命期における紡績業の株主については、山口和雄「明治三十一年前後紡績会社の株主について」明治大学経営学研究所『経営論集』第一五集第二号、昭和四十二年（一九六七）、が詳細な分析を行っている。そこでは、二社以上の役員を兼任するか、三者以上の大株主となっている者が多くを占めることから、「異系資本家間の均等的出資」「多角的出資と役員の兼任」という特徴を検出し、その原因として、危険分散や綿関係商人の営業拡張志向とともに、後発会社においては先発会社の経営経験者や技術者の出資・役員兼任を要望した事例が多かったことを指摘されている。後発会社たる富士紡の事例もこれに当てはまるといえるだろう。さらに、小早川洋一・鈴木恒夫・和田一夫「明治期の会社および経営者の研究」中部大学産業経済研究所『産業経済研究所紀要』第九号は、山口氏が省いた紡績会社をも対象に加え、明治三十一年の全紡績会社八一社を対象に、株主の所得額も調査して、株主層や役員層の所得階層や府県別の分布、集中・分散度など、詳細にその全国的な特徴をあぶりだしている。さらに三氏は、前掲『企業家ネットワークの形成と展開』を著して、全国的な広範囲の企業家ネットワークの実態を明らかにしている。

こうした諸研究に学びつつ、本章で解明したい企業家ネットワークの形成とは、単に株主層の横断的な分析と特色の析出ではなく、明治国家が担わねばならなかった産業立国・貿易立国による独立達成という国是のもとで、それを達成しようとする政府官僚や企業家、啓蒙思想家たちが、官と民の垣根を越えて交流しつつ形成した起業のためのネットワークであり、出自的には国家的使命感をもった開明的な士族、啓蒙思想家たちとそれに応えていった進取の気性と開拓心（ベンチャー精神）に富んだ商人層の提携関係の形成過程である。

（2）前掲『富士紡績五十年史』三〜四頁。

（3）前掲『和田豊治伝』、引用は『人物で読む日本経済史　第六巻　和田豊治伝』ゆまに書房、平成十年（一九九八）八一頁。

（4）前掲、杉山和雄「明治期後発大紡績企業の資金調達」（一）『金融経済』一二三号、四九頁。

（5）前掲『富士紡生る〻頃』二九頁。

（6）吉野俊彦『忘れられた元日銀総裁―富田鉄之助伝―』東洋経済新報社、昭和四十九年（一九七四）による。

（7）同前書、三二頁。

（8）同前書、一六一・一六二頁。原典は神鞭知常の伝記である橋本五雄編『謝海言行録』所収の「一八　富田鉄之助氏談」。同書は明治四十二年（一九〇九）秀英舎刊。ここでは昭和六十三年（一九八八）大空社刊、一三九頁以下による。

（9）齋藤一暁『河瀬秀治先生伝』上宮教会、昭和十六年（一九四一）。ここでは平成六年（一九九四）大空社刊のものによる。その後河瀬は、明治十四年に内務省から農商務省商務局長兼工務局長に転任し、翌十五年創立された大日本農会の幹事に就任するも農商務省輔品川弥二郎との対立を機に退官し、翌年には横浜正金銀行取締役に就任し、茶業組合結成等、茶の生産・輸出の拡大事業に尽力した。また増田孝とともに『中外商業新報』を創刊するほか明治十二年三月に佐野常民らと龍池会を創設し、その後フェノロサやビゲローと協力して鑑画会を興して日本美術の振興に尽している。

（10）「一五　河瀬秀治氏　談」前掲『謝海言行録』一二〇～一二六頁。なお初期議会期から日清戦争後期に至る神鞭知常の政治活動並びに政治理念さらに経済活動を追跡して「対外硬」派、県政本党基盤の変容を明らかにしたものに飯塚一幸「「対外硬」派、県政本党基盤の変容」山本四郎編『近代日本の政党と官僚』東京創元社、平成三年（一九九一）、がある。

（11）「二〇　速水堅曹氏　談」前掲『謝海言行録』一四六～一四七頁。

（12）成田潔英『洋紙業を築いた人々』財団法人製紙記念館、昭和二十七年（一九五二）、一二八・一二九・二七七頁、また「二七　村田一郎氏　談」『謝海言行録』一七三頁による。

（13）以上の記述は、クララ・ホイットニー『勝海舟の嫁クララの明治日記〈上〉〈下〉』中公文庫、平成八年（一九九六）、また同書「はしがき」（一又民子執筆）による。

（14）「一五　河瀬秀治氏　談」前掲『謝海言行録』一二四頁。

（15）砂川幸雄『森村市左衛門の無欲の生涯』草思社、平成十年（一九九八）、六三～六四頁。

（16）同前書、六八頁。

（17）前掲『富士紡生るゝ頃』一七頁。但し、田中はここで「富田さんが東京府知事をやめて日本銀行の副総裁になられてから洋行した」と記しており、この部分は明らかに事実と異なっているが、それに続く富田と森村の接触に関する部分は当を得ていると判断した。

（18）大森一宏『森村市左衛門』日本経済評論社、平成二十年（二〇〇八）、三五頁。

（19）前掲『忘れられた元日銀総裁』一六一頁。

（20）横浜正金銀行編『横浜正金銀行史』第一巻、大正九年（一九二〇）、一二三頁。

（21）前掲『森村市左衛門の無欲の生涯』九九頁。

（22）前掲『忘れられた元日銀総裁』九三・九七・一一三・一一七の各頁には、三野村の名が記されており、富田が日本銀行の業務や横浜正金銀行と交渉等に当たった折などに三野村を同席させたり業務に当たらせていたことが伺われる。また一二五頁等では、村田一郎が横浜正金銀行と日本銀行との合併の件で富田を訪ねてきたこと等について触れている。
(23) 前掲『忘れられた元日銀総裁』七七頁。
(24) 寺井順一「財務省今昔物語第九回―通関業者と「通関業法」の起源考証―」『ファイナンス』平成十六年(二〇〇四)。
(25) 前掲『本邦綿糸紡績史』第五巻、七九頁。
(26) 前掲『富士紡生るゝ頃』八二頁。
(27) 前掲『富士紡生るゝ頃』八二頁。前掲『本邦綿糸紡績史』第五巻、八八頁。
(28) 以上、明治十三〜十七年にかけての洋紙製造業の経緯については「我国に於る製紙事業の現勢　大活躍を示しつつある富士製紙」『万朝報』大正六年九月一日、並びに「本邦製紙界を縦断する富士製紙の発展と北海道」『時事新報』大正十三年八月二十八日、による。
(29) 宮地英敏『近代日本の陶磁器業』名古屋大学出版会、平成二十年(二〇〇八)、二二〇頁。
(30) 前掲『河瀬秀治先生伝』八四頁。
(31) このようなナショナリズムの信条は、大久保利通・伊藤博文・大隈重信といった政府高官や渋沢栄一をはじめ三井・三菱等を担った多くの士族出身の企業家たちにも共有されたものであった。しかしながらこうした信条が、一方で輸入防遏による正貨流出の防止と輸出振興による外貨獲得と殖産興業による工業立国を目指していたとはいえ、そのことが輸入棉花導入と機械紡績の振興による国産棉花並びに手紡機等による国産綿糸の衰退、さらにそうして産出された綿糸布のアジア大陸への輸出による土着綿糸布の圧迫という事態を引き起こしていくこと、あるいは洋紙の国内生産の興隆が和紙の衰退を招いていったことなどに留意する必要があろう。
(32) 「二五　河瀬秀治氏　談」前掲『謝海言行録』一二三〜一二四頁。田中身喜も前掲『富士紡生るゝ頃』九頁において「村田一郎は、富陽製紙会社設立が頓挫した後、アメリカに赴いて改めて製紙事業を視察し、その際ナイヤガラの滝の水力利用の実況を見聞し、改めて日本における水力利用の工業化が莫大な国富を生み出す将来性に慧眼して帰国した」旨、述懐している。
(33) 前掲「二七　村田一郎氏　談」『謝海言行録』一七五頁。
(34) 同前書、一七五頁、また前掲『洋紙業を築いた人々』二七八頁。
(35) 前掲『洋紙業を築いた人々』二二六〜二二七頁。このような製紙業と紡織業の関連に鑑みると、富士製紙会社と後述するような小名木川綿布会社並びに富士紡績会社の創設との関係が、紡織包紙の提供という面からも結びついていたことが十分考えられるが、この点の立ち入った検討は今後の課題である。
(36) 四宮俊之『近代日本製紙業の競争と協調』日本経済評論社、平成九年（一九九七）、五〇～五九頁。
(37) 前掲「小名木川綿布会社」『本邦綿糸紡績史』第五巻第六章による。
(38) 末永國紀「小名木川綿布会社への投資」『変革期の商人資本』第六章、丁吟史研究会、昭和五十九年（一九八四）、三四三頁。
(39) 前掲「小名木川綿布会社」『本邦綿糸紡績史』第五巻第六章並びに前掲、末永國紀「小名木川綿布会社への投資」『変革期の商人資本』三五二～三六四頁による。
(40) 前掲、末永國紀「小名木川綿布会社への投資」『変革期の商人資本』三六一頁。
(41) この土地買収が、地元住民の抵抗にあいながらも、岩田蜂三郎の決死の説得と室伏・湯山ら名望家の転向によって、買収反対から賛成・協力へと推移していった経緯とその政治的意味等については、第八章を参照。
(42) 足立孫六については山田萬作編著『嶽陽名士伝』長倉書店、明治二十四年（一八九一）、一三四～一三八頁。またその地租軽減活動については高木敬雄「地租軽減への取り組み　足立孫六」『近代静岡の先駆者』静岡新聞社、平成十一年（一九九九）がある。
(43) 奥山十平纂緝『荒井泰治伝』明文社、大正五年（一九一六）、九六～一〇一頁。荒井泰治は、文久元年（一八六一）仙台藩生まれの士族。中江兆民の塾に学び新聞記者として活躍後、同郷の先輩冨田鉄之助日銀副総裁の秘書をへて、冨田の推薦にて鐘淵紡績支配人、次いで東京商品取引所支配人・富士紡績支配人となる。のち台湾に渡り刻苦して台湾商工銀行頭取、明治四十四年には貴族院議員に列せられる。昭和二年死去。
(44) こうした浜口と和田の関係並びに和田と森村の関係については、前掲『和田豊治伝』四一頁・五二頁による。また水力組と日本橋綿糸布商の共通項として、小名木川綿布会社の製品の一手販売を担当した日本橋の綿糸布商一井保や、江戸店をもち呉服・木綿問屋として活躍していた小林吟右衛門等の存在が想起されるが、その経緯の解明は今後の課題である。
(45) 前掲『森村市左衛門の無欲の生涯』一五〇～一五二頁。また前掲『森村市左衛門』一六〇～一六一頁。
(46)『日本絹紡糸事業概観』日本絹紡協会、昭和五十五年（一九八〇）、三八頁。
(47) 前掲『近代日本の陶磁器業』二一八～二二六頁。
(48) 明治三十一年における全国の八六の紡績会社の株主層を分析した前掲小早川洋一・鈴木恒夫・和田一夫「明治期の会社および経営者の研究」『産業経済研究所紀要』（注1参照）では、筆頭株主が全株数に占める割合は一〇％、二〇大株主で五四%を占めるとされ、富士紡では実質的な筆頭株主である森村市左衛門の比重がこれより若干高く、また二〇大株主の割合では若干低いがほぼ全国的傾向と一致した趨勢を示している。また五〇位、七〇位という下位の株主から役員が出ている特長も指摘されているが、富士紡においてはほぼ二五位以内の創業関係者の中から選出されている。

第二章　日清戦後、創業期の経営危機と和田豊治の改革

本章では、日清戦後、開業まもない富士紡が直面した経営危機の実態と、それをめぐる経営者同士の葛藤と妥協を詳細に跡づけた後、富士紡立て直しを嘱望されて登場した和田豊治が、いかなる経営・労務改革を行ってその危機を「解決」していったのかを実証的に明らかにしたい。その際、富士紡の経営者・技術者・職工は、どのような人的技術的継受関係をとって供給されたのか、各経営者がいかなる経営方針をとり、どのようにして人心を掌握して技術を定着させ、安定した企業ガバナンスを構築して生産性や利益を向上させていったのかを、和田豊治のリーダーシップや技師層の役割にも注目して分析を進め、和田改革の実績に迫りたい。

一　創業当初の営業不振と経営危機

1　初期の業況

日清戦後、日本の産業界は清国からの賠償金を前提とした日銀からの積極的な融資を背景にして空前の企業勃興期を迎えた。富士紡もそうしたなか、明治二十九年（一八九六）四月四日には絹糸紡績も事業に加えて資本金

二〇〇万円、綿糸紡績錘数五万錘、絹糸紡績錘数五一〇〇錘という、当時鐘紡に匹敵する大紡績会社として発足した。

富士紡では、有力な水源地を有する静岡県駿東郡菅沼村（現小山町）の鮎沢川の河岸に工場敷地を定め、工場諸施設の建設工事に取りかかった。だが、明治三十年（一八九七）後半頃からの景気後退による株式払い込みの遅延、雨量の多い山間部での建設工事の難航、英国のストライキの影響による紡績機械到着の遅延、といった諸条件が重なって、すべての工事が竣工をみたのはようやく明治三十一年上期にはいってからであった。

株式は二〇万円ずつ細切れに払い込まれ、株式全額払い込みは、明治三十三年（一九〇〇）六月にようやく完了したが、資本金のほとんどすべてが、予想を上回って増大する工場建設（固定資本）に投下されたため、「原料代その他の必要な運転資金に充てるため製品を担保として支払手形を発行する、いよいよ期限が来れば別の銀

35年）

（単位：円）

34年上	34年下	35年上	35年下
2,589,989	2,241,399	2,369,667	2,634,634
2,000,000	2,000,000	2,000,000	2,000,000
27,350	28,138	27,152	29,306
122,510			200,000
4,218	3,836	6,447	6,764
396,786	111,232	209,748	124,021
31,891	98,191	118,440	172,848
7,232		[10]7,879	7,879
			93,814
1,830,322	1,830,305	1,833,686	1,822,223
		27,313	75,600
7,248	5,024	3,022	4,689
182,028	65,790	245,401	251,589
18,666	17,375	32,280	173,318
302,580	170,233	98,629	103,758
53,597	31,721	69,593	88,357
28,409	20,512	7,164	32,506
25,715	19,665	18,400	24,794
6,034	4,795	3,854	3,687
706	877	391	3,943
13,703	13,098	16,179	16,810
9,930	4,777	9,483	22,725
	8,496	4,049	9,524
8,332	153	216	1,104
[9]△102,713	△48,572		

信）積立金・医務所積立金，が加わる．

合計．明治31年下期のみ什器含む．

れも当期欠損金（次期への繰越）である．

表 2-1-a　富士紡の資産・負債の動向（明治 31～

		31 年下	32 年上	32 年下	33 年上	33 年下
	資産＝負債　総額[1]	1,877,732	2,106,209	2,349,700	2,421,009	2,397,745
負債	払込資本金	1,657,885	1,688,395	1,847,476	2,000,000	2,000,000
	諸積立金[2]	1,290			7,081	17,095
	借入金	1,752			25,800	
	当座借越	15,595	14,720			
	特別預金・仮預金（仮入金）		8,181	5,790	2,164	3,007
	支払約束手形	199,900	391,633	435,953	335,488	369,435
	未払金・未払配当金[3]	1,309	1,578	2,107	207	975
	前期繰越金				788	714
	当半期利益金		1,701	58,372	49,479	6,518
資産	固定資産[4]	1,651,444	1,754,355	1,780,364	1,787,695	1,798,841
	増設勘定（拡張費）[5]					
	職工立替金					
	原料棉花[6]	65,403	86,700	116,433	163,130	60,603
	絹紬糸原料	46,023	35,211	105,936	59,445	64,641
	製品・落綿・屑物・製乾品	35,486	63,943	75,222	237,662	283,233
	工場仕掛物	21,329	73,726	102,782	69,707	59,847
	製品売掛金・取引先勘定	101	229	35,050	3,684	10,869
	工場需要品（工場勘定）[7]・石炭	23,283	54,213	55,703	60,781	58,568
	炊事場・医務所・精米所・物品供給所勘定					
	未収入金					
	仮払金	5,953	6,666	12,905	16,179	18,584
	銀行預金・有価証券	3,849	6,151	36,315	18,348	42,555
	受取手形		143	6,002	4,372	
	現金	191	201	19		
	その他[8]	△ 24,664	△ 24,664	△ 22,963		

出所：富士紡績株式会社各期『報告書』より作成．綿糸生産が開始された明治 31 年下期から表出した．
注：各項目は，円未満切捨てて表示したので，合計値は 10 円未満の誤差がある．
1）『報告書』の負債・資産の総額から未払込株金を差し引いた額．
2）明治 31 年は職工積立金．33 年上期から法定積立金・機械消却積立金．34 年上期から職工（保
3）明治 34 年上期の数値は，原料棉花買掛金 18,039 円含む．
4）地所・家屋・器械・消火機・水車・暖房装置・電灯及電話・水路・道路橋梁・工場用具・器具の
5）工場増錘勘定・拡張費．
6）明治 34 年上期原料綿花諸掛 710 円含む．
7）明治 31 年は什器含む．
8）△印は欠損金（損失金）．32 年上期は前期欠損金，31 年下期，32 年下期，34 年上下期は，いず
9）絹糸減価損失金 71,365 円含む．
10）次期繰越金として計上されている．

35年）

（単位：円）

34年上	34年下	35年上	35年下
628,508	878,241	819,989	928,777
511,274	658,520	617,490	598,121
106,375	206,464	190,764	318,321
10,859	13,257	11,735	12,335
9,602	9,956	13,755	6,363
6,335	8,286	11,534	5,227
3,267	1,670	2,221	1,136
356,180	201,958	168,226	192,119
(54.2)	(23.0)	(20.5)	(20.7)
5,173	2,948	5,299	4,027
999,463	1,093,103	1,007,270	1,131,286
534,351(48)	498,088(48)	542,708(57)	623,242(61)
393,592	430,681	435,929	410,741
140,759	65,066	103,773	208,548
	2,341	3,006	3,953
343,084	356,180	201,958	168,226
25,059	20,978	15,305	7,734
3,292	3,318	3,194	3,277
193,313(18)	167,631(16)	187,653(20)	218,994(21)
	13,494	12,154	13,049
	82,965	83,525	108,481
	1,041	3,131	816
	97,500〈58〉	98,810〈53〉	122,346〈56〉
	1,601	1,291	835
	1,812	1,743	1,961
	2,306		1,529
	1,181	1,691	2,079
	611	848	1,894
	5,691	7,009	10,095
	11,791	24,108	15,567
	4,033	5,925	4,980
	12,025	12,930	13,431
	572	2,160	8,061
	8,935	6,824	7,621
	9,101	10,606	16,428
	7,779	10,998	9,221
3,077	2,670	2,700	2,934
1,102,176	1,046,195	950,818	1,021,471

出所：各期富士紡『報告書』より作成.

注：円以下は切り捨てて表示したため合計値が合わない箇所がある.

1）綿糸・絹糸・紬糸・綿布・絹布等製品在高（次期繰越）・同屑物在高（同），製乾品在高（同），製品工場仕掛け物（同）の合計.

2）35年下期以降は猛買棉花運賃割戻金含む.

3）1)と同じ品目．但し，前期よりの繰越し分．明治33年下期の値が同年上期の1)の値より少額なのは，絹糸製缶品在高が減額して記されているため.

4）明治34年上期まで内訳は記されていない.

5）人夫賃含む.

6）明治32年下期～34年上期は売上代割戻金含む．33年上期製乾品違算・倉庫品欠損補填7,942円含む．33年下期募集費其他仮払決算分6,399円含む．34年下～35年下は原棉諸掛.

表 2-1-b　富士紡の収支・損益勘定（明治 31～

		31年下	32年上	32年下	33年上	33年下
収入	1. 製品売上高	26,685	274,171	478,697	503,564	568,327
	綿糸売上高	26,390	232,565	335,310	404,934	427,044
	絹糸売上高		28,357	131,472	82,978	122,582
	紬糸売上高	295	13,249	11,915	15,652	18,701
	2. 屑物売上高	413	3,878	15,863	18,626	19,593
	綿糸落綿屑糸売上高	187	981	10,375	12,464	8,801
	絹糸落綿屑糸売上高	226	2,897	5,488	6,162	10,792
	3. 製品等在庫並仕掛物[1]	56,819	137,671	178,008	311,624	343,085
	（同，対製品売上高比　%）	(190.4)	(50.2)	(37.2)	(61.9)	(60.4)
	4. 雑収入及雑品売払代[2]	1,177	3,368	5,145	11,720	5,553
	計	85,094	419,090	677,713	845,534	936,558
支出	1. 原料消費高（同全体比　%）	69,995(64)	247,637(59)	336,004(54)	439,006(55)	420,754(45)
	綿糸原料消費高	47,926	191,135	263,136	309,989	287,459
	絹糸原料消費高	22,069	56,502	72,868	129,017	133,295
	紬糸原料消費高					
	2. 前期より繰越製品等在高・仕掛物[3]		56,819	137,671	178,008	307,373
	3. 利子	9,512	10,147	12,933	14,313	20,616
	4. 火災保険料				1,762	3,142
	5. 工費及諸経費[4]（全体比　%）	29,570(27)	102,785(25)	131,191(21)	154,067(19)	169,547(19)
	諸給料					
	職工給料					
	満期賞与及帰郷旅費					
	小計〈対工費・諸経費　%〉					
	寄宿舎費					
	医務所補助金					
	炊事場補助					
	職工募集費					
	旅費					
	器械等修繕費					
	工場消耗品・電気用品					
	石炭					
	荷造・運搬費					
	諸税					
	本店経費					
	分工場経費					
	雑費[5]					
	6. その他[6]			1,540	8,899	8,607
	計	109,078	417,388	619,340	796,055	930,039

年）

（単位：円）

33年下	34年上	34年下	35年上	35年下
6,518	△102,713	46,907	56,452	109,814
				16,000
6,518	△102,713	46,907	56,452	93,814
714	7,232	△95,481	△48,572	7,879
7,234	△95,481	△48,572	7,879	101,693
				4,700
				4,700
				14,000
				60,000
				6分
7,232	△95,481	△48,572	7,879	18,293

費及び救恤金，と記載.

行に割引を依頼するといふやうなやりくり算段で一時を糊塗して来たのであるが、そんなわけであるから、利率も非常に高かった」と『五十年史』[1]は述べている。事実支払手形は、三十一年上期六万円台（同年同期富士紡『報告書』）であったが、下期一九万円台、三十二年上期三九万円台・同下期四三万円台と著増し、三十年下期末には四一万円台あった銀行当座預金（同年同期富士紡『報告書』）は次年度から激減し、三十一年下期末・三十二年上期末には当座借越が一万四千～一万五千円台を計上している。支払利子額も三十一年下期九五一二円から三十二年下期末には一万二九三三円に上昇して当初より経営を圧迫した（以上、表2‐1‐a・b）。

綿糸部門は、明治三十一年（一八九八）九月からようやく一部機械運転を開始し、十二月にわずかに三二四梱、二万六三九〇円の販売を行った。絹糸部門も、十一月下旬に機械の運転を開始し十二月から製造に着手したが、なお試業の域を出るものではなかった。加えて、「工女ノ不足ハ大ニ操業ノ進捗ヲ妨ゲタルヲ以テ本年二月ニ至リ大ニ之ヵ募集ヲ力《ツト》メ工女ノ数稍多数ヲ得タルニ依リ、綿糸ハ三月十六日ヨリ又絹糸ハ五月五日ヨリ其一部ノ夜業ヲ開始スルニ至[2]」った。

綿糸ではリング紡績機一万七〇五六錘、ミュール紡績機は一万一二〇〇錘を擁して明治三十二年（一八九九）春から本格操業に入った。綿糸紡績業界では明治二十年代にはいってリング機がミュール機を陵駕し、その据付台数は、明治二十二年には一〇万錘を超え、三十年には一〇〇万錘に達し、同

表 2-2　富士紡の利益金処分（明治 31～35

		31 年下	32 年上	32 年下	33 年上
利益金処分	収支差引（△は欠損金）	△ 23,983	1,701	58,372	49,479
	機械代償却費				
	差引＝当半期純益金 1)	△ 23,983	1,701	58,372	49,479
	前期繰越金	△ 681	△ 24,664	△ 22,963	788
	再差引利益金	△ 24,664	△ 22,963	35,409	50,268
	法定積立金			1,771	2,474
	器械償却積立金			5,310	7,540
	損失補填準備積立金				
	重役賞与金 2)			3,540	7,540
	株主配当金			24,000	32,000
	配当率：年利			2 分 4 厘	3 分 2 厘
	次期繰越金	△ 24,664	△ 22,963	788	714

出所：各期富士紡『報告書』より作成.
注：円以下は切り捨てて表示したため合計値が合わない箇所がある.
1）明治 34 年上期，絹糸減価損失金 71,365 円・損失金 31,347 円.
2）明治 32 年下期は賞与金，33 年下期は重役以下賞与交際費及び救恤金，35 年下期は重役賞与交際

時期に一〇万錘前後に低迷し続けるミュール機を圧倒して増加している。清川雪彦の研究[3]によれば、日本の綿業界は、ミュール機とリング機の機械設備の生産性（特に太糸における生産性・高賃金の熟練工の必要性・必要床面積・経費・修理費等）についてのほぼ正確な情報を得ており、後者の方が明らかに優れているとの認識を得ていたという。また二十三年恐慌の影響や工女の遠隔地募集と寄宿舎制が普及するなかで、大阪紡・鐘紡・摂津紡・金巾製織など大規模紡織会社はほとんどリング機を使用するようになっていった。そうしたなかで、後発の富士紡が何故ミュール機を全紡機の四割も装備したのであろうか。

ここで改めて注目されるのが、ミュール機とリング機の糸質に即した生産性である。すなわちミュール機は、四〇番手ないし六〇番手以上の細糸か一〇番手以下の極太糸において、またリング機はその中間の一〇～四〇番手の太糸・中糸生産において、生産性優位を発揮していた点である。この点に着目すると、明治二十～三十年代前半において主要な紡績会社が主として一〇番手台または二〇番手台の生産にほぼ特化してリング機に転換・増設していったが、他方でミュール機も、極太糸と細糸分野ではなお活躍できる分野を残していたとい

35 年)

34 年下期	35 年上期	35 年下期
167	160	165
	22	
(31.7)	(31.5)	(32.7)
17,056 16,203(95)	17,056 16,786(98)	17,056 16,750(98)
11,200 8,370(75)	11,200 10,652(95)	11,200 10,856(97)
24,573(87)	27,438(97)	27,606(98)
208,032 367,967	223,357 392,219	215,544 390,846
4.1	4.1	3.9
	3.4 3.6	
658,520	617,490	598,121

作成.

生産高は，推定値.

いうるのである。事実、明治三十二年（一八九九）においても、一万五千錘すべてがミュール機で一〇番手の極太糸を産出した宮城紡績（資本金一六万円）などの会社が存在し、他方で、東京瓦斯紡績会社（資本金八〇万円）は全稼働紡機一万八四一七錘のうち八三三八錘（四五％）がミュール機で平均六〇番手の細糸（瓦斯糸）を専門に産出し、一宮紡績（同五〇万円）は一万五八〇〇錘のうち六千錘がミュール機で平均五六・六番手、また大阪の日本紡績会社（同一〇〇万円）も四万一二一三錘すべてがミュール機で八〇番手の細糸生産を行っていたのである。(4) これらの企業は、いわば主要大企業の支配が及んでいない分野で生産を拡大していったといえよう。

富士紡もまた、設立に際し、支配人荒井泰治が「瓦斯糸紡績と屑繭を原料とする絹糸紡績の、時好に投じ且つ競争少なきを以て、成功疑なきを以てせり(5)」と富田会長に助言して容れられた。荒井支配人がこうした主力商品戦略を抱いたのは、彼が鐘紡支配人時代（明治二十三年十一月～二十七年）に支那棉及び和棉より細く低廉なインド棉を用いた三〇番手以上の細糸紡出を提言していたことがあり(6)、細糸紡績に商機を見出していたこと、また絹糸紡績に関しても官営の新町絹糸紡績所が三井組に払い下げられており（明治二十年）、同じ三井傘下の鐘紡に身を置くものとして絹糸紡績への関心は当然有していたと思われる。また当時京都の第一絹糸会社が絹紡糸生産で好成績を挙げていたことが、富士紡に絹紡部を兼営させる直接の要因となったといい、それを慫慂したのは三井新町紡績所の春木彦七技師であったという(7)。

特に明治二十年代に登場した瓦斯糸は、絹糸のように細美で光沢があり、足利や所沢、結城など

表 2-3　富士紡の綿糸紡績の成績（明治 32〜

	32 年上期	32 年下期	33 年上期	33 年下期	34 年上期
就業日数（昼夜）	129.5	167.5	162.5	166	162
1 日平均就業時間	24		22		22
製品番手（平均）	13〜80(20)	20〜80(20)	10〜100(23)	10〜100(28)	(32.6)
リング機据付錘数	17,056	17,056	17,056	17,056	17,056
運転錘数(運転率%)	12,728(75)		13,177(77)		15,429(90)
ミュール機据付錘数	11,200	11,200	11,200	11,200	11,200
運転錘数（同上）	7,251(65)		8,203(73)		10,299(92)
運転錘数計（同上）	19,997(71)		21,380(75)		25,728(91)
生産高　貫	131,030	176,802	176,980	152,862	180,504
同 20 手換算	131,030	176,802	213,261	251,229	341,203
同 1 時間 1 錘当り匁	(2.1)	2.2	2.8	2.9	3.7
同大阪紡績	3.8		3.6		2.6
同鐘淵紡績	10.8		4.5		4.2
売上高　円	232,565	335,310	404,934	427,044	511,272

出所：各期富士紡績会社『報告書』，各年次「工場表」（各年度『官衙交渉書類』富士紡小山工場）等から
生産高のうち大阪紡績・鐘淵紡績の数値は，各年の『帝国統計年鑑』から算出したもの.

注：運転率は，運転錘数を据付錘数で除したもの。32 年上期の平均番手並びに下期の 1 時間 1 錘当り

の産地で、瓦斯縮緬、瓦斯糸織、瓦斯糸二子、瓦斯糸結城等の新商品として東京市場において評価され、その中でも足利では、瓦斯糸応用の新縮緬系の交織製品を東京市場に多く送り出していた。[8]

富士紡では、明治三十年三月、第一回目の募集工女のうち約一二〇名をリング機専用操業の鐘淵紡績会社に、約一〇〇名をミュール機も使用する東京紡績会社の工場に見習いに出している。[9]

富士紡の明治三十一年操業時の製糸番手は、主任技手田中身喜の著した『富士紡生る丶頃』[10]では、二〇番手と六〇番手と記されており、翌三十二年度の製糸番手は、一三番手から八〇番手の細糸まで及んでいた。[11]

さらに富士紡では、かつて政府が明治十年代に殖産興業政策の中で資金貸与や技術者派遣などで支援した水車駆動の二千錘紡績会社の一つ静岡県島田紡績所にも見習い工女を派遣している。[12]このように、富士紡では、ミュール機も使用する東京紡績、リング機使用・太糸生産の鐘紡、そして水車動力の島田紡績というように、自社の戦略的生

産にとって必要とする会社にそれぞれ技術見習いに職工を派遣していたのである。

しかし創業期の富士紡の成績は不振を極めた。三十二年上期において綿糸は一三万一〇三〇貫を産した。昼夜業は開始されたがなお工女不足がひびき、就業日数は一二九日にしか達せず、一時間一錘（実運転錘数）当り生産額（二〇番手換算）も二・一匁で、同年の大阪紡績会社の三・八匁（同）の五割五分にしか達していなかった（表2-3）。絹糸紡績も、絹糸（紬糸含む）四八〇二貫を産出してようやく販売に至り、四万一六〇六円余を売り上げたが、就業日数はなお一〇五日で、夜業は五月五日からミュール機八四〇錘に限って開始されたに過ぎなかった。売上高も、同年下期の一四万三三八七円余と比べると二九%にしか達していなかった（表2-4）。

製品の販路については、「明治三十一年十月、当社営業開始以降綿糸ハ東京綿糸商組合ノ手ヲ経テ足利・所沢・青梅等全部関東ノ各機業地ニ供給シ、絹糸ハ関西（主ニ丹後・京都）七割、関東（主ニ足利・伊勢崎）三割ノ割合ヲ以テ販売シタルニ、三十二年頃ニ在リテハ産出高モ極メテ少キガ上品質亦良好ナラザルヲ以テ、綿糸ハ鐘淵紡績会社又ハ東京瓦斯紡績会社ノ製品ニ圧倒セラレ、絹糸ハ新町紡績所又ハ京都第一絹糸紡績会社ノ製品ニ拮

34年下期	35年上期	35年下期
166.5	164.5	170
11.3	22.0	22.0
131 34	148 30	135 30
5,100 4,161(82) 840 840(100)	5,100 2,558(50) 840 840(100)	5,100 4,176(82) 840 727(87)
5,007(84)	3,398(57)	4,903(83)
6,942 3,025	6,801 3,277	14,589 3,085
9,967	10,078	17,674
206,464 13,257	190,764 11,735	318,321 12,335
219,721	202,499	330,656
32,500	30,107	58,547
5,021(15)	5,329(18)	6,000(10)
690	730	693
12,151	16,529	35,338
10.6	13.8	30

長くなる．明治35年下期は全期を通してリ

錘数で除したもの．また明治35年下期の運

表 2-4　富士紡の絹糸紡績業の成績

	32 年上期	32 年下期	33 年上期	33 年下期	34 年上期
1. 就業日数	105	160	162.5	166.5	160.0
2. 就業時間 1)			11.0	10.5	11.0
3. 平均番手 2)　絹糸			40～250	40～250	121
紬糸			30	30	30
4. リング機　据付錘数 3)	5,100	5,100	5,100	5,100	5,100
運転錘数（運転率%）			2,518(49)	2,248.5(44)	3,799(74)
ミュール機　据付錘数	840	840	840	840	840
運転錘数（同）			700(83)	769(92)	735(88)
運転錘数計（同）			3,218(54)	3,017(51)	4,533(76)
5. 生産高　貫　絹糸			5,714	6,709	7,087
紬糸			2,990	4,060	3,567
計	4,802	6,946	8,704	10,769	10,654
6. 売上高　円　絹糸	28,357	131,472	82,978	122,582	116,375
紬糸	13,249	11,915	15,652	18,701	10,859
計	41,606	143,387	98,630	141,283	127,234
7. 原料消費高 4)　貫			31,923	39,794	33,830
8. 屑物出来高（8/7%）			6,737(21)	10,003(25)	6,584(19)
9. 1 日平均職工人員			601	538	555
10. 賃金支給額　円			20,881	21,673	22,370
11. 同 1 人 1 日当り　銭			21.3	24.2	25.2

出所：各期富士紡『報告書』並びに「絹糸紡績工場調査票　富士紡績株式会社」より作成.
注：1)　明治 33 年からミュール機については昼夜業を行っており，就業時間は表記の数値よりその分
ング・ミュールとも昼夜業が行われた.
2)　番手表記は，フランス式号数であり，数値が高くなるほど太糸となる.
3)　紡績機械の据付錘数は，リング 5,100 錘，ミュール 840 錘である．運転率は，運転錘数を据付
転錘数は，史料では夜業分を倍加して記載していると思われるので半分に割って表示した.
4)　原料消費高は，絹糸と紬糸の合計値.

抗スル能ハズ市場ノ声価未ダ劣等ノ地位ニアリシ」[13]という状態であった。

いま一例として明治三十一年における足利機業地への綿糸の供給状況をみると、最も需要の多い三番糸（一四〜二四番手）や二番糸（二八・三〇・三二番手）の中糸は、鐘淵紡績が首位を占めて金巾製織、尾張、三重の各紡績会社が続き、太糸（一〇・一一・一二番手）は鐘淵紡績と東京紡績、細糸と撚糸（四〇・四二・三二番手）は平安紡績・尼ヶ崎紡績・明治紡績で占められ、富士紡は瓦斯糸（六〇・八〇番手）においてようやく東京瓦斯と並んで姿を現しているに過ぎない[14]。しかも瓦斯糸はいまだに多くを輸入品に席巻されていたのである。

こうして創業当初の業況は先発大企業の壁に阻まれて振るわず、三十一年下期には二万三九八三円の欠損金を生み、三十二年上期にもわずかに一七〇一円の純益金を上げたのみで、株式配当は得られなかった（表2-2）。

2 職員・職工の構成

それでは、こうした生産不振が続くなか、従業員、とくに工女の募集はいかなる状況にあったのかを見てみよう。すでに紡績業界では労働力不足に対処するため、明治二十四年頃からリング機の普及とともに寄宿舎制をセットにした年少工女の遠隔地募集が本格化していて、そこに割り込んで多数の工女を獲得することは至難であったが、富士紡では会長の富田鉄之助が出身地仙台の市長に依頼してたちまち千人あまりの工女が集まったという。職工数は、三十一年十二月に一〇三五人（工男二〇五人・工女八三〇人）、翌三十二年十二月には二二〇七人に達していた。三十年〜三十二年七月の地域別募集人員をみると（表2-5）、総計二五六六人のうち東北五県が最も多く五一％を占め、そのなかでも仙台がある宮城県が九二六人・七〇％と最大の供給源であり、岩手県の一九六人がそれに続いた。そのほか富山、群馬、山梨、地元静岡・愛知・広島の諸県が、一〇五〜二七五人と多数を排出しており、東北を中心に北陸・関東・東海地方で九三％とほとんどを占め、近畿以西では広島の一〇五人が群を抜いて多いがそのほかの県は一〇人台かそれ以下であった。

職工の構成を明治三十一年六月時点で確認すると、[15] 職工六六七人のうち工男は八四人で、一～五等（一六等級中）が三六人（四三%）、六～一〇等が三五人（四二%）、一一～一六等が一三人（一五%）と、中・上層がほとんどを占めるのに対し、工女は五八三人のうち一～五等が八八人（一五%）、六～一〇等が一〇八人（一九%）、一一～一六等が三八七人（六六%）と圧倒的に下層が多い。それでも工女の中で約三四%が一〇等以上の中上層に属しており、ミュール機等のための熟練工の供給を一定の割合ではかっていたことを窺わせる。

表 2-5　富士紡の府県別募集職工と定着人数（明治 30 年～32 年 7 月）

		1. 30 年～32 年 7 月までの募集人員（人）	2. 32 年 7 月現在人員（人）	3. 定着率（2/1 %）
東北	宮城	926	780	84.2
	岩手	196	159	81.1
	山形	21	20	95.2
	福島	126	65	51.6
	新潟	52	43	82.7
	小計	1321	1067	80.7
北陸	富山	228	137	60.1
	石川	17	0	0
	小計	245	137	55.9
関東	群馬	111	96	86.5
	山梨	162	78	48.1
	埼玉	7	4	57.1
	東京	22	21	95.5
	神奈川	6	3	50
	小計	308	202	65.5
東海中部	静岡	275	146	53.1
	愛知	205	153	74.6
	岐阜	11	6	54.5
	三重	12	2	16.7
	小計	503	307	61
近畿	和歌山	8	1	12.5
中国	岡山	10	1	10
	広島	105	78	74.3
	鳥取	8	3	37.5
	山口	5	2	40
	小計	128	84	65.6
四国	徳島	10	6	60
	香川	19	13	68.4
	小計	29	19	65.5
その他	1 府 12 県	24	17	70.8
合計		2,566	1,834	71.5

出所：「募集職工府県別及逃亡退社割合表」『高風院伝記史料』11 輯より.

だが、工場への定着率は低く、明治三十年三月の第一回からの募集人員二五六六人のうち三十二年七月まで留まったのは七一・五%に過ぎなかった。毎月二〇〜三〇人の退社・逃亡者があったといわれているが、定着率は東北出身者が八〇・七%、他地域は押しなべて五五〜六五%と低かった。こうした状況を全国の紡績会社と比べると、明治三十年十月時点における紡績業界七二社の平均職工勤務年数は、一年以内が工女四七%・工男四一・六%、二年以内が工女二三%・工男二四・五%、三年以内が工女一三・三%並びに工男一三・二%であり(16)、富士紡はけっして著しく定着率が悪いわけではなかった。むしろ東北出身者の八〇%が、入社二年後まで会社に留まっていたことは驚きである。東北出身の富田会長の威光が効いていたのか、東北人特有の粘り強さが発揮されたのか、遠隔地ゆえほとんど帰る途が見つからず居残らざるを得なかったのか、その理由は定かではない。

とにかく、創業当初の富士紡『報告書』が「工女ノ不足ハ大ニ操業ノ進捗ヲ妨ケ」(三十一年下期末)、「職工不足ノ為一部未タ全夜業ヲ繰ルニ至ラサリシ」(三十二年下期末)、「工女ハ今尚不足ニシテ全部ノ機械ヲ繰ルニ至ラス」(三十三年上期末)というように、機械の全操業と夜業の完遂にとって大きな障害となり、生産額を押し下げていたのである。綿糸では特に熟練を要するミュール機の稼働率の低下が著しかったのは先に見たとおりである。会社では「工女ノ逃走ヲ防グガ為メ市街又ハ付近村落ノ要所ニ三、四拾名ノ人夫ヲ配布シテ其遊歩区域ヲ制限シ且ツ宿舎工女ノ出門ヲ厳重ニシテ逃走ヲ企ツルモノアルトキハ寄宿係に於テ殆ンド人権問題ヲ惹起スルニ足ル可キ過酷ナル懲戒処分ヲナス等種々警戒取締ノ方法ヲ尽シ(17)」たが、工女の退社・逃亡は止まなかった。

右に引用した『高風院伝記史料』では、工女が工場に定着しない最大の原因として、創業当時平均約一六銭五厘という工女賃金の低さをあげている。だが主任技師田中身喜著『富士紡生るゝ頃』では、明治三十一年時の賃金は、工男二八銭・工女二〇銭位と記されており(18)、『帝国統計年鑑』の数値では、三十二年の一日平均賃金は、工男三四銭、工女二〇銭であり、綿糸紡績業界の明治三十二年の工女名目平均賃金一五・六五銭と比べるとむしろ高い水準にある。しかし、鐘紡・東京瓦斯・大阪・摂津・金巾製織といった二万錘以上の大手紡績会社の賃金は、工男三二〜四〇銭、工女二二〜二七銭であり、これらと比べると、明らかに低い水準にあったといえよう。

全国各地から集められた子女は、鐘紡・東京紡績・島田紡績の各社に依頼して見習いと工場作業の訓練を行ってから小山工場に就業したので、まったくの未経験ゆえの工場労働への不適応というわけでもなかった。そして一〇代から二〇代という若年の子女がはじめて工場労働に従事したときのこうした不適応の状況は、富岡製糸場や小名木川綿布会社の創業期などにも共通して観察される、いわば工場労働という日本の労働者が有史以来初めて直面した異質な労働環境に対する共通した対応状況であったと思われる。

紡績職工のおもな供給源である農村における労働事情は、近世江戸期においても、勤勉が奨励されるなか男女ともに朝早くから夜なべに至るまで農耕と機稼ぎなど長時間労働と重労働に従事し、明治期にはいってもそうした過酷な労働慣行が紡績工場に引き継がれ、夜業として確立・定着していったことは確かであろう[19]。だが、特に農耕や婦女子が従事する家計補充的機織や養蚕等の場合、家族との生活や周囲の自然環境とともにあり、労働の主体はなお手仕事をなす働き手の側にあり、労働の目的も直接的な家族への扶助などの場合が多く、仕事の配分や時間の使い方も基本的に家主や副業に携わる婦女子たちの裁量に委ねられ、作業をしながらの談笑や歌い合いもみられ、休憩も随時に取られていたといってよかろう[20]。これに対し、近代の工場労働では、労働作業の主体は機械に移り、工男・工女たちは機械の回転に合わせて細分化された均質な作業を、外界と隔絶された労働専門の空間の中で厳格な規律の下に緊張を強いられながら長時間連続的に行わねばならなかった。

富士紡では、昼業は朝六時半から午後六時半まで（内一二時〜一三時まで休憩）、夜業は午後六時半から翌朝六時半まで（内〇時〜一時まで休憩）それぞれ実働一一時間と定められた[21]。昼夜業は二人一組の交代制で、六日間連続で従事し、半日の休憩の後昼夜業の交代が行われた[22]。富士紡の「職工服務心得」[23]では、機械運転や工場整理にかかわる事項のほか就業中の無用の談話または放歌、睡眠、許可なく受持ち場所を離れること、等が厳禁され、守られない場合は相応な処分の対象となった。これらの昼夜業の施行形態や懲罰・禁止事項は、ほぼ普く当時の紡績会社でとられていた措置といえるが、夜業への六日間の連続就業や、生活空間並びに家族から切り離された近代工場特有の緊張と規律を伴う労働秩序への適応が、それまでの夜なべや長時間重労働を含む伝統的労働慣行に慣れ親しんだ職工たちにとってさえ、耐え難い苦痛であり、早期退職や逃亡の要因となっていたと考えられる。

次に職工たちを束ね機械を起動させ、企業の運営に当たる職員たちの構成を表2-6によって見てみると、明治三十一年六月時点で、重役である取締役会長一人・取締役五人・監査役三人の下に、準重役として支配人一人・工場支配人一人・技師長一人の計三人、社員として副支配人二人・医師一人・技師一人・技手五人・手代一五人・工手一人・工手補一八人の計四三人、雇員として臨時雇二八人・手代見習二人・書記一人・小使及給仕五人の計三六人、嘱託として技師一人・医師一人の計二人、総計八四人を擁している。

また明治三十四年四月時点であるが、判明する職員の給与（月給）をみると、工場全体の機械・設備等の技術管理の責任者である技師長は一七五円で、これは三十四年一月に専務取締役として就任した和田豊治の月給一五〇円より高額であり、会社の盛衰に大きな影響力があるとみなされていた専門技術者が厚遇されていたことがわかる。(24) 技師の平均月給額は、その約三割に当たる五三・七五円、技手は三一・八円、工手・工手補は二二〜二八円前後であるが（表2-6）、当時の一四歳以上の工男の平均日給が三九銭、工女は二三銭であるから（後掲表2-10）、ひと月三〇日としても月給は工男一一円七〇銭、工女六円九〇銭にしかならず、工手・工手補クラスは、工男の二〜三倍の給与をもらっていたことになる。

それでは、実際にどのような技術者や職員が富士紡の創設にあたって招聘されたのであろうか。

まず、本店支配人には、会長の富田鉄之助と同郷で仙台藩士の子として生まれ、中江兆民の塾で研鑽を積み、政治家（改進党本部書記長）や新聞記者また実業家として活躍してきた荒井泰治が就任した。荒井は、富田日銀副総裁の抜擢によって日銀に勤務し、富田とともに横浜正金銀行への低利資金融通問題で松方大蔵大臣と対峙し、日銀辞職後は、やはり富田の推薦で明治二十三年鐘紡支配人となり五年余にわたり同社の営業発展に貢献し、二十七年には東京商品取引所常務理事となった経歴の人物であった[25]。また小山工場の支配人には、当時駿東郡長であった河目俊宗が就いたが、これは「富田会長の考えで郡長をやめさせ、地方の折合いのためとくに工場支配人にした[26]」というものであった。

工場の建設に際しては、建設並びに工事は内務省の技師妻木頼黄工学博士が、また機械の設計には谷口直貞工学博士が当たった。谷口直貞は、大和郡山柳沢藩士の家に生まれ、工部大学校を卒業後英国留学し、明治二十年鐘紡設立の際には渡英して機械を購入し、工場設計と紡績技術指導も行い同社の技師長を務めた人物であった[27]。操業を間近に控えた三十一年上期には、技師長として下山秀久を迎え入れた。下山は、工部大学校卒業後、明治二十二年五月創設の三池紡績会社の設計を担当し[28]、その後明治二十九年には小名木川綿布会社が、社業の挽回を

表 2-6 富士紡の職員の構成と給与（明治 31, 34 年）

		人数		月給平均額円
		31 年 6 月	34 年 4 月	34 年 4 月
準重役	支配人	1	1	−
	工場支配人	1	1	−
	技師長	1	1	175.00
嘱託	技師	1		
	医師	1		
社員	副支配人	2	1	
	医師	1	1	75.00
	技師	1	4	53.75
	技手	5	6	32.80
	手代	15	9 1)	22.78
	工手	1	7	22.86
	工手補	18	6	28.50
雇員	臨時雇	28		
	手代見習	2		
	書記	1		
	小使及給仕	5		
合計		84	95	

出所：明治 31 年 6 月の数値は，明治 31 年上期富士紡第五回『報告書』，明治 34 年 4 月の数値は，「同年 4 月 1 日現在職員給与調」『明治三十四年度官公署交渉書類　庶務掛』所収，による．

注：明治 34 年 4 月の数値は，給与の判明する者のみを表出したもの．このほか監督（細糸）1 名・月給 175 円がある．

1）手代補 1 名含む．

図るために小山停車場近くの土地に水力を動力とする三万錘規模の工場建設に取り掛かると、その任務にあたるため招聘されたが、結局この工場建設は中止されたため、姉妹会社ともいえる富士紡の技師長として招かれたのである。(29)

そのほか、土木工事には、東京測量社主磯長得三、電気技師には慶應義塾並びに工部省電信修技校に学んだ加藤木重教など、いずれも斯界の先覚者でありオーソリティーである者が、日銀総裁や東京市長を歴任した富田会長の名望のもと、その配下に富士紡建設のために馳せ参じていたのである。

次にこれら支配人・技師長らのもとに工場現場で実際に機械の運転・操作・維持・管理にあたり生産指導に携わった技師・技手や工手・工手補を見てみよう。主任技師に登用された田中身喜は、明治三年十一月生まれで、二十四年に東京高等工業学校機械科を卒業後、二十五年五月から二十八年十二月まで静岡県の島田紡績で水車・電灯設置監督として働いていた経歴を持ち、その後横浜サミール商会で紡績並びに電気機械の輸入販売に従事していたところを、富士紡の機械購入の交渉に訪れていた荒井支配人にリクルートされて富士紡入りした。(30)おそらくその水車動力に関する専門能力を買われてのことと思われるが、田中技師は、下山技師長の監督下、工場建物や水路建設、機械や動力、電機施設などの設計と施工の現場責任者として工場建設に携わった。

田中身喜は、「到着諸機械を、インボイス面に依って内容の完否、数量の過不足を精査して仕分けをなし、綿両工場に配給せしめ、その上毎週磨き上げの予定と各据付順序および工程等万慰労なからしむるという大責任を負ひ、日も之に足らざるの活躍振りだった」(31)が、さらに手抜き工事に対する工夫への注意・監督、精錬にともなう汚染水の流出や停車場から工場内に敷設した軌道をめぐる周辺住民とのトラブル、また水路に布設した鉄管の破裂事故等にも現場の責任者として対応に追われていた。(32)

そして工手・工手補として「我こそは新興富士紡の操業中堅と乗込んできた面々は、当時鐘紡の優秀な熟達者揃で」あった。綿糸部門では田中義一、混綿・打綿の責任工手で技能秀でたるカーヂング・マスターたる佐野孝次郎工手補、前紡担当の八木工手補、リング精紡担当の中江七郎工手、仕上げ工程の責任者深沢栄吉工手補、ローラ場担当で鐘紡組最年長たる酒井氏等々が、「いわゆる乾分を引具して互いに協力、毎日々々機械磨きから据付、据付から運転と各自随分苦心努力して惜しまず働いてくれた」という。彼らの中には、「これが同伴した組長に中村キクという容姿優れた女工があって落ついてしっかり者だったから中江氏もかなり信用して居った」というように、「乾分」だけでなく工女も伴って来た者もあった。(33)

「さらに絹糸紡績の方面にも優秀な人物が加わった。即ち鐘紡新町工場から技師長として坂本鎗三郎氏、それに技手須田某氏、それから、横尾兼吉、萩原金次郎、吉岡壽五郎、福岡平次郎……その他数氏、名前を忘れてしまったが、何れも其の当時わが国絹紡界に於ける技術の先達者として又、特殊技能の持主として恥しからぬ人々が、それぞれ一門の郎党を多数引率され陸続小山へ乗込んで来た」(34)という。このなかで絹糸部技師長の坂本鎗三郎は、明治十年十月開業の官営新町紡績所時代からの技術者であった。(35)

このように富士紡の創業時に就任した技術者たちの系譜や活動をみると、以下の諸点が指摘できる。

第一に、主任技師として活躍した田中身喜が、静岡県の島田紡績で水車設置の技術者として働いていた経歴に関してである。高村直助が指摘しているように、(36)二千錘紡績会社の中には松方デフレ下で多くが苦戦を強いられるが、明治二十年代になるとその過半が支那棉使用による原料価格低下と昼夜二交代制の採用、設備拡張等によって生産性を向上させて蘇生しており、島田紡績もそうした企業の一つであった。ここで注目されるのが、富士紡の場合は、島田紡績における水車動力関連の技術経験が、水力活用＝水車駆動の工場建設に活かされるという継受関係が認められるのである。おそらく田中の縁があって、先述したように見習工の島田紡績での引受けも可能となったのであろう。

第二に、創設当初の富士紡の陣容に鐘紡からの強い人的継受関係がみられることである。荒井泰治支配人はかつて鐘紡の支配人、また谷口直貞工学博士も荒井が支配人時代の鐘紡の技師長であり、三十年一月から富士紡の取締役に就いていた浜口吉右衛門も、鐘紡取締役として特に綿糸輸出振興に活躍し、荒井支配人とともに鐘紡の営業発展に尽力した仲であった。そしてこの鐘紡出身のトリオは再び相見え、富士紡創業のために協力したのである。すでに見たように操業開始にあたって見習い職工を鐘紡に多数派遣して初期の技術訓練を行ってもらっていること、また綿・絹紡績の両部門において、多くの技術者が郎党を引き連れて鐘紡から富士紡に入社してきていることは、こうした鐘紡と富士紡重役陣との人的繋がりのなかで実現したもので、明治二十年代に大阪などで頻繁に見られた熟練職工や技術者の強引な争奪戦と同じような性格のものとは考えにくい。鐘紡ゆかりの人物の斡旋か、また自主的に彼らを頼ってか、鐘紡の現役または退職した技術者の富士紡入りがあり、そのことが創業時の富士紡の技術的基礎を支えたのである。

第三に、官立新町紡績所からの系譜である。三井新町紡績工場からやってきた坂本鎗三郎技師長はもと官立時代の新町絹糸紡績工場で技術を習得し、三井時代を経て富士紡に馳せ参じたのである。明治三十三年に富士紡の絹糸紡績の顧問となった鶴見良憲もまた官立新町紡績所長であった人物である（第三章注3参照）。ここでも国家によって育てられた殖産興業の人的技術的種子が富士紡へと流れ込んでいることがわかる[37]。

ここで改めて確認しておきたいことは、そうした紡績工場の生産を現場で指揮する技師・技手・工手といった技術者たちが果たした重要な役割である。この点について機械料兼電気料の主任技師を務めた田中身喜自身が次のように述べている。

技術者は、その司る仕事の範囲に於て、苟も過《あやまち》なからんことを期し、如何にせば機械の取扱ひを親切ならしむるか、如何にせば優良の製品を紡出し得るか、如何にせば能率を増進し得るか、如何にせば従業員をして意の如く働かしめ得るか、更に又、如何にせば消耗品の諸経費を軽減し得るか、等々、日夜其念頭を去らないのである[38]。

ここには、単なる技術上の機械の取扱いだけではなく、優良品の生産、能率の増進、経費節減、そしてなによりも従業員の統括が、現場技術者の日夜念頭を去らない任務としてあげられているのである。先にふれた鐘紡から来た深沢栄吉という仕上げ工程の工手補についても、田中は彼の「部下を指揮する点などは実に要領を得たものであった」と、その従業員統括能力の秀でていたことを指摘していた。またこれに加え、田中のような主任技術者には、現場での事故や周辺社会とのトラブルへの対応・処理もその重要な任務の一環であった。

このように、創業当初の富士紡は専門技術者や全体の管轄をなす本店支配人等に適切な人物がいなかったわけではけっしてなかった。それでは何故、先に見たように東北を中心に全国からやってきた工女たちは退社・逃亡するものが後を絶たず、でき上がる製品の質は悪く営業成績は振るわなかったのだろうか。それは現場工場において、従業員にやる気を起させて生産に向かわせ、彼らを従えつつ生産活動を行う技師以下の職員たちをさらに統括し、優良品の増産と営業収益増加へと結びつけることができる、紡績技術と人身掌握に長け工場全般の経営に秀でた工場支配人、またはそうした業務に専心する専務取締役のような存在が欠如していたことであった。本店支配人には鐘紡支配人の経験がある荒井泰治がいたが、生産現場である小山工場の工場支配人は、前述のように当時駿東郡長を務めていた河目俊宗が就いており、これは工場敷地の買収や水利権獲得などで周辺地域とのあいだに大きな軋轢を経験した富士紡幹部が、そうした地域問題への対応を考慮しての人選であったが、河目俊宗自身は、紡績工場の運営に関してはまったくの素人であり、工場経営者としては不適格であった。

こうした創業時の営業不振な状況に対し、明治三十二年三月には早くも株主数十名から重役に対し責任を問う詰問状がだされる事態に立ち至った[39]。成績不振といっても操業開始からまだ半年あまりしか経過しておらず、絹糸部門は紬糸の一部を除いてまだ販売さえしていなかった。しかし、土地買収や工場建設の遅延から、会社創立からはすでに二年半余の月日が流れており、富士紡と同じ明治二十九年に日比谷平左衛門らが設立した東京瓦斯紡績会社は、初期の年六分から一割八分にまで配当をあげるほどの好成績を示しており、富士紡に対する創業時の熱狂はかえって大きな落胆となって五〇円の払い込み株価は二〇円から一六、七円にまで急落したという。[40]おそらくこの株価急落が株主たちの不安をあおった要因であったろう。

富士紡の業況が振るわないなか、本店支配人荒井泰治に対する批判は高まった。『荒井泰治伝』によれば、「一派株主と一人の重役とは、徐々君（荒井泰治のこと―引用者）の動作に牽制を加ふるの態度を来し、富田社長亦た憚る所あるもの丶如く、他の意見を納る丶の傾向あり、是に於いて潔癖なる君は心平ならず、然れども会社の前途を思ひ、忍耐事に当り、屡々振作の方法を建つれども、策多くは用ひられず、是に至て君は断然退社の決心を固め、鵬翼を南天に垂る丶の壮図は、徐ろに君の胸中に畫かる丶事とはなりぬ[41]」と語っている。

荒井支配人は、一重役と一派の株主の牽制を受け、さまざまな建策を行ったがなかなか用いられず、ついに辞職を決意したというのである。「鵬翼を南天に垂る丶の壮図」というのは、当時同郷の仙台藩出身の後藤新平が台湾総督府民政局長官として渡台するのを機に荒井も台湾に赴いて事業を起こす決心を固めたことをいい、荒井は、富士紡での経営不振の責任をとる形で辞職し、四月には台湾に旅立っていった。

それでは、荒井批判の急先鋒に立った役員や株主とは誰だったのであろうか。富田会長直属ともいえる荒井を辞職に追い込むほど批判・牽制を加えるのは、富田鉄之助の支持者や水力組の面々、そして彼らと深い親交があり経済的にも援助を惜しまなかった森村市左衛門とは考えられない。やはり、水力組以外の日本橋組の有力な綿糸商で取締役の柿沼谷蔵か斉藤弁之助あたりと考えるのが妥当であろう。

だが、荒井と柿沼・斉藤らがもともと疎遠であったわけではない。荒井が鐘紡支配人時代には当然東京の有力綿糸商の彼らと付合いがあったであろうし、明治二十七年鐘紡支配人を辞して創立当初の東京商品取引所の支配人（後に理事）に就いた折にも、同理事に就任した浜口吉右衛門や柿沼谷蔵ら実業家の利害に配慮した采配振りを見せていた。また東京水力電気会社（後の東京電灯株式会社）を立ち上げる際にも、富田鉄之助設立委員長のもとで事務長を務め、発起人には富田・渋沢栄一・大倉喜八郎のほか浜口吉右衛門・柿沼谷蔵・森村市左衛門が名を連ねていたことはすでに見たとおりである。ただ荒井が富士紡を去る際には、富士紡株暴落のため浜口・柿沼両名に二万五〇〇〇円の負債を残したというから[42]、そうした状況をもたらした責任者として荒井は批判の矢面に立たされたものといえよう。

柿沼谷蔵は、荒井なきあと富士紡の経営立て直しのために、大阪の取引先金巾製織会社で取締役兼商務支配人を務め、綿糸輸入関税撤廃運動等にも尽力し斯界の権威者と目されていた田村正寛の富士紡経営陣入りを画策した[43]。柿沼は、明治二十九年の創業当初から下野紡績会社の取締役としての経歴を有し、綿紡績事業に関しては他の取締役より経験が豊富であった。また好成績を挙げていた東京瓦斯紡績株式会社の取締役でもあったことから、彼我の違いに焦燥感を抱き、早期の高配当実現のために専門経営者の投入を考えたものといえよう。

また金巾製織会社とは、明治二十一年八月、当時滋賀県勧業課長であった田村が、その職を辞して、阿部市郎兵衛（社長）・阿部市太郎・高田義甫・小泉新助・下郷伝平といった錚々たる近江商人とともに大阪に設立した綿糸布紡織会社で、販売担当の田村は柿沼の尽力によって関東両毛地方への三二番手綿糸の販路拡張に大きな成果を挙げるという実績も有していた[44]。そこで柿沼は、窮地に喘ぐ富士紡の経営立て直しのために田村を経営陣に招聘することを提案し、時に原善三郎取締役の死去した折でもあり、取締役会でもこれを承認して、田村正寛は明治三十二年五月に金巾製織会社を辞して富士紡専務取締役として小山工場に赴任したのである。

二　田村正寛の「改革」と挫折

田村は、小山工場着任早々従業員を集めて訓示し、大阪の絹綿紡績工場と比べ二割の差がある富士紡の産額を大阪並みに引き上げることを目標に掲げた。そのために、大阪方面から職工係、技手、寄宿係、事務員等一五、六人を呼び寄せて採用した。田村は、さっそくこれら呼び寄せた部下たちを指揮して、厳格な工場管理を断行していったが、次のように、従業員統括の上で、さまざまな問題を引き起こした。

第一に、前述したように、創業時の小山工場は、荒井泰治等の重役の縁故もあって鐘紡ゆかりの工手や事務員が部下や工女も従えて部署部署に配置されており、またこれも富田会長の縁故で東北地方から多数の工女が寄宿舎に収容されていた。そうした工場秩序のもとへ、まったく人的系譜の異なる大阪方面の者が、しかも寄宿係、職工係、事務員、技手という従業員統括や生産活動の枢要部分に配置されたわけであるから、「舊くから居る多数の従業員と、今般専務が引率してきた郎党との間に意思の疎通を欠き、人心が動揺して、一般が脅威を感じています。それが皆仕事に現れて来ています。」[45]と田中身喜主任技師がいうように、職場の協調を壊し、生産活動にも影響を与えたのであった。しかも、営業成績が不振といっても、生産開始からまだ半年しかたっていない時期であり、これまで工場支配人や技師や技手たちは、並々ならぬ労苦を払って工場建設・機械設置等に邁進し、ようやく工場が完成し、操業を開始した矢先であったから、そうした準備過程に加わってもいないまったく見知らぬ者たちが職場に君臨し、指揮を受けることは大いに苦痛であったに違いない。

第二に、田村の紡績機械の技術上の知識が必ずしも正確でない上に、現場の技術者の意見を聞き入れずにこと細かく増産のための指揮命令を強行した結果、かえって不良品を多数産出する場合もあり、従業員の信用を失う一因となった。例えばリング機のスピンドル回転数の限界を超えて操業を行わせたところ機械全体に微震を生じ、糸は切れる、工女の増員を余儀なくされる、その結果増産は果たされたが、不良品の「紡綿」が大量に産出される結果となった。また労働の強化で工女の欠勤が半数にも及んだという[46]。田村は、金巾製織会社で綿糸布の販路拡張には手腕を発揮したが、紡績技術の実際に精通しているわけではなかったのである。

第三に、田村の従業員の労働強化策をめぐって、それまで小山工場での技術指導や従業員統合などの面において枢要な役割を果たしてきた主任技師の田中身喜と対立し、辞職に追い込んだことである。すなわち遅刻者を厳格に取り締まろうとする田村に対し、遅刻者は、労働強化による早出・居残りによる疲労が原因として、「早出居残り簿」の作成による労働管理の調整を要求する田中との対立によって、田中は三十二年八月には辞職を余儀なくされ、柿沼取締役の斡旋で、小名木川綿布会社へ転職したのである。またこの時すでに、本社支配人は荒井泰治から北山政直事務長に代わり、小山工場の支配人も元駿東郡長の河目俊宗から本所一行工場事務長に代えられており、その本所事務長も田中を擁護するよりも田村の意を迎えるという態度であった[47]ことが、田中の立場をいっそう窮地に追い詰めたのである。

　田中身喜は、田村の労務管理のあり方について「規則を厳重にするのもよいでせう。併し、それと共に、人情味があって、恩威並び行なわれるのでなければ、人間は働くものではありません。よい職工が安心して働いてこそ、仕事の能率があがり、工場の成績が良くなることゝ思ひます。[48]」と批判を展開して、小山工場を去った。

　第四に、工場の中心的技師が解雇同様に追われたことは、従業員にも動揺を与えたのみならず、田村はさらに三十二年十一月に至って多数の従業員解雇を断行し「此時の大淘汰は技師長を初め幹部社員、技師以下男女工合して二千数百名に及んだと云はれる」と田村の伝記は記している[49]。ここに言う幹部職員には工場経営の技術上の最高責任者である下山秀久技師長、絹糸部門では三井新町工場からやってきた坂本鎗太郎技師や須田悌造技手も含まれ、小山工場史料の『辞令控』をみると、さらに工手補四名、手代四名、傭六名余がこの時解雇されていることが確認できる。田村は、田中主任技師の辞任ではこと済まず、斯界でも著名な技師長である下山まで解雇した理由は、下山と田村との間で工場運営上大きな対立があったから[50]で、下山を切ることで田村体制の徹底を図ることが狙いであったと思われる。

　ところで当時の従業員は、職工・職員合わせて二千名前後であるから「二千数百名の大淘汰」は大げさな数値であると思われるが、下山秀久技師長に代表される田村専務に対抗する相当数の幹部職員と従業員が解雇され、代わりに田村の意に沿う者たちの入れ替えが行われたと考えられる。『辞令控』によると十一月には、技師補一名・技手二名・工手補三名・手代七名・傭七名が新たに採用された。興味深いことに、このなかに地元小山・御殿場地方で明治十年代には開明的な教育者として知られ、のちに富士紡の監査役になる湯山壽介や室伏董平らと共に自由主義的な演説会等を組織して活躍していた榊研三[51]が工手補として採用されており、また富士紡の小山への誘致に尽力した地元有力者岩田蜂三郎の女婿で地元小山地方出身の伊倉安太郎[52]が五等手代として雇われている。田村は、紛糾する富士紡内の対立を和らげるためにもまた地元との関係も考慮してこうした人士を雇い入れたものと思われるが、ほとんどの者は、田村に縁故があるか田村の工場改革の手足となって働く者が集められたとみてよかろう。

そしてこうした人事は、単なる工場経営の立て直しという範疇を脱し、富田会長以下が苦心して整えた技師長や技術者、職員や職工が解雇され、田村専務に従う幹部職員と職工による事実上の工場の乗っ取りと考えてもよいであろう。だが田村は、富士紡創設には何一つ貢献しておらず、難航した土地買収や工場建設、資金集め等にもまったく関与してはおらず、富士紡の持株さえわずか一六〇株であった。田村を支えた柿沼も同様にこうした創業に関わる労苦にはほとんど関与していなかった。しかるにそうした人物たちによって、いまや富士紡小山工場は支配されようとし、創業の苦労を分かち合った人士が次々と他へ追いやられていったのである。

第五に、このような工場内の中堅技術者や職工の解雇や辞職が相次ぐと、残された職工たちに大きな動揺が走り、工場内秩序が不安定になったことである。田中身喜が辞職に追い込まれた後も、工場や寄宿舎ではそれに不満を持つ職工たちがあちこち集合し、また仕事を怠業して騒いでいた。これには田中自身が職工たちを説諭して秩序を保っている[53]。またその後の大量解雇が進んだ時期にも、柿沼から田村にあてた手紙の中に、「工女散乱のこと何より大事に御座候[54]」という文言が見え、工女の逃散が続いていることが窺われる。

田村や柿沼はこうした事態に対して、協力者への臨時手当等の支給も考えていたようであるが、田村の労務管理はほとんど厳格な取り締まりのみでみるべき策がなかったといえよう。田村は、前職の金巾製織会社においても販売を主として担当し、労務管理に関しては出身地滋賀県日野町から実父をたよって工女募集を行っていたことは判明するが、[55] それ以上に関わっていたことは確認できない。

金巾製織会社では、田村在職中の明治三十年十二月一日から三日にかけて、機関部長の解雇をきっかけとして日頃から待遇に不満を持つ職工たちの怠業が続き、会社は鍛冶職を臨時に雇い入れたが職工の罷業は総員の八〇％に達し、会社は休業に追い込まれるという事態に立ち至っている。[56] こうした機関部長の解雇とそれに端を発した職工の集団罷業という事件をすでに前職在任中に経験していたにもかかわらず、田村はその教訓を生かせず自己の強引な人事政策によってほぼ同様の事態を富士紡でも引き起こしていたのである。

したがって第六に、上記の田村―柿沼による工場整理・改革路線に対して、富田会長や富田と長年強い信頼関係で結ばれてきた村田一郎取締役は断固反対し、経営陣の抜き差しならない対立へと発展していったことである。これはまた、水力を活用した輸入防遏という国家事業として富士紡建設を位置づけてその創業に邁進した富田・村田ら「水力組」の面々（森村市左衛門を除くとすべて国家の勧業行政にも携わった開明的士族であった）と、なにより高配当の取得を目指し直ちに利益の上がるための経営を志向する日本橋組に属する綿糸布商らとの路線争いでもあったといえよう。

柿沼は田村と常に連絡を取りつつ同じ日本橋の綿糸布商・斉藤取締役とも連携しつつ、田村の工場整理に反対する富田会長と村田取締役に対し、直接、間接に辞職を迫り、またそのための前段階の策として取締役総辞職をも画策した。[57] これは、工場現場だけでなく経営陣まで柿沼―田村体制で固めようという実質的な富士紡乗っ取り策であるといえよう。しかし、この目論見は、富田や村田と長く深い親交があり、富士紡ばかりか小名木川綿布会社や富士製紙会社をも強力に支援してきた森村市左衛門の仲介によって阻止され、富田・村田の辞任は実現しなかった。

明治三十二年十二月十四日に柿沼が田村に送った書状[58]によると、両者の間は一種の膠着状態に立ち至ったように思われる。すなわち、書状では、富田会長は当分大量解雇・人員入れ替え後の従業員で工場経営を続けることに同意したが、現行のように技師長なしで顧問技師で間に合わせておくことには断固反対で、適当な人を技師長として常置すべきと主張している。浜口吉右衛門は、解雇した技師長を再入社させるのでなく、適当な人物を技師長として入社させるべきと主張して同意を求めている。

柿沼は、現行のように顧問技師にて十分と主張したが、まずもって適当な技師長を入社させることは止むを得ないことと思われるとした。この時点で柿沼は、田村と画策した富田・村田の辞職が不成功に終わった以上、富田会長が当分田村が刷新した人員で工場運営を行うことを認めているので、同会長の下で自重して仕事に従事してほしいと田村を諭している。

だがこの状況は、田村からしてみれば今後自身の方針のもとで工場経営を行っていくことに大きな不安材料を与えたものと思われる。すなわち自己の職場改革と整理に断固反対した富田会長と村田取締役は在職のままであり、しかも富田会長は、当分現行の体制を認めるといいつつ、解雇された技師長の再雇用をあきらめてはいないもようである。再雇用はありえないという柿沼の言動も、それまで急進的に富田・村田の辞職に動いたときと異なって、むしろ富田におもねり、田村に妥協を強いるように変じている。富士紡の中で柿沼以外に擁護者のいない田村にとって、こうした状況が、辞職の選択を余儀なくさせたのであろう。田村は明治三十三年三月五日をもって、富士紡を辞職したのである。

ここで田村時代の営業成績を確認しておこう。田村の経営手腕の成果が現れる三十二年下期（三十二年七月～十二月）の成績を三十二年上期（三十二年六月）のそれと比較してみると（表2-3・4）、就業日数は、綿糸では一二九・五昼夜から一六七昼夜へ、絹糸ではいまだ夜業は一部しか開始されなかったが、一〇五日から一六〇日へと増加した。生産高も綿糸では一三万一〇三〇貫から一七万六八〇二貫へと一・三倍に増加し、絹糸においても四八〇二貫から六九四八貫へとこれも一・五倍に増加し、綿・絹とも田村が目指した二割の増産は十分達成されているといえよう。売上高においても、綿糸では二三万二五六五円から三三万五三一〇円へ、絹糸においても二万八三五三円から一三万一四七二円へと著増している。こうして三十二年下期には五万八三七二円の当期利益をあげ、前期の欠損二万二九六三円を差し引いて、二万四千円の株式配当と三五四〇円の重役賞与金を初めて計上することができたのである（表2–2）。

こうした田村による営業成績の向上と配当の実現という結果が、柿沼らの強気の行動を支える根拠となり、また株主らがそれを一定支持する背景となっていたのである。しかし、明治三十二年の綿糸紡機の運転率は、リング機で七五%、ミュール機では六五%にしか達しておらず、昼夜業も完全に行われていなかった。綿糸の就業日数一六七・五日のすべてが昼夜業を行ったとしても、三十二年下期の一時間一錘当生産高は二・二匁であり、同年の大阪紡績会社の三・八匁（二〇番手換算）の六割弱にしか達していなかった（表2–3）。製糸高に対する落綿並びに屑糸出来高の割合も、富士紡は二五%に上り、鐘淵紡績一六%、大阪紡績一八%と比べると高い水準にあり[59]、富士紡の生産能力はいまだとうてい大阪紡績等の大手企業と競争しうる水準ではなかった。田村の強権的な人員削減と経営整理によって表面上の成績は向上したが、田村「改革」はそれ以上に工場内に混乱と動揺を生み、経営陣にも深刻な亀裂をもたらしたのであった。

三　日比谷平左衛門の登場

さて田村の辞職は遅くとも二月初旬頃にはすでに決まっていたらしく、小名木川綿布会社に移っていた田中身喜は、二月中旬頃富田会長によってふたたび富士紡に戻るように要請され、三月下旬に小山工場に復帰している。この時、「下山技師長も戻ることになり既に打合せが出来ている」[60]ということであり、その後下山技師長も復帰している。さらに、田中は富田会長に復帰を要請された直後に、小名木川綿布会社の再建のために当時同社社長に就いていた日比谷平左衛門（東京瓦斯紡績社長）からも小山工場への復帰を懇請され、そのとき「私もとうとう口説き落され、已むを得ず富士紡に関係する事になった。……もう田村氏も辞任して引き払ったさうだ。重役にも多少の変動があらうが、まあ君は私の先駆だ。君のうしろにはこの日比谷が控へていることをわすれなさるな。」[61]と励まされている。

田村無きあと富士紡の経営立て直しを託されて日比谷平左衛門が富士紡の取締役に就任するのは、三十三年の七月であるが、すでに同年二月頃には富士紡入社の話が進められていたのであった。

こうした経営陣の動きとともに、株主の中からも会社改革を叫ぶ者が現れ、森村市左衛門らを突き動かす運動を展開した。危機感を抱く株主の一人藤井諸照は、三菱出身で当時は東京倉庫の監査役を務めていた人物であるが、富士紡創業時の大評判に乗って一二〇株を購入したが、その後同社の停滞と混乱を眼前にして、頻繁に森村市左衛門を訪ねて、富士紡の経営改革を訴えていた。森村は、森村組の社員で配下の法華津孝治[62]に藤井を探らせたが、両者はかえって富士紡の経営改革の必要性で意気投合し、さらには、有力株主の一人で日本橋田所町で足袋・綿織物商を営む川崎栄助もこの運動に加わった。その会合の多くは、森村の贔屓の店で行われ、費用も森村から出ていたようで、森村配下の法華津が加わっていたことから、けっして反富田の運動ではなかった[63]。だが、富田会長の敷いた以前の体制への単純な復帰を目指すものでもなかった。

彼らが推進したのはまず、田村無き後の富士紡を立て直す経営者として東京瓦斯紡績を成功に導きまた不振に喘ぐ小名木川綿布会社の再建に尽力した日比谷平左衛門を富士紡に招聘することであった。川崎栄助は、日比谷商店と店舗も近く懇親の間柄で、日比谷が東京瓦斯紡績設立当時には勧誘されて株主となり、また小名木川綿布会社の整理の手腕を見て富士紡再建には日比谷を措いて他に人はなしとして強く森村に日比谷を推薦したという[64]。森村もこれを受けて、富田会長とともに病躯を押して日比谷邸に何度も日参して熱心に富士紡入りを説得し、ついに日比谷平左衛門もこれを受けたのであった。日比谷平左衛門の東京瓦斯紡績で見せた会社経営の高い手腕は、同社の取締役でもあった柿沼も十分認識していることであったから、日比谷の人選は柿沼らの承認を得るためにも当を得た人事であった。

しかし、ことはこのことを以って収束しなかった。田村辞任の波紋は大きく、田村を支持してきた柿沼・斉藤両取締役が辞表を提出したからである。この両名は日本橋の有力綿糸布商であり、富士紡の綿糸販売を担当していたであろうから、両名の辞職は富士紡の販売活動に大きな支障を来すことが予想され、しかもいまだ日比谷平左衛門は富士紡に入社していない段階では会社存続をも脅かしかねない由々しき事態であったといえよう。

こうした事態のなかで、同年三月には、有志株主一同の名において声明書が、株主各位に宛てて発せられた(65)。そこで主張されているのは、一つには、これまでの重役陣の経営方針の不一致の事態に鑑み今後の円滑な会社運営を企図して、いったん形式上にも全取締役の辞任が要求されている。その上で新役員の選出を図るべきという趣旨であろう。第二には、富田会長の嘱託顧問への勇退と辞任した田村正寛を業務監督または相談役として委嘱することが求められている。

この声明書は、これまでの流れの中から判断すると、株主のなかで経営改革を唱えていた藤井諸照や藤井に連携した法華津や川崎らが主導したものと考えられる。ここには、現取締役の分裂という事態を何とか避けようという強い意図が感じられる。と同時に、富田会長が田村に解雇された幹部や職員・職工を続々と復帰させていることにも批判的文言が述べられており、富田会長の顧問への勇退と田村専務の相談役等への復帰を要求していることから、辞表を提出した柿沼らにも十分配慮を示している。おそらく、対立する富田と田村を実質的な会社経営から除外するとともに顧問や相談役といった名誉ある地位に留めて体面を保たせて両者痛み分けの形で会社の分裂を回避し、柿沼や斉藤らの辞職を防ごうとしたように思われる。

しかし、この声明は、実権を握っていた富田会長側にとって到底受け入れられるものではなく、富田の勇退も田村専務の相談役等への復帰も実現しなかった。だが、富田体制への一定の批判が株主側から明確に提起されたことは大きく、柿沼・斉藤両取締役の辞任も行われなかった。こうして表面上は会社の分裂は避けられたように見えるが、富田体制が持続するもとでは、なお柿沼側には大きな不満が残り、内部対立はくすぶり続けていたといえよう。

さて来る三十三年七月二十五日の株主総会では、役員が任期満了となり、改選のための選挙が行われた。その結果取締役では浜口吉右衛門を除いて任期満了の富田鉄之助・村田一郎・柿沼谷蔵・斉藤弁之助が辞任し、監査役では菊池長四郎が辞任した。補欠選挙では、富田・柿沼が取締役として再選され、菊池長四郎と馬越恭平が新取締役に、また待望の日比谷平左衛門が専務取締役として選任された(66)。日比谷は、富士紡立て直しにあたって公正を期すため富士紡株はいっさい所持しない所信であったが、定款において取締役には一〇〇株以上の所持が義務つけられているところから、森村市左衛門が自身の株一〇〇株を日比谷平左衛門の名義に書き換えて取締役に迎えたのである。

この役員改選で富田鉄之助は会長として留まったが、その腹心村田一郎は選任されず、対立する柿沼谷蔵もなお取締役として残ったが、その盟友斉藤弁之助は辞任し、富士紡創設者である水力組と日本橋組はたがいの抗争を経て、その中核人物一人ずつを残すのみとなったようにみえる。

だが両者とも影響力が消えてしまったわけではない。監査役から取締役になった菊池長四郎は、日本橋浜町の呉服太物問屋であるが、村田一郎が専務取締役社長を務める富士製紙会社の取締役を務めていた。また馬越恭平は三井物産から日本麦酒会社に入り社長として活躍していたが、小名木川綿布会社の取締役を務めており両人とも水力組との関係が深い人物であった。他方で、前年の三十二年一月に退任した大野清敬の後任として監査役に就いていた町田徳之助は、東京糸問屋組合頭取として生糸業界に名を馳せていた人物であるが、東京製絨会社や日本メリヤス製造会社では柿沼谷蔵とともに監査役や協議員を務めており柿沼と親しい仲であった(67)。こうして両陣営ともなおその力を保持していたのである。

そのほか監査役として菊池長四郎の後に就いたのは、富士紡小山工場の地元六合村村長を務め県会議員も歴任する名望家室伏董平であった。富士紡工場と周辺地域との円滑な関係構築のためには、地元で影響力のあるこうした名望家を役員に据えておくことが重要と判断されたのである。

日比谷は専務取締役に就任するや経営改革に取り組み、日比谷商店を通じて紡出番手に適する原棉を供給し、需要がある番手の紡出に努め、自ら直接経営する東京瓦斯紡績やまた鐘紡を標準として社員や技師等の督励に努めた(68)。日比谷時代も、工女不足に悩まされ続け、明治三十三年を通しての綿糸リング機の運転率はリング機七七%・ミュール機七三%と田村時代を若干上回ったにすぎなかったが、平均番手を田村時代の二〇番手から二三番手、二八番手と上げてゆき、生産高(二〇番手換算)では、三十二年下期の一七万貫台から三十三年上期に二一万貫台に、同下期には二五万貫台に増加させ、売上高でも同じく三三万円台から四〇万円台に伸ばしている(表2-3)。絹糸紡績も三十二年下期の六九四六貫から三十三年上期には八七〇四貫、同下期には一万七六九貫へと躍進させている(表2-4)。三十三年は、日清戦後第二次恐慌が綿糸紡績業界に大きな打撃を与え、欠損を計上する企業が多く出るなかで、上期には四万九四七九円、下期には六五一八円の当期利益を計上している(表2-2)。こうした状況は、工場の環境に平穏が保たれ、日比谷平左衛門の経営方針が徐々に浸透してきた証左といえるが、一錘一時間当たりの綿糸生産高では、田村時代より上昇したもののいまだ大阪紡績や鐘紡に大きく水をあけられており(表2-3)、在庫も相当量に上って(表2-2)生産面の合理化も不徹底であった。

だがそうした点のいっそうの改善を図ろうにも、日比谷には、東京に自身が経営する日比谷商店や東京瓦斯紡績会社があり、東京から鉄道で八時間かかる小山工場に常駐して工場の指揮に当たることはできなかった。したがって抜本的な経営改革と業績の好転を望むならば、小山工場に常駐して生産と管理運営に直接携われる紡績技術に精通し経営手腕に長けた専門経営者を得ることが必要であった。

そこで白羽の矢が立てられたのが、鐘紡の本店工場支配人を務めていた和田豊治であった。和田は、福沢諭吉と同じ中津藩出身で慶應義塾に学び、鐘紡では、工場経営に当たりながら職工とともに混綿作業の研究に打込んだり、職工の慰安と修養の法を講じたり、工場の火災予防と消防設備を整えたり、また支那への輸出綿糸の振興を図るなど、その経営手腕は高く評価されていたが、経営方針をめぐる武藤山治との競合に敗れ、鐘紡の親会社・三井の要請を受けて織布事業視察のため洋行中であった。洋行中に和田はイギリス紡織業も視察し、「ノースロップ」織機の成績、原棉仕入と製品販売の方法、職工利益分配法、職工貸家制度など広範囲に研究を行ったが、渡米後に三井の方針が織布事業を起業しないことに変わり、八月に帰国した和田は、せっかくの洋行中の研究成果を活かすための場を失っていた(69)。

こうした事情を知った和田の親友で日比谷商店の大番頭佐久間福太郎は、和田の富士紡入りを強力に進め、その後は日比谷平左衛門・森村市左衛門・浜口吉右衛門・藤井諸照・法華津孝治らの推挙があり、和田は明治三十四年一月二十八日の取締役会において取締役として選出された。なおこの時、これまで株主として経営改革運動に尽力してきた藤井諸照も監査役に就任している。

また日比谷は、鐘紡で和田の下で計算係を務めていた棚橋琢之助が、和田退社後に武藤山治の経営色が強まるにしたがい居場所を失いかけているのを見て、明治三十三年十二月に富士紡小山工場の計算係に引き抜いた。その後棚橋は、事務経理面や水力事業の拡張に尽力し、工場長として和田の工場経営を支えていくことになる(70)。

四　和田豊治の経営改革（明治三十四〜三十五年）

1　明治三十四年一月入社より同年六月まで

和田豊治が富士紡小山工場に赴いた明治三十四年一月は、前年上期に紡績業を中軸にして日清戦後第二恐慌が勃発していまだ不況の中に沈淪し、下期には世界恐慌の影響で生糸製糸部門も恐慌に陥り絹糸紡績業も不況のただなかにあった。和田はまさに暴風の吹き荒れる中に単身乗り込んでいったのであるが、和田に富士紡入りを決断させた要因として次の諸点が考えられる。

第一に、富士紡の監査役・取締役となり和田の富士紡入りを推した浜口吉右衛門は、和田とは慶應義塾時代からの親友であり鐘紡時代の取締役であった。[71] 森村市左衛門とも和田が鐘紡入社前、アメリカ・サンフランシスコで甲斐商会に勤めていた際に、森村組との商品取引を通じて親交を結びすでに旧知の仲であった。[72]

第二に、和田が停滞する富士紡を引き受ける動機のひとつには、豊富な水力の存在があったが、それは単なる水車動力としてのみでなく、やがて水力発電事業による電力供給をも見越してのことであった。[73]

第三に、和田は、入社の条件として森村・法華津との三者会談で、自身の提出する意見はいっさい尊重することを挙げて了承を取り付けていたことである。[74]

和田は、入社すると一家を挙げて小山工場近くに引越し、昼夜を分かたず工場に勤務して日夜改革の陣頭指揮に立った。和田は、工場で技師や職工へ直接口頭で技術上・経営上の指導を行うほか、通達や諭達をもって技師層に改善すべき点を指示した。『和田豊治伝』には、和田が入社後約半年の間に技師長あるいは一般工務員に発した通達類が二五編掲載されている。[75] 以下にそれを要約すると、当時の富士紡がどのような問題点を抱え、和田がそれをどのように改善していこうとしたのかがわかる。

第一に、富士紡が一錘当生産高と市場での価格評価で他社に大きく遅れをとっており在庫が累積しているという認識のもと（四月二十九日通達）、次のように生産増加と品質改善、さらに原料購入の仕方や相場に応じた販売のための具体的指導を行っている。

・工場内は人員配置に適材適所を欠く所が多いが、打綿科では終日工女を掃除のみに使用することはやめること（五月五日注意通達）。

・前紡科では、足場を作って工女の動作をやりやすくし不良な篠巻製造を防止し、また空木管を収納するための木柵を設けること（六月十日通達）。

・精紡科は三月上旬より全運転を開始したが、なお篠巻の欠乏等により空錘の機械が多いので改善し、また品質を劣化させる半運転をやめること（三月中旬及び四月二十八日通達）。

・仕上科における撚糸の滞留を減少させること（三月八日及び四月八日通達）。

・夜業は昼業に比べ産額が一、二割低いが、厳重に監督して、半運転の禁止、工女労働の中身改善、掃除日の遅刻厳禁、屑物を減少させて増産と品質改善を図ること（三月二十八日及び四月十三日通達）。

・散乱する油染みた木管、屑綿、屑糸などによる原棉や篠巻管糸の劣化を防止するため、それらを片付けて工場内を整頓し、品質改善すること（四月十五日・五月十二日・七月十一日の各通達）。

・工場で使用する需要品や消耗品は必要なものだけ新規請求し、極力無駄使いを止めるため技師長や倉庫係で種々検査・取調べをすること（六月二十八日通達）。

・綿糸販売方は本店支配人の担当することとし、同人は相場騰貴と見る時には安値にて多数を買い取られないよう少数ずつ注意して先売し、相場下落と見る時はできるだけ多数を二、三ヶ月先まで（原棉は三、四ヶ月前約購入しているので）先売し、原料は無利息六〇日の手形で買い入れ、製品は出来次第売約先へ現金にて販売されたい（四月、本店支配人への書簡）。

・本店支配人は、「スピンドルバンド」の結び方の専売特許については他会社に執られて使用できなくならぬよう大至急願い出ること（同右）。

第二に、主力製品の一つに位置づけられていた六〇番手や八〇番手といった細糸の瓦斯糸生産については、熟練した技術を要するミュール機を使いこなせず、「糸の切断多く」（三月二十二日通達）「瓦斯焼きのムラがあり」（四月十三日通達）「片撚りとなり艶付きに不備がある」（七月十一日通達）等のため、市場の声価が低く在庫が増大して損失が嵩んでいる状況が露呈している。この原因は、原棉の問題、夜業における瓦斯製造不足のため半焼となり焼直しをして焼ムラが生じること、ミュール機に接続するカードにおいてフラット屑を出していない問題等、具体的に指摘されてその改善が指示されている。このフラット屑は、従来落綿とともに廉価で売却されていたが、それを三〇番手、四〇番手などの原棉中に混棉して用いることを推めている。[76]

しかしこうした努力もすぐには成果として結実せず、特に八〇番手の極細糸は、品質が悪く縦糸・緯糸とも使用できないと市場で酷評され大量の在庫を抱えて損失が嵩んだため、専務取締役の日比谷平左衛門は、八〇番手を産出するミュール機一四台の休錘を和田に進言している。和田は、ミュール機六〜八台は最優秀の熟練工を以て八〇番手生産を継続する案を技師たちに諮るが（五月十八日通達）結局休台となり、三十五年三月まで休台は続いた。

六〇番手についても追々改善しているがなお品質劣化がみられ、出来高の多さを求めるより品質改善によって市場の声望を回復することを指示している（七月十一日及び七月十三日通達）。

第三に、リング機で産出する主力製品である中糸・太糸の分野でも、「太糸一六番手の一梱当出来高は約五〇匁で全国比類なき最小の値である」という状態に鑑みて、出来高の増加と品質改善を強く求め、ミュール機の一部休台の後は特にリング機が休台とならぬようきつく戒めている。左一六番、A一六・一八・二〇番、B三二番、A四二番では十分利益を上げうるはずであり、左三二番や右二〇番では、足利織物市場などで販売しても収支償うように糸の強さや撚数を適当なレベルに維持するよう改善を求めている（三月八日及び七月三十一日通達）。

第四に、上記のような改善策を実効あるものとするため、職工を指揮監督する技師層の人員配置を見直し、生産性の劣る夜業の強化とミュール部の改良に努めている（六月十日通達）。さらに、新たな組織編制を敷き、技師長をスーパーインデント（監督）として位置づけ、その下に前部・後部・第三部に三主任を配置し、それぞれカーヂングマスター・スピニングマスター・エンジニアーとして役割分担を明確にし、部下の技手・工手・役付職工の指揮監督をはかるようにしたことである（七月十九日通達）。

第五に、和田は、現場の生産責任者である技師たちには厳しく指導したが、単に上からの一方的な指揮命令だけではなく、生産増と品質改善にむけて技師等工務員全員に改革のための施策を書面をもって提出するように呼びかけている（四月二十九日通達）。夜には「社員を社宅に集め此工場を改良して復活せしめんには如何なる方法を取るべきやに就きて衆議衆知を徴」したという。[77] また和田は、昼間激しく叱責した部下たちも、夜には自宅に食事に招いて慰労し、また臨時昇給を与えるなどして労苦に報いたという。かつて田村正寛の専横的な工場改革に抵抗して小山工場を追われて復帰していた田中身喜技師も、「氏の（和田の―引用者）の激怒に触れ、あまりにひどく叱責され、却って憤慨して、いく度断然辞職しやうと思ったことがあったかしれない。もうこれ以上辛抱は出来ない、やめよう、とかう決心して、しほしほ帰宅する。[78]」その田中を待っていたのは、和田からの夕食の供応であった。業務上部下を厳しく叱責した後も、和田はひそかにその部下を自宅に招じ温情を込めて慰撫激励する。したがって一時は畏怖、憤懣のあまり反感を抱いても、たちどころに諒解し、かえってその大きな人格に包まれるという結果になるのが常だったという。そして田中は「親しく和田氏の温情的方面に接する者は、何処までも、啓発的で、指導的で、敲《たた》けば敲く程、開かれ迎へらるゝの感がある。うむ、かういふ解った人の為ならば、力のあらん限り、御奉公して見やうとの気になり、心から、敬慕の情、禁ずることが出来なくなるのだった。[79]」と述懐している。

このように和田の工場改革は、工場の現状の問題点を把握したうえで、豊富な経営上の専門知識と経験に基づいて、適切な人員配置と組織編成を行い、昼夜業や番手ごとの実情に対応した効率的な機械運転と製品改良、働きやすい作業環境の整備、半製品の滞留防止と屑物整理、等を徹底して品質改良と生産能力向上に努めた。さらに原料買い入れと製品販売においても長期的な市価の変動を見極めた売買対応を指導して高収益の実現を図っていったのである。和田の指導は、こうした上からの厳しい指導とともに部下からの職場改善のための意見集約、そして温情のこもった慰撫・訓育を併せ持ったもので、この点紡績の専門技術指導にも不安があり、厳格で上からの指揮命令に終始した田村正寛とは異なるものであった。

こうした和田の改革は、確実な成果となって現れていたのであろうか。すでに見たとおり細糸・瓦斯糸に関しては成果がいまだ結実していなかったが、先の通達類の中にも、「改良された富士紡の四二手は各店より好評である」（四月二十一日通達）、「先般紡出し始めた紫票一八番は非常に好評で鐘紡大島票より二円高値がついた」（七月十一日通達）という文言があるように、太糸・中糸部門で着実に市場の声価は上がりつつあった。

表2-3によって明治三十四年上半期の紡績業の成績を見ると、綿糸生産高は、三十三年下半期の一五万二八六二貫から一八万五〇四貫へ、これを二〇番手に換算すると二五万一二二九貫から三四万一二〇三貫へと、一・三五倍に増加している。一時間一錘当の製糸高も二・九匁から三・七匁へと三割も著増させている。この期は、平均番手を二八番手から三二・六八番手へと上昇させているが、それまで扱っていた一〇番手といった極太糸は、先の和田の発した訓令等にはまったく見られなかったことから切り捨てて、全体として番手数を上げていく戦略によるものであった。売上高も四二万七〇四四円から五一万一二七二円へと一・二倍に伸ばしている。

同じく絹糸紡績をみると（表2-4）、産額は、三十三年下期六七〇九貫から三十四年上期には七〇八七貫へ増加したが、紬糸がそれ以上に減少したので合計でも若干の減額となっている。売上高は、両者ともに減少し、合計額では、一四万一二八三円から一二万七二三四円へと一万四〇四九円の減額を見ている。結局綿糸と絹糸合わせた売上高では、五六万八三二七円から六三万八五〇六円へと約一二％の伸びを示している。

このように和田改革は、いまだ改革が緒についていない絹糸部門を除いて半期にして大きな成果を挙げている。ところが、三十四年上期の収支を見ると、一〇万二七一三円という創業以来最大の赤字を出していることがわかる（表2-2）。それは何故だろうか。綿糸紡績業界は明治三十一年の第一次日清戦後恐慌から回復して三十二年下期には活況を呈し、綿糸相場は三十三年三月上旬まで上昇を続けていたが、輸入棉花の激増と価格の騰貴が起こっていた。三十三年春には日銀が輸入増による正貨不足のため金融引き締めと金利引き上げを行うと、激しい金融逼迫が生じ、綿糸・棉花相場は崩落したが、約半年前の先物買いで高値で購入した輸入棉花が到着し、その支払いとのギャップで多くの紡績会社が欠損を計上していた。富士紡では、三十二年から三十三年にかけては、いまだ生産高の大幅な増大が達成できなかったことから、三十三年には幸いにも赤字に転落することはなかった。

三十三年下期に入っても北清事変のため輸出は途絶え、国内織物の需要は若干持ち直すものの三十四年に入りふたたび冷え込んだため、糸価は引き続き停滞していったのに対し、輸入棉花相場は三十三年七月にはふたたび上昇し、九月中旬よりますます騰貴の傾向を強めた。三十四年に入ってもなお輸出は回復基調に戻らず、国内機業家は金融引き締めの影響による物価下落で倒産するものが続出し、糸価もなお低迷を続けていた。こうした時に半年前の先物買いの契約をした高価な棉花が到着し、その支払いが増幅したのである。

表2–1–bによって富士紡の収支の動向を見ると、支出額は三十三年下期九三万三九円であったが三十四年上期には一一〇万二一七六円と収入の伸びを上回って増大し、その主原因は、原棉価額が二八万七四五九円から三九万三五九二円へ著増したことにあった。したがって、和田は三十四年に入って、必死の努力で綿糸生産を増大させたが価格の伸び悩みで産額ほど価額は伸びず、その間前期に契約した高値の原棉の支払いに苦しんでいたことになる。綿糸営業の赤字の大半は、和田自身の責任というよりもこうした事情によるところが大きかった[80]。

絹織物業も生糸相場の下落とそれに連動した紡績絹糸価の下落という好条件がありつつも、恐慌下の総需要の縮小と織物価格の下落という状況のなかで不振を極めていた。三十四年上期において「絹糸ノ需要地トシテ望ヲ嘱スル丹後地方ハ内地不景気ノ影響ヲ被リ縮緬類ノ販路思ハシカラズ機業家中休業スルモノ殆ント其ノ半ハニ達シ、伊勢崎其他関東地方又不振ノ淵ニ沈ミ其市価ハ原価ニ対シ二割乃至三割ノ低位ニ居レリ……殆ント商談ヲ受クルコト稀ニシテ近年稀有ノ衰況ナリ[81]」という有様であった。こうしたなかで富士紡の絹糸紡績糸の売上高も減少したのである。だが原料繭価は、明治三十三年にかけて急上昇し三十四年上期に入っても下落せず、下期に至って下降した。絹糸紡績の原料高も三十三年下期一三万三二九五円から三十四年上期一四万七五九円と上昇し、これが赤字の今一つの原因となったのである。一〇万二千円余の赤字の内訳として、「絹糸減価損失金七万一三六五円・損失金三万一三四七円」と記されており（表2-2注1）、絹糸部門の恐慌の深刻さによる値崩れと原料高が大きく響いたといえよう。

2　明治三十四年七・八月の株主総会と新体制

和田豊治が就任してからの半期の成績が、和田の奮闘努力によってそれまでと比べ生産額において格段の成果を挙げながら恐慌下の販売不振と原料費の支払高が高じて一〇万円という多額の赤字を計上したことは、ふたたび重役間の対立抗争に火をつけた。明治三十四年七月二十七日の株主総会では、上半期の営業成績の報告が了承されるとともに、富田鉄之助取締役会長はじめ浜口吉右衛門・日比谷平左衛門・柿沼谷蔵・菊池長四郎・馬越恭平・和田豊治の取締役七名全員が成績不振の責任を取る形で引責辞任した。そして八月十五日に開かれた臨時株主総会において取締役選挙が行われ、七名を五名に絞って、浜口吉右衛門・日比谷平左衛門・柿沼谷蔵・和田豊治が再選され、川崎栄助が新たに当選した[82]。

しかし『五十年史』によれば、この取締役の総辞職と総選挙とが旧重役の一部をふるい落とすための芝居であるかの感を与えたので、当選した人も旧重役に対する情誼のうえから容易に就任を承知しなかったという。ただ和田豊治はこの時専務取締役に選出されており、「小生はこの際辞職せず引き続き社務に従事する積りに御座候。仮令取締役会は瓦解するとも富士紡績会社は存在せるものなれば諸君に於ては一層の勉励を以てし各自担任の業務に従事し、部下の職員職工をして不安の心を抱かしめざる様御注意有之度[83]」と部下に訓令して泰然として職務に当たっていた。

ここで『五十年史』がいうところの「この取締役の総辞職と総選挙とが旧重役の一部をふるい落とすための芝居であるかの感を与えた」というのはいかなる事情を意味しているのだろうか。『五十年史』で触れられていないが、この選挙で「ふるい落とされた」重役を確認すると、富田鉄之助会長であり、さらに先の総会で選任されたばかりの菊池長四郎と馬越恭平であり、両名とも村田一郎と親しく水力組の系譜に連なる人物であった。要するに、創業以来対立を続けていた富田の率いる水力組と柿沼が代表する日本橋組のうち前者がふるい落とされたのである。

ここで和田豊治の改革が、恐慌のなかで一〇万円という赤字を計上したことに対する批判を展開した者を考えると、和田起用にほとんど動いた形跡のない柿沼谷蔵であったと思われる。かつて柿沼によって田村正寛が起用された際には、田村の強引な工場経営で現場が大混乱に陥ったとはいえ初めて二分四厘の配当を上げたにもかかわらず田村は辞職に追い込まれた。これに対し、同じく富田―森村―日比谷の人脈で投入された和田は一〇万円という最大の欠損を生じたのであるから、柿沼にしてみればその責任を和田投入を推し進めた者たちに求めたに違いない。だが和田の入社を実質的に推し進めたのは、日比谷・森村をはじめ、浜口・法華津・藤居・川崎といった新たに富士紡首脳陣の中核に参入してきたメンバーであり、彼らを経営陣からはずすことは富士紡そのものの瓦解という事態となってしまう。そこで、いったん総辞職という形をとり、和田投入による赤字欠損の全責任を、経営そのものにかかわらず名誉職的な地位にある富田会長に背負わせる形で辞任に追い込み、富田―村田のラインで取締役に就いたばかりの菊池と馬越も富田に従って辞職したのである。

柿沼は、富田を葬るという積年の思いを成就させたが、このことで自己の構想する人事が富士紡の中で実現していくことにはならなかった。富田は去り、村田と親しい新規の重役も去ったが、富士紡は、富田が敷いた森村―日比谷の人脈とそこから選りすぐられた和田専務という体制で固められていたからである。田村投入の失敗以後の富士紡に、柿沼の居場所はすでになくなっていた。取締役総辞職後の臨時総会での選挙で浜口・日比谷・柿沼・和田・川崎が新役員に選出されるが、さすがに創業以来の会長富田辞任の影響は大きく、即座に就任を引受ける者はなかったが、森村市左衛門の各重役への必死の説得によって、新役員はようやく就任したという(84)。だがひとり柿沼だけはその職に就くことを拒み、辞職したのである。そして、柿沼辞任後には柿沼と親しい町田徳之助監査役も追うようにして辞職している。

こうして富田は去り、創業を牽引した水力組のメンバーは、日本橋組のメンバーともどもほとんどすべて重役陣から去ったことになる。だがこれは水力組が敗退したことを意味するものではなかった。水力を活用した産業勃興という理念は和田豊治という強力な経営者によって引き継がれていったからである。そして創業期以来の富田と柿沼の確執による社内抗争という不安定要因はこれによって取り払われ、以後和田豊治は役員間の抗争に妨げられずに自己の経営改革に邁進していけることとなった。

富田の後任として取締役会長には浜口吉右衛門が選任された。浜口は、和田の慶應義塾時代からの同輩で、鐘紡時代からの親友であることはすでに述べたとおりである。また柿沼取締役の後任には日本橋の履物商常陸屋店主で下駄種組合の頭取を務め、区会議員・市会議員も歴任した稲延利兵衛が就いた。稲延は、早くから鐘紡の取締役で浜口吉右衛門とも昵懇の仲で和田豊治の経営手腕も鐘紡当時から知悉していた人物である[85]。

町田監査役の後には伊東要蔵が選ばれた。伊東は、静岡県出身で慶應義塾で和田の先輩に当たり、すでに静岡県会議長や静岡県の三十五銀行の頭取を務める政治家・実業家であったが、和田が、富士紡小山工場の所在する静岡県の有力者として監査役就任を熱心に勧誘して実現した人事であった[86]。さらに同年六月には室伏董平監査役も死去していたので後任には同じく小山工場のある菅沼村出身で当地きっての名望家で県会議員の湯山壽介が就任した。この人事も、和田自身が、地元の村長で湯山壽介の姻戚に当たる湯山剛平や小山工場人事係で地元出身の岩田保を伴って、熱心に説得に当たって実現したものであった[87]。伊東要蔵にしろ湯山壽介にしろ、その人選には、和田がいかに地元地域との親密な関係維持に気を配っていたかが察せられる。第二部で詳細に検討するように、和田は単に企業内部だけでなく地域社会とのさまざまな協力関係構築に熱心に取り組み、また湯山壽介も和田の期待どおり地域と富士紡小山工場との円滑な関係維持にその政治手腕を発揮していくこととなる[88]。

こうして浜口吉右衛門を取締役会長とする新重役の体制は、いずれも和田豊治と親しく互いに信頼を寄せ合う人物たちで固められ、彼らがこの後も和田を支持し、補佐し、和田も後顧の憂いなく経営改革に邁進することができたのである。

3　和田豊治の経営・労務改革

和田豊治は、先に見たように通達や訓令によって工場の現場に密着して直接改革を断行していったが、これと並行して富士紡の執るべき新方針として販路拡張、生産拡充、労務管理等経営全般にわたる新方針をパッケージとして掲げ、規則を改正して着々と改革を進めていった。その改革の新方針の内容を『和田豊治伝』(89)や『高風院伝記史料』に従って提示すると以下のようになる。

一　戦略的製品である瓦斯糸・細糸製造の技術力向上と品質改善のため明治三十四年九月に工学博士中澤岩太を招聘して瓦斯機械取扱法及び瓦斯発生の改良を図った。

一　中太糸の綿糸部門では主力製品に特化して市場をリードする力はいまだになく、需要の変動に臨機応変に対応して番手を自由に切り替えて時機に適した製品を送り出して、市場に富士紡の商標を知らしめ普及させていく戦略をとる。

一　製品番手に応じて巧みに原料棉花の混綿を行って経費節減と品質向上を図る。

一　絹糸紡績については、新たな技術者の導入によりアメリカ輸出も含め販路開拓を図る。

一　従来通り、工場内の整理と屑物の処理を行って、一錘当たり生産額の増大と品質向上を図る。

一　産出された多様な製品をより広く市場に届け販路を拡張するために、これまで少数の問屋に限られていた取引先を業界全部の問屋に広げる。こうした対応は、おそらく東京綿問屋組合の重鎮で富士紡の綿糸販売を仕切っていたと思われる柿沼谷蔵が退陣したことと無関係ではないであろう。

そして、こうした方針を生産現場で実効あらしめるためには労務管理の抜本的改革が不可欠であった。和田は厳格で峻厳かつ温情ある指導を徹底するとともに、すでに主任制を敷いて職工を直接指導監督する技師層の編成替えを行っていたが、新たに次のような根本的な労務管理上の改正を行っている。

第一に、明治三十四年五月、創業時に作られた職工規則を改正して、工女一三歳以上・工男一五歳以上であった職工の就業年限を、工女一五歳以上・工男一八歳以上としたことである（『高風院伝記史料』）。明治三十一年のデータであるが紡績会社七二社のうち、工女の雇い入れ年齢のほとんどは一〇～一四歳以上で、一五歳以上は玉島紡績と伊予紡績の二社のみ（二社とも男女とも）であり、工男の場合も一〇～一五歳である。[90] したがって富士紡の場合は一般の紡績会社の水準より一段高い年齢制限に設定して、より熟練工の要請に備えたと考えられる。またこの改正によって、新入男女工の日給は全体で増額されることとなった。

第二に、賞与規定を改正して、従来三ヶ年満期でさらに年数に応じて増額して与えられていた満期賞については、満期者に対し「所得額の一割に相当する金額を満期賞として給与」するようにしてその増額を図り、また日常、「特別の勉励を認めたるものには毎月若干金を成績賞として給与する」ことにした。さらに、これまで一ヶ月・三ヶ月・六ヶ月の三種について設けていた皆勤賞については、期間を一週間と一ヶ月の二種に大幅短縮したことである。[91] 当時、綿糸紡績業界では、一ヶ月・三ヶ月・六ヶ月がほとんどであり、岸和田紡績のように一五日間という短いものもあるが、和田改革のなかで採用された一週間皆勤で金五銭ないし一〇銭という賞与規定（絹綿同様）を設けているのは、富士紡以外に見受けられない。[92]

第三に、賃金支払形態として請負給を拡大したことである。請負給とは、「仕事の区画をなすを得て一人の出来高の明瞭なる部属においてその単位を定めて以て彼らに請負わしめその仕事の出来高に応じて賃金を支給する」[93] 形態のことである。紡績業界においては当初はすべて日給であったが、明治二十年代中頃以降、特に三十年代前半期において、熟練職工不足のもとで職工争奪戦が激化し、職工賃金の上昇傾向が続くなかで、労働意欲の刺激策による能率増進と争議や労使紛争対策を企図した企業の労務対策の一つとして、請負給が普及し、綛部から粗紡部、精紡部、混紡部へと拡大し、明治三十四年頃には綿糸紡績工女の七〇%が請負給者であったという。[94]富士紡では、創業時は等級別の日給がほとんどで請負給は一部にすぎなかったが、三十四年五月の職工規則の改正により綿糸部においては大部分請負給に改めた。また従来休業日は日給を給しなかったが見習工にかぎり日給の半額を給することとした。請負給の拡大によって、綿糸部職工の平均給与は二二銭余に上昇したと言われている。[95]

第四に、職工担当の専門職として新たに職工係を設置し、職工の福利増進をはかったことである。職工への賄料を増加してできるだけ品質のよい食事を与え、通勤工に対しては、同居制度を設けて自炊舎を貸与し、また寄宿工女に対しては外出の制限を緩めて自由に遊歩させ、抑圧的な見張番を廃止して、それらに用いた費用は演劇その他娯楽的方面の充実に向けて職工に慰安を与えることに努めたという。[96]

第五に、『五十年史』や『和田豊治伝』等にも触れられていないが、明治三十四年一月、工場周辺に日用品を扱う店舗が乏しくまた購入できても高価なため、薄給の職工の生計を保護する目的で、工場構内に米・味噌・醤油・油・元結・塵紙・草履・石鹸等を安価で供給する販売所を設けたことである。販売所は、富士紡の当地への進出の際、反対する地主や農民を説得し、工場誘致に尽力した名望家岩田蜂三郎が賃貸料を払って出店・経営するものであった。[97]

第六に、三十四年八月に浜口取締役会長をはじめ各重役の就任が確定するのをまって、同月二十四日より以下一七名を解雇するとともに有用なる人員は昇進させまた新たに採用した。[98]

本店　事務長　一人　副事務長　一人　手代　二人
小山工場　技師長　一人　工事監督　一人　技手　三人　手代　七人
馬入分工場　主任　一人

ここで解雇された本店事務長・副事務長とは、富田会長が招聘した荒井泰治支配人（事務長）辞任後田村正寛入社とともに就任した人物であるので、和田は田村の息のかかった人物を排除しようとしたようにみえるが、興味深いのは、和田は、田村辞任とともに小山工場に復帰した下山秀久技師長も同時に解雇している。いうまでもなく、下山は、田村によって解任され、その解任をめぐって富田会長と柿沼・田村専務との対立を招いたほど富田会長や村田一郎の信任厚い人物であった。このように、和田は、就任した小山工場の職場において半年にわたる改革に取り組むなかで、真に和田の推進する改革にとって必要な人物とそうでない人物を見極め、解雇に踏み切っているのである。それは富田会長の人脈に連なる人物といえども例外ではなかった。こうした和田の人事を実現する上でも七月・八月の役員総辞職と選挙において柿沼とともに富田も選任されなかったことは、これまでの有力な重役による人事を一掃させ、真に和田自身による人事編成を実現する上で大きな意味を持ったのである。

そして和田は、次のような有能な人材を次々とリクルートしていった[99]。

・横溝萬吉　明治三十四年四月八日、庶務主任。鐘紡並びに東京瓦斯紡績にて庶務・人事・建築等に従事し、和田・日比谷とも旧知の間柄で紡績工場の経営手腕並びに人格共に優れる逸材。後に工場長、大分紡績会社（和田の後援で設立されるも富士紡に合併）の専務取締役に就任。

・榛葉良男　明治三十四年十月、職工係（炊事係兼務）。和田の学友で村長を歴任。緻密で正確な事務処理で工場改革に努め、庶務主任や工場長を歴任。

・上野山重太郎　法学士。明治三十四年六月、職工係主任から倉庫係主任。後に本店事務長・工場長歴任。工場諸制度・各種規定改正等に尽力。

・井上篤太郎　明治法律学校卒。明治三十四年十月、絹糸紡績技師。前日本絹綿紡績会社（後富士紡に合併）支配人兼技師長として原料精錬法＝原綿増収法の発明、特許を得る。絹糸紡績の技術開発・販路拡大に尽力。小山第二工場長・本店商務部長・副事務長歴任。後に玉川電気鉄道（現・東京急行電鉄）取締役に就任。そ

の後京王電気軌道（現・京王電鉄）の専務取締役に就任。

・高橋茂澄　明治三十六年、和田豊治と同郷出身、慶應義塾の同窓。三井銀行、前橋紡績会社・庶務会計係を経て鐘紡に入り、和田豊治支配人のもとで勤務後、郷里の中津紡績会社の支配人となる。富士紡入社後は、小名木川工場事務長・工場長、小山工場工場長、本店営業部長等を歴任し、社内報『富士のほまれ』発刊に尽力。大正二年六月取締役就任。十三年四月専務取締役、昭和五年六月会長就任。

・持田巽　明治三十八年下期、技師長。東京帝国大学工学部卒、工学士。九州三池紡績技師長、鐘紡に合併後の博多紡績技師長等歴任。富士紡入社後技師長として、新工場の設計・増設、機械設備の新調、特に水力発電所の設計・建設、電気工事等の拡張に尽力。大正二年六月取締役、十三年四月専務取締役、昭和五年六月会長就任。

これらの人物の多くは、日比谷時代の終わりに採用された棚橋琢之進を含め、すでに鐘紡系の有力紡績会社等で工場経営や技術指導の経験を有する専門経営者・技術者であり、彼らは和田豊治のもとで、工場経営、労務管理、事務会計、制度設計、技術革新、販路拡大等、和田の推進する工場改革に邁進し、のちには事務長や工場長として会社の中枢を担っていった人物たちであった。特に技術開発や水力事業の展開には、井上篤太郎と持田巽、工場経営全般としては高橋茂澄を得たことがその後の富士紡の発展を支えたといってよい。そして和田は、自ら招聘した彼らを遇するのにかえって古くから居る者以上に峻厳に対処したので、田村時代のような新旧の職員間の摩擦は大きくなく問題化しなかったという[100]。

以上見てきたような経営・労務改革の進展を基礎にして、明治三十五年には日本勧業銀行から二〇万円を借り入れて、プラット社から最新式リング機一万一六〇〇錘を購入して、手薄であった前紡部に据え付けるとともにこれまで製品不良の原因となっていた乾式撚糸機一〇台を湿式に改造した[101]。これによって六〇番手の大幅な増産を見込んだものである。湿式撚糸機については、尼ヶ崎紡績において明治三十年下期頃から菊池恭三が四十二番手の中糸紡績の品質向上に関してアメリカ棉の使用とともに案出した方法であり[102]、富士紡でもこれを取り入れさらに細糸の六〇番手にも導入したと考えられる。しかも小山工場は広大でかつ水力が豊富なため、経費としては新たな工場建設や動力敷設のための費用が必要なく機械購入と据付費一六、七万円のみの支出で、効率よく増産が可能となった[103]。導入された新機械は三十六年三月からフル稼働した。

4　和田改革の実績

ここまで和田豊治の経営・労務改革の内容について説明してきたが、それが実際の生産現場や労働環境、さらに収益性等の変化にどのように反映されていったのか、その実績をより深く検証することにしよう。

まず、綿糸部門から見てみよう。販売戦略の実際を明治三十四年の番手ごとの製品産額で確認すると（表2-7）、当初からの戦略であった細糸では、苦心して品質向上に取り組んだ八〇番手の生産は、市場の評価を得られず三十四年六月に一時ミュール機の生産停止に追い込まれたため、いまだ全体の四%にとどまっていたが、品質改善に取り組んでいた六〇番手は八・六%を占め、両者とも一宮紡績に次ぐ位置を占めるに至っている。さらに、改良されて高評価を得てきた四二番手については、尼ヶ崎紡績が多くを算出していたが、富士紡も一七・四%と、撚糸・細糸部門の主力となっていることが看取できる。

次にリング機による中太糸分野では、右撚りでは、綿糸業界の六割近くが主力としていた一五番手並びに一六番手に関しては、鐘紡を筆頭に大阪・摂津・平野・尼崎等大阪周辺の企業や三重、九州といった先発の大会社が支配して、富士紡はほとんど手をつけておらず、いまだ一二社・一・三%の会社しか生産していない二〇番手に目をつけ一一・七%を産出しているにすぎなかった。左撚りでは、三八社・二七%の会社が産出している主力品の二〇番手に六・四%を振り分けてそれなりに産出しているが、それよりも三社〇・二%しかいない三八番手に六%（一位）、八社・〇・七%の一六番手に一三・八%、一二社・一・三%の三二番手に一三%をそれぞれ注いで生

表 2-7　明治 34 年番手別綿糸生産梱数

	番手	富士紡		紡連加盟全社			
		梱数	%	会社数	梱数	%	上位企業
右撚	15 以下	0		43	141,858	21.6	鐘淵・摂津・平野・尼崎・大阪
	16	53		43	227,530	34.6	鐘淵・九州・平野・三重・摂津
	18	193		14	10,836.5	1.6	
	20	956.5	11.7	12	8,773	1.3	尾張・名古屋・富士・九州・鐘淵
	22	15		6	1,346	0.2	
	24	16		5	1,013.5	0.15	
	30	11.5		4	105	0.015	
左撚	10	8.5		2	353.5	0.05	
	12	6		3	1,933.5	0.3	
	14	71.5		4	828.5	0.13	
	16	1,125	13.8	8	4,676.5	0.7	東京・富士・大阪・和歌山・小名木川
	18	365		8	3,444.5	0.5	
	20	521.5	6.4	38	178,182.5	27.1	鐘淵・合同・摂津・福島・郡山
	22	2.5		10	1,251	0.19	
	24	133.5		9	1,752.5	0.26	
	30	81		13	7,485.5	1.1	
	32	1,061	13.0	12	8,837.5	1.3	鐘淵・合同・金巾・摂津・富士
	36	108		5	1,004	0.15	
	38	494	6.1	3	723	0.11	富士・小名木川・大阪
	40	36		9	1,045.5	0.16	
	42	80		4	1,262	0.19	
撚糸	16	54.5		4	1,011.5	0.15	
	20	58.5		5	3,246	0.5	
	32	169		8	6,442.5	1.0	
	40	79		2	167	0.02	
	42	1,417	17.4	7	17,314	2.6	尼崎・明治・富士・合同
瓦斯糸	60	704	8.6	5	3,165	0.48	一宮・富士・平安・細糸・日本紡績
	80	328	4.0	4	5,307.5	0.8	一宮・富士・平安
	総計	8,148.5		64	657,032	100	

出所：『大日本綿糸紡績同業聯合会報告』第 116 号より作成.
注：ここに表出した全体の数値は，富士紡が産出した番手に関しての情報である．また，総計の数値は，富士紡の番手に関わりなく，資料に記載された紡績会社の総数と総梱数である.

産しているのである。左二〇番手・同三二番手などでは鐘紡・合同・摂津などの企業との競争は避け得なかったが、全体として富士紡は、大阪紡や鐘紡など先発主力大企業が席巻する太糸部門での競争を避け、右二〇番手、左一六番手及び三八番手、撚糸四二番手、瓦斯糸六〇番手に得意分野を見出しつつ、他は二三種類もの製品をなるべく他社の生産していない分野で少量ずつ産して市場参入を果たしていったことがわかる[104]。

和田はこうした戦略をとりつつ販路の拡張に全力を尽くし、従来の関東方面だけでなく「三十五年、東京綿糸商組合ト交渉ノ上尾州名古屋又ハ一宮方面ヘ新販路ノ開拓ヲ図[105]」り、また富士紡監査役伊東要蔵が取締役を務める浜松委託会社とは、同社が取り扱う遠州織物などについて静岡以西名古屋以東方面の一手販売契約を結んで販路拡張を推し進めていった[106]。また多くの在庫品については、横須賀海軍工廠等に交渉して廉価で処分して運転資金等に充当する措置が講じられた[107]。こうした販売努力と、生産増、無駄の削減によって、製品等在庫並仕掛物は、三十四年上期には三五万六千円台の多額を計上していたが、三十四年下期〜三十五年下期には、一六万円〜二〇万円にまで減少していったのである（表2-1-b）。

次に生産性はどうであったろうか、月ごとの生産動向を追った表2-8によって詳しく見てみよう。まず、生産総額は、二〇番手換算で、三十三年六〜九月頃は四万二千貫〜五万三千貫レベルであったが、三十四年一月に和田が着任すると、一、二月は停滞するが、三月以降は、八〇番手ミュール機停止の影響が顕著に出た七月を除いて、ほぼ六万貫台から七万貫台に達している。生産増をもたらした主因は、機械の運転率の上昇によるものと思われ、リングの運転率は三十三年中の六七〜八五％から三十四年三月以降は毎月九〇％を超えほぼ一〇〇％に近づいている。ミュール機の場合は、三十三年六月〜九月頃は六〇〜七〇％台と低いが、三十四年一月以降は、三十四年六〜十月に八〇番手停止の影響で五五〜七〇％台に落ち込むが、三十五年に入ると九三〜一〇〇％にまで回復している。機械一日一錘一時間当たりの生産高をみると、リング機はやはり三十四年三月頃からほぼコンスタントに四匁台を維持し、ミュールでは二匁台から三匁台に上昇しており、全体に上昇に転じているといえる

績（明治33年6月～35年12月）

生産高 (20手換算2))貫		合計 貫	1日 1錘 当 匁			職工1日1時間当匁	繰棉需要高貫	落綿出来高貫(対需要高%)	屑糸出来高貫(対生産高%)
リング	ミュール		リング	ミュール	計				
40,071	13,843	53,914	4.1	2.9	3.8	45.9	31,016	4,051(13)	558(1.7)
31,422	14,864	46,286	3.8	2.9	3.4	41.5	32,183	4,304(13)	945(3.7)
40,717	12,027	52,744	4.1	2.5	3.6	41.5	26,631	4,106(15)	983(4.5)
28,922	13,785	42,707	3.8	2.5	3.3	38.1	20,979	3,259(16)	1,277 (6)
37,032	17,428	54,460	4.2	2.8	3.6	41.9	20,978	3,739(12)	919(2.9)
42,858	19,408	62,266	4.9	2.7	3.9	56.8	29,301	2,491 (9)	1,155(4.4)
43,733	19,181	62,914	5.3	2.8	4.1	66.2	26,384	2,369 (9)	1,069(4.0)
32,954	16,124	49,078	4.6	2.9	3.9	50.1	32,142	2,120 (7)	893(3.5)
33,859	16,612	50,471	3.5	2.4	3.0	43.8	32,961	2,487 (8)	966(3.0)
41,931	20,574	62,505	4.2	3.0	3.7	57.9	34,052	3,068 (9)	720(2.2)
42,811	22,630	65,441	4.0	3.1	3.6	53.9	35,557	2,941 (8)	1,063(3.5)
43,262	20,894	64,156	4.0	3.0	3.6	52.1	35,270	2,644 (7)	962(3.3)
46,054	23,496	69,500	4.1	4.0	4.1	62.4	37,150	3,516 (9)	1,275(3.7)
34,281	12,034	46,315	3.8	3.4	3.7	56.1	27,386	2,970(11)	780(3.3)
45,618	16,651	62,269	4.2	3.5	4.0	63.9	37,164	3,612(10)	915(2.9)
44,929	19,128	64,057	4.2	3.3	3.9	62.4	39,921	3,195 (8)	765(2.3)
50,717	18,824	68,941	4.6	3.3	4.1	69.4	47,463	3,764 (8)	315(0.8)
49,266	22,230	71,496	4.3	3.2	3.9	70.9	47,730	5,195(11)	960(2.4)
48,739	22,636	71,375	4.7	3.9	4.4	70.0	46,037	4,784(10)	1,125(2.7)
41,750	20,711	62,461	4.4	3.3	3.9	66.5	46,812	4,972(11)	976(2.4)
49,817	19,872	69,689	4.6	2.9	3.9	64.5	47,923	4,459 (9)	1,245(2.9)
40,761	25,663	66,424	4.0	4.0	4.0	68.4	42,639	2,959 (7)	1,055(2.7)
49,374	19,929	69,303	4.5	2.9	3.9	67.0	42,634	4,235(10)	1,041(2.8)
41,187	19,770	60,957	4.2	3.2	3.8	69.1	36,740	4,045(11)	948(3.0)
37,352	20,175	57,527	4.1	3.4	3.8	66.9	34,746	3,124 (9)	795(2.5)
45,851	24,529	70,380	4.2	3.4	3.8	67.1	42,127	3,767 (9)	915(2.4)
44,517	22,914	67,431	3.9	3.1	3.6	56.7	40,063	4,000(10)	1,005(2.8)
45,463	22,002	67,465	4.1	3.0	3.7	59.0	42,691	4,260(10)	915(2.4)
51,375	22,655	74,030	4.5	3.0	3.9	56.0	47,199	4,290 (9)	1,020(2.4)
49,945	27,581	77,526	4.8	4.2	4.5	64.5	44,634	4,409(10)	1,140(2.7)

17,056錘・ミュール11,200錘である.
る.

表 2-8　富士紡績会社の月別営業成

	運転錘数(運転率 1) %)		合計	営業日数	就業時間	製糸平均番手		生産高　貫	
	リング	ミュール				リング	ミュール	リング	ミュール
33 年 6 月	14,188(83)	6,889(62)	21,077(75)	29.0	23.5	25.0	72.0	29,660	2,824
7 月	12,888(76)	7,913(71)	20,801(74)	27.5	23.5	25.5	76.0	22,606	2,854
8 月	14,419(85)	7,058(63)	21,477(76)	29.0	23.5	36.0	83.1	19,950	2,053
9 月	11,432(67)	8,429(75)	19,861(70)	28.0	23.5	27.5	81.5	18,928	2,419
10 月	13,781(81)	9,902(88)	23,683(84)	27.0	23.5	25.0	67.0	27,411	3,817
11 月	13,400(79)	10,730(96)	24,130(85)	28.0	23.5	35.5	62.5	21,317	4,512
12 月	13,096(77)	10,911(97)	24,007(85)	27.0	23.5	34.5	60.0	22,410	4,603
34 年 1 月	12,894(76)	10,024(90)	22,918(81)	23.5	23.5	27.5	61.5	21,567	3,797
2 月	14,722(86)	10,623(95)	25,345(90)	28.0	23.5	22.5	80.0	28,927	2,990
3 月	16,400(96)	11,166(99)	27,566(98)	26.0	23.5	27.0	80.0	28,085	3,703
4 月	16,144(95)	11,032(99)	27,176(96)	28.5	23.5	29.5	80.0	26,104	4,073
5 月	15,952(94)	10,432(93)	26,384(93)	28.0	24.0	30.5	75.5	25,516	4,043
6 月	16,461(97)	8,519(76)	24,980(88)	29.0	23.5	29.5	58.0	28,082	5,968
7 月	15,475(91)	6,150(55)	21,625(77)	24.5	23.5	29.5	60.0	20,903	2,888
8 月	16,288(95)	7,190(64)	23,478(83)	29.0	23.0	29.5	60.0	27,816	3,996
9 月	15,800(93)	8,491(76)	24,291(86)	29.0	23.5	28.5	56.2	28,293	5,098
10 月	16,936(99)	8,640(77)	25,576(91)	28.0	23.5	27.0	45.0	33,970	6,742
11 月	16,947(99)	10,299(92)	27,246(96)	28.5	23.5	27.0	47.5	32,998	7,668
12 月	15,771(92)	8,848(79)	24,619(87)	28.0	23.5	26.0	52.0	34,107	6,814
35 年 1 月	16,886(99)	11,200(100)	28,086(99)	24.0	23.5	23.0	50.5	34,647	6,522
2 月	16,787(98)	10,757(96)	27,544(97)	27.5	23.5	25.0	50.5	36,874	6,258
3 月	16,716(98)	10,585(95)	27,301(97)	26.0	23.5	23.5	69.0	32,779	5,466
5 月	16,727(98)	10,400(93)	27,127(96)	28.0	23.5	26.5	80.0	33,795	3,587
6 月	16,728(98)	10,576(94)	27,304(97)	25.0	23.5	27.5	69.5	26,955	4,181
7 月	16,620(97)	10,624(95)	27,244(96)	23.5	23.5	25.5	63.5	26,872	4,630
8 月	16,494(97)	10,912(97)	27,408(97)	28.5	23.5	26.0	67.0	32,086	5,372
9 月	16,700(98)	10,800(96)	27,500(97)	29.0	23.5	26.5	69.5	30,470	4,846
10 月	16,846(99)	11,040(99)	27,886(99)	28.0	23.5	24.5	80.0	34,533	3,960
11 月	16,784(98)	11,040(99)	27,824(98)	28.5	24.0	25.4	73.3	37,169	4,533
12 月	17,056(100)	10,720(96)	27,776(98)	28.0	22.0	26.0	60.0	34,951	6,619

出所：『大日本綿糸紡績同業聯合会月報』各号より作成.

注：計算して算出した数字は，すべて四捨五入してある.

1)　運転率とは，運転錘数を据付錘数で除した百分率．据付錘数は，表出した期間はすべてリング

2)　20 手への換算率は，永井雅也著『紡績標準原価計算』昭和 16 年，東洋経済新報社，71 頁によ

が、それほど大きな増進とはならなかったといえよう。

次に労働生産性を見ると、職工一日一時間当生産額（二〇番手換算）は、明治三十三年六月〜九月は三八匁〜四五匁であったが、三十四年三月頃からは五〇匁台に安定し、三十四年八月〜三十五年八月までの一年間は平均六七・二匁に達している。明らかに和田改革によって労働生産性は、五割〜七割も上昇したのである。この間落綿の発生率も、三十三年夏には一三〜一六％であったが三十四年一月以降ほぼ七〜一一％に低下し、屑糸の出る割合も同じく四〜六％から二％台に減少しており、こうした無駄の排除と原料棉花の有効活用も生産性を押し上げる要因としてはたらいたといえよう。こうした効果はたしかに三十四年五月に導入された賃金請負支給法（出来高賃金）によって、職工間に出来高をめぐる競争が生じた結果ともいえよう。

生産性の動向を大阪紡績・鐘淵紡績（いずれもリング・太番手）・三重紡績（リング中太番手・ミュール太番手）・一宮紡績（リング・ミュールとも高番手）と較べてみると（表2-9）、明治三十三年七月時点では、リング機一日一錘当生産高では富士紡三・八匁に対し、大阪・鐘紡・一宮は四・六〜四・九匁であり、職工一人一日一時間当生産高でも富士紡四一・五匁に対し、三重紡を含む四社は四九・九〜九九・三匁と高水準を示し、富士紡は他社に大きく水をあけられている。

しかし和田時代の明治三十四年一月・同年六月・同年十二月・三十五年七月における富士紡の生産性を他社と比較すると、リング機械一台当生産高では、それぞれ五社中二位・同五位・同二位・同三位となり、他社が漸増か停滞に終始している間に相対順位を上げている。また職工一人一日一時間当生産高では、富士紡はこの時期急速に上昇を遂げたが、順位は五位・五位・二位・四位と大きな変動はみられない。だがここでも、一位の会社に対する富士紡の比率は、三十三年七月時点では四二％と半分以下であったのに対し、三十四年六月以降は六五〜八四％へと上昇して肉薄している。また落綿率も、同時期に一位・二位・四位・一位と他社を凌ぐ地位まで上がっている。このように、リング機の生産性では、三十四年下期以降は、トップレベルではないが、それ以前の最低水準に呻吟する状態からは脱し、他社との差を縮めて充分競争しうるレベルに到達していることが看取できよう。またミュール機の労働生産性では、三十四年六月以降は三重紡と一宮紡が一・七～三・三匁に止っていたのに対し富士紡は三・四～四・〇匁と一段高い水準に達していた。

それでは、この時期の職工数と賃金の変化を確認しよう。まず職工数の動向を表2-10によってみると、三十四年五月までは職工数は概して男女とも増加傾向にあり一八二九人に達している。六月以降請負給となり勤続賞与等の改善が図られるが、工男は五月三一〇人から六月二二八人へと減少し、その後も三十四年暮れ頃まで二〇〇～二四〇人台に低迷している。工女も三十四年五月には一五一九人に達したが七月から十一月の期間は一二〇〇人台に落ち込み、やはりその後の回復は遅く三十五年八月まで一二〇〇～一四〇〇人台に留まっている。小山工場史料『明治三十六年度官衙交渉書』には明治三十五年における月ごとの工女（絹紡績含む）の逃亡者数が記載されており、その数は表2-10に表したとおりであるが、三十五年一月には五九人に達し、以後減少していくが、工女数の減少停滞の内訳にはこうした逃亡工女も含まれていたのである。こうして職工総数が一七〇〇人台まで回復するのはようやく三十五年九月であった。

三十四年七月二日には集中豪雨が小山工場を襲い、復旧に多くの工男を動員して数日を要しており[108]、夏季は、高温多雨の環境で労働意欲が減退し、またその中で和田の厳しい生産指導とさらに請負給をめぐる競争等の激化も重なって[109]、退職・帰郷する職工が増大したものと思われる。また三十四年七月から九月にかけて原棉相場は騰貴するが糸価は低迷し続け、綿織物産地も不況を極めている時期であり、同年七月からのミュール機の一部休止という事態も単に生産技術の未熟さだけでなくこうした悪環境の中で余儀なくされた対応でもあったと言えよう。

一人一日当賃金の動向を見ると、三十四年上期には、工男は全国平均より五～八銭、一～二割台高い水準を維持し、工女も一～二銭台、一割前後高い額を保っていた。同年六月に請負給導入後は、工男は六、七月に三八銭台まで上昇するがその後はほぼ一貫して下落し、特に三十五年三月以降は三四～三〇銭台に低迷している。工女は三十四年末にかけて漸増傾向を保つが三十五年一月以降はほぼ二一〜二二銭台に低迷しており、両者ともなお紡連全社平均を上回っているがその差は相当縮まってきている。したがって『高風院伝記史料』や『五十年史』のいうように請負法が導入されて綿糸部工女の平均給与が二二銭余に上昇したとはいえず、この間全国平均賃金

(明治 33～35 年)

1時間当 匁	職工1日1時間当 匁	落綿率%	石炭消費高 円	職工人数(男)	1日当職工給与 銭	
ミュール					男	女
	99.3	11.3	3,375	1,968 (498)	28.4	17.5
	50.8	16.5	4,726	5,255 (1,058)	30.3	20.6
0.8	74.4	14.6	5,786	3,004 (547)	31.5	20.5
2.8	49.9	5.2	2,060	911 (150)	23.1	16.1
2.9	41.5	13.0	0	1,724 (275)	37.3	20.3
	89.7	10.6	6,716	2,032 (582)	27.9	22.0
	54.3	9.3	4,072	3,282 (605)	38.5	23.3
2.0	79.4	14.1	7,336	2,736 (483)	34.9	19.3
3.1	51.1	8.0	3,098	863 (130)	27.0	21.0
2.9	50.1	7.0	0	1,743 (302)	35.4	23.1
	87.2	8.5	5,704	1,995 (480)	27.4	21.0
	82.2	10.9	6,002	3,389 (610)	39.5	27.7
1.9	96.7	13.6	8,258	3,050 (567)	33.6	19.1
3.3	67.5	14.4	2,245	908 (121)	26.0	18.0
4.0	62.4	9.0	0	1,633 (228)	38.8	21.1
	92.4	9.8	6,105	2,319 (650)	34.2	23.0
	69.4	4.9	18,901	9,678 (1,801)	42.6	30.4
1.7	59.0	12.9	9,218	3,881 (671)	31.2	18.9
3.2	64.7	6.8	2,547	1,027 (145)	25.3	21.7
3.9	70.0	10.0	0	1,549 (244)	36.8	22.1
	79.7	9.4	4,300	2,797 (812)	37.0	26.0
	53.8	16.5	17,010	10,486 (1,883)	36.0	21.6
2.0	74.3	11.7	8,499	3,520 (656)	32.1	19.1
2.8	68.8	12.6	1,916	858 (150)	26.8	20.2
3.4	66.9	9.0	0	1,556 (299)	31.4	20.6

載となっている.
して計算した.
載ミスと思われるので, 8月の数値を換算した.

表 2-9 富士紡と主要紡績各社の比較

		運転錘数(平均番手)		営業日数	就業時間	生産高(20 手換算)貫		右 1 日 1 錘
		リング	ミュール			リング	ミュール	リング
33年7月	大阪紡績	42,851(23)		21.0	23.0	94,433		4.6
	鐘紡兵庫支店	53,982(16)		25.0	23.5	156,836		4.9
	三重紡績	69,704(20)	2,000(11)	26.0	23.0	132,636	1,013	3.2
	一宮紡績	8,800(53)	5,732(80)	28.0	23.0	27,445	10,229	4.8
	富士紡績	12,888(25.5)	7,913(76)	27.5	23.5	31,422	14,864	3.8
34年1月	大阪紡績	46,980(24)		26.5	23.0	111,116		3.9
	鐘紡兵庫支店	38,988(17)		23.0	23.5	94,894		4.5
	三重紡績	55,640(19.5)	1,000(10.5)	27.0	23.0	134,927	1,220	3.9
	一宮紡績	8,941(56)	5,735(80)	29.0	23.5	30,076	12,084	5.2
	富士紡績	12,894(27.5)	10,024(61.5)	23.5	23.5	32,954	16,124	4.6
34年6月	大阪紡績	34,820(19)		28.0	23.0	112,016		5.0
	鐘紡兵庫支店	58,800(16)		27.0	23.5	176,809		4.7
	三重紡績	55,640(22)	1,000(10.5)	28.0	23.0	188,668	1,295	5.3
	一宮紡績	10,338(69)	5,554(80)	27.5	23.5	27,818	11,817	4.2
	富士紡績	16,461(29.5)	8,519(58)	29.0	23.5	46,054	23,496	4.1
34年12月	大阪紡績	46,939(22)		28.5	23.0	140,603		4.6
	鐘紡全店	138,136(17)		26.0	22.0	384,566		4.9
	三重紡績	69,704(17)	1,500(11)	26.0	23.0	136,963	1,557	3.3
	一宮紡績	10,772(60)	5,597(80)	29.5	23.5	33,444	12,601	4.5
	富士紡績	15,771(26)	8,848(52)	28.0	23.5	48,739	22,636	4.7
35年7月	大阪紡績	44,816(22)		26.0	23.0	133,316		5.0
	鐘紡全店	138,270(17.5)		25.5	23.5	337,853		4.1
	三重紡績	70,424(19)	1,000(10)	27.0	23.0	161,198	1,252	3.7
	一宮紡績	8,800(66)	4,475(80)	29.0	23.5	31,657	8,617	5.3
	富士紡績	16,620(25.5)	10,624(63.5)	23.5	23.5	37,352	20,175	4.1

出所:『大日本綿糸紡績同業聯合会報告』各月号より作成.

注:1) 鐘淵紡績会社については,明治 34 年 12 月,35 年 7 月は支店ごとではなく,全店合わせた記

2) 明治 34 年 6 月の三重紡績のミュール機の平均番手は記載がないので,34 年 1 月の 10.5 番手と

3) 石炭消費高は,洋斤 1 斤=1 封(ポンド)として換算.明治 33 年 7 月の大阪紡績の数値は記

表 2-10　富士紡綿糸紡績工場の職工と賃金（明治 33 年 6 月～35 年 12 月）

	職工数　人			逃走工女 人	給与 1 人 1 日当　銭		同紡連全社平均 銭	
	男	女	計		男	女	男	女
33 年 6 月	275	1,449	1,724	不明	37.30	20.30	28.27	20.55
7 月	275	1,449	1,724	〃	37.30	20.30	28.16	17.75
8 月	304	1,559	1,863	〃	30.30	15.40	28.70	17.68
9 月	282	1,423	1,705	〃	33.71	19.08	28.92	18.03
10 月	298	1,451	1,749		33.07	19.27	29.37	18.19
11 月	286	1,379	1,665	〃	34.63	19.68	29.87	18.62
12 月	263	1,235	1,498	〃	38.17	20.65	30.58	18.90
34 年 1 月	302	1,441	1,743	〃	35.43	23.10	30.65	19.00
2 月	284	1,468	1,752	〃	33.50	20.03	30.83	19.32
3 月	288	1,478	1,766	〃	34.79	22.01	30.35	19.21
4 月	302	1,510	1,812	〃	35.70	21.49	30.05	19.38
5 月	310	1,519	1,829	〃	37.45	21.47	29.81	19.13
6 月	228	1,405	1,633	〃	38.81	21.08	30.44	19.53
7 月	203	1,231	1,434	〃	38.21	20.86	29.93	19.22
8 月	229	1,231	1,460	〃	37.05	22.10	30.22	19.19
9 月	241	1,266	1,507	〃	35.60	21.00	30.41	19.59
10 月	228	1,281	1,509	〃	36.40	23.20	30.17	19.50
11 月	248	1,257	1,505	〃	34.40	23.20	30.56	19.94
12 月	244	1,305	1,549	〃	36.80	22.10	30.69	19.76
35 年 1 月	264	1,401	1,665	59	38.20	21.80	30.74	19.82
2 月	265	1,406	1,671	20	37.10	20.90	31.05	19.98
3 月	270	1,319	1,589	24	34.30	23.30	30.74	19.90
5 月	285	1,287	1,572	24	33.60	22.30	30.43	19.72
6 月	279	1,223	1,502	13	33.50	22.50	30.68	20.21
7 月	299	1,257	1,556	16	31.40	20.60	30.85	19.89
8 月	278	1,289	1,567	9	32.00	21.30	31.10	20.02
9 月	298	1,448	1,746	5	30.90	21.00	31.82	20.15
10 月	278	1,459	1,737	4	34.50	22.90	31.28	20.21
11 月	285	1,649	1,934	8	34.90*	21.50	30.93	21.01
12 月	293	1,659	1,952	10	33.10	21.40	31.49	20.47

出所：『大日本綿糸紡績同業聯合会月報』各号より作成．明治 35 年の逃走工女数は『明治三十六年度官衙交渉書類』より．

注：1）逃走工女には絹糸紡績労働者も含む．なお明治 35 年 4 月の逃走工女数は 18 人であるが，上記表のその他のデータは確認できない．

2）＊原典では 24.90 と記されているが，前後の数値から 34.90 の誤記であると判断した．

は男女とも若干上昇基調にあるなかで、富士紡では請負給の導入で日給は一時的には増額しつつも傾向的に減少に傾き、賃金コスト削減をもたらしているのである。先に見た三十四年から三十五年にかけての労働生産性の向上はこうした職工数と賃金の停滞のなかで達せられたものであった。

次に絹糸部門を見てみよう。和田が着任した三十四年上期は、すでに述べたように前年来の恐慌が回復せず、紡績絹糸の糸価下落にもかかわらず、絹織物需要が激減したため機業地の不振が続いた。この期は、機械の運転率をリング機では前期の四四%から七四%に上げたが、ミュール機は四%ほど低下させ、しかもいまだ夜業は控えた結果、生産高は全体で前年の一%減に止まっている（以下とも表2-4）。そしてこの期は、売上高の減少と原料繭価の上昇によって、合計二万九〇七三円の損金を計上したことはすでに述べたとおりである。

またこの期の絹糸在高を富士紡の明治三十四年上期『報告書』から確認すると、前期の一二万八千円台から一気に二一万二七三八円に上昇し、紬糸も二三三一円から三五六九円に増加していた。綿糸の在庫高が七万五四二一円なのでいかに絹糸が売れ残ったかがわかる。また前期から繰越された絹糸在庫高は二一万八三九円であったので、この期にほとんど膨大な在庫が処理されないまま残ったことがわかる。この期には絹糸減価損失金として七万一三六五円が計上されて欠損金として処理されたのもこうした事情によるものと言えよう。

三十四年下期になっても「市価ハ依然上進セズ機業地ニ於ケル宿痾ハ未タ全ク治セズ沈睡不況ノ儘当半期ヲ終リタリ」（三十四年下期富士紡『報告書』）というように市況は回復しなかった。この期にリング機の運転率は前期の七四%から八二%へ、ミュール機も八八%から一〇〇%に上げて生産に臨んでいるが、産額は前期一万六六五四貫から九九六七貫に落として低迷する市場に対応している。だが売上高を見ると二万六四六四円へと一・八倍に著増させている。この期は「数年来停滞セル残物ヲ鋭意整理セル結果多少在庫品ヲ減却セシ」（同）というように、滞留する在庫処理を進めた結果がこの売上高に含まれていたと考えられる。

こうした厳しい市場環境に和田豊治はどのように対処したのだろうか。原料消費高もなお前期の九六%に留まっていたが、注目すべきは賃金支給額が前期二万二三七〇円から一万二一五一円に約半減させている点である。表2-4が依拠した史料『工場調査票』では一日平均職工人数は前期五五五人から六九〇人に増えているから一人当たり一日賃金は二二・三七銭から一〇・六銭へと激減したことになる。だが、この職工人数の数値は、このまま信じるわけにはいかない。なぜなら富士紡の職工総数は、前期三十三年下期末二七二〇人から三十四年上期末（六月）には一五〇〇人、同年下期末（十二月）にも一五〇〇人と各期の富士紡『報告書』には記されており、三十四年は上期から下期にかけて大幅に減少しているからである。この時期綿糸紡績部門でも職工数がこの期に減少に転じていたことはすでに見たとおりである。そこで、表2-10から綿紡績部門における三十四年下期の月別平均職工数を割り出すと一四九四人となり、一五〇〇人から差し引いて絹糸部門の職工数を推算するとわずか六人ということになる。この数値もあまりに現実離れしていて信じることはできないが、いずれにしても職工数は六九〇人よりはかなり減少していることは確かであろう。

それでは、三十四年に賃金と職工数がいずれもかなり大幅に縮減された理由を考えてみよう。まず職工数であるが、前述のように三十四年六月末からの梅雨期の集中豪雨の被害が挙げられるが、それは特に絹糸部門で著しかったことである。『静岡民友新聞』によれば六月三十日から降り続いた雨は七月二日には豪雨となり、水路の土砂は工場に流れ込み、絹糸部は一時休業となり、その後人夫二〇〇人、絹紡部の工男一五〇人によって土砂の浚揚に努めたが、さらに上流から土砂が流れ込んで復旧工事は難航し、七月六日に至っても工事は完了せず損害額は一万円以上になるだろうと報じている。[110] こうした特に絹紡部を襲った水害とその後の夏季の猛暑と湿気のなかで退出する職工たちが多かったことが予想される。

また賃金の減額については、綿糸部門も含め実は、和田豊治の明確な方針によってなされたものであった。三十四年の暮れには、長引く経済不況のなかで収支償っていくためには請負工賃の一割五分の切り下げと賞与金のカットが決定されて職工に申し渡された。[111] 就任早々、三十四年上期に不況の中で一〇万円を超える損失を計上し、このことが株主総会で追及され、富田鉄之助会長を辞任に追い込んでしまった和田にとって、これ以上の損失計上という失敗は許されない瀬戸際に立たされていたといえよう。賃金削減はこうした状況下での苦渋の決断であった。

だが絹糸部門の賃金削減は、単なる一割五分カットでは済まなかったことは先に見たとおりである。おそらくこれは、これまでは夜業はミュール機のみでありリング機は昼間のみの作業であったが、昼夜業を行っている綿糸部門と比べても約八割に当たる平均日給二一・三〜三〇銭を支給しており、綿糸部門と比べて相対的に割り高となっていたのである。したがって不況下でリング機で夜業も行えずにいる絹糸部門の賃金を、夜業分を差し引いて実質的に評価して減額したものと判断できる。その結果絹糸部門では一割五分以上の減額が行われたと推断しうる。

このような急激な措置のために工場内には一時不穏な空気が漂い、賃金カットと労働強化を求める和田専務や横溝庶務主任・主任技師らを襲おうとする役付き職工らの動きが活発化し、和田らは日夜護衛を付けねばならなかった。こうした事態の渦中にあって暴走する役付職工らを説得し、暴力沙汰や争議に至らしめないように収束させたのは主任技師の一人田中身喜であった[112]。

だが三十五年に入ってからも逃走する工女がみられた。賃金削減が発表された直後の三十五年一月には最多の五九人が逃走し、その後月二〇人台以下に減少するが年間で二一〇人の工女が逃走している（表2-10）。こうした工女の逃走を含めた職工の離職という現象は、単に賃金削減という経済的な要因だけでは説明できないであろう。おそらくこの時期和田豊治が断行した事務長・技師長・技手等現場統率者の解雇と新たなスタッフの導入という現場人事の大幅な刷新という事態と無関係ではなく、離職する旧幹部たちは縁故の職工たちを引き連れて富士紡工場を去っていった者達も少なくなかったと思われる。労働現場はけっして平穏であったわけではなく、かなりの動揺に見舞われていたのである。

さて絹糸紡績の動向にふたたび目をやると、三十四年十月には紡績絹糸の価格低迷に対処するために絹糸紡績各社は京都に同業懇話会を開いて統制価格を申し合わせている。しかし、各社品質と生産力に差があり、不買する会社や投げ売りして販路拡張を図ろうとする会社も現れて糸価はかえって下落してその効果は得られなかった。三十五年にはいっても三月には糸価は再び沈静して、ここに不況打開策として絹糸紡績業連合会は業界の大合同を提唱し、七月には第一絹糸・日本絹糸・共立絹糸・三井紡績（旧官立新町紡績所を三井が払い下げを受け引き継いだもの）・郡山絹糸・南海絹糸の六社が合同して絹糸紡績会社を設立した。社長には三井紡績の藤田四郎が就任したところから、この大合同は三井主導で行われたといわれている。[113]

和田豊治や森村市左衛門へもこの合同への勧誘が強く行われたが、和田は、富士紡は組織上絹糸部だけ分離独立させることはできないこと、また合同による価格統制等によって生産額を減少して糸価を高めることは販路をますます狭隘にして利益増加につながらず、むしろ原価を抑えて広くかつ多く売れ行く方法を講ずべきであるとして、この合同には加わらなかった。[114] こうした独占組織による価格統制に対して和田は一貫して反対の立場をとっていくことは、大日本紡績連合会による操短規制に対しても貫かれていくことは、第四章において見るところである。

富士紡は、大合同に加わらなかった日本絹綿会社を明治三十六年に買収するが、それに先立って三十四年十月には同社から入社した絹紡糸の専門技術者井上篤太郎とともに三十五年から絹紡事業の立て直しを図っていった。

和田は、井上篤太郎を伴って旧新町・第一絹糸・日本絹綿等の地盤である桐生・足利・伊勢崎や丹後などの機業地に出向き、各社が消極策に囚われている間隙をぬって自社の製品の宣伝に努めた。また井上とともに富士紡製品の一手販売を引き受けている浜松委託会社に赴き、同社取締役伊東要蔵とともに、参集した織物業者を前に、遠州織物が、丹後・岐阜・福井・伊勢崎・桐生等と同じく、従来の玉糸・座繰糸に代わって廉価な絹糸紡績糸を使用するよう熱心に勧奨していた。[115] さらに和田自身が羽二重などの機業地福井県に赴いて屑糸を用いた細デニールの製造とそれを用いた輸出織物の開発に取り組んでいき、これが後の新商品富士絹の誕生につながっていくのである。さらに三十五年八月より横浜フレーザー商会の手を経てアメリカへの輸出を開始した[116]。

三十五年上期は糸価低迷と職工の減少等もあって、機械の運転率はミュール機では一〇〇%であったがリング機は五〇%に留まった。しかし産額は前年より若干増加して一万貫台に乗せ、売上高もほぼ前期並みの一九万円台に達し、「数年来停滞セル残物ヲ整理セシ結果大ニ在庫品ノ減少ヲ見ルニ至」（三十五年上期富士紡『報告書』）った。期初には逃走工女が多く出たが、職工数も徐々に回復し、総職工数も期末には一八五〇人と三五〇人の増加を見ている。実は、人数は定かではないが、六月頃までに絹糸部門の原料精選過程に静岡県監獄署管内の囚人を使役しており、職工不足を補っている[117]。こうして賃金支給額も前期に比べ三六%多い一万六五二九円を計上しており、徐々に回復基調を示している。

三十五年下期になっても市況は回復せず機業地の産額も伸び悩んでいたが、前述のように和田と井上による積極的な市場開拓は効果を著し、機械の運転率はミュール機で八七%、リング機では八二%に上げ、しかも期初よりリング機も昼夜業を達成している。その結果産額は一万七六七四貫と前期比一・七五倍、売上高は三三万六五六円、前期比一・六三倍と大きく伸ばしている（表2-4）。職工総数も二四八四人へと増加しており、逃走工女数もほとんど一〇人以下に減少している。絹糸部門の職工数も回復していると予想され、絹糸紡績職工への賃金支払額も三万五三三八円、前期比で二倍強に達している。こうしてようやく絹糸紡績部門も恐慌時の危機的な状況から脱し成長軌道に乗せることができたのであった。

以上、明治三十四〜三十五年、六年にかけての和田豊治の改革を綿糸・絹糸両部門において見てきた。それは明治三十三年から始まった日清戦後第二次恐慌という暴風雨の吹き荒れる中での実に厳しい改革であった。

『五十年史』等では、三十四年五月以降、職工担当の専門職として新たに職工係を設置し、賄料の増加や自炊舎の貸与、見張り番の廃止と外出制限の緩和、職工娯楽の拡充等による福利増進によって工女の逃亡などはなくなったと強調しているが、これが事実に反することはすでに見たとおりである。また、『五十年史』などでは職工たちの逃走を強圧的に監視する見張り番なども廃止されたというが、和田は「監察」を置いて、寄宿職工の管理を厳重に行っている。表2-11によって、譴責や罰則での減俸処分となった者をみると、和田時代になって工女逃亡警戒のため停車場に待機するのを怠ったり、寄宿工女の逃亡や職工の無断外出・外泊を防げなかったり、工女に不都合の行為をなしたりした等の理由で、監察が数度処分を受けている。そのほか、工場での機械破損・不良製品の製出等では技手や工手が、賭博禁止や水車通水管理、火災予防等の不備では監察や主任のほか手代や雇も処分を受けている。これに対し、工場内での物品窃盗者の発見通告では、監察に報奨金が与えられている。総じて、和田時代になってから、工場や寄宿舎内外の職工に対する監視と監督が厳しくなっていったことが、この表から読み取れよう。

最後に、和田改革が財務上にいかなる影響を与えたのかを確認しておこう。まず表2-1-bによって収支・損益勘定をみると、収入では、和田就任直後の三十四年上期にも過去最高の五一万円台を記録した綿糸売上高は、三十四年下期及び三十五年中には五九万八千～六五万八千円台とさらに増大し、絹糸売上高も三十四年上期に一〇万六千円台であったが、全面昼夜業が実現した三十五年下期には三一万八千円台と約三倍に激増し、屑物売上高や在庫仕掛物も含めた収入額総額ではこの期に九九万九千円台から一一三万一千円台へと増加している。

これに対し、支出総額は、三十四年上期に一一〇万円台であったが、同年下期一〇四万円台、三十五年上期九五万円台・下期一〇三万円台といずれも三十四年下期を下回って減少している。五〇～六〇%を占める原料代も、数量は増加したが三十五年上期までは三十四年上期と同水準に抑えられ、三十五年下期に絹糸の大増産に対応して増加している。工場諸経費や給与からなる諸経費も三十四年上期から三十五年上期まで減少し、同年下期には絹糸紡績の拡大に伴う賃金や分工場費の増大によって増加している。だがこれら増加分は、三十四年上期には二万五千円余あった利子支払いが七七〇〇円余に減少したことなどにより吸収されている。

表 2-11　富士紡職員の処分と褒賞（明治 33 年 9 月～36 年 3 月末）

		処分又は褒賞内容	対象者	理　由
33 年	9 月 13 日	譴責	工手補	社員として有るまじき所業があったため.
	9 月 16 日	譴責	臨時雇守衛	警戒勤務中飲酒したため.
34 年	3 月 27 日	罰俸月給の 3 分の 1	炊事掛, 3 等手代	炊事部屋で炊夫と賭博を行い巡査に踏込まれ会社の対面を損し, 平素から監督不行き届き.
	3 月 29 日	罰俸月給の 5 分の 1	炊事掛, 雇	同上. 4 月 4 日に解雇.
	6 月 16 日	罰俸日給 1 日分	監察	工女逃走警戒のため小山停車場へ出張するはずが, 発車時刻に居なかったため.
	7 月 19 日	罰俸日給 1 日分	水路番 2 名	水害の際予防のため水門際へ掛けておいた引綱が窃み取られたことに気付かなかったため.
	7 月 24 日	譴責	監察	綿糸工場工男が無通帳で出勤し無断退場出門したのを許したため.
	11 月 15 日	譴責	監察	寄宿工女に対し不都合な行為をなしたため.
	11 月 15 日	譴責	雇	寄宿工女を無断で自宅に宿泊させたため.
	11 月 27 日	譴責	綿糸部前部主任	綿糸工場水車部鉄管内を職工が修繕中なるを気付かず通水を命じたること.
35 年	3 月　1 日	譴責	綿糸工場撚糸科工手	撚糸機械を改造試験中に職工が糸を巻きつけ機械を損傷させてしまったため.
	7 月　9 日	罰俸日給 1 日分	監察	勤務中睡眠したため.
	8 月 25 日	罰俸日給 2 日分	監察	絹糸工場塵焼却場の灌水不十分のため発火を防げなかったため.
	8 月 25 日	罰俸日給 5 日分	監察部長	絹糸工場塵焼却場よりでる煙を発見しながら応急処置を取らず発火を防げなかったため.
	8 月 25 日	罰俸日給 5 日分	監察	富士見台見張所当番として同上煙を発見しながら応急処置を取らず発火を防げなかったため.
	12 月　9 日	罰俸日給 3 日分	監察	守衛勤務中, 寄宿工女を出勤工女と誤認して出門せしめ, 逃亡に至らしめたため.
36 年	2 月　2 日	譴責	絹糸部技手補	円形製綿機で主任技手の指示を誤解し不正な製綿を製出したため.
	2 月　8 日	解雇	監察	職務上不都合の行為があったため.
	2 月　8 日	罰俸日給 2 日分	監察	寄宿工女が無断外泊したのを気付かなかったため.
	2 月 28 日	譴責	綿糸部初紡科技手	初紡科掃除用糸屑を多量に請求してきたのを十分取調べをしなかったこと.
	3 月 21 日	賞金 1 円給与	給仕	綿糸部工女が他人の物品を窃盗したのを探知して監察に知らせたため.
	同日	賞金 1 円給与	監察 2 名	同人が会社の物品を窃盗したのを庶務係に告げ, 家宅捜索の結果盗品を発見できたため.
	同日	賞金 2 円給与	監察 3 名	役宅・自炊舎清潔法の掃除の際, 工男が会社の絹糸等を窃取しているのを発見したため.

出所：『明治三十二年十一月起, 大正八年八月八日迄　辞令控　富士瓦斯紡績株式会社　小山工場』より作成.

経費の内容をみると、およそ半分を占める給料は、職員の場合は、三十四年下期に本店・小山工場・分工場合計一七名の解雇とその後の補充により、三十四年下期一万三四九四円から三十五年下期一万三〇四九円へと停滞ないし減少しており、職工の場合には三十四年下期の賃金減額による減少と三十五年下期の工女数増大による上昇を示しているが、給料全体としてはコスト削減を果たしているといえよう。ただこのことは、職工の騒擾や逃亡工女増大の一因となり、職工募集費と旅費をかえって増大させる結果となっている。勤続期間の増大につながる職工待遇の改善策の範疇にはいる炊事場補助費・医務所補助金・寄宿舎費・満期賞与も減少ないし停滞を示しており、逃亡工女の増大を生み出して職工募集費や旅費を増大させるという矛盾に逢着していた。

消耗品費・荷造運搬費・本店経費・分工場経費・雑費等は、三十四年上期の数値が判明しないので何とも評価しづらいが、三十四年下期以降明確に減少しているのは本店経費のみで、その他は概して漸増傾向にあり、和田の厳しい経費削減の指導も思ったほど実現していなかったように思われる。

こうしたなかで、富士紡にとって他社との競争力維持に有利に働いた点は、水力を動力としていたことである。表2-9の中の石炭消費高を見ると、富士紡の場合水車動力なので石炭消費高は0と表示されているが、蒸気を用いている大阪紡など四社の場合、明治三十四年十二月には二五四七〜一万八九〇一円の石炭消費代を計上しており、単純に六倍すれば半期六ヶ月ではおおよそ一万五千円〜一一万三千円の額となる。三十四年下期の富士紡の収支勘定の経費には石炭が四〇三三円計上されているが（表2-1-b）、これは馬入分工場で行う絹糸紡績の精錬過程において消費する分である。その額を差し引いたとしても、他の紡績会社に対して、一万一千〜一〇万九千円程度経費負担において有利になっているといえよう。水車動力は、設置工事の初期投資に多額を要するとはいえ、こうした運転資金面での軽負担が富士紡の競争力をたしかに支える要因の一つとなっていたといえよう。

ただ、綿糸紡績業界における石炭投入額の推移を見ると、明治二十九年六二万八千円から三十一年二〇二万円余まで顕著に増大するが、三十二年一四六万五千円、三十三年一二二万二千円へと石炭価格の下落によって三十一年の六割にまで減少して、ちょうど富士紡創業期には水車動力による優位性は予想外に減退していた。だが和田改革時の三十四年には一九四万八千円、三十五年二六八万五千円とふたたび著増して、和田改革に有利に作用したといえよう(118)。

こうして、三十四年上期に一〇万二千円余の赤字を計上した損益勘定は、三十四年下期四万六千円台、三十五年上期五万六千円台、同年下期九万三千円台と黒字を生み、三十五年下期には前期から繰り越された赤字をすべて相殺して七八七九円の利益を計上するところまでこぎつけている。

こうして富士紡は、和田豊治による昼夜をいとわない工場監督と職員の技術指導による品質向上、経費節減、在庫整理、販路の拡張、そして請負給の導入、勤続賞与の増額と短期化、採用年限の引き上げと福利増進等による職工管理によりわずか二年で業績を劇的に改善したのである。請負給や勤続賞与の短期化は、技師層の指導ともあいまって職工の能動性・やる気を喚起して労働生産性の増大に寄与したと推測されるが、それにともなってもたらされた競争の激化と夜業などの労働強化、さらに雨季の洪水被害や夏季の猛暑等、技師長や技師・工手層の解雇などに動揺した職工たちの逃亡や離職が進んで職工数は減少した。また深まる不況のなかで断行された賃金の一割五分引き下げは、賃下げに反対する役付き職工層が経営陣を襲撃しようとするような不穏な事態を惹起し、逃亡職工もいっそう増大する状況を招いた。そうした職場の動揺を抑えて労働者を統合するのに重要な役割を果たしたのは、経営者と労働者の中間に位置し、日常的に労働者の技術指導と労務管理を担当していた田中身喜に代表されるような技師層であった。和田は彼らを時に厳しく時に温情をもって指揮・統括することによって彼らの人心を掌握し、彼らを適材適所に組織することによって、労働者の統合をはかり、企業全体の秩序安定と企業競争力の向上という課題をなんとか果たしていったのである。

そして賃金切り下げと人員削減は人件費を削減して、収支バランスの改善に寄与したが、そのことは福利厚生関係費の低減とあいまって、職工の長期定着を掘り崩していくという矛盾した要因を孕んでいた。水力利用による石炭費節約という富士紡の利点がこうした不安定要因を覆い隠していたが、なおいっそうの職工層の安定的統括と生産性増大を獲得するには、課題が残ったのである。その後も和田豊治の改革が続行されなければならない理由がここにあった。

注

（1）前掲『五十年史』三九頁。
（2）明治三十二年上期「第七回報告書　富士紡績株式会社」（以下、富士紡『報告書』と略記する）。
（3）清川雪彦「綿紡績業における技術選択―ミュール紡機からリング紡機へ―」南亮進・清川雪彦編『日本の工業化と技術発展』第五章、東洋経済新報社、昭和六十二年（一九八七）。
（4）以上は『帝国統計年鑑』各年次の数値による。
（5）前掲『荒井泰治伝』九二・九三頁。
（6）同前書、七四・七五頁。
（7）美濃部慶二編著「富士紡の絹紡部」『本邦絹糸紡績史稿本』所収、『絹紡工業会月報』昭和十一年（一九三六）一月号、六頁。
（8）田村均「東京織物市場の動向と流行織物」前掲『ファッションの社会経済史』第四章、二〇二～二〇四頁。
（9）明治三十一年上期富士紡『報告書』。因みに、明治三十六年の時点であるが、東京紡績会社は、リング機二万三一七二錘に対し、ミュール機二八八〇錘を擁している（同年『綿糸紡績事情参考書』）。
（10）前掲『富士紡生るゝ頃』一六頁。
（11）「毎期綿糸出来高対照表」『高風院伝記史料』より。
（12）前掲『本邦綿糸紡績史』第三巻、一四七頁。
（13）前掲「商業上の進運」『高風院伝記史料』第三章より。
（14）『明治三十三年夏季修学旅行　両毛地方機織業調査報告書』『明治前期産業発達史資料』別冊（五〇）Ⅳ、明治文献資料刊行会、昭和四十四年（一九六九）、七六～七八頁。

(15)「八　職工養成及雇入ノ事」明治三十一年上期富士紡『報告書』による。

(16)「三十年十月現在職工勤務年数別」宇賀清編『紡織職工事情調査概要報告書』大日本綿糸紡績同業聯合会、明治三十一年、四九〜五五頁。

(17)「職員及職工ノ事」前掲『高風院伝記史料』第八章より。

(18)前掲『富士紡生る、頃』一六頁。

(19)岡本幸雄「紡績深夜業確立の社会的基盤とその過程」『明治期紡績労働関係史』第五章、平成五年（一九九三）、九州大学出版会、参照。

(20)渡辺京二氏は、幕末から明治中期頃までに来日した多くの外国人たちの日本観察のなかから、幕末明治初期の農民や職人たちが持つ勤勉と忍耐、仕事への凝り性などによって見事な成果をあげる反面、労働を大変のんきに考え、集団で歌を歌いながら働き、仕事に悠長でありながら集中するときは敏捷に働き、働きたいときに働き休みたいときに休んで、労働が喜びと自負の源泉になっている姿を紹介している。そしてこれら近代化・工業化には不適合とみられる日本民衆の労働態様は、やがてその原質を奪いとられて、近代的労働の担い手として、業火のなかで鍛え直されねばならなかったのである、と指摘している〔渡辺京二「労働と身体」『逝きし世の面影』第6章、平凡社、平成十七年（二〇〇五）〕。富士紡逃亡工女の苦しみは、単に近世から続く長時間労働や重労働という側面だけではなく、その近代的労働への陶冶の過程がもたらす業火の中に心身が焼かれる苦しみであった。

(21)「就業及休憩」『本邦紡績職工事情』第二章、『大日本紡績聯合会月報』第一二四号、明治三十六年（一九〇三）一月。なお同資料によれば、大多数の紡績工場では、休憩時間は午前九時から一五分、昼食に正午から三〇分、午後三時から一五分というように三回をとるところが多く、合計時間は五〇分〜二時間までまちまちである。

(22)「昼夜業の交代」『本邦紡績職工事情』第四章の『大日本紡績聯合会月報』第一二七号、明治三十六年（一九〇三）三月。

(23)ここに取り上げた「職工服務心得」は「職工規則」と並んで『現行諸規則類纂　明治四十一年八月二十九日』（小山工場史料）に収められている史料であり、「職工規則」とともに明治三十九年十二月十二日に改正された版が残されている。「職員及職工ノ事」『高風院伝記史料』第八章には、和田豊治の労務改革を述べるに際して示した表の中に、「創業後三十四年四月迄職工規則概要」なる文言が見えることから、「職工服務心得」も「職工規則」とともにセットとして創業当初に策定されたものと考えられる。そしてここに引用した禁止条項などは、きわめて基本的な工場内での規律を明記したものので、おそらく当初より設けられていた条項と推測される。

(24) 勃興期の紡績業界における技術の自立化問題、専門技術者の育成とその地位については岡本幸雄「紡績会社勃興期の技術者問題」『明治期紡績技術関係史』第三章、九州大学出版会、平成七年(一九九五)、を参照されたい。
(25) 前掲『荒井泰治伝』による。
(26) 前掲『富士紡生るゝ頃』五頁。
(27) 前掲『明治期紡績技術関係史』一三四～一三五頁。
(28) 同前書、一三五～一三六頁。
(29) 前掲『富士紡生るゝ頃』一〇〇頁。
(30) 同前書、一～三頁。また田中身喜の履歴については、「汽罐主任技術者届　主任技術者　田中身喜」『明治三十八年度官衙達及諸願届　書類綴　庶務係』(小山工場史料)所収、に拠る。
(31) 前掲『富士紡生るゝ頃』四一頁。
(32) 同前書、四三～四九、五三～六〇頁。
(33) いずれの引用及び記述とも同前書、三八～四〇頁による。
(34) 同前書、四一頁。
(35) 「屑糸紡績所の創設」前掲『本邦絹糸紡績史稿本』所収、『絹紡工業会月報』昭和九年(一九三四)一月号、八頁。なおここでは、三井時代を含めた新町紡績所で養成された絹糸紡績の技術者が非常に多かったことが指摘され、京都の第一絹糸の技師なども新町紡績所で伝習を受けたことを指摘している。
(36) 高村直助「二千錐紡績の蘇生」『再発見　明治の経済』塙書房、平成七年(一九九五)、所収。
(37) 技術史家の中岡哲郎は、いわゆる幕末の「始祖三紡績」から官立の二千錐紡績設立に至る過程の技術の連続性に着目され、明治十六年の大阪紡績開業以降の発展もそうした試行錯誤の中での経験が活かされているものとして描いているが(『日本近代技術の形成』朝日新聞出版、平成十八年(二〇〇六)、一七六～二六三頁)、富士紡の場合も、官立の二千錐紡績と新町紡績所、そして鐘紡からの人員と技術の継受関係が明確に確認されるのである。
(38) 前掲『富士紡生るゝ頃』二六四頁。
(39) 新田直蔵編著『田村正寛翁』昭和七年(一九三二)、日進舎印刷所、一八二頁。
(40) 前掲『和田豊治伝』八三頁。
(41) 前掲『荒井泰治伝』一〇一・一〇二頁。

(42) 同前書、一〇六頁。同書によれば荒井泰治は、台湾渡航後は、児玉源太郎総督が招聘した後藤新平民政局長の協力も得て、サミュエル商会台北支店長を皮切りに、貯蓄銀行の設立、製材業の開拓、樟脳専売事業の促進と樟脳製造会社の運営、精糖製造会社の運営、炭鉱の開発、築港事業、植林事業等多岐にわたって台湾の経済開発に邁進していった。

(43) 前掲『田村正寛翁』一八一〜一八三頁。

(44) 田村正寛『金巾製織株式会社沿革』明治三十九年七月、二五頁。

(45) 前掲『富士紡生る﹅頃』七三頁。

(46) 同前書、六三頁。

(47) 同前書、六二頁。この時本店、工場ともに支配人職は事務長職に改められている。

(48) 同前書、七二頁。この田中の言は、単なる田村批判の枠を超えて企業経営における従業員統括の本質を物語っている。

(49) 前掲『田村正寛翁』二〇六頁。

(50) 前掲『富士紡生る﹅頃』一〇〇〜一〇一頁。

(51) 榊研三については、芹澤伸二「流浪の榊研三」『小山町の歴史』第一号、昭和六十二年(一九八七)、を参照。

(52) 前掲『富士紡生る﹅頃』四六頁。

(53) 同前書、七五頁。

(54) 前掲『田村正寛翁』一九四頁。

(55) 同前書、一二七〜一三〇頁。

(56) 大阪社会労働運動史編集委員会(編)『大阪社会労働運動史』第一巻戦前編上、大阪社会運動協会、昭和六十一年(一九八六)、一三六〜一三七頁。また、大阪では同じようにこの時期、天満紡績(明治二十七年一月)・野田紡績(明治三十年七月)・福島紡績(明治三十一年三月)で技師長や職工部長・主任技師の罷免や辞職が原因となって争議が勃発していることが確認できる(同書、一三二頁)。

(57) 前掲『田村正寛翁』一八八〜一九〇頁。

(58) 同前書、二〇五〜二〇七頁。

(59) 明治三十二年度『帝国統計年鑑』記載の「綿糸産額」の数値による。

(60) 前掲『富士紡生る﹅頃』九六頁。

(61) 同前書、九六頁。

(62) 法華津孝治は明治三十一〜三十七年頃の森村組の主要職員の一人。村井保固と同郷愛媛県伊予の出身で、森村の親友広瀬実栄の娘婿となった人物であり、明治十八年に森村組に入社した（宮地英敏『近代日本の陶磁器業』名古屋大学出版会、平成二十年（二〇〇八）、二一六頁。また『村井保固伝』村井保固愛郷会、昭和十八年（一九四三）、八〇頁、による）。

(63) 前掲『富士紡生るゝ頃』一〇三〜一〇六頁。

(64) 同前書、一七七〜一七八頁。

(65) 前掲『田村正寛翁』二一〇〜二一五頁。この声明書については前掲『小山町史』第四巻、五五一〜五五四頁においても「明治三十三年三月　富士紡経営改善につき有志株主の要望書」として掲載されている。

(66) 明治三十三年下期富士紡『報告書』。

(67) ここに挙げた菊池長四郎・馬越恭平・町田徳之助の会社役職等の経歴は、各年次『日本全国諸会社役員録』等による。

(68) 前掲『富士紡生るゝ頃』一一一頁。

(69) 前掲『和田豊治伝』六五〜八〇頁。

(70) 前掲『富士紡生るゝ頃』二六八〜二七〇頁。

(71) 前掲『和田豊治伝』八六頁。

(72) 同前書、五二頁。

(73) 同前書、八八頁。

(74) 同前書、八八頁。

(75) 同前書、九八〜一二一頁。

(76) 前掲『富士紡生るゝ頃』一七〇頁。

(77) 前掲『和田豊治伝』九二頁。

(78) 前掲『富士紡生るゝ頃』一六六頁。

(79) 同前書、一六八頁。

(80) 日清戦後恐慌と綿糸紡績業・織物業・銀行業との関係については、長岡新吉『明治恐慌史序説』東京大学出版会、昭和四十六年（一九七一）を、また製糸業・石炭業・鉄道業を含めた全体については、高村直助「恐慌」大石嘉一郎編『日本産業革命の研究』下、第九章、東京大学出版会、昭和五十年（一九七五）、を参照。

(81) 明治三十四年上期富士紡『報告書』。

(82) 明治三十四年下期富士紡『報告書』。
(83) 前掲『五十年史』七七～八〇頁。ただ『五十年史』等富士紡関連の文献において、この時富田鉄之助会長が辞任に追い込まれたことについて、ほとんど触れていないのは不可思議である。
(84) 前掲『五十年史』七八～七九頁。
(85) 前掲『富士紡生るゝ頃』一九一～一九七頁。
(86) 同前書、一九八頁以下。
(87) 同前書、二一二～二一三頁。
(88) 本稿が扱う時期にかぎっても、例えば、明治三十四年一月に和田は就任早々、地元六合村立成美尋常高等小学校へ一〇年にわたり教育費として毎年一五〇円の寄付を決め、湯山壽介が村長を務めた菅沼村足柄村組合村にも従来の一〇〇円から倍額の二〇〇円を毎年寄付することに決している（『明治三十四年度官公署交渉書類　庶務掛』小山工場史料）。三十五年には沼津警察署元御厨分署敷地・建物・石垣周囲柵器具費として一〇〇円を、五月には菅沼村改良道路村負担分補助として二五〇円を、そして七月には菅沼村・足柄村衛生費補助として一〇〇円をそれぞれ寄付している（『明治三十五年度官衙交渉書類』小山工場史料）。湯山壽介も、富士紡が日露戦後進めた須川水力発電所建設や六合村と菅沼村の合併運動の際に、地元と富士紡との軋轢や地元同士の対立が嵩じたが、富士紡の意を呈してそれらの調停活動に尽力している。これらの実態について本書第二部で詳しく紹介しよう。
(89) 以下の叙述は、主として前掲『和田豊治伝』一二一～一二五頁による。
(90) 前掲『紡績職工事情調査概要報告書』三五～三九頁。
(91) 「賞与」『本邦紡績職工事情』第七章所収『大日本紡績聯合会月報』第一二九号、一六頁、明治三十六年五月。また「職員及職工ノ事」『高風院伝記史料』第八章による。
(92) 同前史料による。
(93) 前掲『紡績職工事情調査概要報告書』六五頁。
(94) 前掲『明治期紡績労働関係史』一四九～一五六頁。
(95) 「職員及職工ノ事」『高風院伝記史料』第八章による。
(96) 同前史料による。
(97) 「明治三十四年営業名及課税標準届　駿東郡六合村藤曲五十一番地　岩田蜂三郎　明治三十四年一月二十九日」『明治三

十四年度官衙交渉書類　庶務掛』（小山工場史料）所収。
(98) 前掲『和田豊治伝』一二三頁。
(99) 以下の記述は、前掲『富士紡生るゝ頃』二七五〜三四〇頁による。
(100) 同前書、一六〇〜一六一頁。
(101) 前掲『和田豊治伝』一四四〜一四七頁。ここで六〇番手の増産のためにミュール機ではなくリング機の増錘を行った点については、機械の性能の改良等について詳しいデータがないので正確な説明は出来ないが、明治三十年代以降高番手の需要が多くなっていくにつれ、リング機による高番手・細糸生産が可能となっていった点を指摘しておきたい。この点、例えば綿糸紡績機械の専門家であった高辻奈良造の回想録においても同様の趣旨が述べられている。なお、第四章注16も参照されたい。
(102) 尼ヶ崎紡績における四二番手双子を製出するにいたる菊池恭三等のアメリカ綿研究とその導入、湿式撚糸機の導入による糸切れの防止と品質改良については、絹川太一「尼ヶ崎紡績会社」『本邦綿糸紡績史』第四巻第四章、を参照。また尼ヶ崎紡績の製品の生産と販売、資金調達など経営全般に関しては高村直助「尼ヶ崎紡績」山口和雄編著『日本産業金融史研究　紡績金融篇』第四節、昭和四十五年（一九七〇）、が詳細に分析している。
(103) 前掲『五十年史』八四〜八五頁。
(104) 杉山和雄は、富士紡の製糸番手構成を日露戦後から大正初期まで検討して富士紡の「製造多産主義」を検証し、その理由を、先発大企業がそれぞれに中軸的製品をもって市場に有利な地位を確保しつつあった時期に、和田豊治の社内改革を契機にようやく経営不振を脱出するという、富士紡の後発性に求めている（同氏、前掲論文（一）五四・五五頁）。
(105) 「商業上ノ進運」『高風院伝記史料』第三章。
(106) 「織物業者集会」『静岡民友新聞』明治三十六年（一九〇三）四月十九日。
(107) 前掲『和田豊治伝』一二四・一二五頁。
(108) 「小山紡績会社の被害」『静岡民友新聞』明治三十四年七月六日。こうした夏季の厳しい労働環境のなかで工女の多くが退職していく問題に関しては、第五章一節で改めて詳しく検討する。
(109) 加藤孝三郎は、日清戦後主要紡績会社で広く採用されるに至った「請負賃金」の制度が、経営の安定と職工移動の防止あるいは職工募集の拡大・強化、生産技術の習得と向上、職工訓練の不足などに対処すべき操業の規律性の強化を唱導しながら、合理化ないしは労働強化の方法として採用されたものであることを、横山源之助の請負賃金批判の論説を紹介しながら、力説している（「日本における近代的紡績業の特質」専修大学社会科学年報三八号、平成十六年（二〇〇四）三月）。

（110）（108）と同じ。

（111）前掲『富士紡生るゝ頃』一八一〜一九一頁。重要な箇所なので、以下に賃金引き下げの事情を述べた箇所を引用しておこう。「時は、明治三十四年の暮であった。流石の和田氏が、精かぎり根かぎり、吾輩のいはゆる八面六臂の活動を以てしても、世の不景気には一寸追ひつかなかったと見えて、工場全員の請負工銀、勤続賞与、ならびに皆勤賞など諸給与の減額を断行しなくては、収支相つぐなふ見込なしといふ羽目に陥った。早速改正案を考ふべしといふ命令が下り、色々協議の結果、請負工賃一割五分の値下げを発表に及んだ」（同書、一八一〜一八二頁）。こうした事態に対して、工場は不穏な空気に包まれ、和田の身辺も危うくなり、職員たちが夜業監督に出る和田を護衛するという事態に至ったのであるが、『和田豊治伝』も『五十年史』も、和田が不況の中で諸賃金の引き下げを断行したことに対してはまったく触れられていない。日清戦後、大阪においては、小規模であるが、日給・請負賃金や積立金など社内改革から波及したものが原因となった争議が多く見られるようになっていったという。日給から請負給への変更が原因となったものとして泉州紡績争議（明治二十七年五月〜六月）、請負賃金の急減が原因となったものとして合同紡績今宮分工場争議（明治三十三年二月）がある（前掲『大阪社会労働運動史』第一巻戦前編上、一三一〜一三二頁）。

（112）田中身喜は、庶務主任や主任技師を暴力で倒そうと自宅にまで乗り込んできた役付職工に対して、和田専務が会社の経済的危機を救いお互いの前途を高めるために一時賃下げをせざるを得ないこと、また入社以来職員職工の利益増進のために努力していること、庶務主任や主任技師たちはその和田の方針を体して働いていることを必死で訴えて暴挙を思いとどまらせ、事態収束に向けて尽力している（前掲『富士紡生るゝ頃』一八一〜一九〇頁）。

（113）「三十三年の反動と絹紡六社の大合同」前掲『本邦絹糸紡績史稿本』、『絹紡工業会月報』昭和十一年（一九三六）二月号、七〜一〇頁。

（114）前掲『和田豊治伝』一五一〜一五二頁。

（115）前掲「織物業者集会」『静岡民友新聞』明治三十六年四月十九日。

（116）前掲『和田豊治伝』一二六頁、前掲『五十年史』八八頁、また「商業上ノ進運」『高風院伝記史料』第三章による。

（117）『明治三十五年度官衙交渉書類』（小山工場史料）並びに『明治三十六年度官衙交渉書』（同）所収の史料によれば三十六年上期にも五月二十日から八月二十日まで同監獄署管内の囚人二〇〜五〇名を一時間五厘という低賃金で使役しており、

夜業導入で不足する絹糸部門の労働を補っていた。

(118) その後石炭投入額は、一時的に減少する時期がありつつも、第一次大戦後の大正八年（一九一九）の一六三四万円台まで増大していく。電力投入額が石炭投入額を上回るのは、一九二〇年代である（藤野正三郎・藤野志朗・小野旭『長期経済統計 繊維工業』東洋経済新報社、昭和五十四年［一九七九］一二七頁）。

第三章　日露戦後の企業合併と事業拡張

創業期の危機を和田豊治による経営改革によって乗り切った富士紡は、明治三十六年（一九〇三）から諸会社の合併を行い、日露戦後の三十八年には「拡張十年計画」を掲げて第一次世界大戦期にかけて未曾有の大発展を遂げる。ここでは和田の欧洲視察の重要性に光を当てながら諸会社の合併の内実と新施設建設による織布部門や水力電気事業拡充の実態を明らかにし、併せて富士紡の財務状況と主要役員や株主の動向を解明したい。

一　諸会社の合併

小名木川綿布会社(1)

明治三十六年四月一日臨時株主総会において、富士紡は兄会社ともいうべき小名木川綿布会社との合併が決議された。この会社は、すでに触れたように、富士紡に先立って神鞭知常や村田一郎ら水力組の面々が明治二十年に創業した機械制の綿糸紡績・兼営織布会社であり、資本金三五万円、蒸気機関を動力として創業した。しかし、好況期の明治二十八、九年を除いては概して成績は芳しくなく、二十九年一月に社業の発展をめざして、富士紡工場建設予定地に隣接し豊富な水源を有する静岡県駿東郡六郷村小山に水力利用の紡績分工場の建設を計画した。

そのために資本金を百万円に増資して臨んだが、営業不振のままこの増資は失敗し、明治三十年一月には八八万二六〇〇円に減資した。結局、小山地域の土地と水利権を得たものの分工場の建設は頓挫し、日比谷平左衛門を経営立て直しに招いて、明治三十三年、資本金をさらに六〇万円に減資して何とか経営を維持していた。

この合併に際し小名木川綿布会社は、資本金六〇万円を三〇万円に減資し、それに対し同額の三〇万円を富士紡新株として引替交付するとともに、新たに新株三〇万円を両社株主から募集することとし、引き受け未済の株式が生じた場合には、日比谷平左衛門と森村市左衛門が平等に引き受けることとなった。実際、この新株申し込み者は三名にとどまったため、森村が二九八九株、日比谷が二九八八株を引き受けてこの合併が成立した。

富士紡はこの合併によって、従来の紡績事業に加えて織布事業を組み込むとともに小名木川綿布会社が有していた五百馬力と言われる水利権を得て、和田が当初より抱いていた水力発電事業への展開をなすための基盤を獲得した。さらに六合村に予定されていた小名木川綿布会社の小山分工場の敷地には、その後富士紡小山第三・第四・第五工場が建設されて富士紡の躍進を支えるとともに、従来の第一・二工場のあった菅沼村だけでなく、第三・四・五工場が展開する隣村六合村にも町場が広がり、やがて富士紡工場の全域を一行政区画となすような両村合併の動きが起こり、小山町誕生へとつながっていくこととなるのである。

日本絹綿紡績株式会社

富士紡は明治三十六年七月一日に小名木川綿布会社の合併を完了するが、その直後の八月に、神奈川県保土ヶ谷に工場を持ち絹糸紡績業を営む日本絹綿紡績株式会社を買収している(2)。

この会社は、当初横浜で生糸・屑物の輸出を行っていたジャーディン・マセソン商会（英一番館）が企画し、明治二十二年（一八八九）に屑物関係に携わる商人・業者が発起し、横浜の大手屑糸商である明倫堂出身の左右田金作が社長に就き、役員には大谷嘉兵衛・茂木惣兵衛・浅田又七らが就任して設立され、社名は当初屑繭紡績会社といった。しかし、どういう事情か機械も到着したが工場は建設されずにいたところ、明治二十二、三年頃に井上篤太郎を招請して会社整理にあたらせた。井上は、明治二十二年に県議の職を辞し、同会社に入社後は、来社していたフランス人及びイタリア人技師から機械の据え付けから作業まで技術を伝授され、支配人兼技師長として工場を立て直し、当初は平型梳綿機を使用して半製品ペニー（展綿）の製造を行った。明治二十五年には工業高等高校を卒業した吉川房夫が入社し、同年社名も日本絹綿紡績株式会社と改めた。

同社は、明治二十八年（一八九五）、新町紡績所の技師川端齊三を重役として招き、精紡機九台、二七〇〇錘を増設して絹紡糸製造に乗り出した。翌二十九年頃から平型梳綿機と円型機の比較研究を行って、三十二年には平型機を廃止して円型機に切り替え、半練品の製造にも使用するようになった。好景気のなか絹紡糸の各社は増錘を続け、年八割もの利益を挙げるところがあったが、三十二年には生産過剰に陥り、同年下期から翌三十三年にかけて戦後恐慌に陥って、「当社は著しい値下げとその後の製品不売行に耐えかねた」という。

こうした状況のなか一九台の木製織機を新設して絹紡糸を用いた絹小倉の製織を始めたが、その成績も芳しくなかったようでほどなく休止に至っている。また井上篤太郎は、原棉増収法を案出して特許を取得するが、この発明を実現化するに及んで重役陣と対立し、明治三十四年頃同社を辞している。井上は、この発明特許を売り込もうと京都の絹紡糸会社に持ちこんだりしていたが、同年十月には日比谷平左衛門の紹介で富士紡の和田豊治と会い、和田の勧めを受け入れて富士紡に入社した。ちょうどその頃富士紡では絹糸部顧問鶴見良憲が退社したため、その後任として絹糸紡績技術に明るい人材を求めていたのであった(3)。

さて日本絹綿会社は、富士紡と同じく明治三十五年（一九〇二）の絹糸紡績会社の大合同には加わらなかったが、翌三十六年には、いよいよ負債が累積して、三七円五〇銭の払込株が七、八円でも買い手がつかないほど営業が立ち行かなくなり、結局富士紡に二二万五千円で買収された。富士紡はこの買収資金を同額の社債発行により賄っている。またこの買収の伏線に前年の井上の富士紡入社があったことは容易に推測されよう。

富士紡はこの買収によって、絹糸交易の中心市場たる横浜の地に、自社小山工場より製出能力に優れたフランス製製綿機七台、イギリス製クリーム・バーター精紡機二七〇〇錘、同製綿機八台、木製織機一九台という優良な機械を備えた工場設備を得ることができたのである。これを機に、神奈川県平塚馬入で絹糸の晒練工程を担っていた分工場を廃止して施設を保土ヶ谷工場に移転した(4)。その後電気動力への切り替えにともなって、大正四年に絹糸紡績機械は、小山第二工場から保土ヶ谷工場に移転集中され、さらに増設工事を施して保土ヶ谷工場は世界第一の絹糸紡績工場といわれる規模に達するのである。また合併によって同社の技術者も富士紡社員として生き続けた。一足先に富士紡入りした井上篤太郎のほかにも、明治二十五年に入社した吉川房夫も富士紡第二工場で絹糸紡績の技術発展に尽力し、後年中津絹糸紡織会社の取締役兼技師長となり、富士紡中津工場となってからは工場長を務めた。このように日本絹綿会社の合併は、機械・工場施設とともに優秀な技術者を供給して、富士紡の絹紡糸部門の発展を支えたのである。

東京瓦斯紡績会社

当社は、明治二十九年（一八九六）二月十九日に資本金百万円をもって日比谷平左衛門によって創設され、当時特に関東地方では見られなかった細糸の瓦斯糸製出を掲げて、明治三十一年から操業を開始した。当初は瓦斯糸紡績は技術的に困難をきたし、品質も外国品に及ばなかったが、日比谷の機械に密着した昼夜の研究と工夫によって優良品の製出に成功し、社業は上昇していった。明治三十二〜三十八年の業況を表3-1によって見ると、資本金は八〇万円から一六〇万円へと倍増、職工数は九三〇人から二九〇一人へと三倍増、運転錘数もリング機を大幅に増やして三倍増、生産高も平均番手六〇番手の細糸・瓦斯糸を三・九倍に激増させている。配当率も三十四年以降には毎

職工1人平均1日の給料：銭		平均番手：手
男	女	
37	24	60
40	25	80
43	27	60
48	29	60
41.3	23.8	60
40.2	19.4	60
46	23	60

値から判断して訂正した.

表 3-1　東京瓦斯紡績会社の推移（明治 32〜38 年）

	資本金：千円	1日平均運転錘数		営業日数：日	1日平均就業時間	生産高：貫			1日平均職工人員		計
		リング	ミュール			リング	ミュール	計	男	女	
32年	800	8,338	10,079	329	23	90,935	42,518	133,453	198	732	930
33	900	8,928	11,640	326	23	102,049	58,372	160,421	248	939	1,187
34	1,250	8,928	11,640	332	24	109,650	53,919	163,569	290	986	1,276
35	1,599	38,784	11,640	327	24	300,321	50,761	351,082	518	2,369	2,885
36	1,600	44,544	11,640	307	24	391,910	48,136	440,046	492	2,448	2,940
37	1,600	44,544	11,640	333	22	398,270	48,764	447,034	412	2,441	2,853
38	1,600	44,544	11,640	330	22	471,131	55,049	526,180	456	2,445	2,901

出所：各年『帝国統計年鑑』より作成.
注：明治 32 年の運転錘数と生産高は原資料でリングとミュールが逆に記されているが，33 年以降の数

期三割以上を達成して、日本紡績業界屈指の優良会社となったのである。[5]

こうした当社の躍進をみて、当時業界第一位の鐘紡が合併を申し込んできたが、社内には反対論が強く、この合併案は断ったが、これに対して鐘紡では押上近くの亀戸付近に十万錘規模の細糸並びに瓦斯糸工場を建設して対抗する計画であるとの噂が立った。このような状況のなかで、同社は、中細糸・瓦斯糸で共通の基盤を持ち、日比谷平左衛門が経営に大きく関与して育ててきた富士紡との合併を企図し、富士紡もまたこれに大筋合意して合併協議は進んでいったという。

しかし、ここで奇妙な事態が立ち現れる。『五十年史』によれば、新社名に「瓦斯」の二文字を入れることを主張する日比谷と、その必要を認めない和田が感情的な対立に至り、和田はついに実業界からの引退まで言及して自宅に蟄居してしまった。重役たちの両者への説得が続いたが、和田の親友で監査役の伊東要蔵の熱心な和田への説得がようやく奏功して、和田は次の覚え書三カ条を挙げて、妥協に応じている。

一、社名に瓦斯の二字を加えること。

一、重役賞与を純益金の百分の一五から百分の五に減額すること。

一、同様に職員賞与金と職工賞与金を百分の五とすること。

こうして一旦暗礁に乗り上げた合併問題も、ふたたび順調に進捗し、明治三十九年（一九〇六）七月十四日の富士紡臨時株主総会で合併の決議が成立した。この総会において三条件のなかで特に重役賞与の再分配

に関する条項は、「定款第卅四条利益金処分規定変更ノ件」として正式に決定された。そして明治三十九年九月十七日に両社の合併は完了した。

だが、この『五十年史』の記述は、いかにも不自然である。なぜなら、なぜ日比谷や和田といった信頼し合っている経営者が、社名に「瓦斯」の文字を入れるか入れないかという瑣末な問題で、これほどまでに対立し、しかも和田は、辞職までほのめかして重役陣を驚かせ、手こずらせている。これはいかにも不可解ではなかろうか。

おそらく和田は、職員・職工への利益還元の方策をいかにしたら実現できるかを思案していたのであろう。折しも東京瓦斯紡績との合併の機会を捉えて、重役にその腹案を承認させるための空芝居として社名問題を利用し、辞職さえ辞さないと威しをかけながら、最後は社名問題で日比谷に譲歩し、花を持たせた形をとって、職員・職工への利益還元案を重役陣に承諾させることに成功したとは考えられないだろうか。

日比谷は、かつて小名木川綿布会社の社長として経営立て直しに尽力し、富士紡にも和田就任前には専務取締役として経営改革に当たり、和田の招聘やまた細糸紡績部門の技術指導にも尽力した人物であり、和田にとっては先輩格に当たる有力者であった。東京瓦斯紡績会社も、高度な技術力を有する細糸・瓦斯糸紡績分野で他社の追随を許さない好成績・高利潤をあげていた優良企業であった。こうした点を冷静に考慮すれば、日比谷平左衛門は、両社合併後の取締役会長として統括する地位についてもおかしくないはずであった。

しかし、もしそのような事態になった時には、和田が考えていた利益分配法を実現できる保証はない。それほど、重役への賞与金を大幅に削ってまで職員や職工へ分与するという案は、通常の経営者的感覚からは考えられない案であり、富士紡を劇的に立て直した和田豊治であったとしても日比谷ほか富士紡の重役陣を説得することは難しいことであったと思われる。そこで、和田は社名問題で辞職までちらつかせて富士紡経営にとって自己の存在を重役陣に強くアピールすることで日比谷による富士紡経営への介入を防ぎ、かつ社名で譲歩することと引き換えに利益金分配案を重役陣に認めさせるという挙に出たのではないかと推測される。「社名問題」での和田の一見常軌を逸した行動は、むしろ考え尽くされ計算された上での巧妙な「政治的」行動ではなかったかと思われる。事実、これを機に和田は、日比谷の介入を排して「拡張十年計画」を着々と実行に移していくのである。

他方、日比谷は、翌明治四十年には、腹心の佐久間福太郎が設立した日清紡績会社の相談役に就任しており、さらに同年には、絹糸紡績部門でも富士紡の強力なライバルとなりつつあった鐘紡の会長に就任している。東京瓦斯紡績は鐘紡との対抗を意識して富士紡との合併を進めたにもかかわらず、合併後の富士紡において日比谷が実質的に経営の主導権を掌握できずに、和田の権限が以前にもまして強固になっていった現実を前に、日比谷の立ち位置は微妙なものに変化していったのではなかろうか。それが鐘紡や日清紡への接近となって現れていったように思われる。

相模水力電気会社(6)

明治三十九年(一九〇六)、富士紡では合併した小名木川綿布会社から引き継いだ敷地に小山第三工場の建設とその原動力を供給するための水力発電所の建設に着手した。その水源も小名木川綿布会社が確保していた小山町六合村の漆田水源であり、明治四十年六月に漆田発電所が竣工し、新設した小山第三工場の動力を供給した。

和田豊治は、引き続き豊富な水源を求めて漆田水源下流を探査し、鮎沢川に出てその下流に至り、神奈川県川西村字峯に発電所建設の候補地を見出した。明治四十三年(一九一〇)七月、峯水力発電所は完成し、小山第四工場の動力と小山地方の電灯用に電力を供給し、さらに余剰電力は、横浜電気株式会社(工事期間中に申し出があり買電契約を結んだのは箱根水力電気株式会社であったが、同社は横浜共同電灯会社と合併して横浜電気株式会社となっていた)に売電し、横浜方面に供給された。

さて和田豊治は、大正元年(一九一二)八月七日から十二月十七日まで、富士紡技師や関連する紡績並びに水力発電企業の有志を伴って欧洲に視察旅行に出かけている。その目的は大日本紡績連合会より懇請された万国紡績連合会（十月二十三日開催）に日本代表として出席すること、その途路において「欧洲諸国に於ける紡績業の趨勢及び水力電気事業の視察、その他一般商工業界の事情調査」[7]を行うことにあった。そのなかでも水力発電事業については特にロシアと北欧諸国を視察している。ロシアでは、世界でも最大規模の紡績工場を見学し、その動力が湖水から供給される水力による水車であることに鑑み、「之を電力に取りますれば彼の工場はまだ百万錐までも増すことが出来るだらうと思ひます」という感想を抱いている。和田は明確に水車動力から水力電気への動力転換が、生産力の増強をもたらすことを認識していたのである。またノルウェーやスウェーデンでは国営も含む巨大水力発電会社や水力による窒素肥料製造会社、さらに水力電気発電所や変電所を視察し、この「水力電気事業が盛んになった為に……今日では世界の工業国となってお[8]」る状況を確認している。和田はこの欧洲視察で、これまで自ら進めてきた水力電気事業と今後のさらなる事業拡張について大いなる自信を深めたに違いない。

さて小山地方では鮎沢川にそそぐ須川の水源探査が引き続き行われ、和田が帰国した大正元年十二月には、小山の北麓北郷村阿多野に水量調整用貯水池をもち出力五二五〇キロワットを有する須川発電所を建設した。ただ、水源調査から土地買収の期間中に、鮎沢川下流の酒匂川筋に水力発電所の建設計画中であった相模川水力電気会社（以後相模水電と略記）から事業妨害の旨の苦情を受け、一時は工事中止が危ぶまれるほどの事態となった。結局これについては、和田豊治が相模水電の相談役に就任して同社の事業を援助することで決着がついた。

ところが、富士紡ではその後も京浜地方に拡張予定の同社工場への電力供給のため、相模川の電源開発を計画していくと、同地で水力発電所開発計画を進めつつあった相模水電と利害が衝突することが少なくなかった。もともと同社は、かつての水力組の河瀬秀治が代表として許可を受けた水利権を譲り受けて明治四十五年（一九一二）に資本金五百万円を以て設立された未開業会社であった。富士紡とは、水力組由来の縁もあり、両者協議した結果大正二年十月合併の契約が成立し、翌三年（一九一四）三月二十八日、同社は富士紡に合併された。

これを機に富士紡は二〇〇万円を増資して資本金一八〇〇万円（払込資本金一三〇〇万円）となった。また相模水電が有していた山北及び内山の水利権と横浜市ほか一二ヶ町、二二ヶ村への電力供給権を継承した。出力六四五〇キロワットを有する山北発電所は大正三年十二月に、三九〇〇キロワットを有する内山発電所は大正七年一月に完成し、ともに京浜方面への工場動力並びに電灯への電力供給に大いに寄与することとなった。

以上見てきたように、富士紡の企業合併は、単なる資本の集積と集中というような規模拡大による弱小資本の吸収合併という側面よりも、もともと関連が深かった小名木川綿布会社と合併することで、綿布織布部門を組込むとともに、従来の経営方針である水力の有効活用＝水力発電事業への基盤と新工場建設のための広大な用地を獲得し、さらに関連会社の合併によってこれも従来からの戦略に沿った絹糸紡績や瓦斯糸・細糸部門を、優れた人材や設備を充填することで飛躍的に発展させることに成功したのである。また合併された企業も、それぞれ優れた技術・人材・施設を持ちながらも、厳しい競争環境のなかでそれらを消滅させられる危機に直面していたが、富士紡という新たな場のなかでより大きな経営戦略のもと、適材適所を活かす道が開かれたのである。和田豊治は、これらの合併で得た貴重な資産をフル動員して新たな高みに富士紡を導いていった。

二　工場並びに水力発電所の大増設と既存施設の拡張(9)

1　日露戦後の拡張十年計画

富士紡では、のちに詳述するように明治三十五年から日露戦争中の三十七年にかけて、第一工場並びに合併した小名木川工場の綿糸布生産施設の拡充を図っているが、日露戦争勝利の報が冷めやらない三十八年九月二十日の重役会において、和田豊治の調査立案にかかる拡張十年計画を評決し、これによって大拡張を断行していった。その概要は次のようであった。

一　綿糸は、小山第一工場に続き、第三・第四・第五工場を新設、東京瓦斯紡績会社の合併による押上工場の増設、小名木川工場の増設によって三三万七千錘に拡大する。

これは、明治三十八年上期現在の富士紡の綿糸紡績機械総錘数五万七六二〇錘の五・八倍に当たる。

一　絹糸は、小山第二工場二万錘、保土ヶ谷工場一二万錘の合計一四万錘、紬糸も両工場で三万錘に拡大する。

これは、三十八年上期小山第二・保土ヶ谷両工場の合計錘数一万二二四〇錘の一四倍である。

一　織布は、小山第六工場五千台とあり、小名木川綿布工場が記されていないが、明治三十八年上期の富士紡綿布工場である小名木川工場四一二台の一二倍である。

このように一〇年間で各部門五～一二倍あまりに機械設備を拡大し、さらに峯水力発電所をはじめとする水力発電事業の拡充を並行して行おうという大計画であった。

この計画に従ってまず、中糸綿糸四万錘規模の小山第三工場が、旧小名木川綿布会社が所有していた六合村小山に明治三十九年末に竣工し、逐次機械の据付を進め、四十一年五月に日比谷平左衛門の功績を讃える銅像の除幕式を兼ねて開場式が執り行われた。機械の拡充状況を後掲表4-5も参考にして見てみると、第三工場では第一工場よりリング機五二台・二万五二八錘を移設するとともに、最新式のリング機四八台・一万九二〇〇錘をプラット社から導入して四十年下期末までに全運転を実施している。但し、後掲表4-1には第三工場の業績は、開場式が行われた四十一年上期から計上されている。その動力源として開発されたのが小山地区の北、字漆田を水源地とする漆田水力発電所であり、明治四十年六月に竣工している。

また第一工場においても、新設の第三工場へ五二台のリング機等を移設したが、新たに二九台・一万三四五六錘のリング機等と六台・四八〇〇錘のミュール機を海外から購入して補っている。

このような新工場並びに発電所の建設過程においては、建設予定地の調査、土地買収、水面使用権の取得許可申請、護岸工事と道路・鉄橋並びに水路建設、大規模工事にともなう治安保全のための巡査派遣要請、汽鑵・ボイラーの設置、非常用防火装置の設置、防火用水並びに飲用水確保のための貯水池の建設、小山駅構内に貨物積卸場の設置並びに工場に至る軽便軌条の敷設、従業員用寄宿舎の建設等が、並行して進められた(10)。

さらに綿糸太糸紡機四万錘を設置すべく、第四工場が、第三工場に隣接して建設された。工事は、明治四十二年(一九〇九)一月七日に起工し、十月十八日に完成した。紡績機械はすべてリング機で、八五台・三万三四五六錘がイギリス・アサリー社並びにプラット社から購入され、一七台・六五二八錘が第三工場より、また二台・七六八錘が小名木川工場より移設され、四十三年四月から全機械の運転を見た。

次に絹糸部門を見ると、明治三十九年上期には三十八年八月に注文した紡機が据え付けられ、小山第二工場ではリング機八台・二四〇〇錘、保土ヶ谷工場ではリング機五台・一五〇〇錘の新紡機が運転を開始した。

保土ヶ谷工場では、「製造費中最モ多額ノ費用ヲ要スルモノハ原料ノ精錬及ビ乾燥用ノ石炭ニシテ其石炭及原料ノ運賃ヲ節約スルト同時ニ原料ノ集散地タル横浜ニ於ケル原料買入ノ利便ヲ利用センガ為保土ヶ谷工場ヲ大ニ拡張スルコトトシ(11)」、三十九年四月に保土ヶ谷町帷子川付近に運搬便利な工場用地を確保した。保土ヶ谷新工場は四十年三月に着工し、四十一年上期に竣工した。上記のリング機一五〇〇錐は絹糸部主任技師渡邉亀之助が欧米に赴いて調査し、注文したものであった。

保土ヶ谷工場の動力は電気で、同会社構内に火力発電所が設けられ、富士紡が申請していた「保土ヶ谷新工場原動其他ノ電気事業経営」の件が明治四十一年(一九〇八)二月二十日に認可され、同年十二月十日に操業が開始された(12)。

小山第二工場でも明治四十年には、絹紡糸の需要増大に応えるためにリング機一二台・三六〇〇錘、ミュール機四台・一六八〇錘を増設している。さらに後述する富士紡の新製品「富士絹」の発明に繋がる絹布の試作製造に着手した。日本絹綿会社から引き継いだ絹縞物用手織機一九台に加え、同年輸出羽二重タフタ製織用力織機一九台を据え付けて製織に取りかかり、翌四十一年に完了した。同年にはさらに富士絹の本格的製造のため織機三

○台の増設が計画され、絹紡糸の機械も五四○○錘の増設を開始し、四十三年にはいずれも完成して運転を開始している。

保土ヶ谷工場でも明治四十一年上期から紡機の増設を継続的に行い、四十二年（一九○九）上期末までにリング機二二台・六六○○錘、ミュール機一八台・八八二○錘（内二台・八四○錘は小山第二工場へ返却）・円形梳綿機一○○台の据付けを完了し、全運転を行った。また四十三年五月から絹糸織布工場の建設に取り掛かり、同年下期末には絹織機五○台の新設も完了し、小山第二工場から力織機一九台・手織機一九台が移転された（後掲表4-5）。翌四十四年下期には、小山第二工場副製部・製綿部並びに晒練部を保土ヶ谷工場に移し、擣繭室・瓦斯焼室・仕上室・操車室の増築工事も同期末には完成した。さらに織布部と精紡部の増設を図り、織機一六四台・紡機一四四六錘が海外に注文されて翌年には完備し、絹糸紡績業も著しく拡充されたのである（四十四年下期富士紡『報告書』）。

それではこれら拡張された新旧工場の動力はどのように供給されたのであろうか。富士紡ではまず、明治三十九年十一月十六日には、神奈川県川西村峯に発電所兼変圧所を、また静岡県六合村小山に変圧所兼配電所を新設し、特別高圧並びに裸銅線の使用許可を逓信大臣に申請している。こうして峯水力発電所は、明治四十年五月に起工し、水路の総延長が二二○二間・約四キロメートルに及ぶ難工事を敢行し、小山工場に送電する電線敷設と変圧・配電所とともに、四十二年十一月にようやく第一期工事が竣工し、第四工場の動力に充当された。峯発電所は四十三年七月には全工事が完成し、六六六六馬力を出力し、五千馬力は横浜電気会社に売却し、一六○○馬力が第四工場の動力並びに小山地方の電灯用に供された。

富士紡では、峯発電所の建設と並行して、地元鮎沢川に注ぐ須川の水源探査に明治三十九年から着手した。同年九月一日に須川水力電気原動用水路開削工事願いを静岡県に出願し、四十年三月二日に許可されると、直ちに水源地である北郷村中日向須川の官有水面使用願いや用悪水路使用願い、また官有道路使用願い等を請願して許可を得ている（明治三十九年下期・同四十年上期富士紡『報告書』）。

明治四十三年（一九一〇）上期に至ると須川上流の水量その他実地調査に着手し、それを踏まえて四十四年三月二十八日、「小山第一、二工場原動力ヲ電気式ニ改造シ且ツ水力ノ効果ヲ増大ナラシメンガ為」（四十四年上期富士紡『報告書』）菅沼水力発電所工事執行願いを逓信大臣に提出し、八月二十一日には第一工場原動力変更工事につき菅沼村内の用悪水路や官有水面の使用について県に願い出（四十四年下期富士紡『報告書』）、明治四十五年一月十五日に許可されている。しかし、その後菅沼発電所に関する記載は、富士紡の『報告書』には現れてこない。大正三年四月二日に工場・発電所建設の責任者で技師長の持田巽が行った講演では、菅沼発電所は、「全く手を出していない」「未設」なものと説明しているから、結局建設には着手しなかったことがわかる(13)。

おそらく菅沼発電所は水量等に問題があって未着手あるいは工事延期に陥ったと思われ、それに代替すべく小山第一・第二工場への電力供給のため六合村の北側に位置する北郷村中日向に水源と貯水池を設ける須川水力発電所の建設が進められた。さらに明治四十四年に至り、横浜電気会社及び玉川電気鉄道会社へ電力を供給する契約が成立したため、これまでの須川水力発電の設計を発電力の増加を図るように変更し、七月十六日には、「動力変更ニ係ル須川水力発電所設置」に付き企業目論見書を逓信大臣に提出し、翌四十五年二月に許可されている（四十五年上期富士紡『報告書』）。その後若干の設計変更があり、須川発電所は、大正元年十二月に第一部第一区が落成し、小山第一・第二工場並びに横浜電気会社へ送電を行った。続いて翌大正二年八月には、須川発電所から玉川電気鉄道会社への送電工事も落成した。

こうして小山第三工場には漆田発電所、第四工場には峯発電所、第一・第二工場には須川発電所が、それぞれ電力供給を行う体制が整えられた。ただし、富士紡創業当初より鮎沢川の水力を用いた水車動力によって稼働していた小山第一並びに第二工場は、なお一部で水車動力も併設されていたようであり、電力と水車は並行して利用されていた(14)。

2　欧洲視察と小山第五工場・川崎工場の建設並びに保土ヶ谷工場の拡張

すでに述べたように和田豊治は、大正元年（一九一二）八月から実施した欧洲視察旅行において、九月初旬までロシアや北欧諸国を巡って水力電気事業に関して大いに知見を得たところであるが、続いてイギリスに渡り、金融業や繊維工業の中心地であるロンドンやマンチェスターに赴き、これまでも機械購入などで取引があったプラット社・マザープラット社・アサリー社などを十一月中旬まで精力的に訪問している。そこで和田一行は、最新工場施設や技術を実地に見学・研究するとともに、重役や技術者と今後の拡張予定の工場や購入すべき機械の設計・仕様等について綿密に打ち合わせ、見積を取って注文を行っている[15]。まず、帰国後建設を予定していた川崎工場については、プラット・アサリー・ハワードバロー三社から拡張予定工場の設計と購入する機械等について協議し見積を取っており（十月十四日）、押上工場についてもプラット社と同様の事項に関して見積を取っている（九月二十七日）。

しかし、十月十四日のロンドンの三井物産事務所で和田らが行った注文事項の確認では、川崎工場のみ三社の見積の比較検討がなされており、押上工場の件は省かれている。押上工場については、十月二日にマンチェスターのプラット社にて協議し「最も簡単なる工程による機械に止め」ることに決しており新機械の購入は行われなかったようである。事実、大正四年までの同工場の紡績機械錘数の動向をみても変化が見られず、拡張工事も行われていない。

そのほか小山第二工場（絹糸工場）に関しては、マザープラット社において吸湿機の調査をし、十月二日に漂白仕上げ部の機械数種の見積を行わせ、漂白仕上の熟練工の同工場への招聘に関し相談している。また十月十一日にはハワードバロー社において、従来のプラット社等で見慣れた機械と異なる撚糸機三台を購入し、次いでリプシー社にて二五台の織機を購入し、小山工場にて比較対照することとしている。これは帰国後新設する小山第五工場において初めて操業する漂白加工を含めた綿布製織事業への準備であった。

こうして和田は欧洲視察のなかで、イギリスマンチェスターを中心とした紡織業の実情と最新の工場設計・機械の動向を調査研究して、先進企業の重役や技師から工場設計や機械選択にかんする貴重なアドバイスも受けて、その後の工場新設と機械・設備拡充に役立てていったのである。右に見てきたものを含めて和田がイギリスにおいて実地調査の結果購入決定した機械は九種に及び、重役会議の決定を待つもの一種、技師長の意見により決定すべきもの二種に及んだのである。(16)

和田らが帰国した直後の富士紡の大正二年（一九一三）上期の『報告書』をみると「厚地物海外輸出ノ旺盛ナルニ加ヘ内地向薄地精巧品ノ需要モ近来亦著シク増加シタルヲ以テ、当会社ハ新ニ小山ニ織布工場増設ノ事トシ既ニ織機ノ海外注文ヲ了シ工場建設ニ着手中ナリ」と記されているが、ここで言及されている新たな工場が、薄地精巧品綿布生産のための小山第五工場である。同工場は、大正三年六月に落成し、和田豊治が、欧洲視察中イギリス・プラット社に注文した瓦斯金巾用の四二吋織機二〇八台とマザープラット社に注文した支那輸出金巾用の二噸容量綿布漂泊加工装置一連も到着し、さらに翌大正四年には豊田織機三〇〇台が増設されて綿布生産が拡充された。これらは、先に触れたように、いま一つの輸入機械、リプシー社製の織機と比較検討されて使用されたもので、導入された豊田織機には電動の単独モーターが設置された。(17)

小山ではさらに、各工場で産出される屑綿・屑糸を用いた製品作りのため第四工場に屑糸紡績工場を増設し、大正二年下期末に一部の運転を開始し、製品試売の結果好評を得たので、下期末には全機械の運転をなす見込みと報告されている（大正二年下期富士紡『報告書』）。これについても欧洲視察の際に、アサリー社の重役等と相談していることが確認できる（十月十日）。

また小山第二工場では、大正三年（一九一四）下期には「数年来絹糸紡績工場内ニ四十余台ノ絹織機ヲ据付ケ各種ノ絹布ノ試織ヲセシガ、幸ニ内外市場ニ歓迎セラレ其需要大ニ増加シタルヲ以テ更ニ二百二十六台ヲ増設シ全部其据付ヲ了」（大正三年下期富士紡『報告書』）するに至った。この第二工場においても欧洲視察の際に協議していた機械購入と漂白工程の専門技師招聘が実現して生産改良が進むことは後にみるとおりである。

しかしながら富士紡は、大正四年（一九一五）五月、以前から進めていた保土ヶ谷工場への絹紡織事業の集中化を促進し、小山工場からの関連施設の移転統合を図ることを決定した。保土ヶ谷工場の拡張工事は大正五年に竣工し、小山第二工場の絹糸紡績機三万錘と富士絹の絹織機二八〇台をすべて同年二月までに保土ヶ谷に移設した。これによって保土ヶ谷工場は円形梳綿機一三四台、リング精紡機四万四千錘、ミュール精紡機一万七千余錘、富士絹用力織機二八〇台を備える本邦屈指の大絹紡織工場となった[18]。大正四年には水力発電による遠隔地への電力供給が可能となったことが小山に絹糸紡織施設を留めておく必要性をいっそう弱め、原料の生糸屑物の集散地であり輸出港である横浜に立地している保土ヶ谷工場への移設が急がれたのである。その後小山第二工場は、細糸高番手の綿紡績工場としてリング機の増設が行われ、大正六年末には大略完了した。

一方、綿糸紡績業のさらなる発展を目指して川崎の地に新工場が建設された。富士紡の創業地小山は、すでに第五工場まで建設されて余裕がなくなり、また京浜地帯への電力送電が可能となったことから、東京・横浜に近い川崎の旧競馬場跡地に一三万坪以上に及ぶ広大な敷地を得て、工場を建設した。大正元年（一九一二）五月に起工式を挙げ、同三年三月六日に棟上げ式を挙行している。ここには工場本館四六三〇坪のほか倉庫・暖房室・変電所・炊事場・食堂・病院・工女寄宿舎・少年工男養成所・木工場・鉄工所その他の付属建物三四六〇坪が建設された。機械は、和田豊治が渡欧中の視察をもとにプラット社から注文したもので精紡機四万四千錘、撚糸機三八〇〇余錘、従業員は職員約六〇人、工男約五〇〇人・工女約二千人、平均番手一六番で年産額四万五千梱の能力を有するものであった。後述のように精紡機には一台ごとに単独モーターが、梳綿機には真空掃除装置が取り付けられ、寄宿舎・浴室・炊事場・病院・学校・娯楽室・社宅等直接工員の厚生に関係深い施設についても和田の欧洲視察で得られた知見に基づくものが少なくなかったのである。また工場の通風や給油設備、防火装置などにも最新の科学が応用されていたという[19]。

川崎工場への送電は大正二年（一九一三）十月頃着手され、鉄塔建設や変電所工事、工場構内の配電設備等大正三年六月頃に完了し、七月二日に開始された[20]。また原動力について「当社小山工場付近の豊富な水力電気を使用し、一千五百馬力をもって機械の運転と電灯用に充て、余力はこの地方の需要先に供給する設備を整へた」と『五十年史』[21]にあり、拡張工事を続行していた須川発電所並びに合併した相模水電会社から引き継いだ山北発電所から供給されたものであった。なお川崎工場には、さらに予備的発電所として平均出力五千キロワットの火力発電所が建設され、電力供給を補っている[22]。

拡張した保土ヶ谷工場には、大正四年五月に工事が完了した山北水力発電所から送電が開始された。また大正四年五月には押上・小名木川両工場の動力を電力に変更する工事が竣工している[23]。

翌大正四年上期末は、明治三十八年（一九〇五）九月に拡張十年計画を立案、施行してからちょうど十年目に当たる。そこで各部門の機械の据付錘数からこの計画の達成率を見ると（表4-1-2、表4-12）、綿糸では、五・八倍増を目指したが四・一倍増で達成率は七一％、絹糸では一四倍増を目指したが四・六倍増で達成率四〇％、また一二倍増を目指した綿布は二・九倍で達成率二四％にとどまった。これは、達成率が低いとみるよりも、計画の目標値があまりにも高く、また水力を中心とした発電事業の拡充や計画時になかった絹布事業に予想外に大きな力が注がれたためであった。水力発電所は、地元小山地方で漆田・須川の二施設が小山各工場と小山町への電力を供給し、さらに神奈川県に峯・山北発電所等を建設し、相模水電との合併等を通じて保土ヶ谷・川崎方面の工場電力とさらに横浜市や玉川電鉄等への電力供給も行い、大正四年上期までには押上工場や小名木川工場まで含めて富士紡の全工場の動力はほぼ電力への転換を遂げたのである。

図 3-1　富士紡の送電系統図（大正 3 年 4 月現在）

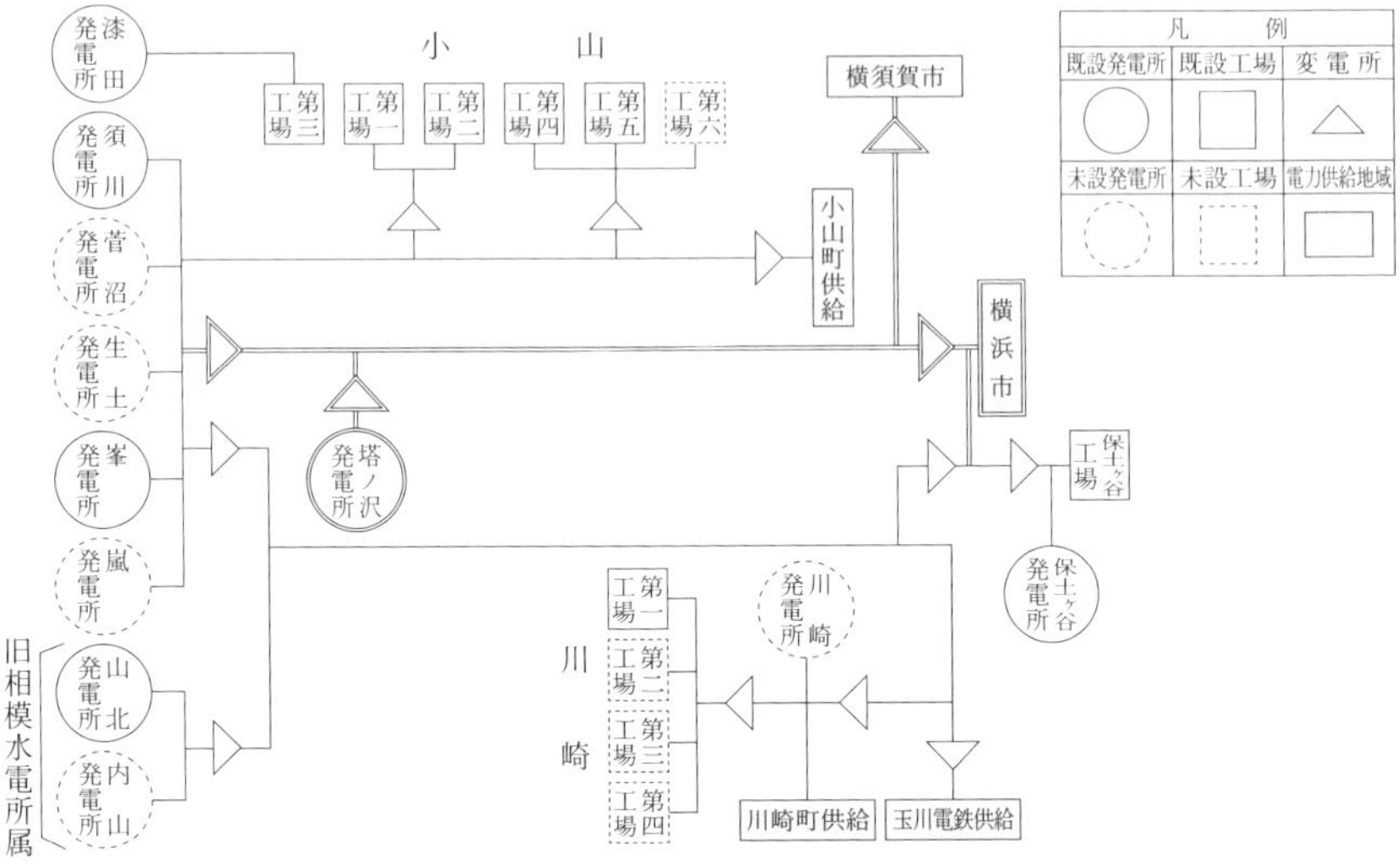

出所：持田巽「富士瓦斯紡績株式会社の動力につきて」『機械学会誌』第 18 巻第 36 号（大正 4 年 1 月）所収，より．但し，これは大正 3 年 4 月 2 日の講演録である．

注：—は富士紡績会社の経営に，═は横浜電気会社の経営に属するもの．

3　発電所と工場電化

ここで、大正三年（一九一四）四月時点において、なお蒸気動力を用いていた押上・小名木川の両工場を除いて、各発電所の電力一覧と発電所の送電系統を既設並びに未設のものも含めて示すと図3‐1のとおりであった。これを見ると、新設の小山第五工場にも須川発電所より送電がなされていることが確認できる。こうして富士紡は、自社の水力発電所によって各工場への電力供給を行うとともに横浜電気会社や玉川電気鉄道会社と連携し、また相模水力電気会社を合併することによって、発送電事業を飛躍的に拡大し、いまや京浜工業地帯としての相貌を形成しつつあった横浜・川崎地域との有機的な連携を保持し、その工業化を電力供給によって支える企業に成長した。その具体的な過程については、中村尚史の詳細な研究[24]を参照していただくとして、ここでは、工場動力が電化されたことが工場生産にどのような影響を与えたのかについて検討を加えておこう。

まず、明治四十一年時点で絹糸紡績事業を営む保土ヶ谷工場になぜ唯一火力発電所が設けられたのを確認しておこう。持田巽技師長は、次のように説明している。(25)すなわち、二〇〇〇キロワットを発電するこの発電所の特徴は、ボイラーの背後に二列のグリーン・エコマイザーが設置されたことである。前列のものは給水加熱用のもので、その余熱を利用して絹糸紡績の屑物を晒煉するのに必要な温熱を造り出している。後列のものは、それを通過して冷却された煤煙をファンによって煙突から輩出させるためのものである。要するに絹糸紡績をより効率的に行うための設計であった。

次に、電気動力の導入とともに決定的に重要な要素とされた点は、機械の一つ一つに小型モーターを取り付ける単独運転方式であり、単に全工場を一つの汽罐室によって動かす集団運転方式に比べ、次のような優れた点があると言われる。すなわち、全体を連動させるシャフトもベルトもいらず経費削減となるばかりか、機械一台ごとの始動も随時可能となって操業短縮への対応がしやすくなり、さらにベルト運転に関わる事故やベルト回転による塵埃散乱という不衛生も解消される、というものであった。小山工場の技師たちも「諸機械を伝道しまするベルト、是が不知不識の間にスリップを起し、為めに生産力を減殺して産額に多大の影響を及ぼしており」という現状に鑑み、「スリップを防止する方法を講究して居りますけれども今以て好結果のものを発見いたしません」というように、なかなか解決策を見出すことができなかった。「然し、近き将来に於て、スライビングシャフトに直結するモーターが出来る様ですからそうなれば何様の心配は或は不必要となり(26)」というように、ベルトを排して動力が各モーターに直結する方式に期待をかけていた。そうした期待を実現化させるきっかけは、やはり和田の欧洲視察であった。和田は、ドイツの工場見学の途次、次のように述べている。

吾々工場で機械を運転しますには総て工場に「シャフト」があって「シャフト」から「ベルト」を付けて、其「ベルト」に依って機械を動かして居ると云ふのが吾々のやって居る仕組でありますが、独逸では工場の建築に柱が無くてもよい、それは詰り電気の「モートル」で機械を一台づゝ単独に動かすと云ふやうな仕組になって居りますから、随て「シャフト」は要らない、「シャフト」が要らないから柱も要らない、屋根も軽く出来る、是には少し驚きました。……今申したやうな訳で「ベルト」も要らぬ、工場の建設費も安い、其点に於ては独逸が率先之を研究して更に実行すると云ふ勇気のあるに実に敬服いたしました。……随て自分の会社などでは今度新たに起す工場に付ては多少今日は考へなければならぬと云ふことを技師長とも相談したやうな次第でございます。(27)

この欧洲視察では、十一月にドイツに入ると、和田は、木内・後藤両技師をライン地方ライト市に派遣して、グラットバッハ紡織学校を参観させ、マックスショルヒ会社の電気モーター製作所やアルゲマイネ電気会社及びベルリンアンハルト機械製作所にて紡績織機用モーター製作の実況を視察させている。続いて和田も加わり、シーメンスハルスケ及びアルゲマイネ電気会社の陳列所を参観し、織機及び紡績機用モーターについて詳細な説明を聞いている。次にドレスデン市に赴き、電気モーターを製造するザクセンウェルクを訪れている。十一月二十八日にはチューリッヒに至り、エッシャーウィス社機械製作所を見学の後、木内技師をバーデン市の電気機械製造メーカー・グラウンボベリー社に派遣し、世界的に著名な紡織機用モーターの実地調査を行わせている。(28)こうした数次わたる実地調査の結果、グラウンボベリー社に川崎工場に対する見積もりを依頼したのであった。

電動単独小型モーターは、富士紡では、新設の川崎工場の紡績部門と高級綿布を製織する小山第五工場に導入された。後者の場合、どのような効用があったのかは史料的に明らかになし得ないが、川崎工場に関しては技師長を務めた持田巽が次のように説明している。(29)

すなわち、一つには、モーターに取り付けてある羽根で床下冷気道より冷気を吸い込んでこれを温気道に排出して冷却させ、電気による発熱を放散させることができる点、二つ目には、糸のテンション（緊張度）の大小に応じて速度の緩急を調整する装置が付いていて、これによって機械の製造能力を一五%まで増大させることができるという点である。(30)

このように最新式の単独小型モーターは精紡機には導入されたが、他の機械部門にはなぜ導入されなかったのだろうか。欧洲視察前の明治四十三年に全面運転を開始した小山第四工場は、一つの汽罐室によって工場全体を動かす集団運転方式であったが、ここでの電化の特徴について次のように説明している。

すなわち、集団運転方式は一般に、カップリング・ベアリング・プーリーといった機械部品も同一種類のものがあるため融通が利く点、またベルトの損失は免れないが、シャフトが短くて済むためセンタリングが容易にでき、歪みの害が少ないという利点がある。さらに精紡以前の段階である梳綿工程に用いるカード機や粗紡工程で用いる前紡機などは集団運転式が適しているという。カード機は、塵綿で詰まりやすくまた前紡機は連続して運転せず時々停止する機械であるため、いずれも多数の台数を一まとめにして、同種の部品を補いながらそうした無駄を相殺させるべくモーターの容量いっぱいに働かせる必要があるからである。これに対しリング精紡機の場合には、こうした機械運転時の動力の変化が少ないため、個々に速度調節の長所が活かせる単独小型モーター方式が適しているという。精紡以外の工程にも単独小型モーターが普及するのは、前紡工程の簡素化と合理化が進むハイドラフトの進展と相まって、昭和初期まで待たなければならなかったのである。

ここで、水力電気が生産性に及ぼした効果を確認しておこう。表3-2は、杉山和雄が、『高風院伝記史料』第一一輯から引用した明治四十三年上期までの工場別の製造経費比較表を、筆者が使用動力に関して修正して表出したものである。これによると綿糸紡績業では、まず蒸気機関を用いていた小名木川工場と押上工場について一〇番手一梱当たり動力経費の平均値をみると、太番手の前者が九・〇一円と高番手の後者九・五三円より若干低い。これに対し水車動力を用いていた小山第一工場は同じく七・五六円であり、前二者より一・五~二円も低額であることがわかる。さらに当時完成した峯水力発電所からの電力を動力としていた小山第三・第四工場の平均値は七・〇一円と一段と低い値であることがわかる。特に明治四十二年下期と四十三年上期の平均値は六・三〇円という低額になっている。

また石炭消費量の平均値を見ると、蒸気利用の小名木川工場と押上工場が約二・一円であるのに対し、水車利用の小山第一工場は〇・一五五円という低い値に止まっており、水力電気の場合は当然石炭消費はまったくかかっていない。このように動力経費では、蒸気機関→水車→水力電気の順で低額になっていることがわかる。最大の蒸気機関に比べ水力電気はおよそ七三～七七％の動力経費であった。

次に、絹糸紡績工場をみると、保土ヶ谷工場では蒸気機関である四十年下期までは平均四四円、火力発電となった四十一年上期から四十三年上期は平均四〇円に推移するが、火力発電の場合にも石炭を消費するので逓減率はそれほど大きくない。これに対し水車動力を用いていた小山第二工場では平均三五円とさらに低減している。

このように、水力を用いた場合、蒸気機関や火力発電よりも動力効率が良く、そのなかでも水車よりさらに水力発電の方が勝っていたことがわかる。もちろん大正期に電気動力とともに紡績工程に導入された単独小型モーター方式は、シャフトやベルトもいらず経費削減となるばかりか、操短への機敏な対応が可能となり、しかも機械の製造能力の向上にもつながる等の利点を持っていたことはすでにみたとおりである。

（単位：円）

（100号10貫に対する）
蒸気力・火力電気利用工場
保土ヶ谷工場
47.19　（9.699）
54.14　（8.902）
45.26　（6.434）
40.81　（7.764）
41.88（11.804）
45.64（16.379）
39.36（10.495）
38.78（10.291）
43.64（10.807）
36.42　（9.961）
35.84　（9.460）
39.54　（9.321）
48.08　（8.290）
40.77　（5.369）
41.84　（9.120）

の動力利用に関する記述
炭消費額及消費割合比較

表 3-2　富士紡の動力別に見た工場製造経費（明治 32〜43 年）

		綿紡績工場（10 番手 1 梱に対する）				絹糸紡績工場
		水車利用工場	水力電気利用工場	蒸気力利用工場		水車利用工場
		小山第 1 工場	小山第 3・4 工場	小名木川工場	押上工場	小山第 2 工場
	32 年上期	11.54				55.68
	下	9.71				50.50
	33 年上	10.29				49.42
	下	12.63				48.29
	34 年上	10.37				62.19
	下	8.88				37.22
	35 年上	8.63				50.36
	下	8.35				40.90
	36 年上	8.30				40.52
	下	7.88（0.175）		10.98（1.634）		37.81（0.811）
	37 年上	7.37（0.189）		12.76（2.561）		33.95（3.509）
	下	6.82（0.154）		10.26（2.418）		38.94（3.431）
	38 年上	6.54（0.134）		8.25（1.507）		31.04（4.105）
	下	6.04（0.020）		11.07（2.728）		29.61（4.457）
	39 年上	6.49（0.229）		9.02（2.785）		26.54（5.431）
	下	5.83（0.196）		8.04（2.069）	9.36（2.346）	25.22（2.934）
	40 年上	5.74（0.236）		8.34（1.990）	9.45（2.346）	28.57（3.548）
	下	8.03（0.346）		8.38（2.087）	9.67（2.295）	32.75（2.997）
	41 年上	8.96（0.285）	8.64	9.05（2.184）	9.64（2.364）	32.89（3.191）
	下	7.52（0.072）	7.79	9.61（2.152）	9.51（2.098）	34.32（2.244）
	42 年上	6.99（0.091）	6.84	8.84（1.842）	9.73（1.841）	34.16（2.255）
	下	7.77（0.027）	6.59	8.88（1.819）	9.23（1.700）	34.47（1.970）
	43 年上	8.74（0.165）	6.00	8.87（1.918）	9.57（1.752）	33.07（2.064）
平均値	34 年上期迄	10.84				54.65
	34 年下期以降	7.10				33.50
	総平均	7.56（0.155）	7.01	9.01（2.108）	9.53（2.105）	35.08（2.762）

出所：杉山和雄「明治期後発紡績企業の資金調達」（一）第 21 表，『金融経済』1970 年 8 月，81〜82 頁，等を修正した．原資料は「毎期綿糸経費対照表」「毎期絹級織布経費対照表」（各工場別）「毎期石表」『高風院伝記史料』第 11 輯．

注：1）（　）内は石炭消費高．

2）小山第 3・第 4 工場の数値は，両工場の平均値．

三　損益並びに貸借の動向

1　損益計算と利益金処分

ここでこれまでの分析を踏まえて、明治三十六年から大正四年に至る富士紡績会社のバランスシートの特徴を、それ以前の時期と比べながら確認しておこう。まず収支計算書をみると（表3―3―a）、収入の項目には、次期へ繰越分として計上されている在庫品にあたる「製品在高」と屑物や製乾品等の半製品である「仕掛物」が記載されており、これらを除くと、収入の八三～九二％を占めるのが繊維製品の売上高である。このうち一％に満たない屑物売上高を除いた繊維製品の動向を示したものが表3―4である。

これによると繊維製品売上高の総額は、明治三十五年下期の九二万円台から、三十七年下期～三十九年上期には二〇〇万円台に増加している。これは言うまでもなく三十六年七月の小名木川綿布会社、同年八月の日本絹綿会社の合併によるものであり、これによって綿布が繊維製品売上高に占める割合は一二～三五％に、絹糸も一六～三五％に達し、三十五年上期までは七〇～九九％を占めていた綿糸の割合は、三十八年上期から三十九年上期には四〇％台後半にまで低下している。

その直後の三十九年下期には繊維製品総売上高は、さらに五四三万円台に著増しているが、これは三十九年九月の東京瓦斯紡績会社の合併によるもので、綿糸の占める割合も再び六割台を回復している。その後、日露戦後の拡張十年計画による工場増設によって、四十三年上期には七三五万円台に、四十五年下期から大正三年上期までは一千万円台に達し、同年下期並びに四年上期には第一次大戦初期の混乱で七九五万～八六四万円台に減じている。この時期、綿糸部門では中糸生産の小山第三工場と、太糸生産の第四工場、絹糸部門では、保土ヶ谷工場と小山第二工場の拡充が進められ、富士絹の生産も増大した。こうした結果、明治四十三年上期の売上構成は、綿糸六三%・絹糸（紬糸含む）二三%・綿布一〇%・絹布（展綿含む）四%弱となっている。

その後の繊維製品売上高の内訳は判明しないが、大正三年上期には細綿布生産の小山第五工場が、同年下期には綿糸太糸生産の川崎工場が稼働するので、大正四年上期頃には綿糸と綿布の割合がふたたび増加していったと推測できる。また電力の売却による利益は明治四十三年下期から計上されるが（表3－3－a）、大正二年下期までを通じて、繊維製品合計売上高に比して一～一・八%を占めるにすぎなかった。

それでは製品等在高と工場仕掛物の合計値を毎期の在庫と考えて、製品売上高に対する比率をみてみよう。まず、創業期の明治三十一年下期～三十四年上期までは三七・二～一九〇・四%、平均七五%という高い数値に止まっているが、和田豊治就任以来の改革が起動した明治三十四年下期には二三%と劇的に低減し（前掲表2－1－b）、以後明治期（四十五年上期まで）は、日露戦争開始前の棉花高騰期に六一・六%、再び高騰した四十二年下期には四四%と上昇するが、他の期間は、戦後恐慌期や大洪水期を含めて一一・四～三一・八%、平均二〇・三%という低い水準を維持している（表3－3－a・c）。さらに大正期に入ると六～一三・八%、平均八・九%と一段と低下している（表3－3－c）。

こうして富士紡は、自社内で原糸供給が可能な綿布・絹布生産へと多角化を図りながら水力電気動力を同時に導入することを通して、在庫率の低減と資本回転の効率化をすすめ、安定した利潤確保へとつなげていったのである。(31)

次に支出の動向をみてみよう（表3－3－a・c）。支出総額は、明治三十六年上期一一九万円台であったが、三十九年下期四九四万円台へと四倍以上に増加する。これは支出の五～七割台を占める原料消費高、特にその過半を占める棉花価格が三十六年から三十七年にかけて急上昇したことと、この期に小名木川綿布・日本絹綿・東京瓦斯紡績の三社を相次いで合併したことによる。また明治四十年代の小山第三・第四工場の新設や小山第二工場

勘定（明治 36～43 年）

39 年下	40 年上	40 年下	41 年上	41 年下	42 年上	42 年下	43 年上	43 年下
5,439,097	5,040,827	5,453,181	5,422,979	5,570,178	5,970,658	4,368,587	7,358,332	7,883,982
37,612	41,880	43,184	53,480	48,134	61,053	47,930	81,687	83,683
808,765	1,150,365	1,087,187	1,348,216	1,133,878	1,093,406	1,936,029	2,338,190	1,416,133
(14.9)	(22.8)	(19.9)	(24.9)	(20.4)	(18.3)	(44.4)	(31.8)	(18.0)
								75,352
32,683	77,181	29,240	43,444	38,421	66,761	47,643	100,363	59,568
6,318,155	6,310,253	6,612,793	6,868,120	6,790,612	7,191,879	6,400,192	9,878,573	9,518,720
2,778,375	2,867,127	2,877,211	3,549,384	3,610,491	3,809,562	3,333,936	5,406,769	5,416,297
(56)	(62)	(56)	(59)	(58)	(60)	(59)	(60)	(59)
1,183,487	808,765	1,150,365	1,087,187	1,348,217	1,133,878	1,093,406	1,936,029	2,338,190
30,556	9,419	18,830	83,942	73,283	67,959	72,956	84,238	129,312
11,635	11,487	13,437	13,843	13,876	12,608	9,916	11,237	12,280
942,984	930,506	1,048,288	1,238,913	1,176,394	1,320,780	1,154,299	1,533,241	1,294,413
(19)	(20)	(21)	(21)	(19)	(21)	(20)	(17)	(14)
49,870	52,636	64,817	78,284	78,323	88,370	78,132	101,383	89,250
342,048	353,786	385,598	484,064	484,400	569,365	505,498	685,840	614,966
4,691	1,174	2,158	3,008	3,469	3,065	3,957	4,942	3,743
396,609	407,596	452,573	565,356	566,192	660,800	587,587	792,165	707,959
〈42〉	〈44〉	〈43〉	〈46〉	〈48〉	〈50〉	〈51〉	〈52〉	〈55〉
8,742	8,570	18,420	21,390	19,474	22,748	18,374	27,731	20,714
9,111								
	14,861	15,506	9,688	9,552	11,643	10,451	14,871	13,478
3,099	7,908	20,153	10,716	5,703	35			
5,320	7,802	5,597	19,165	27,754	26,762	24,732	36,141	21,649
3,433	2,569	3,890	4,999	4,678	5,772	7,660	6,320	4,193
7,049	6,553	10,301	15,866	11,354	14,322	11,842	13,162	10,464
55,142	43,429	64,134	65,891	64,295	76,984	60,087	83,412	67,654
81,108	96,887	96,085	112,552	107,693	121,768	107,711	126,378	116,926
1,409	1,060	1,272	1,808	1,139	1,198	1,043	3,439	1,744
133,407	139,438	127,965	147,203	129,318	161,234	126,483	160,673	101,019
38,289	42,982	49,139	64,559	66,398	69,573	56,003	89,697	91,671
147,029	125,739	145,051	147,255	122,581	105,927	108,664	108,471	92,855
42,509	15,988	27,940	38,412	28,677	29,721	23,564	51,845	25,033
10,728	9,124	10,254	14,045	11,576	12,283	10,090	18,928	19,047
4,947,037	4,627,307	5,108,131	5,973,270	6,222,261	6,344,787	5,664,513[12)]	8,971,515	9,190,493

表 3-3-a 富士紡の収支・損益

		36年上	36年下	37年上	37年下	38年上	38年下	39年上
収入	1. 製品売上高 1)	1,193,609	1,527,309	1,213,431	2,087,405	2,619,528	2,715,413	2,955,772
	2. 屑物売上高	6,788	17,163	19,784	27,294	33,976	34,436	21,423
	3. 製品等在高並仕掛物 2)	173,815	345,822	746,722	556,538	390,031	687,498	803,696
	(同, 対製品売上高比 %)	(14.6)	(22.6)	(61.6)	(26.7)	(14.9)	(25.3)	(27.2)
	4. 電力売上高							
	5. 雑収入及雑品売払代 3)	6,660	33,116	61,506	10,175	12,049	14,555	12,170
	計	1,380,872	1,923,407	2,041,443	2,681,367	3,055,580	3,451,902	3,793,062
支出	1. 原料消費高 4)	717,613	1,110,855	1,204,366	1,373,491	1,361,491	1,575,128	1,660,636
	(同全体比 %)	(60)	(62)	(61)	(55)	(54)	(58)	(55)
	2. 製品在高等前期繰越分 5)	192,119	287,321	345,819	734,349	556,531	390,031	687, 498
	3. 利子	24,110	42,270	61,841	51,099	62,065	91,183	64,171
	4. 火災保険料 6)	3,318	5,937	70,602	7,155	8,909	9,272	8,616
	5. 工費及諸経費 7)	258,818	336,781	298,288	342,300	553,995	636,176	608,663
	(全体比 %)	(22)	(19)	(15)	(14)	(22)	(24)	(20)
	諸給料	16,129	24,862	25,812	26,108	30,273	31,749	33,464
	職工給料	127,442	158,450	145,696	160,385	205,633	244,441	256,620
	満期賞与及帰郷旅費	1,196	1,564	869	880	812	1,619	1,018
	上記3項小計	144,767	184,876	172,377	187,373	236,718	277,809	291,102
	〈工費及諸経費中の割合%〉	〈56〉	〈55〉	〈59〉	〈55〉	〈43〉	〈44〉	〈48〉
	寄宿舎費	728	1,974	2,952	3,023	3,921	5,320	4,997
	医務所補助金	2,322	2,659	1,493	1,443	2,044	3,916	5,057
	共済組合補助金							
	炊事場補助	1,370	904	1,150	388		781	721
	職工募集費	824	1,520	563	4,022	4,742	5,012	729
	旅費	2,646	3,273	3,729	3,517	2,529	2,828	2,224
	人夫賃	2,639	4,445	5,100	5,504	6,090	5,843	4,222
	器械等修繕費	10,562	23,843	10,944	13,036	28,062	36,706	34,573
	工場消耗品	19,398	32,105	29,602	33,643	43,930	50,475	50,386
	電気用品	810	474	428	800	1039	1023	1,060
	石炭	6,782	15,344	23,259	27,274	33,948	63,646	82,480
	荷造・運搬費	16,244	17,136	15,433	17,264	23,201	27,739	28,767
	諸税	6,022	16,665	13,306	9,379	71,631	81,382	69,372
	本社経費	7,972						
	分工場経費	16,513	9,750					
	雑費	16,211	16,358	16,581	10,232	12,005	13,031	11,294
	原綿諸掛	2,998	5,449	4,444	8,125	12,273	11,087	14,238
	織布染色費				17,270	71,882	49,569	7,431
	計	1,195,976	1,783,164	1,980,916	2,508,394	2,542,994	2,701,792	3,029,584

出所：各期富士紡『報告書』より作成.
注：1)～7) は表 3-3-b の注の欄に記されている.

処分（明治36～43年）

39年下	40年上	40年下	41年上	41年下	42年上	42年下	43年上	43年下
1,371,118	1,682,945	1,504,662	894,849	568,351	847,091	735,678	907,057	328,227
137,000	150,000	100,000	94,358	65,400	92,000	70,883	100,000	113,200
								459,034
1,234,118	1,532,945	1,404,662	800,491	502,951	755,091	664,795	807,057	△244,007
387,606	388,714	571,645	588,562	507,354	324,570	330,891	337,011	342,399
1,621,724	1,921,660	1,976,307	1,389,054	1,010,305	1,079,661	995,686	1,144,069	342,399
61,706	76,647	70,233	40,024	25,147	37,754	33,239	40,352	
61,706	76,647	70,233	40,024	25,147	37,754	33,239	40,352	
250,000	250,000	160,000						
61,706	76,647	70,233	40,024	25,147	37,754	33,239	40,352	
61,706	76,647	70,233	40,024	25,147	37,754	33,239	40,352	
61,706	76,647	70,233	40,024	25,147	37,754	33,239	40,352	
674,480	716,780	876,580	681,580	560,000	560,000	492,480	600,000	300,000
2割5分	2割5分	2割5分	1割8分	1割4分	1割4分	1割4分	1割2分	6分
388,714	571,645	588,562	507,354	324,570	330,891	337,011	342,399	42,309

場仕掛け物（同）の合計．37年上期には焼失綿布工場仕掛け物12,372円含む．これは次期に繰越さず．
37年上期には焼失工場火災保険金48,265円含む．

合併した小名木川綿布会社と買収した日本絹綿紡績会社の製品在高と工場仕掛け物の分が増加したため．39

14,479円含む．

12） 計算では，5,663,793円となる．

並びに保土ヶ谷工場等の拡充によって四十三年下期には九一九万円台に達し、その後大正二年上期まで九〇〇万円台を保っている。大正二年下期から三年下期には小山第五工場の新築等があり一千万円台に達するが、三年下期・四年上期には大戦初期の混乱で八七一万～八五九万円台に下落している。

原料消費高の支出総額に占める割合は、三十三年下期から三十四年の時期には四五～四八％に止まっており、この時期は在庫並び仕掛物の額が増大して在庫として滞っていた（前掲表2-1-b）。だがその割合は、三十五年以降在庫額の割合が減少していくにつれて上昇していき、大正期には六五～七四％に

表 3-3-b　富士紡の利益金

	36年上	36年下	37年上	37年下	38年上	38年下	39年上
収支差引（△は欠損金）	184,895	140,242	60,526	172,972	512,591	750,109	763,477
機械代償却費	20,000	20,000	25,000	31,000	31,500	40,000	50,000
その他臨時支出 8)							
差引＝当半期純益金 9)	164,895	120,242	35,526	141,972	481,091	710,109	713,477
前期繰越金 10)	18,293	61,889	56,932	92,458	80,281	100,562	212,972
再差引利益金	183,189	182,132	92,458	234,431	561,372	810,672	926,450
法定積立金	8,300	6,100		7,100	24,100	35,600	35,700
損失補填準備積立金	8,300	6,100			24,100	35,600	35,700
別途積立金					160,000	160,000	180,000
重役賞与金 11)	24,700	18,000		21,200	72,100	106,500	107,000
職工賞与金及衛生教育救済基金							
職員賞与金及恩給基金							
株主配当金	80,000	95,000		118,750	180,510	260,000	300,320
配当率：年利	8分	8分		1割	1割5分	2割	2割
後季繰越金	61,889	56,932	92,458	80,281	100,562	212,972	267,739

出所：各期富士紡『報告書』より作成.
注：円以下は切り捨てて表示したため合計値が合わない箇所がある．以下は，表 3-3-a も含む.
1)　綿糸・絹糸・紬糸・綿布・絹布の売上高の合計．38年上期からは総額のみ記載されている.
2)　綿糸・絹糸・紬糸・綿布・絹布等製品在高（次期へ繰越）・同屑物在高（同），製乾品在高（同），製品工
3)　36年上期から猛買棉花運賃割戻金含む．36年下期は，製綿売上高 13,448円，製乾品売上高 1,067円含む.
4)　原料消費高は，綿糸・絹糸・紬糸（34年下～36年下に表記）・綿布（36年下～37年下に表記）の合計.
5)　2）と同じ品目．但し，前期よりの繰越し分．36年下期の額が同年上期の 2）の額より増加しているのは，
年下期には東京瓦斯紡績会社よりの繰越製品在高・同屑物在高・同工場仕掛物の合計 379,790円含む.
6)　37年上期は火災損害費償却金 63,566円含む.
7)　明治34年上期まで内訳は記されていない．明治36年下期の機械等修繕費には綿糸工場原動車破損損害費
8)　明治43年下期は押上・小名木川工場水害費.
9)　明治34年上期，絹糸減価損失金 71,365円・損失金 31,347円．43年下期損失補填準備金より補塡.
10)　明治39年下期，東京瓦斯紡績株式会社より繰越金 119,875円含む.
11)　36年上期～39年上期は重役賞与交際費及び救恤金，39年下期から重役賞与金，と記載.

まで達している。

原料消費高に次ぐ支出項目は「工費及諸経費」で、明治三十六年上期から四十三年上期にかけて、五・九倍に伸びているが、同じ時期の原料消費高の伸び率七・五倍より低率に止まっている。この時期の総支出額に占める割合の平均値は二〇％弱であるが、棉花価格が急上昇し日露戦争が開戦した明治三十六年上期～三十七年においては、二二％→一九％→一五％→一四％と経費が縮減されている。その後四十二年まではおよそ二〇％前後を保ち、四十三年には一七～一四％にまで下落している。

「工費及諸経費」の中身をみてみると、その大宗を占めるのが職工給料・諸給料・満期賞与

（明治 44～大正 4 年）

（単位：円）

大正 2 年上期	2 年下期	3 年上期	3 年下期	4 年上期
10,391,606	10,758,265	10,095,470	7,951,061	8,642,227
89,157	87,255	81,976	65,082	60,476
720,166(6.9)	640,637(6.0)	864,190(8.6)	1,101,148(13.8)	802,837(9.3)
183,910	191,335	231,408	272,129	302,548
82,533	77,353	121,550	93,582	65,423
11,467,374	11,754,847	11,394,596	9,483,003	9,873,511
7,298,115(73)	7,774,515(74)	7,533,114(74)	5,881,857(67)	5,535,565(65)
648,680	720,166	640,637	864,190	1,101,148
191,221	191,330	191,121	228,317	219,900
1,840,964(18)	1,776,217(17)	1,806,549(18)	1,664,370(22)	1,722,584(20)
156,519	158,983	165,513	156,100	167,928
154,771	119,399	124,475	96,699	94,397
1,131,069	1,093,002	1,111,897	988,753	1,050,060
190,768	167,733	206,981	171,093	234,661
2,012	1,508	1,656	78,112[6]	1,751
23,906	24,103	24,405	24,251	22,243
11,361	13,920	23,730	30,623	30,163
170,555	197,566	147,888	195,843	121,377
9,978,981	10,462,229	10,171,422	8,715,843	8,579,197
1,488,392	1,292,617	1,223,174	767,160	1,294,313
117,580	132,045	132,700	136,900	172,874
	100,000	50,000		
1,370,812	1,060,572	1,040,474	630,260	1,121,439
551,011	883,123	958,556	973,732	666,427
1,921,823	1,943,696	1,999,031	1,603,992	1,787,867
68,540	53,028	52,023	31,513	56,071
68,540	53,028	52,023	31,513	56,071
68,540	53,028	52,023	31,513	56,071
68,540	53,028	52,023	31,513	56,071
68,540	53,028	52,023	31,513	56,071
696,000	720,000	765,184	780,000	780,000
1 割 2 分	1 割 2 分	1 割 2 分	1 割 2 分	1 割 2 分
883,123	958,556	973,732	666,427	727,512

総額のみ記載された.
（同），製品工場仕掛け物（同）の合計.

関係はわからない.
は浜口吉右衛門弔慰金.

からなる人件費であった。人件費の工費及諸経費に占める比率は、三十七年までは五五～五九％を記録しているが、三十八年～四十三年下期の時期は平均四七％に止まっていることがわかる。だからといって、人件費の絶対額が減少しているわけではない。たしかに原棉価格が急上昇した三十六年下期から三十七年上期にかけて職工給

表 3-3- c　富士紡の収支・損益勘定表

		44 年上期	44 年下期	45 年上期	45 年下期
収	1. 製品売上高 1)	8,260,482	8,648,015	9,121,584	10,371,502
	2. 落綿屑糸売上高	88,752	95,495	81,690	89,133
	3. 製品等在庫並仕掛物 2)（対 1%）	1,289,846(15.6)	997,196(11.5)	1,041,925(11.4)	648,680(6.3)
	4. 電力売上高	100,297	108,025	106,216	142,112
入	5. 雑収入及雑品売払代 3)	59,323	73,718	60,265	62,912
	計	9,798,701	9,922,451	10,411,681	11,314,340
支	1. 原料消費高（全体比　%）	5,941,512(66)	6,139,320(67)	6,645,773(70)	6,959,242(70)
	2. 製品在高等前期繰越高 4)	1,416,133	1,289,846	997,196	1,041,925
	3. 利子	145,121	152,490	167,883	197,627
	4. 工費及諸経費 5)（全体比　%）	1,486,468(17)	1,523,627(17)	1,651,991(17)	1,751,855(18)
	①事務費	177,817	174,085	176,828	174,574
	②職工費	96,621	98,009	114,944	127,814
	③作業費	976,345	970,969	1,064,356	1,110,348
	④原動費	136,312	113,735	134,694	146,902
	⑤河川水路費	5,693	5,879	4,831	5,183
	⑥瓦斯発生費	16,219	17,209	20,807	21,525
出	⑦電力経常費	5,421	9,502	8,612	8,869
	⑧諸税	72,036	134,236	126,914	156,636
	計	8,989,235	9,105,283	9,462,843	9,950,651
利益金処分	収支差引	809,466	817,167	948,837	1,363,689
	機械代償却費	112,700	112,876	117,553	117,776
	その他臨時支出 7)				
	差引＝当半期純益金	696,766	704,291	831,284	1,245,913
	前期繰越金	42,309	64,886	93,107	216,572
	再差引利益金	739,076	769,177	924,392	1,462,486
	法定積立金	34,838	35,214	41,564	62,295
	損失補塡準備積立金	34,838	35,214	41,564	62,295
	重役賞与金	34,838	35,214	41,564	62,295
	職工賞与及衛生教育救済基金	34,838	35,214	41,564	62,295
	職員賞与金及恩給基金	34,838	35,214	41,564	62,295
	株主配当金	500,000	500,000	500,000	600,000
	配当率：年利	1 割	1 割	1 割	1 割 2 分
	後季繰越金	64,886	93,107	216,572	551,011

出所：各期富士紡『報告書』より作成.
注：円以下は切り捨てて表示したため合計値が合わない箇所がある.
1)　綿糸・絹糸・紬糸・綿布・絹布の売上高の合計．38 年上期からは売上高の内訳は記載されず
2)　綿糸・絹糸・紬糸・綿布・絹布等製品在高（次期へ繰越）・同屑物在高（同），製乾品在高
3)　36 年上期から猛買棉花運賃割戻金含む．4)　2)と同じ品目.
5)　「諸経常費」は前期までの「工費及諸経費」に対応するが，その分類項目のそれ以前との継受
6)　大正 3 年下期はすべて水害費．7)　大正 2 年下期は日比谷平左衛門退任慰労金．大正 3 年上期

売上高推移（明治 31～大正 4 年）

布		絹布			展綿			g. 左の繊維品売上高合計：円	h. 電力売上高：円
d. 売上高：円	d/g %	生産高：ヤード	e. 売上高：円	e/g %	生産高：貫	f. 売上高：円	f/g %		
								26,686.400	
								274,172.038	
								478,698.554	
								503,565.198	
								568,327.000	
								628,506.880	
								878,242.255	
								819,991.562	
								928,777.750	
								1,193,610.966	
251,624.329	16							1,541,726.326	
140,217.294	12							1,213,433.391	
319,119.996	16							2,007,408.198	
914,452.878	35		4,242.175	0.2				2,619,528.188	
700,950.680	26		1,737.645	0.6	1,067.220	15,830.367	0.6	2,715,413.011	
447,063.717	15		3,040.740	0.1	1,449.000	10,994.200	0.3	2,955,772.691	
999,478.820	18		2,326.860	0.04	1,882.400	26,326.590	0.5	5,439,097.534	
729,088.758	14		164.610	—	1,376.000	19,702.490	0.4	5,040,827.000	
734,019.741	13		869.870	0.02	1,712.000	23,467.610	0.4	5,453,181.683	
765,571.031	14		1,102.190	0.02	8,297.600	71,741.850	1	5,422,979.129	
785,694.395	14		4,654.235	0.08	11,132.000	161,646.620	3	5,570,178.786	
752,403.670	13		11,124.260	0.2	20,722.600	285,672.810	5	5,970,658.065	
586,507.131	13		12,807.310	0.3	12,599.200	144,397.550	3	4,368,587.260	
765,900.850	10		32,171.835	0.4	41,491.480	320,351.100	4	7,358,332.834	
		52,125.00			13,748.200			7,883,982.694	75,352.840
		95,040.50			12,745.260			8,260,482.716	100,297.340
		55,036.00			8,880.000			8,648,015.428	108,025.795
		76,294.30			13,272.000			9,121,584.772	106,216.110
		158,381.00			16,584.000			10,371,502.887	142,112.070
		160,058.00			15,724.000			10,391,606.620	183,910.460
		170,266.00			26,640.000			10,758,265.590	191,335.220
		181,873.00			19,990.000			10,095,470.170	231,408.820
		491,781.00			9,843.200			7,951,061.671	272,129.342
		615,929.00			10,392.000			8,642,227.858	302,548.258

明治 43 年下期以降の売上高の内訳は判明しない.
年次がある（明治 37 年上期，40 年下期，41 年上期）.

表 3-4　富士紡製品の生産高と

	綿糸			絹糸			紬糸			綿
	生産高：貫	a. 売上高：円	a/g %	生産高：貫	b. 売上高：円	b/g %	生産高：貫	c. 売上高：円	c/g %	生産高：ヤード
明31年下	15,552	26,390.640	99				不詳	295.760	1	
32年上	131,030	232,565.010	85	4,802.397	28,357.740	10	不詳	13,249.288	5	
32年下	176,802	335,310.400	70	6,946.560	131,472.826	10	不詳	11,915.328	2	
33年上	176,980	404,934.275	80	5,713.831	82,978.809	27	2,990.147	15,652.114	3	
33年下	152,862	427,044.000	75	6,708.879	122,582.000	16	4,060.280	18,701.000	3	
34年上	180,504	511,272.030	81	7,087.893	106,375.440	22	3,566.797	10,859.410	2	
34年下	208,032	658,520.680	75	6,941.708	206,464.110	17	3,024.921	13,257.465	2	
35年上	223,357	617,490.920	75	6,801.378	190,764.782	24	3,277.400	11,735.860	1	
35年下	226,041	598,121.420	64	14,589.345	318,321.310	23	3,085.380	12,335.020	1	
36年上	297,310	754,739.896	63	16,508.001	420,671.850	34	4,038.780	18,199.220	2	
36年下	354,261	967,893.129	63	12,878.791	309,590.498	35	2,579.340	12,618.370	1	1,489,416
37年上	322,309	866,086.278	71	18,432.906	198,154.849	20	2,039.035	8,974.970	1	994,050
37年下	378,411	1,254,806.889	63	13,779.641	408,701.878	16	6,136.963	24,779.435	1	1,709,952
38年上	544,541	1,190,628.566	45	18,368.083	486,920.089	20	3,045.220	23,284.480	1	3,329,251
38年下	545,207	1,340,617.479	49	27,245.439	633,819.930	19	3,991.000	22,456.980	1	3,874,011
39年上	567,849	1,450,828.979	49	29,004.341	990,920.415	23	7,832.765	45,924.640	2	5,542,539
39年下	778,051	3,294,125.307	61	35,941.273	1,101,760.097	34	9,797.980	35,079.860	1	4,669,993
40年上	877,728	3,103,103.820	62	37,635.701	1,144,652.302	20	9,377.385	44,115.020	1	5,178,002
40年下	829,974	3,743,593.132	69	35,777.299	897,274.480	23	11,667.210	53,956.700	1	6,034,919
41年上	1,036,359	3,577,778.330	66	40,901.610	947,724.308	16	17,649.750	59,051.250	1	6,010,692
41年下	1,045,579	3,411,644.334	61	43,433.504	1,148,979.742	17	17,963.800	57,559.460	1	5,379,010
42年上	1,185,069	3,579,407.989	60	53,611.010	1,202,918.706	21	40,159.000	139,130.630	2	6,465,458
42年下	926,762	2,605,695.165	60	44,563.000	864,999.374	20	45,177.950	154,180.730	4	6,237,724
43年上	1,557,212	4,634,819.909	63	63,138.739	1,362,492.140	20	52,573.720	242,597.000	3	6,612,328
43年下	1,632,880			57,984.455			53,535.500			4,463,266
44年上	1,700,952			73,052.950			47,298.450			6,122,744
44年下	1,801,011			60,516.713			50,559.850			6,020,850
45年上	1,936,081			83,003.435			56,240.000			6,064,901
45年下	2,070,832			87,480.342			67,081.000			5,132,896
大2年上	2,111,005			79,481.559			82,878.880			5,674,455
2年下	2,100,932			79,424.422			70,644.080			6,549,826
3年上	2,173,042			78,293.738			60,427.000			7,308,863
3年下	1,884,586			68,190.586			59,622.680			7,435,696
4年上	2,415,549			75,650.057			43,339.290			8,891,991

出所：生産高は，各年次富士紡『報告書』．『綿糸紡績事情参考書』（綿布），売上高は『高風院伝記史料』より．
注：記載された資料の判読が一部不十分なため，各製品の売上高の合計値と記載値が円未満で若干食い違う

与を約七％減少させて対応しているが、それ以後は合併と工場増設による人員増加を反映して三十七年下期一八万七千円、三十九年下期三九万六千円台、四十一年下期五六万六千円台、四十三年上期七九万二千円台と連続して上昇し、四十三年下期は関東大洪水と不況の到来による職工減少もあって七〇万七千円台に落としている。

ところが、それ以外の諸経費の費目をみると、三十八年上期から四十三年下期に器械等修繕費・工場消耗品費・電気用品・荷造運搬費の合計は、相次ぐ企業合併と施設拡充で九万六二三二円から二七万七九九五円へと約三倍に伸びており、また職工の募集と福利厚生に関係する寄宿舎費・共済組合補助費・職工募集費の合計は八六六三円から五万五八四一円へと六・四倍に増加している。諸税も日露戦時の営業税等非常特別税の増加で、三十七年下期九三七九円からから三十八年上期に七万一六三一円へと一気に七倍増に引き上げられ、以後もさらに二倍増にまで増大する年もあった。石炭費に関しては、蒸気を動力とする小名木川綿布会社・日本絹綿会社・東京瓦斯紡績会社の合併で三十六年上期六七八二円から三十九年下期一三万三四〇七円へと約二〇倍に著増するが、水力発電への動力転換で四十三年下期には一〇万円台に減少している。こうした経費増のなかで人件費の相対比は軽減していったのである。

明治四十四年上期～大正三年上期の時期を見ると（表3–3–c）、原料消費高は一・三倍、諸経常費は一・二倍とほぼ同様の伸び率を示すが、まだ支出総額に占める割合は、前者が七〇％を超えたのに対し後者はほぼ一七～一八％に止まっている。この時期の「諸経常費」の中では、水力発電所のフル稼働にともなって電力経常費が一・三倍に増加し、電力売上高に占める割合も五・四％から一〇％（大正四年上期）へと漸増しているのに対し、人件費に相当する職工費と作業費の合計は、一・一倍に止っていた。

このように原料消費高や施設拡充や電力等の諸経費の増大を人件費の抑制と在庫率の低減による経営効率化によってカバーした結果、総収入から総支出と固定資産（機械）償却代を差し引いた当期利益金は、三十五年下期は九万円台であったが、小名木川綿布と日本絹綿両社を合併した三十六年には一六万～一二万円台に伸びている。

三十七年上期には小名木川工場の火災償却金が六万三千円余計上されたため利益金は三万五千円台に減少するが、その後は三十九年上期には七一万円台まで激増し、同年下期には東京瓦斯紡績会社の合併で一二三万円台まで増大し、四十年下期には一四〇万円台に達している。その後四十三年上期までは五〇万〜八〇万円台を維持している。

利益金の配分をみると（前掲表2-2、表3-3-b）、明治三十五年下期から当期利益の五%を法定積立金・損失補塡積立金に当て、一五%を重役賞与金に支払って残りの中から株式配当が支払われ、残額が次期に繰り越されている。配当金は三十五年下期には年六分、三十六年は八分を出しているが、三十七年上期はおそらく小名木川工場の火災処理のためであろう、積立金や配当を行わないで利益金をすべて次期に繰り越している。そして利益金が増大した三十八年上期からは積立金をすべて回復した上で拡張十年計画に備えるため四十年下期まで毎年通常の積立金を数倍上回る別途積立金を計上している。

そして三十九年下期から東京瓦斯紡績との合併を機にした利益金配分の改革で、従来利益金の一五%を当てていた重役賞与を五%に引き下げ、その分を新たに創出した「職工賞与金及衛生教育救済基金」と「職員賞与金及恩給基金」にそれぞれ五%ずつ割り振っている。

株式配当は、三十八年下期から四十年下期まで二割〜二割五分の高率を記録した後、利益金の停滞した四十一年〜四十三年上期でも一割二分〜一割八分を保っている。だが、関東大洪水が発生した四十三年下期にはその被害補塡で四五万九千円余を要したため二四万四千円余の損失を計上し、各種積立金や重役賞与、職工並びに職員への賞与、株主配当もすべてカットしてようやく六分の配当を確保している。この時の巨額損失を補塡したのは、これまで積み立ててきた損失補塡準備積立金であった。

その後明治四十四年〜大正四年上期に至ると、毎期六三万〜一三七万円に上る利益金を計上し、各種積立金と重役並びに職工・職員への賞与金等を計上した上で一割〜一割二分の配当を着実に行っている。

内訳等（明治39～大正3年）

（単位：千円，以下切捨）

年	43年		44年		45年	大正元年	2年		3年
下	上	下	上	下	上	下	上	下	上
664.0	807.0	△244	696.0	704.0	831.0	1,245.0	1,370.0	1,060.0	1,040.0
995.0	1144.0	342.0	739.0	769.0	924.0	1,462.0	1,921.0	1,943.0	1,999.0
66 (7)	80 (7)		69 (9)	70 (9)	83 (9)	124 (8)	137 (7)	106 (5)	104 (5)
33 (3)	40 (3)		34 (5)	35 (5)	41 (4)	62 (4)	68 (4)	53 (3)	52 (3)
66 (7)	80 (7)		69 (9)	70 (9)	83 (9)	124 (8)	137 (7)	106 (5)	104 (5)
492(49)	600(52)	300(88)	500(68)	500(65)	500(54)	600(41)	696(36)	720(37)	765(38)
337(34)	342(30)	42(12)	64 (9)	93(12)	216(23)	551(38)	883(46)	958(49)	973(49)
70.0	100.0	113.0	112.0	112.0	117.0	117.0	117.0	132.0	132.0
10,000.0	10,000.0	10,000.0	10,000.0	10,000.0	10,000.0	11,147.0	11,999.0	12,000.0	13,000.0
730.9	856.0	693.0	945.9	870.8	1,221.5	1,723.6	1,851.5	1,855.1	1,823.2
1,478.9	1,620.4	1,493.6	1,732.5	1,743.8	2,110.8	2,646.1	3,056.0	3,469.4	3,665.4
100 (7)	100 (6)	75 (5)	100 (6)	100 (6)	200.4 (9)	150 (6)	150 (5)	150 (4)	150 (4)
38 (3)	38 (2)	38 (3)	50 (3)	45 (3)	60 (3)	80 (3)	80 (3)	80 (2)	80 (2)
					100 (5)	200 (8)	200 (7)	200 (6)	
576.5(39)	681.8(42)	594.3(40)	709.5(41)	709.5(41)	827.8(39)	1011.7(38)	1011.7(33)	1197.3(35)	1197.3(33)
764.4(52)	800.6(49)	786.6(53)	873(50)	889.3(51)	922.5(44)	1204.5(46)	1614.3(53)	1842.2(53)	2038.1(56)
200.0	200.0	228.6	250.0	206.2	333.2	339.6	427.0	413.1	318.5
9,083.4	9,905.1	9,905.1	11,285.9	11,825.9	11,949.0	12,646.2	12,755.2	14,966.6	14,966.6
593.3	453.2	406.1	468.9	498.1	786.7	1,214.5	1,312.9	1,175.4	1,363.3
961.2	795.8	744.1	828.5	877.2	1,214.9	1,831.2	2,169.8	2,228.3	
150 (16)	100 (13)	50 (7)	100 (12)	100 (11)	200 (16)	450 (25)	5008 (23)	500 (22)	
88.1 (9)	61.4 (8)	56.2 (8)	74.3 (9)	77.5 (9)	115.1 (9)	173.8 (9)	201.4 (9)	186.1 (8)	184.8(−)
442 (46)	352.6(44)	352.6(47)	352.6(43)	391.6(45)	456.9(38)	551.9(30)	601.6(28)	621.4(28)	
281.2(29)	281.8(35)	285.3(38)	301.6(36)	313.1(36)	442.9(36)	655.5(36)	866.8(40)	920.8(41)	
200.0	100.0	100.0	200.0	200.0	250.0	350.0	500.0	500.0	300.0
5,877.6	5,877.6	5,877.6	5,877.6	6,527.6	6,527.6	7,272.1	7768.4	7,768.4	7,791.1

の統一をはかった．諸積立金以下はその分配額であり，（　）は百分比である．

表 3-5　紡績主要 3 社の利益金

		明治 39 年		40 年		41 年		42
		上	下	上	下	上	下	上
富士紡	純益金	713.0	1,234.0	1,532.0	1,404.0	800.0	502.0	755.0
	修正純益金	926.0	1,621.0	1,921.0	1,976.0	1,389.0	1,010.0	1,079.0
	諸積立金	251(27)	373(23)	403(21)	300(15)	80 (6)	50 (5)	75 (7)
	役員賞与	107 (7)	61 (4)	76 (4)	70 (4)	40 (3)	25 (2)	37 (3)
	職工・職員関係費		123 (8)	153 (8)	140 (7)	80 (6)	50 (5)	75 (7)
	配当	300(32)	674(42)	716(37)	876(44)	681(49)	560(55)	560(52)
	次期繰越	267(29)	388(24)	571(30)	588(30)	507(37)	324(32)	330(31)
	減価償却	50.0	137.0	150.0	100.0	94.0	65.0	92.0
	払込資本金	3,200.0	5,450.0	6,298.0	7,148.0	7,995.0	8,000.0	8,000.0
鐘紡	純益金	1,639.5	1,652.2	1,467.3	1,373.5	776.4	673.6	701.4
	修正純益金	1,797.5	1,805.5	1,997.5	1,946.4	1,526.8	1,422.1	1,435.7
	諸積立金	1,000 (56)	500 (28)	500 (25)	200 (10)	100 (7)	100 (7)	100 (7)
	役員賞与	50 (3)	50 (3)	50 (3)	50 (3)	50 (3)	38 (3)	38 (3)
	職工・職員関係費	130 (7)	145 (8)	195 (10)	90 (5)			
	配当	464.2(26)	580 (32)	679.5(34)	863.9(44)	628.3(41)	549.7(39)	549.7(38)
	次期繰越	153.3 (9)	530.2(29)	572.9(29)	750.4(39)	748.5(49)	784.3(52)	748(52)
	減価償却	300.0	300.0		150.0	150.0	100.0	200.0
	払込資本金	5,803.4	5,803.4	7,254.2	7,854.2	7,854.2	7,854.2	7,854.2
三重紡	純益金	674.0	791.4	1,020.9	856.6	514.2	478.0	690.5
	修正純益金	870.8	974.7	1,203.6	1,062.6	725.4	745.9	1,020.7
	諸積立金	200 (23)	300 (31)	400 (33)	200 (19)	109.8(15)	100 (13)	200 (20)
	役員賞与	124.8(14)	104.6(11)	130 (11)	106.2(10)	57.1 (8)	62 (8)	98.9(10)
	職工・職員関係費		50 (5)	50 (4)	50 (5)			
	配当	467.4(54)	467.4(48)	523.8(44)	566.9(53)	352.6(49)	352.6(47)	442 (43)
	次期繰越	78.7 (9)	52.7 (5)	99.8 (8)	154.1(15)	205.9(28)	231.3(31)	279.8(27)
	減価償却	450.0	150.0	150.0	100.0		80.0	200.0
	払込資本金	3,107.9	3,107.9	4,057.6	5,877.6	5,877.6	5,877.6	5,877.6

出所：富士紡は各期『報告書』，他社は山口和雄編著『日本産業金融史研究』巻末表より．

注：鐘紡と三重紡の純益金「修正純益金」の項は，前記からの利益繰越金を加えて，富士紡との記載上

このような富士紡の配当や利益金に関しては、払込資本金に対する減価償却前利益率が低く、綿糸布業と電力部門の多角経営を推進してきたため内部資金の不足から諸施設に関する巨額の資金を株式等の外部資金に依存せざるをえず、しかも株主に相当の配当を行ったために積立金等の内部資金の蓄積を犠牲にせざるをえなかった点が杉山和雄によって指摘されている。[32] また松村敏も、六大紡などと比べた場合、富士紡が一錐当純益金で高い額を示しながら払込資本金当たりの純益率が高くない点に触れ、やはり払込資本金の割合が高くしかも相当の配当を行わねばならなかったことから、積立金などの内部資金の蓄積が進まなかった点を指摘している。[33]

そこで、利益金の分配のあり方を富士紡・鐘紡・三重紡の三社について見てみよう。表3-5は企業の収支報告書にそって記載されたものであり、各期末の収支差額から減価償却を差し引いて当期純益金とし、それに前期繰越金を足したもの（修正純益金）を積立金・役員等賞与・配当に分配し、残りを次期繰越金とし、それらの割合を表示したものである。この表を見ると、確かに富士紡は明治三十九年上期～大正三年上期の間に、複数の水力発電所の建設など巨額資金を要したため払込資本金の伸び率が四倍と他の二社の二・五倍よりかなり高く、しかも修正純益金に対する配当の割合も三割台から時に六割台と他社と比べて遜色ない率を計上していたので、積立金と次期繰越金を合わせた内部資金の割合は、明治期の平均を計算すると鐘紡五六％、三重紡四四％に対し富士紡は三七％に止まっていた。

その原因としては、明治四十三年下期の関東大洪水による富士紡の多額の損失も考慮しなければならないが、いま一つの要因として、役員や職工・職員への賞与金の分配法があった。既述のように富士紡では、明治三十九年下期から従来の役員賞与の三分の一ずつを職工と職員への賞与等として振り分け、毎期修正純益金から五～一〇％を当てている。鐘紡でも明治三十九年上期～四十年下期に職工関係費（職工幸福増進資金等）が五～一〇％、また四十五年上期～大正二年下期に五～八％を計上しているが、四十一年～四十四年まではこの費目は消滅し役員賞与も三％に抑えられて主として次期繰越金に回されている。三重紡も職工・職員関係費が三十九年下期～四十年下期まで四〜五%の割合で登場するが、以後は廃止され、この分が配当や内部資金に回されているのである。

富士紡では、多額の株式払込金への配当確保のためにも安定した利益を確保しなければならず、そのためには役員賞与を大幅に削っても職工や職員へ利益を分配して彼らの労働へのインセンティブを高めなければならなかった。その分だけ積立金や繰越金等の内部資金の蓄積が削減されたのである。しかしながら、水力発電の効力が現れ、労務管理が進展して安定した利益が年々蓄積されてくるにつれ、そうした職員・職工への利益分配を行っても積立金と繰越金の合計値は漸増するようになっていった。大正二年から同三年上期になるとその割合は、鐘紡五七〜六〇%、三重紡六三%と比べるとなお及ばなかったけれども、富士紡も五三〜五四%を計上して両社に肉薄していったのである。

2　資産と負債

以上みたような明治三十六年以降における再三の企業合併と三十八年以降の拡張計画による毎年のような工場・発電所の新増設は莫大な資産を形成した。表3-6-a・bによれば、富士紡の資産総額は明治三十六年上期三二一万円台、三十九年下期には八五二万円、四十四年以降は二千万円台に達している。特に、明治三十九年から四十三年は、小山第三・第四工場、保土ヶ谷工場、漆田発電所・峯発電所を次々と建設・稼働させていき、小名木川工場や押上工場も含め全工場で機械設備の拡充が行われた時期であり、資産勘定における「増設勘定」(拡張費)は、三十六年上期から三十八年下期には一期平均一二万円台であったが、三十九年上期から四十三年上期には同一三二万円と著増し、固定資産は、資産総計の六〇%台を占めるに至っている。同時期に、在庫として資産評価された原料も一三七万円台から三二四万円台へと二・四倍に、工場需要品は六万二千円台から二〇万三千円台へと三・二倍に、増大している。

こうして膨張する固定資本や原料等の流動資本はどのように賄われたのだろうか。すでに述べたように富士紡

負債の動向（明治 36～43 年）

（単位：円）

39 年下	40 年上	40 年下	41 年上	41 年下	42 年上	42 年下	43 年上	43 年下
8,520,411	11,105,011	11,851,528	15,653,213	15,238,661	16,047,575	17,371,521	19,691,477	19,950,586
5,450,000	6,298,287	7,148,700	7,995,612	8,000,000	8,000,000	10,000,000	10,000,000	10,000,000
979,821	1,340,201	1,764,502	2,073,122	2,156,912	2,200,817	2,284,923	2,361,714	2,450,724
	28,859	53,055	64,967	59,662	50,578	49,200	51,179	24,904
			5,801	9,073	16,594	18,032	28,065	21,691
								3,000,000
					2,500,000	2,500,000	2,500,000	
122,549	145,912	177,313	174,632	168,544	231,384	219,926	257,451	218,230
	355,678	100,000	1,935,269	2,489,337	1,312,115	991,590	2,274,339	2,920,386
346,315	1,014,412	646,503	2,014,753	1,344,824	656,423	312,160	1,074,656	972,339
2,225,647	388,714	571,645	588,562	507,354	324,570	330,891	337,011	342,309
1,234,118	1,532,945	1,404,662	800,491	502,951	755,091	664,795	807,057	
5,202,907	5,218,841	7,613,824	7,650,070	7,618,645	10,582,778	10,561,470	12,331,637	14,032,276
743,439	1,828,895	564,340	1,739,423	2,800,959	877,471	1,973,835	986,022	
							8,467	7,819
33,377	33,105	43,987	49,172	46,902	69,771	74,996	116,737	89,204
722,815	2,492,313	1,905,803	3,974,730	2,867,305	2,559,699	2,084,749	3,248,402	3,427,378
486,597	783,374	701,279	1,034,961	771,167	672,661	1,419,547	1,829,369	916,564
322,167	366,988	385,907	313,254	362,710	420,744	516,481	508,820	499,569
154,640	9,922	38,911	38,897	43,145	101,561	20,950	14,472	75,948
113,245	119,686	123,939	141,445	153,694	165,846	188,174	203,422	191,812
24,455	18,712	26,895	22,967	24,360	23,904	21,319	40,097	36,512
2,486	2,800	5,517	8,883	7,361	5,516	8,414	44,477	30,836
84,384	33,789	314,930	335,976	343,574	375,684	205,842	128,472	193,527
492,165	180,428	108,862	151,803	144,075	113,453	240,673	196,527	154,613
137,266	15,509	15,033	188,951	52,972	77,562	53,933	33,592	49,392
462	642	2,295	2,675	1,786	919	1,131	958	1,121
								△244,007

年上期から職工（保信）積立金・医務所積立金が加わる．本表掲載の 36 年上期から損失補塡積立金，

器具の合計．明治 31 年下期のみ什器含む．43 年下期は「峯電力」1,125,942 円含む．

表 3-6- a　富士紡の資産・

		36 年上	36 年下	37 年上	37 年下	38 年上	38 年下	39 年上
	資産＝負債　総額 1)	3,218,160	4,224,702	4,755,700	4,639,090	5,365,757	5,953,814	6,408,481
負債	払込資本金	2,000,000	2,375,000	2,375,000	2,375,000	2,450,000	2,600,000	3,200,000
	諸積立金 2)	42,041	121,388	137,660	141,117	160,505	376,008	617,692
	職工・職員関連基金 3)							
	共済組合預り金							
	社債		225,000	225,000	195,000	165,000	135,000	105,000
	借入金	200,000	200,000	200,000	190,598	205,691	193,255	180,637
	特別預金・仮預金(仮入金)	12,377	72,147 4)	64,258	59,221	34,518	39,245	51,434
	支払約束手形	657,580	895,162	1,539,474	961,954	1,143,645	1,530,213	785,386
	未払金・未払配当金	122,974	153,871	121,847	481,765	645,023	269,417	541,879
	前期繰越金	18,293	61,889	56,932	92,458	80,281	100,562	212,972
	当半期利益金	164,895	120,242	35,526	141,972	481,091	710,109	713,477
資産	固定資産 5)	2,098,922	2,707,579	2,851,811	3,388,169	3,380,552	3,475,140	3,503,575
	増設勘定（拡張費）6)	21,553	236,625	406,100		68,861	32,330	394,349
	特許権							
	職工立替金	3,103	8,035	4,378	5,893	6,515	11,970	8,428
	原料棉花	446,216	352,110	525,194	328,304			
	絹紬糸原料	233,834	430,404	78,794	73,126	1,126,991 7)	1,431,140	1,374,284
	織布原料		4,593	2,765	8,290			
	製品・落綿・屑物・製乾品	72,294	154,210	519,837	320,677	176,999	470,479	567,837
	工場仕掛物	101,517	191,606	214,508	235,856	213,429	217,017	235,858
	製品売掛金・取引先勘定	6,916	1,785	6,395	94,948	195,935	120,869	25,957
	工場需要品（工場勘定）・石炭	21,959	45,654	44,272	45,705	48,995	67,964	62,914
	医務所・物品供給所等 8)	4,318	5,608	9,536	56,707	27,456	10,447	11,062
	未収入金	5,232	1,854	2,354	5,768	3,689	1,649	852
	仮払金	27,669	45,128	53,632	56,669	59,674	65,639	46,702
	銀行預金・有価証券	8,028	480	2,633	16,980	53,592	48,796	42,444
	受取手形		38,907	33,326	1,891	2,962	277	134,136
	現金	88	116	157	98	103	89	76
	その他 9)	166,505						

出所：富士紡績株式会社各期『報告書』より作成．綿糸生産が開始された明治 31 年下期から表出した．
注：各項目は，円未満切捨てて表示したので，合計値は 10 円未満の誤差がある．
1)　『報告書』の負債・資産の総額から未払込株金を差し引いた額．
2)　本表掲載以前の明治 31 年は職工積立金，33 年上期から法定積立金・機械消却積立金，34
36 年下期から職員身元保証金，38 年下期から別途積立金が加わる．
3)　明治 40 年上期より職工衛生教育救済基金・職員恩給基金．
4)　36 年下期当座借越 1,378 円含む．
5)　地所・家屋・器械・消火器・水車・暖房装置・電灯及電話・水路・道路橋梁・工場用具・
6)　工場増錘勘定・拡張費．
7)　明治 38 年以降は原料の内訳は表記されず，合計値が記されたもの．
8)　炊事場・精米所，含む．37 年下期は委託品勘定 44,133 円含む．
9)　△印は欠損金（損失金）．36 年上期は小名木川綿布株式会社勘定．

では企業合併や設備拡張に際しては増資と社債発行、借入金の導入によって対処してきた。明治三十五年下期にはリング紡績機購入のため日本勧業銀行から二〇万円借り入れ、三十六年の小名木川綿布会社の合併時には六〇万円の増資、日本絹綿会社買収時には二二万五千円の社債発行、三十九年一月には拡張十年計画のために二四〇万円の増資、同年九月には東京瓦斯紡績会社との合併を機に三〇〇万円の増資を敢行している。こうして公称資本金は、明治三十五年下期二〇〇万円、三十六年上期二六〇万円、三十九年上期五〇〇万円、同年下期には八〇〇万円まで増加した。

しかしながら、払込資本金は同時期に五四五万円にとどまっていた。しかも払込資本金等は、工場施設や機械購入に当てられ、また当期利益金も三十六～三十八年には一二万～七一万円台にしか達していなかったから、原料購入や賃金支払い等流動資本に関しては主として金融機関の短期の手形貸付に頼らざるを得なかった。この「支払約束手形」は、三十五年下期には一二万円台であったが、三十七～三十八年には九六万～一五三万円台まで増大していた。

そこで明治四十年七月に社債五〇〇万円の募集を決定した。しかし、社債収入は、貸借対照表には一切現れていない。『五十年史』によれば、この社債募集のねらいは外債に活路を見出そうとしたものであったが、四十年十月以降のアメリカ経済の恐慌による世界的金融界の動揺によって外債の導入が阻止されたという[34]。

明治四十一年下期には、払込資本金も公証額の八〇〇万円に達するが、支払約束手形は一九三万～二四八万円

3 年下	4 年上
27,015,472	26,782,365
13,000,000	13,000,000
2,954,508	3,006,822
196,021	188,881
65,343	75,454
3,000,000	3,000,000
2,173,751	2,257,300
316,017	342,874
2,754,630	1,784,807
951,216	1,338,360
973,732	666,427
630,260	1,121,439
16,971,573	21,436,330
3,872,754	207,637
8,835	7,953
59,142	63,244
4,103,594	3,282,925
696,889	411,969
404,258	390,865
41,433	47,757
181,405	170,032
20,262	15,223
22,200	19,466
229,136	312,632
352,989	357,343
50,605	58,520
391	460

給基金なし，大正 2 年

の合計.

表 3-6-b　富士紡の資産・負債の動向（明治 44～大正 4 年）

	明 44 年上	44 年下	45 年上	45 年下	大 2 年上	2 年下	3 年上
資産＝負債　総額 1)	21,115,657	20,289,413	23,635,329	22,049,220	22,039,149	22,599,401	27,248,991
払込資本金	10,000,000	10,000,000	10,000,000	11,147,852	11,999,250	12,000,000	13,000,000
諸積立金 2)	2,182,167	2,264,931	2,337,966	2,434,183	2,574,743	2,725,083	2,840,221
職工・職員関連基金 3)	5,815	11,341	17,563	25,836	40,927	164,866	175,305
共済組合預り金	33,504	39,209	54,176	58,559	64,673	63,760	73,553
社債	3,000,000	3,000,000	3,000,000	3,000,000	3,000,000	3,000,000	3,000,000
借入金 4)						486,075	1,465,674
特別預金・仮預金（仮入金）	227,537	225,193	254,347	275,847	266,231	276,767	493,680
支払約束手形	3,298,198	2,757,752	3,658,528	2,874,960	604,867	1,134,239	2,704,367
未払金・未払配当金	1,629,357	1,221,807	3,388,352	769,494	1,566,630	804,912	1,497,158
前期繰越金	42,309	64,886	93,107	216,572	551,011	883,123	958,556
当半期利益金	696,766	704,291	831,284	1,245,913	1,370,812	1,060,572	1,040,474
固定資産 5)	12,843,196	12,770,630	13,450,523	13,478,240	13,453,976	16,373,512	16,442,417
増設勘定（拡張費）6)		467,918	436,388	1,521,984	2,173,762	787,910	2,560,979
特許権	7,170	6,522	10,601	9,953	9,345	9,072	8,942
職工立替金	81,030	73,416	88,936	89,364	87,532	82,053	67,203
峰電力 7)	1,124,942	1,225,942	1,125,942	1,125,942	1,125,942		
原料（棉花・絹糸・屑物等）	5,132,202	4,089,948	6,793,210	3,968,667	3,817,680	3,974,146	6,310,535
製品・落綿・屑物・製乾品	750,942	507,187	653,041	231,831	295,018	214,747	444,687
工場仕掛物	538,903	490,008	388,884	416,848	425,147	425,889	419,503
製品売掛金・取引先勘定	40,683	35,813	58,995	42,469	17,823	60,579	23,400
工場需要品（工場勘定）・石炭	204,965	207,354	178,035	162,926	159,120	183,245	179,651
医務所・物品供給所等 8)	28,489	34,635	26,146	26,765	30,458	18,907	33,996
未収入金	21,240	36,066	29,098	19,751	33,973	31,759	51,906
仮払金	276,458	236,353	220,274	229,767	277,988	162,193	167,752
銀行預金・有価証券	28,034	71,989	139,773	689,866	97,087	240,898	504,916
受取手形	36,147	34,947	34,848	34,177	33,791	33,889	32,531
現金	1,250	687	629	662	500	597	567

出所：富士紡績株式会社各期『報告書』より作成．綿糸生産が開始された明治 31 年下期から表出した．
注：各項目は，円未満切捨てて表示してので，合計値は 10 円未満の誤差がある．
1）『報告書』の負債・資産の総額から未払込株金を差し引いた額．
2）表 3-6-a と同じ．
3）明治 40 年上期より職工衛生教育救済基金・職員恩給基金，44 年上期～大正 2 年上期は職員恩下期から再登場する．
また大正 2 年下期に日比谷平左衛門氏寄贈職員職工遺族扶助基金 10 万円，現れる．
4）大正 2 年下期からは外国借入金．
5）地所・家屋・器械・消火器・水車・暖房装置・電灯及電話・水路・道路橋梁・工場用具・器具
6）工場増錘勘定・拡張費．
7）大正 2 年下期以降，損益計算書の支出の部に「電力経常費」として計上される．
8）炊事場・精米所含む．

台に及んでいた。そして四十二年になると建設中であった小山第三工場と保土ヶ谷工場がいよいよ全運転を開始し、峯水力発電所も稼働し始めた。さらにこの年から小山第四工場の建設工事と小名木川工場の拡張工事が開始された。また翌四十三年からは菅沼並びに須川水力発電所の竣工に向けた調査活動が開始された。こうした事業遂行を果たすためには莫大な資金が必要となり、富士紡では明治四十二年四月、二五〇万円を大手銀行から借り入れている（三菱銀行八四万円・第一銀行八三万円・三井銀行八三万円）。そして同年七月、臨時株主総会において八〇〇万円の増資が決定され、公称資本金は八〇〇万円から一六〇〇万円へと倍増した。新株一六万株のうち四分の一の二〇〇万円の払込金がもたらされた。

しかしこれでも資金は足りず、さきの借入金の返済も迫っていたため、さらに翌四十三年三月、三菱合資会社銀行部長豊川良平の尽力によって三〇〇万円の社債を募集した。引受け銀行は、三井・三菱・第一・豊国・森村の各銀行で、返済利率は年五分五厘、三年間据置、以後七年償還という条件であった。富士紡では、これによって、四十二年四月に四銀行から借り入れた二五〇万円を返済し、以後余裕を持って社債償還を図っていった。

翌四十三年八月には大洪水が関東地方を襲い、四十三年下期には二四万円強の欠損金を生じたが（表3-3-b）、その後業況は回復し、当期利益金は四十四～四十五年上期は六〇万～八〇万円台、四十五年下期から大正二年下期は一〇六万～一三七万円台に上昇している。払込資本金も同時期に一千万円から一二〇〇万円まで増加し、翌三年上期には相模水電との合併で公称資本金が一八〇〇万円となり払込金は一三〇〇万円に達している（表3-6-b）。

こうして供給資金はそれなりに伸びたが、明治四十五年に竣工した須川発電所、さらに大正二年から拡充した小山第二工場、同三年に完成した小山第五工場と川崎工場など、施設の拡張に対する費用は膨らみ、増設勘定（拡張費）は明治四十四年下期四六万円台から大正二年上期には二一七万円、同三年上期には二五六万円に上昇し、固定資産額も同時期に一二七七万円、一三四五万円、一六四四万円へと増大した。

また流動資本の中心である原料在庫高も、明治四十三年三二〇万～三四〇万円台から四十五年上期には六七九万円まで急増し、その後大正二年上期には三八一万円台まで下がるものの翌三年には四一〇万～六三一万円まで増加している（表3－6－a・b）。これらの購入資金として活用されたと思われる約束手形も、明治四十三年には二二七万～二九二万円台、四十五年上期に三六五万円台まで上昇し、大正二年には一旦六〇万～一一三万円台まで下がるものの翌三年にはふたたび二七〇万円台に増加するという、ほぼ連動した動きを示している（同）。

だが、約束手形の額では原料代を賄うことができなかった。こうして、資金繰りは、明治四十五年頃から大正期にかけてふたたび逼迫してきたといえよう。これを補うものとして富士紡では外国人からの借入金を導入し、大正二年下期四八万円台、三年上期一四六万円台、同年下期には二一七万円台を計上し、資金繰りに供していたのであった（表3－6－b）。

この外国人よりの借入主については史料的に判明しないが、大正五年上期、「三菱合資会社銀行部、株式会社第一銀行ヨリ二百万円ヲ借入レ外国借入金ノ返済ヲナシタ」（同期富士紡『報告書』）ことにより解決された。多額の外資依存という危機を、三菱はじめ国内銀行からの借入れで乗り切ったのである。このことが三菱系との繋がりをいっそう深めることとなるのである。

四　役員構成と主要株主

ここで富士紡の経営を牽引してきた役員構成の変化を確認しておこう。まず東京瓦斯紡績会社との合併が完了し、公称資本金が五〇〇万円から八〇〇万円となった明治三十九年（一九〇六）下期末においても、役員は、取締役会長浜口吉右衛門、専務取締役和田豊治、取締役に日比谷平左衛門・川崎栄助・稲延利兵衛、監査役に藤井諸照・伊東要蔵・湯山壽介であり、明治三十六年（一九〇三）時とまったく変わらない布陣であった。だが、そ

の一年後の四十年下期に取締役を一名増やして森村市左衛門の次男森村開作を加えている。(35)

これまで森村市左衛門は、富士紡創業以来一貫して物心ともに社業を援助してきたが、明治三十四年以来相談役には就いても取締役や監査役など経営の表舞台には終始就くことはなかった。しかし、拡張十年計画を推進していく重要な時期に、その子息開作を取締役に送り込み、名実ともに富士紡の経営陣の中枢の一角を占めていくこととなった。新取締役に選任された森村開作は、慶應義塾並びにアメリカのイーストマン・ビジネス・カレッジを卒業した森村組の後継者であった。

その後、工場拡張と水力発電所の建設等によって、公称資本金は明治四十二年（一九〇九）下期に一六〇〇万円に倍増し、大正二年（一九一三）上期まで変化はないが、この時まで役員構成も変わっていない。それは、前章で見たような創業期以後の激しい経営主導権をめぐる争いがなく、和田豊治を中核とする経営体制が強固なものとなっていたからにほかならない。しかし、その枠のなかではあるが、次のような新たな特徴が現れてきた。

大正二年六月二十日の株主総会における取締役改選にあたって、日比谷平左衛門が健康問題を理由に取締役の再選を辞退したことである。こうした日比谷の意向に対して、和田は留任を強く望んで説得を繰り返してきた経緯を述べ、聞き入れられないので相談役として残ることを提案している。また株主のなかからも留任を希望する者が三名あった。結局、協議会を開いて対処することとなり、その結果、日比谷の健康問題ゆえ取締役辞任はやむをえないとして認める一方（相談役として留任している）、次期取締役の指名を日比谷から行ってもらうことに決している。

こうして、日比谷から指名を受けた取締役は、浜口吉右衛門・和田豊治・川崎栄助・稲延利兵衛・森村開作・高橋茂澄（新）・持田巽（新）の七名となり、承認された。もちろん、会社にとって最重要事項の一つである取締役人事が日比谷一個人の専断で決められるはずもなく、協議会のなかで了承された次期人事案が、日比谷の指名として発表されたと判断するのが妥当であろう。富士紡にとって多大な功績ある日比谷への配慮であったと言える。そして日比谷の功績に鑑みて、相当なる慰労金が支払われるべきことが決められた。[36]

この役員人事変更の意味を考えると、まず日比谷の取締役辞任の理由として健康悪化があったことは事実であろう。しかし、日比谷は、財界から引退したわけではなく鐘紡の会長職は辞していないし、大正八年（一九一九）には綿業関係の金融に携わる日比谷銀行を設立し、支那に日比谷商店の支店も構えている。このように実業界への執着はけっして衰えてしまったわけではなかった。また大正三年に完成した富士紡川崎工場の土地ももともと日比谷が旧競馬場跡地および付近一帯を取りまとめて買収していたものを富士紡が譲り受けたものであり、富士紡の発展拡張に日比谷も貢献していた。[37] さらに日比谷は、富士紡の株式の約一〇％を所有する最大の株主であり、それ以外にもさまざまな形で資金を融通してきたのである。

しかしながら、東京瓦斯紡績との合併以後は、富士紡での日比谷の存在意義は薄くなっていたのではなかろうか。経営の実権は和田豊治の手にあり、拡張十年計画では、小山地域の工場増設と水力発電所の開発に力が注がれたこともあって、日比谷が富士紡に対し資金面で多大な貢献を行っているにもかかわらず、日比谷自身が育て上げた旧東京瓦斯紡績押上工場の設備拡張は他工場と比べて大きく進展していなかった。また日比谷が得意とする細糸や瓦斯糸紡績の分野も、後述するように新型リング機械で対応可能となっており、日比谷の指導力を発揮する余地も少なくなっていったのではなかろうか。

また日比谷が発足当初より育ててきた日清紡績会社においては、甲州財閥の雄・根津嘉一郎が、座談の際に和田豊治が発したとする「日清紡は何れ富士紡と合併するものなり」という言を信じて株式の大量買い占めを行って役員人事への介入を深め、日比谷陣営との軋轢を深めていたことが報じられている。[38] 結局、この両陣営の対立が原因となって、日比谷は大正三年に日清紡を退くのである。こうした一連の報道内容の真偽のほどは確認できないが、日比谷が育てた日清紡に根津が強引に覇権を広げて押し入ってきた原因の一半が和田の言にあったとしたなら、そのことが日比谷と和田との間に隙間風を生じさせていたことも想像に難くない。

さらに日比谷が、富士紡と綿絹両紡績部門で熾烈なライバル関係にある鐘紡の会長職にあったことが、日比谷の立場を微妙なものにしていたのではなかろうか。そして日比谷退職後、取締役会長であり、やはり鐘紡の重役も兼ねていた和田の友人・浜口吉右衛門も大正二年十二月に死去したことから、鐘紡と重役を兼ねる者は稲延利兵衛一人となり、いよいよ富士紡と鐘紡との関係は薄くなっていった。

日比谷は、こうした状況のなかで取締役から退いたのであるが、もちろんそれは敵対しての退却ではなかったから、筆頭株主としての地位は占め続け（子息・新次郎に分割譲渡分含む）、その後も資金面で富士紡を支えたのである。また、日比谷は慰労金として贈呈された一〇万円を、そのまま職員職工遺族扶助基金として富士紡に寄付し、その処分法を重役に一任している。これは日比谷が和田豊治と職員・職工の福利厚生向上の精神を共有し、私利をいたずらに追わない名望家としての側面を示すものとして評価できよう。

そして大正三年（一九一四）六月二十日の株主総会において浜口吉右衛門の後任として三菱銀行の重役を務めていた三村君平が選出されたことは、富士紡の経営上極めて重要な意義をもった[39]。前述のように富士紡は明治四十二年四月の銀行借入金返済の際や四十三年三月の社債募集の際にも三菱合資会社銀行部からの資金導入に頼っており、三村の重役就任の下地が形成されていたのである。またこの時には、後に見るように有力株主にも浅田正文・串田万蔵・豊川良平といった三菱銀行の重役も加わっていた。

その後の富士紡の経営陣についてみると、大正十三年（一九二四）四月には和田豊治亡き後の会長職に森村開作が選出され、昭和五年（一九三〇）六月まで務めている。森村開作は、大正六年には森村銀行の頭取に就任し、昭和十三年には同行を株式会社化するが、その後発生した金融恐慌に端を発した大蔵省の銀行合同政策により、昭和四年に森村銀行は三菱銀行の傘下に入り、開作は同行の監査役に就任している。この頃から富士紡は、三菱銀行と経営上・金融上いっそう密接な関係を持つようになっていた。こうして富士紡は創業以来の三井系から三菱系に移行していくのであるが、それをもたらす遠因がすでに明治四十年代から大正初期に育まれていたのである。

さて、いま一つ重要な人事は、大正二年六月に、高橋茂澄と持田巽が選出されたことである。高橋茂澄は明治六年、和田と同郷豊前中津に生まれ、慶應義塾に学び、和田の後輩であった。慶應卒業後は、三井銀行前橋出張所、そしてその融資先であった前橋紡績（絹糸紡績）に転じ、さらに鐘紡に移って、和田豊治のもとで働いた。その後郷里に帰り中津紡績会社の支配人をつとめていたが、和田の富士紡入社を聞くやその無謀を諫めんと上京して和田を説得するが果たせなかった。しかし、和田の富士紡入り後は、鐘紡を辞して和田のもとに馳せ参じ、以後は小名木川工場長、小山第三・第四工場長、本店営業部長を務めた。(40)

持田巽は、明治元年黒田藩（福岡）生まれで、東京帝国大学工学部機械科を卒業後九州三池紡績会社の技師長に就任し、同社が鐘紡に合併されてからも技師長を務めていたが、明治三十八年九月に富士紡の技師長として迎えられた。以後機械設備の新調革新、増設、水路工事・電気工事に尽力し、特に第四工場建設の際、伝導装置一式を精査の末海外からの輸入ではなく国内鉄工所へ注文し、この分野の輸入防遏にも貢献した。(41)

このように高橋・持田両名は、和田が推進する拡張十年計画をまさに工場経営と管理、建設工事、機械技術の各面から支えた股肱の部下であった。

大正六年（一九一七）六月二十日の株主総会では、規定を改正して取締役会長および専務取締役を廃止して、社長および常務取締役を置くことを決定した。初代社長には和田が就き、常務取締役には高橋と持田が就任したのである。こうして富士紡は和田豊治という紡績・織布・水力電気全般の専門知識を有し企業経営や工場管理にも優れた統括能力を持つ指導者のもとに、工場・企業の実際の運営に携わった生え抜きの専門経営者・技術者が企業経営の中枢を支えるという体制が整えられたのであった。

次に、富士紡の主要株主構成の変化を確認しておこう。

すでにみたように富士紡の資本金は、明治三十八年（一九〇五）下期に公称二六〇万円・払込二六〇万円、三十九年（一九〇六）上期に公称五〇〇万円・払込三二〇万円、同年下期に公称八〇〇万円、払込五四五万円、明

表 3-7-a　主要株主の推移（上位 20 名）

明治 39 年下期末（679 名，160,000 株）

	上位株主氏名	持株数	住所	備考
1	日比谷平左衛門	17,952	東京府	前東京瓦斯紡績会社・専取，横浜電気・取，鐘紡社長，日清紡重役，富士紡・取，慶應義塾卒業
2	森村市左衛門	8,935	東京府	森村組総長，日本陶器合名会社設立
3	前川太郎兵衛	5,860	東京府	滋賀県高宮町出身．綿糸布商．前東京瓦斯紡績会社々長
4	三野村安太郎	4,769	東京府	三野村利助（三井銀行・日本銀行重役，横浜正金銀行頭取）息．
5	村上太三郎	4,204	東京府	静岡県掛川出身，相場師，綿糸商，東京商業会議所議員，日本精製糖会社・取，日本製粉会社・取
6	足立純一郎	3,125	静岡県	足立孫六（旧静岡県周智郡長，衆議院議員）・息
7	小池国三	2,870	東京府	山梨県甲府出身，若尾商店にて甲斐絹や絹綿の買付等に従事，明治 40 年東京兜町に株式仲買の山一合資会社設立
8	浜口吉右衛門	2,700	東京府	和歌山県出身，醤油醸造業，富士紡会長，鐘紡重役，九州水電社長，猪苗代水電・取，貴族院議員，慶應義塾卒業
9	浜本義顕	2,540	東京府	鳥取県出身，衆議院議員．日清紡績・取，大日本製糖・取，横浜電気鉄道・監
10	和田豊治	2,500	東京府	富士紡績・専取，慶應義塾卒業
11	平沼専蔵	2,290	神奈川	東京瓦斯紡績・取，横浜共同電燈・取
12	森村鹿衛	2,273	東京府	森村市左衛門の弟豊の妻，森村勇後見人
13	村井眞雄	2,200	東京府	武蔵電気鉄道・取
14	小林合名会社	2,000	東京府	
15	宮川悦	1,900	埼玉県	
16	木村利右衛門	1,897	神奈川	東京瓦斯紡績・取，横浜共同電燈・取
17	北岡文兵衛	1,820	東京府	日本銀行監事，鐘淵紡績会社・取，日本運輸取締役会長，総武鉄道・取
18	川崎栄助	1,794	東京府	足袋・綿織物商，横浜電気・重役，富士紡・取
19	大倉孫兵衛	1,759	東京府	森村組幹部
20	小布施新三郎	1,620	東京府	証券仲買人
計		75,008	（対総株数比：47%）	

出所：富士紡績会社各期『報告書』．
　　　備考欄は，各年次『日本全国諸会社役員録』，各人物伝記等による．
注：専取＝専務取締役，取＝取締役，監＝監査役

治四十二年（一九〇九）下期に公称一六〇〇万円・払込一〇〇〇万円、大正三年（一九一四）上期に公称一八〇〇万円・払込一三〇〇万円へと増大していった。

まず、表3-7-aによって拡張十年計画の出発点にあたる明治三十九年（一九〇六）下期において総株数の四七%を占める上位株主の状況を確認すると、日比谷平左衛門が一万七九五二株を所持して筆頭株主となっていることが注目される。これまで創業期から富士紡の筆頭株主には森村市左衛門が就くことが多く、また三十六年上期から三十八年上期までの五期は三野村安太郎が就いていた。ただし、森村は富士紡増資の際には、同族や自己の会社関係者に株を分散所有させているからそれらの株（森村勇後見人森村鹿衛二二七三株・大倉孫兵衛一七五四株）を加えると、森村系の株は一万二九六二株となり、日比谷と双璧をなしている。

こうした状況になったきっかけは、既述のように明治三十六年七月の小名木川綿布会社の合併に際して、この両者が新株引き受けを行ったことであり、これを機に、日比谷は一躍四位に躍り出ている。さらに明治三十九年九月の東京瓦斯紡績会社の合併によって、同社の専務取締役であり大株主である日比谷の株は、そのまま富士紡株として加わって、右のように三十九年下期に、単独では突出した筆頭株主に躍り出たのである。また第四章で見るように日比谷商店は、関連会社も含めて富士紡の原棉取り扱いや綿糸販売の両面において主力を占めており、流通面からも日比谷の影響力は大きかった。

こうして日比谷と森村系株主の二者だけで、総株数の一九%を占め、日比谷・森村二頭体制とでもいいうるような状況となった。また浜口吉右衛門・三野村安太郎・足立純一郎といった設立当初からの有力株主とようやく有力株主として登場した和田豊治や取締役の川崎栄助の持ち株数を加えると、総株数に占める割合は三〇%に達する。

いま一つ注目すべきことは、新たな有力株主が現れていることである。三十九年下期には綿糸・金巾の貿易等を営む滋賀県高宮町出身の問屋・前川太郎兵衛が五八六〇株を有して三位にランクされている。前川は、東京瓦斯紡績会社の社長を務めていたことから富士紡との合併にともなって大株主として登場したのであった。また五位には四二〇四株を有する村上太三郎が登場しているが、村上は東京商業会議所の議員を経験し、日本精糖会社の創設に携わり、日清紡の重役に日比谷平左衛門とともに就いている人物であった。日清紡績の取締役としては、鳥取県出身で衆議院議員となり大日本製糖の取締役や横浜電気鉄道の監査役も務める浜本義顕も九位にランクしており、両者とも日比谷との関係が想起される。村上については、静岡県掛川町出身で、おそらく富士紡創立当初からの大株主で静岡県周智郡出身の有力者足立孫六（純一郎）や和田豊治の慶應義塾での同窓で静岡出身の監査役・伊東要蔵との関係も想起される。

また一一位には二二九〇株を有する平沼専蔵が、一六位には一八九七株を有する木村利右衛門が登場しているが、両者とも東京瓦斯紡績会社の取締役であり、合併後の有力株主として登場している。実は、木村も平沼も神奈川県（横浜）に地盤を置く実業家で、富士紡が明治四十四年に完成した峯水力発電所の余剰電力を横浜方面に供給した契約相手の横浜電気株式会社の前身である横浜共同電灯会社の社長と取締役を務めていた。因みに、明治四十三年には日比谷平左衛門も横浜電気会社の取締役に就任している。さらに、同社の取締役には甲州財閥の雄・若尾幾蔵も就いていたが、その若尾家に丁稚奉公に入り甲斐絹や絹綿《きぬわた》の買い付けを行い、明治三十年に兜町に「山一」を商号とする株式仲買店を開業した人物が小池国三である。その小池国三も二八七〇株を有して富士紡株主の七位に登場している。

日露戦後期の紡績関係企業の株主構成の特徴として、「紡績会社役員兼有力綿関係商の安定的投資による株式所有高の着実な増大と並んで、増減の激しい大株主として、証券業者が登場するにいたった」ことが西村はつ等によってつとに指摘されているが、(42) 富士紡においても右に見た小池国三のほかに証券仲買人の小布施新三郎が二〇位に登場している。このように、明治三十九年時点で、日比谷や森村を柱とする従来からの有力株主グループに、会社合併や事業拡張にともなって関係ができた新たな有力株主が加わり、株主構成に広がりが見られたのである。

明治四十二年になると(表3-7-b)、総株数が二倍の三二万株となっても、上位二〇名の大株主が全体の四五%を占めていることなど株主構成の基本的傾向は変わらないが、新たな特徴も現れている。

一つには、筆頭株主は日比谷平左衛門が三万七九二〇株と飛び抜けて一位を占めるが、二位には一万一五五七

表 3-7-b　主要株主の推移(上位 20 名)

明治 42 年下期末(1,018 名,320,000 株)

	上位株主氏名	持株数	住所	備考
1	日比谷平左衛門	37,920	東京府	前出
2	村上太三郎	11,557	東京府	前出
3	三野村安太郎	9,538	東京府	前出
4	浜口吉右衛門	8,586	東京府	前出
5	森村市左衛門	8,436	東京府	前出
6	森村開作	8,434	東京府	森村市左衛門・息
7	川崎栄助	8,000	東京府	前出
8	本多弘	6,250	東京府	
9	浅田正文	5,840	東京府	三菱商会ー日本郵船・専取.森村らと明治製糖創業,同取.慶應義塾出身.
10	茂木七郎右衛門	5,480	千葉県	醤油醸造業.
11	和田豊治	5,000	東京府	前出
12	森村鹿衛	4,546	東京府	前出
13	安川敬一郎	4,400	福岡県	炭鉱・綿紡織・銀行経営・農場など多角経営,慶應義塾卒.
14	大倉孫兵衛	3,508	東京府	前出
15	浜本義顕	3,160	東京府	前出
16	小池国三	3,020	東京府	前出
17	串田万蔵	3,000	東京府	三菱商事会社銀行部長,慶應義塾卒
18	石川津奈	2,800	東京府	
19	西村與兵衛	2,654	東京府	滋賀県出身洋反物商
20	前川太郎兵衛	2,500	東京府	前出
計		144,629	(対総株数比:45%)	

出所:前表と同じ
注:前表と同じ

株で村上太三郎が躍進している。ただし、森村グループについてみると、四十年下期に新取締役についた森村開作が八四三四株を持って登場し、森村グループの四名（森村市左衛門・森村開作・森村鹿衛・大倉孫兵衛）合計で二万四九二四株となり、依然として日比谷に続いて二位を維持している。両者合計で、総株数の二〇％を占めていた。また取締役である浜口吉右衛門・和田豊治・日比谷平左衛門・川崎栄助・森村開作・稲延利兵衛（三〇〇株）の合計株数は六万八二四〇株に上り、全体の二一％に及んでいる。

二つには、三菱系の人脈が登場していることである。一人は、三菱商会から日本郵船の専務取締役となった浅田正文が九位に、また三菱商事の銀行部長を務める串田万蔵が一七位に登場している。まさに、明治四十二年四月に三菱銀行から八四万円を借り入れた直後のこの時期に、三菱系の重要な要人が富士紡の主要株主に入ってきているのである。さらに表出はしていないが、四十三年上期には、三菱銀行部長である豊川良平も二千株を所有している。この時も豊川の尽力で富士紡が三〇〇万円の社債発行と三菱を含む五銀行の引受けがなされた時期と符合する。こうした布石の上に、大正三年六月に三菱商事銀行部の重役三村君平が取締役に迎え入れられたのである。

このような三菱系人脈との連携のきっかけとなったのは、明治三十八年頃浜口吉右衛門が、慶應義塾の同門である豊川良平と親しくなって三菱系人脈と接近し、豊川に盟友である和田豊治を「天下有数の人材」として紹介し、さらに豊川は、三菱財閥三代目の岩崎久彌に強く和田を推奨したことによる。久彌も慶應卒で父弥太郎は豊川と従兄弟であったから、これを機に明治三十九年頃から舎弟を富士紡において実習させることをはじめとして、友人・子弟等のことに関してしばしば和田の配慮と斡旋を依頼するなどして親交を深めていった[43]。

こうして日露戦後から大正期にかけて、富士紡が三井系から離れ三菱系と連携を深めていった背景には、次章で詳述するように、この時期三井系の巨大紡績会社・鐘紡が、富士紡の得意とする中細糸の綿糸部門や絹糸紡織分野にも進出し、富士紡との競争を激化させていった企業間対立の新たな展開があった。

そのほかにも、これは醸造家としての浜口吉右衛門との関係であろうか、千葉県野田の有力な醤油醸造家茂木七郎右衛門が一〇位に現れている。彼は、大正六年には他の有力醸造家とともに野田醤油株式会社を創設し、初代社長に就任している。また一三位には九州筑豊地方の有力な炭鉱家安川敬一郎が登場している。安川は、日露戦後には大阪方面で綿紡織業にも事業拡張し、朝鮮にも進出している[44]。こうした事業上の展開と、彼自身が慶應義塾出身であることなどが、富士紡株取得の背景となっていると思われる。そして一九位には近江系商人で洋反物商の西村與兵衛が登場するが、絹・綿製品等の取扱いを通じて富士紡との関係を深めていったものと推測される。

大正四年上期になると（表3-7-c）、総株数は、明治四十二年下期の三二万株から三六万株へ一割二分ほど増加するが、株式所有者は一〇一八人から二〇二三人へと二倍弱も増加している。このため上位二〇人が占める株式占有率は、四五%から三六%へと漸減している。筆頭株主は日比谷平左衛門で変わらないが持ち株数は、三万七九二〇株から二万三五六〇株へと減少させている。だがこれは日比谷一族の株式保有高の減少を意味するものではない。日比谷茂登に四三六〇株・日比谷新次郎に四〇〇〇株、そのほか日比谷家同族五人に一〇〇〇株ずつが割り振られて総計で三万六九二〇株となり、明治四十二年下期と比べて一〇〇〇株しか減少しておらず、日比谷家は富士紡の総株数の一〇%と最大規模を依然保っていたのである。日比谷平左衛門が、大正二年に取締役を退いたことを契機に自己の持株の四割を同族に割り振ったのである。そのなかでも子息の新次郎は、大正元年八月からの欧洲視察にも参加しており、和田豊治とも懇意であったと思える。そしてこの日比谷新次郎こそ、大正八年六月には取締役に、そして昭和七年一月には平左衛門を襲名して五代会長に就任し、富士紡経営の中枢を担うこととなる。また森村グループも、森村開作・市左衛門・鹿衛・大倉和親の合計は二万六〇一〇株で、第二位となり、日比谷一族との合計で一七%を維持している。

ここで取締役の持株数を確認すると、和田豊治・川崎栄助・森村開作の三名は、上位二〇位に顔を出して合計

表 3-7-c　主要株主の推移（上位 20 名）

大正 4 年上期（2,023 名，360,000 株）

	上位株主氏名	持株数	住所	備考
1	日比谷平左衛門	23,560	東京府	前出
2	森村開作	10,400	東京府	前出
3	若尾民造	10,000	山梨県	甲府市長，若尾銀行頭取，東京電燈会長，横浜正金銀行・横浜倉庫重役，若尾幾蔵の義理の甥
4	浜口吉右衛門	8,070	東京府	前出
5	三野村安太郎	8,038	東京府	前出
6	川崎栄助	8,000	東京府	前出
7	森村市左衛門	6,870	東京府	前出
8	和田豊治	6,800	東京府	前出
9	豊川良平	6,000	東京府	三菱合資銀行部長，慶應義塾卒
10	茂木七郎右衛門	4,980	千葉県	大正 6 年野田醤油初代社長
11	森村鹿衛	4,546	東京府	前出
12	日比谷茂登	4,360	東京府	
13	大倉和親	4,194	愛知県	前出
14	日比谷新次郎	4,000	東京府	日比谷平左衛門・息
15	串田万蔵	3,800	東京府	前出
16	小池国三	3,567	東京府	前出
17	安川敬一郎	3,500	福岡県	前出
18	浜本義顕	3,120	東京府	前出
19	神谷伝兵衛	2,800	東京府	ワイン醸造所・牛久シャトー創設
20	西村與兵衛	2,654	東京府	前出
計		129,259（対総株数比：36%）		

出所：前表と同じ
注：前表と同じ

二万五二〇〇株に達するが、それ以外は三村君平三六位、稲延利兵衛一三六位、持田巽二三四位、高橋茂登三八八位で、四人の合計持株数は二三九四株にしか達しておらず、このため取締役全員の持株保有率は七・七%にしか達しておらず、明治四十二年下期に比べるとおよそ三分の一に低下している。特に持田巽や高橋茂登といった資産家ではない専門経営者の持株数は極端に少なく、彼らが取締役に就いた場合、皮肉にもこれまでの取締役による株式支配という構図に揺らぎが生じてきたのである。こうした状況を補う意味でも、日比谷一族と森村グループという旧来からの安定的な大株主の存在とともに専門経営者によって富士紡が拡大発展する過程で現れてきた新株主の意義が改めて増してきたといえよう(45)。

ここで新たに躍進してきた株主を見ると、甲州財閥系の株式仲買商小池国三も一六位と健在であるが、小池を育てた若尾逸平家の養子となって家督を相続した義弟の民造が三位に登場し、一万株を所有している。若尾民造は、甲府市長も務め、東京電燈・横浜正金銀行・横浜倉庫といった企業の重役も務める甲州財閥の雄であった。また、これまで三菱銀行部長として富士紡への資金融通等に尽力してきた豊川良平も六千株を所持して九位につけている。やはり三菱銀行部長を務めた串田万蔵も一五位で健在であった。大正三年六月に新取締役に就任した三村君平とともにこうした三菱系の陣容が、大正五年上期における外資排除のための三菱からの借入金導入を可能としていたのである。

このように、資産力を持たない有能な専門経営者が取締役に進出することで、かえって彼らの株式支配力が低下した間隙を縫って、右のような新たな有力株主が進出してきたのであった。このうち三菱系の有力者は、大株主にも、また取締役の一角にも入り込んでいたのであり、彼らがのちに旧来からの大株主集団である日比谷一族や森村グループと結んだ時には、富士紡全体が三菱系に転換する事態を招いたのである。ただここで留意したいのは、三菱陣営で登場した人物の出身校を確認すると浅田正文、安川敬一郎、串田万蔵、豊川良平、三村君平はいずれも慶應義塾であった。彼らは、三井系の富士紡の中枢を担った日比谷、和田、森村、浜口、高橋といった経営陣とは慶應閥という共通の磁場で結びついていたのであった。

注

(1) 小名木川綿布会社については、末永國紀「小名木川綿布会社への投資」前掲『変革期の商人資本―近江商人丁吟の研究―』第六章、がある。

(2) 以下、日本絹綿紡績株式会社については、引用文とも美濃部慶二(絹紡工業会)著「日本絹綿の設立」『本邦絹糸紡績史稿本』所収、『絹紡工業会月報』第三三号、昭和九年十二月号、による。また前掲『富士紡生るゝ頃』三〇六頁以下の「八八、七人男の其五、井上篤太郎氏」も参照した。

(3) 井上篤太郎の和田豊治の回顧談「美濃野紙を用ふるの要なし」『和田豊治伝』七九二頁。また鶴見良憲は、備中松山藩(現岡山県高梁市)の四代目代官鶴見良直の子として嘉永四年(一八五一)に生まれ、維新後は、新町紡績所の所長(官立時代の明治十八~二十年、以後三井時代の二十八年まで)、共立絹糸紡績株式会社取締役兼工場支配人(岡山にて明治三十年創業~三十四年まで就任)等を務めた絹糸紡績業の第一人者であった。おそらく共立絹史紡績退社後、富士紡の絹糸部顧問に就任したものと思われる。良憲の子鶴見祐輔は後衆議院議員を務め、後藤新平の娘を妻とし、その子に社会学者鶴見和子、哲学者鶴見俊輔がいる。鶴見良憲の新町紡績所時代の経営改革等については、前掲『絹糸紡績史稿本』に詳しい。また田中浩明「絹糸紡績業と鶴見良憲」が鶴見の経歴と業績を要領よくまとめている(『農工通信』八二号、平成二十三年(二〇一一)十一月)。

(4) 日本絹綿会社の機械保有状況については、前掲『五十年史』九一~九二頁。ただしここでは木製織機一九台については記されていない。また前掲「日本絹綿の設立」では、日本絹綿会社の買収直前の設備は、円型一二台、平型一二台、紡機九台(二七〇〇錘)、木製織機一九台、と記されている。また富士紡馬入分工場は、小山での絹糸工場が操業開始時に、晒練過程で鮎沢川に流出した汚れが原因で周辺住民から苦情が噴出したのを機に、明治三十一年半ば頃神奈川県相模川下流・馬入地域に水を包容する貯水池とともに建設、稼働させていたものである(前掲『富士紡生るゝ頃』四四・四五頁)。

(5) 東京瓦斯紡績会社の営業成績、配当率、合併過程の事実関係は『五十年史』一〇四~一〇八頁による。

(6) 以下、相模水力電気会社の合併過程に関する事実関係の記述は前掲『五十年史』一二三~一二七、一五九~一六四頁、各期富士紡『報告書』、各期の『営業報告書　富士紡績会社小山工場』(これは富士紡小山工場の営業報告書であり、以後、富士紡小山工場『営業報告書』と略記する）による。
（7）前掲『和田豊治伝』二三四頁。
（8）同前書、二六九頁。
（9）以下、諸施設並びに機械等の拡充過程や資金調達に関する事実関係の記述は、断らない限り前掲『五十年史』並びに各期富士紡『報告書』、各期の富士紡小山工場『営業報告書』、後掲表4-5による。
（10）それらの具体的過程は、明治三十八年下期〜四十年下期富士紡小山工場『営業報告書』に詳述されている。
（11）以下の記述とも、明治三十九年上期富士紡『報告書』による。
（12）明治四十一年上期・下期富士紡『報告書』による。富士紡で技師長を務めた持田巽が大正四年一月に発表した論考「富士瓦斯紡績株式会社の動力につきて」『機械学会誌』第一八巻第三六号、大正四年一月によれば、保土ヶ谷工場は予備火力発電所として平均発電力は二千キロワットで、滝田水力発電所一千キロワットの二倍、峯水力発電所五千キロワットの四割という規模であった。明治四十一年という段階で、四十年六月に竣工した滝田発電所から二千キロワットの発送は不可能であり、それ以上大規模の峯発電所の稼働は四十二年十一月であり、保土ヶ谷には独自に火力発電所を併設したものと思われる。
（13）前掲、持田巽「富士瓦斯紡績株式会社の動力につきて」『機械学会誌』。
（14）大正三年四月二日の講演録である同前論文によれば、小山工場について「第一・第二の工場は其一部、第三・第四・第五この工場は其全部電気で動かして居ます」と述べている。
（15）以下の欧洲視察についての記述は、逐一引用はしないが、『和田豊治伝』二三五〜二五八頁による。
（16）同前書、二四九頁。
（17）前掲『五十年史』一五四頁。また大正三年上期富士紡小山工場『営業報告書』。
（18）同前書、一六四頁。
（19）同前書、一五八頁。
（20）大正二年下期・大正三年上期・下期の富士紡『報告書』による。
（21）前掲『五十年史』一五八頁。
（22）前掲、持田巽論文に添付されている送電系統図による。なお同論文では、川崎工場に予備発電所として平均発電力五千キロワットの予備火力発電所が建設予定と述べられている。

(23) 大正四年上期富士紡『報告書』。
(24) 中村尚史「電力供給システムの形成と都市周辺地域―京浜地方の事例」『地方からの産業革命』第8章。
(25) 前掲、持田巽論文による。
(26) 以上の引用は、明治四十四年「ベルトスリップについて第三工場技師　贄川昇」『明治四十二年　稟議書類』富士紡小山工場史料、所収。
(27) 前掲『和田豊治伝』二七〇〜二七一頁。
(28) 同前書、二五四〜二五七頁。
(29) 前掲、持田巽論文。富士紡における精紡機の電動小型モーターによる単独運転については、すでに『五十年史』にも触れられていたが、中村尚史『地方からの産業革命』三〇六〜三〇七頁においてもその画期性について強調されている。ここでは、さらに電動単独小型モーターの具体的な性能と富士紡工場のどの部分に用いられたかを、用いられなかった部署との対比で明らかにしたい。
(30) この点については宇野利右衛門も『輪具精紡機』紡織叢書第六編、工業教育会、明治四十五年（一九一二）において「(電動精紡機に付けられた強力の自動調整装置―引用者) は、強力に依る糸の切断を防ぎ得るのみならず、其管糸の最大徑に於て最大速度を用いるの利益があるから、従来の精紡機よりも一割五分乃至二割の増額を得ることが出来る」と指摘している（同書二四〜二五頁）。
(31) 杉山和雄は、富士紡が総資本利潤率の上昇とともに総資本回転率並びに売上高利潤率の上昇がみられた理由として、『高風院伝記史料』が指摘する次のような多角化の効果を挙げている。前掲、杉山和雄「明治期後発大紡績企業の資金調達」(二)『金融経済』第一二四号、七九〜八一頁。
「浮沈多キ激烈ナル自由競争場裡ニ立チ売上製品金額将サニ二千万円ニ達セントスル当会社、今日ノ盛況タル蓋シ異例ナル進運タルヤ一朝一夕ノ苦心惨憺ニハアラザルナリ。少クトモ既往十ヶ年間ニ於ケル大ナル奮闘ト大ナル精励トニ由リ製品ノ改良及販路ノ拡張ヲ図リタルノ結果タラズンバアラズ、之ト同時ニ閑却ス可カラザル重要ナル原因ハ、当社重役ノ徹頭徹尾執リ来リタル兼業ノ利益タリシコト是レナリ。乃チ綿糸ニ在ッテハ細糸（瓦斯糸ヲ含ム）、中糸、太糸、絹糸ニ在ッテハ普通絹糸、紬糸、輸出絹綿、織布ニ在ッテハ綿布、絹布、又ハ水力電気ノ如キ、此等諸種ノモノハ製造上ニ於テ互ニ密接連絡セルノミナラズ、其需用先キニ就テハ内地向アリ輸出向アリ、贅沢品アリ必要品アリ、関西向アリ関東向アリ、支那向アリ印度向アリ米国向アリ英国向アリ、専売品アリ特約物アルヲ以テ、其兼業ハ甲減乙増、一短一長、時々刻々定マラザル商業界ノ変動ニ際シ尠カラザル利益ヲ会社ニ齎ラシタリ、単ニ既往ニ於テ齎シタルノミナラズ最近綿糸ガ原綿高ニ比較シ価格ノ割安ナル場合ニ於テ絹糸ハ空前ノ輸出好況ヲ呈セルガ如キ、現ニ其一例ヲ示スモノニシテ云々」

(32) 前掲、杉山和雄「明治期後発大紡績企業の資金調達」(一)『金融経済』一二三号、七四～七六頁。

(33) 前掲、松村敏・阿部武司「和田豊治と富士瓦斯紡績会社」『近代日本研究』一二七～一二八頁。

(34) 前掲『五十年史』一三一頁。なお以下の資金調達に関する記述も断らないかぎり同書一三一～一三三頁並び前掲『和田豊治伝』による。

(35) 以上また以下の記述も、富士紡の取締役等の役員に関しては各期富士紡『報告書』による。

(36) 大正二年上期富士紡『報告書』附録「取締役日比谷平左衞門氏退任ニ関スル議事筆記」による。

(37) 前掲『五十年史』一五六頁。

(38) 「日清紡の大紛擾」上・下『大阪新報』大正三年七月八日、九日、「日紡紛擾裏面」正・続『中外商業新報』大正三年七月二十二～二十五日。ここで、この日清紡内部の紛擾については立ち入らないが、詳しくは、ここに挙げた新聞記事を参照されたい。

(39) この時期から三菱人脈が取締役や株主に登場してくることは、前掲、松村敏・阿部武司「和田豊治と富士瓦斯紡績会社」『近代日本研究』が指摘している。ここでは、そうした経緯を詳細に跡付けながら三菱人脈との繋がりによって、富士紡が大正初期の外資借入返済を可能にしたことを指摘した。

(40) 前掲『富士紡生る、頃』三一五～三二九頁。

(41) 同前書、三一九～三四一頁。

(42) 村上はつ「紡績会社の証券発行と株主」山口和雄編著『日本産業金融史研究　紡績金融篇』第二節、東京大学出版会、昭和四十五年(一九七〇)、一〇一頁。また鈴木恒夫・小早川洋一・和田一夫は、村上はつ論文ほか野田正穂『日本証券市場成立史』(有斐閣、一九八〇年)等も援用しながら、日露戦後期の綿糸紡績会社の大株主に株式仲買人が台頭する現象をより統計的に検証し、「東京と大阪で活躍している株式仲買人が紡績会社に深く関与し、大株主として登場している場合がみられた」と指摘している(「明治四十年時における綿糸紡績会社株主名簿の分析―株式仲買人の台頭、専門経営者の進出―」『学習院大学　経済論集』第四一巻第三号、平成十六年(二〇〇四)十一月)。

(43) 前掲『和田豊治伝』一六五～一六六頁。

(44) 安川敬一郎の多面的な経済活動については、中村尚史「「地方財閥」の誕生―福岡県筑豊地方安川・松本家の事例」前掲『地方からの産業革命』第六章が、詳細に明らかにしている。

(45) 宮本又郎と阿部武司は、大阪紡績会社と日本生命保険会社の分析から、一九世紀末から二〇世紀初頭には名実ともに専門経営者が会社統治の支配権を握り、第一次大戦期にかけて専門経営者の支配に適合的な株式所有構造が意識的に創出された事実を剔出し、戦前期にはアングロサクソン型所有者支配が一般的であったとは簡単に言えない事実を指摘している。富士紡の場合も、和田豊治と和田が育てた高橋茂登や持田巽という専門経営者による企業統治が日露戦後から第一次大戦期に確立し、それを可能とする株主構成が、従来の日比谷並びに森村グループと共に三菱系を中心とした新興の株主勢力によって形成されていったといえよう(宮本又郎・阿部武司「会社制度成立期のコーポレート・ガバナンス」伊丹敬之・藤本隆宏・岡崎哲二・伊藤秀史・沼上幹編『リーディングス日本の企業システム　第2巻企業とガバナンス』有斐閣、平成十七年〔二〇一五〕)。

第四章　製造各部門の展開

この章では、前章において明らかにした富士紡の発展方向の全体像を前提にして、各製造部門の動向を、綿糸紡績業、綿布製造業、絹糸紡績業、絹布製造業の順で具体的に分析したい。

一　綿糸紡績業

1　明治三十六年（一九〇三）から明治三十八年（一九〇五）上期

富士紡では明治三十五年上期、日本勧業銀行からの借入金二〇万円を以て、最新式リング紡績機一万一六〇〇錘をイギリス・プラット社に注文し、翌三十六年三月には全運転がなされている。『和田豊治伝』並びに『五十年史』によれば、これらは手薄であった前紡部に据え付けるとともに、製品不良の原因となっていた乾式撚糸機を湿式に改造し、細糸六〇番手の大幅な増産を見込んだものという(1)。明治三十二年頃には、尼ヶ崎紡績会社が、支配人兼工務長であった菊池恭三の創意工夫によって、アメリカ棉の独自の混綿法と撚糸工程に湿気を加える湿撚法によって撚糸四二番手の生産改良に成功し、イギリス綿糸を駆逐して、この分野で圧倒的なシェアを獲得していた。[2] 富士紡でも、従来ミュール機にもっぱら頼っていた細糸紡績を、新式の湿式撚糸機を導入してリング機にて行おうというものであった。

これによって、リング機の据付台数は明治三十五年下期一万七〇五六錘から三十六年上期には二万八六五六錘へと増加し、運転錘数も同じく二万二四六二錘に達しているが、運転率は九八%から七八%に落としており、導入した新式機械を当初は十分には使いこなせていなかったようである。これを補うように、平均六八番手の細糸を中心に製出するミュール機は、平均番手を六三へと若干落としながらも二〇手換算値で産額を三十五年下期一三万九八五六貫から三十六年上期には一五万一五九三貫へと伸ばしている（表4-1-a）。

富士紡が主力を注いだ製品は、鐘紡など主要大企業が制する一六番手やそれ以下の太糸部門というよりも、それらとの競合を避け、それ以上の中・細番手であり、いまだ綿糸輸出は行っておらず、販路も、足利・所沢・青梅といった関東の機業地とともに「明治三十五年東京綿糸商組合ト交渉ノ上、尾州・名古屋及ヒ一宮方面ヘ販路ノ開拓ヲ図リ」（『高風院伝記史料』）というように新市場を開拓しつつあった。一宮地方は、六〇〜八〇番手という細糸に特化した一宮紡績を擁する中高級綿布産地であり、また尾州・名古屋地方は、問屋制家内工業やマニュファクチュアで白木綿を生産し、朝鮮を中心に大陸輸出を行う主要産地の一つであった。[3] 富士紡はこれらの地域へ食い込もうとしていたのである。

ここで三十四年から三十六年上期にかけての番手別生産の状況を見てみよう（表4-2）。まず明治三十四年一一・七%を占めて主要製品の一つであった右撚二〇番手の中糸は、三十五年は一旦消えるが、三十六年上期にはふたたび一四・六%と増加している。左二〇番手も、三十四年の六・四%から、三十五年一七・七%、三十六年上期二〇%へと増加している。二〇〜三二番手の中糸は「赤富士」と称し、アメリカ棉・インド棉等を用いて国内向け並びに輸出用白木綿に供せられるものである。[4] 三十五年に六%台の太糸左一六番手と一八番手は三十六年には漸減しているが、左三二番手は、三十五年一四・二%、三十六年上期一五・八一%へと増加している。この左三二番手の増加は、原棉相場の上昇と対清相場の下落が見られて需要が喚起され、期初に比して二〇円高と市価が高騰したことへの対応であった。(5)

撚糸では三十四年には一七・四%とトップの地位にあった四二番手は三十五年には七・六%に減少するが、三十六年上期には、ふたたび一〇%に漸増し、三二番手も四%を産出している。四二番手の「紫富士」の糸は、アメリカ棉のみを原料として国内向け双子木綿織物用に供せられた。

六〇番手や八〇番手の瓦斯糸・細糸は、「黒富士」「黒富士瓦斯」と称し、従来はミュール機で産出されていたと思われるが、三十五年には前年の八・六%から七・九%に漸減している。三十六年上期には、最新リング機の導入によって九・七%に増加していることがわかる。この六〇番手瓦斯糸も左三二番手と同様、対清相場の下落にともなう需要増により、市価が期初に比し五〇円高と高騰したことに対応した増産であった。また瓦斯糸八〇番手の極細糸はミュール機によって産出され、三十四年四%から三十五年には四・九%へ微増するが、三十六年上期には二・五%へと減少している。この糸は、エジプト棉のみを原料とする高級糸で、一見絹糸と判別できぬほどに仕上げられ、もっぱら国内の綿織物や絹綿交織に供せられた。ただ、前述のようにこの時期、リング機の運転率の停滞のためミュール機による産額は増大しているので、瓦斯糸の二〇〜六〇番手や撚糸の三二番手・四二番手等もミュール機によって増加した部分も含まれると推測される。

このようにこの時期は、対清相場の下落を反映した市価の高騰にも助けられ、二〇番手の中糸から、三〇〜四〇番手の中細糸、三二および四二番手の撚糸、六〇番手の瓦斯糸を中心に増産された。使用棉花の国別割合を表4-3によってみると、明治三十五年にはアメリカ棉五一%・インド棉三一%・エジプト棉一七%であったが、三十六年上期には、それぞれ六〇%・三〇%・一〇%へと変化し、エジプト棉(八〇番手使用)の割合を減じてアメリカ棉への傾斜をいっそう強めていることがわかる。

表4-4は、明治三十五年八月五日から三十六年一月六日までの原棉の購入状況を表したものであるが、この

産の推移（明治 36～41 年）

率%)	生産高：貫					生産高（20 番手換算）：貫		
計	リング	平均番手	ミュール	平均番手	計	リング	ミュール	計
27,606（98）	196,081	25.65	29,960	68.88	226,041	274,503	139,856	414,359
33,512（84）	260,826	26.60	36,484	63.12	297,310	381,830	151,593	533,423
38,354（96）	275,223	26.80	31,909	67.75	307,132	400,926	147,228	548,154
4,717（95）	47,129	19.40			47,192	45,383		45,383
43,071（96）	322,352	25.40	31,909	67.75	354,261	446,309	147,228	593,537
37,854（95）	274,245	24.40	20,609	79.43	294,854	359,074	113,422	470,496
3,589（72）	27,455	16.70			27,455	21,898		21,898
41,443（92）	301,700	23.80	20,609	79.43	322,309	380,972	113,422	494,394
37,503（87）	286,416	26.30	23,056	79.82	309,472	413,982	127,717	541,699
6,404（82）	68,939	15.30			68,939	5,639		5,639
43,907（86）	355,355	22.70	23,056	79.82	378,411	419,621	127,717	547,338
40,760（94）	355,306	26.70	28,858	75.15	384,164	524,598	148,330	672,928
13,349（93）	160,377	19.80			160,377	157,875		157,875
54,109（94）	515,683	24.60	28,858	75.15	544,541	682,473	148,330	830,803
42,807（99）	362,070	27.40	26,479	80.00	388,549	549,841	147,117	696,958
13,887（97）	156,658	19.60			156,658	152,076		152,076
56,694（98）	518,734	25.10	26,479	80.00	545,207	701,917	147,117	849,034
42,475（98）	375,791	28.80	27,142	80.00	402,933	602,745	150,801	753,546
13,873（97）	164,916	19.70			164,916	161,486		161,486
55,330（98）	540,707	25.80	27,142	80.00	567,849	764,231	150,801	915,032
43,082（99）	356,240	29.70	25,659	81.08	381,899	588,081	146,503	734,584
14,163（99）	158,695	18.90			158,695	147,348		147,348
37,196（65）	219,700	48.00	17,757	81.08	237,457	646,138	101,385	747,523
94,441（82）	734,635	31.00	43,416	81.08	778,051	1,381,567	247,888	1,629,455
43,172（99）	291,976	29.00	24,794	80.27	316,770	470,764	138,385	609,149
14,258（99）	129,859	18.70			129,859	118,225		118,225
56,068（99）	405,293	50.40	25,806	80.27	431,099	1,283,939	144,033	1,427,972
113,498（99）	827,128	33.00	50,600	80.27	877,728	1,872,928	282,418	2,155,346
57,205（93）	353,389	37.80	33,274	79.00	386,663	764,069	181,709	945,778
13,434（94）	110,822	18.30			110,822	98,288		98,288
49,656（88）	310,765	51.00	21,724	79.00	332,489	1,003,017	118,635	1,121,652
120,295（91）	774,976	36.00	54,998	79.00	829,974	1,865,374	300,344	2,165,718
40,030（98）	193,814	48.60	47,253	70.30	241,067	580,787	225,997	806,784
38,179（96）	306,474	31.20			306,474	532,541		532,541
13,732（96）	110,751	16.90			110,751	89,431		89,431
54,355（97）	343,709	49.40	34,358	70.30	378,067	1,055,320	164,324	1,219,644
146,296（97）	954,748	39.90	81,611	70.30	1,036,359	2,258,079	390,321	2,648,400
39,822（97）	186,931	47.40	73,087	54.10	260,068	539,804	258,085	797,889
37,811（95）	296,532	31.70			296,532	524,091		524,091
13,504（94）	105,556	15.90			105,556	79,498		79,498
53,869（96）	330,461	56.30	53,012	54.10	383,473	1,243,542	187,196	1,430,738
145,006（96）	919,480	41.40	126,099	54.10	1,045,579	2,386,935	445,281	2,832,216

日本紡績連合会月報』各月の値から算出したので富士紡各期『報告書』の数値とは異なる．また工場別の平
した．20 番手への換算率は，永井雅也著『紡績標準原価計算』東洋経済新報社，昭和 16 年，71 頁による．

表 4-1-a　富士紡の綿糸生

	工場名	就業日数：昼夜	平均番手	紡機据付錘数			同運転錘数（運転	
				リング	ミュール	計	リング	ミュール
35年下	小山第一	165.0	32.70	17,056	11,200	28,256	16,750（98）	10,856（97）
36年上	小山第一	164.0	32.60	28,656	11,200	39,856	22,462（78）	11,050（99）
36年下	小山第一	170.0	33.50	28,656	11,200	39,856	27,546（96）	10,808（97）
	小名木川	168.0	19.43	4,964		4,964	4,717（95）	
	計			33,620	11,200	44,820	32,263（96）	10,808（97）
37年上	小山第一	166.0	32.50	28,656	11,200	39,856	27,278（95）	10,576（94）
	小名木川	126.0	16.72	4,964		4,964	3,589（72）	
	計			33,620	11,200	44,820	30,867（92）	10,576（94）
37年下	小山第一	170.0	34.90	32,128	11,200	43,328	26,572（83）	10,931（98）
	小名木川	169.5	15.29	7,764		7,764	6,404（82）	
	計			39,892	11,200	51,094	32,976（83）	10,931（98）
38年上	小山第一	165.0	32.16	32,128	11,200	43,328	29,823（93）	10,937（98）
	小名木川	166.0	19.76	14,292		14,292	13,349（93）	
	計			46,420	11,200	57,620	43,172（93）	10,937（98）
38年下	小山第一	172.0	33.20	32,128	11,200	43,328	31,674（99）	11,133（99）
	小名木川	169.5	19.55	14,292		14,292	13,887（97）	
	計			46,420	11,200	57,620	45,561（98）	11,133（99）
39年上	小山第一	165.0	34.80	32,128	11,200	43,328	31,375（98）	11,100（99）
	小名木川	164.0	19.68	14,292		14,292	13,873（97）	
	計			46,420	11,200	57,620	45,248（97）	11,100（99）
39年下	小山第一	169.5	34.60	32,128	11,200	43,328	31,793（99）	1,289（101）
	小名木川	169.5	18.70	14,292		14,292	14,163（99）	
	押上	169×2/3＝113	49.70	46,420	11,640	58,060	29,383（63）	7,813（67）
	計			92,840	22,840	115,680	75,339（81）	19,102（84）
40年上	小山第一	164.5	34.00	32,128	11,200	43,328	32,058（99）	11,114（99）
	小名木川	164.5	18.68	14,292		14,292	14,258（99）	
	押上	164.5	51.90	44,544	11,640	56,184	44,500（99）	11,568（99）
	計			90,964	22,840	113,804	90,816（99）	22,682（99）
40年下	小山第一	169.5	41.40	45,584	16,000	61,584	42,798（94）	14,407（90）
	小名木川	169.5	18.26	14,292		14,292	13,434（94）	
	押上	160.8	52.50	44,544	11,640	56,184	39,727（89）	9,929（85）
	計			104,420	27,640	132,060	95,959（92）	24,336（88）
41年上	小山第一	165.5	52.24	25,056	16,000	41,056	24,114（96）	15,916（99）
	小山第三	165.5	31.22	39,728		39,728	38,179（96）	
	小名木川	165.5	16.90	14,292		14,292	13,732（96）	
	押上	165.5	51.00	44,544	11,640	56,184	42,799（96）	11,556（99）
	計			123,620	27,640	151,260	118,824（96）	27,472（99）
41年下	小山第一	170.0	49.40	25,056	16,000	41,056	23,837（95）	15,985（99）
	小山第三	170.0	31.70	39,728		39,728	37,811（95）	
	小名木川	169.5	15.91	14,292		14,292	13,504（94）	
	押上	169.5	56.00	44,544	11,640	56,184	42,274（95）	11,595（99）
	計			123,620	27,640	151,260	117,426（95）	27,580（99）

出所：工場別紡機据付錘数・就業日数は『高風院伝記史料』，リング・ミュールの運転錘数と産額合計は『大
均番手と産額は，就業日数をもとに按分推計した．但し，ミュール工場の平均番手は同数として計算
注：上期＝12月～翌年5月，下期＝6～11月．

の推移（明治42～大正4年）

計	生産高：貫					生産高（20番手換算）：貫		
	リング	平均番手	ミュール	平均番手	計	リング	ミュール	計
40,317（98）	216,750	43.5	68,313	55.85	285,063	563,664	253,769	817,433
39,107（98）	343,640	30.1			343,640	575,700		575,700
14,088（98）	123,903	16.3			123,903	95,850		95,850
54,961（98）	382,914	52.4	49,549	55.85	432,463	1,286,758	184,065	1,470,823
148,473（98）	1,067,207	39.3	117,862	55.85	1,185,069	2,521,972	437,834	2,959,806
40,088（98）	173,177	54.8	35,237	68.34	208,414	623,887	163,926	787,813
39,553（99）	276,603	31.7			276,603	354,212		354,212
14,205（99）	99,485	16.9			99,485	80,334		80,334
55,124（98）	307,623	41.0	34,637	68.34	342,260	741,371	161,135	902,506
148,429（98）	856,888	39.8	69,874	68.34	926,762	1,799,804	325,061	2,124,865
39,672（97）	249,782	46.8	55,367	62.67	305,149	766,011	238,753	1,004,764
38,257（96）	392,724	30.4			392,724	803,468		803,468
29,698（73）	232,244	17.2			232,244	206,713		206,713
13,844（96）	142,795	15.2			142,795	127,682		127,682
54,211（96）	444,025	51.3	40,275	62.67	484,300	1,562,197	173,673	1,735,870
175,682（91）	1,461,570	34.4	95,642	62.67	1,557,212	3,466,071	412,426	3,878,497
165,151（86）	1,568,374	35.4	64,506	68.70	1,632,880	3,143,649	301,598	3,445,247
163,431（85）	1,613,744	32.8	87,208	61.90	1,700,952	2,967,372	372,247	3,339,619
162,665（85）	1,709,506	32.1	91,505	58.90	1,801,011	3,166,009	369,479	3,535,488
175,447（91）	1,853,430	33.9	82,648	64.10	1,936,081	3,550,987	362,973	3,913,960
190,381（99）	1,981,139	32.7	89,693	65.70	2,070,832	3,629,843	402,426	4,032,269
191,391（99）	2,018,382	27.9	95,123	58.30	2,111,005	3,140,602	377,695	3,518,297
191,391（99）	1,999,624	25.5	101,308	52.00	2,100,932	2,779,477	336,545	3,116,022
193,611（99）	2,002,105	26.2	161,937	32.80	2,173,042	2,886,635	297,770	3,184,405
189,962（80）	1,757,377	24.2	127,212	35.90	1,884,586	2,277,209	258,864	2,536,073
212,437（89）	2,282,642	23.5	132,907	28.40	2,415,549	2,838,465	210,392	3,048,857
213,605（90）	2,602,846	23.3	148,261	26.50	2,751,107	3,198,377	216,609	3,414,986

番手への換算率は，表4-1-aに同じ.

表 4-1- b　富士紡綿糸生産

	工場名	就業日数：昼夜	平均番手	紡機据付錘数			同運転錘数（運転率%）	
				リング	ミュール	計	リング	ミュール
42 年上	小山第一	165.00	47.10	25,056	16,000	41,056	24,627（98）	15,663（98）
	小山第三	165.00	30.10	39,728		39,728	39,049（98）	
	小名木川	164.50	16.32	14,412		14,412	14,123（98）	
	押上	164.50	52.80	44,544	11,640	56,184	43,650（98）	11,361（98）
	計			123,740	27,640	151,380	121,449（98）	27,024（98）
42 年下	小山第一	142.00	55.20	25,056	16,000	41,056	24,644（98）	15,335（96）
	小山第三	142.00	31.70	40,000		40,000	39,346（98）	
	小名木川	141.90	16.88	14,412		14,412	14,169（98）	
	押上	141.90	53.00	44,544	11,640	56,184	43,789（98）	11,150（96）
	計			124,012	27,640	151,652	121,944（98）	26,485（96）
43 年上	小山第一	164.00	50.20	25,056	16,000	41,056	24,145（96）	15,527（97）
	小山第三	162.75	30.40	40,000		40,000	38,257（96）	
	小山第四	106.5, 昼 35	17.20	40,752		40,752	29,698（73）	
	小名木川	163.50	15.23	14,412		14,412	13,844（96）	
	押上	164.00	52.40	44,544	11,640	56,184	42,917（96）	11,294（97）
	計			164,764	27,640	192,404	148,861（90）	26,821（97）
43 年下	全工場計			164,764	27,640	192,404	141,543（86）	23,608（85）
44 年上	〃			164,764	27,640	192,404	141,136（86）	22,295（81）
44 年下	〃			164,764	27,640	192,404	141,813（86）	20,852（75）
45 年上	〃			164,288	27,640	192,404	154,103（94）	21,344（77）
45 年下	〃			164,288	28,240	192,528	162,866（99）	27,515（97）
大 2 年上	本社			13,936		13,936		
	小山			105,808	16,000	121,808		
	押上			44,544	11,640	56,184		
	計			164,288	27,640	191,928	163,967（99）	27,640（100）
2 年下	本社			13,936		13,936		
	小山			105,808	16,000	121,808		
	押上			44,544	11,640	56,184		
	計			164,288	27,640	27,640	161,601（98）	27,619（99）
3 年上	本社			13,936		13,936		
	小山			105,808	18,640	124,448		
	押上			44,544	11,640	56,184		
	計			164,288	30,280	194,568	163,954（99）	29,657（98）
3 年下	本社			13,936		13,936		
	小山			105,808	18,640	124,448		
	押上			44,544	11,640	56,184		
	川崎			43,904		43,904		
	計			208,192	30,280	238,472	164,016（79）	25,946（86）
4 年上	本社			13,936		13,936		
	小山			108,448	16,000	124,448		
	押上			44,544	11,640	56,184		
	川崎			43,904		43,904		
	計			210,832	27,640	238,472	191,901（91）	20,536（74）
4 年下	本社			13,936		13,936		
	小山			105,808	18,640	124,448		
	押上			44,544	11,640	56,184		
	川崎			43,904		43,904		
	計			208,192	30,280	238,472	192,483（91）	21,222（76）

出所：同前，大正 2 年上期～ 4 年上期の工場別の据付錘数は，『綿糸紡績事情参考書』各年版による．20

注：明治 42 年下期は同年 7 ～11 月の 5 ヶ月．43 年からは上期＝12 月～翌年 5 月，下期＝6 ～11 月．

なかでアメリカ棉を集計すると五一%に達し、後半の十一月二十二日以降も値上がりしつつあるアメリカ棉を買い進めており、一月に至ってもほとんど保管して使用に備えている。棉花商の購入数を合計すると、日比谷平左衛門が経営する日比谷商店棉花部と大阪の有力綿糸紡績会社が設立した日本棉花会社がともに一二〇〇俵、西松商店が一〇四三俵となり、三社で七〇%を占め、そのあとに内外棉・前川商店・三井物産が続いている。輸入港は、横浜が六七%、神戸が三〇%で、横浜は日比谷商店と日本棉花が主としてアメリカ棉を、神戸は西松商店が主としてインド棉を多く扱っていた。この西松商店を明治三十三年神戸に開設した西松喬は、慶應義塾出身で和田豊治や武藤山治とともに三井銀行に勤務し、三井の中上川彦次郎に従って山陽鉄道に入社し、さらに三井工業倶楽部の支配人を務めた生粋の三井系の人物であった。その後、西松は三十二年に日比谷平左衛門を慕って日比谷商店に入って棉花商となり、三十三年にはその関西支店ともみなされる神戸の北川商店が閉店後、新たに西松が創業したのが西松商店であった。(6)

　こうして明治三十六年に至って、富士紡の綿糸紡績業は順調な伸びを示しているように見えるが、その裏で大きな不安材料が持ち上がっていた。それは原棉価格の急上昇である。棉花の相場は、明治三十五年五月の一ピクル（一〇〇斤、約六〇キログラム）当たり二七円から三十六年一月の二三円までほぼ漸減傾向で推移していたが、

37 年下		38 年上	
梱数計	%	梱数計	%
269.0	3.5		
245.0	3.2		
412.0	5.4	582.0	5.3
569.0	7.4	765.0	7.0
		0.5	
413.5	5.4	607.5	5.6
260.0	3.4	436.5	4.0
1,670.0	21.8	1,985.0	18.2
42.0			
215.0	2.8	60.0	
1,303.5	17.0	2,746.0	25.0
		7.5	
106.0		8.5	
352.5	4.6	1,684.0	15.5
28.0			
217.0	2.8		
		194.5	1.8
11.0			
215.5	2.8		
76.5			
105.5	1.4	401.5	3.7
1.0			
10.0		37.0	
8.5			
2.5			
2.0			
566.0	7.4	891.0	8.2
41.5			
512.5	6.7	477.0	4.4
7,655.0		10,884.0	

表 4-2　富士紡の番手別綿糸生産数（明治 34～38 年）

	番手	34 年		35 年		36 年上		36 年下		37 年上	
		梱	%	貫	%	梱数計	%	梱数計	%	梱数計	%
右撚	15 以下					29.5		172.5	2.5	496.0	8.1
	16	53.0								35.0	
	18	193.0						59.5		8.5	
	20	956.5	11.7			827.0	14.6	508.5	7.5	9.0	
	22	15.0									
	24	16.0									
	30	11.5									
	36							107.0			
	38							7.0			
	44							0.5			
左撚	10	8.5									
	12	6.0						3.0		45.5	
	13							208.5	3.1	258.0	4.2
	14	71.5						91.5			
	15							3.0			
	16	1,125.0	13.8	27,801	6.3	103.5	1.8	433.0	6.3	245.0	4.0
	18	365.0		29,479	6.7	299.5	5.3	195.5	2.9	78.5	
	20	521.5	6.4	77,436	17.7	1,144.5	20.2	1,248.5	18.4	1,988.5	32.5
	22	2.5									
	24	133.5		899		10.0				2.0	
	28					109.0		66.5		21.0	
	30	81.0		12,528	2.9	404.0	7.1	476.5	7.0	317.0	5.2
	32	1,061.0	13.0	62,305	14.2	892.0	15.8	1,241.0	18.3	1,206.5	19.7
	34							6.0			
	36	108.0						12.5		32.0	
	38	494.0	6.1	192				27.5		7.0	
	40	36.0		3,299	0.8	182.5	3.2	273.0	4.0	151.0	2.5
	42	80.0									
	44							4.5			
撚糸	16	54.5		2,424				16.0			
	18										
	20	58.5		5,670	1.3	125.0		91.5		100.0	1.6
	23										
	24										
	32	169.0		6,508	1.5	227.5	4.0	345.5	5.1	128.5	2.1
	40	79.0									
	42	1,417.0	17.4	33,379	7.6	566.0	10.0	280.5	4.1	19.5	
	43							52.0			
瓦斯糸	15										
	20			3,911		12.0		5.0			
	22			144		30.5		16.0		7.5	
	23										
	24			288							
	28					1.0					
	30										
	32			499							
	34									1.0	
	36			1,339							
	40			2,174		6.5		13.0			
	42			8,112	1.8						
	50			1,205		1.0				20.0	
	60	704.0	8.6	34,861	7.9	551.0	9.7	372.0	5.5	503.5	8.2
	68									4.0	
	80	328.0	4.0	21,639	4.9	140.0	2.5	449.0	6.6	440.5	7.2
	全体計	8,148.5		438,550		5,662.0		6,786.0		6,125.0	

出所：『大日本綿糸紡績同業聯合会報告』各号より作成.
注：梱数計とは毎月の富士紡の産額の数値を合計したもの.

それ以後上昇を続け十二月には三〇円に達した（図4-1、以下も断らない限り原棉・綿糸等の価格変化はこの図による）。しかも同図の典拠である『綿糸紡績事情参考書』の「輸入綿花国別表」によれば、三十六年上期におけるアメリカ棉の一ピクル当たりの単価は、支那棉の一・三五倍、インド棉の一・二倍と高値であり、より価格上昇の影響が大きかった。また三十六年五月を一〇〇としてアメリカ棉・インド棉・支那棉の上昇率をみると、同年十二月は、それぞれ一二五・一二四・一二三、ピーク時の三十七年三月には一四二・一四〇・一二九とアメリカ棉の上昇率は高かった。このためアメリカ棉に六割を依存する富士紡の原棉消費高も三十五年下期四一万円台から三十六年下期には一気に六一万円台に跳ね上がっていった（同期富士紡『報告書』）。

こうした状況に直面して、和田豊治は、三十七年一月、原料棉花を輸入に頼らざるをえない現状に鑑み、世界

大正4年）

（単位：貫）

%	ベトナム棉	%	その他	%	計
			2,152	2	130,925
17					516,295
2	1		255,918	0.6	42,854,230
					67,834
10					338,624
8					406,458
2					23,182,049
11	7,762	2			395,855
2	215,983	1	524,888	2	23,182,049
13	11,324	3			361,284
2	204,490	1	248,768	1	18,345,368
10	41,948	10	507		440,933
11					609,061
2	53,266	0.2	201,969	0.8	25,191,245
11					613,998
2	261,294	1	137,772	0.5	25,603,615
7					628,194
31					338,123
15					966,317
2	220,144	1	253,587	1	26,810,965
13			1,231	0.1	980,172
1	102,426	0.4	256,632	1	26,501,855
11	25,629	3	1,005	0.1	1,001,986
1	187,916	0.7	316,814	1	28,130,397
16	63,536	8			847,081
2	415,349	1.5	120,587	0.4	27,083,562
9	25,414	2	86,338	7	1,184,172
2	268,328	1	321,428	1	26,366,827
9	24,177	2	82,145	7	1,126,538
1	588,790	2	173,833	1	23,954,089
9	28,702	2	97,520	7	1,337,422
3	384,163	1	243,791	1	28,427,464
9	27,295	2	90,941	7	1,271,788
2	379,792	1	330,732	1	30,330,851

表 4-3　富士紡の原産国別原棉消費高の推移（明治 35～

		インド棉	%	支那棉	%	アメリカ棉	%	エジプト棉
明 35 年	小名木川	8,295	6	11,682	9	108,796	83	
	富士紡	161,778	31	3,969	1	263,062	51	87,486
	総計	26,247,962	61	5,002,803	12	9,997,002	23	838,737
36・上	小名木川	9,269	14	25,710	38	32,855	48	
	富士紡	101,208	30			204,139	60	33,277
	小計	110,477	27	25,710	6	236,994	58	33,277
	総計	10,178,484	44	6,359,744	27	5,388,309	27	514,641
36・下	富士紡	192,926	49	18,934	5	134,092	34	42,142
	総計	10,178,484	44	6,359,744	27	5,388,309	23	514,641
37・上	富士紡	116,428	32	119,078	33	68,087	19	46,367
	総計	9,221,538	50	6,284,898	34	1,928,236	11	457,438
37・下	富士紡	102,151	23	81,538	18	170,357	39	44,432
38・上	富士紡	87,104	14	2,787	0.5	451,729	74	67,441
	総計	12,761,195	51	4,071,584	16	7,675,679	30	427,552
38・下	富士紡	82,916	14	13,622	2	450,735	73	66,725
	総計	13,102,554	51	4,407,898	17	7,237,786	28	456,311
39・上	富士紡	86,553	14	88,733	14	406,180	65	46,728
	東京瓦斯紡績					234,973	69	103,150
	小計	86,553	9	88,733	9	641,153	66	149,878
	総計	11,781,484	44	7,291,285	27	6,846,704	26	417,761
39・下	富士瓦斯紡	58,909	6	103,730	11	686,447	70	129,855
	総計	13,886,800	52	4,395,061	17	7,472,423	28	388,513
40・上	富士瓦斯紡	63,069	6	137,503	14	668,131	67	106,649
	総計	15,169,328	54	4,412,884	16	7,630,181	27	413,274
40・下	富士瓦斯紡	53,185	6	82,976	10	515,163	61	132,221
	総計	16,719,217	62	3,684,679	14	5,715,786	21	427,742
41・上	富士瓦斯紡	67,704	6	127,812	11	775,864	66	101,040
	総計	13,771,451	52	5,256,604	20	6,254,176	24	494,840
41・下	富士瓦斯紡	64,408	6	121,590	11	738,096	66	96,122
	総計	13,878,028	58	3,868,326	16	5,184,632	22	260,480
42・上	富士瓦斯紡	76,453	6	144,337	11	876,297	66	114,112
	総計	17,446,392	61	2,789,284	10	6,740,970	24	822,864
42・下	富士瓦斯紡	74,431	6	137,264	11	833,336	66	108,521
	総計	19,337,865	64	3,610,583	12	5,894,196	19	747,683

の原棉の三分の二を供給しているアメリカが、今後自国綿業への原棉供給をいっそう進めるだろうから、日本の綿糸紡績業は原棉確保のために台湾・琉球・小笠原などでの棉花栽培を促進すべしと提唱している[7]。このように和田は、原棉の海外依存に頼る日本紡績業の脆弱性について、特にアメリカ棉花事情に絞って危機感を表明したが、それは自身が経営する富士紡がアメリカ棉への依存度を高めていたことを反映していたといえよう。

明治三十六年下期はいっそう原棉価格が急騰し、三十七年二月に日露戦争が勃発して市況は一挙に鎮静化するも、棉花高騰は止まず、四月には一年前に比べて五割高のピークを迎えている。綿糸価格も同二割の上昇を示したが、原棉上昇分をすべて上乗せすることはできなかった。

原棉高騰がピークに近づいた三十七年三月十二日の『静岡民友新聞』は、原棉の高騰が著しい一方で、日露開戦のため需要が激減して、関西の紡績会社のなかには操業を休止して多数の職工を解雇したため飢餓に瀕する者が出ていると報じた上で、富士紡和田豊治が社員一同を集めて行った次のような訓諭を紹介している。

当社は尚ほ低価の原棉を有すること多くかつ平素よりかかる危急の

%	ベトナム棉	%	その他	%	計
7	338,458	18	56,948	3	1,853,441
2	410,217	1	459,064	1	33,017,339
6	32,007	2	68,353	4	1,858,225
2	168,625	0.5	250,017	0.8	32,213,704
9	4,727	0.2	36,823	2	1,926,906
3	132,826	0.4	284,790	1	31,616,030
9					2,041,655
2	88,714	0.3	233,752	0.7	33,088,549
9			7,450	0.3	2,165,650
2	170,126	0.5	182,237	0.5	36,359,083
10	125				2,327,955
2	278,120	0.7	230,690	0.6	39,988,735
10			72,268	3	2,378,240
1.3	403,336	1	334,944	0.8	41,734,866
9.2	16,300	0.7	2,500	0.1	2,351,200
2.4	502,344	1	162,277	0.4	43,721,777
7.5	11,245	0.5	205,483	8	2,432,240
2	235,832	0.5	583,812	1.2	48,272,302
9			65,142	3	2,136,712
2	333,235	0.7	275,249	0.6	45,790,590
5.6			48,903	2	2,711,291
1.7	139,238	0.3	266,880	0.6	46,541,345
6.1			25,120	0.8	3,060,960
1.7	177,692	0.4	332,969	0.7	50,397,201

第1位まで表示した.「総計」とは出所資料記載の紡績会

表 4-3（続）		インド棉	%	支那棉	%	アメリカ棉	%	エジプト棉
明 43・上	富士瓦斯紡	308,669	17	180,207	10	846,987	46	122,172
	総計	22,678,260	69	3,786,785	11	4,909,479	15	773,534
43・下	富士瓦斯紡	664,608	36	141,976	8	838,048	45	113,233
	総計	22,058,796	68	5,719,532	18	3,425,302	11	591,432
44・上	富士瓦斯紡	559,929	29	494,645	26	666,049	35	164,733
	総計	17,052,391	54	8,601,170	27	4,727,987	15	816,866
44・下	富士瓦斯紡	775,664	38	407,726	20	679,700	33	178,565
	総計	18,683,399	56	4,622,845	14	8,656,922	26	803,917
大 1・上	富士瓦斯紡	735,400	34	195,000	9	1,027,800	47	200,000
	総計	20,218,895	56	1,693,062	5	13,257,488	36	837,275
1・下	富士瓦斯紡	760,531	33	203,408	9	1,130,112	49	233,779
	総計	23,948,657	60	2,105,494	5	12,452,662	31	973,112
2・上	富士瓦斯紡	691,672	29	352,245	15	1,025,805	43	236,250
	総計	23,452,654	56	4,044,847	10	12,935,194	31	563,901
2・下	富士瓦斯紡	1,144,000	49	143,000	6	828,700	35	216,700
	総計	28,709,626	66	1,942,337	4	11,357,728	26	1,047,465
3・上	富士瓦斯紡	1,097,577	45	261,579	11	674,245	28	182,111
	総計	32,111,822	67	2,750,461	6	11,604,338	24	968,037
3・下	富士瓦斯紡	1,122,338	53	207,878	10	558,560	26	182,794
	総計	33,872,417	74	1,632,934	4	8,843,414	19	833,341
4・上	富士瓦斯紡	1,517,894	56	145,901	5	845,589	31	153,004
	総計	32,497,473	70	841,329	2	12,017,723	26	778,702
4・下	富士瓦斯紡	1,863,040	60	50,240	2	934,720	31	187,840
	総計	32,620,990	65	1,365,364	3	13,066,536	26	833,650

出所：『綿糸紡績事情参考書』各年次より作成.
注：百分率は，四捨五入しているので，合計値が 100 にならない箇所がある．但し，1％未満は小数点
社の総計値のこと.

場合に処するの道を講じ居れば、操業を停止して職工一同を解雇して其父母妻子と共に之を路頭に迷はしむるが如きことは断じてなかるべし、尤も紡績業の困難なることは疑いなければ諸氏に於てもこの際十分の節約をなし、聊かにても生産費を減ずる様各自心掛くべく然れば会社も諸氏も共に其利益を享くることなれば呉れ呉れも冗費の節約を勉められんことを望む。

ここには苦境に立たされた紡績会社のなかで富士紡

表 4-4　富士紡原料棉花の購入状況（明治 35 年 8 月〜36 年 1 月）

到着日	原産国	購入数	使用数	現在数	買主	出荷場所
35 年 8. 5	エジプト	100	100	0	三井物産	横浜
8.14	アメリカ	150	75	75	西松商店	神戸
8.19	インド	200	189	11	西松商店	神戸
8.22	インド	200	200	0	日本棉科会社	横浜
8.22〜 9. 1	シナ	453	0	453	三井物産	横浜
9.27	インド	200	200	0	西松商店	神戸
10. 4	インド	100	100	0	西松商店	神戸
10.21	アメリカ	100	100	0	西松商店	神戸
11. 4	インド	200	200	0	日比谷商店棉花部	横浜
11. 5	アメリカ	200	200	0	内外綿株式会社	横浜
11. 8	アメリカ	200	200	0	日比谷商店棉花部	横浜
11.16	アメリカ	200	155	45	日本棉科会社	横浜
11.16	アメリカ	200	200	0	三井物産	横浜
11.16	インド	100	100	0	西松商店	神戸
11.16	インド	100	94	6	日本棉花会社	神戸
11.19	エジプト	100	0	100	日比谷商店棉花部	横浜
11.19	アメリカ	200	81	119	内外綿株式会社	横浜
11.19	アメリカ	100	100	0	日比谷商店棉花部	横浜
11.22	インド	140	0	140	西松商店	大阪
11.23	インド	100	16	84	前川商店	神戸
11.31	エジプト	100	83	17	日比谷商店棉花部	横浜
12. 4	アメリカ	100	12	88	日比谷商店棉花部	横浜
12. 6	アメリカ	243	0	243	日本棉花会社	横浜
12. 6	アメリカ	100	0	100	日比谷商店棉花部	横浜
12.16	アメリカ	57	4	53	日本棉花会社	横浜
12.24	アメリカ	100	0	100	日比谷商店棉花部	神戸
12.27	インド	50	0	50	西松商店	神戸
12.27	インド	3	0	3	西松商店	神戸
12.31	アメリカ	300	0	300	日本棉花会社	横浜
36 年 1. 4	アメリカ	100	0	100	日比谷商店棉花部	横浜
1. 5	アメリカ	100	0	100	日本棉花会社	横浜
1. 9	エジプト	255	19	236	前川商店	神戸
1. 5	アメリカ	30	0	30	日比谷商店棉花部	神戸
1. 6	アメリカ	70	0	70	日比谷商店棉花部	横浜
計		.4,951	2,428	2,523		

出所：「自明治三十五年八月至本年一月十日　棉花入庫及在庫表」『明治三十六年度官荷交渉書』所収.

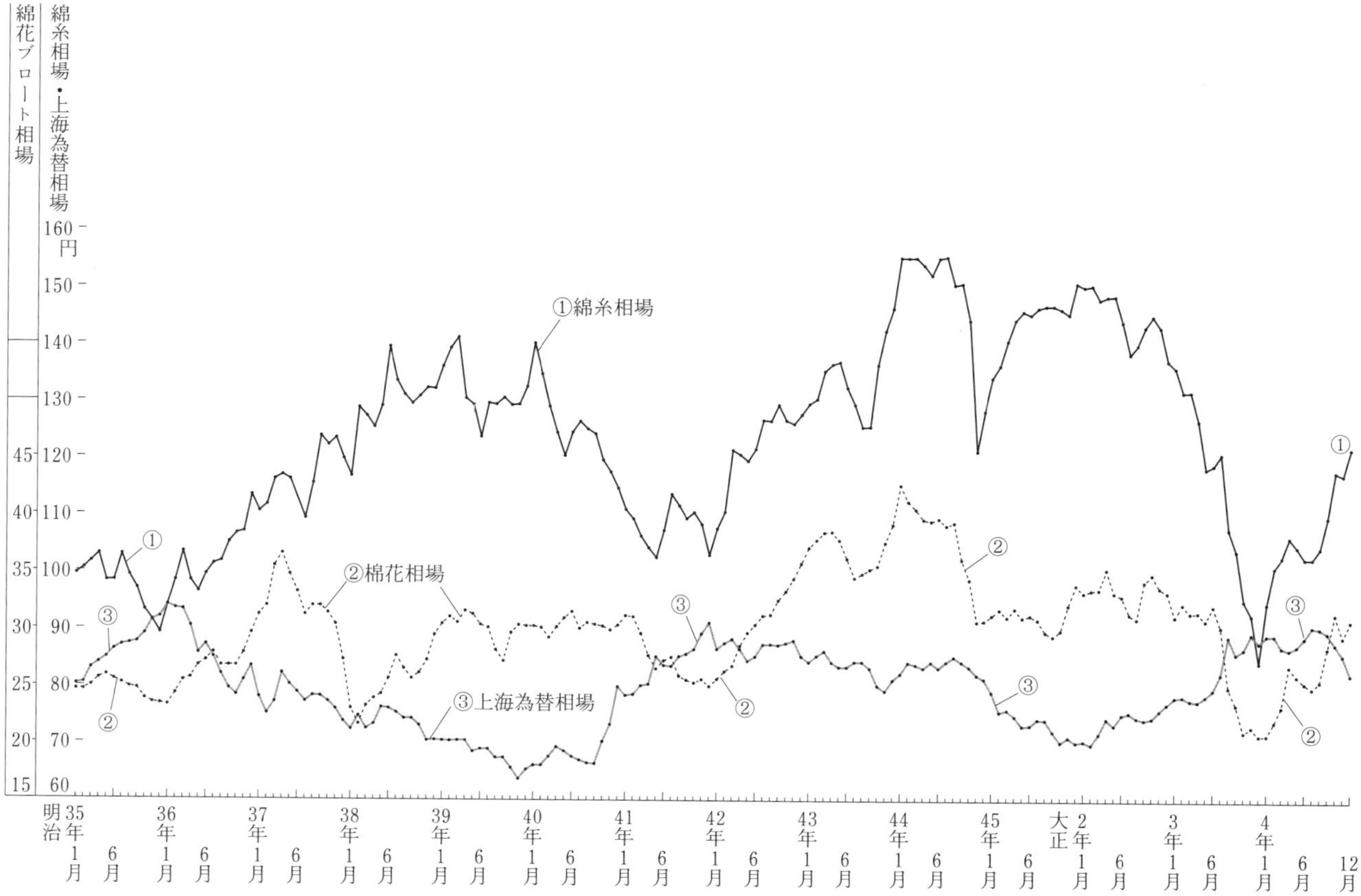

図 4-1　棉花・綿糸・為替相場の推移

出所：『綿糸紡績事情参考書』大日本紡績聯合会，各年版.

和田豊治の正当な対処法が述べられているが、これに対し、社員職工は申合わせて、「会社操業の困難を座視するは決して其の本位にあらず、平素より会社と休戚を共にするの外他念なきを以て此際各自俸給の一割を辞退して幾分なりとも生産費を減じたし」と和田専務に上申している。会社の危機に際して社員職工一丸となって俸給一割を減じて対処しようという申し出に対し、和田は俸給削減など夢想だにできないとし、重ねて経費節減の重要性を訴えるとともに、戦時の非常時に際して貯金を行えば過日軍資金や恤兵金に献納することもできると諭している(8)。

危機に際して和田豊治に対する職工・社員の信頼は揺るがなかったが、和田はこの危機をどう乗り越えたのであろうか。まず三十六年下期の番手別産額をみると（表4-2）、同年上期にアメリカ棉を加えて増産をみたと思われる右二〇・左二〇・同三二番手、撚糸四二番手、瓦斯糸六〇番手は、左三二番手を除いていずれも減産している。特にアメリカ棉のみを用いる撚糸四二番手は一〇%から四・一%へと大幅に減少している。三十六年下期の富士紡の原棉使用の割合は、安価なインド棉が上期三〇%から四九%に増加し、まったく使用していなかった支那棉も五%に増やし、代わって比較的高価なアメリカ棉は六〇%から三四%へと大きく減少させている。こうした措置を取りつつ、右三六・左四〇・撚糸三二番手などを増産させ、全体として小山工場のリング生産は二六万貫余から二七万五千貫余に増大させ、合併した小名木川工場も平均一九・四番手という太糸を中心に四万七千貫余を計上している（表4-1-a）。

ミュール機については、六〇番手が三十六年下期には前期の九・七%から五・五%に減じたため総産額では一三%の減少を見ているが、細糸の瓦斯糸八〇番手に関しては同期には二・五%から六・六%に伸ばしており、そのために二〇番手換算では三%の減少に止めている。こうして小山工場のリング・ミュールの合計では、五万六千貫余を増産している。

日露戦争が始まり、同年四月には原棉価格がピークに達するが、この三十七年上期においては、アメリカ棉のみで製造されていた撚糸四二番手はほとんど生産されていない。瓦斯糸に関しては、六〇番手が前期五・五%から八・二%へ、エジプト棉を用いミュール機生産の八〇番手も六・六%から七・二%へとともに増加させている。この期のミュール機生産はこの八〇番手に絞って行われ（平均七九・四三番手）たが、一方、戦争の進展とともに軍需品綿布の需要が増大して市況を一変させ三二番手以下の綿糸は好況に向かっていったという[9]。事実、富士紡は右撚・左撚・撚糸ともに三二番手以下に集中し、なかでも、左二〇番手は三二・五%、同三二番手は一九・七%へと集中度を高めている。さらに右一〇番手以下といった太糸の生産も二・五%から八・一%へ増産している。

原棉の供給割合はどう変化させたのだろうか。ふたたび表4-3をみると、瓦斯糸・極細糸用のエジプト棉は一一〜一三%を保ちながら、最も高価なアメリカ棉は、前期の三四%から一九%まで低下させ、より廉価なインド棉も一七%も減少させているが、最も低価格の支那棉は五%から三三%へと急増させていることがわかる。

このように、原棉高騰に対処してアメリカ棉とインド棉を減らして支那棉を増やし、好況を維持する三二番手以下の低番手にシフトすることで、戦時期の危機的状況を乗り越えようとしたのである。もちろんこうした中糸を、低価格だが品質が落ち、棉質も異なる支那棉のみで製出することはできず、インド棉あるいはアメリカ棉を巧みに混綿して価格を抑えて品質を維持する工夫がとられたことは言うまでもない。

しかしながら、産額をみると中低番手の比重を高めたリング機は、三十六年下期三二万貫台から三十七年上期には三〇万貫台に落とし、ミュール機も内地向けの高級細糸である高番手瓦斯糸は戦争の影響を強く受けて需要を下げたため、産額は三万一千貫から二万貫台へと激減させ（表4-1-a）、売上高も、九六万七千円台から八六万六千円台へと一〇%強も減少させている（前掲表3-4）。それでもなんとか赤字計上を防ぎえたのは、原棉をより低価格な産地に切り替える対策を講じ、工場消耗品なども減額するなど（前掲表3-3-a）、和田豊治のもとに労使団結して経費節減に取り組んだ結果といえよう。

三十七年下期に至ると、棉花の平均フロート相場は、七〜十月には急上昇前の一月期の三二円前後で推移し、

増設状況（明治31～43年）

	小名木川			保土ヶ谷			押上	
紡機錘数	紡機台数	紡機錘数	綿布織機台数	紡機台数	紡機錘数	絹布織機	紡機台数	紡機錘数
	リ15	4,964	420台	リ9 ミ2(第2より)	2,700 840			
	7	2,800						
	リ17(第1より)	6,528	200台					
				リ5	1,500		96 12	48,544 11,640
						円形梳綿機100台		
	4 △リ2(第4へ) △2(老朽廃棄)	1,792 768 904		22 18 △2(第2へ)	6,600 8,820 840			
33,456 768 6,528			老朽260台廃棄 290台新設			50 力織機19(第2より) 手織機19(第2より)		

（　）内に移転先または移転元が記されている.

表 4-5　富士紡各工場の機械

	小山第 1		小山第 2			小山第 3		小山第 4
	紡機台数	紡機錘数	紡機台数	紡機錘数	絹布織機台数	紡機台数	紡機錘数	紡機台数
31 年	リ 44 ミ 14	17,056 11,200	リ 17 ミ 2	5,100 840				
36 年	リ 25	11,600	ミ △ 2(保へ) リ 8	840 2,400				
37 年	リ 25 △ 3(第 2 へ)	10,000 △ 1,200	3(第 1 より)	1,200				
38 年	△ リ 17(小へ) 3(第 2 より)	△ 6,528 1,200	△ 3(第 1 へ)	1,200				
39 年			リ 8 ミ 2	2,400 840				
40 年	リ 29 ミ 6 △ リ 42(第 3 へ)	13,456 4,800 △ 20,528	リ 12 ミ 4	3,600 1,680		リ 42(第 1 より) 48	20,528 19,200	
41 年					力織機 19 手織機 19			
42 年			2(保より)	840		△ リ 17(第 4 へ) 17	△ 6,528 6,800	
43 年				5,400	△ 力織機 19(保へ) △ 手織機 19(保へ) 織機 30			リ 85 リ 2(小より) リ 17(第 3 より)

出所：富士紡各工場『精紡機等異動表』『高風院伝記資料』所収，各期富士紡『報告書』より作成.
注：数値は増設数を示している．但し，各工場の最初の数値は据付数．また△は移動・削減を意味し，・リはリング紡績機，ミはミュール紡績機をさす.

十二月には二七円にまで下がり、三十八年上期は二二～二五円前後にまで低落する。しかもこの期は、綿糸価格は上昇傾向にあった（図4-1）。富士紡では三十七年に入ってから、イギリス・プラット社に注文した最新式の細糸リング紡機二五台・一万錘を小山工場に据え付けているが、翌三十八年にかけて合併した小名木川綿布会社の工場に太糸リング機一七台・六五二八錘ほかを移しているので（表4-5）、表4-1-aでは、小山工場のリング機の総錘数は、三十七年上期の二万八六五六錘から三十七年下期の三万二一二八錘への増加として現れている。また小名木川工場は、移設された紡機とともに、プラット社に注文した最新式紡機七台二八〇〇錘が到着したため、据付錘数は、三十七年上期四九六四錘から同年下期七七六四錘、三十八年上期一万四二九二錘へと増大している。

こうして三十七年下期には異常な原棉高という危機を脱したが、その後の原棉供給先をみると（表4-3）、前期増大させた支那棉を半減させ、インド棉も減らす代わりに、高価で高品質なアメリカ棉を、一九％から三九％へとふたたび増加させている。しかもこの期は、「八、九月の交ニ至リ軍需品ノ注文現ハレシト豊作ノ為メ内地購買力ノ増加ヲ来セシカバ商勢玆ニ一変シ、三二番手以下ノ綿糸ハ空前ノ高気配ヲ呈シ、爾来多少ノ変動アリタレトモ概シテ好況ヲ持続セリ[10]」というように好景気が続き、綿糸相場も上昇していった。番手別産額を見ると（表4-2）、三二以下の番手では、主力製品の一つ左二〇番手が三二％から二一％へと大きく減じているが、右一八・左一二・一三・一六・一八番手といった従来他企業に席巻されていた分野にも進出し、左三二番手も堅調を保っている。また左四〇番手の細糸も回復を図っており、アメリカ棉の増加につながっていたのである。だがアメリカ棉のみを用いる撚糸四二番手などはいまだ少額にとどまっており、アメリカ棉の回復もなお限定的であった。

三十八年上期になると、「三月以降景気ハ引続キ未曾有ノ盛況ヲ呈シ[11]」、原棉価格がいまだ低水準にとどまっていたことを背景に同期アメリカ棉の購入割合は七四％に達し、支那棉は〇・五％、インド棉は一四％にまで減らしており、瓦斯糸八〇番手などに使用するエジプト棉は、この間一〇～一三%を維持している（表4－3）。番手別産額を見ると（表4－2）、左三二と同二〇番手を主力とし同一二～一八番手くらいまでカバーする前期からの傾向は変わらないが、右撚低番手は全廃し、左四〇番手を一五%へと大幅に伸ばし、アメリカ棉を専用使用する撚糸四二番手も復活し、瓦斯糸六〇番手の細糸も増加しており、全体としてアメリカ棉の大幅増加につながったのである。

産額を見ると（表4－1－b）、リング機では、落ち込んだ三十七年上期の三〇万貫台（二〇番手換算三八万貫台）から同年下期には三五万五千貫台（同四一万九千貫台）へ、増錘した三十八年上期には五一万五千貫台（六八万二千貫台）まで増産している。平均番手が上昇傾向を示すなかでさえ、二〇番手換算値も上昇させているのである。ミュール機は、この期に増錘はなかったものの、産額は三十七年上期二万貫台（二〇番手換算一一万三千貫台）から、同年下期二万三千貫台（同一二万七千貫台）、三十八年上期には二万八千貫台（同一四万八千貫台）へと上昇している。

以上のように、富士紡は、日露戦争直前から開戦後に、空前の原棉高騰によって危機的状況に立ち至ったが、高価なアメリカ棉をインド棉や支那棉に切り替えるとともに、市況に敏感に対応した有利な製品選択をして損失をカバーし、原棉価格が低減するやふたたび従来使用していたアメリカ棉を増大させ、主として他社が及ばない富士紡が得意とするより中高番手の中細糸分野で生産を伸ばして収益を挽回していったのである。

2　日露戦後の好況から恐慌期（明治三十八年下期から明治四十一年下期）

日露戦争が終わって平和が復し、政府や都市自治体などが財政上から依存を強めていた外債の募集が首尾よく進むと、金融が緩和され、景気は好調を維持した。綿糸相場も三十八年下期から三十九年下期には一三〇～一四〇円台を維持し、棉花相場もほぼ三〇円前後を保った。こうしたなか富士紡では明治三十八年九月には拡張十年計画を立てて大拡張に着手した。綿糸紡績部門では、明治三十九年九月に東京瓦斯紡績会社と合併して細糸・瓦斯糸部門を拡充するとともに、小山では、四十一年上期に中細糸四万錘規模の第三工場、四十三年上期には太糸四万錘規模の第四工場を建設し、大正三年三月には、川崎工場を新設して同四年一月には総錐数二三万八四七二錘へと著増している（表4-1-b）。

綿糸販売市場の動向を見てみると、明治三十年初頭においては、関東地方で綿糸及び瓦斯糸を最も多く使用するといわれた足利地方では、需要が最も多い三番糸（一四～二四番手）や二番糸（二八・三〇・三二番手）の中糸は鐘淵紡績が首位を占めて金巾製織、尾張、三重の各紡績会社がこれに続き、太糸（一〇・一一・一二番手）は鐘淵紡績と東京紡績、細糸と撚糸（四〇・四二・三二番手）は平安紡績・尼崎紡績・明治紡績で占められ、富士紡は瓦斯糸（六〇・八〇番手）において東京瓦斯紡績とともに姿を現しているが、なお多くを輸入糸に席巻されている状態であった[12]。

しかし、日露戦後から大正初期にかけては、西陣振興会が大正三年に関東機業地を視察した報告書『関東の機業』によれば、足利地方への原糸供給については、「瓦斯糸は英国其他より輸入せらるゝものあれども東京瓦斯紡績、日本紡績、富士紡績等の製品も使用せられ、綿糸は鐘淵紡績、三重紡績、大阪金巾、富士紡績、東京紡績等の製品多く、双糸（細糸を二本撚り合せた糸）は尼ヶ崎紡績、東京瓦斯紡績、富士紡績等の製品用ひられつゝあり[13]」と報告されており、従来の瓦斯糸に加えて、各種綿糸・双糸にも富士紡や東京瓦斯が供給を伸ばしていることがわかる。

明治四十一年八月時点で富士紡と買約を結んでいた綿糸商を確認すると（表4-6）、一六店の多きにわたり、主要な綿糸商は、日比谷平左衛門、日比谷が役員を務める日清紡や富士紡の有力株主[14]で呉服商の村井弥兵衛、同じく日比谷と関係が深い西松商店、創業時の取締役であった斉藤弁之助などが占め、特に富士紡の主力製品である三〇～八〇番手の中細糸（瓦斯糸）を彼らが取り扱っていたのである。

こうした国内需要増に応えるため小山工場でも、リング機では三十八年上期から三十九年にかけ、平均番手を二六・七番手から二九・七番手に上げつつ、機械運転率を九三%から九九%に、産額も三五万五千貫から三五万六千〜三七万五千貫に上昇させている（表4-1-a）。また三十八年下期には「独リ瓦斯糸類ハ冲天ノ勢ヲ以テ昇騰シ九月中旬ヨリ未曾有ノ活況ヲ現出セリ」[15]というように、細糸瓦斯糸の好調を受け、同時期、ミュール機も運転率を一〇〇%近くまで上げている。産額は二万八千貫台から二万五、六千貫台に低迷しているようにみえるが、ミュール機の平均番手は七五・一五番手から八一番手まで上昇させているので、一二〇番手換算値では一四万五千〜一五万貫台を保っている。三十九年下期から合併で加わった旧東京瓦斯紡績の押上工場では、リング機で平均四八番手、ミュール機で平均八一番手と、富士紡よりも高番手を生産していた（表4-1-a）。

明治三十九年上期の小山工場営業報告書では、「毎季紡出番手ノ細番手ニ向フニ関ハラス生産額ノ増加ハ製品ノ改良ト共ニ著シク進歩セリ」とこの時期の高番手化・高品質化と生産増加が両立する傾向を指摘している。明治三十六年上期に導入された最新リング機が六〇番手の細糸の紡績を企図していたことはすでに触れたが、明治末期になると「（リング紡績機は—引用者）最初は太糸を紡ぐ場合のみ用いたのであるが、現今では百番手位まで紡がれるようになって盛んに使用せられている」と指摘されるように高番手化に対応できるように変化していた[16]。

こうしたより高番手化する国内需要増に対応するため、全体としてアメリカ棉は、明治三十九年下期には七〇%に達している。また八〇番手の瓦斯糸に供するエジプト棉は、東京瓦斯紡績で三一%を使用していたので、合併後は、富士紡全体で七%から一三%に上昇している。したがってインド棉は二三%から一四〜六%へと下落し、支那棉も一八%から一四〜〇・五%に低下している（表4-3）。

だが、明治四十年一月になると綿糸相場の上昇を背景に株式投機熱が昂じ、その反動として株式相場が暴落し、綿糸相場もこれをきっかけに一四一円のピークから下落し始め、七月には一二〇円まで下がって小康を得たのもつかの間、十月にはアメリカに端を発した世界恐慌が勃発して生糸輸出が激減し、また銀塊相場も暴落して清への綿糸輸出が落ち込み、綿糸相場も四十一年五月には一〇二円台まで下落する（図4-1）。この間原棉相場は、四十一年二月頃までほとんど変わらずに推移したのでそれだけ紡績会社の経営を圧迫した。

さらに明治四十年は、梅雨から秋の台風シーズンにかけて幾度も大洪水が関東地方を襲った。小山工場では七月十三日、八月十五日、同二十四日の三回にわたって出水し、特に最後の洪水は須川・鮎沢川ともに氾濫して、崖崩れが発生し、小山工場でも護岸の石垣の一部が崩壊した。第一・第二工場とも運転に支障はなかったが、建設中の第三工場方面の石垣が崩壊して砂礫が水路を塞ぐなどして試験運転中の紡機が約一〇日間休止した。だがこの間退社する工女が頻々として、その補充が十分進まず、精選工程の工女を機械付きに移転して補ったが、そ

41年8月3日）

西松商店	薩摩治兵衛	渡辺隆三	近藤友右衛門	野口寅次郎	その他
梱数	梱数	梱数	梱数	梱数	
27				17.000[1)]	
	25				
100					
	46				
		73	39		
	12	74			
			68		豊島半七 21
		57			
532	14				蔵田糸店 19
				59.775	
				30.050	
					旭商会　16
659	97	204	107	106.825	

表 4-6　富士紡との買約綿糸商人別内訳（明治

製品種類	番手	日比谷 平左衛門	村井 弥兵衛	斉藤 弁之助	鶴岡 助次郎	岩田 友右衛門	伊藤糸店 支店	伊藤三綿 合資会社	宮田 幸兵衛
		梱数	梱数	梱数	梱数	梱数	梱数	梱数	梱数
赤票	7	14.500							
赤票	8	27.500							
赤票	20	46.500	112						
赤票	201/2				25				
赤富士	32	168.000	172	101.000	31	145	9	25	40
紫富士	9	25.000		11.000		25			
紫富士	16		43	37.000	24	40			
紫富士	18						1		
紫富士	20		25				3		
紫富士	32		134	32.000	15	35			
紫富士	321/2	20.000	15			15			
紫富士	40	199.000	219	29.000		101	5	37	
紫富士	401/3			25.000					
紫富士	421/2	20.000	207	68.000	25	105	10	69	28
黒富士瓦斯	421/2	6.000							
黒富士瓦斯	601/2	15.000	19			19			
黒富士瓦斯	801/2	48.000	169	40.000		70			50
軍艦瓦斯	801/2			112.000					
軍艦瓦斯	40	23.000	87	20.000			2		
黒縄瓦斯	161/3			72.962					
黒縄瓦斯	181/3			0.210					
青軍艦瓦斯	421/2	3.000	118	22.000	35		2	9	50
青富士瓦斯	271/2								
青富士瓦斯	301/6								
青縄瓦斯	201/3			1.000					
青縄瓦斯	171/3			5.000					
黒丈瓦斯	421/2	23.207							
黒旭瓦斯	601/2								
計		638.707	1,320	576.172	155	555	32	140	168

出所：「綿糸買約残高表　明治 41 年 8 月 3 日」『明治四十二年　稟議書綴』所収，より作成.
　注：1)　20 1/4 番手.

の結果一七三七貫もの未精選の糸を持ち越すこととなってしまったという[17]。四十年上期の小山工場の生産額は、リング機で前期の八二％に、ミュール機で九六％に落ち込んでいる（表4-1-a）。

同年九月、十月には、まさに恐慌の到来と踵を接するかたちで、関東地方に大洪水が襲った。この時は小山工場には被害がほとんどなかったようで機械の運転率も五％ほどの落ち込みであったが、東京所在の工場に影響が出た模様である。小名木川工場では四十年下期は、前期に比し産額が八五％に落ち、押上工場では、機械の運転率が一〇～一四％低下し、産額もリング機で二三％、ミュール機で一六％も減少している（表4-1-a）。

恐慌は、明治四十一年に入っても続き、綿糸相場は五月頃まで続落していった。こうしたなか四十一年一月十二日、大日本紡績連合会（以下紡連と略記する）は、糸価維持のため向こう三ヶ月間毎月五昼夜以上の休業を決定した。但し、二一番手以上及撚糸と綿布会社が自己織布用原糸に要する紡錘はこの規定に含まれないことが約された[18]。以下、紡連の操短決議をめぐっては、庄司乙吉『紡績操業短縮史』に拠りつつ、綿糸・原棉・為替相場（図4-1）、原棉の種類（表4-3）、工場別生産動向（表4-1）を見ながら富士紡がいかに景気動向と操短に対処しながら難局を乗り切っていったのかを見ていこう。

さて、引き続き市況は回復せず糸価は続落したので、四月十八日、紡連は、二〇番手以下の太糸について四十一年五月一日より六ヶ月間のうち各社の都合によって三ヶ月間継続夜業を休止すること、またこれに代わって六ヶ月間全台数の二割七分五厘を休台することができる、但し、二〇番手以下の太糸紡出数を中糸に転換することによって休台に代えることはできない、とする協定を結び、実施された。五月に底値を打った糸価は、六～七月に上昇に転じるが八月以降停滞に陥るや、操短期限を十一月一日より四十二年四月末日まで六ヶ月間継続することが決議された。

また四十一年十二月、銀塊相場の下落にともなって上海為替相場が続落するなかで、紡連は、従来行ってきた輸出業者への景品券発行などの方策に代わって新たな輸出奨励策を決議した。それは、毎月の輸出枠を定め、それ以上を輸出するものは操短で休台している機械を運転して対応することができ、そこで紡出した綿糸は一ヶ月以内に必ず輸出すること、また休台機械を運転しないで割当額以上を輸出した業者には奨励金を交付するというものであった。これらは二〇番手以下の太糸を対象とし、その経費もそれらの産出額に応じて徴収されたが、休台数をもって二八番手以上の中細糸を紡出することも各社の随意とされ、中高番手産出企業への配慮も示された。だがこの中細糸紡出条項は、中細糸の供給過剰と価格低減をもたらすおそれがあるという綿糸商組合から撤廃要求の建議が寄せられ、紡連側も、輸出品は紡機の休台を解除して輸出することがあるが、国内向けに関しては綿糸商の利害に鑑みてみだりに中高番手の紡出を行わない旨を告げている。

富士紡の場合は、小山第一・第三・押上の各工場の平均番手が三一～五二番手台と高かったため、操短対象の二〇番手以下の太糸は少なかった。また低番手（一六・九番手）を生産し兼営する織布工場に原糸を供給していた小名木川工場も、織布用原糸が操短免除であったため影響は見られなかったと思われる。操業日数をみると、四十一年上期は小山第一・第三並びに小名木川工場が、前期の一六九・五日から一六四・五日へと若干減じているのみで、機械の運転率は全体で九六～九八％と高い水準を保っており、操短の影響は見いだせない（表4-1-a）。

綿糸価格が上昇の後停滞した四十一年下期には、営業日数はふたたび一七〇昼夜に増進し、機械の運転率も太糸比率の高い小名木川工場が九四％とやや低いが、その他は九五～九七％と高率を維持しており、ここでも操短の影響はほとんど現れていないといえよう。

各工場の生産状況をみると（表4-1-a）、概して二〇番手以下の太糸価格の低迷が続いたこの期は、富士紡でも一五～一六番手の低番手・太糸生産を行う小名木川工場は、リング機の産額は四十一年上期一一万貫台から同年下期には四・七％落としている。だが、中高番手は太糸ほど不況の影響は見られなかったようで、四十一年上期には三〇～三一番手の中糸生産を担当する約四万錘を擁する小山第三工場を建設し、第一工場はこれにともない、番手数を二九～三七番手から四七～四八番手へと、より高番手生産に特化させている。両工場とも四十一年上期には機械運転率は九六%以上と高く、同年下期になっても、機械運転率は九五%、産額の減少率も三〜四%に留めている。五一番手と細糸を担当する押上工場では、上期の運転率九七%でリング機の産額は前期より一一%も上昇させ、同年下期には、運転率を一%、産額を四%下落させているが、平均番手を四九番手から五六番手に上昇させているので、二〇番手に換算すると産額は一八%も増加している。

より細番手・瓦斯糸等を担当するミュール機の場合は、小山第一・押上工場ともに、不況の長期化とともに平均番手を、四十年下期七九番手から四十一年上期七〇番手、同年下期五四番手と下げつつ、機械運転率を八五〜九〇%から九九%へと上昇させ、産額でも一・四二〜一・五八倍、さらに一・五四倍に著増させているのである。原料棉花価格もこの間低迷していたので、高番手・細糸に対応する高価なアメリカ棉へ六割台という高い依存率も変わらなかった。こうして、四十一年には、紡連の操業短縮の二一番手以上の中高番手並びに織布用原糸の免除規定に助けられ、リング機における中高番手の拡充とミュール機における超高番手から中高番手への移行を図って増産を果たし、見事に不況と洪水被害の挟撃から立ち直っていったのである。

3 恐慌からの回復と中間景気期(明治四十二年から四十四年上期)

明治四十一年暮れに下落に転じた糸価は四十二年に入ると若干持ち直したが、いまだ楽観を許さない状況であった。そうしたなか紡連では、四十二年二月に、五月以降十月三十一日までの操短継続を決議した。前年からの度重なる操短が功を奏したのか、糸価は一月一〇八円から三月には一二〇円に上昇する。その後四月頃まで、糸価は若干下落するが、これは休止していた太糸に代わって中糸や瓦斯糸が産出されて供給過剰となり価格下落を招いたものであった(19)。前年十二月に、こうした太糸休台分に代えて中糸生産を行うことに関しては、それを望む業者と糸価下落を嫌う糸問屋との間で齟齬が生じ、紡連も玉虫色の調停で済ませていたが、実際には中糸・瓦斯糸類による代替生産は行われており、三、四月頃にそれらの糸価が一時下落したのである。

ちなみに四十一年と四十二年の十二月における富士紡の番手別生産綿糸の内容をみてみると（表4-7）、一位は撚糸四二番手、二位は瓦斯六〇番手であり、七位までを見てもほとんど中高番手で占められており、撚四二・瓦斯六〇・同四〇番手などは業界でもトップクラスのシェアを勝ち得ていたことがわかる。だが、注目すべきことは、平均番手が一六番手（紡連『月報』の数値）と太糸に主力を注いでいた鐘紡が、撚糸四二番手や瓦斯六〇・同四〇・八〇番手において三位以内に進出し、同じく平均二一番手の大阪合同も撚糸四二番手・同三二番手等にも食い込んできていることである。小山工場の四十二年上期『営業報告書』にも「瓦斯糸ノ如キハ同業者ノ増加競争ニ由リ多大ノ打撃ヲ受ケタル」と記されており、操短が免除されている中高番手や瓦斯糸分野に、それまで低番手で覇権を握っていた鐘紡など大手企業が参入し、競争が激化していることが確認できる。

こうした状況のなか瓦斯糸分野で価格低下が起こったのであるが、その下落は一時的なものに終わり、糸価は、その後は持ち直し、同年下期には一二〇円台後半から一三〇円台と堅調を維持した（図4-1）。

このような糸価の回復と堅調維持の傾向のなか、四十二年七月、紡連において十一月以降の操短継続について協議が始められると、紡績業界内部に大きな意見対立が発生した。操短継続反対を強力に唱えたのは、関東地方の富士紡・東京紡・下野紡などであり、これに対し概して関西の紡績会社が賛成を主張した。継続反対の急先鋒となったのは富士紡の和田豊治であった。和田の主張の眼目は、自由競争こそが金科玉条であって、たとえ操短撤廃によって一時的に糸価が低下してもそれはかえって清への輸出促進を促す条件となるというものであった。これに対し、継続を強力に唱えたのは、鐘紡の武藤山治で、操短を撤廃すれば綿糸過剰による糸価低落を招いてふたたび各社苦境に陥ってしまうというものであった[20]。

こうした対立を生んだ要因はどこにあったのだろうか。明治四十二年五月当時の紡連参加企業の平均番手は二〇・五番手で、関西方面には日本紡績・尼崎紡績等、中細糸を扱う企業があったが、大阪紡・鐘紡・摂津紡・福島紡・岸和田紡・堺紡・三重紡といった太糸を主力製品とし、すすんで清への輸出を行っている大工場が多く、

6位	7位
撚 20（2） 東京・富	瓦斯 80（2） 日・富
左 22（1） 富・三	撚 20（1） 富・大合
左 32（3） 鐘・大合・富	左 16（3） 三・倉敷・富
瓦斯 40（1） 富士のみ	左 32（2） 大合・富・鐘
右 10（5） 鐘・大・摂・尼	撚 32（2） 大合・富・播磨
左 16（2） 三・富・	瓦斯 60（1） 富・東京・日
瓦斯 60（3） 日・東京・富	左 13（2） 東京・富・鐘
左 13（2） 大・富・天	瓦斯 60（3） 日・鐘・富
撚 20（1） 富士・内外棉	左 30（5） 東洋・日清・鐘・大合
左 40（5） 尼・日清・東洋・鐘	左 30（7） 鐘・大合・東洋・尼

類（番手）の中での富士紡の順位.

糸＝絹糸紡績，三＝三重，摂＝摂津，

これに対し、関東方面の中核企業には、富士紡・東京紡・日清紡など中・細糸を得意とする後発の紡績会社が多く、輸出も東京紡績を除くといまだ活発に行われていなかった。これまで見た紡連の操短並びに輸出奨励策は、二〇番手以下の太糸に主軸を置く関西系企業の利益に合致したものであった。また輸出に力を入れている大企業ではなく、国内機業地向けのより小規模な企業にとって、二割強の操短は影響が大きかったと思われる。関東には輸出企業が少なく、一六番手の太糸を国内向けに産する八千錘という小規模の下野紡績が、操短に強く反対していたことも納得できる。大略、こうした利害の相反が東西紡績会社の対立の背景に横たわっていたと思われる。

こうしたなか紡連は、四十二年七月、十一月以降における二〇番手以下太糸輸出ならびに奨励金に関して協議し、次のような継続方針を表明した。一つには、操短割合をこれまでの二割七分五厘から二割に引き下げたことである。二つには、これまでの二〇番手以下の太糸紡出数の中糸への転換禁止条項並びに輸出に際し休台数を以て二八番手以上中細糸に代えることの禁止条項が見られないことである。これらの条項は、操短で打撃を多く受ける中小企業や中高番手志向の企業の利害に配慮したものといえよう。三つには、操短条項と輸出促進策がセットとされて輸出促進のための奨励金が明示されたことである。

その後、関東側のさらなる反対意見に対し、妥協案が協議された結果、操短の期間や休錘台数には変更は加え

表 4-7　富士紡，番手別主要生産綿糸の変遷（明治 39～大正 4 年）

	1 位	2 位	3 位	4 位	5 位
明治 39.12	左 40（1） 富・大合	瓦斯 60（1） 富・一宮・日	左 20（13） 鐘・三・岸・大合	左 13（1） 富・岡山・天	瓦斯 40（1） 富士のみ
40.12	瓦斯 60（2） 日・富	左 13（1） 富・下村・絹糸	左 40（2） 大合・富士	瓦斯 80（2） 日・富	撚 42（3） 尼・大合・富
41.12	撚 42（2） 尼・富・大合	瓦斯 60（2） 日・富・鐘	左 40（1） 富・鐘・大合	瓦斯 80（2） 富・日・鐘	左 13（1） 富・下村
42.12	撚 42（2） 尼・富・鐘	瓦斯 60（1） 富・日・日清	左 13（1） 富・天	瓦斯 80（2） 日・富・鐘	撚 32（3） 大合・播磨・富
43.12	右 16（9） 三・摂・鐘・福	左 20（13） 岸・鐘・摂・大	撚 42（2） 尼・富・三	左 13（1） 富・東京	左 16（2） 三・富・
44.12	撚 42（2） 尼・富・三	左 20（12） 福・三・鐘・和	左 40（1） 富・日清・東京・鐘	右 10（3） 鐘・摂・富・三	左 13（1） 富・東京
大正 1.12	左 20（10） 岸・鐘・摂・三	右 16（9） 鐘・三・摂・大合	撚 42（3） 尼・鐘・富士・三重	右 10（3） 摂・鐘・富・尼	左 40（1） 富・鐘・東京
2.12	左 20（8） 岸・三・大合・鐘	右 10（3） 摂・鐘・富・大合	撚 42（2） 尼・富・鐘・東京	右 16（8） 鐘・三重・摂・福	左 40（3） 東京・鐘・富
3.12	左 20（6） 岸・東洋・摂・鐘	右 16（7） 福・鐘・東洋・摂	右 10（5） 摂・東洋・大合・鐘	撚 42（4） 尼・鐘・東洋・富	左 13（1） 富・天
4.12	左 20（8） 岸・東洋・鐘・摂	右 16（7） 鐘・東洋・福・摂	右 10（3） 摂・鐘・富	撚 42（4） 尼・東洋・鐘・富	左 13（1） 富・日清

出所：『大日本紡績連合会月報』より作成.
注：各年の上段左＝左撚り・右＝右撚り・瓦斯＝瓦斯糸・撚＝撚糸，を示す.（　）の数値は，当該種
下段は，その上位数社を記した.
富＝富士，大合＝大阪合同，日＝日本紡績，岸＝岸和田，天＝天満，鐘＝鐘淵，尼＝尼ヶ崎，絹
福＝福島，大＝大阪，の各紡績会社を示す.

られなかったが、紡連の輸出奨励部委員の定員を二名増員して関東側の意見が反映されるような配慮が図られたことなどが約されて、東西の対立にようやく折り合いが付き、上記の三条件とともに同年十一月から翌四十三年四月末日まで二割の操短が行われることとなった(21)。

操短による生産高の減少は、折からの原棉価格高を追い風にして綿糸価格の上昇をもたらし、四十二年十二月一二七円から四十三年四月には一三六円と上昇した。こうして中間景気を迎えるなか四月末日を以て期限となる操短は継続反対の意見が多く、輸出奨励策のみはなお一ヶ年継続することとして、ひとまず打ち切られた。

だが翌五月になると原棉価格は下落し始め、その後を追うように綿糸価格は六月になると急落し、七月には一三〇円台を割りこみ、八月・九月は原棉相場が上昇に転じたにもかかわらず、一二五円台に低迷した（図4-1）。

このような明治四十二年から四十三年上期にかけて操短がほぼ継続的に行われた時期における富士紡の操業状態を確認すると、四十二年上期のみ全工場が約一六五昼夜で、前期から五昼夜ほど少なく、若干操短の影響が感じられる（四十二年下期が一四二昼夜なのは、この期から上期下期の営業月が変更され、この期のみ一ヶ月少ない期間となったため）が、機械の操業率をみると、富士紡の三工場は中高番手を主力とし、小名木川工場も織布工場への原糸供給を担っていたため、二〇番手以下を対象とした操短の影響は少なく、四十二年上期・下期は、すべての工場が操業率は九八～九九％でまったく操短の影響を受けていない。

富士紡工場に二〇番手以下への操短の影響が明確に及ぶのは、明治四十三年上期からである。この期には太糸相場の好調と清への輸出奨励策の充実を背景にして、さらには原糸不足が顕在化していた小名木川綿布工場（後述綿布生産の項を参照）への原糸供給の意味も含めて、一七番手の太糸生産を行う四万錘規模の小山第四工場が新設・稼働した。この工場は、綿布への原糸生産分を除いては操短の対象であり、操業率は、規定の二割操短を下回る七三％を示している。その理由として、新設の機械装備が同期末においてもなお七割程度しか進んでいなかった（同期富士紡『報告書』）事情が想起されよう。

次に生産動向を見てみよう（表4-1-a・b）。四十二年上期は、リング機では、中高番手の小山第一（四三番手）・小山第三（三〇番手）・押上（五二番手）の綿糸生産がいずれも前期と比し約一六％、また低番手の小名木川工場も一七％ほど増産している。こうした順調な増産傾向は四十三年上期までみられ、同期にはさらに低番手太糸生産の小山第四工場も加わって、リング機での産額合計は、四十二年上期から四十三年上期に一・三七倍（二〇番手換算値でも同様値）に増加している（四十二年下期は会計期間の変更により五ヶ月分しか計上されていないため、表4-1-bではその分少額に現れている）。さらに四十三年上期には、輸出奨励規定に後押しされて新設された小山第四工場製出の太糸が支那および豪州に輸出されたが（『高風院伝記史料』）、その額は、三万四六五六貫で、全生産額の二％、第四工場の一五％であった（表4-8）。支那向けの綿糸輸出は、日露戦時期に開始されたが、一万貫以下の少額（『綿糸紡績事情参考書』の数値）にとどまっており、また『高風院伝記史料』には明治四十二年に第三工場製出の二〇番・三二番の中糸が天津・上海等に輸出されたとあるが、当該期の富士紡『報告書』や『綿糸紡績事情参考書』では確認できないので、綿糸輸出の本格化は四十三年上期からといえるだろう。

次にミュール機の動向を見ると、瓦斯糸価格の低下が見られた四十一年下期から四十二年上期には、それまでの七〇〜八〇番手という極細糸から五四〜五五番手に落とし、四十二年下期から四十三年にかけて糸価が上昇すると、ふたたび六二〜六八番手に上げている。産額は、四十一年下期一二万六千貫台から四十二年上期一一万七千貫台、四十三年上期九万五千貫台へと減少させているが、二〇番手換算では、四十一年下期四四万五千貫から四十三年上期四一万二千貫へとそれほど減少しているわけではない。生産総額は、リング機の好調によって四十一年下期一〇四万貫台から四三年上期一五五万貫台へと四九％増加している（表4-1-a・b）。

こうしてミュール機がふたたび平均六〇番手台の高番手にシフトしていった理由の一つとして、四十二年から製造に着手していたシルケット瓦斯糸（瓦斯糸を水酸化ナトリウム溶液で処理したのち水洗いして絹のような光沢を施したもの）を四十三年一月に三井物産を介してインドへの輸出を開始し、同年下期に三〇〇余函の輸出をみて

（明治 43～大正 4 年）

（単位：貫）

左 32	撚 20	撚 30	撚 32	撚 42	43 以上	50～79 以上	瓦斯 60	瓦斯 80	80 以上	番 不詳	合計（%） （対紡績総額）
	10,656 48,264										34,656（2） 7,960,032
 64,176		 19,248	100,368 103,488				8,112 8,112	20,448 20,448			200,016（12） 7,143,096
66,576 544,548	 43,728		 96,456	45,072 86,304			10,800 53,520	12,048 34,200			146,256（9） 6,677,616
76,032 373,992	 55,584		 975,820	44,304 104,424			5,856 35,184	4,080 27,600			143,736（8） 6,793,776
31,320 286,728				23,160 211,776			816 54,000	1,680 15,240			70,800（4） 7,375,488
				52,272 337,080		168 59,112			3,456 18,144	 153,888	133,656（6） 10,454,256
				67,920 504,912		1,728 78,360			7,320 40,824	 297,696	219,696（10） 11,345,856
75,408 560,016				83,400 736,896	13,104 128,496					 120,840	204,312（10） 11,153,520
116,832 650,448				146,016 811,200	13,224 125,496					 306,840	294,696（14） 14,512,416
118,416 628,080				115,368 893,400	24,408 97,992					 280,344	281,856（15） 12,847,104
92,664 611,856				91,392 1,042,104	17,688 107,952					 18,792	255,144（11） 12,539,664
140,112 780,528				146,976 1,456,608	15,432 118,920					0 246,792	533,496（19） 15,103,104

いることが注目される。[22] 富士紡の輸出綿糸の推移を示した表4-8には、四十三年上期から三万四六五六貫の輸出糸が計上されている。こうして輸出奨励策が採られるなか、他社が試みていない瓦斯糸輸出を開拓しているのである。

　棉花相場の動向をみると、四十一年一月から年末まで下落し、以後上昇に転じて四十二年上期末には下落前の水準まで回復するが概して低水準にあり、富士紡はこの期の原棉を、中細糸用の高価なアメリカ棉を六六%と中心に置き、インド棉は六%、支那棉は一一%に止めている。四十三年上

表 4-8　輸出綿糸の推移

	番手	右 10	右 12	13	14 以下	右 14	右 16	右 18	左 20	21 以上	左 30
明43年上	富士紡	22,800					1,200				
	全体	156,312	30,744			128,736	5,736,048	5,568	1,854,360		
43年下	富士紡	52,848									18,240
	全体	309,576	30,336				4,388,112		2,166,144		33,456
44年上	富士紡						11,760				
	全体	280,152					4,017,984		32,856		
44年下	富士紡						13,464				
	全体	339,048					3,493,968		2,208,144		59,232
45年上	富士紡						6,672		7,152		
	全体				470,712		4,458,432		2,070,600		
45年下	富士紡	960	528			480	2,064		3,336	70,392	
	全体	337,728	28,944	6,600		100,728	5,852,472		2,945,856		613,704
大 2 年上	富士紡	2,016					1,608		8,976	130,128	
	全体	284,520	31,128	144		113,304	6,177,048		2,876,808	941,112	
2 年下	富士紡				288		960		31,152		
	全体				323,448		5,988,384		3,295,440		
3 年上	富士紡				3,408		2,544		12,672		
	全体				695,400		7,417,104		4,505,928		
3 年下	富士紡				4,032		7,296		12,336		
	全体				991,008		5,785,776		4,170,504		
4 年上	富士紡				22,680		13,008		17,712		
	全体				1,337,664		5,941,752		3,479,544		
4 年下	富士紡				26,400		169,776		34,800		
	全体				1,264,680		7,198,368		4,037,208		

出所：『綿糸紡績事情参考書』各期より作成．但し，単位は，梱を貫に換算して示した．

期に至って綿花相場がいっそうの上昇を示した段階で、アメリカ棉を四六％に落とし、インド棉を一七％に上げて対応している（表4-3）。

こうして富士紡は、操短の対象がなお二〇番手以下にあったことから、より高番手の中細糸や奨励措置がとられている輸出にも力を入れて、四十三年上期までの時期を乗り切ってきたのである。

しかし、この八月、折しも関東地方は未曾有の大洪水に見舞われ、小名木川工場の復旧工事が完成したのは九月末、押上工場では十月末までかかり、衛生環境の悪化にともなって伝染病患者も発生し、これらの防疫・治療費を含め、直接の損害費と復旧費で巨額を要し、期末決算では二四万四千余円の損失を計上したことはすでに述べたとおりである。

こうしたなか紡績業界では操短を望む声が、関西ばかりかこれまで反対を唱えていた関東側からも寄せられてきた。大洪水で否応なく機械の休台を余儀なくされていたからである。紡連では、九月十五日、綿糸商の強硬な意見も勘案して操業短縮と輸出奨励案が決議され、十月一日より六ヶ月間の操業短縮に入った。今回の操短決議の特徴は、二〇番手以下太糸に二割七分五厘の操短（但し、操業時間の短縮と休錘を以て代替）を課しただけでなく二一番手以上の細糸・瓦斯糸にも二割の操短（同）を義務づけたことである。また右記太糸並びに細糸・瓦斯糸とも輸出綿糸布に対し、輸出奨励金が支払われ、その経費は当該綿糸を産出する企業の運転錘数に応じて負担するものとされた。なお二〇番手以下太糸紡錘を二一番手以上の中・細糸紡錘に転換したり、その逆の転換を行ったりすることも各社の自由とされた[23]。関東大洪水が奇禍となり、紡績業界の意見は一致を見たのである。

この操短決議の効果があってか、四十三年十月には一三七円であった綿糸相場は四十四年一月には一五六円まで急上昇し、その後同年三月頃まで一五〇円台の高値を維持した。原棉相場は、四十二年一月には二五円前後にとどまっていたが、四十三年四月には三八円まで上昇し、その後七月まで一旦下落するが、八月以降反転して四十四年一～三月には四〇～四三円にまで上昇し、その後八月まではほぼ四〇円を維持している（図4-1）。

四十四年に入ってからの棉花・綿糸価格の高騰と高止まりのなかで、同年四月に期限を迎えた操短はふたたび継続され、九月まで施行された。しかしながら綿糸相場は、原棉相場とともに上昇せず、九月頃までほぼ横ばい傾向に終始した。したがって、十月一日以降も操短は継続された。

こうした状況変化に富士紡はいかに対応していったのだろうか。まず四十三年下期、綿糸価格の下落と棉花相場の上昇への転化の最中、大洪水に見舞われた八、九月の工場稼働の実態を『大日本紡績連合会月報』掲載の各月「連合各紡績会社営業実況一覧」によって見てみよう。洪水が発生した八月の紡績機械の運転錘数は、前月までの一八万〜一九万錘の水準から一六万九千錘台に下がり、九月には一一万七千錘台へと大きく落ち込んでいる。十月には一七万五千錘台に回復するが、十一月にはふたたび一四万八千錘台に下がり、以後四十四年末頃まで毎月一五万〜一七万錘台を推移して、機械の運転率は、洪水前の水準である九〇％に回復せずに、むしろ四十三年下期と比べてもやや漸減し、八五％程度にとどまっている。これはまさに四十三年十月から施行された操短（二〇番手以下二割七分五厘、二〇番手以上二割）の影響にほかならなかった。洪水復興に多大な労力と経費を要し、工場施設や原料・製品等多額の損失を被った富士紡など関東の紡績会社にとって、十月から始まった細糸をも含む操短は、むしろ工場施設の復旧と職工たちへのケアをはかるためにも望まれたものであったといえよう。

生産額の動向をみると（表4-1-b）、四十三年下期以降は工場別のデータが得られないので、機械別の総額のみを追うと、リング機では四十三年上期一四六万貫台から四十三年下期一五六万貫台、四十四年上期一六一万貫台へと漸増傾向を保ち、ミュール機も四十三年下期には洪水の影響で前期の九万五千貫台から六万四千貫台に落とすが、四十四年下期までには九万一千貫台まで回復させ、総額では四十四年下期は四十三年上期より一五％ほど上昇させている。これは、リング・ミュールとも操短の影響で操業率を八五〜八六％台に落としながらも、番手数を低めに抑えることで（リング機、四十三年下期以降三二〜三五番手、ミュール機、六八・七〜五八・九番手へ）産額の維持を図ったものである。さらに輸出奨励策に対応して清・インド・豪州等への輸出を増加したことによる。輸出額は、洪水のあった四十三年下期にも、インド向けシルケットが好調で三〇〇函を数えて（四十四年上期、富士紡『報告書』）二〇万貫台を突破し、その後も四十四年下期まで一四万貫台を維持し、綿糸総生産額の九〜一二％を占めるに至っている。その内容は、清国向けの太糸（一〇〜二〇番手）・中糸（三〇・三二番手）とインド向けシルケット糸（撚二〇、撚四二〜八〇番手）がそれぞれ堅調を保っており（表4-8）、操短下の国内生産の伸び悩みを埋め合わせていたのである。

こうしたなか、富士紡では、高価なアメリカ棉の割合を四十三年下期四五％から四十四年下期にかけて三三％

に落とし、安価な支那棉を八％から二六％へ増大させて対処している（表4-3）。番手別の主要製品を見ると（表4-7）、四十三年十二月時点では、何と一位に右一六番手、二位に左二〇番手を産出しており、三位には得意分野である撚糸四二番手が付けているものの四〜六位は左一三・左一六・右一〇がランクされており、安価な支那棉を用いてこうした中・太糸に大きくシフトしているのである。おそらく中細糸・瓦斯糸生産を担っていた東京押上工場が洪水で多大な被害を受けたことの影響も大きかったのであろう。

しかし、翌四十四年十二月になっても、撚糸四二番手が一位につけているものの、二・四・五・六位は、それぞれ左二〇・右一〇・左一三・左一六という低番手・太糸が占めており、その後もこうした傾向が続いていくのである。明らかに、四十三年下期の操短と大洪水を機に富士紡の戦略的製品が中高番手・細糸・瓦斯糸から中・低番手・太糸も大幅に取り入れた全方位的なものに拡散していることが読み取れよう。但し、輸出では依然として中・高番手が重要な主力製品として生きており、富士紡の得意技術が活かされていた。

こうして四十三年十月の操短から二〇番手以上の中細糸の免除規定がなくなったため、富士紡など中高番手を主要製品とする企業のメリットはなくなった。すでに中高番手分野には鐘紡や大阪合同などが参入を進めており、今度は富士紡も中・太糸分野への参入を進め、従来踏み込まなかった輸出分野にも果敢に挑んでいったのである。こうして、これまでのようなある種の棲み分けによって共存が保たれていた状態が崩れ、全分野における熾烈な競争が激化していくこととなった(24)。

和田豊治が大正元年八月から十二月に欧洲視察に向かったのはこのような時であった。そこで和田は、一、水力発電事業の視察と単独小型モーターの注文、二、絹紡糸・織布の新機械注文と技術者招致、三、先進紡績工場の視察と川崎工場新設のための新機械注文、四、中細糸を用いた綿布工場用機械の注文と技術者招致、等を取り決め、帰国後は、水力発電所の増設と小山第五・中細糸綿布製造工場、川崎綿糸工場の新設、保土ヶ谷工場への絹糸紡績部門の統括等の準備を進めていくのである。ここで注目すべきことは、操短決議のなかで依然として維持されていた織布のための原糸生産の免除規定である。和田は、綿糸市場全体としては全銘柄において競争が激化するなかで、この免除規定を活用して、得意の中細糸を用いた織布部門への進出を図っていったのである。

4　辛亥革命から第一次大戦の勃発（明治四十四年十月から大正四年上期）

明治四十四年（一九一一）九月までは何とか横ばい傾向を保っていた綿糸並びに原棉相場は、十月に支那で勃発した辛亥革命の影響で、急落した。九月には一五〇円台であった綿糸平均価格は、十一月には一二一円台になり、棉花相場も九月三六円台から十一月には三〇円台に落ち込んだ（図4-1）。

すでに十月一日から操短は継続されていたが、紡連内では、輸出の比重が大きい鐘紡の武藤山治や山辺丈夫、また東西の綿糸商らは操短率の増率を強く求めた。これに対し、富士紡の和田豊治や摂津紡績の竹尾治右衛門が、操短がもたらす小規模会社や国内向け企業への影響力の大きさ等を危惧して操短の増率に反対した。結局、現行以上の操短は各社が自由に行うこととし、政府や銀行に対し停滞する輸出綿糸に資金融通を申請することとなった。しかし、辛亥革命の市場への影響は限定的に止まり、十一月以降綿糸価格は急速に回復して翌明治四十五年四月頃には暴落前の水準に回復し、一方原棉相場はむしろ下落した水準のまま推移した（図4-1）。こうした紡績業界にとって好条件が整うなか、政府等への輸出対策の申請も必要がなくなり、四月以降は二割七分操短と輸出奨励を撤廃し、向こう六ヶ月毎月四昼夜の休業実行が決議された。大正元年十一月になると原棉・綿糸相場はほぼ高位安定し、原棉相場も低水準で推移したため同年十月には毎月の四昼夜休業も撤廃された。

こうして操短が実質的に撤廃されていった明治四十五年の富士紡の操業率は、リング機は上期九四%から下期には九九%に回復し、ミュール機も上期には七七%であったが下期には九七%に上昇している。産額もリング機は、四十四年下期の一七〇万貫台から四十五年上期一八五万貫台、同下期一九三万貫台へと増加している。ミュール機は、再び番手数を五八番手から六五番手へと上昇させたため、産額実数では減少しているが二〇番手換算値では四十五年下期には上昇に転じている（表4-1-b）。輸出は四十五年上期にはなお清国の政情が不安定なため、前期の約半額に落ち込むが、下期になり「清国市場ハ益々好望ニシテ輸出ハ却テ之レガ為メ一層活躍ノ好機ヲ獲[25]」たため、輸出額は、倍額近くまで復活している（表4-8）。

大正二年（一九一三）に移っても上期・下期を通じて機械の操業率はリング・ミュールとも九九％を維持している。綿糸相場は、大正二年上期いっぱいまで高値相場を維持するが、元年十月まで停滞していた棉花相場は以後二年上期まで上昇に転じて紡績業界の有利な価格状況は失われている。二年下期は、両相場とも連動して、八月にかけて下落し、十月まで一担上昇するものの以後期末にかけてふたたび下落している。こうした原棉・綿糸相場の傾向の中で、大正二年前期は「期初ニアリテハ内地織物界不振ノ為メ細糸類ノ需要兎角思ハシカラ」ず、下期に至っても「期末ニ至リ内地織物界ノ不況ハ甚シク」という状況が続いた。これに対し、「輸出ハ益々好況……銀塊相場ノ強固ナリシ為メ春来中糸以下ノ需要愈多ク製品払底ノ盛況ヲ呈シ」、同年下期も「十一月度ニ於ケル対支輸出ハ四万六千余梱ノ多キ達シ予想外ニ旺盛ニシテ[26]」というように概して好調を保った。こうした状況のなか、大正二年の輸出額は二〇万〜二一万貫台と前年の約二倍に達した（表4-8）。しかしながら、多くを国内向けに頼る富士紡の綿糸産額は、細糸需要の不振のなか、ミュール機の平均番手を四十五年下期の六五番手から大正二年下期には五二番手まで下げて対応し、産額を漸増させているが、二〇番手換算値で見ると同時期に四〇万貫台から三三万貫台まで減少させているのである。リング機でも同期に、平均番手を三二から二五番手まで下げて、産額を若干増加させているが、これも二〇番手に換算すると三六二万貫台から二七七万貫台へと大きく減少させているのである（表4-1-b）。

大正三年に入っても国内需要はいっそう減退し、糸価は大正二年十一月には一四〇円台にあったが、三年五月には一一八円まで暴落した。綿糸商たちが操短を叫ぶなか紡連では、三年八月より六ヶ月間一ヶ月五昼夜休業を決議したが、和田豊治はこれに反対してむしろ輸出奨励を提案した。こうした声を受けて紡連では、六ヶ月四昼夜休業並びに一割の休錘さらに輸出奨励金交付という修正案を決議した。この修正案に対してもさまざまな意見が寄せられたが、結局輸出中心の企業や中小企業、綿布専門企業等に配慮を示す例外規定を設けて八月以降に実施されることに決した。

しかるに七月末に第一次世界大戦が勃発し、日本も日英同盟に基づいて、八月二十三日にドイツ帝国へ宣戦を布告し連合国の一員として参戦した。こうした事態に市場は混乱し、七月から十二月にかけて綿糸相場は一二〇円から八〇円台に、棉花相場も三〇円から二〇円台へと続落した。ここに至って、大正四年一月から操短率を二割に増率し、期限が切れる同年二月以降も操短を継続することが決議された。これ以後大戦勃発の衝撃は薄れ、綿糸並びに棉花相場は、四年四月頃にはほぼ前年八月頃の水準に回復し、年末にかけて上昇していった。操短は、こうしたなか部分的に解除をされながら四年いっぱいは継続され、翌五年一月を以て打ち切られた。

この間、綿糸商並びにさまざまな紡績会社が紡連を介して賛否両論を繰り広げ、その詳細は前掲『紡績操業短縮史』に譲るが、富士紡の和田豊治が、操短増率案に対し、この際一歩を進め労働問題・社会政策上の観点から夜業廃止を主張していたことは、注目に値する[27]。

その富士紡の業況を見ると（表4-1-b）、相場の続落が生じていたが操短は行っていなかった大正三年上期は、操業率は九九%でフル稼働状態にあり、前期と比べると、リング機については番手も総額もほとんど変わらなかったが、ミュール機は、番手を五二から三二番手に下げて中糸にシフトし、産額は一〇万貫台から一六万貫台に増加させているが、二〇番手換算で見ると三三万貫台から二九万貫台に減少させている。価格下落の中で原棉はアメリカ棉を減らして低額な支那棉を増加して対応しているが（表4-3）、国内市場の減退がこうした生産の頭打ちとなって現れている。ただし、輸出は、なお堅調を保っており、二〇四万石台から二九四万石台に伸ばして（表4-8）、国内市場の低迷を補っている。

第一次大戦に突入し、操短が実施された大正三年下期は、操業率はリング機は七九%、ミュール機は八六%、総計八〇%となり、操短が忠実に実行されていることがわかる。この期は、川崎工場にリング機四万三九〇四錘が装備されたがいまだフル操業には至らず、大戦勃発にともなう綿糸価格の暴落と小山工場での未曾有の水害と伝染病の猖獗、さらに操短による生産制限の結果、産額はリング機・ミュール機ともに減少し、総計でも前期比一三%も落ち込んでいる(表4-1-b)。

大正四年(一九一五)上期になると綿糸相場はようやく上昇回復し、操短は部分解除が進んで、操業率はリング機は九一%まで回復し、ミュール機は七四%に落ちるが、総計値は八九%にまで上がっている。産額はリング機では番手はほぼ前期と同じ二三・五番手のまま、一七五万から二二八万貫台に上昇させ、ミュール機は番手を三五から二八番手まで下げて産額も若干上昇させている。総額でも一八八万から二四一万貫台にまで増大させ、大戦初期の不況からの脱出が図られていることが窺われる。四年下期になると大戦の好影響が現れ始め、綿糸相場、原棉相場ともに上昇傾向を示し、リング機・ミュール機とも運転率はほぼ変わらず微増にとどまるも、産額はそれぞれ増加し総計では一四%の増加を見ている(表4-1-b)。特に輸出は、撚糸四二・左三二・右一六番手を中心に増加し、対前期比二倍強の伸びを示して五三万貫に達している(表4-8)。

ここで主要製品の動向を見ると(表4-7)、明治四十四~大正四年においては、三〇番手以上の製品は、七位以内に左三〇、撚糸四二、左四〇、瓦斯六〇番手の四種がなお入っているが、一位には左二〇番手、二位には右一六番手、三位には右一〇番手といった中低番手が登場している。しかも、中高番手の撚四二・左四〇・瓦斯六〇番手等では、尼ヶ崎紡のほかにも鐘紡・東京紡・東洋紡などが富士紡を乗り越えるまでに成長しているのに反し、富士紡が進出した低番手においては、岸和田・鐘淵・東洋・摂津といった企業を凌駕することができず、富士紡は不況下に苦戦を強いられていることが読み取れる。

だが、いよいよ川崎工場が全運転を開始した大正四年末には、撚四二・左四〇・左三〇番手が四・六・七位に登場し、三位の低番手右一〇番手においても摂津紡・鐘紡に次ぐ三位にまで上昇しており、富士紡興隆の曙光が見出せる。輸出においても、これらの四二番を筆頭に一六番、三二番手も大きく伸び、産額の一九%に及んで生産を牽引していった（表4−8）。

ここで綿紡績部門全体の生産性の指標を表4−9によって確認しておこう。総生産額を総運転錘数で除した一錘当生産高は、明治三十六〜四十二年までは六・二〜一〇・三貫の間で安定せず、平均値も八貫であるが、四十三年上期〜大正四年下期には、ほぼ一〇〜一一貫台（平均値は一〇・八貫）の高水準に安定している。職工一人当たり生産高を見ても、ほぼ同様の傾向が見て取れ、同じく平均値は二八・三貫から三八・三貫に上昇している。四十年下期の漆田水力発電所稼働、四十三年下期からの峯水力発電所稼働、そして大

表 4-9 綿紡績生産力の推移（明治 36〜大正 4 年）

	a 生産高：貫	b 運転錘数（運転率）	c 延男女職工数：人	1 錘当生産高 a/b：貫	職工 1 人当生産高 a/c：貫
明 36 年下	354,261	43,071（96）	13,530	8.2	26.2
37 年上	322,309	41,443（92）	12,059	7.8	26.7
下	378,411	43,907（86）	12,768	8.6	29.8
38 年上	544,541	54,109（94）	14,979	10.0	36.4
下	545,207	56,694（98）	15,468	9.6	35.2
39 年上	567,849	55,330（98）	14,748	10.3	38.5
下	653,751	94,441（82）	26,952	6.9	24.2
40 年上	877,728	113,498（99）	38,778	7.7	22.6
下	829,974	120,295（91）	34,756	6.9	23.9
41 年上	1,036,359	146,296（97）	43,611	7.1	23.8
下	1,045,579	145,006（96）	39,815	7.2	26.2
42 年上	1,185,069	148,473（98）	43,180	8.0	27.7
下	926,762	148,429（98）	34,324	6.2	27.0
43 年上	1,557,212	175,682（91）	48,970	8.9	31.8
下	1,632,880	165,151（86）	48,770	9.9	33.5
44 年上	1,700,952	163,431（85）	49,215	10.4	34.6
下	1,801,011	162,665（85）	45,734	11.1	39.4
45 年上	1,936,081	175,447（91）	51,522	11.0	37.6
下	2,070,832	190,381（99）	50,771	10.9	40.8
大 2 年上	2,111,005	191,391（99）	53,784	11.0	39.2
下	2,100,932	191,391（99）	50,314	11.0	41.8
3 年上	2,173,042	193,611（99）	53,205	11.2	40.8
下	1,884,586	189,962（80）	51,884	9.9	36.3
4 年上	2,415,549	212,437（89）	61,086	11.4	39.5
下	2,751,107	213,605（90）	61,911	12.9	44.4

出所：生産高・運転錘数は表 4-1 より．延男女職工数は各月「大日本紡績連合会月報」より作成．
注：運転錘数の（　）は据付錘数に対する運転率%．

正元年下期末からの須川発電所の稼働が効力を発揮してきたと考えられる。新式紡機と電動の単独小型モーターを装備した川崎工場が全運転を開始した大正四年、特に下期には一錘当生産高は一二・九貫、職工一人当生産高は四四・四貫という最高水準に達している。前章で見たように電動小型モーター敷設工場では機械の製造能力を一五％ほど向上させ、操短にも機械ごとに機敏に対応できるという利点があり、いよいよそれが発揮されてきたといえよう。

以上見てきたように富士紡は、日露戦後の操短が恒常化するなかでも、効率よい水力電気を動力に生産性を上昇させ、中高番手製品に主力を置きつつ、綿糸・原棉価格の変動に機敏に対応した原棉選定と番手別製品選考を行って収益増を図ってきたのである。しかし、中高番手が操短免除となっていたことから同分野への大手紡績業の参入による競争が激化し、さらに明治四十三年下期以降そうした規定が撤廃されると、市場での競争関係はさらに激化し、富士紡も低番手に参入して市場拡大を目指していった。しかし富士紡は、小山工場での水害と伝染病拡大も重なって大手企業との競争では苦戦を強いられるなかで、和田豊治が打開策として構想した新式紡機と水力発電による小型単独モーターを備えた川崎工場が大正四年から稼働すると、生産性は上昇し再び躍進の足掛かりをつかむことができたのである。

それでは次に、紡連の織布用原糸への操短免除という措置にも助けられながら、自社原糸を用いた綿布生産を行いえた富士紡の兼営織布事業をみてみよう。

二　綿布製造業

明治三十六年七月一日に小名木川綿布会社を合併して以来、小名木川工場で生産される綿布の動向は表4-10のようである。合併直前、すなわち明治三十六年下期の小名木川綿布会社の生産状況をみると、四〇四台の織機と職工四四〇人（内工女三七三人）を擁し、就業時間一日一一時間で年二一四万ヤード余を産出している。但し、同社の「考課状」には、三十四年上期の終わりには織布過程にも夜業が実施され、同年下期には昼夜業が全開したとあるが、「考課状」には続けて「募集シ来リタル工女ハ山間僻地ノモノ多ク、理解力ニ乏キヲ以テ技芸ノ発達モ遅々トシテ進マズ、一人前ノ工女トシテ機台ヲ持シムル迄ニハ殆ド二箇月近クノ日子ヲ要シ其間相当ノ工銀ヲ払ヒ之ヲ養成スルノ要アリ、従テ本季ニ於テハ夜業開始ノ利益ヲ得ルヨリモ寧ロ之ガ為メ其幾分ヲ減殺セラル、ニ至レリ」と記され、織布業に不慣れな新規募集工女の養成に費用と時間がかかり利益を減じていることがわかる。こうした事情から明治三十六年時点で夜業が全開されたというのはにわかには信じがたい。そこで表記の通り一日一一時間の就業時間として、これを一台一日平均産額でみると三四・七ヤードで、業界平均値四八・四ヤードと比して七割ほどでしかなく、また一台一時間当たり産額も三・一五ヤードで、これも業界平均三・八九ヤードに比して八割と低かった。

富士紡では合併直後の三十六年下期は、「当半期間ノ作業ノ概況ハ専ラ内地向三巾金巾ト清国輸出向綾金巾ヲ製織シテ需要者ノ意向ヲ探リ地風ノ改良ト糊ノ改善ニ力ヲ尽シタ」が、「機械ノ修繕ヲ要スベキモノ多ク且工場屋根改善工事及間内改修工事等ノ為メ充分ナル作業ヲ操ル克ハザリシ[28]」という。こうして糊の改善と機械並びに施設の修繕に追われたため三十六年下期の産額は一四八万ヤード台にしか達せず、一日一台平均産額も二四・五ヤード台、すなわち前期の七〇％と振るわなかった。

ようやく合併後の整備を終え、三十七年二月十五日よりは一部夜業を開始し、さらにイギリス・プラット社に注文してあった最新紡機七台や小山工場から移管する太糸紡機三台が到着して据え付けが進みつつあった時、四月七日に織布工場及び汽機室に火災が発生し、営業日数三五日余の休業を余儀なくされた。六月から織機一五〇余台を据え付けて運転を再開したが、この期は、織機の運転台数は前期より四六台少ない三四〇台にとどまり、産額も九九万ヤードとさらに落ち込んだ。火災の復旧には九月いっぱいまでかかり、ようやく十月に至って全運

生産の動向（明治36～大正4年）

屑糸出来高	1日平均 職工員数			1日平均 職工賃金		同左1社平均		製布種類
ポンド	男 人	女 人	計 人	男 銭	女 銭	男 銭	女 銭	
15,893	67	373	440	38.30	20.90	36.90	23.70	天竺布，シーチング，キャラコ，金巾，雲斎，厚織
17,892	62	377	439	36.98	20.20	36.66	23.15	天竺，金巾，厚織，綾木綿
12,381	47	403	450	39.98	18.46	36.48	22.73	金巾，厚織，綾木綿
18,124	54	522	576	44.00	21.50	37.10	23.00	厚織，綾木綿，キャラコ，麻織
44,306	90	735	825	42.10	24.70	37.10	24.50	金巾，雲斎，厚織木綿，綾木綿，葛城織
53,930	132	943	1,075	41.60	24.10	39.70	26.50	祖布，金巾，綾木綿，雲斎，厚織木綿
60,492	127	981	1,108	43.20	26.90	39.70	26.30	祖布，金巾，綾木綿，厚織木綿，キャラコ
73,034	136	913	1,049	42.40	24.60	38.90	25.50	天竺，祖布，金巾，鼠雲斎，綾木綿，厚織，キャラコ，雑布
78,348	145	1,009	1,154	43.20	25.00	38.90	25.50	祖布，金巾（二巾・三巾），雲斎，綾木綿，厚織，キャラコ，雑布
79,009	138	924	1,062	45.40	27.10	44.60	28.40	同上
89,100	154	1,034	1,188	42.70	26.80	45.40	28.70	祖布，金巾（一巾・二巾・三巾），雲斎，綾木綿，厚織木綿，薄織
85,843	173	902	1,075	41.80	26.60	44.10	30.00	同上
95,775	176	1,429	1,605	44.20	28.50	44.90	29.60	祖布，金巾，雲斎，綾木綿，薄織ネル生地
91,725	175	1,045	1,220	45.20	27.70	45.10	31.20	祖布，金巾，雲斎，綾木綿
84,445	181	1,061	1,242	48.10	28.30	46.10	30.30	同上
53,400	175	861	1,036	47.30	26.90	45.60	30.70	天竺，金巾，綾木綿，小倉
84,630	191	1,081	1,272	48.60	28.50	46.40	32.60	天竺，片綾，小倉，キャラコ
75,179	171	968	1,139	49.10	29.20	47.80	32.40	天竺，片綾，金巾，綿ネル生地，小倉，厚織，敷布地
56,557	138	788	926	51.30	33.50	49.60	34.30	金巾，綾木綿
53,886	118	599	717	52.60	36.00	50.90	35.40	同上
60,418	125	664	789	54.20	36.10	52.80	35.80	片綾，金巾，綾木綿，祖布，キャラコ
64,264	139	785	920	55.20	35.50	53.20	36.80	金巾，綾木綿，祖布，キャラコ，薄織，三巾金巾
64,043	302	824	1,126	55.70	37.10	53.10	37.40	金巾，綾木綿，祖布，厚織木綿，キャラコ
61,286	159	917	1,076	54.50	35.90	57.90	38.40	金巾，綾木綿，厚織木綿，キャラコ
63,520	181	1,014	1,195	55.20	37.60	52.50	37.00	金巾，綾木綿，厚織，粗布，キャラコ
59,973	187	1,031	1,218	52.80	37.80	52.60	37.80	金巾，綾木綿，厚織木綿，キャラコ，小倉

表 4-10　富士紡小名木川工場綿布

	営業日数	就業時間	同1社平均	運転台数	出来高	1台1日出来高	同左業界1社平均	1台1時間当出来高	同左業界1社平均	原糸需要高		製糸高
	日			台	ヤード	ヤード				ポンド	貫	貫
明 36 年上	153.0	11.0	13.00	404	2,144,837	34.70	48.40	3.15	3.89	394,406		498,592
下	157.5	11.0	11.90	386	1,489,416	24.50	41.68	2.23	3.93	391,246	47,320	47,129
37 年上	122.0	11.0	12.10	340	994,050	23.96	48.40	2.18	4.45	263,087	31,820	27,455
下	169.5	23.0	14.40	264	1,709,952	38.21	44.41	1.66	3.59	677,015	81,890	68,939
38 年上	166.0	23.0	14.30	412	3,329,251	48.68	50.09	2.11	4.18	1,417,432	171,400	160,377
下	169.5	23.0	14.00	514	3,874,011	44.47	46.06	1.93	4.03	1,450,074	175,400	156,658
39 年上	162.0	23.0	13.30	594	5,542,539	57.60	46.75	2.50	4.72	1,606,183	194,300	164,916
下	169.5	23.0	13.20	561	4,669,993	49.11	42.82	2.14	3.69	1,589,381	192,200	138,111
40 年上	164.0	23.0	13.55	587	5,178,002	53.79	47.47	2.34	3.66	1,655,107	200,200	129,859
下	169.5	23.0	13.39	610	6,038,919	61.60	45.02	2.54	3.46	1,701,548	206,900	110,822
41 年上	165.0	22.2	13.54	592	6,016,692	61.60	48.19	2.78	3.80	1,823,275	200,500	110,751
下	169.5	22.0	13.00	574	5,379,010	55.29	47.83	2.51	3.60	1,831,756	221,600	105,556
42 年上	164.5	22.0	13.48	618	6,465,458	63.60	52.39	2.89	3.82	1,936,656	234,300	123,903
下	167.5	22.0	13.90	609	6,237,724	61.15	48.23	2.78	3.53	1,827,289	221,000	99,485
43 年上	164.5	22.0	14.20	615	6,612,328	65.36	49.06	2.97	3.72	1,793,281	216,900	142,795
下	111.5	22.0	14.00	588	4,463,266	68.07	47.42	3.09	3.62	1,096,464	132,600	不明
44 年上	156.3	22.0	14.28	624	6,122,744	62.78	51.81	2.85	3.78	1,702,792	206,000	〃
下	159.0	22.2	14.28	583	6,020,850	64.95	50.34	2.92	3.42	1,620,610	196,000	〃
45 年上	155.0	22.0	13.40	494	6,064,901	79.20	53.50	3.60	3.95	1,649,383	199,500	〃
下	158.0	17.0	13.04	546	5,132,896	59.50	54.58	3.50	4.10	1,456,200	176,100	〃
大 2 年上	155.0	11.4	13.19	777	5,674,455	47.12	55.28	4.13	4.39	1,611,991	195,000	〃
下	157.5	11.0	13.30	971	6,549,826	42.82	55.14	3.89	4.16	1,755,925	212,400	〃
3 年上	153.0	11.9	13.40	931	7,308,863	51.31	58.75	4.31	3.54	2,211,282	267,500	〃
下	156.0	11.5	13.32	1,070	7,435,696	44.54	54.22	3.87	4.38	2,022,611	244,700	〃
4 年上	154.0	12.0	13.04	1,190	8,891,991	48.52	55.93	4.04	4.65	2,404,488	290,900	〃
下	157.5	11.5	13.04	1,195	9,703,712	51.57	55.28	4.48	4.64	2,404,488	290,800	〃

出所：『綿糸紡績事情参考書』各年次より作成.

転を再開したが、三十七年下期の運転台数は二六四台と前期の七八％にとどまったため、イギリス・プラット社に織機二〇〇台を注文した。こうした状況のなか三十七年下期の産額は一七〇万ヤードまで戻ったが、いまだ合併前の水準にも達していなかった。しかも、原糸需要高が三万一八二〇貫であるのに対して製糸高は二万七四五四貫しか達せず、不足分はおそらく小山工場からの供給に頼ったものと推測される。

プラット社へ注文した織機一五〇余台は、三十八年四月に据え付けを完了し、織機の運転台数も、三十七年下期二六四台から三十八年上期四一二台、同下期五一四台へと増加している。また三十七年二月十五日から開始した夜業も恒常的に実施され、表4-10では、三十七年下期から一日の就業時間が前期の一一時間から二三時間への増加となって表れている。この時期綿布生産業界の平均就業時間は一四時間台であったので富士紡の就業時間は突出して長かった。

職工数も、三十七年上期には四五〇人（男四七・女四〇三）であったが、同年下期には五七六人、三十八年上期には八二五人（男九〇・女七三五）に増加させ、賃金では工女は業界の一社平均か若干下回る水準に抑えながら工男については平均を一割以上上回る厚遇を与えている。富士紡は小名木川工場の立て直しと火災での損失挽回を、新規機械の導入と男子職工の厚遇、さらに夜業による機械のフル稼働によって果たそうとしたのである。

こうして生産高も三十七年下期には、上期の九九万から一七〇万ヤードへ、三十八年上期には三三二万ヤードへと激増していったのである。時あたかも日露戦時期で「日露戦争中ハ軍需品柿色木綿ノ売行ニ活況ヲ呈シ」（『高風院伝記史料』）、製品の大半は「厚織木綿」と「雲斎」（厚地綾織綿布）であった。

日露戦後の明治三十九年上期から四十五年下期までは、東京一帯に大洪水があった三十九年下期[29]と四十三年下期、辛亥革命の影響が考えられる四十四年下期から四十五年上期を除いて、織機の運転台数は五七四～六二四台と高い数値を維持し、生産高も三十八年下期の三八七万から六〇〇万ヤードを超えるまでに成長している。一日当たり織機一台の生産高をみると、四十年下期から六〇ヤード台に達しており、機械織布企業の平均値四〇～五〇台前半という数値と比べ一段高い水準を保つまでに至っている。しかしこれは富士紡が夜業を行っていて一日当たり就業時間が他社と比べ長時間を記録しているためで、一台一時間当たり製造高をみると、三ヤード台後半の値を示す綿布会社平均値と比べるとなお四十三年上期までは二ヤード台にとどまっており、生産性の低さが確認できる。またこの間屑糸出来高は、三十八年下期の五万三千ポンド台から四十二年には九万ポンド台まで上昇しており、生産効率も上昇していなかったといえよう。

この時期の製品については、日露戦後は「輸出ヲ増加スル為メ三十九年十月、小名木川工場長高橋茂澄ヲ満韓地方へ派遣シタル上韓国京城彰信社ヲ特約店トシテ同国ニ販路ヲ拡張シ尚ホ清国向製織品ノ輸出ニツトメタル」（『高風院伝記史料』）という。だが、朝鮮市場については三栄綿布組合（後述）の地盤を崩すことができず、支那市場の開拓に努め、清国向けの取引が主体となっていったという。富士紡の朝鮮向け輸出について詳細に分析した高村直助の論考[30]によれば、富士紡は、すでに朝鮮市場で独占的地位を占めていた三栄綿布組合（金巾製織・大阪紡績・三重紡績の三社が三井物産とともに明治三十九年三月に結成した綿布販売会社）に対抗して朝鮮市場の一角に参入するため、同社設立当初より深い関係にあった小林合名会社（社長小林吟右衛門は富士紡の有力株主）の一手販売を介して綿布輸出を展開していった。小林合名は、明治三十九年八月には、早くから釜山に進出していた高瀬商店に小名木川工場の粗布を出荷しているが、同年十一月に京城出張所を開設して以降は、西原亀三を介して、四十年七月までは朝鮮綿布商の組合である彰信社に製品を卸し、四十年八月から四十三年五月には西原が朝鮮綿布商を組織した共益社へと販売を拡大していった。

こうした富士紡粗布の小林合名京城出張所への出荷額は、明治三十九年下期一四七反から四十二年下期にはピークの一五八三反に達し、小名木川工場の粗布生産の七〇〜一〇〇％がこれに当てられていたが、その規模は三栄綿布組合の約六分の一に過ぎず、品質も常に西原らが要請する高水準のものを提供できなかった。小名木川工場では明治四十三年一月に老朽化した織機二六〇台を廃棄して新式機械二九〇台を海外に注文して品質改良を図ろうとしたが、朝鮮市場での劣勢を挽回できぬまま明治四十三年上期を以て粗布生産は中止され、朝鮮市場からの撤退を余儀なくされている。

そうした製品の品質の劣悪さの原因としては、鐘紡等と比べた際の賃金など工女待遇の不十分さと、さらに四十一年二月以来熟練工を東京キャラコ会社に奪われたことが指摘されているが[31]、先にみたように明治四十三年上期までの富士紡綿布の生産性の低さと工女工賃の低さ、老朽化した機械の更新がなお十分でなかった点がそうした事態を招いたものであったといえよう。

一方清国向け輸出は好調で、その品目は、天竺・粗布・金巾・雲斎・厚木綿・薄織・キャラコと多彩で、明治四十年代以降は片綾を含む綾木綿が五〇～八〇%を占めるに至った。その中でも清国向けの「鳳凰片綾」の生産は、明治四十～四十三年には小名木川工場の売上高の四割弱から八割五分にまで達していた[32]。

一台一時間当たり製造高をみると、朝鮮向けの粗布生産を取り止め、新式織機を導入した明治四十三年下期以降は三～四ヤード台へと上昇していっており、屑糸出来高も四十三年上期の八万四千ポンド台から減少傾向を示し、四十五年以降は五万～六万ポンド台にまで減らしており、ようやく屑糸を出さない効率の良い生産に向かっていることがわかる。

職工賃金については、工男は業界平均値を上回る水準を維持しながら、工女も明治四十五年以降は、業界平均値とほぼ同等のレベルにまで達している。

しかしながら四十年下期以降原糸需要高は常に二〇万貫を超えているのに対し、製糸高は一〇万～一四万貫台に低迷し、深刻な原糸供給不足に陥っていたことがわかる。富士紡では、明治四十一年上期に中糸（平均約三〇番手）を紡績する第三工場を、さらに四十三年上期に太糸専門の第四紡績工場を新設稼働しているが、こうした小名木川綿布工場への原糸供給に応えることもその目的に含まれていたと推測される。前節で見たように、紡連による操短決議では、第五次以降（明治四十一年一月十二日以降）織布用原糸は操短免除となり、輸出綿糸・輸出綿布に対して奨励金を交付することとなっており、兼営織布の大企業はこのメリットを十分活かして織布用の原糸生産を行って輸出も促進していったのである。

こうして安定的な原糸供給に支えられて綿布生産は堅実に成績を上げていったが、富士紡ではさらに、内外に需要を増してきた加工高級綿布製造のため、大正二年上期に小山第五工場の建設に着手し、翌三年二月頃には織布室・仕上室等本館工事が竣工した。

機械については、和田豊治が、大正元年八月からの欧洲視察中、イギリスのマザープラット社に四二インチ新織機二〇八台、リプシー社に二トン容量綿布漂白加工装置一連を注文したものであった。前者は、細糸瓦斯金巾用、後者は支那輸出用晒金巾加工用であった。これらの新式機械は、大正二年十一月から据え付けに着手し、三年一月にはほぼ完了し、その後も暫時台数を増やしている。また『富士紡績五十年史』によれば、大正四年には工場の拡張が行われ豊田織機三〇〇台が増設されたとあるが、表4-10の運転台数の推移を見ると、大正三年上期から同四年下期に二六四台の増加が確認できるので、三年から四年にかけて順次導入と据え付けが進んだものと考えられる。しかもこの据え付けの際には、これも和田が欧洲視察で導入した電動小型単独モーターが設置された。(33)

こうして第五工場の機械運転数は、大正三年上期末に三一九台、同年下期末に四一九台、四年下期には五四九台に達し（表4-11）、小名木川工場も含めた綿織布工場の運転台数は、大正二年上期七七七台から同四年下期には一一九五台に急増した。

第五工場のような晒練加工を紡績会社が兼営したのは、この時の富士紡が嚆矢であると『五十年史』はいうが、特に裏糊加工の技術習得には困難を伴った。このため和田豊治は、欧洲視察の際イギリスから熟練職工二名を招聘して技術習得の指導にあたらせている。また漂白用として電解塩素液が使用されたが、この技術は、小山鶴二技師が越中島（現東京都江東区内）の工業試験場に通って研究したもので、漂白後洗滌の際に繊維間に沈殿物を

残さないという利点があった。和田は、小山技師に電解装置を与えて、第五工場での作業に適用させたのである。(34)

それでは、新設の第五工場に供給する原糸はどこから得たのであろうか。それは、平均番手四四番手（大正三年上期）という中細糸を産出する小山第一工場からであった。第一工場では、第五工場が稼働準備を整えていた大正三年上期に、新設コーミング機・ラップマシーンの据え付けを行うとともに、精紡室の動力を電力に切り替えて一〇〇馬力の電動機を増設し、精紡機二台に対してロープ・ドライビング装置を施して電動機と結び、新設の整経機三台のうち二台を第五工場用原糸の需要増加に当てたのである。(35)

第五工場の綿布生産状況を各期の「小山工場営業報告書」から見てみると（表4-11）、産額は生産が部分的に開始された大正三年上期は五〇万五三〇八ヤードであったが、同年下期には洪水と伝染病で夏場に大きく減産するも一六〇万七二五六ヤードを産し、全期運転に及んだ大正四年上期は二五四万七七〇四ヤード、同下期は三三一万三二九三ヤードへと躍進している。その内容は、広幅の三巾金巾が三四%、二〇番手以上の中細糸を用いたキャラコが一四%、さらに精練・漂白し、片面か両面に糊づけし柔らかく仕上げた晒金巾が四四%、そのほか晒金巾の生地やガーゼなどが若干製織された。こうして製織と仕上げ工程を経た綿布は「支那、満洲、朝鮮地方へ販路ヲ開キタル以来引続キ註文ヲ得、且ツ台湾ヘノ新販路ヲ開キタル外、尚ホ輸出加工原料トシテ東京、横浜及大阪地方ヘ新製品ノ販路ヲ開(36)」いていった。輸出の割合は、大正五年上期の場合であるが、七四%を占めた。(37)

この間の綿布生産総額の推移をみると、明治四十五年下期は一七時間就業で五一三万ヤード台であったが、大正四年下期には一一時間半の就業で九七〇万ヤード台に増加している。そこで重要なことは職工の就業時間が大正二年上期以降一一時間台と、それまでの二二時間から半減しており、これは業界平均の一三時間台より二時間ほど短く、夜業を休止したものと判断できる（表4-10）。

晒金巾：反	同左生地：反	ガーゼ：反
4,116	350	
25,669	100	39.7

表 4-11　富士紡小山第 5 工場の綿布生産（大正 3，4 年）

	営業日数	運転台数	職工人数			出来高		金巾：反	キャラコ：反	シーチング：反
			男	女	計	反	ヤード			
3 年上期	52	319	56	318	374	11,315.4	505,308	11,315.4		
下期	154	419	66	375	441	35,991.4	1,607,256	24,854.4	6,619.0	52
4 年上期	153	512	77	402	479	58,513.8	2,547,704	24,567.4	8,137.4	
下期	159	549	80	357	437	81,724.5	3,313,293			

出所：『小山工場営業報告書』各期より作成.

明治四十三年下期から四十四年にかけての洪水や集中豪雨の被害が続き、伝染病の流行もともなって夏季には工女の退職による生産の減退が生じており、これに対処するために、生産能率の落ちる夜業を廃し、最新の織機と水力電気駆動の小型モーターを導入して生産能率の向上が図られたものと推測される。また和田豊治が、紡連の操縮が繰り返されるなかで社会政策の観点から夜業の廃止を展望していたことはすでに見たとおりである。

こうして一日当たり就業時間が減少したため、織機一台一日当たり産額は、それまでの六〇～七〇ヤード台から四〇～五〇ヤード台に下がっているが、一台一時間当たり産額では、大正二年上期～四年下期は三・八七～四・四八ヤード台（平均四・一二ヤード）となり、夜業を行っていた明治四十五年上期の三・六ヤードを上回っている。この時期の業界平均値四・二九ヤードには達していないが、それに肉迫するに至っている。

さらに職工数の変化をみると、明治四十五年下期七一七人から大正四年上期には一二一八人へと一・七倍に増加させているが、その増加率は運転台数の増加率二・一八倍よりも低く、職工一人一日一時間当たり産額も二・六六ヤードから四・四〇ヤードまで増加し、職工一人当たりの生産力を上昇させている。しかもこの間屑糸出来高は、ほぼ六万貫前後に留まっており、生産効率も上昇させているといえよう。

職工の賃金をみると、男子は、大正三年下期を除いていずれも業界平均値を上回り、女子も引き続きほぼ平均値と同等の水準にまで達していたことがわかる。最新の機械を操作したり糊付け加工に従事したりする高度な熟練度を要する晒加工の織布工などを確保するためには待遇面での一定の配慮が必要であったといえよう。

このように日露戦後には太糸を中心とした綿布では朝鮮市場で先発大手企業の独占体制を切り崩すことはできなかった富士紡は、清国輸出に活路を見出し、さらに大正二年以降は加工高級綿布という新製品を産出し、和田が欧洲視察で見出した最新の紡織機と晒練加工機械を導入し、職工数の増加を抑えて夜業を廃し、賃金は高めに保ち、職工一人当たり、並びに機械一台当たりの生産力を上げて内外の旺盛な需要に対応していったのである。しかも、原糸供給を担当する第一工場でも、また晒練加工綿布製織の第五工場でも、電力という新たな動力と直結した新設機械や動力機（単独小型モーター）の導入が、織機一台一時間当たりの生産力の増大と品質面の改善を支えていたのである。

三　絹糸紡績業

1　明治三十六年から日露戦争（三十八年上期）

明治三十六年（一九〇三）上期、絹糸紡績は小山第二工場でリング機五一〇〇錘、ミュール機八四〇錘を擁し、絹糸一万六六五〇九貫、紬糸（主にミュール機を用いる）四〇二八貫を産している。前期に比し絹糸は一三％、紬糸は三〇％増加している[38]（表4-12）。この期は「市価依然上進セザリシガ販路拡張ノ結果、其売上高ニ於テ著シキ増進ヲ来シ……昨年上半期ニ比スレバ金弐拾参万六千参百七拾円四拾弐銭八厘（約拾壱割六強）ヲ増加シ[39]」た。三十五年時点で国内の販路は、縮緬など関西方面に六割、伊勢崎など関東方面に四割であったが[40]、さらなる販路拡張と増産によって売上増がもたらされていたのであった。その結果「現在ノ錘数ニテハ到底得意先ノ需要ニ応スル能ハサルノ盛況ニ達セシヲ以テ増錘ノ計画ヲナスノ不得止ニ至レリ[41]」というようにいっそうの増錘計画を余儀なくされている。

富士紡ではこうした絹紡糸の需要増を見込んで、三十六年八月、日本絹綿株式会社を合併し、リング機二七〇〇錘その他を擁する保土ヶ谷工場を傘下に収めた。

小山工場では、三十六年上期に、ミュール機二台・八四〇錐を保土ヶ谷工場に移設して紬糸生産を支援するとともに、同年下期には前期に注文した短綿精紡機二四〇〇錘が到着して順次据え付けを行っていたが、十月十七日に試運転を行ったところ「原働調車」が破裂するという事故が発生した。このため復旧工事のため六〇日間の休業を余儀なくされた。また商況も原料屑物の価格が未曾有の高騰を示したのに対し、国内絹織物の景気ははかばかしくなかった(42)。このため小山工場では絹糸生産額は九一二三貫と前期の五五%に減少し、保土ヶ谷工場でも合併してからの就業日が一〇七日しかないため産額は三七五四貫にとどまった(表4-12)。ただし日本絹綿紡績会社は主として伊勢崎地方を主な販売先としていたため、同社合併後は富士紡の紡績絹糸の国内販路は、関東方面が増加して六割、関西方面四割という比率となった(43)。

さて、絹紡糸の生産は、絹織物産地が要求する用途によって糸質が微妙に異なり、それぞれ原料も精錬の方法も異なっていた。関西方面では、京都西陣織の御召に生糸の代用として用いられ、その絹紡糸の原料は優等な副蚕糸を用いて「本練」(沸騰点を以て煮沸して短時間内に固有の膠質のほとんど全部を除去しその残膠量は一%乃至二%以内とし白色にして光沢のある製品を得る練方)で精錬された。また丹後縮緬に供された絹紡糸は、原料には繭類の優等物もしくは熨斗および生皮苧の色の白い油焼の少ないものが用いられ、「半練」(沸騰点に達しない温度で長時間を費やし、発酵作用によって繊維を精錬する方法)にて製錬された。群馬県伊勢崎では縞銘仙と大絣に絹紡糸が用いられ、その絹紡糸の原料には下等糸のみが供されて「七分練」にて製錬された。輸出用としては、アメリカ向けが本練と半練の折衷法であったのに対し、主要な輸出先であったインド向けは、伊勢崎向製錬法に類似し、原料は下等糸が用いられた(44)。

の推移（明治36～大正4年）

	工場名	就業日数	機械台数			生産高：貫		輸出展綿生産額：貫
			リング	ミュール	計	絹糸	紬糸	
42年下	小山工場	142.5	13,500	3,360	16,860	27,026.473	12,090.950	
	保土ヶ谷工場	141.5	10,800	8,820	19,620	17,536.560	33,087.000	
	計		24,300	12,180	36,480	44,563.033	45,177.950	12,599
43年上	小山工場	164.0	13,500	3,360	16,860	32,272.564	13,633.400	
	保土ヶ谷工場	165.5	10,800	8,820	19,620	30,866.175	38,940.320	
	計		24,300	12,180	36,480	63,138.739	52,573.720	41,491
43年下	小山工場		18,900	3,360	22,260			
	保土ヶ谷工場		10,800	8,820	19,620			
	計	171.0	29,500	12,180	41,880	57,984.455	53,535.500	13,748
44年上	小山工場		18,900	3,360	22,260			
	保土ヶ谷工場		10,800	8,820	19,620			
	計	164.0	29,500	12,180	41,880	73,052.950	47,298.450	12,745
44年下	小山工場		18,900	3,360	29,700			
	保土ヶ谷工場		10,800	8,820	19,620			
	計	171.0	29,500	12,180	49,320	61,516.710	50,559.850	8,880
45年上	小山工場		33,360	3,360	36,720			
	保土ヶ谷工場		10,800	8,820	19,620			
	計	165.0	44,160	12,180	56,340	83,003.435	56,240.000	13,272
45年下	小山工場		33,360	3,360	36,720			
	保土ヶ谷工場		10,800	8,820	19,620			
	計	170.0	44,160	12,180	56,340	87,480.342	67,081.000	16,584
大正2年上	小山工場		33,360	3,360	36,720			
	保土ヶ谷工場		10,800	8,820	19,620			
	計	164.0	44,160	12,180	56,340	79,481.559	82,878.880	15,724
2年下	小山工場		33,360	3,360	36,720	52,621.195		
	保土ヶ谷工場		10,800	8,820	19,620	26,803.225		
	計	170.0	44,160	12,180	56,340	79,424.420	70,644.080	26,640
3年上	小山工場		33,360	3,360	36,720	55,159.195		
	保土ヶ谷工場		10,800	8,820	19,620	23,134.545		
	計	162.5	44,160	12,180	56,340	78,293.740	60,427.000	19,990
3年下	小山工場		33,360	3,360	36,720	48,046.251		
	保土ヶ谷工場		10,800	8,820	19,620	20,144.339		
	計	168.5	44,160	12,180	56,340	68,190.590	59,622.680	9,843
4年上	小山工場		33,360	3,360	36,720	54,066.295		
	保土ヶ谷工場		10,800	8,820	19,620	21,583.765		
	計	164.0	44,160	12,180	56,340	75,650.060	43,339.290	10,392

数は『本邦絹糸紡績史稿本』『絹紡工業会月報』昭和11年9月号による.
期『報告書』. 但し，貫以下切り捨てて表示.

表 4-12　富士紡の絹糸紡績

	工場名	就業日数	機械台数 リング	ミュール	計	生産高：貫 絹糸	紬糸	輸出展綿生産額：貫
明 36 年上	小山工場	164.0	5,100	840	5,940	16,509.001	4,028.780	
36 年下	小山工場	114.0	5,100	840	5,940	9,123.844	2,579.340	
	保土ヶ谷工場	107.0	2,700		2,700	3,754.943		
	計		7,800	840	8,640	12,878.787	2,579.340	
37 年上	小山工場	161.0	7,500		7,500	12,492.246		
	保土ヶ谷工場	159.0	2,700	840	3,540	5,940.660	2,039.035	
	計		10,200	840	11,040	18,432.906	2,039.035	
37 年下	小山工場	168.5	7,500	1,200	8,700	9,128.279	3,151.000	
	保土ヶ谷工場	163.0	2,700	840	3,540	4,651.362	2,985.963	
	計		10,200	2,040	12,240	13,779.641	6,136.963	
38 年上	小山工場	169.0	7,500	1,200	8,700	12,423.086	891.600	
	保土ヶ谷工場	165.0	2,700	840	3,540	5,944.997	2,045.220	
	計		10,200	2,040	12,240	18,368.083	2,936.820	
38 年下	小山工場	170.0	7,500	840	8,340	18,538.729		
	保土ヶ谷工場	168.0	2,700	840	3,540	8,706.710	3.991	
	計		10,200	1,680	11,880	27,245.439	3.991	
39 年上	小山工場	165.0	7,500	840	8,340	19,932.471	2,649.470	
	保土ヶ谷工場	165.0	2,700	840	3,540	9,071.870	5,183.295	
	計		10,200	1,680	11,880	29,004.341	7,832.765	
39 年下	小山工場	169.5	9,900	840	10,740	24,596.888	5,574.000	
	保土ヶ谷工場	168.5	4,200	840	5,040	11,344.285	4,223.580	
	計		14,100	1,680	15,780	35,941.173	9,797.580	
40 年上	小山工場	164.5	9,900	840	10,740	26,543.881	5,185.765	
	保土ヶ谷工場	164.5	4,200	840	5,040	11,091.820	4,191.620	
	計		14,100	1,680	15,780	37,635.701	9,377.385	
40 年下	小山工場	170.0	13,500	2,520	16,020	25,613.229	7,919.910	
	保土ヶ谷工場	168.0	4,200	840	5,040	10,164.070	3,747.300	
	計		17,700	3,360	21,060	35,777.299	11,667.210	
41 年上	小山工場	166.0	13,500	2,520	16,020	32,228.980	13,679.350	
	保土ヶ谷工場	165.0	4,200	840	5,040	8,672.630	2,970.400	
	計		17,700	3,360	21,060	40,901.610	16,649.750	8,297
41 年下	小山工場	170.5	13,500	2,520	16,020	33,030.484	11,460.000	
	保土ヶ谷工場	169.0	4,200	1,820	6,020	10,403.020	6,497.600	
	計		17,700	4,340	22,040	43,433.504	17,957.600	11,132
42 年上	小山工場	165.0	13,500	3,360	16,860	33,191.000	12,774.000	
	保土ヶ谷工場	164.5	10,800	8,820	19,620	20,428.010	27,385.000	
	計		24,300	12,180	36,480	53,619.010	40,159.000	20,712

出所：明治 36 年上期から 43 年上期の数値は『高風院伝記史料』．43 年下期から大正 4 年の工場別錐
注：絹糸輸出額は表出していない．部分的には表 4-13 を参照されたい．輸出展綿の額は富士紡各

富士紡では、大正十二年の数値であるが、本練二二％、半練一三％に対し、関東の伊勢崎で用いられる七分練が六五％と過半を占めていた(45)。

さて、明治三十七年（一九〇四）二月に日露戦争が始まると「絹糸部ハ期初以来縮緬不況ノ為メ機業家中輸出羽二重機業ニ転スルモノ多ク、絹糸原料相場ノ下落ニ係ハラズ時局ノ為メ内地ハ絹布ノ需要少シモ起ラサルヲ以テ専ラ輸出向製糸ニ種々工夫ヲ凝ラシ、追々支那市場ニ販路ヲ拡張シ努メテ時機ニ適スルモノノミヲ紡出シ(46)」たという。清国には販路拡張のため六月に商務係井上篤太郎を、九月にも同じく小林禎三を上海に派遣したが、当時上海は僅少なる編物糸のみで織物糸の需要を見出すことができなかったという(47)。

また一月二十五日には暖房室二階乾燥室階下より失火して乾燥中の絹糸製乾品三二二貫余を焼失し、六三〇七円余の損害を出している（明治三十七年上期富士紡小山工場『営業報告書』）。小山工場では前期から据え付けが進んでいたリング機二四〇〇錘が稼働し、産額も、機械破裂事故で六〇日の休業を余儀なくされた前期に比べれば三七％増の一万二四九二貫となったが、正常運転が行われた前年同期に比べれば七六％にとどまっていた。これは、火災によって夜業の一部休止を余儀なくされたためである。保土ヶ谷工場では就業日数は一五九日と前期の一・四八倍に伸びたが、五月十七日から夜業を廃止したため産額は、五九四〇貫にとどまっている（表4-12）。

三十七年下期に入ると、第一工場よりミュール機三台・一二〇〇錘を移して紬糸生産を強化したが、「絹糸部ハ時局ノ為メ一般ノ需要減少ナシ加フルニ織物税賦課ハ惹テ機業家ノ事業縮小ヲ促シ一層ノ不振ヲ来(48)」したため、国内向けは小口の需要に応じるにとどめ、もっぱら輸出に努めたという。小山工場・保土ヶ谷工場とも一部夜業を休止し、産額は、前者は前期の七三％、後者も七八％に落ち込んでいる。

三十八年に入り、三月下旬頃になると国内需要が回復し、五月から六月に至って日本海海戦の勝利に引き続き講和問題が遡上に上るにつれて需要はさらに沸き立ち、期初に比しても四割五分以上の値上がりを示し、前期在庫分も含めて売り切った。輸出に関しては、アメリカをはじめとし、三月にはインド・ボンベイ向けの見本糸を神戸シェロフ商会に委託し、以来生糸代用としてインド向けの絹糸輸出が増加していった(49)（表4–13）。こうしたなか、前期から続けていた夜業休止は撤廃して八分通りの運転を見るに至り、産額は小山・保土ヶ谷両工場合わせて一万八三六八貫と、三十七年上期水準までようやく回復していった（表4–12）。

2　日露戦後好況（明治三十八年下期から三十九年下期）から恐慌期（明治四十年）へ

日露戦争後の絹紡糸は、富士紡の各期『報告書』に見るように需要を回復し好景気を持続していった。

（三十八年下期）絹糸ハ其製額内地ノ需要ヲモ充タスニ足ラズ常ニ品不足ヲ訴ルニ依リ本期間ニ於テモ好況ヲ維持シ、殊ニ期末ニ在テハ戦勝後ノ内地向織物高見越ヲ以テ益々活況ヲ呈シタリ。翻テ輸出方面ヲ見レバ印度、北米合衆国、英国等ヨリ引続キ多数ノ注文ニ接シ輸出向機糸モ亦前途洋々ノ裡ニ本期ヲ終リタリ

（三十九年上期）前期同様依然好況ヲ維持シ全期ヲ通シテ些少ノ頓挫ヲ来ス事ナク需要日ニ増加スルト共ニ印度、支那ノ輸出注文モ亦極メテ多ク英米両国ノ注文ト相俟テ製品ノ欠乏ヲ来シ未曾有ノ盛況ヲ呈シタリ

（三十九年下期）期間ヲ通シテ明治三十二年来絶ヘテナキ好況ヲ持続シ内地及輸出約定共ニ供給不足ヲ以テ当期ヲ終了セリ

こうした内外の需要増と好景気に応ずるため、明治三十九年、前年注文したリング機八台・二二〇〇錘が小山工場に、同じく五台一五〇〇錘が保土ヶ谷工場に据え付けられ、期末には過半が運転された。さらに三十九年上期には、「紡績絹糸仕上ノ良否ハ斯業進歩ニ多大ノ関係アルヲ以テ新タニ絹糸艶色機一台及乾燥機一台、ラレーボルト商会ヲ経テ独国ハウボルド会社ヘ注文(50)」した。表4–12では、三十九年下期にこうした増錘分が表示されている。産額は、小山工場では三十八年上期一万二千貫台から三十九年上期一万九千貫台、同年下期二万四千貫

台へ、保土ヶ谷工場でも同時期に五九〇〇貫台から九千貫台、一万一千貫台へと著増していった。

ところが、明治四十年一月になると加熱した株式市場は急転して暴落し、「一般経済界ニ多大ノ影響ヲ及ホシ、青票ノ如キ縮緬緯糸専用ノモノ及ヒ紬糸ノ如キハ其売行ヲ減シ、従テ相場モ一割七、八歩方低落セシモ、生糸代用品タル金票・金赤票ノ瓦斯糸ヲ為シタル細筋物ハ四月以降生糸暴騰ニ連レ漸次需要ヲ増加シ、其相場モ一割内外ノ騰貴ヲ来タセリ[51]」という。すなわち、不況下に縮緬の緯糸用や紬糸は売行きを落としたが、生糸代用品としての瓦斯糸の細糸が需要を伸ばしていったというのである。また「輸出向製品ニ至テハ印度、英、米ノ如キ従来ノ仕向地ハ勿論、外国市場絹紡糸好況ノ為メ、伊、仏、瑞、独等ヨリ続々注文ノ照会ニ接シ始メテ世界商品タルノ実ヲ見ルニ至リタルモ前約定品ノ製造荷渡ニ追ハレ居ル際ナルヲ以テ之ニ応スルコト能ハス[52]」という。こうして輸出も好調を維持した。またこの期は、欧洲絹糸紡績の好況と昨年来の養蚕の不作により原料屑物が高騰したが、富士紡では、幸い前年秋冬期に多量の原料屑物を買い入れていたので、こうした原料高の状況に対応することができたという[53]。

こうして全期において昼夜運転をなし、前期中に注文していた紡機や製綿機もほとんど到着して工場の増築工事をなして機械の据え付けを行った（運転開始は次期）。生産額では、小山・保土ヶ谷両工場合計で前期比五%増の三万七六三五貫余を達成している（表4-12）。

四十年下期（六月）に入ると、小山工場では前期に到着していた最新紡機等がすべて据え付けられて三六〇〇錘多い一万三五〇〇錘となった。この期の株式市場は引き続き不振に喘いでいたが、原料に供する春蚕が豊作であったことと生糸価格の高値が続いて機械紡績糸に有利な状況が続いたことから、「丹後向ニ関東向ニ就テモ多大ノ売行アリテ供給ハ常ニ需要ヲ充ス能ハサルノ現象ヲ呈シ[54]」という好況が続いた。

この間六月三十日には絹糸部乾燥室が焼失するという事故が起こり、また七月から九月にかけて激しい水害が小山地方を襲うという事態に見舞われたが、火災後は迅速に復旧工事を施し、水害も直接工場に被災は及ばな

表 4-13　絹糸・展綿輸出高の推移

		アメリカ	インド	イギリス	シナ（紬糸）	イタリア・フランス・オーストリア（展綿）	計
明治 38 年	数量：貫 金額：円	651.800 16,094.000	334.000 9,090.000				985.800 25,184.000
39	数量 金額		3,588.000 93,288.000				3,588.000 93,288.000
40	数量 金額	372.000 11,635.000	6,601.352 186,578.500	236.000 10,228.940			7,209.352 208,442.440
41	数量 金額		17,799.688 421,189.000			16,785.600 215,764.240	34,585.288 636,953.240
42 （11 ヶ月）	数量 金額		21,745.260 465,992.450	132.000 3,005.000		25,971.200 391,249.580	47,848.460 860,247.030
43 年上期	数量 金額		18,989.550 445,860.230	650.760 18,544.050	4,000.000 19,112.000	20,558.000 314,910.000	44,198.310 798,426.280

出所：『高風院伝記史料』所収「絹糸絹綿輸出高年表」より.

かったものの護岸の石垣が崩壊して砂礫が水路を塞いだため、試運転中の紡機の一部を休止して復旧に努めたほか水路の通水措置を素早く講じたため、工場機械はなんとか運転を継続することができた。

しかしながら、夏季の水害は、「七、八、九ノ三ヶ月間ニ渉リ工女ノ退社スル者頻々……其補充意ノ如クナラサリシ為メ精撰工女ノ多数ヲ機械付ニ転科補欠セシメタル結果ハ、爾後未精撰糸ノ始末ニ付キ極力尽瘁セシモ前期末ニ比シ壱千七百参拾七貫八百五拾匁ノ未精撰糸持越品ヲ増加セシメタル[55]」結果となった。こうして精撰工程から機械工程へ工女を補充したが、今度は未精撰糸の増加という悪循環を生んでしまったのである。富士紡では製撰部門の補充のため囚人顧役について静岡監獄に申請し、九月十六日認可されている[56]。

ところが、十月に入るとアメリカ発の恐慌が勃発し、生糸価格の暴落と輸出の減少が起こり、紡績絹糸の価格も十一～十二月には一割五分～二割の低下をみた。和田豊治は、こうした状況に対し、輸出品の製造荷渡しを急ぎ行うとともに、すでに高値で約定してある製品については安値での売約を行って平均して相場を保って荷渡しを行うという工夫を凝らし、在庫品として滞らないように製品を売り捌いた。また七～九月期に、原料屑物は高値を続け、十月以降ようやく二割～二割五分の下落をみた。和田は、こうした状況のなかで、原料高の際には「先安見込みの方針」をとってなるべく買い控えをするなどして原料高騰に対処した[57]。

四十年下期の産額をみると、小山工場では三六〇〇錘の増錘にもかかわらず前期の四％減、錘数が同じ保土ヶ谷工場では八％減と厳しい結果となっている（表4–12）。このように景気低迷と経済恐慌、水害の影響が重なった当期は、和田豊治の巧みな危機回避策にもかかわらず生産増につなげていくことはできなかったのである。ただこうした困難ななか輸出額は、インドを中心として四十年には前年から倍増して七二〇九貫を計上し、産額全体の七・六％を占めている（表4–13）。

明治四十一年に入っても市況は低迷し、生糸価格は下落を続けて大暴落を記録して絹糸紡績も低迷した。六月頃にはようやく恐慌から脱出して需要が回復し、この間原料屑物も激しく下落していたためコスト減につながった。他方輸出はインド方面に需要が喚起されて何とか製品の停滞を見ることはなかった[58]。四十一年上期は、小山工場では火災等の事故も水害による工女不足もなく増錘した機械が昼夜フル回転して、前期比六六一五貫増の三万二千貫台を産出し、全体でも五二〇〇貫余の増加を見ている（表4–12）。

3　明治四十一年下期から第一次世界大戦初期（大正四年上期）

明治四十一年下期になるとようやく恐慌から市況は回復していったが、十一月上旬でも丹後機業は不振に陥って売上の伸びが衰えたが、輸出は好調で出荷に追われ停滞を見ることはなかった。こうしたなか保土ヶ谷工場ではミュール機を九八〇錐増加した。両工場の産額は合計で、絹糸二五〇〇貫余、紬糸一三〇〇貫余の増産を見ている。保土ヶ谷工場ではまた、和田豊治の指導で従来原料のまま輸出されていた工場からでる屑物を展綿に加工する施設を設け、主としてインドへの輸出を図っている。その四十一年の輸出額は前年の四・八倍の三万四五八五貫に達し、インドと並んでイタリア・フランス・オーストリアへの展綿の輸出が大きく伸びていった（表4－13）。展綿とは、屑繭から作る真綿の一種で、絹紡糸の原料となる半製品のことで、ぺニーともいわれた。

ただ明治四十一年には富士紡にとって脅威となる出来事が持ち上がった。綿糸紡績業界の最王手である鐘紡が絹糸紡績界に参入したのである。翌四十二年上期の富士紡小山工場の『営業報告書』には「内地向ノ絹糸ハ新設鐘紡絹糸工場ノ運転錐数増加セラルルニ従ヒ競争売リノ止ムナキ至リ二月以降五月迄ハ略壱割前后ノ下落ヲ見タル」と記されているように、鐘紡の参入による競争激化によって「競争売リ」の廉売を余儀なくされていたのである。鐘紡はさらに四十四年には、三十五年に六社大合同によって成立した絹糸紡績会社を合併して一躍五工場四万四七〇〇錐を有する絹紡糸界の巨頭に躍り出た。こうして四万九三二〇錐を有する富士紡との二社並立時代がその後大正八年まで続くことになる。

さて一般市況は、明治四十二年以降恐慌局面を脱出したものの米価・生糸価の低迷と戦後の増税が重なって、なお不況は長引いていたが、四十三年から四十五年には電気・ガスなど都市経済に関連したエネルギー部門で中間景気が起こって景気は持ち直した。富士紡では、こうしたなか鐘紡に対抗し、内外の需要増に対応するため明治四十二年、保土ヶ谷工場ではリング機六六〇〇錐・ミュール機七〇〇〇錐を増錐し、小山第二工場でも、四十二～四十三年にリング機五四〇〇錐を増錐し、また四十二年には海外に発注した紬糸用のワーピングミル（整台）が設置されている（四十一年下期小山工場『営業報告書』）。

鐘紡が合併によって強大となった明治四十四年下期、富士紡では絹糸部門のさらなる補強を行っている。保土ヶ谷工場を拡張するため擣繭室、瓦斯焼室、仕上室、操車室の増築を神奈川県知事に出願するとともに、小山第二工場の絹糸紡績作業の統一整理と冗費節約のため工場副製部、製綿部、晒練部を保土ヶ谷工場に移転し、そのあとの小山第二工場では、織布部・精紡部の増設が図られ、紡機一万四四六〇錐、織機一六四台を海外に注文し、翌四十五年上期には増設工事を完成している。こうした両工場での増設は、この時期小山第二工場で完成した経緯紡績糸を用いた絹布＝富士絹の生産に当てるための原料絹糸増産の意図も含まれていたことを付言しておこう。

　さて『高風院伝記史料』の第三章「商業上の進運」には、この期の販路の変化について次のように記されている。すなわち日露戦中から明治四十年頃までは関東・関西が半々の割合であったが、四十一年以後は輸出が伸長してきたため、関東四～五割、関西三～四割、輸出が二～三割に変化し、関東では伊勢崎はまったく富士紡製品の独占地となり、足利・東京付近・桐生及東北地方等が順次これに次ぎ、関西では丹後を主として京都及尾州地方が続いているという。

表 4-14　生糸並びに紡績絹糸の平均相場

	生糸現物 貫当：円	紡績絹糸　貫当：円		
		特　梅	鶴	紬糸
明治 36 年上	63.94	32.9	25.9	5.2
下	59.25	31.0	25.8	5.3
37 年上	56.88	32.6	28.5	5.4
下	58.75	30.7	26.5	5.8
38 年上	59.63	29.4	30.4	6.4
下	63.81	35.1	33.1	6.9
39 年上	62.75	39.1	32.5	6.6
下	67.50	40.7	34.0	7.1
40 年上	85.06	43.2	36.0	6.4
下	70.06	43.7	25.3	5.7
41 年上	55.25	38.1	28.5	3.7
下	55.75	32.8	30.0	3.6
42 年上	56.88	33.2	29.0	3.2
下	54.25	29.6	24.8	4.1
43 年上	53.56	29.1	24.5	4.4
大正元年	54.53	29.8	21.3	4.8
2 年	58.28	30.5	23.8	4.4
3 年	54.06	31.0	22.5	4.7

出所：『本邦絹糸紡績史稿本』『絹紡工業会月報』昭和 11 年 9 月号，8・9 頁より作成.
注：生糸現物の値は，原資料の斤単位を貫単位に換算.
大正元～3 年の紡績絹糸の数値は，高値・低値の平均値.

　では明治四十年代から大正初期にかけての絹紡糸の国内需要の実態はどのようなものであったのだろうか。大正元年十一月十四日から『中外商業新報』に連載された「絹糸紡績の研究」という記事には、近時「生糸のみの織物よりも価格廉にして且つ体裁美なる交織物の隆昌を致し、中流乃至中流以下の需要を喚起せり、此結果従来絹織物を用いざりし階級に向かって着々紹介せられ生糸と絹紡糸との組合せ抱合せ交織物の消費活発となり」として、生糸と絹紡糸による交織物の消費拡大傾向が指摘されていた。

ここで絹紡糸の価格動向を確認すると（表4-14）、明治三十六年から大正三年にかけて、上等絹紡糸の「特梅」は、生糸相場が五三～八五円であったのに対し、二九～四三円と約半額で推移し、中等の「鶴」は二一～三三円と約四割、最下等の紬糸は一割未満と低廉であった。こうした低価格を武器に不況下に中下層の需要に応えて絹紡糸は普及していったのであるが、その具体相を地域別に見ておこう。

まず富士紡の最大の得意先と記された群馬県伊勢崎地方は、近世以来、繭から作られた紬糸、熨斗糸、玉糸を原料とした絹織物産地であった。明治二十二年（一八八九）頃から絹紡糸が原料として用いられたが、当初は絹紡糸が従来の糸に比べて細いことから地質が薄くなったり、毛羽立っていることから織子に喜ばれなかったというが、徐々にそうした「欠点」を克服し、利点を生かすことによって普及していったという。

明治三十年代には従来の縞物に加え、糸質が細い絹紡糸を用いた夏物の絣等が増加していったが、それは、絹紡糸が安価なだけでなく、玉糸のように、コシ粉を用いるために損なわれやすくまた虫や黴などを発生しやすいという欠陥がなく、染色を堅牢にしたことから洗濯しても色落ちしない等の長所も持っていたからである。また日露戦後期には銘仙の製織に高機《たかばた》が普及するが、その際考案された「解織物《ほぐしおり》」では、経糸にだけ染色するので、毛羽立っている絹紡糸の使用は、かえって模様を周囲に広げる効果を生み、経糸と緯糸を故意にずらして色の境界をぼかしてやわらかい風合いを醸し出す銘仙の製織に適していた。こうして絹紡糸は、女性のふだん着やおしゃれ着として人気があった伊勢崎銘仙に多く用いられ、その原料に占める絹紡糸の割合は、明治二十四年三二・五％から三十九年には六六・五％に増加していった(59)。そのなかで明治四十年代には「伊勢崎はまったく当社製品の独占地となり」と言わしめるほど富士紡の絹紡糸が進出していったのである。

栃木県足利地方では、明治四十年（一九〇七）頃から櫛織系統に絹紡糸が使用され始め、瓦斯糸を用いた節織の経の縞に用いられた。それが各種の銘仙系に及び、大正二年頃から本節に使用されるようになったという。銘仙系の織物は明治四十四年頃から著しい勢いを示し、大正四年には百万点を突破し、純絹織物のほとんど全部乃至九割以上を占めるに至ったという[60]。西陣振興会が大正三年に刊行した『関東の機業　関東機業地視察報告書』では足柄地方の絹紡績糸の項で「現今に於ては富士紡績、鐘淵紡績等の製品多く用いられつゝあるが常に供給不足の傾向にあり[61]」と記されている。これに対し桐生では、後述するように絹紡糸を用いた絹布製造には先鞭をつけるが、明治末から大正期にかけて絹紡糸は桐生紬の一部に使用されるにすぎず、その消費量は多くはなかった[62]。

また東京府青梅地方でも明治四十年頃から、紡績綿糸と岡崎のガラ紡糸を交織した布団地が製織されたが、大正三年からガラ紡糸に代わって富士紡の絹紡糸、特に紬糸が用いられるようになっていったという[63]。

関西方面では、京都西陣で明治四十年頃から御召とビロードへの絹紡糸の使用が盛んになった。その基礎となったのは、絹紡糸を伸強加工して生糸の代用品として使用できる技術が開発されたことである。いわゆる絹紡御召には、帯地や繻子の耳糸等に使われ、大手の絹糸紡績会社と当時市場参入してきた鐘紡によって主として賄われたが、明治四十一～四十四年頃に全盛期を迎えてから数年後には立正御召（経糸が生糸、緯糸が絹紡糸）が盛んとなり、大正六、七年頃からは緯糸に二子糸が用いられるようになり、絹紡緯糸は中絶することとなったという。ビロードも四十年頃全盛期を迎え、大正中期には滋賀県の長浜地方が参入し、後期にはすっかり長浜へ移ったという。絹紡御召の全盛期には、一部富士紡にまで注文が行ったようであるが、京都に多くの工場を持つ絹糸紡績会社や鐘紡が主たる注文先であった[64]。

丹後地方においては、紡績絹糸を緯糸に用いた絹紡縮緬が生産され、明治三十六年（一九〇三）頃においてその原料糸には、富士紡のものも用いられたが、「尤モ多ク使用スルハ京都第一、第二ノ絹糸紡績ト南海、次ニ岡山ノ特許紡等[65]」であった。明治末から大正初期にかけては、品質良好であっても高価なものは歓迎されず、たとえ耐久力に欠けるとも外観において著しい差異がなければ安いものを選ぶ傾向が盛んであるとし、明治四十三年から大正二年において縮緬の産額は二割増したなかで、経緯共生糸を用いた本縮緬は漸次減少し、玉糸や絹紡糸を用いたものが増加し、特に絹紡糸中最劣等な紬糸が著増していった。いま丹後の機業家に絹紡糸を供給する五商店について、大正二年の一年間に鐘紡と富士紡の製品を取り扱った額を比較すると、鐘紡製品二百三、四十万円に対し、富士紡製品は百余万円と、約四割強であった[66]。

そのほか愛知、静岡、三重、岐阜の各県では、「紡績絹糸ハ、京都絹糸紡績会社又ハ富士紡績会社ノ製品、……紬糸ハ飛騨、岡山産竝ニ富士紡績会社ノ製品……中糸及本国糸ハ三重、合同、富士、尼ヶ崎等ノ各会社ノ製品……瓦斯糸ハ日本、東京、富士ノ各紡績会社製品」[67]が使用された。その中でも岐阜一宮地方は、瓦斯糸を用いた高級綿布産地として知られていたが、経緯に高番手の綿糸瓦斯糸を用い、縞糸に絹紡糸が用いられ、大正期には紬糸も使用された。その仕入れ先としては岡山、郡山、和歌山の次に富士紡が位置していた[68]。

以上みてきたように、明治四十年代以降各織物産地で絹紡糸は確実に需要を増大し、富士紡の製品も各地で用いられていったのである。産額の推移を負うと（表4-12）、絹糸は、明治四十一年下期四万三四三三貫、四十三年下期五万七九八四貫、四十五年下期には八万七四八〇貫と、この期の設備拡大に応じて上昇し、その後大正三年上期まで七万八千～七万九千貫台を維持し、同年下期には大戦期の市場混乱で六万八千貫台に落ちるも四年上期には七万五千貫台に回復するという経緯を示している。同じく紬糸は、明治四十一年下期一万七九五七貫から四十三年下期五万三五三五貫、大正二年上期には八万二八七八貫まで上昇し、以後三年上期の六万四二七貫へ漸減し、大戦勃発期の三年下期から同四年上期には五万九千～四万三千貫台まで落ち込んでいる。

輸出額の推移を負うと（表4-13）、明治四十一年三万四五八五貫から四十二年には四万七八四八貫（一一ヶ月勘定）、四十三年は上期だけで四万四一九八貫に達している。内訳は、インド向け絹糸輸出とイタリア・フランス・オーストリアなどヨーロッパ向けの展綿輸出が、およそ過半ずつを占めていた。四十三年下期には「輸出向絹糸ハ当会社カ数年来率先着手セシニ漸次需要地ノ信用ヲ博シ、本年ハ上下両半期ヲ通シテ遂ニ百万円ノ輸出ヲ見ルノ盛況ニ達シタリ」[69]というように大きく伸びていた。

ここで日露戦後から大正初期の業況を営業報告書の記述から確認すると、国内市場については「内地向ハ生糸安ノ為活躍ヲ見ル克ハズ」（四十二年下期）、「二、三月ノ交ヨリ生糸相場ノ漸落ニツレ……丹後市場不況ニ陥リシモ、其他ハ強固ノ商状ヲ維持」（四十四年上期）、「期初以来生糸相場ノ漸落ニツレテ商状兎角面白カラズ、九月中旬……未タ活況ヲ見ルニ至ラザリキ」（四十四年下期）、「前期末ヨリ依然トシテ保合ノ商状ナリシガ……、初秋以来生糸ノ漸落、内地織物界不振ノ影響ヲ承ケ商状稍軟弱ニ陥リ」（大正二年下期）等の表現が多く確認できる。[70] すなわち、日露戦後は、生糸価格の長期低迷と絹織物業界の不振という状況下にあったが、絹糸紡績業はそうした状況下だからこそ、圧倒的な価格優位と品質改良を武器に、生糸代替物として中層以下の消費者ニーズの拡大を捉えて各織物産地への浸透を図っていったといえよう。

これに対し、輸出向け絹糸は、前述の明治四十三年下期の場合だけでなく、富士紡営業報告書には「輸出向ハ前期ニ於テ先約定ヲナシアリタルト英国ヨリノ需要激増」（四十四年下期）、「輸出向中欧洲筋ハ前期来依然需用盛ニシテ未曾有ノ商談整ヒタルガ印度ハ……取引稍減退気味アリシモ概シテ前途好望ノ裡ニ当期ヲ了リタリ」（大正二年下期）というようにほぼ全般にわたって好調であったことが看取できる。輸出額の推移は、展綿の額しか判明せず、明治四十三年下期から大正三年下期までの各期平均額を見ると、明治四十三年の二万貫の水準ほどではないが、一万五二七〇貫を維持している（表4-12）。輸出絹糸に関しては、大正三年上期の小山工場の事例であるが、「前年ト大差ナク、インド向一万三六六七貫、欧米九七四一貫余（展綿であろう―引用者）ニシテ、而カモ前期末漸ク曙光ヲ認メタル米国向ハ其倍額即チ二万封度ニ達シ漸次増進ノ趨勢ヲ示セリ、而シテ内地モ一般機業ノ不振ナルニ不拘需要更ニ衰フルコトナク常ニ供給ニ追ハレ期末何等ノ停滞品ナク」[71] という状況であった。

また欧洲大戦の影響さめやらない大正四年上期においては、「戦乱ノ為欧米向輸出ハ殆ンド前期ノ三割ニ減シタルモ印度向ハ変ナク内地向ニ至リテハ生糸ノ依然不振ナルニ反シ本練、半練共、東西売行ノ旺盛ナル市価ノ奔騰ニ不拘倉庫内常ニ払底勝ニシテ正ニ之レ需要ノ変遷絹紡ノ真価周知ノ兆トミルベク只管品質優良ニ腐心シツツ好望ナル来期ヲ迎ヘタリ」[72] と記している。このように、時に国内市場と輸出は補い合い、また輸出も仕向け先で補い合いながら紡績絹糸はその販路を伸ばしていったといえるだろう。

以上みてきたように日露戦後から第一次大戦初期にかけて富士紡の絹糸紡績は発展したが、それは次のような技術的改良によって支えられていた。一つには、新たな原料精錬法の開発である。従来原料の屑物は特別の注意も払わず火熱あるいは太陽熱で乾燥されていたが、蛹脂肪の浸潤やゴミの汚染を免れず、雨天が続く折には赭色《そほ》の焼が生じがちであった。また固着している絹繊維を分解するのに多量の薬品と長時間の手数を要し、晒練の際に繊維を短小にして歩留まりを減少させ、セリシンの欠乏または凝着のために著しく製品の絹紡糸の品位に悪影響を及ぼしていた(73)。明治四十二年には鐘紡の絹糸業界への参入によって、いよいよその脅威が増しつつあったが、和田豊治は、生精錬の方法を井上篤太郎に示唆し、井上は幾度の実験を行って、乾燥前に生屑物のまま適当な処理を施す精錬法を開発し、明治四十二年十月、井上篤太郎・持田巽の名義で特許権を獲得した。

この精錬法の利点は、第一に、原料を精乾する手段を省いて直ちに蛹その他の夾雑物を除くために、原料の油焼けの懸念もなく、傷も付かないため、時間短縮と精錬剤の節約、すなわち経費と労力を節減し、さらに品質向上に資することができた点である。第二に、従来の絹紡糸は、丹後などで縮緬にする場合に、生糸よりセシリンが少ないため撚りを強くする必要が生じ、その結果布の触感が悪くなる欠点があったが、生精錬の場合にはセシリンが多く残るためにこうした品質上の弊害が除去された点である(74)。

その後富士紡では巡回技師を派遣したり、仲買人を介したりしてこの精錬法の普及を促進していった。その結果、福島・長野・静岡・滋賀等の諸県で生精錬所が誕生し、半製品の展綿（ペニー）の製造が活発となり、大戦期には輸出も旺盛に行われた。滋賀県彦根町で、大正六年に設立された近江絹綿株式会社（後の近江絹糸株式会社）も、創立当初からペニー製造の技術責任者を富士紡から招き入れている(75)。

いま一つ和田豊治が行った改良は、絹紡糸輸出の荷造り法を、従来のように普通の生糸または綿糸と同じ方法ではなく、最大市場であるインドにおいて行われているイタリアの荷造り法に倣うこととし、イタリアより見本を取り寄せて研究し、インドへの輸出を促進することに寄与した点である。[76]

さらに第二工場では、明治四十四年一月、「小山第二工場改良卑見」と題して工場運営全般に関する改革案が提起された。[77] この案の提出者は「第二工場　瀧野平兵衛」とだけ記され役職名は判明しないが、工場内への漏洩を防ぐため主任技師を経ず和田専務に直接書面で提出していることから工場経営全般に精通した技師相当の人物と想定できる。その内容のうち労務管理を除く箇所を要約すると、次のようである。

一、光沢・糸質・感触といった絹糸の品質に関係する晒錬時の水質に関し、現在は硬度が高すぎて適性を欠き、また雨天時の濁水防止のためにも施設を改善して水質の軟化を図るべきである。

二、原料繭購入時に歩留まりだけでなく経費も算定してより優等品を効率よく購入すべきである。

三、仕上科の人員を減少させ原料並びに精乾綿の手入れに充当して糸の紊乱を防ぐべし。

四、購入した原料の各種別に歩留まりの試験調査をすることは極めて煩雑なので、混綿して晒練並びに製綿を行い、経費・労力の節約と品質の統一を図るべきである。

五、毎月各科が人員・工賃・諸費・産額を調査して前年と比較して経費節減を図っているが、調査員を増やすなどして鞭撻指導を強化すべきである。

六、紡出する絹糸の種類が少量で多種に及んでおり、工程が煩雑で経費が嵩み、操業に熟練を欠いて品質が劣化するため、種類を絞って生産すべきである。

七、各部門の技師や担任者を他工場に派遣して操業の状態、機械運転・保全の良否、工賃や経費の割合、産額の多少、品質の優劣等を比較検討させて生産の向上を図るべきである。

八、工務部に作業検査係を置き、粗悪品の検査を拡張し、また各工場の産額・工費・使用人員等を毎月報告させて審査し、作業の当否を検討して製品の改良を図るべきである。

これを見ると、富士紡では工場で毎月各科で人員・諸費・産額を調査して経費削減を図っていることがわかるが、この時期工場内部で、開発した原料精錬法に係わる工程についても原料の選定法や人員の配置、検査法の充実など、いっそうの改善を志向していたのである。

これらの改善策が具体的にどの程度実現されたのかは史料的に確認できないが、大正二年（一九一三）下期には、各工場で産出される屑綿・屑糸を用いた屑糸紡績施設を第四工場に増設して、従来廃棄されていた工場から出る廃物さえ活用できる体制を整えている。こうした絹糸紡績に係わる技術改良と廃物利用の努力がこの期の生産のいっそうの効率化と輸出増を支えていたのである。

そして大正二年八月に本店工務部に新設された「紡織部」には、右の改善策をはじめこれまで見てきた各工場でのさまざまな職場改善の実践が反映して、次のような事項が集中的に調査検討されることとなった[78]。

一、事業拡張並びに重要施設に関する工事の設計
二、製品の改良に関して需要品の現状とその優劣比較調査
三、技術上に関する外国図書・雑誌類の調査
四、作業場の監督に関する事項
五、蒸気・瓦斯発生装置、通風・暖房、給湿装置、その作業監督に関する事項
六、原料の調合及び紡出番手切替えに関する事項
七、所属職工の配置、昇給または請負に関する事項
八、消防設備並びに演習検査に関する事項
九、内外各般の発明特許等に関する事項

こうして各工場での生産向上・職場改善の取り組みが本店で集約調査、研究されて、その成果が現場工場にフィードバックされて実のある改革が積み上げられていったといえよう。

四　絹布製造業

先にみたように日露戦後期に絹紡糸はいよいよ販路を拡大して伊勢崎銘仙や丹後縮緬の緯糸等に供されたが、西陣の御召など一部を除いて概して下等副蚕糸を用いた下等品に属するものが多く、福井・石川等の絹織物の大消費地にはいまだほとんど用いられず、そこでは羽二重が、一大輸出絹織物として隆盛を見ていた。

こうしたなか、紡績絹糸を用いた絹布製織の試みは、早くも明治二十四、五年（一八九一、二）頃、桐生の石井濤吉が、原料糸を東京の糸商から取り寄せて絹紡服地（ポプリン）を製織し、インド方面に輸出し相当の売行きを示していたという(79)。三十一年には英国製絹糸紡績糸の織物にヒントを得て、フランスから取り寄せた紡績絹糸を緯糸に生糸を経糸に用いた二七インチ幅の絹紡羽二重を創製し、さらに精錬法並びに加工法に研鑽を積んで光沢ある絹紡糸製織に成功して、三井、野沢組を通して豪州方面に輸出を試みたという。

和田豊治は、こうした絹紡羽二重に注目し、それを大量に生産することを目指し、桐生の石井濤吉の工場を見学するとともに、明治三十四年から三十六年にかけて羽二重の本場福井に出張し、友人の松井文太郎の工場を視察し、技師を派遣して絹紡羽二重について研究させた。さらに福井の屑糸を利用して細デニールの紡績絹糸の製造を試みたり、輸出織物に応用すべく考案された原料を松井の工場に送って試験研究を行ったりした。他方、三十六、七年には、合併した日本絹綿会社の保土ヶ谷工場の旧展綿の織機を小山に移して、日本絹綿時代に試みられていたという絹小倉を製織したり、下等糸でさまざまなものを織らせるなどして工女を織布に馴らせ、細番手単糸の絹紡緯糸と生糸経糸を用いた絹紡羽二重の製織の準備を整えた。

明治三十八年（一九〇五）には、小山鶴二技師を福井県立工業試験場に派遣して、小山第二工場で製紡した英百五十番という細糸単糸を緯糸とした平羽二重を試織させ、さらに桐生の織物学校で瓦斯焼きし、桐生の工場で精錬したものを横浜の高島屋に送った。すると、良好な評価を得て、これなら輸出も見込みがあるということで、明治四十年上期、小山第二工場の一部に機場を設け、当時珍しい国産の鉄製織機一九台を大阪の木本鉄工所に、また「前程諸機械」・仕上機・瓦斯機等を海外に注文し、[80]明治四十一年四月から運転を開始し、同年十一月には三井物産から羽二重百疋の注文を受けている。[81]しかしながらいざ輸出してみると、アメリカ市場では意外な不評で、わずか数ヶ月で製織は中止された。

このような絹紡羽二重は、丹後地方でも明治三十五、六年の不況時に縮緬の売れ行き低下の対策として考案され、ジャーディン・マセソン商会等から注文を受けて、南米、特にアルゼンチンへ輸出され、「軽目物」については金沢方面からも注文されたという。しかし、この輸出も約三年で沙汰やみとなったという。また京都でも明治三十四、五年頃、三越のアドバイスによって京都織物会社において富士紡の単糸紡績糸を使用したモスリンの代用品が製織され、「都絹」として売り出された。この都絹は絹糸紡績会社の郡山工場でも絹モスリンとして若干製織されたが、結局両者とも毛羽立の感触や光沢に劣る染色の難点を克服できずして商品としてはものにならなかったという。

さて富士紡では絹紡羽二重の輸出が一頓挫をきたしたが、折しも三十七年からインド方面を視察して帰国した井上篤太郎から、インドには支那から紡綢（ポンジー）と称する絹紡織物と思われるものが輸入されているとの報告を受け、これにヒントを得て、経緯とも絹紡糸からなる織物を試織することとなった。

まずインドに輸出していた絹紡糸を原糸として試織したが、出来上がった製品は純白でなく、また精錬乾燥時に緯糸が収縮して厚地となり光沢もまた芳しくなかった。そこで乾燥工程に工夫を凝らすなどしてようやく、縦糸に仏番二八〇号・緯糸に仏番二一〇号を用いた「モスリン」まがいの織物五号、さらに一〇号、そして英一三〇号を用いた織物九号を製織した。こうしてできあがった製品は、インド・横浜・国内各地へ売り出したが、これも不評で、京都の高田合資会社なども、種々苦心して友禅生地として使用したが染色が面倒であり加工も至難で思うようにいかなかったという。こうして工場には在庫が積み増した。製織にあたっていた井上・小山両氏もさすがに減産を申し出たが、和田はこれを認めず、在庫増を気にせず増産に取り組むことを命じたという。

　明治四十二年（一九〇九）上期になると「機織科ノ作用ニ付テハ遅々甚ダ振ハザリシモ稍ク紡綢（夏用の薄い平絹）ニ付テ好評ヲ博スルニ至リ、輸出向・内地向共相応ノ約定品ヲ握リテ本季ヲ送リタリ」[82]というように、ようやく商品化の希望の曙光がさしてきた。その産額は、一万三二三二ヤード（五二五八点）、前期比九五〇一ヤード・四一七四点の増加であった。こうした新絹布製品の向上を支えたのは、前述したような四十二年に至って完成した生精錬法による原料絹糸の品質向上であった。

　それでは、その後富士紡の製品は、どのように市場に広まっていったのだろうか。明治四十三年に至り白木屋に裏地として用いられ、大和屋シャツ店に大和パッチと称する新製品として登場し、絹シャツとして横浜から輸出されるようになった。ここに和田豊治は、この新製品を「富士絹」と命名し、四十三年七月三十日、第四二四一〇号を以て登録した。

　さらに明治末から大正初期にかけて、京都の丸紅と戸村商店では富士絹四百疋を染めて、塚本商店・村田商店・山田商店等へ売りさばいたという。丸紅では、二等品を東洋絹と名付けて友禅を見本的に染めてみたが、これは成功しなかったという。また三越では三越絹一〇号として一丈（据廻し―八掛）に切って売ったようで、また風呂敷に染めて百円以上買い物をした者に贈ったりして活用した。山田商店でもその後八掛・裏地・友禅等に用いていったという。

　こうして富士絹は、国内向けとしてはモスリン代用の捺染着尺、八掛、裏地、パッチ等に、輸出向けとしては羽二重代用、シャツ等として、後には第一次世界大戦の際には軍需品としても需要を獲得するようになったという。また「明治四十三年末より、富士瓦斯紡績会社に於て盛んに製織し、高田合名会社、山田長左衛氏、外村商店、小林合資会社、丸紅・伊藤忠兵衛氏、大和屋シャツ店等と特約して売り出したる富士絹及東洋絹と称するものは、経緯糸共雙合し紡績絹糸を用ひて製造し、少しも糊気なき純粋のものなるを以て、……その後美と耐久力と及《ママ》価格のモスリンと大差なきを以て近来著しく増加して、年額五、六十万円の消費をみるに至れり(83)」と評されている。

大正元年（一九一二）十一月十四日から二十四日にかけて『中外商業新報』に連載された「絹糸紡績の研究」なる記事によれば、「富士絹に対する世評を聞くに大体次の数点を特色として歓迎せるに似たり」として、次の四点を挙げている。一、割安にして高尚優美、二、生地強靭にして徳用、三、染付良好にして光沢あり、四、用途広範にして優等品の代用品たり得る素質あり、例えば友禅、帯地、上等裏地に供せらるるが如し。ここで言う「割安」という評価に関しても同記事は、富士絹と競争関係にある羽二重と比べて、二四巾一三匁附の羽二重相場は十月下旬において一疋四九円九〇銭、すなわち一ヤード一円見当を示しているが、幅員がこれに対応する富士絹（二九寸幅）の場合は（記事では絹紡羽二重と書いてあるが、他の箇所で富士絹の相場をこれと同じに記しているので、ここではそれを引用した）一ヤード五〇銭内外で、約半額であると指摘している。

このような富士絹の普及状況に対応して、富士紡では、富士絹増産体制に対応する意図も込めて、明治四十四年下期、保土ヶ谷工場を拡張して、小山第二工場の工場副製部、製綿部、晒練部を保土ヶ谷工場に移転し、それに代わるものとして織布部・精紡部の増設が図られ、期初紡機一万四四六〇錘、織機一六四台を海外に注文し(84)、翌四十五年上期の富士紡『報告書』には小山第二工場及び保土ヶ谷工場拡張工事が完成して著しく増産が成ったと記されている。しかし、大正三年の『報告書』には小山第二工場の絹織機増設に関して「数年来絹糸紡績工場内ニ四十余台ノ絹織機ヲ備ヱ付ケ」とあることから、明治四十四年に輸入されて据付けられた一六四台は保土ヶ谷工場に設置されたものと思われる。

そして大正三年（一九一四）上期には、さらに小山第二工場に二二六台を増設している。これは、大正元年、和田が欧州視察に際して、十月二十六日、リバプールのマザープラット社を訪れ、押上工場の仕上げ機械とともにに小山第二工場付属漂白仕上部の機械数種について据付図面及び見積書を依頼して協議の上購入したものであり、さらに漂白仕上げの技術に熟練したウード氏なる技術者を富士紡に招聘することを約している[85]。もちろんこの時の第二工場の動力は電化されている。こうして最新鋭の絹布織機と技術者をイギリス・マザープラット社から導入することによって絹布の増産と品質改善を図っていったのである。

富士絹の品質に関しては、昭和二年（一九二七）七月二十九日付の日本紡織通信の『富士紡内地宣伝号』において「現在では、八掛、裏地、友禅等にせられモスより為《ママ》がよく、着こなしが良く、光沢があって優美で値も安いので好評を博している[86]」と記されているという。もとより富士絹宣伝のための言辞であるから額面通りには受け取れないが、絹糸紡績における瓦斯焼並びに仕上げ工程の技術改良、織布工程における右に見たような最新機械と熟練技術者の指導によって品質も改善されていったことが窺える。

表 4-15　絹布生産の推移

	絹布生産高：ヤード	営業日数
明治 43 年下期	52,124.500	171
44 年上	95,040.500	164
44 年下	55,036.112	112
45 年上	76,294.300	131
45 年下	158,381.000	159
大正 2 年上	160,058.000	153
2 年下	170,266.000	159
3 年上	181,873.000	152
3 年下	491,781.000	154
4 年上	615,929.000	153

出所：『本邦絹糸紡績史稿本』，『絹紡工業会月報』昭和 11 年 1 月号.

表4-15を見ると、富士紡による富士絹の産額は、明治四十四年下期五万五千ヤード台から四十五年下期には一五万八千ヤード台、さらに大正三年下期には四九万一千ヤード台へと著増している。そしてこうした紡績絹糸を用いた経緯糸の絹織物の機械製織による大量生産の成功経験が、先にみたような大正期に入ってからの細糸綿紡績糸による綿布生産への進出を促していったものと推測できる。両者とも細番手の原料糸は、隣接する自社の紡績工場から直接供給できるメリットを最大限活かしたものであった。

この間、桐生では、日本絹綿や富士紡が試みた絹小倉を前述の石井濤吉や西尾末雄が明治四十～四十一年頃に製織しており、西尾はさらに経緯絹紡糸の織布研究に没頭し、明治四十一年以降鐘紡の絹紡糸を主として用い、その組織を変えて製織した。富士絹が経緯糸ともに双糸を用いて厚地に仕上がるのに対し、西尾が製織した絹布は富士絹と組織を異にし、緯糸に単糸を用いて薄地に仕上がって絹としての味わいを残す故に、「不二絹」と命名された。不二絹は、大正二〜四年頃、西尾が組織した輸出専門の製織会社・三一商会から売り出された。西尾は、その後豪州方面に毎月約千疋の輸出を行ったという。また品質改善に努めるとともに南洋方面に市場調査を行って販路拡張に努力したという。

さてその後の富士絹は、大正四年頃までは富士紡を中心に産額を伸ばしていったが、その頃、富士紡では自社工場だけでは製品が不足するので紡績糸を供給して上州、川俣、福井方面の工場で試織させたところ、桐生の西尾の製品が合格した。そこで桐生における富士絹の生産が活性化し、その産額も大正五年に急増した。西尾は、富士紡からの依頼にこたえるため桐生より工賃の安い福井や大野、さらに京都にある加賀織物会社の休止中のモスリン工場などでも富士絹の生産を行った。これが縁で、大正七年には三一商会と加賀織物会社が母体となって富士絹生産を主力とする日本絹織株式会社が設立された。

福井地方でも大正六年から富士絹の生産が開始され、十二年頃から本格化していったという。鐘紡でも大正七年から富士絹生産を始めている。こうして富士絹の産額は、大正元年八一一四疋から同五年五万一二疋、十一年には一四万六九六五疋へと増大し、輸出も大正五年時点で約六割に及んでいる[87]。

こうして和田豊治が先導して開発・商品化した富士絹は、単にニッチな市場を探し当てて生産したというよりも新たな市場を開拓・創造し、新産業の分野を切り開いていく役割を果したといえるだろう。

注

（1）前掲『和田豊治伝』一四四〜一四七頁。前掲『五十年史』八四〜八五頁。
（2）絹川太一「尼ヶ崎紡績」『本邦綿糸紡績史』第四巻第四章、日本綿業倶楽部、昭和十四年（一九三九）。

（3）村上勝彦「日本資本主義による朝鮮綿業の再編成」『日本帝国主義と東アジア』小島麗逸編、アジア経済研究所、昭和五十四年（一九七九）、一一九～一二〇頁。

（4）「富士紡績株式会社沿革成績」『明治三十八年度官衙達及諸願届書類綴』（小山工場史料）所収。以下の撚糸四二番手の「紫富士」、瓦斯糸六〇番手・八〇番手に関する記述も、同史料に依っている。

（5）富士紡明治三十六年上期『報告書』。後述の六〇番手の需要増にともなう増産状況についても同史料による。

（6）三田商事研究会編『慶應義塾出身名流列伝』実業之友社、明治四十二年（一九〇九）、一四三・一四四頁。

（7）こうした和田豊治の見解は、明治三十七年一月三日『時事新報』上に掲載された。『大日本紡績連合会月報』第百三十七号、明治三十七年一月号では、和田の主張とともに武藤山治の反論を紹介している。武藤は、原料棉花を有するインドや清国がかえって紡績業で窮状に瀕しており、問題は原料棉花が自国産か否かではなく、その運賃如何によるのであり、日本の綿業も決して和田の言うように前途が暗いものではないと論難している。両者の論争にここで深入りはしないが、形式論理では武藤に説得力があるが、両者の考えの違いは、原料を自国に持たないことに対する危機意識の深刻さの違いが反映されたものと思われる。

（8）「富士紡の美事」『静岡民友新聞』明治三十七年三月十二日。

（9）明治三十七年上期富士紡『報告書』。

（10）明治三十七年下期富士紡『報告書』。

（11）明治三十八年上期富士紡『報告書』。

（12）高等商業学校『明治三十三年夏季修学旅行両毛地方機織業調査報告書』、明治文献資料刊行会『明治前期産業発達史資料』別冊（50）Ⅳ、昭和四十四年（一九七一）七七頁。

（13）西陣振興会『関東の機業』大正三年（一九一四）十月刊、五〇頁。

（14）村井弥兵衛は岩手県の豪商で盛岡銀行頭取も務めたが、明治四十年時、日清紡績の株式二〇〇〇株、富士紡の株式八三〇株を有しており（鈴木恒夫他「明治四十年時における綿糸紡績会社株主名簿の分析」『学習院大学　経済論叢』第四一巻第三号、平成十六年［二〇〇四年］）、両社に関係の深い日比谷平左衛門の関係者と推測される。

（15）明治三十八年下期富士紡『報告書』。

（16）宇野利右衛門『輪具精紡機』紡織叢書第六編、工業教育会、明治四十五年（一九一二）、一頁。同書では、近年のリング機では高品質の細糸を紡出するために、牽伸（粗糸を引き延ばして細くする作業）の際、一本の粗糸で行う（シングルリングという）二〇番手以下の太糸の場合と異なり、二本で行うダブルリング方式をとっていること、また糸の「強力」を増すためには細糸は太糸より多く撚をかける必要があるが、エジプト棉や米棉など長い繊維は支那棉・インド棉のような短繊維のものより少ない撚で済ませられること、さらに高番手・細糸を扱うリングは直径の小さいものを用いることを指摘している。また電動式のリング精紡機では紡錘速度の調製装置によって常に一定の張力を保って紡出することが可能となり、生産額の増加をもたらすことが強調されている。この点にも電気動力の優位性が現れていたといえよう。

（17）明治四十年下半期富士紡小山工場『営業報告書』。

（18）庄司乙吉『紡績操業短縮史』日本綿業倶楽部、昭和五年。以下操業短縮等に関する記述は、断らない限り本書による。

（19）明治四十二年上期富士紡『報告書』。

（20）前掲、『紡績操業短縮史』一七四〜一七六頁。

（21）以上の経過については、同前書、一七七〜一八九頁。

（22）明治四十四年上期富士紡『報告書』。

（23）前掲、『紡績操業短縮史』一九五〜二二一頁。

（24）高村直助は、一九〇八年（明治四十一）以降の不況過程において、六大紡績各社が、他社が独占的に掌握していた特定製品分野へ進出するという形で多角化が進展し、各分野をめぐって相互の競争が激化したことを指摘している（前掲、『日本紡績業史序説』下、一九〇〜一九一頁）。また同氏の分析によれば、尼ヶ崎紡績が独占的地位を占めていた四二番手撚糸分野においても、明治四十年代になると鐘紡や富士紡などの巨大企業が進出して競争が激化し、尼ヶ崎紡の比率も低下する。そして四十三年十月から二〇番手以上の操短免除規定が撤廃されると、尼ヶ崎紡績は輸出奨励金に助けられて輸出に邁進し、さらに四十二年からは兼営綿布生産を開始する。そして全体として四二番手の比重を減らし太糸から細糸まで含む多様な製品を扱うようになっていった（同氏前掲「第四章　尼ヶ崎紡績」）。まことに富士紡もほぼ同様の生産傾向をとっていることが判明する。本書では、その要因の一つが、操短の二〇番手以上の免除規定にあり、その有利な分野を目指して従来低番手分野で独占的地位を誇っていた鐘紡等が進出を試みたものとして、その過程を富士紡の事例をもとに描いたものである。

（25）明治四十五年（大正元年）下期富士紡『報告書』。

（26）以上の引用は、大正二年上期並びに下期富士紡『報告書』。

（27）前掲、『紡績操業短縮史』二七六頁。

(28) 明治三十六年下期富士紡『報告書』。
(29) 昭和三十九年上期は運転台数、生産高ともに減少している。富士紡『報告書』等の史料では、その原因は明記されていないが、明治三十九年には、七〜九月に東京に暴風大雨が発生しており(『東京市史稿変災篇』等)、そのことが一因であると推測される。
(30) 高村直助「京城出張所の綿布販売」『変革期の商人資本―近江商人丁吟の研究―』第八章、吉川弘文館、昭和五十九年(一九八四)。また前掲、杉山和雄「明治期後発大紡績企業の資金調達」(二)『金融経済』一九七〇年十月、六一頁も参照。
(31) 同前書、四七五頁。
(32) 「商業上ノ進運」『高風院伝記史料』第三章の記述による。
(33) 前掲『五十年史』一五四頁。
(34) 同前書、一五五頁。
(35) 大正三年上期富士紡小山工場『営業報告書』。
(36) 大正四年上期富士紡小山工場『営業報告書』。
(37) 大正五年上期富士紡小山工場『営業報告書』。
(38) 明治三十五年下期の富士紡『報告書』によれば、同期末の絹糸生産高は一万四五八九貫、紬糸は三〇八五貫であった。
(39) 明治三十六年上期富士紡『報告書』。
(40) 「商業上ノ進運」『高風院伝記史料』第三章による。
(41) 明治三十六年上期富士紡『報告書』。
(42) 明治三十六年下期富士紡『報告書』。
(43) 前掲「商業上ノ進運」『高風院伝記史料』第三章。
(44) 日本紡績通信社『本邦絹糸紡績事情』大正十三年(一九二四)、二四〜三一頁。
(45) 同前書、一七九頁。
(46) 明治三十七年上期富士紡小山工場『営業報告書』。
(47) 前掲「商業上ノ進運」『高風院伝記史料』第三章。
(48) 明治三十七年下期富士紡小山工場『営業報告書』。
(49) 前掲「商業上ノ進運」『高風院伝記史料』第三章。

(50) 明治三十九年上期富士紡『報告書』。
(51) 明治四十年上期富士紡小山工場『営業報告書』。
(52) 同前史料。
(53) 同前史料。
(54) 以下の記述とも明治四十年下期富士紡小山工場『営業報告書』。
(55) 同前史料。
(56) 同前史料。
(57) 同前史料。
(58) 明治四十一年上期富士紡『報告書』。
(59) 松嵜久美『地域経済の形成と発展の原理　伊勢崎織物業史における資本原理と地域原理』CAP出版、平成十三年（二〇〇一年）、五六～六二頁。
(60) 前掲『本邦絹糸紡績史稿本』『絹紡工業会月報』昭和十二年四月号、一〇頁。
(61) 前掲『関東の機業　関東機業地視察報告書』五〇頁。
(62) 前掲『本邦絹糸紡績史稿本』『絹紡工業会月報』昭和十二年四月号、八頁。
(63) 同前史料昭和十二年五月号、四頁。
(64) 同前史料昭和十二年三月号、四～六頁。
(65) 明治三十六年「丹後縮緬業調査報告書」山形県内務部第四課、『加悦町史』資料編、第二巻所収、四二五頁。
(66) 「大正四年五月　丹後ニ於ケル縮緬機業　日本銀行調査局」同前所収、四六三～四六四頁。また丹後縮緬に関して、地域における「モノづくり」の観点から生産技術、多品種開発、粗製濫造克服、市場対応とブランド化等多岐にわたって検討した研究として、北野裕子『生き続ける300年の織りモノづくり』新評論、平成二十五年（二〇一三）がある。
(67) 名古屋税務監督局『館内織物解説』（明治四十三年八月）二五六頁。
(68) 前掲『本邦絹糸紡績史稿本』『絹紡工業会月報』昭和十二年五月号、二～三頁。
(69) 明治四十三年下期富士紡『報告書』。
(70) いずれも各期富士紡『報告書』記載の絹紡糸の「商況」に関する記述。
(71) 大正三年上期富士紡小山工場『営業報告書』。

(72) 大正四年上期富士紡小山工場『営業報告書』。
(73) 前掲『五十年史』一三七頁。
(74) 前掲『本邦絹糸紡績史稿本』『絹紡工業会月報』昭和十二年二月号、四〜六頁。
(75) 近江絹綿創立に際して、社長夏川熊次郎は、かねがね往来のあった富士紡の渡辺技師長に請うて、同社の技術者富士原要三郎を技術担当の責任者として招いた。富士原は、後に同社の工場長を務めている(『幾山河七十年 オーミケンシの歩み』近江絹糸株式会社、昭和六十三年〔一九八八〕九〇頁)。
(76) 前掲『和田豊治伝』一三四頁。
(77) 「小山第二工場改良卑見 明治四十四年一月三日」『明治四十二年 稟議書綴』(小山工場史料)所収。
(78) 「大正二年八月二日 本店職務章程改正ノ件」『現行諸規則類纂』(小山工場史料)所収。
(79) 富士絹の創設と発展にかんする記述は、大略前掲『本邦絹糸紡績史稿本』所収の「富士絹の創製」上・下、『絹紡工業会月報』昭和十一年(一九三六)七月号、同八月号によった。富士絹に関しては、前掲『和田豊治伝』のほか織田萌『富士絹工業発達史』昭和織物新聞社、昭和七年(一九三二)などの研究がある。前掲『本邦絹糸紡績史稿本』はこれらの著作や他の証言、資料等を比較考量した上で、より正確な史実を推量して富士絹の創生と発展に関する記述を行っている。したがって、本稿ではこの『稿本』を基本に記述しているが、必要に応じて前二著も参考にし、さらに富士紡小山工場所蔵の一次史料や新聞記事にも当たって補足した。
(80) 明治四十年上期富士紡小山工場『営業報告書』。
(81) 明治四十一年下期富士紡小山工場『営業報告書』。
(82) 明治四十二年上期富士紡小山工場『営業報告書』。
(83) 前掲「富士絹の創製」下、『絹紡工業会月報』昭和十一年八月号、四頁。ここでの引用の原文は、鴻巣久『絹糸紡績と屑物整理』蚕糸業新報社、大正元年十二月、による。
(84) 明治四十四年下期富士紡『報告書』。
(85) 前掲『和田豊治伝』二四五頁。
(86) 前掲「富士絹の創製」下『絹紡工業会月報』昭和十一年八月号、五頁。
(87) 以上の記述は、「不二絹の発展」前掲『本邦絹糸紡績史稿本』、『絹紡工業月報』昭和十二年七月号、による。

第五章　職工・職員の実態と利益分配制度

前章までに見てきたような日露戦後大正期に至る富士紡の発展には、経営者による適切な経営戦略と技術革新による新製品の開発が不可欠であったが、それを可能にするには従業員の陶冶と行届いた労務管理対策が採られる必要があった。この章ではまず、その前提として、職工・職員の実態を、数量的変化と組織編成、職工の地域的・季節的変動と募集体制、賃金の動向について明らかにし、次に富士紡の経営管理と従業員対策上きわめて重要な意義を持った独特な利益分配制度について分析しよう。

一　従業員の増加と組織再編

富士紡従業員は明治三十六年（一九〇三）上期末には職工二九五六人・職員五〇人であったが、同年七月に小名木川綿布会社を、八月には日本絹綿会社を合併したので、同年下期末には職工四二二〇人・職員七七人[1]に増大している。三十九年九月には東京瓦斯紡績会社と合併したため、四十年上期末には職工は一万六六八一人・職員三九〇人へと一気に二・五倍に増大した。その後日露戦後の拡張十年計画によって工場施設の大増設を図ったため、大正四年上期末には職工一万五三三四人・職員五七八人に達している。ただし、明治四十年上期から大正四年上期の従業員の増加率は四割程度に止まっており、機械施設等固定資産の増大率約四倍（表3‐6‐a・b）よりはるかに低く抑えられていたことにも留意しておきたい。

次に、大正四年（一九一五）においても職工数の半数強を占めていた小山工場について、各工場における職工・職員の構成とその変化を表5‐1によって見てみよう。明治三十七年上期末には、小山工場は第一・第二の二工場のみで、職工二三七二人・職員八八人であったが、日露戦後から既存工場が拡張されるとともに第三・第四・第五工場並びに水力発電所が次々と建設されていくにともなって、職工数・職員数は、四十一年下期末には六一四八人・二五七人と三倍弱に著増し、大正三年上期末には八二六〇人・三三一人にまで増加していった。但し、第二工場（絹糸布工場）については、職工数は四十二年上期末二二〇四人から大正四年上期末には一四九三人に減少しているのに対し、織布部門は大正三年上期二八一人、同四年上期四七二人へと増加している。これはこの期の絹糸部門職工の保土ヶ谷工場への一部移転による減少と富士絹生産にともなう織布部門職工数の増大を反映したものである。

さて職員についてみると、工場長をトップに、大正期に入ると次長がこれを補佐し、そのもとに技師長あるいは主任技師が要となって技師・技手・工手さらに手代や雇・給仕・小使等を統括していた。明治四十年上期からは、工手が二四人新たに登場し、以後も二〇人台を維持している。工手とは、工場の技術管理や機械操作、動力の管理維持の専門家である技師や技手の下で、役付職工を指導しつつ実際の操作を行う技術職であり、その配属先を小山工場史料『辞令控』によって確認すると、電気部、第一工場原動科・梳綿科・精紡科・仕上科、第二工場原動部・精紡科・副製科・仕上科・製綿科等の部署で、従来からの絹綿紡績部門とともにこの時期から拡充された電機関連部門（発電と電気動力）並びに絹綿織布事業部門であった。

また発電所の建設や電気管理に関しては、明治三十八年十二月には、小山工場電気係主任技師に東京帝国大学出身の工学士・太田利行が採用されて、漆田・峯発電所の建設に当たった。三十九〜四十一年には工手学校出身者を中心に、太田を補佐する電気技術者が数多く採用され、彼らの多くは技手・工手もしくは工頭という身分で入社し、発電所の建設工事等に携わっていったのである。(2)

技師の数は明治三十七年五人から四十一年一二人へと倍以上に増加したあと主任技師を加えてもほぼ同数で大きな変化は見られないが、その分大正期になると技手を二〇人台から三〇～四〇人台に増やして対応している。おそらく第四・第五工場や水力発電所増設への対応であろう。また医師数は、第一・二工場と第三・四・五工場地区の双方に病院看護体制が拡充整備されるのに対応して（第六章参照）、明治期の二、三人体制から大正期には六、七人体制へと倍増させている。こうして小山工場全体の職員数は、工場や水力発電所の規模の拡大とともに必要な部署に人員を重点的に配置しながら増員を図っていることが窺える。

また、明治四十年九月一日には、小山工場全体を統括する中央事務所が新設の第三工場近くに設置されて工場長と副長が置かれ、各工場にはそれまで配置されていた工場長に代わって主事及び各係主任が配された。中央事務所は、距離の離れた第一・第二工場（菅沼村）と第三工場（六合村、後に第四工場も加わる）を統括し、増設する水力発電所に対処するために設置されたもので、この中央事務所には第四工場建設と峯発電所建設に携わる技師や職員が配置されている。

同時に定められた小山工場職務章程(3)によれば、工場長は専務取締役の命を受けて工場に関する一切の事務を処理し部下各員を指揮してその責に任ずるものとされ、経常費の支出と経常事務の遂行、係員の分掌任務の決定について専務取締役に報告し、また雇員の進退賞罰に関しても副長と協議して専行し、専務取締役に事後承認を得るものとされた。

そして工場を統括する新設の中央事務所には、庶務係・計算係・出納係・医務係・倉庫係・職工係・工務係が置かれ、その所管事項も次のように広範囲に定められた。

庶務係　従業員の進退賞罰・給与徴収事務、諸規則令達及び契約事項、通信、重要文書等の保管、官衙交渉事

従業員の構成（明治37～大正4年）

（単位：人）

		職員											
準職工	総計	工場長	次長	技師（同長）	主任・同副	技手 技手補	工手	医師	手代 手代補	雇 同見習	給仕 小使	社員 その他	計
	2,372	1		5		22		2	21	37[2]			88
	2,630	1		5		16		2	19	37	17		97
	2,805	1		4		17		2	19	39	17		99
	3,164	1		8		17		2	22	42	17		109
	3,091	2		8		19		2	20	54	17		122
	4,623	2		9(1)		21		2	23	71	19		147
187[6]	5,154	2		10(1)		15	24	2	25	80	19		187
199	6,460	1・副1		12	2(主事)	27	27	3	28	107	30		238
56	1,888	1			主任技師1	7	7	1	12	39	15		83
21	2,086	1		3	主任技師1	7	6			18	10	10[9]	56
82	2,174	1		1		4	7	2	10	30	9		64
				6(1) 10)	主任1・副1	8	6		8	21	3		54
159	6,148	3		10	4	26	26	3	30	108	37	10	257
58	1,841	1			主任技師1	2	7	1	15	43	15		85
88	2,204[14]	1		3	主任技師1	7	4		6	23	11		55
107	2,145	1		1		4	6	1		36	9	社員9	67
	390												
				5(1)	主任1・副1	8	6		11	22	3		53[15]
253	6,580	3		9(1)	4	21	23	2	32	124	38		260
	1,807	1[18]	1[18]		主任技師1・副1	3	8			31[20]	16[20]	社員12[20]	74
	1,449				主任技師1・副2[19]	7	5						15
	281												
	1,883	1	1	4		14	4			37	16	社員8	85
	1,932												
	306												
	374				主任技師1	2	1			2			6
	228	1	1	2		14	4	6		45	22	社員15，41[22]	151
	8,260	3	3	6	6	40	22	6		115	54	社員35，41	331
60	1,701	1[23]	1[23]		主任技師1・副1	4	6			33[23]	26[23]	社員8[23]	81
1	1,493				主任技師1・副2	5	5						13
	472												
93	2,210	1[21]	1	1	主任3	11	5			35	16	社員10	83
	1,606												
													3
	479			1		2							
		1		2		8	4	7		43	19	社員15，8[27]	107
154	7,961	3	2	4	8	30	20	7		111	61	社員33，8	287

3）紡績工として水車・水路番・電気・暖房・瓦斯発生工等71人．4）鉄工として修繕・鍛冶・鉱力（ブリキ）
その他．7）綿糸並びに絹糸の男子紡績として換算されている．8）内寄宿1,168人．9）社員4人・巡視部長1
含む．また技師長は本店在籍，以下も同じ．11）内寄宿1,127人．12）第4工場はいまだ養成工で，第1工場に
任技師以下建設事務員及び峯水路工事現場監督・臨時雇員を含む．16）第2工場と共通．17）内62人は第2工
と共通．21）第3・第4工場共通．22）山北水力建設事務所在勤者41人（技師1・技手1・工手1・臨時雇1・
25）工作，第4工場と共通．26）職員は第3工場と兼任．27）山北水力建設事務所在勤者8人（技師1・技手

表 5-1　富士紡小山工場の職工・

	織工										鉄工	雑工
	1. 綿糸布			2. 絹糸布			3. 原動及電気部	1・2・3 合計				
	男	女	計	男	女	計	男	男	女	計		
明 37 年上[1]	258	1,513	1,771	101	441	542	59	418	1,954	2,372		
下	280	1,639	1,919	114	532	646	65	459	2,171	2,630		
38 年上	277	1,744	2,021	155	562	717	67	499	2,306	2,805		
下	276	1,737	2,013	213	867	1,080	71	560	2,604	3,164		
39 年上	276	1,554	1,830	220	969	1,189	72	568	2,523	3,091		
下	316	2,728	3,044	262	1,210	1,472	107	685	3,938	4,623		
40 年上	470	2,813	3,283	307	1,229	1,536	71[3]	848	4,042	4,890	53[4]	24[5]
下	571	3,399	3,970	470	1,744	2,214	—[7]	1,041	5,143	6,184	52	25
41 年下　第 1 工場	250	1,541[8]	1,791					250	1,541	1,791	41	
第 2 工場				560	1,505	2,065		560	1,505	2,065		
第 3 工場	286	1,774	2,060					286	1,774	2,060	28	4
中央事務所[10]												
計	436	3,315	3,851	560	1,505	2,065		1,096	4,820	5,916	69	4
42 年上　第 1 工場	254	1,484[11]	1,738					254	1,484	1,738	45	
第 2 工場				509	1,607[13]	2,116		509	1,607	2,116		
第 3 工場	292	1,711	2,003					292	1,711	2,003	30	5
第 4 工場[12]	5	385	390					5	385	390		
中央事務所												
計	551	3,580	4,131	509	1,607	2,116		1,060	5,187	6,247	75	5
大 3 年上　第 1 工場	286	1,403	1,689				45[16]	331	1,403	1,734		73[17]
第 2 工場				162	1,270	1,432		162	1,270	1,432		17
同織布部門				33	248	281		33	248	281		
第 3 工場	304	1,545	1,849				13[21]	317	1,545	1,862	9[21]	12[21]
第 4 工場[12]	267	1,665	1,932					267	1,665	1,932		
同副製部	59	247	306					59	247	306		
第 5 工場	56	318	374					56	318	374		
中央事務所							78	78		78		150
計	972	5,178	6,150	195	1,518	1,713	136	1,303	6,696	7,999	9	252
大 4 年上　第 1 工場	266	1,318	1,584				47[23]	313	1,318	1,631		10[23]
第 2 工場				148	1,325	1,473		148	1,325	1,473		19
同織布部門				64	408	472		64	408	472		
第 3 工場	305	1,570	1,875				117[24]	422	1,570	1,992	125[25]	
第 4 工場[26]	285	1,321	1,606					285	1,321	1,606		
同副製部												
第 5 工場	77	402	479					77	402	479		
中央事務所												
計	933	4,611	5,544	212	1,733	1,945	164	1,309	6,344	7,653	125	29

出所：各期富士紡小山工場『営業報告書』より作成.

注：1)　綿糸布工女の内寄宿 1,075 人.　絹糸布工女の内寄宿 354 人.　2)　医務所雇 6 人・看護婦 2 人.
工等 53 人.　5)　雑工としてローラー工・革工・ゴム工・針工等 24 人.　6)　準職工とは大工・左官
人・巡視 5 人.　10)　中央事務所職員は，第 4 工場建設事務員，峯水路工事現場監督，臨時雇員を
属している.　13)　内寄宿 1,323.　14)　内見習工 66（男 27・女 39).　15)　この中には第 4 工場主
場と共通.　18)　第 2 工場兼任.　19)　副主任のうち 1 名は紡績部，1 名は機織部.　20)　第 2 工場
給仕 1・小使 4・電気工夫 2・土木工夫 14）23)　第 2 工場と共通.　24)　電気工，第 4 工場と共通.
5・工手 1・臨時雇 1).

項、教育・炊事・社宅に関する事項、出勤簿・怠惰調査・辞令、職工の日用品仕入、統計事務

計算係　収入支出・振替金の調査、預貸金及び未決済金の整理、職工賃金の計算、会計事務

出納係　金銭の出納、手形・小切手取扱い、有価証券等貴重品の出納保管、帳簿の整理

医務係　工場並びに職工衛生調査、食物炊事に関する衛生、水質土壌の衛生試験、等

倉庫係　原料・石炭・需要品の保管運搬、製品受渡・運搬保管、所属人夫の取締並に管理、絹糸原料買入れ

職工係　職工の募集・入退社及び戸籍、寄宿舎の職工に対する設備取締り、職工に関する調査報告、職工の幸福増進・慰安並びに救済、炊事食物、職工保護

工務係　動力及び電燈・電話、水車並びに電線架設保全、電気・蒸気・瓦斯発生、通風ホース・水道鉄管等の保全運転、機械器具の製造修繕、家屋建物・水路・土木の修繕、所属職工の取締及び進退賞罰

これに対し各工場の主事は、専務取締役・技師長及び工場長の命を受けて主管する工場事務一切を整理するものとされ、各工場庶務係は工務係以外の諸般の事務を掌握して中央事務所の各係と連絡するものと規定された。

こうして中央事務所に強大で広範囲な権限が、各工場でもその指揮下に主事に強い権限が与えられたが、翌四十一年七月三十日には本社通知により、ふたたび次のように改正された。すなわち中央事務所では工場長を廃して単に主任・同副を置き、その業務を縮小し各工場に移管・分掌するとともに、各工場では主事を廃して、第一・二工場と、第三・四工場に改めて工場長が一名ずつが置かれ、その実質的な補佐役として庶務係主任の権限が強化されることとなった[4]。そして中央事務所の職務は、工務係並びに職工係中の職工募集と警戒取締、職工の進退昇給に集中させて、他は各工場に移管あるいは分掌させ、本店との関係も含めて大略次のように整理された[5]。

一、計算事務は第一・第二工場は、第一工場の帳簿で行い、第三工場・中央事務所は第三工場の帳簿で行う。

また第一・第二工場と第三工場との貸借勘定は、従来のように本店を経ることなく相互に直接振替勘定によって処理し、毎月その差額を本社経由振替となすこと。

二、用度品の購入に関する事務は各工場の庶務係主任がこれに当たり、本店及び中央事務所の手を経て敏速に取り扱うこと。不用品の売却事務は中央事務所が処理する。
三、各工場の金銭出納は所属工場において計算整理し、事務取扱いも従前のとおりとする。
四、倉庫事務は各工場が分割整理し、貨車積、卸運搬等の共通事務は中央事務所が取り扱う。
五、職工の募集・各工場職工の進級昇給・外部の警戒取締りは中央事務所において取り扱う。
六、共済組合及び救恤事項、職工の異動・賞罰・優待方法、設備改善等は中央事務所及各工場間相互に通知すること。

こうした組織再編が行われた背景を探るために明治四十一年八月一日に、第三工場の前主事であった榛葉良男が新たに第三・四工場長となった高橋茂澄に提出した「事務引継演説書」(6)を見てみよう。ここでは主事が第三工場の責任者として一年間に扱った事項として、工女逃亡等の構内取締強化策、寄宿学校の教師人選、医務所の病室・休憩室改善、工男寄宿舎の管理法、工女募集のための慰問係の地方巡回開始、工場内の換気改善策の実施、紡績部門仕上工の賃金査定改善、工場内湿度調整の改善、試験室の適任者充実要求、工場給水施設の改善、寄宿舎洗面所の給水施設改善等、実に広範囲にわたって陳述され、そこには四十年九月に施行された職務章程では中央事務所の所管とされていた「職員以下の進退賞罰並びに給与徴収」「工場衛生・職工衛生調査」「寄宿舎の職工に対する設備取締」「職工募集」等の事務が含まれていた。しかもそれらの改善策では、次章で触れるように往々にして、前工場長や和田豊治専務取締役と意見が衝突し、さらに「職工定員ハ創業ノ時ニ定メラレトモ四、五月ノ交、持田技師長之ヲ改正シテ数十人ヲ減少シタリ」としてこれが出勤職工の減少と生産停滞を招いているという技師長への批判的意見も展開されており、主事がかなり強い権限を有していたことがわかる。

また「男工寄宿舎ハ中央職工係ノ管理ナルガ工場デノ連絡付カズ之ノ不便其甚シキニ付」というように、中央事務所の管理と現場工場との連絡が不十分となり、職工の労働環境の改善に十分繋がらない事態も現れていた。

こうした事態に対処するために、中央事務所の所管事務には本店の密接な指揮下に各工場を統括し、拡大する発電事業と増大する職工の募集・昇給等の人事業務を集中させ、広範に及ぶ他の業務は現場の職員・職工の現状を一番掴んでいる各工場に移したのである。

新規電力事業や新設工場を担う多数の優良職工の獲得、頻発する工女逃亡を防ぐための警備取締は、小山工場にとって焦眉の課題であった。また金子良事が明らかにしたように、富士紡では賃金査定に等級制をともなった日給と出来高給の請負制を併存させ、独特の「利益分配制度」を採り入れて職工から職員に至る進級・昇給もみられたため、こうした重要業務を本店と直結する中央事務所の所管としたのである。その他の工場業務に関しては、各工場に分掌せしめ、改めて工場長を置いて、その下に庶務係主任の権限を拡大していっそう現場に密着して業務改善を行おうとしたのである。同時に強大な権限を持ちすぎた工場責任者である主事職を廃して、本店を頂点として中央事務所―工場長―庶務主任という系列のもとに各工場を分掌、統括しつつ経営改善を図っていく体制を整えたのである。

こうした工場での組織編成とともに、本店業務もこの期に拡充している。富士紡では明治三十六年、小名木川綿布会社の合併とともに本店をそれまでの東京日本橋から小名木川綿布会社の社屋がある南葛飾郡大島町に移している。本店の機能を明示した史料は確認できないが、本店は、定款で定められた取締役が評議会において「会社ノ工場及工業ニ関スル規則」の協議と制定を行う場であり、言い換えれば富士紡全体の営業や施設に関する基本方針や規則を定め、その施行方法を決定する場として機能したといえよう[7]。

特に、諸会社の合併と拡張十年計画に基づいて工場と事業所の増設が進むにつれて本店と工場間、また各工場間の人事異動や機械等設備の移転が頻繁化し、各部署間の調整の必要性がますます増えていくにしたがって、本店の機能は重要性を増していった。また本店には当初より支配人が置かれ、明治三十二年からは事務長に名称が変わるが、全工場と事業所に係わる事務の統括と米から石炭に至るさまざまな需要品の購入や経理業務を担当していた。第二章で見たように、三十四年四月には本店支配人が綿糸販売業務も担うこととなり、さらに四十年下期には本店に営業部と調査部が、四十三年上期には工務部が設置され、それぞれ部長職が置かれている。こうした部長職には、各工場で工場経営や技術開発指導に当たってきた高橋茂澄・上野山重太郎・井上篤太郎等、和田豊治が招聘し育てあげてきた専門経営者が就任した(8)。

さらに大正二年(一九一三)八月には「本店職務章程」が改正されて(9)、工務部に紡織係と電気係が設置された。紡織係は、小山第二工場で絹糸紡績の技術革新が進むとともに絹布生産が本格化し、翌大正三年からは第五工場が稼働してイギリスの先進技術を取り入れた中細糸高級綿布生産が開始されることへの対応であり、電気係は発電事業の拡張にともなう各種事業、すなわち「電線建設並保全」「電力、電燈供給、販売」「水車、発電機、送電、配電の設置、保全、運転」「発電所、変電所」「水防、河川水路建設保全」「配属職工ノ進退賞罰」等に関する事項を集中的に調査・検討することが企図されたのであった。

和田豊治は、明治三十七年、家族を小山から東京に移し、自らはなお小山に留まりながらしばしば本店のある東京に出てほとんど両地を相半ばするようになっていったが、明治三十八、九年に本郷に新居を建築(10)してからは東京に在住し本店に勤務し、拡大した富士紡全体の統括に当たっていったのである。

ここで小山工場の『辞令控』や社宅の利用者調査から判明した明治三十七、八年頃の職員給料の実態を確認しておこう(表5―2)。工場長や次長などの給料は判明せずこの表には現れていないが、工場長と同等に扱われている技師長の明治三十四年時の月給が一七五円であることから、ほぼその額に準じたものと思われる。現場の指揮監督を司る技師層の給料も判明しないが、三十四年時の平均五三円強(前掲表3―5)を若干上回る水準であると推測される。

技手層と手代層は、月給二五〜四九円で若干手代の方が高給のように表出されているが、おそらく高額な二名の手代だけが表出されているものと思われ、明治三十四年時の平均月給が技手三二・八円、手代二一・七八円で

表5-2　富士紡小山工場の職員給料（明治37〜38年頃）

（単位：円）

技手	月給	25，26，36，40，43
技手補	月給	23
手代	月給	40，49
手代補	月給	23
雇　書記	日給	0.35，0.4
職工係	日給	0.5，0.55，0.57，0.78
監察	日給	0.38，0.42，0.48，0.54，0.58
寄宿舎舎監	日給	0.38，0.4，0.43，0.45，0.48，0.5，0.55
需要品倉庫係	日給	0.46，0.5
工銀計算係	日給	0.29，0.39，0.4，0.43，0.59，0.62，0.65
炊事係	日給	0.38，0.65，0.68
庶務係	日給	0.4，0.75
精米所	日給	0.5
医師	月給	85
医務所勤務	月給	8，18
看護婦	月給	13
看護婦見習	日給	0.2，0.24
医務所補助員	月手当	20
医務所薬局主任	月給	16
小使　寄宿舎	日給	0.17，0.24，0.33，0.37
医務所	日給	0.22，0.24，0.31
給仕	日給	0.17，0.19，0.21
大工	日給	0.4
（工頭）	日給	0.46，0.58，0.75

出所：富士紡小山工場『辞令控』の主として明治37・38年の記述，並びに「明治37年役宅並びに自炊舎報告」『明治37年度官衙達及願届』より作成．

あった（表2-5）ことを考えると、ほぼそうした傾向を保っているものと考えられる。工手の給料は判明しないが、明治三十四年における工手の月給は手代とほぼ同額（同表）なので、この時期もそのように判断して大過ないと思われる。

　これに対し、中央事務所や工場各所で事務を処理する各係や寄宿舎の舎監、さらに職工等を取締まる監察などは「雇」として雇用され、日給で支払われ、その平均額は約五〇銭であった。これは、職工の統括担当の工頭の日給額とほぼ同等であり、当時の一般工男の平均日給額約四〇銭と比べても二割ほど高額であったに過ぎない。この「雇」の日給を月給換算（二八日分）すると約一四円となり、技手・手代の半分から三分の一程度に留まっており、その格差は大きかった。また医療関係者は月給で支払われ、医師は飛び抜けて高給であったが、そのほか看護婦や医務所勤務員等は、ほぼ「雇」層と同等の給料であり、看護婦見習のみ日給でその額は、ほぼ当時の工女の日給額二三銭程度と同等であった。

これに対し、小使や給仕は、日給で二〇〜三〇銭程度であり、これはほぼ工女の日給と同レベルであった。要するに工場では、各部署で主要な実務に就く「雇」や医務所関係の事務方や看護婦は工男を若干上回るレベル、小使・給仕は工女とほぼ同等とみなされていたといえよう。

二　職工の地域的並びに季節的変動と募集事業

次に職工の地域的構成を、出身地域から確認しよう。『高風院伝記史料』には、小名木川綿布・日本絹綿・東京瓦斯紡績三社との合併が済み、拡張十年計画が実行中の明治四十二年上期末における富士紡工女の出身県の割合が記されている（表5-3）。これを創業当初の明治三十二年七月当時と比べると、最大出身地の東北地方の出身者は五六・四％から六一・九％へと増加し、さらに依存度を高めている。その中でも初代社長富田鉄之助の尽力によって集中的に募集され四三％もの多数を占めていた宮城県は、その割合を二四・九％にまで減じたものの最多供給県の地位を維持している。そのほか山形・福島・秋田・青森の諸県も大きく割合を伸ばし、東北全体にわたって募集が行き届き、工女数を拡大させていることがわかる。東北地方出身者は、遠隔地にあることも一因となって他の出身者と比べて定着率が高かったことから、夏場に

表 5-3　富士紡工女の出身県別割合

（単位：％）

	明治 32 年 7 月	43 年 上期末
宮城	43.00	24.9
山形	1.10	10.0
福島	3.60	8.6
岩手	8.70	5.6
秋田	0	8.1
青森	0	4.7
東北計	56.40	61.9
新潟	2.40	7.6
石川	0	2.7
富山	7.50	4.5
北陸計	9.90	14.8
東京	1.20	2.0
神奈川	0.16	3.7
埼玉	0.22	0.7
山梨	4.30	2.1
群馬	5.30	2.1
関東計	11.18	10.6
静岡	8.00	6.8
その他	14.52[1)]	5.9
合　計		100

出所：『高風院伝記史料』より作成.
注：1)　このうち主要な県には，愛知県 8.4%，広島県 4.3%がある.

退職者が増大するなどなお不安定な労働条件のなかで富士紡にとっては貴重な存在であったといえよう。

また北陸地方も新潟・石川の両県が増大して、九・九から一四・八％へと割合を伸ばしている。関東では、山梨・群馬が減少したが、工場がある神奈川・東京が数パーセントずつ上昇させ、また静岡もやや割合を減じたが六・八％と一定の率を供給している。その反面、創業当初は併せて一三％弱を供給していた愛知と広島の二県は、その割合を大きく減じている。そして遠隔地から供給された工女は寄宿舎で生活したが、その割合は、三十七年上期では綿糸部の工女一五三一人中一〇七五人、すなわち七〇％、絹糸部工女では四四一人のうち三五四人、すなわち八〇％に達していた。

次に、表5-1に戻って絹綿部門と原動力・電気部門を担った男子職工数をみると、明治三十九年（一九〇六）上期五六八人、四十二年（一九〇九）上期一〇六〇人、大正三年（一九一四）上期一三〇三人へと著増している。その内容をみると、水車動力や電気動力等に関連する職工が「原動及び電気部」として存在し、さらに修繕・鍛冶・ブリキ工・ローラー工・ゴム工・針工・大工・左官といった建設・修繕等に携わる職工が「鉄工」並びに「雑工」として常時駐在していたことがわかる。

男子職工の出身県に関しては、数値的に明確に示せないが、『高風院伝記史料』には「多数ヲ占ムルハ男工関東地方、……男工ハ静岡・神奈川両県」と記されており、工女とは対照的に工場所在地周辺から供給されていたといえよう。それだけに彼らの居住条件を確保することが課題となり、「男工寄宿所」の建設が進められることは次章（第六章）でみるとおりである。

さて、大正三年時になると、工女たちの出身地はどのように変化したのだろうか。小山工場の場合を見てみよう。表5-4は、同年に工女たちが賃金を送付した郷里を地域別に集計・整理したものである。これによると日清戦後の創立当初から建設された第一・第二工場では東北地方が六五〜七三％と圧倒的に多く、そのなかでも宮城県が最大の供給地となっていたが、他の諸県もほぼ万遍なく確実な供給源としての地位を保っていることがわかる。北陸や静岡・東京・神奈川はほぼ二～八%でこれを補完していた。これに対し日露戦後に建設された第三・第四工場では東北地方はなお四四%を占めているが、静岡一県で七〇人・一四%と宮城県なみの多さを示し、東京・神奈川を含む関東地方や長野・山梨、さらに滋賀などの関西地方や中京、中国・四国地方にまで広く分布していることがわかる。こうして工場の拡張は、工女供給地の全国的な拡充をともなっていたのである。

表5-4　富士紡小山工場における工女の賃金送付先（大正3年6月）

（単位：人，%）

	第1工場	第2工場	第3・4工場	計
1．北海道	2	16	8	26
2．［東北小計］	121（73）	131（65）	219（44）	471（55）
福島	18	22	24	64
宮城	40	26	79	145
岩手	22	12	41	75
青森	10	41	22	73
秋田	24	25	43	92
山形	7	5	10	22
3．［北陸小計］	11（7）	17（8）	43（9）	71（8）
新潟	7	3	16	26
富山		6	15	23
石川		8	12	22
4．静岡	13（8）	4（2）	70（14）	87（10）
5．東京・神奈川	11	16	29	56
6．千葉・埼玉・茨城・群馬・栃木	2	3	18	23
7．長野・山梨	4	11	60	75
8．滋賀		1	18	19
9．愛知・高知		2	8	10
10．大阪・兵庫			14	14
11．愛媛・高知			14	14
12．広島・岡山・島根		1	70（14）	8
13．大分	1			1
計	165（100）	202（100）	496（100）	863（100）

出所：『富士のほまれ』第60号（大正3年6月発行）所収「5月度送金者姓名並金額」より集計.
注：1）同上史料記載の合計値と集計値に違いがあるが集計値を記載した.
　　2）（　）は%.

　ただここで注意すべきことは、工女の送金先を示した表5-4には、工場周辺地域から通ってくる通勤工女は含まれていないことである。明治三十七年上期から四十二年上期にかけて、第一工場と第二工場の工女合計数のうち、寄宿舎工は一四二九人から二四九一人へと増加するが、通勤工も五二五人から六五七人へと増加している（前掲表5-

1）。大正元年の小山工場史料には、「近年通勤者漸増ノ結果職工社宅ノ欠乏ヲ告ゲ」[11]とあり、通勤職工の増加が社宅増築という新たな対応を企業側に迫っていたことがわかる。

金子良事が示した「大正十年下半期出身地別職工数」[12]によれば、富士紡全体で、工女数一万六九八人中通勤工は三一二二人、二九％に達しており、六八％と依然最大供給地である東北地域出身者でも、通勤工が一五％を数えている。また興味深いのは、静岡・神奈川・山梨等の小山工場に近接した地域では、いずれも通勤工女数が寄宿工女数を上回っていることである。これらの通勤工の多くは、工場周辺に建設された社宅や借家に親族や親しい者と同居して通勤していたものと考えられる。

それではこうして集められた職工たちは、年間を通してどのように富士紡従業員として定着していったのだろうか。図5-1は職工のなかで大半を占める紡績職工（男女合計）について在籍人数を月別にグラフ化したものである。これによると、毎年、ほぼ六月頃から長い時で十月頃まで職工数が減少し、回復するまでグラフ上に谷を形成していることがわかる。例えば、明治三十九年九月には東京瓦斯紡績会社と合併して一挙に前月の二三九三人から五〇〇九人に倍増し、その後設備拡張による増錐に対応するため四十年三月にかけて六七九二人まで増加する。しかし、その後急速に減少して六月には五八五二人となりその後十月まで五〇〇〇人台に低迷し、ほぼ合併直後の水準に戻っている。そして十一月から翌四十一年一月にかけて急上昇して七六一五人に達している。この後も同じように、四十一年七、八月まで下降して翌年四月まで上昇するというサイクルを描いている。この間、最も減少した四十年十月と最高値に達した四十一年一月の差は二三四五人に達している。このように富士紡における人員増は直線的ではなく、この谷の形成と谷からの回復を繰り返しながら設備拡張にともなう人員増が進んでいったことがわかる。

季節的な変動がなく常時均等な生産額と出荷額が望まれる紡績企業にとって、夏場の人手不足と冬から春にかけての過剰人員は、経営上大きな問題であったろうし、何より生産額そのものにも影響を生じさせた[13]。

図5-1　富士紡績職工数の月別推移

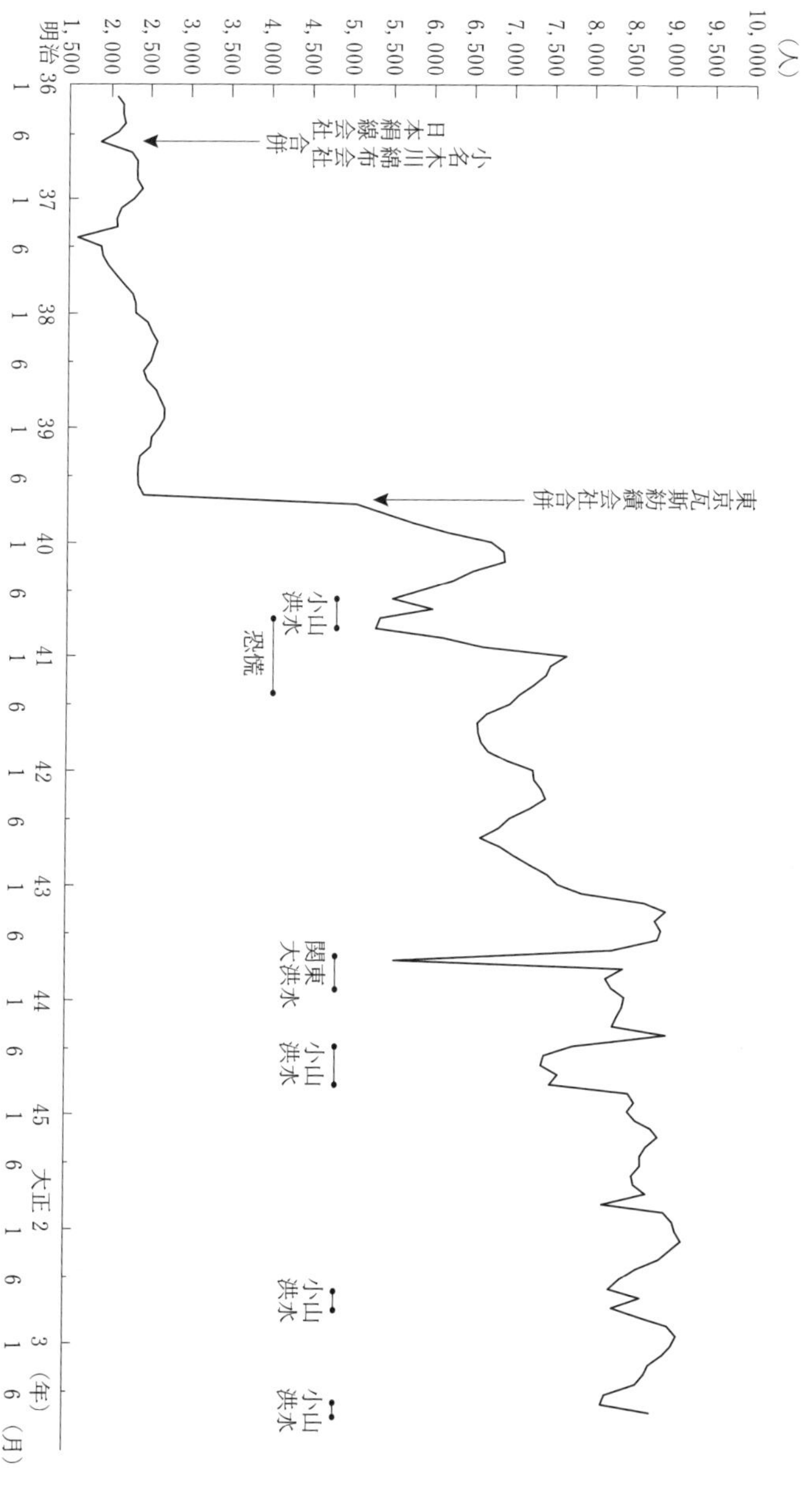

出所：『大日本紡績聯合会月報』各号より作成.

それではこの職工減の谷をもたらした要因は何だったのだろうか。グラフの谷状の箇所の下に判明する限りで洪水の状況を略記しておいたが、これらの洪水ではいずれも小山工場に被害が及んでおり、職工の減少と重なっているのである。

明治四十年下期の場合は、「当期初ノ出水ハ近年稀ニ見ル處ニシテ七月十三日、八月十五日及同月二十四日ノ参回出水ノ内最後ノ洪水ハ須川、鮎沢川ノ氾濫共ニ甚大ニシテ」、周辺民家とともに富士紡でも新築の寄宿舎が流失するほか第二工場護岸石垣が崩壊し、水路が圧塞されて発電にも支障を来した。そのため猛暑が続く「七、八、九ノ三ヶ月間ニ渉リ工女ノ退社スル者頻々相踵《ママ》キ其補充意ノ如クナラサリシ[14]」いう状況に陥っていた。

また洪水の発生はしばしば伝染病の発生を伴い、大正三年夏の洪水時には、富士紡工場からも二三〇名の患者が発生し、生産にも影響が出ていたことはすでに見たとおりである。さらに洪水に至らなくても「盛夏七、八月ノ交、労務稍モスレバ倦怠シ、督励常ニ困難ナルニ当季ハ殊ニ著シク職工ノ欠乏スルニ苦慮、経営而モ停台二三ニシテ止マラス、成績甚ダ不良ノ状況ニ[15]」立ち至っていた。こうして毎年、多かれ少なかれ六～十月にかけて、高温多湿下の労務倦怠、洪水や伝染病の影響で職工の減少という事態が生じていたのである。ただし、四十一年一月から五月にかけての急激な減少は、日露戦後恐慌の進展による定員削減が大きな要因であることは後に検証するところである。

富士紡ではこのような深刻な状況に対処して職工を安定的に確保するために、明治四十一年、それまでの職工募集出張員に加えて在郷募集人の制度を設けている[16]。在郷募集人とは、職工募集上有望の地を限定して品行方正な有力者を選定して雇い入れ、その地に常駐して職工募集を専門的な任務とし、募集に際して富士紡の業務や職工待遇の実情を正確に伝え、応募者納得の上で誓約書に双方連署するものとし、応募者の年齢は女子では一四～三〇歳、男子では一六～三〇歳とされた。就業年限は、明治三十五年四月に工女一五歳以上、工男一八歳以上と改正されたが、この時工女で一歳、工男で二歳引き下げられていたことがわかる。応募者には募集地において必ず医師の健康診断を受けさせ、その結果は採否判断の大きな要素となった。

在郷募集人には、旅費・宿泊費等の募集費用として一ヶ月一〇円、事務所を設けた場合には一ヶ月三円以下の補助を与え、応募者を確保できた場合には、女子で紡績工場勤務未経験者の場合には一人に付き二円五〇銭以下、同じく経験者の場合には三〇銭以下、男子の場合は七〇銭以下が募集人に支払われた。さらに募集に応じて入社させた工女が勤続一年以上に達した場合には一ヶ月に五銭、同二年以上に達した場合には七銭、三年以上の場合には一〇銭が支払われた。これはなるべく勤続を期待できる優良な子女を獲得するためのものであった。在郷募集人は四十一年七月には宮城県三人、石川県一人、岩手県一人の計五人が候補者に上がっていた(17)。

ここで富士紡の職工係が地方で在郷募集人を依頼する時の様子を、新潟県南魚沼郡六日町で村会議員や区長を務めた名望家に委嘱した場合について見てみよう。次は、その名望家から小山工場長への返礼の辞(18)である。

抑国家ノ維持上重要ナルハ産業工業ノ二途ニシテ尤モ国家的主眼トシテ社会ニ奨励ヲ加フベキハ工業ナリト倩々愚考仕リ、此度宮本様山口様（職工係―引用者）当地ヘ御出張ナサレシニ際シ面識ヲ辱フスルヤ、知ラズ識ラズ一致協力ノ心意ヲ表シ貴社ノ工女ノ募集上ニ付相互ニ便宜ヲ講スルニ至リシハ我実ニ満足スル処ナリ、東京其他ニ於テモ類似者数多有之ト雖トモ実地ヲ探知スルニ其組織卑劣ニシテ貴社ト比類ニアラサルノ感情念頭ニ催シ、日清其他ノ会社ニ於テ募集上依頼スル事アリト雖トモ因リテ以テ全力ヲ注ガントスルノ念起ラズ、此度宮本様ノ説話ノ終始ヲ承ハルニ将来味ヘ薫シキ感起リ相倶ニ信愛ノ情ヲ結フニ至リシハ実ニ欣喜耐ヘ難キ処ナリ

ここには、紡績業の国家的重要性の認識を会社と共有して、東京その他の卑劣な職工募集事情とはまったく異なるやり方で、一致協力して工女の募集に当たりたいという地方名望家の心情が吐露されている。こうした地方

の在郷募集人との信頼ある結びつきが富士紡の確実な工女募集に繋がっていったものと思われる。

さらにこの時期は、職工の勤続をより確実にするために、職工の父兄に対しても巡回慰問事業を積極的に行うようになった。明治四十一年七月には、職工係を山梨県下数ヶ村に派遣しており、以後、毎月一回各町村へ同様の巡回慰問を実施することとなった[19]。

このような、職工募集にかかる旅費・宿泊費等の経費は莫大に上った。新設の在郷職工募集人だけでなく従来からの募集出張人には、旅費・宿泊費のほか募集にかかる接待費や応募職工への立て替え金負担も含め、一回に付き二〇〇円を限度として携帯させた。こうして「第三工場拡張費投入ノ為メ経常費デノ支払ハコノ機械代等甚ダ多シ、職工募集ノ如キモ月々数百円近頃月々負担シツツアリ[20]」という状態であった。遠隔地の職工募集の増加も工女賃金への利益還元を圧迫する要因の一つであった[21]。

三　職工賃金の動向

すでに綿織布に関しての賃金動向は検討したので、ここでは、富士紡職工の中核である綿糸紡績業に携わる職工賃金の動向を中心に検討しよう。すでに述べたように創業当初より綿糸紡績部門には等級賃金制が採られていたが、明治三十五年の和田豊治の改革によって請負賃金制が導入された。その割合は、金子良事が示した大正十一年（一九二二）の数値によれば、請負工は通勤工女の七五％、寄宿工の九〇％に及んでいた[22]。工男の場合の比率は判明しないが、今『大日本紡績連合会月報』に掲載された富士紡職工の月別賃金の動向を見てみよう。そこに掲載された数値は、各工場の請負賃金と等級賃金の二系列の賃金の平均値と思われるので、両系統の賃金の割合等は判明しないが、これによって富士紡の紡績部門の賃金動向の全体的推移は把握できよう。

図5-2によってまず工男の一日平均賃金について見ると、明治三十六年二月には月報掲載全社平均と比べ、

富士紡は三三銭五厘で一・四七銭高い水準にあった。その後両者ともに漸増していくが、三十八年以降になると富士紡工男は平均賃金と比べ五～八銭程度高い水準を保っている。ちなみに四十二年六月では富士紡五〇銭一厘に対し、全社平均は四二銭にとどまっている。大正期に入りその差は若干縮まり四～五銭くらいに落ち着くが、全体として富士紡では男子職工の賃金を平均以上に上昇させて優遇していったと判断できよう。

次に、工女の賃金動向をみると、三十六年二月には富士紡二一・五〇銭で全社平均の二〇・五四銭より一銭弱高かった。その後は両者とも三十八年頃から漸増していくが、徐々にその差は広がり三十八～三十九年には二～四銭程度富士紡が上回るようになっていた。

ところが、三十九年十二月に富士紡工女の賃金は前月の二五・〇六銭から二三・五〇銭へと減少し、以後四〇年九月まで二三銭台に停滞している。この間紡連全社平均は二四銭台に上昇するので、それを下回ることとなる。その後四十年十月に再び二六銭台に上昇して全社平均を一銭程度上回り、四十二年上期まではその差を縮められながらも平均以上を保っている。しかし、四十二年下期になると全社平均を下回り始め、以後はその差を少しずつ広げられている。それでも四十五年六月までは漸増傾向にあり、富士紡工女三〇銭、全社平均三〇・三九銭となっている。しかし以後は富士紡工女賃金は漸減していき、大正二年六月には二九・一銭となって全社平均三二・一五銭に引き離され、同三年十二月には二八・九〇銭まで減少し、全社平均を三銭弱下回っている。

すでに見たように明治三十六年下期から三十七年上期にかけて原棉価格が急騰して経営に窮した時に、社員職工が給与一割の削減を申し出た際にも和田は断固それを拒否していた。事実この時期に工女賃金はほぼ横ばいに推移し大きな減額はしていない。しかるに三十九年九月からの工女賃金の減少についてどのように考えたらよいのであろうか。その理由として、三十九年八月の東京瓦斯紡績会社との合併が挙げられる。同社の合併直前の賃金を見てみると、工男の四～八月の平均賃金を前掲『月報』から計算すると四七・四六銭であり、これは同時期の富士紡の工男賃金四〇～四一銭よりも高く、両社合併した直後の同年九月の富士瓦斯紡績会社の工男賃金は四

図 5-2　富士紡男女別職工日給額の月別推移

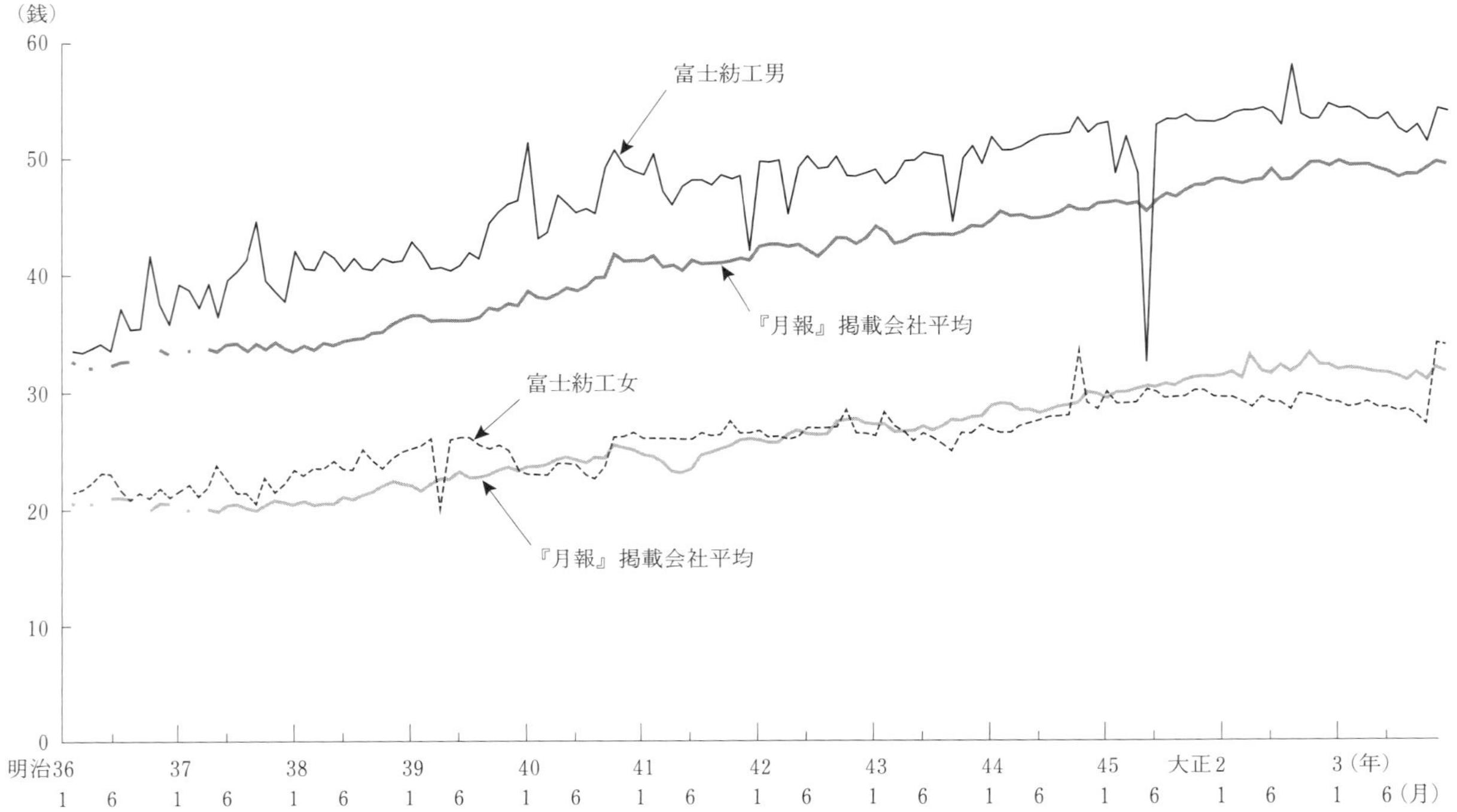

出所：『大日本紡績聯合会月報』各号より作成.

四・三六円に跳ね上がっている。以後も工男の賃金が一貫して平均以上を保ちえたのは、工男に高賃金を与えていた東京瓦斯紡績の賃金体系が引き継がれたものと思われる。

これに対し、同社の合併前五ヶ月の工女の賃金の平均は、二二・七一銭で富士紡より四銭ほど低く、ほぼ全社平均レベルであった。東京瓦斯紡績もミュール機を用いた細番手の瓦斯糸生産を特徴としていたから、より熟練の男子職工を高賃金で雇い入れてそれを可能とし、その分工女賃金は平均レベルに止めていたと考えられる。このような東京瓦斯紡績会社と合併して富士瓦斯紡績会社となってからも工女賃金は、すぐには引き下げられず何とか同年十一月まではそれまでの富士紡レベルの水準を維持したが、十二月に至りそれが持ちこたえられなくなり、むしろ東京瓦斯レベルに引きずられる形で以後漸減・停滞していったと考えられる。

それでは、なぜ合併後多数を占める工女賃金をそれまでのように平均以上のレベルに保ちえなかったのであろうか。この時開始された拡張十年計画は工場や発電所の新増設を伴い多額の増資と借入金となって経営を圧迫する一方で、最新の機械設備や電気機関連の作業をこなすには熟練の男子職工が必要であり、引き続き給与待遇を優遇して彼らの確保を図る必要があった。そうした厳しい環境の中で人件費及び経費の節約が厳しく求められねばならなかった。明治四十一年下期の小山工場営業報告書には、賃金の減額に関して次のように述べられている。

第一工場前期末ヲ以テ新規機械ノ据付及旧機ノ移転等ヲ完了シ……是ニ依テ本期ニ於テハ専ラ工場整理改善ニ務メタリ、即チ「フライヤーダブラー」ノ新設ハ製品ノ改良ヲ告ゲテ需用者好評ヲ博シタルガ如キ又タ産額ニ於テハ前期ニ比シ精紡管糸二万九千貫ノ増加セシニモ係ハラズ其労銀ニ於テハ五千円ヲ減ジ其他鋭意消耗品節約屑物減少等ニ留意セン

この時の賃金削減については、「職工定員ハ創業ノ時ニ定メラレトモ四、五月ノ交、持田技師長之ヲ改正シテ

数十人ヲ減少シタリ[23]」と第三工場主事が報告するように、小山工場で前期四、五月から実施された職工定員の削減が要因になっていると考えられる。四十一年五月は恐慌の影響が長引いて綿糸価が最低水準まで落ち込んだ時であった。職工定員数の変化は判然としないが、現員数は明治四十一年四月に工男一二一一人・工女六〇〇八人、計七二一九人であったが、同年六月には工男一一八四人・工女五七四四人、計六九二八人（『大日本紡績連合会月報』の数値）と工女を中心に二九一人の減少を見ている。そして定員削減の結果は、「既往ノ出勤人員ハ、此新規定員ニ達セサル事二〇〇人以上ニ及ブ、為メニ停台相次ギ管糸停滞見ルニ忍ビザル事アリ[24]」という状態に陥っている。こうした状況は、工女数の減少がさらに予想される夏場を控えて、ゆゆしき事態であったといえよう。

さらに第三工場では職員（工手等）たちは、特に「仕上工女ニ退社多キハ工賃ノ低キニ原因ス……仕上工女ハ年齢体格ノ優ルモノヲ取ル然ルニ工賃最モ低シ不権衡甚シ」あるいは「綛繰《かせぐり》工賃不権衡有之候ニ付工女ノ退社多ク操業差支候[25]」という認識のもと、仕上科の綛繰工賃を値上げすべきこと、同じく綛繰の請負賃金は糸の番手によって工女の獲得賃金に多額の差が生じてしまうことから賃金支払い法の改正を図るよう、詳細な調査報告を添えて主任技師並びに主事に稟請している。

この稟請は、第三工場の主事から工場長、そして和田専務に達して協議された。そのなかで賃金不均衡を是正するには、仕上工賃を引き上げるのではなく「前部」工程の賃金を値下げすべきとの意見もあったが、職工不足が逼迫する時期に賃金引き下げは時機にあらずという主任技師の反対にあって退けられている。結局、和田はなお慎重に調査すべしという判断を示し、「仕上賃一部値上ハ目下急ナレトモ差当リ変則ノ法ニ由リ工賃ノ計算ヲ立テツツアリ」ということとなり、その後、毎月一回会合を開き意見交換を進めている[26]。

その後、この賃金改定案が実現を見たかどうかは詳らかではないが、図5-2を見ると工女の大幅な賃金上昇は見られないことから、平均値で見る時は目に見える成果となっては現れなかったと思われる。

このように、恐慌の影響に呻吟していたこの期は、機械の新設による製品の改善が進み需要者の好評を博して産額も増加したが、それと同時に、新設機械の操作に通じた熟練の男子職工を除いて一般の工女賃金は平均かそれを若干下回る水準に止めざるを得なかったといえよう。そしてこうした賃金面での工女待遇の不備が、夏場の困難な労働環境のなかで退職する工女をなかなか止めることができないという矛盾となって現れていたのである。

それでは絹糸紡績に携わる職工の賃金はどうであったか、表5-5を見てみよう。この表の典拠は『静岡県統計書』であるが、各工場の職工人数や綿糸紡績業の職工賃金を見ても富士紡小山工場の営業報告書や紡績連合会の月報の毎月のデータと合致しない場合が散見され、賃金も毎年一つの数値だけ挙げられているという不備な点があることを考慮した上で、ここから窺われる傾向を指摘しておこう。

表 5-5　小山第 2 工場（紡績絹糸・絹織布）の賃金

（単位：銭）

年　次	第 2 工場		第 1・3・4 工場平均	
	男	女	男	女
明治 41(1908)	36	29	48.0	24.0
42(　09)	40	25	46.0	28.0
43(　10)	41	25	46.0	28.7
44(　11)	44	26	49.0	29.3
大正 1(　12)	47	27	49.7	30.0
2(　13)	51	30	48.7	29.7
絹織布	56	34	–	–
3(　14)	54	31	51.0	29.7
絹織布	52	29	–	–

出所：『小山町史』第 5 巻，1282～1283 頁．原典は『静岡県統計書』．
注：すべて 14 歳以上の日給．
参考までに紡績工場である第 1・第 3・第 4 工場の日給平均値を示した．但し，明治 41 年・42 年は第 1 工場のみの数値．

まず絹糸紡績・工男の賃金（日給）は明治四十一年から大正三年までほぼ増加傾向にあり、明治末までは綿糸紡績業の工男の賃金に及ばなかったが、大正期に入るとむしろ若干凌駕するようになっている。工女の場合は、四十一年二九銭から四十五年までは二五～二七銭に低迷しており、綿糸紡績工女に比して二、三銭低い額に抑えられていた。また夏場の労務困難な時期に退職者が多く出て、四人雇用で補っていたのも絹糸紡績部門であった。

そうしたなか明治四十五年五月一日、第二工場仕上科の工女七〇名が寄宿舎前の運動場に集合し、賃金値上げの決議をし、受け入れられないときには同盟罷工をなすとの示威運動が行われた[27]。職工係をはじめとして調停と説得にあたったが、翌二日には一五名が欠勤したという。その理由は、職工係の不公平な処遇と物価高にもかかわらず賃金が低く抑えられていることに対する不満であった。

より熟練を要する仕上工程の賃金が他と比して低額に査定されていた事情は、先に見た綿糸紡績工程と同様であったと推測されるが、絹糸部門ではさらに生精錬法という新たな技術の開発によって原料撰綿、精錬部分が重視されていっそうの人員投入が企図されていたことから、仕上げ工程の工女たちにそのしわ寄せが生じていたものと推測される。その後の日給の動向をみると翌大正二年には三銭も引き上げられて三〇銭となり、同二年も三四銭（表5-5）というように工女たちの要求は反映されたようである。

さらにこうした賃上げ要求とは別に、既述のように第二工場では、明治四十四年八月に「第二工場改良卑見」なる改革案が提起されていたが、そのなかでは次のような労務関係の事案が含まれていた。

一、長老を重んじ年功を厚待遇する風は尊重するも、上長に老朽者がいて安寧を貪るのでは部下の士気が振るわないため、適当な恩給保護法の下に老朽者並びに冗員を淘汰して工場内の活気を奮起すべきである。

二、特定部門に長年作業に従事させることは熟練を積む利点がある反面、閉鎖的で陋習《ろうしゅう》を蓄積する弊害があるため、工場間で担当者を交換し合って新知識・技能を交換し新陳代謝を図るべきである。

三、主任技師は、雑務を他者に代弁処理させて軽減し、戦場のような工場において従業員を指揮号令して士気を奮起するようにすべきである。

四、賃金が漸次高騰し、工人欠乏の傾向にある時、日給制では職工は安寧放縦を貪り優良な製品を生み出すことに誇りを持てず、職工や会社の損失となり国家の奮闘力を奪うこととなる。撰綿・製綿・排綿・精紡・縒り糸・瓦斯焼き・繰車・前紡の工程には請負賃金の方法を施行し、懸賞・戒飭《かいちょく》など適当な監督法を用いて人員削減のもとで技術の促進と職工各自の収入増加を図るべきである。

絹糸紡績部門には、明治三十五年の和田豊治の改革では請負賃金制は導入されなかったが、明治四十年代に鐘紡が絹糸部門に参入して競争が激化し、富士紡でも生精錬法の開発等の技術革新を進めて競争力を強めていかなければならない時に、日給法の弊害が強く認識されて請負法導入が要求されるばかりでなく、上長を優遇する年功制や一分野への固定的長期的な職工配属の弊害が意識され、職工の能動的な新規技術の獲得や職場の陋習と閉塞性を打破するために老朽者の排除と他工場との担当者交換が提起されていたのである。年功序列制度の問題改善や単一部門の熟練専門工の欠陥を、他部門を担当可能な多能工化によって改善するという戦後の企業現場で論議される問題がすでに明確に顕在化し、認識されていたことは注目に値しよう。

しかしながら第二工場においていつごろからどのくらいの規模でこうした要求事項が実現されたのかを検証できる史料を見いだすことはできない。こうした労務管理に係わる重要案件は、ひとり第二工場に限定されるべきことではないため、大正三年から本部工務係に設置された「紡織係」において「所属職工ノ配置、昇給又ハ請負ニ関スル事項」として集中的に調査・検討されていくこととなる。また工場内部における年齢や経歴を配慮しつつ能力に応じた貢献を報酬に反映していく工夫が職員・職工への利益分配制度によってなされていくのである。

四　富士紡批判演説会

富士紡の労務対策、特に利益分配制度の実態を見る前に、その労働環境や労務対策について外部から加えられた批判運動について触れておきたい[28]。

明治三十九年（一九〇六）九月に、当時日本社会党員で全国遊説中の座間止水や「東海中立新聞」社主の望月文修、御殿場に滞在中であった哲学者の村田天籟が中心となって、六合村小山において労働条件改善のための演説会や示威運動が行われた。二十日には地元有志や四〇〇名の男女工員を集めて「学術講演会」が開かれ、座間が「社会主義の話」を、望月が「自由党運動の歴史」を述べて、今日における労働問題や同盟罷工の意義を説き、村田は多くの職工の投書を朗読して会社側の横暴を痛烈に非難する演説を行ったという。続く二十二日には、六合村で一千余名の職工や「土方」等を集めて政談演説会が催された。さらに彼らは二十六日を期して、「衛生館」裏の広場で待遇改善を要求する労働大会を開催すべく準備を始め、決議文まで用意したが警察当局の許可を得ることができず、この労働大会は中止せざるを得なかったのである。

彼らが用意した決議文とは次のようなものであった。

一、一日の労銀を男工七〇銭・女工五〇銭に引き上げること

二、会社は衛生を重んじ、労働者の健康を保護すべきこと

三、労働者に自由を与うべきこと

四、労働者解雇のおり積立金を速やかに下げ渡すべきこと

五、労働者の勤務時間を八時間に短縮すべきこと

このように具体的改善要求事項が列記されていたが、まず賃上げの要求についてみると、明治三十九年当時富士紡工女の平均賃金は一日二五〜二六銭で、業界平均の二二〜二三銭よりも高く、しかも三十七年の平均二二〜二三銭より上昇していた。工男の賃金も四〇〜四五銭で業界平均の三五〜三七銭より高額で、これも明治三十七年三九〜四〇銭台から一割以上上昇していた。こうした点を考慮すると、決議文に記された工男七〇銭・工女五〇銭という賃金要求は、当時の紡績業界の賃金水準とかけ離れた高額であり、富士紡の業界を上回る賃金増給の努力や従業員優遇策をまったく考慮に入れておらず、富士紡にとって到底受け入れられるものではなかったろう。

労働時間の八時間要求も、富士紡は、他の大紡績企業と同様、拘束一二時間、実働一一時間の昼夜交代制を採って、紡機のフル稼働を行っていたため当時の労働慣行の実状からは受け入れ難いものであった。

工場内の衛生や労働者の健康保持に関しては、確かに工場内は綿塵がもうもうとして立ちこめ、気管支カタル・肺結核・トラホームにかかる者が多かったと指摘される。また当時の富士紡はしばしばチフス等の伝染病患

者を発生させていた。これも深夜業による体力消耗と洪水等による衛生環境の悪化がいまだ十分な解決を見なかった証左であろう。しかしながら、富士紡は、後に詳しく見るように設立当初より工場内に医務所と病室を設け、病床保険組合を設置するなど職工・職員の疾病や負傷に対して対策を講じ、また伝染病を誘発する洪水に関してもけっして手をこまねいていたわけではなく水防・防疫対策に腐心していたのである。

したがってなお不十分な面を残しながらも、多くの同業の紡績会社と比べて富士紡の労働環境と労務・共済等の対策が特段劣っていたわけではなく、むしろ優れた点も多々有していた。そのため、外部者からの扇情的な富士紡攻撃の演説があってもそれは職工たちの労働争議には結びつかず、必ずしも大きな影響を持つことはなかったといえよう。

しかしながら、座間らの扇情的な富士紡批判は、当時の社会党機関紙『光』の紙面に載り、世の注目を浴びた。しかも、前述のように皮肉なことに合併によって、工男の賃金水準は上昇したものの工女の賃金は、より低い東京瓦斯紡績会社の賃金水準に収斂していく傾向を見せ、三十九年の十二月から徐々に下落していくのである。こうしたなか富士紡では以下に詳述するように利益金の職員・職工への分配制度の実質的運用を図るとともに工場や寄宿舎内における換気や温度管理、病院の増設等々、医療体制を充実していったのである。

五　利益分配制度(29)

前章において見たように和田豊治は、明治三十四年一月に富士紡の専務取締役に就任するや皆勤賞与法の改正を行っており、そのなかで賞与法は、それまで定期工に対して一ヶ月・三ヶ月・六ヶ月ごとに皆勤賞与金を付与するとしていたものを一週間と一ヶ月という短期に改めて早期退職を防止しようとした。だが、これまで見たように雨季から夏季、台風時における労働環境の劣化にともなう退職者の増大など、職工の長期定着はいまだ十分改善されていなかった。一週間という短期の皆勤賞与は富士紡だけであったが、他社でも多かれ少なかれ採用していたこうした賞与法については、その効果を疑問視する考えも当時から指摘されていた。明治末から昭和初期にかけて工業教育会を組織し、綿紡績業等の実態や労務管理について調査研究、啓発活動を展開していた宇野利右衛門は、明治四十五年に皆勤賞等の一時的賞与法の問題点として以下の点を指摘している(30)。

一、賞与の刺激を新たにせざれば効力が微弱となる傾向がある。

二、会社よりの給付に対し狎《な》れる傾向が生じ、恩を恩として感じなくなるようになる。

三、刺激のために興奮させられる結果、正当な休養を欠くようになる恐れがあること。

四、給付を受けた金員が、往々有用でない方面へ消費され、かえってその職工が勤勉の風を脱して怠惰の風習に陥る恐れがあること。

宇野は、これらの点について実例を挙げて説明しているが、富士紡でも短期の賞与法への改正が期待通りの成果を挙げていなかったことはすでに見たとおりである。そこで和田は、前述のように三十九年九月に東京瓦斯紡績会社と合併の際に、従来利益金の一割五分であった重役賞与金を三分の一の五分に削減し、「職工賞与及衛生教育救済基金」（以後、「職工利益分配金」と略記する）と「職員賞与及恩給基金」（以後、「職員利益分配金」と略記する）にそれぞれ五分ずつ配分する制度を導入し、同年下半期から施行している。ちなみにその他の項目である法定準備積立金・損失準備積立金各五分、株主配当金及繰越金七割五分は従来通りである。

紡績業界では三重紡績が、こうした利益金の職員・職工への分配を明治十九年から実施しており、同年の定款において利益金の内二％が取締役の賞与に、八％が職員・職工（工員）の賞与に分配されることが定められ、以後その分配割合は判然としないものの明治三十八年まではこの利益処分法が行われていた。だが、明治四十年以降は職工が賞与の対象から外される一方、「重役使用人職工賞与金及慰労積立金」が積立てられていった(31)。

こうした紡績業界における先行事例はあるものの、富士紡の場合は三重紡績が職工を賞与の直接分配の対象から外したのとほぼ同じ時期から、わざわざ重役賞与への分配を三分の一に減らして職員・職工への分配を確保したのである。事実富士紡のこの制度については、早くから着目され、宇野利右衛門も、前掲『日本現時の職工問題』のなかで、一時賞与法や長期の皆勤日に応じて賞与を追加する累加賞与法と比べ、職工の引き留め策としてより効果的であると評価して富士紡の事例が示され、「富士瓦斯紡績職工賞与金給与規則」が紹介されている。[32]

その規定によれば、利益金の一割五分を占めた重役賞与金を五分に引き下げて残り五分を振り分けられた「職工利益分配金」の内、三分の一を衛生教育救済基金及び特別賞与金に当て、残り三分の一ずつを賞与金と保信積立金に当てるとしている。

その上で職工賞与金の決め方が明確に定められている。すなわち、工男・工女・鉄工・雑工のそれぞれについて、賃金等級に準じて高い順に等級率が定められ、さらに勤続年数の長い順に定められた勤続年数割増率を加え（表5‒6）、これに半期間における勤務日数を乗じて各自の得点数を決め、これを基準に分配額を算定している。但し、臨時工については、勤務年数割増数を加算しないで算定され、職務のため負傷した者の治療中の欠勤日数は、これを勤務日数に算入す、として配慮された。

しかもこの賞与金は、これまでのように一週間とか一ヶ月勤続したものに限って支払われるのではなくて、主として勤続年数と出勤日に比例して各期に全員に支払われるもので、宇野利右衛門も「農繁期に帰省すると云う事を食い止める上に就いて、少なからぬ効力のあるものである」[33]と評価している。

また特別賞与金についてここでは規定が明記されていないが、のちに検討するようにこれは役付及び成績優秀工等に支給されたもので、平素の勤務ぶり、欠勤日数の多少を参酌して支給率が決められたものである。また保信積立金とは、もともと保証金として賃金から控除され職工積立金として積立てられていたが、この時の改正によって「職工保信積立金」となり、さらに大正五年には「満期賞与金」と名称を変えている。[34]いずれも満期の時、会社の都合により解雇した時、本人死亡の時に本人もしくは遺族に支払われるものであり、職員の恩給基金とと

表5-6　職工賞与金査定のための率数表（明治39年下期）

(1) 賃金等級からみた率数						(2) 勤続年数による割増表	
率数	賃金等級	工男日給	工女日給	鉄工日給	雑工日給	10ヶ年以上	25（率数）
100	1等	100銭以上	75銭以上	150銭以上	100銭以上	10ヶ年未満	20
85	2	80	60	130	80	9ヶ年未満	18
73	3	70	48	115	68	8ヶ年未満	16
63	4	60	40	100	58	7ヶ年未満	14
53	5	50	33	85	50	6ヶ年未満	12
44	6	41	27	70	44	5ヶ年未満	10
36	7	35	22	57	39	4ヶ年未満	8
29	8	28	18	45	35	3ヶ年未満	6
22	9	21	15	35	31	2ヶ年未満	4
16	10	15	12	25	27	1ヶ年未満	2
8	等外	15以下	12以下	25以下	27以下	6ヶ月未満	0

出所：宇野利右衛門『職工問題資料 第一輯 日本現時の職工問題』工業教育会，明治45年（1912），54頁.

もに一種の退職金規定であった。

さらに、この規定では記されていないが、明治三十九年二月十二日に改正された職工規則の「第六章　賞罰」のなかに次のような規定が見いだされる。

第六章　賞罰

第三十六条　各工場ニ賞罰委員ヲ置キ、職工ニ関スル賞罰ヲ審議決定ス

第三十七条　賞罰委員ハ五人トシ技師、技手、事務員ノ中ヨリ工場長之ヲ指名ス

第三十八条　職工ニシテ左ノ項目ニ該当スルモノハ、審査ノ上其功労ニ応シ臨時賞与金ヲ給与ス

一　平素謹直誠実ニシテ能ク業務ニ勉励シ他ノ模範タルヘキ篤行アル者

二　事業上有益ノ事ヲ発明シタル者

三　危険ヲ冒シテ人命ヲ救助シ又ハ非常ノ事変ニ際シ防御ニ功労アル者

四　未然ニ危変ヲ防キ又ハ一般事業ノ妨害タルヘキモノヲ探知申告シタル者

第三十九条　職工ニシテ服務心得ニ違背シタルモノハ其情状

ヨリ減給降等又ハ解雇ス

ここでは、技師、技手、事務員の中から工場長によって指名された五人の賞罰委員が、平素の勤勉な勤務状況や有益な発明、人命救助や危険探知等の功労を審査して臨時賞与金を与えるとしている。この臨時賞与金に関しては、後に富士紡の社報『富士のほまれ』を検討した際に登場する夏季の厳しい暑さを乗り越えて一ヶ月皆勤した者に福引で賞品が授与されたケースなどが該当するものと思われる。

次に、職員の利益分配金については、職工と同額の利益金の五分が割り振られることは明記されているが、その分配方法等については提示されていない。その算定額の決め方や職員に支給される職員賞与金・恩給基金についてはのちに検討することとしよう。

さて、この富士紡の利益金分配制度の実態については、昭和三十五年（一九六〇）に日本労務協会が労務管理史料編纂会に調査委託して作成された調査報告書、左合藤三郎「わが国労務管理史の一様相（Ⅱ）―富士紡における利益分配制度―」（以下「報告書」と略記）[35]が小山工場史料などを用いながら詳細に明らかにしているのでここでその内容を批判的に検討しておこう。

「報告書」では、職工に与えられた賞与金の額を推計し、推定賃金合計額に対する割合を算定している。大正八年上期から九年上期にかけて『富士のほまれ』に記載された各期の職工衛生教育救済基金並びに職員恩給基金の繰越高から大正八年上期の増加額一六万八四三七・九二八円を出し、この年の「職工利益分配金」と「職員利益分配金」の合計値五九万四〇円からこの額を差し引いて四二万一六〇二・〇七二円を大正八年上期の職工・職員の賞与金額としている。しかし、ここには職工に係わる特別賞与金並びに賞与金と同額の保信積立金が含まれているはずであるが、このことは考慮していない。おそらく「報告書」の著者は、前期の宇野利右衛門が紹介した富士瓦斯紡績職工賞与金給与規則を参照していなかったためと思われる。しかも、職工への衛生教育救済基金と職員への恩給基金を同額と仮定したうえで（その根拠はわからない）、職工・職員への賞与金を等分した額、すなわち約二一万円を職工賞与金としている。そしてそれが職工賞与及衛生教育救済基金二九万五〇二〇円に占める割合として七一％と算出している。さらに同じように算出して大正八年下期の割合は約七九％であった。しかし、衛生教育救済基金と恩給基金は毎期にそれぞれ少額ずつでも支給された分があり、それだけ賞与金額は少なくなる点を考慮して、おおよそ七〇〜七五％が純粋な賞与配分額であろうと推定している。

「報告書」はさらに『大日本紡績連合会月報』（以下、『月報』と略期する）記載の職工数と賃金から毎期の職工賃金額を推定し、職工の利益分配額の七五％と仮定して算出した職工賞与額の賃金に対する割合を推計し、三十九年下期から四十一年上期は平均一五・九％、四十一年上期から大正四年上期は平均六・三五％と算出している。

しかし、「報告書」の理解した職工賞与額にはそれと同額である保信積立金が含まれておらず、それを考慮すると職工賞与額は推定値の半額となる。また賃金総額や職工人数を推計した元となった『月報』の数値は、綿紡績業にかかわる職工の人数と賃金が記されていると考えられるので、富士紡の場合綿布製織並びに紡績絹糸布の職工・賃金がそこに加算され、職工賃金総額と比べた職工賞与金の比率はさらに低くなるであろう。

「報告書」の著者は、富士紡の利益分配制度を海外の事例や国内の企業と比べてもその先進性と画期性を高く評価し、この点では筆者も賛成であるが、右に指摘したような統計処理上の問題があるため、その実際の効力の点においてやや過大評価に過ぎると思われる。そこで、より実態を正確に確定するために、「報告書」が示した大正八年上期を例にとって、各項目を次のように整理して推算基準を確定してみよう。

①職工賞与金と保信積立金　「職工利益分配金」のそれぞれ三分の一。

②職工特別賞与金　前掲「報告書」によると大正三年上期の小山工場職工八二六〇人の特別賞与金の限度額は四三〇〇円である。したがって同年同期の富士紡全職工一万三六〇八人の特別賞与金を換算すると七〇八四円となる。この期の「職工利益分配金」は五万二〇二三円で、その一三・六％に当たることから、他

の各期にもこの率を適用して推算する。

③職員賞与金は、大正八年上期についてみると、「職工利益分配金」と「職員利益分配金」合計値五九万四〇円から職工衛生教育救済基金並びに職員恩給基金の大正八年上期の増加額一六万八四三七・九二八円を差し引き、さらに同年の職工賞与金と保信積立金の合計値一九万六六八〇円（二九万五〇二〇円×三分の二）並びに職工特別賞与金二万一六七二円（同期の「職工利益分配金」二九万五〇二〇円の一三・六％＝四万一二三円）を差し引くと、一八万四七九九円となる。同期の「職員利益分配金」の六二・六％となる。この率を各期にも適用して推算する。

④職工並びに職員の賃金総額は、毎期の営業報告書記載の諸給料並びに職工給料の数値とする。但し、それが判明するのは明治四十三年下期までである。

以上のような計算方法を以て作成したのが表5‐7である。

これによるとこの制度が導入された明治三十九年下期から四十年下期は日露戦後の好況期で、利益金が一二〇万～一五〇万円台と高水準に達した時期であり、職工利益分配金は職工給料の一八～二一％に達し、そのうち特別賞与を含む職工賞与も職工給料の八・五～一〇・二％を記録している。前記「報告書」では一四～一七％と推計されていたので、約六割に修正される。その後四十一年上期から四十三年上期に至る景気が後退した局面では職工利益分配金も職工給料の五～八％台に落ち、職工賞与も同じく二・四～三・九％に低迷している。しかも賞与金は、給与等級が高いほど、また勤続年数が長いほど、そして勤務日数が多いほど額が上昇する仕組みになっていたから、上昇志向の強い職工には有効であったかもしれないが、給与等級も低く勤続年数も短い職工にとって、給料の二～三％台の賞与がどれほど労働意欲喚起に効果があったか疑問なしとしない。まして工女の場合は、三十九年下期以降給料は停滞傾向で同業者平均賃金を下回ることが多くなってくるなかで、特に綿糸工女より若干低い工賃に甘んじていた絹糸工女の不満はなかなか解消できず、先に見たような明治四十五年のような事件となって現れたと思われる。

　これに比べ、職員の場合を見ると、職員利益分配金は、三十九年下期から四十年下期には職員給料の一〇八〜一四五%にも達し、賞与金も同じく六七〜九一%にも及んでいる。その後景気が低迷するに及んでそれぞれ三九〜五一%台、二〇〜三四%台へと低下するが、それでも相当な額が職員には支給されたといえる。これは考えてみれば当然のことで、明治三十九年下期の全職工数四六二三人に対し、全職員数は職工の約三%にしか過ぎない一四七人であった。この双方に同額の利益分配金が支払われたのであるから、職員は職工に対して大変優遇されたことになる。既述のように、富士紡では日露戦後の拡張十年計画にそって機械施設の拡充と工場増設、水力発電所建設に明け暮れ、小山工場には本社と直結して各工場を統括する中央事務所が設置され、紡績・水力動力・水力発電・土木・建設等の専門技術者の統括や職工の賞罰・労務管理、衛生・医療・消防・水防・娯楽等を計画・施行するのも専務取締役を筆頭とした工場長・技師長‐主事・技手・工手といった系統的な職員組織であった。職員利益分配金は、こうした工場統括上重要度を増す職員層への配慮を示したものにほかならない。

　それではこのような賞与金は実際にどのように配分されていたのだろうか、前期「報告書」には大正三年上期の小山工場史料が紹介されている。まず職工の給付状況は表5‐8のようである。ここで表示されている積数とは、前述したように賃金等級に準じて高い順に等級率が定められ、さらに勤続年数の

(明治 39〜43 年)

41 年下	42 年上	42 年下	43 年上	43 年下
25,147	37,754	33,239	40,352	-
8,382	12,585	11,080	13,451	-
3,420	5,135	4,520	5,488	-
8,382	12,585	11,080	13,451	-
4,963	7,449	6,559	7,962	-
484,400	569,365	505,498	685,840	614,966
5.2	6.6	6.6	5.9	-
2.4	3.1	3.1	2.8	-
25,147	37,754	33,239	40,352	-
15,742	26,634	20,808	25,260	-
9,405	14,120	12,431	15,092	-
78,323	88,370	78,132	101,383	89,250
32.0	42.7	42.5	39.8	-
20.1	26.7	26.6	24.9	-

の給料が明確に記されていないため，表出していない．

及恩給基金」を意味する．

表5-7　富士紡職工・職員への利益分配金の内訳と推移

	数値確定方法	39年下	40年上	40年下	41年上
A．職工利益分配金	当期利益金の5%	61,706	76,647	70,233	40,024
内訳　1. 賞与金	A×1/3	20,569	25,549	23,411	13,341
2. 特別賞与金	Aの13.6%	8,392	10,424	9,552	5,443
3. 保信積立金	A×1/3	20,569	25,549	23,411	13,341
4. 衛生教育救恤基金	A－1－2－3	12,176	15,125	13,859	7,899
B．職工給料	営業報告書の「職工給料」	342,048	353,786	385,598	484,064
C．A／B　%		18.0	21.7	18.2	8.2
D．(1+2)／B　%		8.5	10.2	8.5	3.9
a．職員利益分配金	当期利益金の5%	61,706	76,647	70,233	40,024
内訳　①賞与金	aの62.6%	38,626	47,981	43,966	25,055
②恩給基金	a－①	23,078	28,666	26,267	14,969
b．職員給料	営業報告書の「諸給料」	49,870	52,636	64,817	78,284
c．a／b　%		123.7	145.6	108.3	51.1
d．①／b　%		77.5	91.2	67.8	34.8

出所：『富士紡営業報告書』等．数値確定方法は，本文297頁を参照．
注：1）実数値は，円以下四捨五入．%の数値は，小数点第2位以下四捨五入．
2）明治43年下期は，関東大洪水で損失のため利益なし．それ以降は，営業報告書に職工・職員
3）職工利益分配金とは「職工賞与及衛生教育救恤基金」を，また職員利益分配金とは「職員賞与

長い順に定められた勤続年数割増率を加え、これに半期間における勤務日数を乗じて求められた各自の得点数の合計値である。この表を見ると、大正三年上期中における職工一人当平均給付額は、第一工場一〇・二六円、第二工場一〇・四九円でほぼ同じだが、第三工場八・八六円、第四工場七・二四円、第五工場六・四三円となっており、工場の古さに比例して勤続年数が長い職工が多いことを反映したものであろう。

また男女別では、紡織工の場合は、工男の賞与は工女の一・四〜一・七倍であり、ほぼ賃金の格差を反映しているが、雑工・準備工の場合は二倍以上の格差を示している。職種別では、第一並びに第三工場の男子雑工や第三工場の鉄工（男子）の場合、紡績工男より高額を得ている。これは鉄工とともに、ローラー工・革工・ゴム工・針工からなる雑工が特殊技術を持った専門職種であり、おそらく賃金そのものが紡績工より高額であることによるものであろう。

さらにここでは、前述の宇野利右衛門による提示

表5-8 小山工場における職工への賞与金給与状況（大正3年上期）

職別		男女別	人数 人	積数 円	1人当平均額 円
第一工場	紡績工	男	331	5,148.32	15.55
		女	1,390	12,445.52	8.95
	雑　工	男	8	162.71	20.34
		女	3	24.31	8.10
	準職工	男	62	693.18	11.18
		女	13	57.40	4.42
	合　計		1,807	18,531.44	10.26
第二工場	紡織工	男	195	2,891.99	14.83
		女	1,518	15,033.15	9.90
	雑　工		16	207.63	12.98
	準備工		1	11.13	11.13
	合　計		1,730	18,143.90	10.49
第一，二工場　合計			3,537	36,675.34	10.37
第三工場	紡績工	男	425	5,086.121	11.97
		女	1,633	12,286.739	7.52
	鉄　工		42	615.017	14.64
	雑　工		9	110.121	12.24
	準備工		220	2,526.801	11.49
	合　計		2,329	20,624.759	8.86
第四工場	紡績工	男	348	3,446.338	9.90
		女	2,046	13,891.139	6.79
	合　計		2,394	17,337.477	7.24
第五工場	紡織工	男	56	473.036	8.45
		女	318	1,931.305	6.07
	合　計		374	2,404.339	6.43
第三，四，五工場　合計			5,097	40,366.615	7.92
小山工場総計			8,634	77,041.955	8.92

出所：日本労働協会・労務管理史料編纂会，調査報告「わが国労務管理史の一様相」（調査研究資料 No.22）より．

資料では紹介されていなかった職員賞与金や職工特別賞与金の決め方と支給額の実際が報告されている。それによると職員賞与金については、月給額に出勤日数を掛けた積数に職種に応じた率を乗じて決定されている。その率とは、積数一円について、社員一銭五厘、雇員七厘五毛、雇員見習五厘、小使給仕二厘五毛と定められ、社員と雇員以下とでは明確な格差があった。それは表5-9に示されたように賞与金の平均一人当支給額をみればより明白である。すなわち社員（職員）は一三一・九四円であるのに対し、雇員は二八・二八円、小使給仕に至っては三・〇三円に過ぎない。さらにそれは、職員内部においても歴然と表れていた。四〇〇円以上を支給される一人から四〇〜六〇円の二人に至る八段階の階梯には、工場長・技師長-同副長・次長—主任-技手・工手—手代といった地位が対応していたであろう。この表と職工の一人当平均給与額を比較すると、職工の中で最も高い額である一四～二〇円を受ける紡績工男や雑工・鉄工は、七～二〇円台を受ける雇員の下層クラス、また一五～一六円を受ける雇見習に相当する。六～九円を受ける工女は雇員の最下位及び小使給仕の最上位とほぼ同等の位置でしかなかったのである。

それでは次に、職工特別賞与の支給状況はどうであったのかを見てみよう。まず明治四十四年上期の場合を、小山工場史料『進退賞罰ニ関スル書類』によってみると、「各自日給額・勤務日数其他平素業務ノ成績ニ基キ各自ノ支給額ヲ査定シ専務取締役ノ認可ヲ得テ支給可致旨本社ヨリ申超相成候ニ付テハ当工場ハ大略左記ノ標準ニ拠リ計算支給ノ事ニ致度候」として、表5-10に見られるような基準を示している。すなわち、特別賞与の対象者は、工頭・組長、役付待遇者・準職工役付と工女特待工並びに役付工女であり、いわゆる役付職工と特待工(工女の場合)であることがわかる。大正三年上期になると、この基準は、富士紡調査部が小山工場長に提出した「賞与金ノ件」では(表5-10)、「組長」の記載が「男工役付」となり「女工役付」も明記されている。「役付待

表 5-9　職員への賞与金支給
（大正 3 年上期）

	支給賞与額	人数　人
職員	400 円以上	1
	250～300 円	2
	200～250 円	2
	150～200 円	4
	100～150 円	14
	80～100 円	7
	60～ 80 円	6
	40～ 60 円	2
	総額　5013.60 円	38
	平均 1 人当 131.94 円	
雇員	40 円台	1
	30 円台	6
	20 円台	8
	7 円台	1
	総額　452.55 円	16
	平均 1 人当 28.28 円	
雇見習	16 円台	1
	15 円台	1
	11 円台	1
	総額　43.26 円	3
	平均 1 人当 14.42 円	
小使給仕	6 円台	1
	3 円台	2
	1 円台	2
	総額　15.13 円	5
	平均 1 人当 3.03 円	

出所：労務管理史編纂会「わが国労務管理史の一様相（II）ー富士紡に於ける利益分配制度ー」18-19 頁より作成.

表 5-10　職工特別賞与金支給限度

明治 44 年　上期		大正 3 年　上期	
1. 工頭	日給ノ 30 日分	1. 工頭ノ職務ヲ執ル職工	日給額ノ 30 日分以内
2. 組長	同　20 日分	2. 男工役付	同　20 日分以内
3. 役付待遇者	同　14 日分	3. 男工役付扱	同　17 日分以内
4. 準職工役付	同　14 日分	4. 女工役付	同　10 日分以内
5. 女工特待工並役付	同　10 日分	5. 女工役付扱	同　8 日分以内
		6. 準職工役付	同　17 日分以内
		7. 其他抜擢ノモノ	同　8 日分以内

出所：明治 44 年上期は『進退賞罰ニ関スル書類』，大正 3 年上期は「わが国労務管理史の一様相（II）」労務管理史料編纂会，調査研究資料 No.22，による．

注：上表に続いて，明治 44 年上期の場合は「各自日給額・勤務日数其他平素業務ノ成績ニ基キ各自ノ支給額ヲ査定シ」と記されている．
大正 3 年上期の場合は「以上ノ限度ヲ目安トシテ平素ノ勤務振リ，欠勤日数ノ多少ニヨリ酌量支給額ヲ定メ，其人名金額稟議相成度候」と記されている．

遇者」が「男・女工役付扱」と記載され、さらに「其他抜擢ノモノ」という一項が登場している。このように大正三年上期には、男女工ともにより整理された形となり、特別賞与金の対象者は男女工の役付職工と「其他抜擢ノモノ」と明確化された。また勤務日数に関しては明治四十四年上期には、欠勤日数が一〇日を超えると一〇日ごとにほぼ一割ずつ支給額が控除され、その控除された額は成績優秀な役付職工等に分配されるものと規定されている。

実際の特別賞与金の分配支給状況を見ると、明治四十四年上期の場合は表5－11のようである。支給人員は三七五名で、小山工場の職工数合計（四十二年上期）の約五・七％である。そのうち工女特待工と、工男で占められる工頭・組長・役付待遇・準職工役付がほぼ半数ずつを占めていた。工男の中には、中央事務所所属と思われる電気係と工作係が一二名ずつ選出されており、この時期の電化事業への対応を窺わせる。工場別割合では第一～第四までほぼ拮抗しているが、新設の第三・第四工場では工女特待工の比率が、旧設の第一・第二工場より一・五倍ほど高いことがわかる。

次に大正三年上期の場合を「報告書」記載の資料からみてみると、小山工場全体では四三〇〇円が振り分けられ明治四十四年上期の二七六六円の一・五倍に増加している。電気係に二二九円・工作係に二一五円・準職工に八九円（これらは中央事務所所属職工と推測され

表 5-11　職工特別賞与支給の内訳（明治 44 年上期）　（単位：人）

	第一工場	第二工場	第三工場	第四工場	電気係	工作係	合計(%)
工頭	6	6	3	5	5		25 (7)
組長　特待工	11	13	13	18	6	2	63(17)
役付待遇	26	19	17	13		4	79(21)
準職工役付			6		1	6	13 (3)
女工特待工	40	36	60	59			195(52)
合計	83	74	99	95	12	12	375(100)
支給額　　円	631.42	598.87	589.98	621.71	213.32	111.26	2,766.56

出所：『進退賞罰ニ関スル書類』（小山工場史料）による.

る）、第一工場に七九五・五円、第二工場に七八三円、第三工場に九二六円、第四工場に一〇八〇円、そして同年六月に落成したばかりの第五工場には一八〇・五円が支給されている。明治四十四年時に比べ新設の第三・第四工場の比率が大きくなっていることがわかる。

また表5-12によると、支給人員六〇九人（支給資格がわからない第二工場の三人を除く）のうち工頭・役付工・同扱が二八七人・四七%、特待工が一三八人・二三%、優良工が一八四人・三〇%を占めている。職工数に占める給与者の比率は、工男で一七・六%に及ぶが、工女では五・九%にとどまっている。また稼働間もない第五工場を別として、特待工と優良工は第一工場には存在せず、特に工女の場合は第二工場にも少なく、第三・第四工場に集中していることがわかる。前に見たとおり第一・第二工場は操業年限が長く、一般の賞与金受給額が第三・第四工場より多額に上っており、そうした事情も考慮して特別賞与金では逆に第三・四工場に重点的に支給し、全体のバランスをとっているように思われる。但し、第二工場で、工男の特待工が多いのは、この時期欧洲から導入した新たな絹紡糸や絹布織機機械の操作等に関係しているのではないかと推測される。

さらに、支給資格別に一人当平均額と支給額の範囲をみると（表5-13）、工頭（男）は平均二二円台と最も高く、一般の賞与額（表5-8）の工男の平均額を上回る額を支給されている。役付や特待工の場合では、工男は一般賞与金とほぼ匹敵する額が、工女では五割程度が支給されている。この表に現れている

表 5-12　工場別，資格別特別賞与金給与状況（大正 3 年上期）

（単位：人）

	工頭	役付	同扱	計	特待工	優良工	計	合計	対総数比%
第 1 工場　男	16	29		45	–	–	–	45	11.1
女	–	42		42	–	–	–	42	3.0
計	16	71		87	–	–	–	87	4.8
第 2 工場　男	7	12	15	34	8	4	12	46	21.7
女	–	37	19	56	–	16	16	72	4.7
計	7	49	34	90	8	20	28	118	6.8
第 3 工場　男	4	12	23	39	–	15	15	54	16.0
女	–	–	–	–	59	33	92	92	6.0
計	4	12	23	39	59	48	107	146	7.8
第 4 工場　男	9	12	27	48	–	9	9	57	17.5
女	–	–	–	–	71	104	175	175	9.1
計	9	12	27	48	71	113	184	232	10.3
第 5 工場　男	1	2	8	11	–	2	2	13	23.0
女	–	4	8	12	–	1	1	13	4.1
計	1	6	16	23	–	3	3	26	7.0
合計　男	37	140		177	8	30	38	215	17.6
女	–	110		110	130	154	284	394	5.9
計	37	250		287	138	184	322	609	7.7

出所：表 5-8 と同じ．

優良工の人数は表5－12と異なり、また抜擢工なる資格が登場しているが（特待工を意味するとも考えられる）、それらには工男で四～五円台、工女で一・五～三円が支給されており、工男は役付職工のおよそ三割五分、工女は四割強に当たる額であることがわかる。

このように職工に対しては、賞与金は全体に広く薄く、しかし工場運営や機械操作の要となる役付や特待工、さらに一般職工の模範となる優良工や抜擢工にはそれなりに手厚い特別賞与金が付与され、労働へのインセンティヴを確保しつつ工場秩序の安定を図ろうとしていることが読み取れる。

このように明治三十九年下期以来利益分配制度は施行されてきたが、「報告書」のいうように、大正九年上期において改定され、恩給基金及び衛生教育基金を独立させて「職員職工恩給基金及び衛生教育基金」として統一され、利益金の五分を支給すること、そして職工賞与金並びに職員賞与金はともに利益金

表 5-13　小山工場における資格別男女別職工特別賞与額（大正 3 年上期）

資格・男女別		人数　人	合計額　円	1 人当平均額　円	支給額範囲　円
工頭・同扱	男	37	818.00	22.108	13.00～30.00
役付・同扱	男	140	1,338.00	9.557	3.50～17.00
	女	110	452.50	4.114	2.00～ 7.00
特待工	男	8	110.00	13.750	10.00～18.00
	女	130	495.00	3.808	2.00～ 6.00
優良工	男	13	44.00	3.385	2.00～ 5.00
	女	25	445.00	1.780	1.50～ 3.00
抜擢工	男	9	44.00	4.889	4.00～ 5.00
	女	196	389.00	1.985	1.50～ 3.00

出所：表 5-8 と同じ.
注：優良工と抜擢工の人数について表と大きく異なるが，そのまま掲載した.

に対して五分を支給されることとなった。こうしてさらに職員・職工への分配額は増大していった。

しかしながら、大正十二年（一九二三）九月一日の関東大震災は富士紡に甚大な損害を与え、さらに打ち続く不況の深刻化の中で昭和二年（一九二七）下半期に至って「職員職工恩給基金及び衛生教育基金」を残して職員・職工への利益分配制度は廃止されることとなったのである。

注

（1）明治三十六年上期・下期富士紡『報告書』。以下富士紡全体の職工・職員の人数は、同『報告書』による。
（2）前掲『地方からの産業革命』三〇二～三〇三頁。
（3）「小山工場職務章程」『明治四十一年八月二十九日調査　現行諸規則類纂』（小山工場史料）。
（4）同前史料の前文に加筆された文章による。この間の職制変更については前掲『戦前期、富士瓦斯紡績における労務管理制度の形成過程』八一頁も参照。
（5）「中央事務ヲ各工場ニ分割後ノ執務順序大要」前掲『現行諸規則類纂』。
（6）「明治四十一年八月一日　事務引継演説書　小山第三四工場長殿第三工場主事榛葉良男」『明治四十二年　稟議書綴』（小山工場史料）。以後「明治四十一年八月事務引継演説書」と略記する。

（7）定款では、「当会社ノ工場及工業ニ関スル規則ハ評議会ノ決定ヲ以テ制定改廃ス」（第八条）、また「評議会ハ取締役ノ会合ニシテ定款及総会ノ定メタル事項ヲ施行シ並ニ其施行ノ細則ヲ設ケ其方法ヲ決定ス」（第二十六条）と定めている。

（8）「技師長及事務責任者異動表」『高風院伝記史料』、による。それによれば明治四十年下期の営業部長には上野山重太郎が、調査部長には高木正彦が就いている。また前掲『富士紡生るゝ頃』三二三頁によれば四十二年八月には第一・二工場長であった井上篤太郎が本社（店）商務部長に転じたとあるが、三〇九頁には井上が富士紡入社後奮闘した結果絹糸工場長を一任されるに至り、その後本店絹糸営業部長に転じたとある。四十五年夏には、小山工場長であった高橋茂澄が本店営業部長の職に就いている（同書三二五頁）。

（9）「本店職務章程改正ノ件」（前掲『現行諸規則類纂』）。この史料には、明治四十一年八月以降も、ここに引用した大正二年八月に至る規則関連の史料が綴じられている。

（10）前掲『和田豊治伝』一七〇～一七一頁。

（11）「大正元年九月五日　職工社宅三棟並ニ社宅雑工事注文ノ件」『明治四十年、大正三年稟議書類』（小山工場史料）。

（12）前掲『戦前期、富士瓦斯紡績における労務管理制度の形成過程』六二頁、表3-3、原典は廣池文書「大正十年下半期職工統計」。

（13）またこうした紡績工場における夏場の職工減少の問題とその原因、解決策等については、大正元年に宇野利右衛門が検討している。前掲『職工問題資料集第一輯　日本現時の職工問題』日本工業会、大正元年（一九一二）参照。

（14）いずれの引用とも明治四十年下期富士紡小山工場『営業報告書』。

（15）明治四十一年下期富士紡小山工場『営業報告書』。

（16）以下の記述とも「在郷職工募集人規程」『現行諸規則類纂』（小山工場史料）による。

（17）「明治四十一年七月　中央職工係取扱事務要項」『明治四十二年　稟議書綴』（小山工場史料）による。

（18）「募集員嘱託ノ件　明治四十二年四月二十日」『進退賞罰ニ関スル書類』（小山工場史料）。

（19）前掲「明治四十一年八月　事務引継演述書」。

（20）同前史料。

（21）ジャネットハンターは、一八九〇年代までに、地域の村長や中農あるいは教諭などを含む募集人に手数料を支払う半独立の仲介業者を利用する募集方法が繊維業界に広まるが、応募労働者への暴行、複数の会社への契約と前払い賃金の二重取りなどさまざまな弊害が存在し、また募集費用が、賃金に比しても、前払い金・旅費・手数料等で多大に上ったことを指摘している（前掲『日本の工業化と女性労働』、七一～七九、一八三頁）。たしかに、遠隔地からの大量な工女募集と紡績企業同士の熾烈な工女獲得競争がこうした募集人をめぐるさまざまな弊害を生じさせる背景にあったが、さらに周期的に訪れる夏期の工女不足がこうした募集事業に拍車をかけたものといえよう。ただ、工女や企業の双方を欺く悪徳な募集人や業者が存在する一方、地方の有力者や名望家が、有為の人材を企業のために選択して提供し、企業側も工女に基礎教育と躾、裁縫や花嫁となるための技能教授を行って地方の信頼関係を勝ち得るにつれ、こうした弊害も是正されていったものと思われる。

(22) 前掲『戦前期、富士瓦斯紡績における労務管理制度の形成過程』八七頁。

(23) 前掲「明治四十一年八月　事務引継演説書」。

(24) 「明治四十一年七月十日　仕上科工賃改正ノ件　第三工場」『明治四十二年　稟議書綴』（小山工場史料）。

(25) 「明治四十一年七月四日　綛操請負工賃改正御願　仕上科」『明治四十二年　稟議書綴』（小山工場史料）。

(26) 以上、引用、要約とも前掲「明治四十一年八月　事務引継演説書」。

(27) 『静岡民友新聞』明治四十五年（一九一二）五月四日。

(28) 以下事実関係については、杉山金夫「隠れた民衆史」『静岡新聞』昭和五十二年（一九七七）十月二十七日・二十八日・三十一日・十一月一日・二日・四日を参照した。但し、この論稿は富士紡の経営状況や賃金動向等の分析を踏まえず、もっぱら事件の主導者側の主張に沿って論評している観があり、筆者の評価とは異なる。

(29) 金子良事は、和田豊治が導入した利益分配制度による賞与制度を、労使双方の温情を重視する和田の労使共同論を体現したものであり、利益金を資本出資者とその被委託者（重役）に分与するのが当然である株式会社制度において、重役・職員・職工に分与するという画期的な制度として評価し、本書でも参照した宇野利右衛門や左合藤三郎の研究を引用しながら、本制度を紹介し、富士紡の賃金制度や身分保障制度との関係を考察している（前掲『戦前期、富士瓦斯紡績における労務管理制度の形成過程』四四～四七頁、一一八～一二〇頁）。本書では、特に左合藤三郎の研究を批判的に検討して、この制度の実態面についてより突っ込んだ実証分析を行ったものである。

(30) 前掲『日本現時の職工問題』四五頁。

(31) 粕谷誠「役員賞与制度の形成と変容」東京大学・日本経済国際共同センター・061ディスカッションペーパー、平成十八年（二〇〇六）三月。ここでは、日本における役員賞与制度の形成過程を、江戸時代の商家や醸造業における利益の分配法の異同から説き起こし、明治期における国立銀行における継受関係を検証し、三重紡績や財閥企業における賞与金制度の変容過程が明らかにされているが、戦前期から注目され社史においても大きく取り上げられていた富士紡の利益金分配制度に関してはまったく触れられていない。

(32) 前掲『日本現時の職工問題』五一〜五五頁。

(33) 同前書、五五頁。

(34) 前掲『戦前期、富士瓦斯紡績における労務管理制度の形成過程』四〇〜四一頁。

(35) 労務管理史料編纂会編「調査研究資料」二二号、昭和三十五年(一九六〇)三月。

第六章　防災・防疫・防犯並びに労務対策の展開

富士紡は創業以来頻発する火災と洪水などの水害、それにともなって発生した伝染病、さらに急速に町場化した工場周辺地域で頻発したさまざまな事件・事故・犯罪等に悩まされた。この章では、企業の存続をも脅かしかねないそうした事態の実情と富士紡の対応策について具体的に検討する。

一　火災と火防対策

「紡績工場などといへば、燃へ易い綿と油とで仕事をするところだ。一寸間違えば火が起こる」[1]と小山工場の田中身喜技師が言うように綿糸紡績工場では火災が頻繁に発生した。明治十年代に創業したいわゆる二千錘紡績一八社のうち判明するだけでも七社が火災を起こし、そのうち三社は直接火災が原因で解散している[2]。また絹糸紡績工場でも原料を乾燥させることから火災が発生しやすかった。表6‐1は、富士紡工場で発生した火災と防火対策、そして火災保険の状況をまとめたものである。富士紡では、小山工場建設当初から中島工学博士の設計に従って施設の要衝にハイドランド（近代的消火施設）を敷設したが、工場内各所にはなお軽便な消火器しか備えつけていなかった。明治三十四年（一九〇一）二月、和田豊治は着任早々、自動消火器敷設の設計に取りかかり、三十六年上期には第一工場の自動消火器が完成し、同年下期には小名木川工場に防火戸などを設置している。

明治三十四年三月には消防規則並びに消防心得を制定して、防火並びに消防の組織的体制と各員の役割及び責任を明確にした(3)。いま第四工場まで建設され中央事務所が設置された明治四十年十月という段階で改正された同規則を見ると、小山工場では中央事務所に消防本部を、各工場に消防部を置き、本部には小山工場内の消防に関する一切を統括する消防総長一名と補佐役の副長が若干名、さらに消防調査掛・同事務掛が配置された。調査掛では消防に関する設備や演習方法を画策し、装置や器具の検査を担当し、事務掛は、消防に関する火災中の一切

防火施設の充実
2月 和田豊治就任するや消火器付設の設計に取り掛かる.
小山第1工場自動消火器完成 小名木川工場防火戸等新設
小山第2工場自動消火器新設完成
保土ヶ谷工場ハイドランド水管設置完成
6月8日 工場防火自動消火器1式三井物産を介して英マザープラット社へ注文 小名木川工場織布部自動消火器完成 押上工場スプリンクラー増設 8月17日 小山第3工場非常用防火装置通水のため六合村小山地内滝沢川上流及び花戸堰中流に貯水池設置鉄管布設に付勧誘道路並に用悪水路土居敷借用の儀に付六合村長に出願
6月3日 予て英マザープラット社へ注文済の第2工場自動消火器着荷に付取付完成 小山第1・2・3工場に自動消火器ハイドランド及蒸気ポンプを新増設
小山第2工場自動消火器増設完成
小名木川工場混綿室及保土ヶ谷工場に自動消火器増新設
小山第4工場自動消火器完成

表 6-1　富士紡での火災・防火対策・火災保険の推移

	1. 保険金額	2. 家屋•機械代	1/2%	火災事故
明治 34 年上期	500,000	1,442,043	35	
下期	500,000	1,442,043	35	
35 年上期	500,000	1,445,244	35	
下期	500,000	1,432,334	35	
36 年上期	1,025,000	1,668,485	61	
下期	1,268,000	2,124,461	59	
37 年上期	1,208,000	2,263,226	53	1 月 25 日 小山第 2 工場暖房室 2 階乾燥室階下より失火，同建物周囲煉瓦壁を除き 63 坪 7 分 5 尺並びに乾燥中の絹糸製乾品 322 貫 474 匁を焼失，損失金 6,307 円 89 銭 1 厘は稟議済月賦償却のこととせり 4 月 27 日 小名木川工場，第 1 電動車のメタル摩擦のため発火し，機械室より織布室・サイジング室・ワービング室を焼失.
下期	1,392,000	2,760,917	50	
38 年上期	1,930,000	2,746,577	70	＊保土ヶ谷工場社宅の火災
下期	2,210,000	2,798,748	79	
39 年上期	2,340,000	2,805,009	83	3 月 22 日 小山工場綿糸撰綿室より発火. 1 棟全焼，表門衛詰所半焼. 原因不詳なるも喫煙の禁を犯せしものならん.
下期	4,290,596	4,381,668	98	
40 年上期	7,127,583	4,269,278	167	6 月 30 日 絹糸部乾燥室焼失
下期	6,458,500	6,154,610	105	
41 年上期	6,751,000	6,180,785	109	
下期	6,082,100	6,132,685	99	
42 年上期	6,091,204	8,624,372	71	3 月 19 日 保土ヶ谷工場第 3 号原料倉庫で火災
下期	6,111,100	8,602,326	71	＊小山工場社宅で火災
43 年上期	6,966,100	10,206,615	68	
下期	7,046,000	10,721,108	66	
44 年上期	7,118,600	10,633,895	67	
下期	7,318,600	10,648,970	69	
45 年上期	不明	不明	不明	
下期	8,384,600	11,238,012	75	
大正 2 年上期	9,055,000	11,222,660	81	
下期	10,474,000	13,544,345	77	
3 年上期	11,414,500	13,613,931	84	
下期	12,333,000	14,198,209	87	
4 年上期	12,750,000	16,819,537	76	

出所：『高風院伝記史料』，各期富士紡『報告書』，富士紡小山工場『営業報告書』より作成.
注：＊の記載は，火災発生の月日判明せず.

の事務を処理し、関連書類の保管を司った。いわば工場全体の消防に関する司令塔であった。もちろん総長は消防に関する事項は、技師長・工場長を経て専務取締役に報告する義務を負っていた（『消防心得』）。日露戦後期に消防総長を務めていた田中身喜は、小山第一工場の拡張に際して、瓦斯焼室と撚糸室の増設のやり方に関して防火上の観点から和田専務に強い指導を受けており、消防総長といえども和田専務の強力な監督下にあった(4)。また工場構外と社宅については、本部が別に消防部を置いて管轄し、各消防部を補助するものとされた。

各消防部には、部長一名、同副部長のほか消防掛長・消防事務掛・消防器具掛・消防女工掛・消防手がそれぞれ若干名配置され、部長の統括・指導の下に各工場および寄宿舎の警戒と火防・消防の任に当たった。消防部長は、消防器具の整頓保管、出火の際の防火上の手続き実行、「非常汽笛」による報告、非常線を画して出入口の厳重取締り、出火原因調査、鎮火後の消防器具の整理等を関係掛を指揮して行うものとされた。また消防女工掛は、出火の際に各工女を混乱のないように安全な場所へ避難させるという重要な任務を与えられていた。

明治三十八年、消防総長には原動部主任技師田中身喜が、副長には綿糸部後部主任技師間雄次・営繕部主任技師秋元繁治・庶務係主任山崎又三郎の三名が就任した。消防掛長には職工係主任・職工係・倉庫係主任・用度係・医務所主任・計算係主任・庶務主任・寄宿係・絹糸部担任・前部晒練科担任・綿糸後部担任・リング担任・仕上担任・据付担任・打梳綿担任・前紡担任等が任命され、消防女工掛には医務所職員や寄宿舎舎監が就いた(5)。

このように消防体制は整備されていったが、明治三十七年一月二十五日、小山第二工場暖房室二階乾燥室階下より出火し、同建物周囲煉瓦壁を除き約六三坪並びに乾燥中の絹糸製乾品三二二貫余を焼失した。損失金は六三〇七円八九銭一厘に上ったが、火災保険により月賦償却されている。さらに四月二十一日には小名木川工場において第一電動車のメタル摩擦が原因で発火し、機械室・織布室・サイジング室・ワービング室を焼失した。これには火災保険金として四万八二六五円二八銭が下り、早速復旧工事に取りかかって八月上旬には完成したが、織布並びに綿糸生産に減退を来したことはすでにみたとおりである。

和田豊治は、特に合併直後の小名木川工場での火災発生に責任を感じて、重役会に専務取締役の辞職を申し出たが聞き入れられず、火災防止と工場復旧に全力を挙げていった。まず小山第二工場では自動消火器を導入し三十七年下期に設置を完了している。また三十九年下期には小名木川工場でもイギリス・マザープラット社へ注文していた自動消火器が設置された。

さらに三十七年三月には、非常警戒当直規則が設けられ、職工の交代日または休業日における非常警戒のため当直員を置くことが定められ、工場内外を巡視して防火装置の状態を取調べ応急の措置を取るべきこととされた。当直員には、消防掛や消防女工掛が任に就いた。(6) さらに同年五月には、通常日においても専任の当直員を常駐させる措置を講じている。(7)

こうした設備並びに組織体制の充実にもかかわらず、その後も火災は発生し、次々にその対応に追われた。三十八年上期には保土ヶ谷工場の社宅で火災が発生し、三十九年下期には同工場にハイドランド水管が新設された。四十二年三月十九日には保土ヶ谷工場第三号原料倉庫から火災が発生しているが、装備されたハイドランドによって対応できたと思われる。

小山綿糸工場では、三十九年三月二十二日には喫煙が原因と思われる火災が選綿室より発生し、同棟一棟が全焼、表門衛詰所が半焼した。これに対し、同年六月には防火用自動消火器一式をマザープラット社に注文して設置している。また小山第三工場で用いる非常用防火装置のため六合村小山の滝沢川上流並びに花戸堰中流に貯水池を建設し鉄管で通水する準備に取りかかっている。

明治四十年（一九〇七）六月三十日にはふたたび小山工場絹糸部乾燥室で火災が発生して同室を焼失しているが、同月三日には予てマザープラット社に注文していた自動消火器が取り付けられた直後のことであり、消火に役立てられたと思われる。小山工場ではまた、同年下期に第一・二・三工場に自動消火器ハイドランド及び蒸気ポンプを新増設している。さらに四十一年下期には、火災が重なった第二工場に自動消火器を増設している。小山では四十三年上期には新設の第四工場にも自動消火器が設置されている。その後四十二年下期に社宅で火災の発生をみるが、以後は、営業報告書等の史料で見る限り富士紡での火災は見られなくなっている。

また表6-1を見ると明治三十九年下期に東京瓦斯紡績会社と合併して以降富士紡に加わった押上工場の火災がまったく見られないことに気付かされる。これは同社の創設者日比谷平左衛門の防火対策によるところが大きい。日比谷は、会社創設後間もない頃（明治三十一年頃）火災保険の掛金の高額さに鑑み、その掛金に費やす金額を防火設備や警備費の方へ回して万全を期すこととした。消防規則を定めて役員の部署を定める。手押しポンプ・ハイドランド・消火器等あらゆる防火器を購入して配置する。そしてそれらの実地訓練を行い、これでいけると確信した日比谷は、あっさり火災保険をやめ、掛金に当てるはずの費用を防火費用に当てなお余剰が生じた場合には賞与金として従業員に振り分けた。この自警自営の思想と行動は社員にも浸透し、防火とともに生産活動にも好影響を与えていったという(8)。

こうした防火に対する姿勢は、日比谷が富士紡社長に就任した時期に富士紡の経営方針にも当然もたらされ、それが和田豊治の防火対策にも引き継がれていったと考えることもできる。とにかく、東京瓦斯紡績から引き継いだ押上工場から火災が発生しなかった背景には、如上の事情があったことを指摘しておきたい。

和田は、大正元年八月からの欧洲視察の際にも、イギリス・マンチェスターのマザープラット社を訪ね、工場用吸湿器のほかスプリンクラー等の諸機械を研究している。こうしたイギリスの最新の防火施設の知識は、その後の富士紡工場の防火施設にも活かされたと思われる。大正三年六月に落成した小山第五工場についても同年上期の『報告書』の防火装置の項に「財産ノ安固ヲ図ル為メ益々防火装置ノ完成ヲ期シ」とあることから第一～第四工場と同様に最新の防火施設が設置されたと思われる。また欧洲視察の知見の粋を集めて設計され大正三年四年一月に落成した川崎工場でも「工場内の通風や吸湿装置、防火装置などには特に意を用いて、最新の科学が応用された(9)」のである。

また従業員の防火意識の涵養と防火装置の整備を日常的に心がけるよう注意が呼びかけられている。大正六年三月号の『富士のほまれ』にも、「火の用心」と題して一般家屋、電機関連器具、ランプ・行燈・火鉢・煙突・石油・ガス等、さまざまなケースに応じた消火方法が具体的に示され、大火に至らないよう注意を喚起している。

さらに富士紡では、火災事故に備えるため火災保険に加入し、施設の拡充にともなって保険金額を増大させ、工場の家屋・機械の評価額に対する保険金額も、創設当初の明治三十四、五年は、三五％であったが、三十八年以降は七〇～一〇九％と上昇していった（表6-1）。毎期の保険料支払額も、三十五年上期は三一九四円、三十八年上期は八九〇九円、四十三年上期には一万一二三七円と上昇していった（表2-1-b、表3-3-a）が、保険金額に対する保険料の割合は、〇・六四％から〇・四六％、〇・一六％へと大幅に減少させていき、保険による火災防護を図りつつ経費節減を志向していったのである。

二　水害と水防対策

富士紡工場は水力を効率よく利用するために鮎沢川に沿って建てられ、敷地の一部は周囲の山肌を削り鮎沢川の河原を埋め立てて護岸工事を施して造られたものであったから、洪水時には「(小山の)紡績工場の直ぐ際まで崖崩れ右岸の新設寄宿舎は跡形もなく流失し、……又た工場の水道は山崩れのため泥に埋まりし由にて発電に困り居るやに聞けり」(10)というように、直接崖崩れや増水した激流の脅威に晒されたのである。さらに護岸堤防が決壊して濁水が工場内に侵入し、動力用並びに紡績用の水路が破壊されて、動力が麻痺して操業休止に追い込まれた場合がたびたび発生した。このように鮎沢川の豊富な水量を求めて建設した工場の立地条件がそのまま、河川増水による水害にはきわめて弱いというマイナス要因を作り出していたのである。

こうして頻発する暴風雨や洪水の被害に対して、富士紡では水防規則を定め、明治四十一年六月一日から実施している。[11] 小山工場では水害防御のため水防部を中央事務所に置き、水防区域を菅沼村に属する第一・第二工場と六合村に属する第三・第四工場の二つの区域に分け、その工場・社宅等建築物と排水路に通ずる河川・水路を水防の対象とし、それぞれに水防部長一名・同副部長二名、水防掛員・水防庶務掛員・水防夫組長・水防夫若干名が配置された。水防夫は当分常雇の大工・鳶・土工及び雑役夫を以て組織するものとされ、これら各水防区域職員を補佐するため、中央事務所の水防部に水防部員が置かれた。

水防部長は、技師長並びに工場長の命を受けて掛員以下を指揮監督して水防一切の事務を総括するものとされ、掛員は、部長の命を受け、各受持ち区域を巡視し、水防組長・水防夫の作業を監督するものとされ、その職務内容は次のようなものであった。

一、各区内河川水路ノ護岸防御ニ関スルコト
二、材料設備ニ関スルコト
三、水防夫組長、水防夫ヲ選定シ、予メ其受持ヲ定メ一朝有事ノ場合ニ遺憾ナカラシムルコト
四、水防夫ヲ召集スルコト
五、水防夫組長以下ノ動作ヲ監督スルコト
六、各受持区ニ属スル建築物ヲ保護スルコト
七、土石及流レ木採集場ヲ選定シ置クコト
八、水防作業ノ状況ヲ報告スルコト
九、防御用材料費其他ヲ精算スルコト

こうして水害防御の組織体制と職務内容の基本が定められたが、洪水発生の非常時における警報等の措置についても具体的に規定された。特に警戒を要する第三工場水路取入口においては水量が一尺に達した時には当直員は、水防組長・掛員・部長へ報告するものとし、各区において水勢が強くなお増水の恐れあるときには、掛員は

水防夫並びに技師長・工場長に報告することとされた。さらに各区において水害著しく到底水防夫のみにて防御しがたいと判断された場合には、技師長及び工場長の許可を得て乱笛を以て警報し、一般工男に補充作業を求めることができるものとされた。

洪水防御並びに復旧工事に迅速に取りかかるためには、水防用の器具や部材を専用の倉庫に保管して置くことが義務付けられた。用意された器具・部材は、土嚢作成用の空俵、堤防補修用の古畳を始めとして各種木材・ロープ・スコップ・警報用ラッパなどであった。

そしてこれら水防用器具・部材は危急の時に役に立つように、随時点検することとし、また水防要員が遺憾なく任務を発揮できるようにするため臨時水害を仮定した防災実地訓練を施行することが定められた。

水防に携わる職員職工に対する金銭面の保障も施された。水防夫や作業に従事した一般工男に対し、執行時間や作業の程度を斟酌し相応の手当てが支給され、夜間の場合はさらに割増しされた。さらに水防作業中に抜群の功績を挙げたと認められる者には賞与が与えられるとともに、水防作業中に死傷した者に対しては、救恤規定に則って救恤されることが定められたのである。

それでは次に、富士紡がどのように水害復旧工事を行っていったのかを見てみよう。工場敷地における水害復旧作業の中で最も困難であったのは、工場をたびたび操業停止に追い込んだ工場内に流れ込む大量の土砂の排出作業であった。富士紡では明治三十四年七月の豪雨時には人夫二〇〇人を雇い、工場の工男一五〇名以上を動員して工場内に流れ込んだ土砂の浚揚作業に当たっている(12)。また日露戦後の第三・第四工場の建設や大正三年の大水害の復旧工事に際しても、そうした事態を防ぐために非常用排水路を設置している(13)。さらに橋梁流失の防止策として明治四十年十一月には、激流にも堪えられるよう鮎沢川で初めての鉄橋が建設され、富士紡創設当初からの功労者である森村市左右衛門の名にちなんで森村橋と命名された。

このように明治後期の水害は富士紡の操業を一時停止に追い込んだが、それでも復旧工事は長い場合でも一週間程度、短いときには一日で応急措置が施されて運転再開にこぎ着けることができた。しかし、未曾有の大出水といわれ、一八万五千円余もの損害を出した大正三年の洪水時には、「八月十三日、二十九日両度ノ出水ニテ第四工場仕上室ノ大部分、精紡室ノ一部分ヲ破壊サレ炊事場・通勤食堂・鮎沢橋ノ全部ヲ流失スルノ悲運ニ遭ヒ、動力亦故障ヲ生ジ長ク一部ノ操業ヲ中止スルニ至リ、応急工事ヲ施シテ十月二十日以来規定ノ一割ノ休錘ニ復セシト雖モ復旧工事未ダ完成セズ操業苦辛ノ内ニ当期ヲ終ヘタリ(14)」というように、年末に至っても復旧工事は十分完了していなかった。機械の運転台数も七月には九四四六台であったが、八月には八二〇二台、九月には八九九九台に落ち込み、製品出来高も同様に七月の約六五%に低下し、十月以降にようやく回復している。

富士紡ではこうした工場施設の復旧と並行して鮎沢川の護岸工事等についても九月および十一月に小山町に「急速施行」を求めており、十二月に駿東郡長より小山町に地元請負にて施工すべきことが命ぜられた。これを受けて翌大正四年一月には富士紡にて工事を引き受けることが決定し、四月に工事は完成している。さらに同社では、同年四月富士見橋付近鮎沢川床止工事を公費で施工する件を小山町に申請してその実現を見ている。続いて六月には漆田地先鮎沢川堤防の復旧を県費補助を以て行うべきことを小山町に請願している(15)。

こうして富士紡では水害予防をも兼ねた復旧工事に自ら積極的に取り組んでいくとともに、行政当局に対しても迅速な対応を求めて護岸工事等の施工を促していったのである。

三　衛生と防疫対策

一旦洪水が工場を浸潤するとさまざまな雑菌を含んだ汚水・汚泥が敷地内を巡り、富士紡では幾度も洪水にともなって伝染病が発生していた。また雨季から秋の台風シーズンの高温多雨多湿の時期に生もの管理の不徹底や何千という従業員が一堂に集まることによる病原菌の伝播と拡散の強さも脅威であった。後掲表9-2に表したように、その被害と患者数は多数に及び、特に大正三年・四年時は猖獗を極めた。富士紡では後述のように明治三十一年一月に職工病傷保険規則により職工組合員の疾病または負傷を治療扶助する体制を整え、この目的のために医務所と病室を工場内に設けている[16]。当初からの活動実態は必ずしも詳らかではないが、和田豊治の改革が実施された明治三十四年下期以降は、医務所補助金が毎期支出されていることは確認できる（表2-1-b、表3-3-a）。明治三十七年上期では医師二名・医務所雇六名・看護婦二名であったが、医師は四十五年六月には五名・看護婦一八名（見習五）・雇一七名（前掲表5-1、後掲表6-3）と増員されている。

小山工場の医療施設は、明治三十三年に、第一・二工場共用として、綿糸工場寄宿舎の東側に、二階建ての医務所（一階二七坪・二階二〇坪）と病室（六〇坪）、さらに伝染病患者の離隔室（二六坪）が設置されたが、日露戦後の明治四十一年八月には第三工場出診所が設けられ（後掲表6-3）、四十三年四月には一七坪の病室が増築されていることが確認できる[17]。さらに四十五年六月には第三・第四工場共用の出診所が設けられ（後掲表6-3）、大正二年末には、第三・第四工場から鮎沢川を挟んだ北側に、五棟の病室（一棟六〇坪）が寄宿舎棟と向かい合って並び立つように増設されていることが確認できる[18]（巻頭小山工場配置図参照）。

小山工場では、小山工場医務係事務取扱規程を制定し明治四十一年四月から実施している[19]。日露戦後の新たな状況に対して医務・衛生事業の体制整理を行ったものである。これによると共済組合員の疾病治療と工場衛生を管理するために小山工場医務係に中央病院・工場出診所・衛生部の三つの部局を置き、各工場出診所には主任医務係とが置かれ、さらに医員・調剤生・書記・衛生監察・看護婦・雑仕婦・小使・衛生夫が若干名、配された。その上で各部局の役割分担が次のように定められた。

中央病院　通勤職員・職工の外来患者及び入院患者を診察治療。但し、通勤者が就業中に病気に罹った時には工場出診所にて治療するものとする。

工場出診所　第一・二・三工場に設置し、主管工場の寄宿工女を診察治療するここで中央病院というのは従来からの医務所と病室を併わせた工場内医療施設を意味するが、衛生部は、その中央病院内に設置し、次のような工場衛生並びに伝染病予防に関する衛生事務を管掌するものとされた。

一、工場内衛生　換気装置の能否、寒さ暑さの調整、水質土壌の検査、炭酸の量検査、工場内衛生的設備の維持、工場内消毒、職工服装の検査

二、寄宿舎内衛生　寄宿舎工女の保護、寄宿舎各室の清潔、衣服寝具の衛生的保全

三、食料品の検査　食品の選択、配合、正しい食事、炊具及び食器の消毒

四、社宅衛生　塵芥及び下水の掃除、春秋二季の大清潔法、其の他外部に関する衛生的一般的交渉

五、伝染病予防　健康診断、校内厠圊、下水消毒、飲料水の検査、搬入品の消毒、捕鼠其他防疫に関する一切の事務

六、統計並に講話　衛生上諸般の統計、衛生講話、衛生幻燈

七、体格検査、種痘　職工採用体格検査、種痘

こうして工場内の医療と衛生に関する組織と事業全般が規定されたが、特に、右のなかの、一、工場内衛生の項で、「換気装置の能否」「寒さ暑さの調整」とあることが注目される。明治四十～四十一年頃に富士紡の工場や寄宿舎では、室内の温度や湿気が原因で従業員の労働意欲や健康に大きく影響する事態が見られ、これに対して種々の対策を講じていたからである。

明治四十一年、「工場内換気装置充分ナラズ近時毎日百度ニ上ル工場内ノ苦悩殊ニ甚シ」という状況に鑑み、工場主事は「天窓数十ヶ所ヲ開ク事」と「大風車」を導入することを企図したが、十分工場長に容れられず、協議の末、第一（綿糸）工場等に四ヶ所の天窓を設置し、[20]リング室やミュール室に風車を数台新設して対処している。また第一工場の撚糸室の周辺は他所に比して空気の流通が悪く不潔な空気が淀んでおり、既設の風管より支

官を出して新鮮な空気を供給する装置を設置した。さらに「第一工場混綿・打綿・バンドル室ハ冬期温度比較的低キニ由リ暖管五九三尺」を布設している[21]。

第二（絹糸）工場においても明治四十年に冬期の暖房のために「ヒーター」が導入されたが、半数の台数で十分なことがわかり、残り半数を第一工場の風車室に移して冬期工場の温度調節に資することとした[22]。さらに第二工場では、工場及び事務所と寄宿舎との間に温度・湿度の差が激しく、そのことが一因で感冒に罹り欠勤する者が多いと懸念された。医務所員や寄宿係は衣服の状態や入浴その他に注意を払ったが効果は上がらず、十一月末から十二月初旬にかけての一日平均欠勤者数は、第一工場が一八人であるのに対して、第二工場では三二人に及んだ。おそらく第二工場の寄宿舎との温度・湿度の差が第一工場より激しかったのであろう。そこで暖管を布設して朝（四時半〜七時）・昼（十一〜十二時）・夕（五〜六時半）・夜（十一〜十二時半）の四回、工場・事務室・寄宿舎に蒸気を通じ、相当の温度を与え、湿気を調整して感冒予防の一助とする措置が講じられた[23]。

富士紡では明治三十九年、他の紡績会社に先駆けてアメリカのバッファローホージ社からエアーコンディショナーが輸入され、この装置を動かすと糸の調子が悪いので、運転に苦労したということが指摘されている[24]。このエアコン装置のことを直接示す史料は小山工場史料からは見出すことはできなかったが、明治四十三年四月十八日付の小山第一・二工場機械の調査報告をみると（表6-2）、絹糸紡績工場に、バッファローホージ社の乾燥機一台（明治三十六年製）と風車三基（明治三十六、四十年製）が据え付けられていたことが確認できる。したがって、右に述べた絹糸紡績工女における冬期の温度調整を図るための装置が、明治三十九年に輸入されたバッファローホージ社製のものであった可能性も考えられる。また、明治四十年には保土ヶ谷工場にもアメリカのキャリア社製の空気調和装置が導入、取り付けられている。

さらに第一・二工場の寄宿舎においても、特に夏場に、工女が多く集まる室内や廊下等の換気が悪く、衛生上悪影響を及ぼしていた。そこで屋根中央に空気腔一ヶ所・両妻に天窓四ヶ所・階上床に「切明ケ」二〇ヶ所・階

表 6-2　第 1・2 工場等の乾燥・空調関係機械（明治 43 年 4 月）

	材　質	個　数	製造年	製造会社
1. 第一工場（綿糸）				
リアクションタービン	鉄製	1 台	1899	米国モルガンスミス社
風車	鋼鉄製	2 台	1902, 04	東京中島工場
エヤープロペラー	鉄製	17 個	不詳	不詳
風管		1023 尺	不詳	不詳
2. 第二工場（絹糸）				
乾燥機	鉄製	1 台	1903	米国バッファローホージ社
リアクションタービン	鉄製	1 台	1899	米国モルガンスミス社
風車	鋼鉄製	2 基	1907	米国バッファローホージ社
風車	鋼鉄製	1 基	1903	米国バッファローホージ社
風管		330 尺	不詳	不詳
エヤープロペラー	鉄製	6 個	不詳	不詳
3. シルケット乾燥場（菅沼村）				
乾燥機	鉄製	1 台	不詳	米国バッファローホージ社

出所：「富士瓦斯紡績株式会社小山第一二工場機械　明治 43 年 4 月 18 日」『明治四十三年四月起　工場財団登記書類』（小山工場史料）所収.

上に非常口四ヶ所を設けて換気装置とし、工女たちの健康改善が図られている[25]。

小山工場ではまた、右に見たような温度管理や換気上の改善とともに、四の項目で指摘されているように「春秋二季の大清潔法、其の他外部に関する衛生的一般的交渉」も行っている。「清潔法」とは、明治三十年に制定された伝染病予防法のなかで町村や各団体等に義務付けられ、春秋二回大々的に行われた井戸・溝渠・下水・厠等の清掃・消毒作業のことであり、そうした場合を含め常に所属する村役場や時には県当局から受ける衛生行政上の監督や行政的交渉・連携のことを指したものである。

富士紡では、こうした一般的な清潔法の施行とともに伝染病発生地を経由して着荷した原料棉花についても消毒を行っており[26]、明治三十九年七月には、第三工場新設に際して原料棉花の消毒施設を設置したい旨を静岡県当局に願い出て協力を求めている[27]。さらに同年同月には、小山工場寄宿舎その他付属建物の非常用水及び飲用給水のため六合村生土の西沢川上流に貯水池を設置し、鉄管を布設して簡易水道を開設している[28]。

こうして防疫体制を整えてきたが、大洪水にともなう伝染病の発生を抑え込むことはなかなか難しかった。特に大正三年の暴風雨の被害と四年にかけての伝染病の猖獗はすさまじかった。大正三年には未曾有の水害に見舞われたことから、従来を上回る規模で伝染病が蔓延した。四月から九月までの患者数は、腸チフス・パラチフス・赤痢を中心に、富士紡工場で二三〇名以上（内死亡二名）、小山町内で四九名（内死亡三名）に達した。それら伝染病は「勢ヒ猖獗シテ容易ニ減退セズ七、八月盛夏ノ候殆ド空前ノ大流行ヲ極メ当時日計表ヲ以テ報告シタルガ如ク寄宿舎工女患者数ハ実ニ二百三十名ノ多キニ達シ尚ホ構外社宅及一般町家ノ各方面ニ渉リ随所ニ発生シ」という状態にあった。その結果「当期ハ期《ママ》初旬（七、八月）ニ防疫ニ悩ミ八月一日後四昼夜休業一割休錘」（第一工場）、また「盛夏ノ折柄防疫等ノ関係ト相待テ職工兎角潤沢ナラズ作業頗ル困難ナリシヨリ出来高七一一三貫余ノ減少ヲ示セリ」（第二工場）というように、真夏の折は休業休錘に追い込まれて生産高の減少という深刻な影響を被ったのであった。この年はさらに大洪水による被害が追い打ちをかけいっそうの生産減退を来したことはすでに見た。このような状況に対して会社では、一、防疫委員を組織して予防消毒活動に従事させたこと、二、健康診断及び細菌検査の徹底施行等の措置を講じている。(29)

この年は、小山町でも多大な伝染病の被害が生じ、翌四年三月にはふたたび伝染病は発生し、五月二十五日までに赤痢二名・腸チフス四三名（内富士紡一七名）の患者を出し、死者も四名に上るという早さで広まっていった。こうした伝染病の猛威の中で、四月二十四日工場側は「町長以下衛生当局者ト打合会ヲ開キ根本方針ヲ定メ、会社ニ於ケル欠勤者ノ調査及内外ノ健康診断及清潔法周到ニシテ、患者ノ発見ニ全力ヲ傾注シタルト、町及ヒ警察ノ活動ニ依リ飲料水ノ改良、雑用水ノ取締、下水ノ浚渫」等を実施していった。そのほか工場側では寄宿工女の感染予防と感染の拡大防止をねらって彼女らの外出禁止という措置を講じている。(30)

しかしながら、こうした工場と町とを挙げての必死の防疫対策にもかかわらず大正四年度中の伝染病患者はチフスを中心に一四〇名（内工場三一名）内死亡者一五名を数えるという多大な犠牲をみており、なおこの段階では伝染病の猛威を封じ込めることはできなかった。(31)さらに伝染病対策の中で会社側が示した工女外出禁止令が地元社会と工場との共存関係を揺るがし、対立と妥協が図られていくことについては第九章で詳しく見るとおりである。

四　共済組合並びに救恤制度の展開

富士紡では負傷・疾病等から職員・職工を救済し保護するための施策についても充実させていった。

明治二十年代から日清日露戦後期（一八九〇〜一九一〇年代）にかけて産業革命が本格的に進展していくと、深夜業や婦女子労働を含む機械制工場生産におけるさまざまな労働上の問題点が噴出してきた。政府では労働者保護のために明治二十年から農商務省において工場法の制定を企図し、その後日清戦後の農商高等会議や日露戦後の生産調査会等において、政府・実業界・学識者間で激しい対立をはらみつつも協議が重ねられ、ついに明治四十四年（一九一一）三月に工場法が成立した。

そこでは最低就業年齢は一二歳、最長労働時間は一二時間（一五歳未満および女性に限る）、休日は月二回（同前）深夜業禁止（二十二時から四時、一五歳未満および女性に限る）等が規定されたが、施行は大正五年からであった。また製糸業では一四時間労働、紡績業では女子深夜営業が認められていたためなお不徹底であった。だがそこではまた、労働者が死亡した場合あるいは労働者を解雇した場合、「賃金」を支払うよう工場主に義務づけた点、さらに業務上の負傷・疾病・死亡に対して工場主に扶助を義務付けた点において、工場法制定で主導権を握った国家官僚たちの抱く家族国家観を反映した日本的な特徴を備えていたといわれている(32)。

工場法制定過程では、女子の深夜業禁止等をめぐって反対を唱えていた実業界も、労働者保護の点でただ手をこまねいて傍観していたわけではなく、独自に企業内共済組合を設立して対応措置を講じていた。その設立数は、明治三十三年には五であったが、三十八年以後は、ほぼ一〇〜二〇以上の組合が毎年設立されていった。

その中で最も多いのが紡績工場であり、富士紡も設立当初からそうした措置を講じてきた会社であった。明治三十一年、富士紡では、かつて内務省衛生局長をしていた後藤新平の勧めを受けて「職工疾病保険組合」を設けた[33]。この間の事情を報じた大阪朝日新聞の記事「職工疾病保険の実験」（明治三十一年三月二十四日）と『高風院伝記史料』によればその内容はおおむね次のようなものであった。

一、職工の保険料及び会社の補助金を以て職工の生命・病傷を相互に救済することを目的とし、被保険者は加入当日より賃金百分の二を保険料として納付し、会社はその納付金総額の二倍を補助出金し、これを以て経費を維持する。

二、負傷者と普通の疾病を分けて、会社内に設けた病室または自宅において治療を受けしめ、薬価は通常の半額位にて徴収して保険資金中に組み入れること。

三、負傷者には休業治療中給料の半額、普通患者には六日目より給料の一〇分の一を扶助することとし、入室を要する者については食料も供与すること。

四、三ヶ月以上治療しても治癒しない者には解傭または帰休を命じ、その内不具廃疾に至らざる者には一等日給三〇日分、以下八等日給一五日分の間を賑恤し、負傷のため死亡した者については埋葬費のほかに日給の二倍を在社年数に乗じて給与することとした。

こうして富士紡では当初より職工救済に尽力してきたが、なお不十分な点があるため、明治三十九年東京瓦斯紡績会社との合併を機に規則を全面的に改正して病床保険組合を共済組合と改称した。そして職工だけでなく職員も加えて組合員とし、組合員の醵金ならびに会社の補助金その他有志者からの慈善金を以て組合員中の負傷者・疾病者又は死亡者の遺族を救済することとし、組合本部を本店に、支部を各工場に置き、職員は俸給の六〇分の一、職工は日給の半日分を醵出（但、満十ヶ年間継続醵金した時にはその義務を免ず）して、職務のため負傷したときはすべて無料で治療を受けることができるようにした。また治療中は休業手当として給料の半額以上全額迄を支給し、病気のため帰休を命じられた者には帰休手当及旅費を与え、また業務により負傷し疾病を患った者には一〇円以上四〇〇円以下の扶助料を給し、負傷死亡した者には一〇〇円以上五〇〇円以下の遺族扶助料ならびに二〇円以上三〇円以下の埋葬料を支給することとした。さらに業務外において疾病を患い、また妊娠した場合においても休養手当のみを六日目より給与し、治療はすべて無料とした。

会社は組合員の醵金の総額と同額を毎月組合に補助支出することとし、右に見てきたような手厚い扶助を支えたと言えよう。こうして職員を含め従業員の救済事業はその対象者・扶助内容・資金面においても大いにその面目を一新した。その後共済組合規則は細則とともに四十年九月ふたたび多少の改正を加えたが、これは三十九年改正に比して大きな差異を見るものではなかった[34]。西成田豊は、こうした工場法制定過程や企業内共済組合設立の動きを概観した後、後者による組合員救済の特徴について、次のように述べている。

すなわち企業内共済組合は(引用者)、

業務外の死亡や傷病、そして結婚や出産にまで「救済金」の支給がおよんでいたこと、業務上・業務外の区別なく死亡、傷病にさいして、また脱退(退職)にさいして支給される救済金額の決定に勤続年数が考慮されたことは、「工場法」にはまったく規定されていないことがらである。換言すれば、「工場法」が規定する労災扶助や解雇(退職)扶助について、その内容を業務外にまでおし広げ、「勤続」概念を導入した点に企業内共済組合の特徴があった[35]。

そしてこうした企業の労働者・職員救済・扶助の姿勢は、国家官僚の目指す「家族国家」的統合に対抗した「経営家族主義的」経営によるものであると位置づけている。富士紡の共済組合規定には、結婚の場合については明記されていないものの、他はほとんど西成田の指摘した特徴を備えており、しかも、負傷者・疾病者に対する会社・附属病院を中心とした手厚い扶助は金銭面を含めてけっしておざなりなものではなかった。

それでは、こうした共済組合の設立と結びつきながら施行された工場内病院の組織と業務内容について確認しよう。表6-3を見ると明治四十一年八月時点では第一・二工場用に一ヶ所、第三工場用に一ヶ所ずつ医務所出診所が置かれて診察・治療等に当たっており、いまだ中央病院という全体を統括する施設は整わず、第一・二工場の医務所がこれに充てられていた。この時の病院のスタッフは、第一・二工場では、院長兼主任一人のほか出診所主任が一人いるのみで、専任の医員（医者）は院長のほかは居らず、医員助手三人を数えるのみであった。看護婦は九人だがそのうち見習いが五人と半数以上を占めていた。第三工場の出診所でも専門の医員はおらず医員助手が二人と看護婦も見習いを含め三人に過ぎなかった。

こうした体制で、入院患者は、第一・二工場で一日平均七〇〜八〇人（内自宅療養二〇人）、第三工場でも三〇人（同、八〜九人）に及び、外来患者数はさらに多く、第一・二工場で、共済組合員は一日平均三〇〇〜四〇〇人、組合員外の職員職工の家族は同じく三〇人を数えた。第三工場でも組合員一七〇〜二五〇人、同家族一四〜一五人の多きに達した。このようななかで、特に整備が不備であった第三工場では「医務所ハ仮ニ中央事務所ノ一室ヲ借リ病室ハ寄宿舎内二、三室ヲ充テ、病気頓ニ増加シ」という状態にあり、「医務所、病室不備、看護婦少数ニシテ手当行届カズ、病者甚多ク死亡者他ニ比シテ多シ大ニ講究改良ノ要スル[36]」と工場主事に認識されていた。第三工場が建設され、多数の職工が一挙に増えたがそれにともなう医療体制の整備が追い付かず治療・看病が不十分で死亡者を多く出しているという状態であった。

次に、明治四十二年十月に完成した第四工場も含めた病院看護体制の中身を、四十五年六月の時点で見てみよう。この時期中央病院の施設が、中央事務所がある第三・四工場の出診所に設置されるようになった。表6-3を見ると職員構成は、院長のもと医員三人・同助手一人・薬局担当等三人、看護婦が見習いも含め一二人、その他事務員・小使い等が一四人と充実している。このようにそれまで助手しかいなかった医員が三人確保され、第

表6-3　工場内病院の組織と活動

	医療職員及び患者	明治41年8月　人		明治45年6月　人	
		第1・2工場出診所	第3工場出診所	第1・2工場出診所	第3・4工場出診所
病員組織	院長	1(兼医務係主任)			1(兼医務係主任)
	医員又は主任	1(出診所主任)	1(主任)	2	3
	医員助手	3	2	2	1
	薬局担任及び薬局生	3	2	2	3
	看護婦(見習)	9(5)	3(1)	6(2)	12(3)
	事務員・衛生監察	2	2	1(助手が兼務)	1
	小使・雑仕婦・給仕・衛生夫	25	11	4	13
患者内訳	入院患者数　1日平均	70～80	30	110～120	
	内自宅療養患者	20	8～9	25	
	外来患者数　1日平均	300～400	170～250	300～400	250～350
	職員及び職工家族　1日平均	30	14～15	20	30

出所：『明治四十二年　稟議書類』所収「引継書」(小山工場史料）等から作成.

一・二工場出診所でも専任の医員二名を保持している。看護婦も全出診所合計で、四十一年の一二人から四十五年には一八人に増加しており、ようやく医療体制が整ったといえるだろう。

医員は、午前中は外来患者並びに寄宿舎職工の診察を行い、午後は入室患者の診察を行っている。夜間は医員助手が担当している。このほか、往診の依頼があったときには、通常午後に出張診療を行うが、急病患者が発生した場合は、夜間においてもできる限り出張診療を実施している。

看護婦は病院や出診所での勤務のほか病室並びに寄宿舎の病人仮収容所に一名が当直し、各室に発病者が現れた時には応急手当てを行った。見習い看護婦は病院・出診所に出勤して診察の補助を行って業務を習得した。

外来患者の疾患の中で一番多かったのは胃腸に関する疾患で、次に感冒、そして呼吸器疾患も比較的多く、また脚気患者も見られるようになってきたという。こうして診察室を訪れる患者のうち、重症者や歩行困難なものについては病院に、軽度の者は寄宿舎内の仮収容所に収容した。但し、これらのうち病状によっては中央病院送致としている。いま明治四十一年時における第三工場出診所における入室患者四七名の内訳をみると、中央病院四名・自宅療養四名、六合村伝染病隔離病舎へ三名、第三病院出診所一二名、寄宿舎仮収容所二四名であった[37]。

医療従事者はまた、こうした診療業務のほかに、先に見た衛生業務全般にも関わっている。すなわち、工場及び寄宿舎内の衛生一般・衛生検査及び消毒・寄宿舎工女の保険・衛生講話・食料品の検査・試食・社宅衛生・伝染病に関する予防衛生・職工採用時の体格検査・種痘・その他外部に関する衛生的交渉、等である。

富士紡の医療・救恤事業の中でさらに特徴的なことは、次のような職工救恤規則を定めていたことである。この規則が創業当初より定められていたのかは定かではないが、共済組合規定が拡充・充実するのに呼応して、その内容も改定されていったものと推測される。ここでは明治四十年一月に改定されたものを次に示そう。

職工救恤規則

第一条　職工ニシテ負傷、疾病、老衰其他ノ原因ニテ生計困難ニ陥リタル場合ハ本規則ニ依リ之ヲ救ス

第二条　職工負傷又ハ疾病、妊娠等ノ為メ共済組合ノ救済ヲ受クルモ尚家計困難ノ者ニハ審査ノ上適宜救恤金ヲ給与ス

第三条　十年以上勤続シ、男工ハ年齢五十歳、女工ハ四十五歳以上ニ達セル職工ニシテ退社ヲ許可シ又ハ会社ノ都合ニヨリ解傭スル者ニハ、当時ノ賃金年額百分ノ二十ヲ下ラサル範囲ニ於テ相当金額ヲ定メ、十五ヵ年間養老年金ヲ給与ス

勤続年数十年以上一年ヲ増ス毎ニ百分ノ一ヲ加算シ年金額ヲ定ム

但、規定ノ年齢ニ達セサルモ情状ニヨリ詮議ノ上相当年金ヲ給与スルコトアルヘシ

第四条　養老年金ハ本人ノ望ニヨリ退社ノ時一時ニ給与スルコトアルヘシ

第五条　養老年金ハ年限中本人死亡シタルトキハ、死亡前本人ニヨリテ扶養セラレタル親族ニ給与スルニ止マ

ルモノトス

第六条　職務負傷又ハ疾病ノ為メ五十日以上休養ノ者ニハ、慰問トシテ一時金ヲ給与ス

第七条　勤務中死亡シタル職工ノ遺族ニシテ共済組合ノ救済ヲ受クルモ尚家計困難ノ者ニハ、適宜救恤金ヲ給与ス

第八条　予後備又ハ補充兵役在籍ノ職工ニシテ勤務演習又ハ教育ノ為メ短期召集セラレ、家族生計究迫ニ陥リタル場合ハ相当手当金ヲ給与ス

第九条　職工ノ家族中疾病者又ハ死亡者アル為メ生活困難ノ場合ハ、相当手当金ヲ給与ス

第十条　職工ノ夫又ハ妻ニシテ病気ニ罹リ死亡シタルトキハ、前条ノ外葬式料ヲ贈与ス

第十一条　不慮ノ災厄ニ罹リ左記各項ノ損失ヲ蒙リタル者アル時ハ、救恤金ヲ給与ス

一　家族中負傷者アル時

二　自己所有ノ住家及家財ヲ失ヒタル時

三　家財ヲ失ヒタル時

第十二条　家計困難ノ為メ女子ヲシテ就学セシムル能ハサルトキハ、就学用書籍及用具代ノ実費ヲ給与スルコトアルベシ

第十三条　前各条ノ外救恤又ハ吊慰スベキ事件発生セル場合ハ、審査ノ上之ヲ救恤スルコアルヘシ

第十四条　本規則ニ於テ救恤スベキ事項ヲ審査決定スル為メ各工場ニ左ノ委員ヲ置ク

救恤委員長　一名　同委員　四名

救恤委員ハ工場長ノ指名トス

第十五条　前条救恤金額ハ委員ノ決議ニヨリ専務取締役之ヲ決定スルモノトス

第十六条　救恤金ハ定款第三十四条ノ規定ニヨリ積立タル職工衛生教育救済基金ノ内ヨリ支出ス

（『現行諸規則類纂』小山工場史料所収）

この救恤規則の特徴は、負傷、疾病、妊娠等のため共済組合の救済を受けてもなお家計困難な者、あるいは職工の家族に対しても、「職工救恤規則」による救済措置が設けられていたことである。職工の家族については、職工が兵役のため召集された際や家計困難のため女子の修学がかなわない場合などにも救済の手を差し伸べている。一例を挙げれば大正三年八月十三日には水害のため居宅及び家財を流失した職工（第一工場撚糸科工頭）に対し六円七四銭が救恤金として支給されている。[38] また同三年十月三日に、小山工場峯発電所の水路番の従業員宅が火災のため家財の大部分を失い、これに対し六円一四銭が救恤金として支給されている。[39]

またその第三条にあるように、退社後の扶助を考慮した規定も盛り込まれている。これは職工の保信積立金制度と補い合って実質的な退職金制度といえよう。

このように富士紡の従業員扶助組織は、共済組合と職工救恤規定さらに保信積立や恩給基金が相まって、まさに従業員を家族とみる経営家族主義の精神が貫かれていたといえよう。

五　社宅制度並びに託児所の運用

従業員厚遇対策の一環として会社に勤める役員・職員・職工たちの住居環境を整える必要があった。『五十年史』には、明治三十四年の和田豊治の経営改革のなかで「通勤工員には同居制度を設けて、自炊舎を普く貸与するなど努めて工員を優遇する方法を講じた」[40]と記されている。ここでは通勤職工のための「自炊舎」が設けられたとあるが、職員を含めた社宅がいつから運用されていたのか史料的に明確にできない。ただ明治三十七年四月に富士紡が菅沼村足柄村組合村役場に報告した役宅並びに自炊舎の利用状況調査を整理した表6-4をみると、役宅は創業当初の明治三十年下期から、また自炊舎も三十二年上期から入居者があったことが確認できる。そこで明治三十四年六月の富士紡工場の「敷地ノ建物坪数調」[41]をみると、役宅や自炊舎の存在は確認できないことから、これらの建物は工場敷地外の町場に建てられたものか民家を借用したものと考えられる。また同表の「入居した年・月」を見ると、自炊舎の入居者が一挙に増加するのは三十六年上期からであったことがわかる。

実は、この時期六合村には小名木川綿布会社の工場建設が進められていたが、明治三十五年四月に富士紡との合併を見越して、富士紡への所有権登記の申請が進められていた。そこには工場こそ建てられていなかったが、三〇坪程度の役宅が五棟、三〇～七〇坪の木造長屋が七棟、四一坪の職工合宿所が二棟含まれていた。[42]おそらく富士紡ではこれらの施設を活用して、役宅ほか職工への自炊舎が整えられ、三十六年上期からの入居者の急増につながったものと考えられる。

それでは、具体的な利用状況を表6-4から見てみよう。まず、役宅と分類された住居は一七宅・住居人の合計は八八人で、高給を取る医師・技手七人・手代（補）三人などの職員層が入居者の主流を占めるが、九七銭という破格の日給をもらっている役付職工と思われる工男や五九銭の工頭が見られるほか、雇三人並びに工女三人が入居しており、おそらく入居職員の縁故者であろうと思われる。

具体的な入居状況を見てみると、八号二の場合は、技手が借主となり、おそらく家族と思われる居住人を含め合計四人が入居しているが、そのなかには四六銭という高額日給の工女も入居している。この人は同姓ではないがおそらく親族（例えば妻の姉妹、姪等）であろう。一八号二では、技手一名が借主となり、同居人四名の中には技手と工頭各一名が含まれ、おそらく独身男性従業員の共同生活と思われる。また一一号一の場合は、日給九七銭の工男が借主となり九人の住居人がいるが、そのなかには同姓で妻か子供と思われる日給二二銭の工男・工女二人が含まれており、九人家族で三人が富士紡に職工として雇われているのである。このように職員用の役宅においても一部で高給の職工が入居し、職員・職工とも家族・親族・同僚を伴って入居していることがわかる。

次に自炊舎をみると、入居者は三六舎・一五四人以上で、役宅のおよそ倍にあたる。入居者はすべて職工であり、寄宿舎に入居せず通勤する者を対象に宿舎を提供したものである。入居状況を見ると、ここでも家族・親族または同僚が同居していることがわかる。一〇号二の例など、日給三〇銭の工男が借主となり、家族と思われる同姓の工男二人と工女一人、さらに同姓ではないが親族と思われる工男二人を含め、総勢一二人で入居している。後述するように明治四十一年に定められた社宅規則によれば、同居申請する共棲通勤者が多くなればなるほど、家賃の割引率は高くなり、一〇号二の場合などその人数は五人となるから借家料は無料となる。こうして、特に通勤者で、家族・親族とも呼び寄せて富士紡の従業員となる場合やまた同僚同士で入居する場合など、この社宅制度は従業員にとって有利な制度であったといえるだろう。

富士紡では、四十一年十二月に小山工場社宅規則(43)が定められ、利用規定が成文化された。その趣旨は、すでに社宅の戸数二六三戸、在住者は一四五九人にまで増加し、ますますその需要に応えるためで、「将来工男工女ノ結婚者続出シ一家ヲ形造リ永ク当工場ノ勤務ノ者ヲ奨励スルハ良職工ヲ得ル唯一ノ良法ト存候」というように、将来の男女工の婚姻者の増加も見越しての長期勤続者の確保に資する住居環境の整備でもあったことがわかる。その上で、需要者の増加に対しなお家屋の供給が不足なため一家族に広い面積を与えることができない現状に鑑みて、共棲者を奨励し、専有面積の広狭によって家賃割引の率を定めたのである(44)。

この規則によると、社宅は、八等級に分かれ、一・二等は係主任以上の者、三～六等は各係員、そして七・八等が職工に当てられ、家賃の割引率は、一～八等すべてにわたって通勤者が共棲する場合、その人数に応じて規定された。例えば共棲通勤者が二人の場合は、一・二等の二割引から七・八等の六割五分引まで段階的に割引率が増加している。四人の場合には一・二等で六割引、七・八等では無料となるまで厚遇されている。また家賃は家族が多く一人当面積が二畳以下の場合には一割が減額され、家族が少なく一人当面積が四畳以上ある時には一割、五畳を超えた場合は二割を増額するものと規定された。

宅及び自炊舎）の状況（明治 37 年 4 月 17 日現在）

同居人の内富士紡勤務者(給料)	備考
工女 1(日 46 銭)	
工男(日 22 銭)工女(日 22 銭)	借主工男・工女 3 名は同姓
工男(日 19 銭)工女(日 30 銭)	借主工頭・工男・工女が同姓
雇(日 28 銭)	借主手代補と雇が同姓
工頭(日 75 銭)工女(日 15 銭)	
技手(月 25 円)工頭(日 65 銭)	
職種不明(55 銭)	借主雇と職種不明 1 名が同姓
工男(日 24 銭)工男(日 24 銭)	
工女(日 20 銭)	借主工頭と工女が同姓
工女(日 14 銭)	借主工男と工女が同姓
工女(日 20 銭)	
大工(日 40 銭)	
工女(日 20 銭)工女(日 17 銭)工女(日 28 銭)	借主工男と工女 3 名が同姓
工女(日 20 銭)	借主工頭と工女が同姓
工女(日 23 銭)	借主工男と工女が同姓
工女(日 18 銭)工女(日 16 銭)	借主工男と工女 2 名が同姓
工女(日 28 銭)	
工女(日 28 銭)工女(日 21 銭)	工女 2 名が同姓
工女(日 44 銭)	
工男(日 24 銭)	借主工女と工男が同姓
工女(日 21 銭)	
工男(日 30 銭)工男(日 31 銭)	借主工男と工男が同姓
工男(日 40 銭)工男(日 55 銭)	
工男(日 26 銭)	
工女(日 23 銭)	
工男(日 24 銭)工男(日 26 銭)	借主工男と工男が同姓
工男(日 25 銭)工女(日 17 銭)工男(日 17 銭)工男(日 20 銭)工男(22 銭)	借主工男と工男・工女が同姓
工女(日 17 銭)工女(日 12 銭)工女(日 22 銭)工男(日 18 銭)工女(日 14 銭)	借主工女と工女が同姓
工女(日 14 銭)工女(日 14 銭)工女(日 16 銭)工女(日 14 銭)	借主工男と工男が同姓
工女(日 15 銭)工女(日 14 銭)工女(日 8 銭)工女(日 5 銭)	借主工女と工女が同姓
	借主工女と工女が同姓
工女(日 15 銭)工女(日 15 銭)	工女 3 名は同姓
工女(日 17 銭)工女(日 18 銭)工男(日 21 銭)工女(日 20 銭)	工男(借主)と工女 2 名は同姓
工女(日 13 銭)工男(日 24 銭)	工男(借主)と工女 1 名は同姓
	借主工男と工男が同姓
工女(日 17 銭)工男(日 26 銭)工女(日 20 銭)	借主工男と工女 1 名は同姓
工女(日 14 銭)工女(日 14 銭)工女(日 20 銭)工男(日 30 銭)	借主工男と工男が同姓
工男(日 25 銭)工男(日 12 銭)工女(日 14 銭)工女(日 14 銭)	借主工男と工女 2 名は同姓
工男 4 名(日 26 銭・26 銭・33 銭・50 銭)工女(日 14 銭)工女(14 銭)	工男 1 名と工女 1 名が同姓
工男 5 名(日 25 銭・25 銭・28 銭・24 銭・34 銭)工女(日 17 銭)工女(日 14 銭)	工男 1 名と工女 1 名が同姓
工男(日 14 銭)工男(日 24 銭)工男(日 26 銭)	工男 2 名が同姓

表6-4　富士紡社宅（役

	入居した年月	社宅番号	借主給料	職種	在住人員
役宅	36年10月	8号1	月40円	技　手	3人
	〃	8号2	月36円	技　手	4
	31.　2	10号	月85円	医　師	5
	30.　8	11号1	日97銭	工　男	9
	30.　9	11号2	日59銭	工　頭	10
	34.　1	16号1	日53銭	雇	3
	37.　3	16号2	日45銭	工　男	3
	34.　2	16号3	月23円	手代補	3
	37.　3	16号4	日45銭	雇	2
	37.　2	17号1	月40円	技　手	9
	36. 3,　37. 2	17号2	月43円	技　手	11
	33.　7	18号1	月35円	技　手	6
	31. 2,　37. 2	18号2	月25円	技　手	4
	36.　4	18号3	月40円	手　代	2
	31.　7	18号4	日48銭	雇	7
	36.　12	19号	月26円	技　手	5
	37.　3	20号	月49円	手　代	2
自炊舎	37.　2	6号1	日47銭	工　男	3
	32.　1	6号2	日58銭	工　頭	6
	37.　3	6号3	日24銭	工　男	3
	36.　1	6号4	日45銭	工　男	3
	36.　2	7号1	日20銭	工　女	4
	32.　1	7号2	日50銭	工　男	9
	34.　3	7号3	日75銭	工　頭	7
	37.　4	7号4	日30銭	工　男	2
	36.　12	8号1	日28銭	工　男	7
	37.　3	8号2	日58銭	工　頭	2
	33.　12	8号3	日36銭	工　男	7
	35.　2	8号4	日46銭	工　男	2
	34.　10	8号4	日25銭	工　女	3
	36.　3	8号6	日35銭	工　男	2
	36.　12	9号1	日78銭	工　男	5
	37.　2	9号2	日37銭	工　男	5
	36.12,　37. 3	9号3	日40銭	工　男	4
	37.　2	9号4	日13銭	工　女	1
	36.　11	9号5	日26銭	工　男	2
	〃	9号5	日26銭	工　男	2
	37.　4	10号1	日25銭	工　男	5
	36.　10	10号2	日30銭	工　男	12
	37.　1	10号3	日19銭	工　女	8
	36.　1	10号4	日21銭	工　男	8
	36.　2	10号5	日15銭	工　女	6
	36.　12	10号6	日15銭	工　女	2
	36.　11	14号1	日15銭	工　女	6
	31.　8	14号2	日26銭	工　男	不明
	36.　5	14号3	日15銭	工　男	不明
	36.　4	14号4	日45銭	工　男	3
	36.11,　37. 4	15号1	日34銭	工　男	不明
	36. 4,　37. 2	15号4	日23銭	工　男	8
	37.　2	15号5	日23銭	工　男	6
	36. 6,　37. 3	15号6	日55銭	工　男	11
	36. 4,　37. 3	16号1	日14銭	工　女	不明
	35. 5,　37. 1	16号4	日54銭	工　男	不明

出所：『三十七年度官衙達及願届』（小山工場史料）より作成.
注：借家給料等に見る「日」は日給,「月」は月給の略.

それでは、工場の新増築と水力発電所の建設が断続的に行われていった日露戦後から大正初期にかけて社宅はどのように整備されていったのであろうか。明治三十八年十二月には第三工場の建設のためそれまで温存されていた旧小名木川工場施設の多くが取り壊され、役宅と長屋も各一棟を残すのみとなった(45)。そのためいっそう社宅の増築が求められたのである。表6-5は、『明治四十年、大正三年稟議書類』に記された社宅建設工事に関する史料等からその足跡を追ったものである。これによると、社宅の増設や改築には次の四つの場合があった。

第一には、工場周辺の適当な家屋の購入である。明治四十一年七月には菅沼村の平屋二戸建一棟と二戸建一棟

表6-5　社宅の拡充状況（明治40〜大正3年）

年月日	社宅建設工事等
明治40年8月	社営工男合宿所の建設．工男志願者で初めて来場する者を収容するため．
40. 9. 18	落合社宅第2号2戸建1棟，水害による崖崩れで崩壊したため，1棟は現地で再建しもう1棟は音渕へ移築する．費用494円．12月に移築．
40. 12月	40年8月20日注文裁可の分，役宅2棟・自炊舎3棟新築，費用5,064円支払う．
41. 3. 15	第2工場工務室工男食堂を自炊舎6戸建に改築．見積額1,138円．
41. 7. 21	家屋（平屋2戸建1棟，平家1戸建1棟）購入．菅沼村字菅沼にあり，第1・2工場に近く社宅として適しているため．
42. 8. 13	音渕2戸建自炊舎を4戸建に改築．見積高412円．
42. 8. 27	落合社宅間に空地があり，自炊舎として5戸建1棟を建設する．見積額1,117円．
42. 10. 22	自炊舎7戸建1棟ずつを，白糸橋側及天神原地内に建設．見積額1,166円．
42. 12月	職員職工激増，社宅欠乏ノ折柄，小山停車場上社宅として2戸建1棟・4戸建2棟・22戸建4棟を建設．小山寺下社宅として2戸建1棟・4戸建2棟・32戸建8棟・16戸建4棟を建設．建設予算2万5,524円．
44. 5. 24	音渕地区に富士倶楽部合宿所として社宅2戸建1棟を建設．費用2,347円．
大正 1. 9. 9	小山町字小山石堂家屋購入．昨年7月以来天理教信者工男の宿舎として借り入れていたが，この際購入．
1. 12月	落合社宅自炊舎4戸建1棟・2戸建1棟・5戸建1棟，役宅5棟新増築，3,034円．
1. 12月	火災復旧のため音渕社宅自炊舎6戸建2棟新築．2,612円．
3. 4月	音渕職工社宅2戸建2棟新築，773円．

出所：『明治四十年，大正三年　稟議書類』より作成．
注：年月日は，社宅工事の費用請求日等であり，建物の完成日ではない．

を、第一・二工場に近く社宅として適当であるとして購入している。また大正元年、小山駅の南高台に位置する石堂地区で天理教徒の工男の宿舎として借用していた家屋を購入している。

第二には、既存施設の改廃、増築である。四十一年三月には、第二工場工務室及び工男食堂を自炊舎六戸建てに改築している。四十四年には、従業員のための福利施設である富士倶楽部の合宿所として二戸建一棟の社宅が建設され、富士紡関連の工事などに従事する労働者等の宿泊にも供された。また社宅ではないが、四十年八月に、工男志願者で初めて来場する者を収容するための社営合宿所を工場敷地内に建設している。

第三には、頻繁に起こる洪水や火災被害のための復興建設である。明治四十年夏の洪水被害に対処した落合社宅の増改築、大正元年十二月の音渕社宅火災被害に対処した新築等の事例が認められる。

そして第四には、工場周辺地域での新築である。その主な地域は、一つには第一・第二工場から東に下った茅沼商店街を臨む落合地域であり、明治四十年、四十二年、大正元年に自炊舎並びに役宅を建設している。特に大正元年十二月には、二戸建・四戸建・五戸建の自炊舎三棟を新築し、役宅五棟の増築を行っている。二つには、茅沼商店街からすぐ下った商店街を臨む音渕地域であり、明治四十二年、四十四年、大正元年、同三年に自炊舎等を建設している。三つには、小山駅の近隣地区と高台地区である。明治四十二年には、「職員職工激増、社宅欠乏ノ折柄」[46]、それぞれ二八戸分七棟・五四戸分一五棟を二万五五二四円の巨費を投じて建設している。

こうして通勤職工・職員の増加にともなって社宅入居への需要が高まり、巻頭小山工場配置図に見るように菅沼村（第一・二工場）、六合村（第三・四・五工場）の周辺に社宅が広がっていったのである。そして、この時期は同時に、次の二つの事態にも対処しなければならなった。一つには、社宅における家族従業員入居者の増加にともなって、その子供の増加もみられ、そのケアーが企業側に求められたことである[47]。そのために富士紡では、社宅従業員等のために託児所を設けた。この託児所がいつから開設されていたかは詳らかではないが、大正二年六月時点で、友愛会の鈴木文治が小山工場を訪問した際に、朝倉毎人次長から「第二工場門衛詰所隣りに乳児預り所を設け、子を持つ女子従業員が授乳出来る便宜をはかっており、三十数人の子どもを預かっている」という説明を受けている[48]。大正八年には五歳以下の幼児をもつ工女は二八八人で、通勤工女の一八・七％に相当し、その子供の数は三五九人に上った。そのなかで託児所を利用していた工女は一四五人で、自宅で親や姑など子供の面倒を見てくれるものがいない家族にとってはこの託児所制度は、女子従業員が子育てをしながら工場勤めを続ける上で貴重な存在であったといえよう[49]。

いま一つ富士紡が対応を迫られたことは、新設工場と水力電気事業の拡充にともなって増加した男子従業員のために住居を増設することであった。明治四十年には水害の影響もあり各地で堤防工事や復旧工事が起こって男子職工の欠乏が生じる事態となり、富士紡でも各県下に募集員を派遣して確保を図った。彼らの住居としては、工場周辺の茅沼（菅沼村）・音渕（六合村）・小山（同）に五ヶ所の下宿所が用意され、一ヶ所につき宿主に一〇円の補助を与えて、入居する工男の便宜が図られた。明治四十一年七月時点で合計二二八人がこうした「男工下宿所」に居住していたが、富士紡ではさらに、六合村寺下に「男工寄宿所」を設置した。この施設は、新人工男に限ってその養成期間中の収容にあて、中央職工係の監督のもとに管理人一人・小使一人・「警戒」一人が置かれた。日用品や飲用水のほか浴室が備え付けられ、寝具が貸与され、食事は工場の食堂を利用させた。家賃は畳一畳に付き月二〇銭で、四十一年七月時点で五九人が収容された(50)。

六　多発する事件・事故・犯罪等への対策

以上見てきたように富士紡は、火災、水害、伝染病の猖獗といった事態に対処し、従業員の健康保持や社宅などの居住環境の充実にも意を注いできた。しかしながら、日露戦後の工場施設の拡充は、多種多様な外部の人々の流入と工場周辺地域の急速な町場化をもたらし、富士紡従業員も巻き込んださまざまな犯罪・事件・事故等が多発し、会社側ではそうした事態にも対策を講じていかなければならなかった。

それでは、この時期の地方新聞（『静岡民友新聞』）に掲載された富士紡関連の事件・事故に係わる記事を後掲表9―4（第九章）によって確認しよう。まず明治三十二～三十六年をみると、窃盗・強盗一件、遁走・逃亡一件の計二件、三十七～四十一年の時期を見ても行倒れの一件を加えて三件と少ない。だが、この時期の新聞記事には、第二章で見たような創業期の明治三十二年頃の毎月二〇～三〇人の退社・逃亡者が常態であった状況や、田村正寛による大量解雇、和田改革時の人員解雇のことなどにもまったく触れられていない。したがってそうした状況も勘案すると、明治四十一年頃までの富士紡関連記事の少なさは、額面通りには受けとられず割引いてとらえる必要があろう。その一方で、前述のように外来者の先導者によって富士紡批判演説大会が開かれた（明治三十九年九月二十七日の記事）ように、日露戦後には新たな社会状況を示す記事が現れていた。

明治四十年六月二十六日・三十日の記事によれば、当時相次いで行われた工場や発電所の新増築や洪水後の復旧工事に集まった多数の土木作業員（土工・人夫等）の間で激しい争いが生じた。彼らは富士紡峯水路開削工事のために雇われた下請け業者で、工事区画や賃金の多寡をめぐって対立し、両派には応援の博徒・土工・「親分」達が駆けつけ、双方ピストル・棍棒・仕込杖・ダイナマイト等を持って河川両岸に対峙して一触即発の状態に至った。御殿場分署や県の警察署からも部長はじめ数十名の警官が派遣されて警戒並びに仲裁に当たり、ようやく五日後に双方からの代表者と仲裁の「親分」立ち会いのもと調停・和解が成ったという。[51]しかしこの騒擾事件は「本工事ハ着工後間モナク下請土工間ニ紛擾ヲ生シ最初ノ約三ヶ月間ハ殆ント空シク経過シタル」[52]というほど長期的な影響を水路工事に与えたのであった。

富士紡では、こうした事態に対処するため継続的に請願巡査の派出を要請して警戒を怠らず、また小山派出所と御殿場警察分署間の専用電話架設に寄付をするなど警察設備充実にも協力している。[53]

そして明治四十二～大正二年（一九〇七～一九一三）の時期には、富士紡関連の記事は一気に四一件に急増し、その内容は、事故五、窃盗・強盗八、乱暴・暴行五、遁走・逃亡七、自殺七（内未遂三）というように、多岐にわたっている。明治四十年代は、工場や水力発電所の相次ぐ増設のため、全国各地から集められた職工数が明治三十五年時の約四倍強にまで膨れ上がり、先に見たような絹糸紡績工女の賃金引き上げを求める動きのほかにも職工同士の軋轢から生じる事件も多く、「撲っておいて恐喝」（明治四十三年四月二十五日）「食堂で大格闘」（大正元年九月二日）「鉄管工の大暴れ」（大正元年十月十三日）といった工場や作業場での喧嘩や暴行、さらに窃盗では「女工賊を働く」（明治四十三年十二月十三日、四十四年八月一日）というように工女が寄宿舎や町場で窃盗を犯した事例も報じられている。

この時期はまた、第二部第九章で詳しく見るように工場の急拡大に伴って工場周辺に商店街が形成されるなど町場が拡張され、工事に携わる土工や人夫などの労働者も多数来場して、従来の質朴な農村秩序は一変し、工場のある小山町域では、窃盗・強盗、殺人、乱暴・暴行、誘拐、賭博、詐欺、自殺等都市型の凶悪犯罪や社会問題が噴出した。そしてこうした工場の劣悪化した外部環境が工場内の従業員にもさまざまな影響を与えて事件等を惹き起こした。それが典型的な形でしかも最も悪質で卑劣な形となって現れたのが工女の誘拐事件であった。

　こうした事件は富士紡関連として分類したものを含め七件が数えられるが、いずれも工女達を巧みに誘い出し、あるいは暴力的に誘拐暴行した上で、他の紡績会社や山梨・沼津方面に工女や売春婦等として売りとばさんとしたものであった。犯人の多くは前科を抱えて町から町へ渡り歩き富士紡のある小山町に狙いをつけてやってきた者であったが、地元農村部出身者や町場で商売に従事する者も若干含まれていた。『静岡民友新聞』を見ると、富士紡では、そうした事件に対し次のように地元巡査たちとも連携して対処していた。

「女工が休日にて遊び居る所へ出歯りに行き女工に戯れ居るを、監督人臼井清吉が認めて叱りつけ（傍点は引用者、以下同じ）」（明治四十三年四月十七日）

「（工場内水路に投身入水自殺を図った工女を―引用者）会社倉庫係須田監督の為に救い上げられ」（四十四年七月七日）

「平素少女を誘拐して山梨方面に醜婦業として売り飛ばしたることを聞き込みたれば、外勤係なる岩田將勝はここに一策を設け去る十九日数名の少女を伴いて吉造の宅を訪れ、この子供らを密かに醜業婦に篏め共に一儲けしてはどうだいと持ちかけしに、吉造は……その策略やら経験やらを自慢らしくしゃべり立てしより忽ち旧悪露見に及び……その筋に突き出されたり」（四十四年十二月二十三日）

「第四工場の女工宮城県生まれの……を（工女誘拐の前科で要注意人物の某が―引用者）例の甘言をもって釣りだし喰物にせんと企てたるを女工警戒員臼井某のために看破され見事失敗せる」（大正元年八月十三日）

「(逃亡した工女が―引用者)御殿場にいたり、箱根の旅館に投宿潜伏し居たるを会社より追跡し来たりし社員の者に発見され連れ戻されたり」(明治四十四年七月二十二日)

実は、富士紡ではすでに明治四十一年において工女の無断外出やそれに関わる外来者の侵入等を防止するため、表門に昼間二人・夜間一名、裏門に昼夜一人ずつの監察を置き、さらに寄宿舎の西側に昼間一人を配して、構内の巡回と取締を強化していた。また寄宿舎内においても休憩室を設置して工女たちの健康管理と慰安増進を図り、同時に工女達の出入りの取締を厳重にする等の措置を講じていた。[54] さらに富士紡では、右に見たように監督人・外勤係・女工警戒員等の職員を配して、町場での工女の保護監督、自殺者救助、誘拐犯の探索と工女保護を行い、逃亡した工女に対しても追跡の上連れ戻す等の対策を講じていたのである。

だが、注目すべきは自殺事件が七件(内未遂三)報じられていることである。その中には宮城県の実家は貧しく実兄は海外に出稼ぎに出ており、富士紡に一五歳で住込みに入って無事三年を勤め上げたが就業中誤って右手を負傷したため不自由となり、その後神経を病んで自殺を図り救助された事例(明治四十四年五月五日)や、幼くして父母を失い子守奉公をしながら育てられ一一歳にして富士紡に雇われたが、同輩の工女が郷里の親族に手紙の交信をしたりするのを見て侘しさを覚え、ある物品紛失事件の嫌疑をかけられたことに悲憤して構内の水路に入水したが救助される事例も報じられている(明治四十四年七月七日)。

富士紡では給与を含めた待遇改善をはじめ工場や寄宿舎の環境改善、病院等の医療・衛生事業の充実などを図るだけでなく、年若い工女たちが遠く郷里を離れ、それまでとまったく異なる労働条件や寄宿舎生活の中で呻吟する精神的な不安や孤独といった痛苦にも対処していかなければならなかった。そうしたさまざまな対策について、寄宿舎生活の実態や工場での年中行事も含め、次章において改めて詳しく検討することとしよう。

注

(1) 前掲『富士紡生る、頃』一三九頁。
(2) 前掲『日本近代技術の形成』一九二〜一九三頁。
(3) 「消防規則　小山工場」「消防心得　小山工場」『現行諸規則類纂』(小山工場史料)。
(4) 前掲『富士紡生る、頃』一七三〜一七四頁。
(5) 前掲『辞令控』(小山工場史料)。
(6) 「非常警戒当直規則」『現行諸規則類纂』(小山工場史料)。
(7) 「当宿直規則」『現行諸規則類纂』(小山工場史料)。
(8) 前掲『富士紡生る、頃』一三九〜一四〇頁。
(9) 前掲『五十年史』一五八頁。
(10) 「小山の惨状」『静岡民友新聞』明治四十年(一九〇七)八月三十日、『小山町史』第四巻、一〇二四頁。
(11) 「富士瓦斯紡績株式会社小山工場水防規則」『現行諸規則類纂』(小山工場史料)。
(12) 「富士紡績会社の被害」『静岡民友新聞』明治三十四年(一九〇一)七月六日、『小山町史』第四巻一〇二三頁。
(13) 明治四十年下期・四十二年上期・大正五年上期富士紡小山工場『営業報告書』。
(14) 大正三年下期富士紡小山工場『営業報告書』。
(15) 大正三年下期・四年上期富士紡小山工場『営業報告書』。
(16) 「職員及職工ノ事」『高風院伝記史料』第八章による。
(17) 「明治三十三年六月十二日　御届　当会社ニ於テ使用スル建物別紙調書及図面ノ通リニ付此段及御届候也」『明治三十四年度　官公署交渉書類　庶務係』(小山工場史料)。
(18) 「明治四十三年　富士瓦斯紡績株式会社小山第一二工場　工作物」並びに「大正二年六月　建物新築願」『明治四十二年四月起　工場財団登録書類』(小山工場史料)。
(19) 「小山工場医務係事務取扱規程」『現行諸規則類纂』(小山工場史料)。
(20) 以上、引用文とも前掲「明治四十一年八月　事務引継演述書」による。
(21) 「明治四十一年六月二十六日(工場内換気・温度改善につき―引用者)伺」『明治四十、大正三　稟議書』(小山工場史料)。

(22) 同前史料。
(23) 「第二工場食堂及事務室ヘ暖管布設ノ件」『明治四十、大正三　稟議書』(小山工場史料)。
(24) 小山工場への空調機械の取り付けに関しては「上西圭治氏の談話」『空気調和・衛生工学』第四二巻第一号、昭和四十三年(一九六八)一月。保土ヶ谷工場に関しては井上宇市「日本の空調六〇年略史」同上所収、による。なおこの点に関しては、前掲、阿部武司・松村敏「和田豊治と富士瓦斯紡績会社」のなかで的確に指摘されている。
(25) 「明治四十年十二月二十一日　第二工場寄宿舎換気装置配設ノ件」『明治四十、大正三　稟議書』(小山工場史料)。
(26) 「棉花消毒」『静岡民友新聞』明治三十五年(一九〇二)十月二十一日。
(27) 「消毒所設備之儀ニ付御願　明治三十九年七月九日」『明治三十九年中官公衙願届書』(小山工場史料)による。
(28) 明治三十七年下期富士紡小山工場『営業報告書』。
(29) 以上、引用とも大正三年富士紡小山工場『営業報告書』による。
(30) 以上、引用とも大正四年富士紡小山工場『営業報告書』による。
(31) 同前史料。
(32) 西成田豊『退職金の四〇年』青木書店、平成二十一年(二〇〇九)、九四〜九五頁。
(33) 富士紡が「職工疾病保険規則」を設けた経緯並びに保険業界全体における位置づけに関しては、前掲『戦前、富士瓦斯紡績における労務管理制度の形成過程』一五五〜一五六頁を参照されたい。
(34) 以上は『高風院伝記史料』の記述、また富士紡の「明治四十年九月改正　富士瓦斯紡績共済組合規則」「同細則」前掲『現行諸規則類纂』所収による。
(35) 前掲『退職金の四〇年』一〇一頁。
(36) 前掲「明治四十一年八月　事務引継演述書」。
(37) 以上、小山工場の病院施設に関する記述は、「引継書」『明治四十二年稟議書綴』(小山工場史料)による。
(38) 『富士のほまれ』大正三年(一九一四)十二月三十一日。『富士のほまれ』は明治四十二年から発行された富士紡の社内報で、以下注記する場合は『富士』と略記する。
(39) 同前史料、大正三年(一九一四)十一月三十日。
(40) 前掲『五十年史』七五頁。なお戦前日本各地に展開した各種企業が形成した社宅街については、社宅研究会編著『社宅街　企業が育んだ住宅地』平成二十一年(二〇〇九)株式会社学芸出版社、を参照。

(41)『明治三十四年度　官公署交渉書類庶務係』(小山工場史料)。
(42)「明治三十五年四月　建物所有権登記申請書」『明治三十五年以降　建物ニ関スル登記済證』(小山工場史料)。
(43)前掲『現行諸規則類纂』所収。
(44)「小山工場社宅規則制定ノ件明治四十年十二月十三日」『明治四十年大正三年稟議書類』(小山工場史料)。なお倉敷紡績においても明治四十二年十二月四日に「通勤部拡張ニ関スル意見書」がまとめられ、募集経費のかかる出稼女工の割合を減らし、社宅建設によって勤続年数の長い労働者家族を育成することの有効性が報告され、大正四年建設の万寿工場では、熟練工養成と労働問題解決のためにも女工寄宿制から社宅通勤制への方針転換が図られていった(前掲『企業城下町の都市計画』一一九～一二二頁、参照)。
(45)「家屋取毀届」『明治三十五年以降建物ニ関スル登記済證』(小山工場史料)。
(46)「社宅新設ニ付御伺」『明治四十年、大正三年稟議書類』(小山工場史料)。
(47)ジャネット・ハンターは、繊維業界では二十世紀に入って低年齢の労働者(工女)は減少し、工場周辺に居住する労働者や既婚者も一定の割合で存在し、社宅の供与や託児所の設置をした鐘紡等の事例を紹介している(前掲『日本の工業化と女性労働』六一～六八頁)。
(48)岩田晶「友愛会小山支部の盛衰」『小山町の歴史』第九号、平成八年(一九九六)、一五一頁。
(49)『小山町史』第八巻、六四一～六四二頁。
(50)「明治四十一年七月三十一日　中央職工係取扱事務要項」並びに「明治四十一年六月十日　男工寄宿新設ノ次第」『明治四十二年　稟議書綴』(小山工場史料)。
(51)『静岡民友新聞』明治四十年(一九〇七)六月二六日・三十日。
(52)明治四十年下期富士紡小山工場『営業報告書』。
(53)明治三十九年下期、四十年上期・同下期富士紡小山工場『営業報告書』。
(54)「引継書、明治四十一年八月」『明治四十二年稟議書類』(小山工場史料)。

第七章　従業員の労働・生活・文化

富士紡工場の従業員、特にそのほとんどを占める年若い工女たちにとって工場空間は単なる労働の場ではなく、寄宿舎において遠い異国からやってきた者達と寝食を共にする生活の場であり、寄宿舎学校ではともに学び合い、さまざまな年中行事やサークルなどを通して企業の中で自己を成長させてゆく場でもあった。企業は、郷里を離れ、見ず知らずの人々と集団で長時間緊張が続く機械労働のなかで心身をすり減らす年少の従業員たちに、新たな家や村のような環境を提供し、そのことによって進んで企業や国家を担っていく人材を育てていかねばならなかった。その実態を一つ一つ見ていくこととしよう。

一　「寄宿舎学校」と寄宿舎生活

富士紡では明治四十二年（一九〇九）から毎月一回、社内のさまざまな動向を伝える社内報『富士のほまれ』を発行し、従業員の回覧に供している。ここでは大正三年八月号（第六二号）から断片的に残されているこの社報の紙面から、富士紡の工場での寄宿舎生活や「寄宿舎学校」の実態、従業員の生活や会社の労務管理の特徴に迫ってみたい。もとより、この社報自体が、会社の工場経営の方針を従業員に伝え、理解させ浸透させるためめの一手段であり、会社側にとって不都合なことは反映されていないことは言うまでもない。そうした側面を考慮しつつ、まず寄宿舎学校の状況から見ていこう。

富士紡の寄宿舎は、開設当初の明治三十三年においては、二階建て第一工場（綿糸）用が一棟（一階五七三坪・二階四七六坪）、同じく第二工場（絹糸）用が一棟（一階三一四坪・二階二八〇坪）設置されている。日露戦後の明治四十三年四月時点では、工場の増設・拡張によって第二工場用に二階建寄宿舎が二棟（一七〇坪と一三〇坪）が増設された。さらに第三・四工場が設立された六合村の敷地でも、二七〇坪前後の寄宿舎四棟が建設された。[1]後に増設された第五工場（一六三〇坪）の従業員もここに収容されたと思われる。

富士紡では、日露戦後に寄宿舎内にいわゆる「工女学校」を開設している。また大正四年二月には川崎工場の男子職工の有志によって補習教育組織・尚工会が発足し、それを母体として尚工学校が形成され、さらに大正七〜八年には川崎・小山・保土ヶ谷の各工場に徒弟学校が建設され、後に工業学校に発展している。[2]

ここでは小山工場に即して「工女学校」の実態を追ってみよう。まず、開設年に関しては、『富士のほまれ』（大正三年十一月三十日）記載の「小山三四工場の企業祭を見て」という記事に「今年が工女学校満四周年となる」という文言があるため、開設年は明治四十三年であり、対象者は「工女」であったことがわかる。

富士紡ではそれ以前から、寄宿舎係が寄宿舎の一室を借りて工女に裁縫や日用上の知識などを教授していたが、明治四十年頃には「現時多数ノ工女収容ノ為メ一室ノ空室ナク従テ教育ハ自然等閑ニ傾キ」という状況に立ち至っていた。そこで同年二月に旧小名木川綿布会社の小山分工場の鉄工所であった建物を「工女学校」に改築する企画が出され、綿紡績工場（第一工場）裏に五二坪で校舎が建設された。[3]六合村の第三・四工場を対象にした工女学校も明治四十三年には設立されていたと思われるが、大正三年の工場配置図（巻頭）によれば、寄宿舎東側に付属していることがわかる。

工女学校のクラスと科目内容等に関して、明治四十三年一月と思われる「小山第三、四工場寄宿舎工女学校内容報告」[4]によってその概要を示せば以下のようである。

・授業科目　修身　国語（読方、綴方、書方）算術　唱歌　裁縫　遊戯

・施設と教員　教室　学科教室　二　裁縫教室　一

　教員　学科教員　女二人　裁縫教員　女一人

・クラス並びに授業時間

甲部（昼業者）　各学級六〇人計一八〇人（但し、史料では第一学級の合計は五五人である―引用者）

　第一学級　尋常小学校第六学年一〇人　同第五学年一五人　同第四学年三〇人

　第二学級　尋常小学校第三学年三〇人　同第二学年三〇人

　第三学級　尋常小学校第一学年六〇人

　授業時間　毎日午後八時〜九時　一週六時間一ヶ月二四時間

乙部（夜業部）　各学級六〇人計一八〇人

　組織・授業時間は甲部と同じ

　授業時間　毎日午前八時三十分〜九時三十分　一週六時間一ヶ月二四時間

通年　学級六学級　人員三六〇人

・授業期間と修業年限

　授業期間　六〜十一月と十二月〜翌年五月の各六ヶ月間ずつ。三ヶ年を以て卒業す。

・教授上の留意点

　教授の方法は主として小学校令に準拠すといえども工女の教育は、年齢・境遇において一般小学校の教育とその趣を異にする点多きを以て、例えば、徳性を涵養し道徳の実践を指導するを以て要旨とする修身科においても一層年齢・経験・学力を斟酌し、現在生活の程度より実行し得る範囲において教材を選択して

教授するようにしている。

また国定教科書にて授けたる読方の知識を綴方に応用する際にも一層直接に日常生活に必須なる材料を実用的方向より選択して教授している。

さらに入学する学年について備考が付してあり、第一学年には、無教育者並びに入社前第一学年に在籍していたがほとんど無教育に近いものを収容することとし、第二学年には入社前に第一学年の初程度を終了したるもの及び第二学年就業中なりしものを収容す、その他これに準ずるとある。

明治三十八年末現在の富士紡職工のなかで一四歳未満の者は、工男五四〇人のうち二四人（四％）、工女三〇四八人のうち二四六人（八％）を数えた。[5] 前述したように富士紡の在郷職工募集人規程では、募集すべき工女は一四～三〇歳と定められていたが、他方で明治四十一年十月の「職工進給規則」（『現行諸規則類纂』）には第二条に「廿歳以下ノ男工、拾五歳以下ノ女工若クハ身体虚弱ナルモノハ号外中適当ノ級ニ採用ス」とあり、一五歳以下の工女がなお採用されていたことがわかる。このように一四～一五歳以下で富士紡に雇われるいわゆる幼年工女が寄宿舎学校に入学したと思われる。先に見たように、一一歳で入社して仕事に励んだが両親も居ない寂しさと心痛の中で自殺を図った幼い工女もいたのであり、そうした者達にも裁縫などの技能と基礎教育、躾と修養を与え自立と成長を促していくことも企図されていたのである。

他方で、『富士のほまれ』に掲載された新入工女父兄に宛てた通信文[6]のなかで「満期までには……ご家庭にて学校へ行かざりし方も自筆にてご父兄方へ通信被為候方も沢山御座候」と述べられているように、郷里においてさまざまな事情で小学校へ入学していなかったり中途退学して就業した工女も含まれており、その中には一四歳以上に達していた者もいたであろう。

いずれにせよ、こうして富士紡が年少工女の教育を展開していくと、思わぬ方面で地域との軋轢が生じた。『小山町史』[7]によれば、富士紡の進出当初はもっぱら遠隔地から労働力を得ていたが、富士紡が目覚ましい発展を遂げていくにつれ周辺地域では人口が増え、その中から富士紡に工女として働きに出る者も増えていった。富士紡工場がある小山地域の成美小学校では就学児童数も増加していったが、明治四十五・大正元年時点で、就学児童二〇一人のうち親が小山町外から寄留してきたものは一二三人に上った。富士紡の職工・社員で成美小学校に児童を通わせている親は、町外から寄留した富士紡職工六四人、同社員三人、当地（旧六合村小山・藤曲）出身の富士紡職工一二人、の計八一人を数えた。

こうして富士紡関連の児童数は増加していったが、大正初期頃から尋常科五・六年生の出席率はかえって著しく低下するという現象を呈するようになった(8)。これは、女子児童に顕著であり、原因は、これらの生徒が「富士紡小山工場ニ通ヒテ工女トナリ居レリ、督促ニ応ジテ出席セズ」という状態ゆえであった。実は、当地では日清戦後期に養蚕業が発展してくると、農業と養蚕業が重なる最も忙しい時期（おそらく麦刈りと田植えと春蚕の上蔟時期が重なる梅雨の時期と思われる）には児童が家仕事に従事するために欠席者が多数に上ってしまい、暑中休暇日に換えて休暇日とすることで何とか対応してきた(9)。

ところが今度は、養蚕業という季節的な繁忙とは異なり、工場労働という恒常的な児童の勤務が原因で小学校の欠席が常態化するというより対応が困難な事態が生じてきたわけである。大正三年（一九一四）にはそうした欠席不就学児童は一〇〇人以上に及んだ(10)。こうした事態に対し、二五人は就学猶予・免除という措置がとられ、その他の約九〇人については、工場寄宿舎において尋常小学校の教科を修業させるという対応策がとられた。

大正六年（一九一七）十月には、成美小学校から訓導二名が、富士紡の委嘱に応じて小山第三・四・五工場寄宿舎学校へ出張し、毎日午後七時半から九時半まで、各員一週六時間ずつ、尋常科を卒業すべき児童のための授業を担当することとなった。そして、翌七年三月には修業生二六二名・卒業生一〇四名が誕生したが、この卒業生には寄宿舎学校卒業ではなく成美尋常小学校の卒業証書が授与されたのであった(11)。こうして周辺地域との協力によって企業内教育も充実していった。

さて寄宿舎学校での教科内容は、工女が工場業務ばかりでなく今後社会で生きていくための基本となる「読み・書き・算盤」と婦人が持つべき必須の技能と考えられていた裁縫であったが、それらに加えて重視されたのが、次に見るように、工場や寄宿舎での礼儀作法や働き方・暮らし方の基本となる考え方や心構え、さらに生き方や考え方に及ぶ精神修養に関わる教育であった。

新入寄宿生への対応

新たに寄宿舎に工女が入ってくると、工場や寄宿舎での行動や暮らし方に対する規範が説明された。大正四年八月には、七月以来の新入寄宿工女七〇人に対して、寄宿舎主任や担当教師から「寄宿生活の心得」「勤勉貯蓄の奨励」「衛生思想の普及」に関して講話がなされた。その後工場長や各世話係を交えた茶話会が催され、裁縫教師から「簡易生活の方法」と題して講演があった。

会社側では、郷里の父母の信頼を勝ち得、また工女たちの不安を和らげるため、父母に対して定期的に通信文を送付し、寄宿舎での世話係の生活や食事万般の応対、寄宿舎学校の内容、休業日における年間を通じての各種行事や慰安の催し等を説明し、遠く離れて大切な愛児を預かり、その安寧と幸福を増進するために専心努力している旨を訴えている。会社からは、工女に貯蓄を奨励し、毎月一回工女に支払った給料の勘定書とともに工女の安否を報告した通信文を郷里の父母のもとに送付している。さらに工女から郷里への手紙と郷里父母や友人等から工女たちへの通信を、実例を挙げて紹介している。[12]

行儀作法並びに割烹練習会

大正三年の秋、交代日に寄宿舎娯楽堂で数回にわたって行われた行儀作法並びに割烹の練習会[13]では、工女たちが教師の指導のもと主客となり、配膳と接客、さらに客としてもてなしを受け食事をとる作法等を身に付ける訓練を行っている。これは、日常生活における適切な立居振る舞いと心遣い、身体作法の体得を目指したもので、伝統的な茶道の稽古に貫かれる精神が活かされている。また料理法も毎回教授されて工女たちが工夫を凝らして向上していく。特にその材料となる野菜類は、寄宿舎内の一坪農園で工女たち自らが耕作し収穫したものを用いている。

食事と健康の関係についても、食する物によって消化時間の違いを分別してよく咀嚼することが心身の健康の本となり、何より五穀（米・粟・稗・黍・麦）を主食に豆を副食とすることが、日本書紀の天照大神の古事より示され、現代の医科学から見ても合致しており、いたずらに洋食にかぶれ日本本来の主食物を卑下し疎かにすることを固く戒めている。(14)

寄宿舎の一坪農業

副食の野菜類については、寄宿舎内の空地を活用して工女生徒が協力して開墾し、農事に関する戸外講話を受講したり出来栄えについての実地批評を行いながら、種子や苗の作付、耕作、収穫までを実践している。この作業を通じて「自立実行」と共同精神の涵養、体育増進、農業実技の養成を図ることが目指された。(15)

修身講話、教育講演会

おそらく修身の授業の一環と思われるが、寄宿舎学校長や成美小学校の校長・訓導等を招いて修身講話や教育講演会を行っている。その内容は、勤勉や真面目な生活を鼓吹したもの、忠臣蔵を題材として主君への忠誠を説いたと思われるもの、また富士紡工女の立志伝などがみられる。(16)

興味深いのは、当時法学博士で法学のみならず日本古代史・東洋史の研究者でもあり、道徳科学（モラロジー）を提唱し、労働問題にも警鐘を鳴らしていた廣池千九郎や児童文学者・童話作者として知られていた巖谷小波といった当代一流の著名人を招いて、工場全体や寄宿舎において講演会を催していることである。廣池は、和田豊治と同郷の中津藩出身で『新編小学修身用書』を著すなど歴史教育や児童教育にも通じていた。おそらく和田の知遇を得て講師として招聘されたものであろう。また廣池千九郎の長男千英は、東京帝国大学法科を卒業後、大正六年に富士紡に入社している。廣池の講演内容とその意義については後に改めて触れたい。

今ひとりの巌谷小波とは、和田は、明治末期に三越（三井呉服店）の重役室で日比翁助を介して知り合い[17]、以後親交を深めて、小山工場での講演を依頼したのである。巌谷が、大正六年二月十八日と十九日の両日、小山第一・二工場で行った講演の演題は、「正直のこうべに神宿る」「正直と不正直との成功比べ」という童話仕立てのもので[18]、これも廣池の説く精神と相通じ、正直の実践こそ成功への道であると、若い工女たちにも分りやすく説いたものであった。

修学旅行

大正三年十二月十一日に、小山第三・第四寄宿舎学校の有志生徒七〇人は、世話係の担任に付き添われて、神奈川県松田方面から酒匂川中流方面へ鉄道を介して日帰りの修学旅行を行っている。晩秋の美しい山野の景色を眺め、曹洞宗の古刹を訪ね、散策途中には何度も唱歌の合唱が起こるなど和気あいあいとした雰囲気に満たされていた。また汽車の車窓からは、山腹一円にみかん畑が広がると付添教師は、みかんの植物上の性質からその種類や需要に至るまで詳細に生徒に説明した。

松田の町では、乃木将軍の揮毫になる日露戦争の忠魂碑に詣でている。一同は、教師とともに敬礼し、教師が戦時中の我国軍人の忠勇を説き乃木将軍の偉大な功績を讃えると、「水師営の会見」の唱歌が自然と全生徒から沸き上がって合唱となった。そのあとは、幕末に困窮した家や村を報徳仕法によって復興した二宮尊徳の居村＝柏山村を酒匂川沿いに訪ね、改めて尊徳の残した報徳精神と遺徳を偲んでいる[19]。

こうして修学旅行も、単なる観光旅行ではなかった。工場勤務に疲れた工女たちを風光明媚な風景に触れさせて心身を癒し、唱歌を合唱して集団での楽しみを享受させるとともに、地元特産物の特色を学び、日露戦争の偉業を思い起こして帝国臣民としての自覚を促し、困窮した家・村を立て直した尊徳の勤倹と分度推譲の精神を心に刻みつける旅でもあったのである。

二　従業員の年中行事と生活・文化

次に、寄宿舎学校工女も含め、さらに従業員一般にも視野を広げて工場での生活実態に迫ろう。まず休業日と定められた年末年始・紀元節・神武天皇祭・盂蘭盆会・天長節・起業祭には、社を挙げて工場全体で盛大な記念行事が展開された。以下、この休業日を中心に年中行事の内容を示そう。

年末年始の催し

毎年十二月三十日から一月三日までは正月休みとされ、帰郷する工女もいたが、図5-1をみても夏場ほど従業員数は減少しておらず、多くの工女が工場で正月を迎えた。元旦には職員は事務所に集まり、新年祝賀会が行われ、賀辞交換と饗応の宴が執り行われた。そのあと三ヶ日は、さまざまに趣向を凝らした娯楽の催しものが花開いた。

大正六年の正月には、元日には工男を座頭とし工女一三名を擁する喜楽組と称する一座が、一三幕、一一時間にわたる悲劇の演劇を公演し、また曲芸・皿回し・「倒さカッポレ」等を披露して、玄人はだしの演技に満場立錐の余地なく歓喜に沸いた。二日には、早朝より景品の福引大会があり、午後は六時まで浪花節会が催され、そのあと巌谷小波らが結成した東京御伽倶楽部から派遣された活動写真隊による映写会が工場食堂において次々に上映され、盛況を極めた。三日は、御伽倶楽部派遣の演劇隊による「ニワカ踊り」の喜劇や奇術が午後四時頃まで上演された。こうして正月は、工女たちにとって郷里ではめったに見られないような生の演芸や活動写真が鑑賞できる特別な日々となった。(20)

紀元節

政府は明治六年太政官布告第三四四号を以て、新たに神武天皇即位日を定め直し、二月十一日を紀元節とした。

富士紡小山工場での紀元節の行事の内容が大正七年二月号に記されている。[21]
工場での式典会場には、神武天皇の即位大礼の図や日本地図・世界地図が飾られ、会社職員のほか寄宿舎生徒、地域の小学校長、住職、牧師等総勢一千余名が参集した。午前九時から始まった式典では、君が代合唱、勅語奉読、寄宿舎舎監による聖旨の丁寧なる解説、紀元節の唱歌合唱にて式を終わった。そのあと寄宿舎学校生徒による学芸会が行われ、児童による勅語の暗誦、「水兵の母」と題する対話や菅原道真の逸話を扱った朗読が披露され、浦島太郎や牛若丸にまつわる演劇が、色とりどりの衣装を身に纏った生徒たちによって演じられ、参観者に感銘を与えて散会した。

雛祭り

年若い工女が多く集まる工場では雛祭りが盛大に執り行われた。三月三日の雛祭り当日には寄宿舎学校室に、錦の幔幕、羽二重の万国旗が設えられ、陳列された雛は百数十台に及んだ。それらはいずれも工女たちが手芸し、挿花して作り上げたもので、その展覧場となっているのである。
この大広間に次長や寄宿係等が列席し、工女も参集して式典が行われた。そこでは、新たに寄宿舎の室長となった工女達に辞令が交付され、そのあと次長から講話があり、工女達が和合に努め、健康を維持し、品行を保って仕事に勤しみ、郷里に多くを送金して親孝行に励めと諭している。そのあと甘酒の接待等もあり、工女達はこの一日を和楽のうちに過ごしたという。[22]

神武天皇祭

神武天皇の崩御日とされる四月三日の休日には、小山工場では明治三十年代から大運動会が開催されてきた。[23]この当時尋常小学校では、運動会というのは近傍の名所等を見学する「遠足運動会」の形が一般的であり、校庭を使って全校で競技大会を行うという形式が採られるのは、日露戦後、特に明治四十年の小学校令改正で五・六学年まで義務教育が延長され、校舎増築を行った際に広い運動場が造成されて以降のことが多かったようである。

したがって広い広場がとれる富士紡では、尋常小学校より早く、運動場での競技形式の運動会を実施していたわけである。

ここで大正六年の神武天皇祭の祝日の模様を紹介すると、[24]まず午前九時から、第一・二工場及び寄宿舎学校生徒からなる楽隊と仮装隊が、四七士や七福神、ハイカラな洋装婦人等々に扮して仮装行列を作り、神輿や山車とともに周辺町内の沿道を練り歩いて喝采を浴びた。

午後からは、工場内須川神社前広場にて万国旗がはためくなか、大運動会が開催され、各種競技や遊戯等二六ものプログラムが展開された。この中には、騎馬競争・綱引き・障害物競争といったなじみの競技もあるが、ツバメダンス・コンビネーションダンス・トライラックダンス・カレドニアダンス・バンダースダンスといった多彩なダンス競技やバスケットボールといったスポーツ競技も行われている。さらに余興として工男工女による芝居や浪花節、手踊り等が四ヶ所に設置された舞台で演じられ、満場立錐の余地なき賑わいを見せた。

このように、神武天皇祭の日に行われた大運動会は従業員や周辺住民も巻き込んで躍動・歓喜・盛況一色に包まれたのである。

盂蘭盆会並びに夏の行事

小山地方では七月十八日が盂蘭盆会である。大正八年の第一・二工場の事例[25]を見ると、寄宿工女四百名余は、朝九時から寄宿舎世話係に率いられて最寄りの甘露寺に出向き、施餓鬼法要に列席している。工場創業以来職に殉じた四二六名の霊を弔うためである。こうして施餓鬼供養を行った後は、工場前の広場にて恒例の盆踊りが行われ、郷里の芸能を反映して仙台踊・紀州踊・押上踊の三種が舞われた。午後から夜にかけては、会社が東京から呼び寄せた龍美談一座によって悲劇・喜劇各二幕ずつが上演された。また午後七時からは活動写真の上映会も催されて、お盆の一日が終了した。

このお盆を挟んだ六月から九月頃までは、梅雨から台風シーズンに重なり、猛烈な湿気と暑さで労働意欲がそがれ、体力気力を消耗し、大雨洪水と伝染病が工場を襲う季節でもあり、退職帰郷する工女も少なくなかった。こうした事態に対処するため、会社では、お盆行事だけでなくさまざまな工女慰安事業を展開している。

大正四年の場合についてみると、[26]お盆を過ぎると寄宿舎工女に対し連続して教育講演会を開くとともに、七月二十六日から八月十一日にかけて工男工女を連れて横浜本牧海岸での海水浴や江の島への遊覧会、八月十一日には東京御伽画報会興行団を招いて御伽噺手品などの上演会を実施し、同十九日には中庭に納涼場を設けて氷水等をふるまうなど、工女たちを引き留める対策を講じている。九月一日には一ヶ月無欠勤で勤務した者一七六七人に対し、福引で全員に賞品を授与した。特等や一等当選者三名には簞笥一本、以下置時計、反物、夏帯、帯上げ、草履、半襟というようにかなり上等の品を揃えて表彰し、夏場の皆勤者の労をねぎらっている。

こうした対策は「押上工場の納涼慰安会、慰安相撲、小山工場の江の島遊覧、盂蘭盆会、川崎工場の優良工女選奨慰安等我社盛運の由来する所、一に茲に存するを覚へしめ候、我工場に於ても工場長殿、主任技師殿を始めとし、守谷人事係主任殿、松下寄宿係主任殿等全力を挙げてこのことに従いほとんど寧緒に暇有らざる有様[27]」というように、工場・寄宿舎の経営陣がまさに会社の最重要事項として全力で取り組んでいたのである。

この間、工女募集も秋田・青森・北海道・宮城・福島・新潟等の諸県において職工募集員等が極力尽瘁して工女を集め、八月二十六日以来九月末に至る新入工女は二二一人に達し、前年のような大きな落ち込みを食い止めることができた（ちなみに工女人員は、五月八三二四人から、六～九月は八二五一～八二九七人）のである。そしてこのことは「工女諸姉の厚遇、衛生的施設の完備及び収入に伴う貯金送金の夥多なるにつれ会社信頼の念地方に普及する効果にして快感禁ずる能はざると共に募集員諸氏の奮励をも諒とせざるべからざる[28]」と記し、会社の対策がようやく地方郷里の信頼を勝ち得てきた結果だと自負している。

天長節並びに起業祭

十月三十一日は、大正天皇の誕生を祝する天長節であったが、富士紡の起業祭とも重なり、盛大な催しが行われた。大正三年の場合を瞥見すると、[29]この年は、大正天皇が先帝の喪に服する諒闇中のため、第一・二工場では須川神社で、第三・四工場では鮎沢神社において、それぞれ質素な祭典を挙行し、聖壽無窮と会社の隆盛を祈願し、従業員全員に酒饌料が交付された。

この日は記念行事として、第一・二工場、第三・四工場のそれぞれの会場で秋季大運動会が行われ、午前中から午後一時半頃までは運動競技、その後は工男・工女による各種芝居、仮装行列、舞踏遊戯等が執り行われ、夜は活動写真が上映された。また大食堂では新派の演劇が行われ、隣の娯楽堂では寄宿学校生徒の学芸品（裁縫編物・書画・挿花）が展覧され、有志生徒による音曲舞技が催された。これらの様相は、神武天皇祭を記念した春季大運動会の時とほぼ同様であるので詳細は省略するが、その準備には職員・職工・寄宿学校生が一丸となって取り組み、多数の参観者を得てまことに盛況を極めた。そして天長節と起業祭と秋季運動会が重なるこの日は、多くの工男工女たちにとって、日常の労働から解放された爆発するような歓喜の感情が、自己の帰属する企業や国家の栄光と誇りの心情と一体化する特別な晴れの日であったといえよう。

御大典奉祝祝賀式

大正天皇の即位を祝う御大典奉祝祝賀式が、全工場で大正四年十一月十日に挙行された。[30]保土ヶ谷工場ではこの日、式典を午後に控えた午前中に十月における満期工四一名に対し満期賞与授与式があった。ここに言う満期賞与とは、前に触れた保信積立金として積み立ててきた金員の授与のことであろう。そして午後三時半から式典が挙行された。四千名を超える職員職工が工場の広場に参集し、会場には祭壇が設けられ、両陛下の肖像が掲げられ、寄宿舎学校生徒による君が代の合唱、奉祝歌の演奏があり、祭壇に掲げられた万歳旛にむかって天皇陛下万歳を奉唱した。この日の参加者には、会社側から日給の半額が支給されている。

小山第一・二工場でも午後二時半から職員職工一同参列して御大典奉祝遙拝式が挙行された。川崎工場の式典においては、国歌斉唱ののち、工場長より講演があり、御大典儀式の説明と共に「我が紡績業の国家に貢献する事の偉大なるを説き、是に従事する吾人の責任は猶ほ国務大臣が輔弼の任に膺り君国の為に忠誠を致すと何ら撰ぶ所なきを以て諸君は益々健康を保持し自己の本分を守り其の天職を全ふせられん事を望む」と二千名を超える一般男女職工、寄宿工女学校生徒を前に訓示された。(31)

ここでも紡績業が担う国家的使命が強調され、それを担う責任の自覚と天職の遂行が訴えられた。

寄宿舎の結髪会

十二月には寄宿舎工女結髪会が行われている。結髪会とは日本髪の結い方を競う競技会である。大正七年の事例を見ると、(32)寄宿舎内の会場には見学者が多数詰めかけるなか、原則二人一組で合計二六組が参加し、決められた時間内に、「東髪一人結び」「桃割」「銀杏返し」「天神髷」といった日本髪の型を競って結い上げるものである。その美観・技量・衛生面、そして工場での適否等が勘案されて審査の結果、優等者二七名が表彰された。競技後には次長が演壇に立ち、頭髪、髪結は女性の嗜みであるばかりか、衛生上の観点からも常に心がけるべしとして推奨されたのである。

以上、年中行事のなかでも会社が最も力を入れたものを見てきたが、このほかにも職員職工達のいわばサークルといった文化活動も散見される。例えば「弥生玉突会」が大正三年十月、この年の猛暑と暴風雨によって沈滞した人心を鼓舞しようと久しぶりに秋季大会を開催し、優秀者には賞品を授与している。(33)また同様の趣旨から「富士碁会」が同年秋に大会を開き、優等者には賞品が授与されている。富士紡創立時から技師として活躍してきた田中身喜も三等賞を受賞している。(34)

文芸活動では、小山工場では「小山斯友会」、保土ヶ谷工場では「保土ヶ谷俳壇」という俳句サークルがあり、それぞれ秀句が選出されて紙面に報じられている。(35)運動競技では、大正三年十一月二十日に、小山の各工場や中央事務所から選ばれた選手によるマラソン大会が開かれている。小山町菅沼の白糸橋から隣町御殿場町の吾妻橋まで総行程二里弱のレースで、沿道には救護所も設けられ各工場有志や寄宿舎学校生徒が多数応援に駆け付けて盛況であった(36)。

こうした文化サークルやスポーツサークル等は大正中期以降ますます盛んとなり、以後『富士のほまれ』紙上を大いに賑わすこととなる。『小山町史』第八巻(37)によれば、大正十五年、運動関係七部会・部員九八二人、趣味娯楽関係一〇部会・部員四六一人、修養関係八部会・部員七〇五人からなる小山工場同好会が発足した。運動部門は、柔剣道・野球・庭球・卓球・弓術・陸上競技・山岳、趣味娯楽部門は謡曲・琵琶・音楽研究・俳句・写真・碁会・挿花研究・盆栽、修養部門は紡績技術研究会・職場の親睦・宗教関係、であり、これら多彩な活動が『富士のほまれ』紙上で報告されるようになり、それを見た従業員たちがさらにそうしたサークル活動に興味を示して参加していくというかたちでこれらの活動は普及していった。

三　生活規範の訓育と工場改善策の募集

これまで見てきた工場・寄宿舎等での労働と生活、さまざまな行事を行っていくうえで根幹となるのは、職員・職工、特に大多数を占める若年工女・工男が、日常生活や工場労働において、その一つ一つの立居振舞を律していくことにあった。大正六年三月には小山工場の構内各部屋に、日常生活の規範を事細かく記した「日常心得」が張り出され、その全文が社報『富士のほまれ』に掲載されて、これまで寄宿舎や学校、校内で訓育されてきた内容が改めて従業員に喚起された。

その全文は史料7-1のようであるが、ここには日常生活と工場の労働・作業にかかわる一八項目にわたる規範が記されている。その内容を見ると、幼年者に対する躾とも取れるものもあるが、むしろ人間が集団のなかで生活していく上での基本的な道徳理念、それを立居振舞や生活態度のなかに具現化したものが記されているといえよう。ここに見られる勤勉、節約、正直、清潔、整理整頓、老幼弱者の擁護、時間厳守、服装・言語・動作の

場における「日常心得」

8. 運動	イ．適当な運動をすること　ロ．部屋の中ばかりに居らぬこと
9. 用具	イ．すべて道具を大切に始末すること ロ．傘や下駄などは夫々定まった所に並べて置くこと ハ．学用品を大切にすること　ニ．物を失くさぬよう気をつけること
10. 金銭	イ．余計に金銭を持たぬこと　ロ．いらぬものを買はぬこと
11. 動作	イ．工場や寄宿舎の廊下を走らぬこと ロ．工場や寄宿舎の出入に騒がしくせぬこと ハ．すべて動作はしとやかに，早くすること
12. 挙動	イ．丁寧にすること　ロ．目上の人，知合の人に挨拶を忘れぬこと ハ．朝晩工場に出る折や帰った時には挨拶をすること ニ．品物の遣り取りは虚飾に流れぬ様また失礼のない様に気をつけること ホ．他人の前を通る時には軽く挨拶をすること　ヘ．他人のしくじりを笑わぬこと ト．舌を出したり口真似をしたり等せぬこと　チ．そとから室の内をのぞかぬこと リ．知らぬことを知った振りをせぬこと　ヌ．誤りをかくさぬこと ル．過ちは直に改めること　ヲ．拾いものは直に届出ること ワ．何事に依らず有のまま言うこと　カ．他人の物を断りなしに使はぬこと ヨ．解らぬことは遠慮なくたずねること　タ．日々の仕事はきまりよくすること レ．根気よく熱心に仕事すること　ソ．少しの時間も無駄に過ごさぬこと
13. 整頓	イ．下駄，草履などを脱ぎ捨てぬこと ロ．工場や寄宿舎の備付品の位置を乱さぬこと ハ．机の内や戸棚などは何時でも綺麗に片付け置くこと ニ．紙屑，小切れなど見当り次第始末すること ホ．木管，屑綿糸などは定まった場所に片付け置くこと ヘ．便所のよごれたのを見た人は洗ふこと ト．其外何でも眼につき次第綺麗に片付けること
14. 路上及工場内	イ．年下の者の世話をすること　ロ．他人の困難を助けてあげること ハ．動物をいぢめぬこと　ニ．他人の仕事の邪魔をせぬこと ホ．乗合物では老人子供に席をゆづること　ヘ．先を争はぬこと ト．往来の邪魔をせぬこと　チ．作物を害さぬこと　リ．畦道を歩かぬこと ヌ．田畑に石を投げぬこと　ル．往来に石や丸太などあれば取り除くこと ヲ．池や川に石や土を投げぬこと
15. 休憩時間	イ．他人の遊びの邪魔をせぬこと　ロ．危ない遊びをせぬこと ハ．休憩場から遠くへ行かぬこと
16. 時間	イ．欠勤せぬこと　ロ．遅刻せぬこと　ハ．集合解散は元気よく早くすること ニ．約束の時間を守ること
17. 場所	イ．許されぬ場所に入らぬこと　ロ．鉄道線路を歩かぬこと
18. 社寺，学校，公園	イ．草木を大切にすること　ロ．建物や道具を傷つけぬこと ハ．落書きをせぬこと

出所：「日常心得」『富士のほまれ』第 93 号，大正 6 年 3 月 31 日.

史料 7-1　富士紡小山工

《訓練の主義》	
1. 厳正	イ．姿勢を正しくする習慣　ロ．礼儀を尊ぶ習慣
2. 自治	イ．清潔整頓の習慣　ロ．質素倹約の習慣　ハ．正直を守る習慣 ニ．勤勉忍耐の習慣　ホ．常に自分の行為を反省する習慣
3. 共同	イ．自分の眼に触れ次第自分でする習慣　ロ．他人に迷惑を掛けぬ習慣 ハ．幼弱者をいたわる習慣　ニ．規律を重んずる習慣 ホ．公共物を大切にする習慣
《訓練の細目》	
1. 着席	イ．いつでも真直に座ること ロ．腰掛けのときは腰を深く掛け両足を揃えること ハ．腰掛けの時は両手を後へ廻して組むこと
2. 起立	イ．真直に立つこと　ロ．殊にヒカヾミを伸ばすこと
3. 歩行	イ．道を歩くときは左側を通ること　ロ．部屋の内は静かに歩くこと
4. 作業	イ．台長，部屋長などを申付けられたるものは其の役目を立派に仕遂げること ロ．言ひ付けられたる仕事は直に始めること ハ．朝寝宵張して仕事を怠けぬこと　ニ．字を書く時には脊柱を曲げぬこと ホ．本を読む時には机の側に立ち本は目の高さに保つこと ヘ．聴く時は本を机の上に置きかがまぬこと ト．他人の話を聴くときは真正面を見ること チ．毎日仕事が何程上手になったかを考えること リ．後々の為に成績物や事例などを粗末にせぬこと ヌ．毎日就寝前に今日自分のしたことの善し悪しを考えてみること ル．油手で物を扱はぬこと
5. 服装	イ．衣服は正しく着，帯はしっかり結ぶこと ロ．工場に出る時には必ず袴をつけること ハ．工場へは白粉をつけずに出ること　ニ．手拭を持つこと ホ．衣服を大切にすること　ヘ．衣服の綻び破れなどは直に直すこと ト．シャツのボタンを外づさぬこと　チ．履物の鼻緒をゆるめぬこと
6. 衛生	イ．生水を飲まぬこと　ロ．足袋をはくこと ハ．少しの怪我でも直に手当をすること ニ．眼を患っている人と手を引き合わぬこと　ホ．肌着は度々洗濯すること ヘ．度々湯に入り身体を綺麗にすること　ト．歯を綺麗に磨くこと チ．爪を伸ばさぬこと　リ．鼻汁をかむこと　ヌ．毎日髪を梳くこと ル．髪を度々洗うこと　ヲ．熟さない果物をたべぬこと ワ．食事の前には必ず手を洗うこと
7. 言語	イ．言葉遣いはハッキリと下品な言葉を使わぬこと ロ．決してあだ名を云はぬこと　ハ．陰口を云わぬこと ニ．遠くから呼ばぬこと　ホ．呼捨にせぬこと

厳正、会社・社会・学校等での公共の秩序・礼儀遵守、他人に迷惑を掛けない精神、動植物を敬い大切にする精神、自立自助と自己規律、等の倫理・規範は、おそらく藩政期からの武士道教育や商人規範・農民道徳の訓え、茶道の精神や報徳精神等によって醇化され、日本人にとって普遍的な道徳理念として培われてきたものであるといえよう。

しかしながら、これらの精神を支えた家や村落共同体から離れ、見知らぬ人が、不慣れな地域や自然から隔絶された工場空間で大量に出会い、労働や暮らしを共にするなかで、こうした規範は緩み、風紀は乱れ、犯罪も横行する新たな現象が日露戦後の地域社会や工場内にも現れてきたことはすでに見たとおりである。そうした状況に対応し、年若い従業員たちを根本から訓育する必要に迫られたものといえよう。工場は、単に利益追求の場というより、そうした人間として身に付けねばならない道徳理念や規範意識を学ぶ「学校」のような存在であった。そしてこうした「教育」を通じて、職工にとって企業・工場はまさに自己啓発と成長の場となり、そうした職工の存在が、企業・工場の安定的な運営と秩序を根底から支える目に見えない無形の資産（インタンジブル・アセット）として形成されていくこととなった。

では工場内の規範意識や道徳理念は、単に上から教え込まれ、従業員たちはただそれを受動的に受け入れるだけの存在だったのだろうか。和田豊治は、富士紡に着任した明治三十四年から生産現場の技術者・職員たちを厳しく指導したが、その反面、生産増と品質改良に向けた改善策を書面をもって提出させたり、また現場で部下を叱責した後には自宅へ呼んで饗応し、また功績には臨時手当を与えるなどして報いる等の策を講じて、従業員の人心を掌握し、彼らのインセンティヴを引き出していたことはすでに第二章で見たとおりである。

また第四章・五章で見たように、明治四十一年八月に、第三工場の主事が第三・四工場長に提出した「事務引継ぎ演述書」には、工場内の労働環境や賃金の待遇などをめぐって職員層から改善策が出されてさまざまに協議され試行錯誤する過程が述べられていたし、第二工場でも四十四年には「第二工場改良卑見」なる労務・経営全般にわたる改革案が現場技術者から提起されていたのである。

『富士のほまれ』を見ると大正期には、こうした部下からの職場改善策や意見の汲み上げといった措置は、従来の主事や技師・技手・工手層などの職員だけでなくより下層の職工層まで及んでいたことがわかる。[38] 大正七年の事例であるが、同年三月号には、保土ヶ谷工場において「機械の取扱いやその他仕事の上の事柄」についての改良意見を日常工場で働く人々に求め、懸賞付きで募集している。[39] 応募者一五名のうち八名が受賞し、その主張が誌上に紹介されている。その内容は、撚糸合糸機付属品の取扱い方・製綿方法・撰綿室設備の活用法・管糸箱の利用法・伝票用紙の利用法・カード針磨の方法・撰綿科の皿秤・精紡機付属品等に関する改良意見であった。すべて男子のものであり、おそらく現場で機械の操作と保全等に当たっている技手・工手・役付職工等からの応募であったと思われる。

これらの改良意見がどこまで採用されたかはわからないが、右と同時期に小山第三・四工場では、一般工女に対して、寄宿舎や工場での取扱いをどう改善するか、工女の部屋をどのように改めるか、等の点について懸賞付きで意見を募集した。『富士のほまれ』上に掲載された工女達の意見を以下に紹介しよう。[40]

一、工女の無二の楽しみである週一日の交代日（休日）の外出に関し帰宅時間の制限緩和

二、寄宿舎の部屋の電灯が暗く裁縫や手紙を書くのに不自由だからもう少し明るいものにしてほしい

三、食堂の食卓や便所にも各舎各部屋別の番号札を付けてもらいたい

四、「婦人会」のような組織を設け、交代日に著名人を呼んで有益な講演を行ったり、余興を催したりすればなお皆の品行が高まり、生活に楽しみが増す

そして右の要望に対する回答は次のようであった。

一の要望に関しては、門限の意義について説明した後、その時間延長については希望を考慮したいと述べている。二の要望については、追々に光の強い電球をつけることにしたいと答えている。三についても、考慮する

と回答している。四の意見については、「婦人会の事も結構に思ひますから室長会の折に皆さんにご相談してみることに致しませう」と述べている。こうした要望が直接結実したものかどうかは明言できないが、関東大震災後の大正十四年三月には、富士紡工場長夫人が中心となって小山町婦人会が設立されている。その本部は小山町役場内に設けられ、工場を含む周辺地域まで含んだ地域の婦人を網羅する組織となり、各種講演会のほか家庭のぼろを利用した織物を製作して家庭経済に資そうとする独自の活動も展開していったのである(41)。

こうして、単に上からの訓育・指導だけでなく、下からのボトムアップも柔軟に取り入れながら従業員統治が図られていったのである。

四　宗教者の活動と友愛会小山支部

明治四十年代に見られた工場や周辺地域での風紀の紊乱、犯罪の多発、精神的痛苦からくる自殺などの増加といった状況に対処して、特に年若い従業員の心身を守り、工場での労働と生活をより充実したものにするために、次のような幾人かの宗教者が関わり富士紡の労務対策にも影響を及ぼしていった。天理教、キリスト教と友愛会小山支部、仏教の三者について順次見ていこう。

天理教

幕末大和国で教祖中山みきにより打ち立てられた天理教は、明治に入ってからは神道の一派として成長し、明治四十一年（一九〇八）には別派として独立し、大正期以降にかけて急速に全国に拡大していった。静岡県東部では、明治二十一年滋賀県の官設鉄道草津線敷設工事に出向いていた駿東郡大岡村の鈴木半次郎が、滋賀県水口系の布教師に助けられたことから妻ともども入信し、帰郷後大岡村に嶽東出張所を設立し、明治二十年代には裾野・御殿場・伊豆・三島・熱海にも教会が設置されていった(42)。

小山地方にいつごろからこうした水口系・嶽東系の天理教が普及していったのかは詳らかではないが、明治四十一年第四工場創業当時には、東京本所区の教舎を管理する井上半七なる人物が、月の半分を小山に赴き、信徒の入社、就業、身の上の世話などを行い、妻や娘も第三・四工場の寄宿舎世話係を務めた。こうした熱心な職工達への教導と監督の結果信徒職工の数は年々増加し、大正二年末には、寄宿舎職工二四〇名・通勤工女二二名、通勤工男五一名の多きに達していた(43)。

このような天理教徒による職工への普及活動は、いかにして可能だったのだろうか。一つには、前に触れた和田豊治と同郷の法学博士で大正初期に小山工場に数回講演に招聘された廣池千九郎は、明治四十三年に天理教に入信し天理教教育顧問・天理中学校長も務めた経験を有する人物であり、このことが和田の天理教への信頼をもたらしたものと推測される。いま一つは、明治四十年代に第一・二工場があった菅沼村で村長、大正初期には小山町議を務めた湯山剛平や同じく菅沼村議を務めた湯山正蔵といった地元の名望家が、大正十一年時には天理教駿河宣教所担任者で少講義を務めたり（湯山剛平）、信徒総代訓導を務めたり（湯山政蔵）する熱心な信徒であったことから(44)、彼らが明治四十年代にもすでにそうした熱心な信徒であったならば、小山工場への信徒拡大にとって大きな後ろ盾となったであろうことである。

さて廣池千九郎は、明治四十三年頃ごろから労働問題の解決に尽力し、富士紡のほかにも東洋紡や三越呉服店、工業教育会などで講演や指導を行っていたが、大正四年十一月十四日、小山工場で行われた大正天皇の御大典奉祝遙拝式の後で、「立身出世の方法及び心得について」と題する講演を行っていたことが確認できる。そこで廣池は、立身出世のためには、気分を快活に保って心身の疲労を除き、貪欲を去って各自職業に熱心に努力し、節約に努めて物を粗末に扱わず、親に孝を尽くし他には慈悲深く接すべしと説き、金欲物欲に捕らわれるのでなく「勤倹力行」・「慈悲寛大」・「自己反省」こそが立身出世の道であると諭している(45)。そしてこれらの文言こそ天理教教祖の宣言の精神に合致するものにほかならなかった。

大正六年一月十一日、廣池は小山工場での講演会に招聘され、同地の寄宿生徒のほか天理教信者も集めてこの宣言文の意義や親孝行の根源についても論じている。[46]廣池の説いた生活道徳や倫理観は、大正六年に職工たちにしめされた「日常生活心得」の中にも活かされていったと思われる。その後、廣池は、昭和三年には、人類普遍の道徳原理を世に問う『道徳科学の論文』を著し、「モラロジー（道徳科学）」を提唱していった。

キリスト教と友愛会小山支部

キリスト教も明治の文明開化の思潮のなかで急速な広がりを見せ、明治二十三年（一八九〇）には美普教会（メソジスト・プロテスタント教会）が静岡を中心に浜松・江尻・蒲原・鷹岡などで布教を行い、三十四年には富士紡小山工場が進出した小山で伝道を開始した。四十年には小山に美普教会の講義所が建設され、四十五年頃には小山第四工場内でも毎月一回集会が開かれるほどに広がりをみせていた。[47]

明治四十五年八月一日、鈴木文治が、資本と労働の調和を図り企業の堅実な発展と労働者の地位向上を掲げて友愛会を結成するが、翌大正二年七月十一日には友愛会小山支部が設立された。その契機となったのは、同年六月頃に美普教会に赴任してきた高山豊三の尽力によるところが大きかった。高山は、明治学院神学部卒業後友愛会本部で半年ほど鈴木を助けて働き、その経験を活かして鈴木と共に友愛会小山支部設立を準備した。[48]

小山支部の正会員には富士紡男子労働者一八名・准会員に同じく女子労働者四七名が加わり、賛助会員には高山豊三牧師のほか朝倉毎人（第一・第二工場次長）、岩田栄（医師）、高野瀬芳夫（富士紡副主任）、渡辺鉄次郎（同次長）、中村兼次郎（小山町助役）・永田摠太郎（成美小学校長）、菊池良三（十輪寺住職）、八重山宗恵（正福寺住職）など工場の幹部や地元役場・小学校・寺院の代表者が就任した。支部長には、三年四月に菊池良三が鈴木会長から任命された。

こうして発足した小山支部は、大正三年十月頃までの約一年間にわたって次のような多彩な活動を展開した。

・一〇回に及ぶ例会が開かれ、鈴木会長や幹部がたびたび訪れて会員を前に講演や演説を行っている。講演の後は音楽鑑賞、浪花節鑑賞などの余興が行われた。

・賛助会員を講師として二ヶ月間の短期講習会を実施。授業時間は午後七時から九時二十分までで、科目は倫理・地理歴史・国語・漢文で、寄宿舎学校と時間帯が重なるが、より高度な内容で中学二年程度の内容とした。
・読書倶楽部を設け、工場施設内に設けられた支部事務所に雑誌や新聞を置いて会員の閲覧に供された。
・娯楽部を設け、囲碁・将棋・卓球などが行えるように設備を整えた。
・体育部を設けて撃剣部（剣道部）の部員募集を行っている。また小山支部設立記念大運動会の実施を決める。

このように発足当初の小山支部は順風満帆に活動を展開していったように見えるが、大正三年十月頃には支部としては消滅している。その理由として、支部の中心を担った幹部が次々に小山を去ったことが指摘されている。高山牧師は、大正三年十月にはすでに柳井津教会に転任しており、また友愛会に理解を示していた小山工場次長の朝倉毎人も同三年には保土ヶ谷工場に転勤している。

以上みてきたさまざまな支部の活動は、「友愛新報」に掲載された記事から抜粋されたものであり、活発に開催された例会活動のほか講習会・読書倶楽部・娯楽部・体育部の活動が実際にどの程度実施されたのかは詳らかではない。その内容も、すでに見てきたような富士紡工場で展開された諸活動とほとんど軌を一にしている。しかしながら、渡辺次長や永田成美小学校長・菊池十輪寺住職など小山支部の賛助会員や幹部として運営に携わった者が、その後も工場や寄宿舎学校で講演活動に従事していったことなどは、富士紡の工場経営に、小山支部の活動が巧みに取り入れられてその従業員対策に活かされていったとも考えられる。そうした意味で、一年に終わった友愛会小山支部の活動はけっして無駄ではなかったといえよう。

また、キリスト教会の活動そのものも停止したわけではない。『富士のほまれ』の大正六年十二月号には「信仰のおすゝめ」と題する第一・二工場の男子従業員のかなり長文の主張が掲載されている。これは天地万物の創造主としてのキリスト教の神から説き起こしたもので日本の八百万の神々や神社合祀への批判も含まれていた。

翌七年には沼津教区の伝道師による出張講義も熱心に続けられ[49]、十二月には沼津・御殿場・小山から牧師や伝道師が集まり、会社側からは渡辺次長以下職員職工六百名以上が参加してクリスマス祝賀会が盛大に行われた[50]。

仏教

さて右に見た友愛会小山支部の活動で興味深いことは、キリスト教の高山牧師の尽力で発足した友愛会小山支部の支部長に曹洞宗十輪寺の住職菊池良三が就き、短期講習会の講師等を務めていたことである。菊池は小山支部消滅以後も小山工場寄宿舎学校の講師等を務めさまざまな講演を工場や寄宿舎で行い、その内容が時折『富士のほまれ』誌上に掲載されている。例えば大正六年九月号には、「私の感じたるまゝ」というタイトルの随想が載っている。ここで菊池は、工女達に心の持ち方一つで幸せを感じられると説き起こし、工女達が、食事も入浴も準備され、娯楽の催しも完備し、病気の際には会社の病院で手当てを受けられる身の幸せを強調する。そして年長の工女が若年工女を親身に世話し、感謝の挨拶を交わす姿を称賛し、「足るを知る」心の尊さを仏陀の言葉を引いて諭している。

大正七年十二月号には、菊池住職の尽力で第一・第二工場寄宿舎婦人仏教会の主催で釈尊成道会（釈尊が悟りを開いたことを記念する法要）が開催されたことが記されている[51]。婦人仏教会なる組織がすでに存在していて、この時は八十余名の参加者を得、会社からも次長が参列して講話を行い、菊池からは会社の援助に対する感謝とともに成道会の意義についての説明があり、その後会員一同による聖経の読誦、慶賛歌の奉唱、唱歌対話「霊光」の上演などがあり、盛会のうちに式は終了した。参観者の記者は、「来る年も菊池先生の有難きご指導を受けて、今年のように健康に愉快に楽しく婦人仏教会のため、延いては会社や国家のため益々努力致しましょう」と結んでいる。また夏季には盂蘭盆会などの行事も行われていたことはすでに見たとおりである。

以上みてきたように日露戦後大正期に天理教・キリスト教・仏教といった宗教者は、会社側の支援のもと寄宿舎学校の講師等として雇われ、講演会やさまざまな行事を催していった。彼らはまた紀元節や御大典奉祝祭といった日本国家と天皇を奉祝する行事にも列席しており、そうした帝国日本の規範を前提とした企業秩序の中で自己に期待された役割を果たしていったといえよう。

企業側が期待した役割とは、職工たちが抱える精神的痛苦を和らげ、進んで仕事の意義を感得させ、さまざまな行事や整備された環境を整えた会社への感謝の気持ちと毎日の仕事への向上心を喚起して、日々の不満を労使対立の方向ではなく労使協調の下で解決し、生産増進と品質向上を図っていくことであったろう。宗教者の側では、親許や郷里の村を遠く離れて幼くして厳しい工場労働に勤しまねばならない職工（特に工女）たちが、それまでの自然や家族・村と密接な環境の下に共同で行われた農作業や繰糸や織布などの家内労働とはまったく異なる工場という隔離された空間において、機械の運行に合わせ、仲間と話したり笑ったり歌ったりすることもできず、品質向上と増産のために極度の連続的緊張と注意力を維持してひたすら均質な作業に専心集中して従事するなかで精神と肉体の痛苦に苛まれる状況を前にして、足ることを知って心の安寧を保ち、学びや娯楽を通して人間性を回復し、工場で生きることの意味を見出させ、感謝の感情のなかで仕事や生活に喜びや生きがいを見出させて精神の安定を図ることを目指していったものと思われる。こうして会社側、宗教者側の企図は重なり合い、企業側の労務対策や年中行事に活かされ、独特な倫理的・道徳的な秩序空間が工場や寄宿舎を満たしていったのである。

五　諸対策の効果

それではこれまで見てきた富士紡の諸対策はどれほどの効果を上げたのだろうか。まず日露戦後の明治三十七〜大正二年の一〇年間における職員の処分と褒賞の状況（表7−1）を、日露戦前の明治三十三〜三十六年の四年間の状況（前掲表2−10）と比べて見てみよう。まずこの期は、小山工場職工数が前期より激増したにもかか

表7-1　職員の処分と褒賞（明治37年～大正2年）

	処分又は褒賞内容	処分又は褒賞者	処分・譴責又は褒賞理由
明治37年・38年	なし	なし	なし
39年4月4日	譴責	精米所詰	主管精米所の取締りをせずそのまま退出したのは不注意.
5月	罰俸日給1日分	監察	5月2日 夜当番中工女2名表門から逃亡するのを防げなかった不注意.
8月	譴責	炊事係	風紀取締を厳達している中，裸体のまま炊夫が徘徊するのを取締りできず監督不行届.
41年2月	譴責	職工係	職工名簿の不整理のため工女死亡通知に過誤を生じさせたため.
42年2月	訓戒	第2工場技師	工場内を写真撮影し部下に売却したことは不都合である.
42年5月	懲戒処分	巡視係・門衛	工女2名を外部に連れ出し，外泊させた.門衛は，辞職届提出.
44年4月	始末書提出	社宅住人3名	会社規則外の電球等を使用していたため.
4月	始末書提出	巡視係	3月26日 工女に依頼され外出させたこと.
7月	始末書提出	巡視係・門衛・工男	6月に第1工場工男無断外出し，それを防ぐことができなかった.
45年2月	譴責	第3・4工場表門門衛	工女2名が逃走目的にて表門より外出するに気づかず，不注意.
2月	譴責	第1・2工場門衛，同巡視	工女2名が逃走目的にて表門より外出するに気づかず，不注意.
3月	譴責	門衛	44年12月 工女2名が裏門から逃走したのを防げなかった.
大正2年12月	年末賞与金20円給与	天理教職工監督人	明治40年代より天理教信徒職工の入社・世話に尽力

出所：明治37～39年は『明治三十二年十一月起　大正八年八月八日　辞令控』，明治41～大正2年は『進退賞罰ニ関スル書類』（小山工場史料）による.

わらず、罰則の件数は、前期の二〇件から一二件へと減少している。これは一年当たりだと五件から一・二件へと減少したことになり、職工一人当たりだとさらに三分の一程度に減っていることを意味した。内容では、前期に多く見られた窃盗・飲酒・賭博・防火不備・機械操作上の不備といった点がこの期には見られなくなり、「罰報」といった減給処分もみられなくなっている。但し、工女逃亡に関する罰則は、前期・五件からこの期は七件と多くなっているが、これも一年当たりでみると一件から〇・七件へと、職工一人当たりではさらに減少しているといえよう。

要するに前期においては工場

内でさまざまな不祥事が発生していてもそれを監督し未然に防ぐ体制が不十分であったが、この期においては、急増する工場従業員と増大する外来者の接触による工場の内外で種々の不祥事が顕在化しながら、それを監督し取り締まる役職への譴責等の処分は工女逃亡の事案以外はむしろ減少しており、監督業務自体はそれなりにきちんと励行されながら、それだけでは抑え込めないほどに事件が発生していったと考えられる。それだからこそ、寄宿舎学校の設立、共済組合や救恤政策、社宅や託児所の充実、『富士のほまれ』の発行による広報・教育活動の強化そして天理教・仏教やキリスト教・友愛会等を動員した労使協調のための施策、企業内年中行事や娯楽事業等が従業員の心身にわたるケアがより積極的・全面的に展開されたのである。

それでは、その後大正三～六年における新聞紙上に現れた諸事件の動向を表9-4（後掲第九章）から見てみよう。大正三年は夏季に未曾有の洪水があり伝染病が猖獗を極め、工女の退社・減少に悩んだ年であったが、それ以外の事件としては事故二、乱暴・暴行二、誘拐一、賭博一、逃亡一の計六件である。この中で、富士紡の労務管理の不備によると思われるのは工女の逃亡事件一件である。そのほか工女の誘拐事件が一件あるが、これは外部者の犯行であった。翌四年には工女逃亡一件と看護婦同士の争い一件（乱暴・暴行）と事故一件のみである。五年には、事故が二件と工女への殴打事件があるが、自殺一件は労務上のことではなく夫婦間の内輪もめであり、翌六年も事故が一件と強盗事件（倉庫への賊の侵入）が一件あるのみであった。この間市街地の小山町域では、騒擾や殺人などは減少したものの窃盗・乱暴・暴行・誘拐・放火といった事件は、前期に比し四割弱に減少しつつもなお継続的に発生を見ている。こうした外部環境の中で、富士紡工場では、大正三年以降はそれらと連動することなく、前期に見たような労働や生活苦に起因する諸事件は沈静化し、その数を著しく減じているのである。

すでに見たように大正四年夏も工女不足に悩まされたが、工場・寄宿舎の経営陣や募集係が一丸となって取り組んだ工女引き留めのための諸事業が効果を上げて工女数の落ち込みを防ぎ、工女募集を成功裡に遂行できたのも工女の厚遇策や衛生施設の完備と工女の貯金送金が着実になされた結果として、富士紡という会社が地域社会の信頼を勝ち取ることができたと述懐しており（三五六頁）、会社側の労務政策が確実に成果を上げてきていたのである。

いま一つ、職工たちの意識面での変化にも着目する必要があろう。職工たちは、勤勉、節約、正直、忠孝、清潔、共助、規律と自律といった倫理観を訓育される一方で、国家の祝祭日に行われた諸行事の中で常に忠君愛国の観念を鼓吹され、また紡績業が国家を支えているという意義を強調されていた。そうした講演・訓話を聴いた一工男の感想が次のように『富士のほまれ』（大正七年九月三十日号）上に紹介されている。

お暑いのに毎日御教訓を賜り、誠に有難い次第であります。……忠孝、勤倹、忠実、健康、規律等、しみじみとわかりました。今後此の御教訓を基礎として、真面目に働きたい、否働きます。先生の御教訓の如く職工は実に世に貴きものだと小生も考へて居ります。世間やゝもすれば、文筆を弄するを以て高尚なりとし、労働するを賤しむ者なきにあらず、であります。全く考へ違ひの甚だしき者といはねばならぬと思ひます。されば吾等職工たる者は、世間に対して恥しからざる国民としての人格を修養せんことに勉めねばならぬ。されば今までのベランメー根性を根絶せねばなりません。此の性を根絶するにあらずんば、所謂善良なる職工とし、世間より観らるゝの日、尚遠しと云はねばなりません。小生等の友人にも、小生の職工となれるを嘲けるが如く見ゆるものもあります。小生は決して此等の輩の言を耳にもかけません。

「何が奴工業学校卒業して、エヘン職工！　あの油で化粧した様な！　西洋乞食の風をして、馬鹿な奴。」此れ、彼等の言であります。油で化粧した光った帽子！　此れ小生のシルクハットであります。油で光った洋服！　何の見苦しき所やある。汚穢とは何ぞや？　市井をさまよひ、仕事もせず、人家に立って食を乞ふこそ真の汚穢なれ、正当の職務に、天職に就き、之を全ふする我等こそ実に貴いものである。而かも国家的なる人類の幸福を増進する所の職務に就いて、何のいやしむ所がありませう、先生の御教訓を心に銘じ、模範職工となりたいものであります。技術、人格共に、恥ぢざる技術者となりたいものであります。

このように、工場での訓話を聴いた工男は、忠孝、勤倹、忠実、健康、規律等の倫理観・規範の重要性を感得するとともに、油にまみれて働く職工を侮蔑する世間の評に対して、「国家的なる人類の幸福を増進する所の職務」を天職と自覚し、それを全うすることに誇りを見出し、技術・人格共に恥じないようになりたいという心情を吐露している。

だがここで注意すべきことは、この職工が、国家的職務に油にまみれて労働することの尊さを自覚し誇りを持つと同時に、「文筆を弄するを以て高尚なりとして、労働するを賤しむ者」や「職工となれるを嘲ける」者、「工業学校を卒業して……市井をさまよひ、仕事もせず、人家に立って食を乞ふ」者、等に対する強烈な嫌悪感や批判意識を抱いていることである。ここではこうした批判の対象が、工場外の世間一般の評判や肉体労働を免れた学生や職業人さらに有閑者等に向けられているが、工場内の学卒者の職員やホワイトカラーの指導・監督者たちが、職工には熱心に修養を説きながら自らはその精神に背く行為を行っていると判断された場合には、彼等に対する厳しい批判が生まれる可能性を秘めていることである。

事実、明治四十五年に絹糸工場仕上科の工女達が賃上げの決議をして示威運動を行った際にも、職工係の不公平な処遇と物価高にもかかわらず賃金が不当に低く抑えられていることが理由であり、この主張の精神は、勤勉、正直、誠実といった普段訓育される修養の精神に裏打ちされたものであり、それに背いているのは使用者側であるという理屈も成り立つ。いや修養をまじめに捉えて実践していったが故に、その延長線上にこうした企業批判が出てくることは当然であろう。修養や国家意識の鼓吹は、企業内秩序に職工を統合する方向ばかりでなく、一歩間違えば企業への批判精神に転化してしまう可能性を秘めたいわば諸刃の刃でもあった(52)。

大正六年、同九年には押上工場で労働争議が発生し、企業側はそうした事態への新たな対応策を講じていくことなるのである。

注

（1）以上は「明治三十三年六月十二日　御届　当会社ニ於テ使用スル建物別紙調書及図面ノ通リニ付此段及御届候也」『明治三十四年度　官公署交渉書類　庶務係』、「明治四十三年　富士瓦斯紡績株式会社小山第一二工場　工作物」「同第三・四工場工作物」『明治四十二年四月起　工場財団登録書類』（以上、小山工場史料）、による。なお、紡績業における寄宿舎や社宅制度の導入の意義について考察したものとして千本暁子「明治期紡績女工から寄宿女工への転換」『阪南論集社会科学編』第三四巻第二号、平成十年（一九九八）、同「二〇世紀における紡績業の寄宿女工と社宅制度の導入」同前第三四巻第三号、平成十一年（一九九九）、参照。また地域住民の紡績女性寄宿労働者への意識や眼差しに焦点を当てた論稿として松井美枝「紡績工女の女性寄宿労働者と地域社会との関わり」『人文地理』第五二巻第五号、平成十二年（二〇〇〇）がある。

（2）こうした富士紡における工業教育の経緯と実態については前掲『戦前期、富士瓦斯紡績における労務管理制度の形成過程』一七九～一八一頁に詳しい。それによると、徒弟学校の定員数は四〇名、就学年数は一年、授業時間は昼業の場合午後三時半から、夜業の場合、午後六時半から各二時間、一週間の授業内容は、予科では修身一時間・国語四時間・数学（算数及び珠算）四時間・製図一時間・英語（機械電気に関する用語の読方解釈）四時間、本科では、修身一時間・数学二時間・理化学一時間・製図三時間・機械学二時間・紡績学三時間・英語二時間であった。

（3）「明治四十年二月十二日、旧小名木川分工場鉄工場ヲ校舎ニ改築ノ件」『稟議書綴』（小山工場史料）。

（4）『明治四十二年　稟議書類』（小山工場史料）。

（5）「工場表」『明治三十九年中官衙願届書』（小山工場史料）。

（6）「工場より新入工女父兄に通信文」『富士』大正四年（一九一五）八月三十一日。

（7）『小山町史』第九巻、四三三～四三五頁。

（8）以下の記述は、『小山町史』第八巻、三九〇～三九一頁による。

（9）「明治三十三年菅沼村足柄村組合村事務報告書」では、近年の就学児童の増加を述べた後次のように、記述している。すなわち「尚当校ノ如キハ毎年農蚕最多忙ノ時季ヲ以テ暑中休暇ニ換ヘ休校ヲナスノ風習アルハ誠ニ痛惜スルニ餘リアリ、然レト雖モ斯事ハ独リ本校而巳ナラス洽ク農蚕家團ノ地方ハ家務繁劇ノ為メ自然大多数ノ欠席ヲ来シ遂ニ休校ノ止ムヲ得サルニ至ラシムル次第ニ付漸次其期間ヲ短縮シ以テ此弊風ヲ除カン事ヲ努メントス」と。

（10）養蚕製糸地帯である長野県埴科郡五加村において、小学校児童の就学状況を克明に検証した土方苑子は、日露戦後という一般に就学者が増加する時期に、製糸工場への女子児童の流出による中途退学者が増加する実態を明らかにしている（『近代日本の学校と地域社会』東京大学出版会、平成六年〔一九九四年〕）。

（11）「寄宿舎学校證書授与式」『富士』大正七年四月三十日の記述による。

（12）「工場より新人工女父兄に通信文」『富士』大正四年（一九一五）八月三十一日。

（13）「行儀作法並に割烹の練習」『富士』大正三年（一九一四）十月三十一日。

（14）「保健食」『富士』大正六年（一九一七）三月三十一日。戦後日本ではGHQの統制指導とそれに呼応する日本側の勢力によって、伝統的日本食への攻撃とパン・肉・乳製品・油・砂糖等からなる洋食の摂取が奨励され給食等を通じて普及させられていったが、その後一九七〇年代にアメリカ本国で、そうした洋食の過剰摂取こそが癌・高血圧・心臓病・糖尿病等の激増を招いた要因であるとする報告（『マクガバン報告』『チャイナ・プロジェクト』）がなされ、玄米菜食を基本とした伝統的日本食こそがそうした病原を防ぐ食事であることが認識され、「マクロビオティック」などとして普及しつつある。こうした状況に鑑みる時、戦前の工場・寄宿舎等で供された食事についても、単にカロリーや量的基準のみでその「貧困さ」を推し測るだけでなく、冷静な再評価が必要なように思われる。『マクガバン報告』については、『いまの食生活では早死にする』今村光一抄訳・編、経済界、平成十四年（二〇〇二）、チャイナプロジェクトについては『葬られた「第二のマクガバン報告」』T・コリンキャンベル、トーマス・M・キャンベル、松田麻美子訳、グスコー出版、平成二十一年（二〇〇九）、を参照。

（15）「小山第三四工場寄宿舎の一坪農業」『富士』大正三年（一九一四）十月三十一日。

（16）「修身講話会」『富士』大正三年（一九一四）十月三十一日、「小島桜村先生講演」同六年（一九一七）一月三十一日。

（17）前掲『和田豊治伝』七二八～七二九頁。

（18）「訓話　小山TS生　漣山人巌谷小波先生のお伽噺」『富士』大正六年（一九一七）三月三十一日。

（19）「小山第三四工場寄宿舎学校生徒の修学旅行参観記　小山それがし生」『富士』大正三年（一九一四）十二月三十一日。

（20）「小山第一二工場初春便り」『富士』大正六年（一九一七）一月三十一日。

（21）「工場だより　小山通信　小山第一二工場寄宿舎の紀元節」『富士』大正七年（一九一八）二月二十八日。

（22）「小山第一二工場寄宿舎雛祭　ＴＳ生」『富士』大正六年（一九一七）三月三十一日、「小山通信　寄宿舎の雛祭　呑海生」『富士』大正七年三月三十一日。

（23）「大運動会」『静岡民友新聞』明治三十五年（一九〇二）四月一日の記事には「駿東郡小山富士紡績会社は明日職工一同休業して大運動会を催す可し」とある。

（24）「小山第一二工場ＴＳ生　奉祝神武天皇祭」『富士』大正六年（一九一七）四月三十日。

（25）「小山第一二工場盂蘭盆会　Ｓ、Ｔ、生」『富士』大正八年（一九一九）七月三十一日。

（26）「小山第一二工場に於ける八月度寄宿工女慰安状況」「小山第三四五工場寄宿工女慰安の催しについて　小山ＭＫ生」『富士』大正四年九月三十日。

（27）「保土ヶ谷たより　土筆生」『富士』大正四年（一九一五）九月三十日。

（28）同前史料。

（29）「天長節祝日　小山　春塘」「天長節祝日に於ける小山第一工場秋季運動会」『富士』大正三年（一九一四）十一月三十日。

（30）「保土ヶ谷工場だより　土筆生」「小山第一二工場便り　御大典奉祝遥拝式」『富士』大正四年（一九一五）十一月三十日。

（31）「川崎工場御大典奉祝式　飛泉生　謹記」『富士』大正四年（一九一五）十一月三十日。

（32）「小山第一二工場寄宿舎の結髪会」『富士』大正七年（一九一八）十二月三十一日。

（33）「弥生玉突会」『富士』大正三年（一九一四）十月三十一日。

（34）「富士碁会」『富士』大正三年（一九一四）十月三十一日。

（35）「富士俳壇　小山斯友会選句」「保土ヶ谷俳壇」『富士』大正六年三月三十一日。

（36）「マラソン競走」『富士』大正三年（一九一四）十一月三十日。

（37）『小山町史』第八巻、六二七～六二八頁。

（38）鐘紡では、武藤山治の指導の下、明治三十六年に、職工・従業員が現場からのさまざまな声や改善策を管理者に届けるための「注意書制度」を設けた。しかし、この制度の実施が中間管理職との軋轢も生んでいき武藤はそれを根気よく取り除いていったという。また鐘紡では、明治三十六年七月に社内報『鐘紡の汽笛』を発行し、三十五年には兵庫支店に幼年職工養成規則を設け、三十八年には同じく職工学校を開設し、三十七年十月には女学校を組織し、四十年十一月には私立鐘紡兵庫女学校へと発展していった（前掲、桑原哲也「日本における近代的工場管理の形成」による）。
(39)「仕事上の改良意見」『富士』大正七年（一九一八）三月三十一日。
(40)「考案募集の結果」『富士』大正七年（一九一八）三月三十一日。
(41)『小山町史』第八巻、六四二〜六四五頁。
(42) 早田一郎『天理教伝道史の諸相』（八）「静岡の天理教」『Glocal Tenri』一三巻八号、平成二十四年（二〇一二）。
(43)「天理教職工監督人井上氏へ年末賞与金給与ノ件」『進退賞罰ニ関スル書類』（小山工場史料）。
(44)『小山町史』第四巻、九三六〜九三八頁。
(45)「小山第一二工場便り　御大典奉祝遙拝式」『富士』大正四年（一九一五）十一月三十日。
(46)「廣池法学博士講演」『富士』大正六年（一九一七）一月三十一日。
(47)『小山町史』第八巻、六三七〜六三八頁。
(48) 以下とも岩田昌「友愛会小山支部の盛衰」『小山町の歴史』第九号、平成八年（一九九六）による。
(49)『小山町史』第八巻、六三七頁。
(50)「小山通信　クリスマス祝賀会」『富士』大正七年（一九一八）一月三十一日。
(51)「小山第一二工場寄宿舎婦人仏教会の釈尊成道会記　呑海生」『富士』大正七年（一九一八）十二月三十一日。
(52) 三輪泰史は、紡績業関係者や現場の工女向けに大阪を中心に発行された週刊『工手の母』の日露戦後から一九二〇年に至る記事を読み解く作業から、紡績労働者の社会意識の解明を試みている。そこで工女達に説かれる人格修養と成功の説教は、紡績業の過酷な労働条件によって受容される範囲を狭めるざるを得ないが、紡績労働も神聖であり尊い天職であるという主張は、一面で労働者の品性向上や修養への努力と労働への専心を促すが、多面で有閑階級に対する反発や自己を蔑む社会への抵抗・批判の論理として機能し得ることを指摘している（「紡績労働者の社会意識」広川禎秀編『近代大阪の行政・社会・経済』青木書店、平成十年〔一九九八〕所収）。

第二部　富士紡小山工場周辺地域の変貌

第八章　工場誘致から町場の形成へ

富士紡は豊富な水源を静岡県駿東郡菅沼村（のちの小山町）に発見して工場建設を進めていくが、用地買収をめぐって地元社会の激しい反対に直面する。この章では、そうした反対がどのようにして解決され、工場が地域社会に受け入れられていったのかを、双方の調停に奔走した地方名望家の動向に注目して明らかにしたい。さらに工場建設後の村落社会の変貌過程を、人口動態の変化や商店街の形成過程に焦点を当てて解明し、そのなかから新たな工場側との対立が惹起されていくのかを示したい。

一　富士紡績会社の進出と土地買収

第一章でみたように、水力を動力とした企業勃興を企図していた「水力組」の面々は、明治二十二年には静岡県富士郡鷹岡村に五百馬力の水力を動力とした富士製紙株式会社を設立して所期の成果を挙げることに成功すると、いよいよ水力を利用した巨大紡績企業の経営を可能とする大規模水源地の調査に向かった。

彼らが調査の結果工場敷地として選定した土地は、静岡県駿東郡菅沼村（明治二十一年戸数一三五戸・人口八〇二人・耕地一一六町・山林原野五六町）ならびに六合村（同二五九戸・一六二四人・二二五町・一一七四町）であった。

両村は、北西部を広大な富士の裾野の共有山林に、東部を箱根外輪山の山並に囲まれ、その谷間を富士の伏流水を豊富にたたえた鮎沢川や須川が貫流する丘陵地の農村であり、明治二十二年四月に東海道線（現御殿場線）が開通し、六合村小山に小山駅が誕生し、豊富な水と鉄道による輸送能力という工場立地上の必要条件を満たしていたが、工場敷地として選定されるまでには次のような地元名望家の働きがあった。

六合村落合には戸長や村会議員等の要職を務め旅館（後村田屋として開業）も営んでいた岩田蜂三郎という名望家がいた。蜂三郎翁の子息は岳南自由党員として活躍し明治三十二年からは六合村長も務めた岩田万次郎で[1]父子ともに近代的意識に目覚めた開明的な指導者であった。翁は、かねてより東海道線開通以後も停滞していた菅沼・六合地域が、なんとかして発展する方法がないものかと日夜苦慮していた。そんな折、友人より富士郡大宮付近では水力を利用した富士製紙工場の操業により人口が増加し、道路も改良されて一大発展を遂げている話[2]を聞き及んだ。そこで鮎沢川の豊富な水力を産業発展に利用できないものかと思い、宿泊客で河川利用のことに詳しい一井保のことを思い出し、明治二十四年一月末日、東京にある氏の居宅に訪ねたのであった[3]。

紡績工場建設のための有力水源地を模索中であった水力組の一井は、この話を聞いて三月中旬に土木の専門家である磯長得三を小山に向かわせた。磯長は当地が有力な水源地であることを見抜き岩田翁に紡績工場建設のための協力を求めると、岩田翁も感激して協力を誓ったという。

早速実地踏査と工場建設のための土地買収に取りかかったが、これが予想外に難航した。同年十一月より一年かかりで土地測量と水量増減試験が行われ、二五〇〇馬力の水力が得られることが判明したが、測量者が田畑に入り耕作を妨害した等の苦情が後を絶たず、これを全部引き受けたのが岩田翁であった。

並行して進められた土地買収に関しては村人の反対は熾烈であった。当時紡績とか工場建設といったことに理解を示す者はほとんどなく、先祖伝来の田畑を手放すことは絶対にできないと会合を開いて大反対の意思表示を行った。当時大部分の地主・農民にとって工場の出現は「むしろ一つの憂苦で、土地を買収されては自給自足の道をたたれ、住民の生活に脅威を来すだろうと解釈されていた」(4)。彼らにとって望ましい発展のあり方とは、父祖伝来の田畑を守って平穏かつ堅実に生活を維持していくことであり、岩田翁の抱く工場誘致によるいわば近代的・都市的な発展観との間に大きなギャップがあった。かつて岳南自由党の地盤であり、経費節減＝増税反対の論調がいまだ色濃く残る当地の風潮の中で、大地主で当地きっての名望家で県議や村長を歴任した室伏董平や湯山壽介も、積極的な企業誘致には動かず、土地買収には反対であった。こうしたなかで土地買収に奔走する岩田翁は、一時はかつての徳望名望も失い、果ては詐欺師よばわりの罵言のなかで孤立してしまった。

これはいわばどのような村の発展のビジョンが尊敬に値し、望ましいものなのか、どちらの方向に尽力する者が徳望家・名望家と呼ぶにふさわしいかをめぐる争いであり、従来型の伝統的農村秩序を最優先する者対工場誘致による近代的都市型発展を基軸に据える者とのいわば価値観＝名望観をめぐる闘争でもあった。こうした対立は、近代的工業発展を基軸とした富国強兵の道を日本が選択して以降現代に至るまで、多かれ少なかれ全国各地で繰り広げられた社会的価値観と地域の将来像をめぐる対立・抗争の典型であった。

岩田翁は、最も影響力のある室伏・湯山両名の説得さえ成功すれば、他の小地主もそれに従うと判断し、明治二十四年十二月九日、両氏を自宅に招き、「国家ノ為メ、……六合村ノ開発ノ為メ」と決死の覚悟で説得し、ついに承諾を得ることができた。この時説得が聞き入れられなかった場合には、翁は両氏を切り捨て自らも果てる覚悟で、隣室には庄司直種二尺八寸の刀が立てかけられていたという(5)。当初反対を唱えていた両名も、岩田翁の決死の説得を聞いて、工場誘致が当地の発展にもたらす意義をたちどころに理解し、土地買収に応じたものといえよう(6)。

室伏・湯山の両名は、もともと民権運動期には演説結社を組織し、明治二十〜二十二年頃にも、経費節減や条約改正問題等で幅広い民党運動を繰り広げていた。彼らの明治二十年代前半の静岡県議会での活動を整理した表8-1によれば、湯山は、県庁舎新築案には賛成するものの監獄新築論に反対したり、勧業費や県会議諸費、小学校教員給与の減額修正を主張するなど、経費削減の論調を維持していたが、明治二十三年頃から二十五年にかけては尋常師範学校の女子部存置論を主張したり、伊豆地方の天城山トンネル工事の継続支出や県下四大河川国庫補助の請願をなすなど、近代的教育事業の推進や駿東・富士・伊豆地方の利益実現のための活動をより積極的に展開するようになっていた。

改進党に属していた室伏も明治二十年から二十三年の県会活動では、県庁舎の煉瓦造り改築反対をはじめ警察

の活動（明治 20～25 年）

室伏董平
◦左案に反対（原案否決，翌日可決）
◦左建議に賛成（建議否決）
◦静岡監獄新築説の原案に反対（→原案可決）
◦警察費中巡査俸給費減額修正（→否決，原案可決） ◦警察費中庸俸給費常設委員会説に賛成（→修正案否決） ◦県会議諸費中往復旅費等修正（→否決，原案可決） ◦地方衛生委員手当半減説（→否決，原案可決） ◦豊田，山名，磐田各郡役所移転案に賛成（→原案可決） ◦勧業費中種苗交換費削減（→否決，原案可決） ◦水産改良費削減（→否決，原案可決） ◦御殿場を娼妓公許の地となす建議に賛成（→否決） ◦知事室装飾節約（→否決，原案可決）
◦警察費減額（→否決，原案可決） ◦県監獄建築修繕費の原案反対（→否決，原案可決） ◦御厨町須走間道路他の街道改良費建議に反対，後 2 割減にて施行主張（→否決，原案可決）

表 8-1　静岡県議会での湯山壽介・室伏董平

	湯山壽介
20 年 11 月通常県会	◦県庁舎新築案に賛成（可決→否決→減額修正にて可決） ◦知事の農事改良費増額案に対し減額（牛馬耕教師減員・水産改良費削減）→原案可決 ◦勧業委員招集費修正（同委員を 13 名とすべし）（→否決）
20 年 12 月臨時県会	◦県庁舎を煉瓦造りで新築説に賛成
21 年　1 月通常県会	◦静岡監獄新築説の建議に反対（→建議否決）
21 年 11 月臨時県会	◦静岡監獄新築説の原案に反対（→原案可決）
22 年 11 月通常県会	◦県会議諸費中印刷費修正（修正案可決） ◦県監獄費修正（修正案可決） ◦営業税土地等級浜松町区分に修正（他の修正案可決） ◦岡田良一郎提出の道路土木補助に反対（反対説多数にて岡田説否決） ◦富士，安倍，大井，天竜の 4 河川，焼津港堤防修繕工事施工建議（他 2 名と共，確定）
23 年 11 月通常県会	◦町村土木補助費中道路改良費（廃案説に賛成→廃案） ◦富士川改修費並びに四大河川国庫支弁請願建議に賛成（原案可決）
25 年 11 月通常県会	◦災害地戸数割免除建議に反対（建議は修正の上可決） ◦尋常師範学校女子部存置主張（→否決） ◦天城山隧道 4 ヵ年継続事業を強く主張（豆州地方議員，永井嘉六郎，大橋頼撲と共に→可決）. ◦天竜，富士，大井，安倍の 4 大河川国庫支弁請願建議（永井嘉六郎等と共に→確定） ◦町村財政の実情に鑑み小学校給与最低額を引下げ建議（永井等と共に→可決）.

出典：『静岡県議会史』静岡県議会，昭和 29 年，第一巻・第二巻より作成.

費・県会議費・勧業費・土木費補助・監獄修繕費等にことごとく削減を唱えて、湯山以上に経費節減に熱心であったが、静岡県改進党が県中西部に基盤を置いていた故か、地元の駿東郡や県東部の地域利益獲得には湯山ほど積極的ではなかった。しかしその室伏も、明治二十五年九月駿東郡北部の熱心な自由党員土屋五東の主唱する岳東有声会に入会しその副会長に就任したのを契機に[7]、地元自由党系の名望家との連携を深め、二十六年にはついに自由党に入党している[8]。この頃より室伏は、駿東郡の自由党系政治結社東海同志会の推進してきた地価修正運動や[9]、地元御殿場や沼津地域の商人・名望家の繰り広げる中央線の起点を御殿場に誘致する運動に積極的に取り組んでいった[10]。

湯山・室伏両名望家が、富士紡の進出とそのための土地買収に直面した明治二十四年から二十六年という時期は、ちょうど彼らが、増税反対＝経費節減論から地元発展のためのさまざまな利益獲得のための積極策に転じていこうとしていた時期に当たり、彼らの土地買収反対から賛成への転換は、こうした地方の民党活動家の政治姿勢の転回を象徴的に示すものであったといえよう。

この後、他の地主や自作農の土地買収はようやく軌道に乗り、着々と手続きが進んだが、水利権の譲渡に関しては、菅沼村奈良橋・大久保、六合村藤曲、また隣接する北郷村阿多野の各村落から苦情が続出した。岩田翁はその都度出張し、深夜にまで及ぶ会談を通じて円満解決の妥協点を見いだしていったという。明治二十六年末頃までには土地並びに水利権買収の手続きも一段落を告げ、二十九年頃までには土地買収総面積は菅沼村を中心に六合村を含めて九町三反余に上った。二十九年には、菅沼村茅沼の岩田静太郎所有地にあった子《ね》の神《かみ》社が第二工場敷地に編入されるに及び、八幡神社に合祀せられた[11]。この八幡神社は山の上にあったが、その山は工場建設用の埋立造成のために削られ、神社も移築を余儀なくされた[12]。

さて小山町域の中で創設時の富士紡に株主として加わった者を確認すると、室伏董平の二四〇株が最高で三八位に位置し、以下、池谷愛三郎一五六株、岩田荘吾一三二株、湯山剛平六〇株、湯山壽介二五株、尾崎賀六・岩田峰三郎二四株、等が顔を見せている。[13]

また明治三十三年七月からは室伏董平が富士紡の監査役に加わり、室伏死去の後は、富士紡和田豊治専務の希望で、明治三十五年七月から当時衆議院議員であった湯山壽介が同職に就任している。[14] こうして工場建設時に遭遇した地元の大きな反対を説得し、賛成・協力を取り付けるのに大きな役割を果たしたものは、企業進出が地域の経済発展につながるという近代的進歩の意識に目覚めた名望家であり、工場設置後も彼らは経営陣の一角にしっかりと加わり、以後工場と地域の軋轢を緩和し、利害を調整して両者を結び付ける紐帯としての役割を果たしていくのである。

二　町場の形成

巨大工場の進出は一寒村をまたたくまに小都会に変貌させていった。日清戦後菅沼村に建設された第一・第二工場、日露戦後から大正初期にかけて六合村に建設された第三・第四・第五工場によって、小山地域の工場勤務の職工の数は、明治三十一年（一八九八）下期一〇三五人（内工女八三〇人）から、同三十五年（一九〇二）二五八四人、四十年（一九〇七）下期六四六〇人（工女五一四三人）、大正三年（一九一四）上期八二六〇人（工女六六九六人）へと工女を中心に急速に増大した。[15] これにともなって、明治三十一年、菅沼村当局が「隣国近村ヨリ寄留ノ上小売・仲買・雑商ヲ営ム者五拾名ヲ降ラス」[16] と述べたように、近隣村からさまざまの商売を営む者が、富士紡従業員が生み出す需要を目当てに流入してきた。

表8-2によって菅沼・六合両村の戸数ならびに人口の変化を見てみよう。まず明治二十九年以来第一・第二工場が進出し、工場前の茅沼の道路沿いに商店等が建設された菅沼村の戸数・人口は、明治二十一年一三五戸・八〇二人（内女三〇九人）であったが、同三十四年には二四四戸・四〇六五人へと増大し、しかも人口中八三%

表 8-2　菅沼・六合両村の戸数・人口の変化

	菅沼村			六合村		
	戸数	人口	（女）	戸数	人口	（女）
明治 21	135 戸	802 人	（309 人）	259 戸	1,624 人	（821 人）
24		847	（419）	265	1,731	（864）
34	244	4,065	（3,394）	639	3,043	（1,455）
37	304	3,246	（2,501）	611	3,139	（1,587）
39	333	5,087	（4,131）	702	3,731	（1,828）
41	378	5,576	（3,831）	1092	6,638	（4,451）
43	651	5,196	（3,650）	1569	10,118	（6,511）

出典：明治 21 年の数値は『明治 21 年町村制上申・布達・願届・綴込，菅沼村外 9 ヶ村戸長役場』による．そのほかは，『小山町史第 5 巻』統計編 1207〜1211 頁による．

注：大正元年両村合併した小山町の戸数は 2,257 戸．人口 16,185 人（女 10,462 人）．

を女性が占めるという構成に変化している。これは明らかに工女の大量流入がそのまま人口構成に反映したものといえよう。

六合村も同様に明治二十一年二五九戸・一六二四人（内女八二一人）から同三十四年六三九戸・三〇四三人（内女一四五五人）へと約二倍もの激増ぶりを示している。しかしながら菅沼村と異なる点は、人口の男女比にほとんど変化がみられないことである。この時期の六合村にはいまだに工場は建設されていないことから、人口増加の原因は工女の流入ばかりではなく、六合村の小山駅周辺にさまざまな商工業・雑業層が集まり集住していったことを示すものといえよう。

次に第一・第二工場の増設とともに、六合村に第三・四工場並びに社宅が新設されていった日露戦後の状況を見ると、明治三十七年から四十三年の間に六合村では戸数で二倍増、人口では三倍増を経験し、しかも女性比率が六五％という高率に達している。いぜんとして商工・雑業者の流入が続くとともに、工場新設による工女の大量流入がこうした人口構成となって現れたのである。菅沼村でもこの間にやはり戸数で二倍、人口では一・六倍の増加を見せている。だが人口に占める女性の比率は、明治三十四年の八三％という高率から七〇％にまで低下している。これは菅沼村方面にもこの期に商工・雑業層の流入者が広がっていったことを示すものと考えられる。そして両村合併して小山町となった大正元年（一九一二）には、戸数二二五七戸・人口一万六一八五人（内女一万四六二人）を擁する小都会にまで膨れ上がったのである。

表 8-3　小山町県税営業税雑種税納入者の段階（大正 2 年）

等	物品販売業	代理業	宿屋業	写真業	飲食業	湯屋業	理髪業	染物業	製造業	請負業	仲買業	金銭貸付業	物品貸付業	計
1	10			2		3	1	1	8	4		1		30
2	16			1	2	2	1		7					29
3	31			1	6	1	9	2	13	1			1	65
4	45	6	3	1	10	1	4	1	14	2	1	1	1	90
5	30		1		5				5		1	1	1	44
6	15				1									16
7	6				1				1					8
計	153	6	4	5	25	7	15	4	48	7	2	3	3	282

出典：「小山町県税営業税雑種税等級賦課　大正 2 年」より集計.
注：小山町の同上税賦課地は 4 ～ 6 等地に分かれているが，上表はそれを集計したもの.

だがこれらの人々も、例えば「明治三十四年菅沼村足柄村組合村事務報告書」には「菅沼村ニ於テハ……何レモ頻繁ナル紡績ニ伴フ失廃多ク、其出入ニハ殆ント困却ヲ極メタリ」[17]と記されているように、紡績業にかかわる商売の浮き沈みも激しく、転廃業と頻繁な出入りを繰り返しながら工場や駅周辺に定着していったのである。

金融機関も、明治三十年八月御厨銀行小山支店が、また四十一年一月駿東実業銀行（駿河銀行）小山支店がそれぞれ開業した。富士紡関連の貨物を扱う小山組等の運送会社も明治三十年代に店舗を構えていた。さらに当時の代表的な娯楽施設である芝居小屋も、明治三十四年六合座が落合商店街に、同三十六年には菅沼座が菅沼村茅沼に出来て、年中芝居が催され[18]、演歌師や見せ物がやってきて休日には町に繰り出す工女達や近在の人々で賑わったという[19]。

ここで増大した商工業者の内訳を確認しておこう。明治二十四年には営業税が課税される商工業者は、六合村四二戸・菅沼村二六戸（後者は推定値）にすぎなかったが、同三十九年には、六合村一二一戸・菅沼村六五戸とほぼ三倍に増大している[20]。小山町となった大正二年には二八二戸の多きを数え、その内訳は表8-3のように、物品販売業一五三、製造業四八、飲食業二五、理髪業一五、代理業六、宿屋業四、写真業五、湯屋業七、染物業四、請負業七、仲買業二、金銭貸付業三、物品貸付業三である。営業税雑種税の等級では、七等中一・二等の上級店舗が二一%とかなりの数に上り、三・四・五等の中間層も七一%を占めていた。

ここで町場への流入者の実態を見てみよう。香月節子は、第三・四工場が建設された六合村一帯を通学区域に持つ成美小学校の就学児童の親の出身地のデータを、明治四十五年から大正元年の事例に関して紹介している(21)。それによると、就学児童数二〇一人のうち本籍が六合村内にあるものは七八人で、そのうち判明する職業は、農業が三一人と最も多かったが、富士紡職工が一二人（内紡績職工六人）、足袋職三人、木挽職・宿商・日雇・雑商が各二人、菓子商・靴商・酒商・理髪職・新聞通信委員・鉄道員雇各一人と続いた。それまで典型的な農村であった地域に、鉄道開通と富士紡工場の進出によって、工場職工をはじめとしてさまざまな人々が、町場の商人・日雇等として輩出してきていることがわかる。

次に他地域からの入寄留者をみると、一二三人のうち富士紡関係者は、社員一一人・職工六九人の計八〇人と六五%の多きを占めた。社員一一人の出身地は、東京三人、静岡・千葉・埼玉各一人というように、東京とその周辺が多いが、広島二人・大阪・宮城・大分各一人が数えられ、関西以西の遠隔地からの者も少なからず含まれていた。

19～42年）

地				計
	周辺農村部			
家族	男	女	家族	
			1	3
				4
				1
	1	1	1	5
1	1	2	1	10
		2	1	7
1				4
	1	1	1	6
1		1		5
2	2		4	15
	1		1	4
				2
		2	7	11
	1	2		8
	1		2	6
				3
5	8	11	19	94

職工六九人の分布は、静岡県内（小山町外）二一人、東京・神奈川一九人、山梨一一人という、従来から当地と交流があり東海道線開通後もその結びつきを密にしていった比較的近隣の地域からの出身者が七四%を占めており、東

表 8-4　御厨町より菅沼・六合両村への入寄留者構成（明治

年	入寄留地								出寄留				
	菅沼村				六合村				御厨町				
	工場	その他村域			工場	その他村域			御殿場区			新橋区	
		男	女	家族		男	女	家族	男	女	家族	男	女
19～23		1						2			1	1	
24～28		2	1				1		2	2			
29								1			1		
30		1				2	1	1	2				
31	女 3	1		1	男 1			4**	1	1	3		
32	女 1				女 1*	2		3	1		2	1	
33		1					1	2	1	1	1		
34		1					2	3		1	2		
35			1	1		1	1	1	1	1	1		
36		2		3		2	2	6		2	3	2	
37		1			家族 1*	2			1		1		
38							1	1		1	1		
39			1	2			2	6			1		1
40			1	1		2	1	3	1		4		
41				1		1		4			3		
42				1			1	1	1	1	1		
計	4	10	4	10	3	12	13	38	11	10	25	4	1

出所：『出寄留簿』（御殿場町役場文書）より集計.
注：1）男・女とは単独で出・入寄留した者,「家族」とは複数の家族で出・入寄留した者をさす.
2）御厨町御殿場区は街道沿いの商業中心地. 新橋区は明治 22 年東海道線駅設置区.
3）「工場」とは富士紡績小山工場, ただし明治 31 年の「男 1」は小名木川綿布会社工場.
4）*　富士紡自炊舎へ寄留.
5）** 内 1 家族は明治 34 年富士紡社宅へ転寄留.

北地域（宮城・山形・福島・新潟）は九名、そのほかは千葉・富山各三人、大阪・栃木・福井が各一人にとどまっていた。すでに第五章でみたように、富士紡の職工の供給源は圧倒的に東北地方が多かったのであるが、寄宿舎で暮らすのではなく工場周辺の町場に所帯を持って住みつき、児童を地元小学校に通わせるような職工は、右に見たような比較的当地と関係の深い近隣諸県から来た者達であった。

入寄留者の中で富士紡関係者を除いた四九人のうち判明する職業は、農一一人、会社員四人、菓子商・日雇各三人、魚商・雑貨商各二人、材木商・時計商・大工・車挽・酒商・新聞販売商・代書業・木工・木挽職・表具商・鳥商、各一人である。その出身地は、判明するかぎりで静岡二一人・神奈川八人・山梨二人・東京・千葉・北海道各一人となる。要するにほとんどが近隣の静岡県内や神奈川県等から小山工場周辺地域に移り住み、先のようなさまざまな職種を営んでいたのである。

これら流入してきた商工業者の出身地域を聞き取り等によって確認した榑林一美の調査によれば[22]、近隣最大の町場である旧御厨町（大正三年御殿場町と改称、現御殿場市）や近在の人々が、一度東京やその他の大店で奉公した後で小山に出店したケースが一番多く、他には伊勢商人や近江商人さらに富士紡創業前に水力組が製紙工場を建設した富士郡鷹岡村方面（現富士宮市）から進出した者も少なからず見られたという。御殿場に本店を構える近江商人で当地最大級の商人・地主である日野屋（山中兵右衛門商店）の奉公人も、小山地域に進出している。また前述のように、富士紡の設立者には近江商人小林吟右衛門や京都府丹後出身の神鞭知常がおり、経営陣には一時滋賀県勧業課長で金巾製織会社の創設者の一人である田村正寛が加わっていた。そうした当地並びに富士紡会社が近江・関西地域と密接な関係を持っていたことがそれらの地域からの進出を支える基盤となっていたと思われる。

ここで当小山地域（菅沼・六合両村）への周辺からの人口流入の実態を御厨町を例にとって検討しよう。御厨町は当時東海道線で一つ下りの駅＝御殿場駅を有し、駿東郡北部地域の商業・交通の中心地であった。表8-4によれば、明治十九年から同二十九年までは、御厨町から小山地域へ流入するものは、男・女単独寄留と家族複数寄留を含めて年一回たらずの少数にとどまっていたが、工場操業を目前に控えた三十年には五ケース、操業が開始された三十一年には一〇ケースと一挙に増大し、その後も四十二年まで合計七一ケース、年平均六・五ケースに及んでいる。

流入者のほとんどは商工業者であり、工場の職工はわずかに七（工女五・工男一・家族一）に過ぎなかった。彼らの出身地は御厨町における商業の中心地であった御殿場地区（日野屋の所在地）が四六と約半数を占め、残りは停車場所在地として新たな町場を形成しつつあった新橋《にいはし》地区が一〇、その他農村部が三八という割合であった。入寄留の形態では、男単独寄留二三・女単独寄留二二に対し家族複数寄留が四九と過半数を占めており、しかもこの傾向は出身地を問わずに見られた。

御厨町から小山地域のどこに流入してきたのかをみると、第一・第二工場が明治三十年代に建設された菅沼村よりも、ほぼ一貫して小山駅のある六合村（生土・藤曲地区）が多かったことがわかる。

表 8-5　入寄留者の形態別年齢構成（明治 19〜42 年）

寄留形態＼年齢歳	男（単独）		女（単独）		家族（複数）		計
	長男・戸主	その他	戸主	その他	戸主	その他	
0 〜10	3	5		6	2		16
〜20	1			6		1	8
〜30	2	7		3	7	11	30
〜40	2	1		3	8	5	19
〜50	1	1	1	2	3	2	10
〜60		1		1	5	1	8
〜70						1	1
計	9	15	1	21	25	21	92

出所：表 8-4 と同じ.
注：94 のうち判明する 92 事例について表出.
「家族」（複数）においては，寄留簿に筆頭記載されている者（届出人）について表出した.

次に年齢別構成を表8-5によって見ると、単独寄留の場合は一〇歳以下の児童一四人を除くと、男では二〇代が最も多く、また二・三男以下の非戸主が三分の二を占めていた。女では一〇歳代の六名中五名が工女であり、そのほかは非戸主の二〇歳代・三〇歳代が多いといえよう。家族複数寄留の場合についても二〇歳代・三〇歳代の若い世帯が七割弱を占めていたことが確認できる。

こうして、御厨町のような近在の商業地区からの若い世帯の進出を基盤として、さらに周辺農村部からの余剰人口をも吸引しながら工場の周辺あるいは駅への道路沿いに、茅沼（菅沼村）、落合・音淵・駅前通（六合村）という商店街が、山間と鮎沢川に挟まれた狭い土地空間にひしめくように形成されていったのである。さらに小山地方は、東北をはじめ全国各地の遠隔地や近隣諸県からも多くの人を集めて、工業・商業・金融・運送・娯楽等の一中心地として発展していったのである。

しかしながら、これに対し明治初期頃までは小山地方と箱根・神奈川県方面とをつなぐ足柄街道の要衝として栄え、地租改正の頃には「往来輻湊ノ為メ仮市街ノ形状ヲ成シ旧五小区三五ヵ村模範等級ノ一等ヲ付セラレ」ていた隣村足柄村竹之下地方は、「東海道線開通以来旅行交通等ハ其跡ヲ絶ヘ、全ク形成ヲ異ニシ現今国税営業者ハ僅カニ一、二アルノミ実際村落ト相成リ居候」(23)という状態に陥り、日露戦後期にはすっかり昔日の面影を失っていたのである。

このように東海道線の開通と富士紡績工場の進出は、新しい中心地の形成と旧中心地の地盤沈下という大きな地殻変動を地域社会にもたらしたのであった。

三　商業・運搬業をめぐる関係

それでは、町場・商店街を形成した商人達が工場といかなる関係を取り結んでいったのかを具体的にみてみよう。前述のように富士紡工場建設以来周辺地域からさまざまな商人達が流入しつつあったが、明治三十年代初頭には富士紡従業員にとってはいまだ日用品を買う店が近くになく、毎朝一〇時頃に御殿場からくる豆腐と油揚げの行商に頼るほどであったといい、膨大な職工達の食糧は地元では賄いきれず、沼津や小田原方面から搬入していたという(24)。

こうした状況に対処するため富士紡では、和田豊治が専務取締役として着任直後の明治三十四年一月に、工場内に物品販売所が設けられた。取り扱った品は、米・味噌・醤油・油類・元結・塵紙・草履・石鹸等の生活必需品で、工場外ではこれらを近くにて販売する店が少なく、また低賃金の工女達には高値であったため、この工場内販売所は「利益ヲ目的トセズ単ニ職工保護ノ為メ物品ハ原価ニテ販売スル」(25)ものであったという。その担当者は、富士紡工場誘致の立役者であり当地で旅館を営んでいた名望家・岩田蜂三郎であった。おそらく工女たち従業員への安価で安定的な物品供給を図りたいという会社側の要望に岩田が協力したものであろう。
その後工場周辺に町場が形成され、日用品を賄う商店や飲食店が数多く立ち並んでくると、週一回の交代日に町場へ繰り出した多数の職工たちが、それら商店や地元農村から日用品等を購入する機会も増えていった。明治三十六年（一九〇三）には、工女が周辺店舗で買い物をする際に、直接間接を問わず「売懸（貸し売り）ハ一切致サザルコト」を六合村内の茅沼商人組合が四七人の連署をもって申し合わせている。[26]
しかしながら、大正期に入ると、富士紡では高温多湿の夏季などにたびたび伝染病が流行する事態に対処するため、感染防止の目的で職工の外出を禁止したり、また工場内に大規模な購買組合の店舗を開設したりする措置を講じていった。このことは、職工たちを顧客とする地元商店街にとっては大きな痛手となり、工場側とその後妥協策を模索していくこととなる。その経緯については、次章で詳述することにしたい。
今ひとつ地元商人と密接な関係がみられたのは運送業である。明治三十三年（一九〇〇）十一月、富士紡から停車場までの輸出入貨物の運搬について、会社側と小山部落（区）、同村落内の内国通運会社請負人の三者間に契約が交わされた。内容は、富士紡が東海道線小山駅を使って出荷・入荷する物品の運搬を小山部落が一手に引き受け、小山部落はそれを口銭六％で内国通運会社に下請けさせるというものであった。[27]
この関係は同三十六年二月に発展的に解消され、小山部落と内国通運会社小山取引店が出資金五〇〇円ずつを出して運送会社小山運送組が組織された。小山部落と通運取引店は会社に対し同等の権利義務を負い、利益分配も同一とした。しかしながらその経営には、富士紡から指名された総支配人が責任者としての地位につき、組合員会議にも富士紡へ嘱託した相談役が加わることとなった。また富士紡は、小山部落の出資金の半額二五〇円を負担することを条件に、富士紡が工業用水取水のためにかかわっている花戸用水の修繕費負担を今後免除すること、また小山部落は何等苦情請願並びに賦課金等の申し出をしないこと、との確約を得ている。[28]
こうして富士紡と地元小山部落と通運会社取引店との三者間の妥協が成立し、富士紡は運搬業務の実質的経営権を確保するとともに、金銭供与によって、用水利用をめぐる地元村落との対立も収拾させていったのである。

注

（1）高室梅雪著『静岡県現住者人物一覧』池鶴堂、明治三十四年（一九〇一）、九五頁。

（2）富士製紙工場が富士郡鷹岡村入山瀬に開業したのは明治二十三年である。その間の事情については『富士市史』下巻、昭和四十一年（一九六六）四〇〇～四〇一頁を参照。

（3）岩田英夫家文書「明治四十五年末祖父蜂三郎ノ口述筆記」（以下「口述筆記」と略記）による。これは、岩田蜂三郎の話を明治四十五年末に、孫の英雄が口述筆記して記録したものである。土地買収の事情に関しては、創立当初から富士紡の技術者として勤めた田中身喜による前掲『富士紡生るゝ頃』や、前掲『五十年史』にも登場するが、岩田蜂三郎の口述筆記とは若干その内容を異にしている。本稿では、土地買収に直接関係した岩田翁の口述談を基本に据え、前掲富士紡側の記述も参考にしながら記述した。

（4）前掲『富士紡生るゝ頃』二一二頁。

（5）前掲『口述筆記』による。

（6）山下直登によれば、日立製作所の土地買収過程においても、地元の名望家が土地「不売団」の先頭に立って闘ったが、その名望家が土地買収に同意したことを契機に「不売団」の結束は乱れ、日立側の攻勢の前に屈服し、それまでの「名望家的支配秩序」は崩壊していったという（前掲『資本と土地所有』一五八～一八二頁）。小山町では、右のように名望家層が富士紡工場に協力する方向で村民の不満を吸収し、工場誘致による地域発展の論理の中に自らの名望を再生産していった。事実、土地買収に積極的に協力した岩田蜂三郎の息子岩田万次郎は、明治三十三年二月から同三十五年八月まで六合村長を務め、室伏董平も同二十六年三月から二十九年二月まで六合村長の職に在った。湯山壽介も、大正元年十月から同五年十月まで初代小山町長を務めている。ここで留意すべき点は、小山町の場合、「工場誘致による地域発展の中に自らの名望を再生産していった」といってもそれは企業側の要求に全面屈服したわけでも、また地元の農業発展を閑却したわけでも、企業によって浸食される地元利益の防衛を放棄したわけでもなかったことである。むしろ、本書第二部全体において明らかにするところであるが、地元利益や農業振興を極力追求しながら富士紡工場との共存共栄を図ることに腐心したのであり、工場誘致を前提としつつも地元社会と企業とがいわばウィン・ウィンの関係で並び立つことの中に名望観を再生していったと言えよう。

また沼尻晃伸は、日露戦後、一九一〇年代の都市における工場立地をめぐる住民側の動きとして、工場がもたらす公害を理由に立地に反対する動きと、むしろ工場誘致を積極的に行おうとする二様の対応があったことを指摘し、後者の事例として富士紡の川崎工場建設をめぐる地元有力者の対応を紹介している(前掲『工場立地と都市計画』四〇～四二頁)。おそらくこの二様の対応は、工場建設に直面したいずれの地域においてもみられる現象なのであり、それが対立、抗争、妥協を経て地域としての決着が図られていくこととなる。

(7) 土屋五東は、岳東有声会員募集にあたっては、第一に室伏董平を、第二に湯山壽介を訪ねている(『土屋五東日記』御殿場市教育委員会発行、昭和六十三年〔一九八八〕。明治二十五年八月二十六日・二十七日、一四六頁)。また同二名が岳東有声会の会長・副会長を務めたことは、「岳東有声会記録」(土屋家文書)より判明する。

(8) 『自由党報』四二号には、自由党静岡支部の常議員として室伏董平の名が確認できる。

(9) 明治二十六年十月二十九日付で室伏董平の書になる「田畑特別地価修正ノ儀ニ付請願書」が貴族院議長宛に提出されている(『小山町史』第四巻、二九三～二九五頁)。

(10) 室伏董平外二五五人帝国議会宛請願「第一期鉄道中央線比較線中御殿場線敷設ノ儀ニ付請願書」『小山町史』第四巻、四九八頁。

(11) 『小山町史』第三巻、近世資料編II寺社編、二九五頁。

(12) 『小山町史』第九巻、四三二頁。

(13) 「富士紡績株式会社明治二十九年第一回営業報告書」より。

(14) 湯山壽介は監査役就任には、持ち株数の少ないこと等を理由に難色を示したが、和田豊治や岩田蜂三郎、さらに湯山壽介の姻戚で地元の有力者湯山剛平や後に小山工場の人事係となる岩田保の説得によって、同職就任を受諾したという(前掲『富士紡生るゝ頃』二一二・二一三頁)。

(15) 各期富士紡『報告書』による。

(16) 「明治三十一年菅沼村足柄村組合村事務報告書」より。

(17) 『小山町史』第四巻、三一三頁。

(18) 同前書、八九七頁。

(19) 前掲『小山町史』第九巻、四三六～四三七頁。

(20) 明治二十四年・三十九年の六合村並びに菅沼村「営業税・雑種税合算等級課額」による。
(21) 前掲『小山町史』第九巻、四三三〜四三五頁。
(22) 榑林一美「小山町の商店街」『ふるさとみぃつけた』御殿場青年会議所JCデー統一行事実行委員会、昭和四十二年(一九六七)。
(23)「明治三十九年宅地価修正ニ付斟酌御願、内申書」足柄村竹之下文書。
(24) 前掲『富士紡生るゝ頃』六頁。
(25)「当工場販売所課税ノ件ニ付沼津税務署交渉始末」『明治三十四年度　官公署交渉書類　庶務係』(小山工場史料)。
(26)「明治三十六年三月　茅沼商人組合規約」『小山町史』第四巻、六一八頁。
(27) 明治三十三年十一月の「運搬契約書」『小山町史』第四巻、六一一〜六一三頁。本文で「小山部落」と記しているが、ここに言う「部落」とは被差別部落の意味ではなく、村落あるいは行政単位としては「区」を意味するものである。この表現は、引用史料に用いられている表現をそのまま用いたものである。以下、本文中に「部落」という表現を用いた場合も同様である。
(28)「明治三十六年二月　富士紡貨物につき小山運送組設立の覚書」『小山町史』第四巻、六一四〜六一六頁。

第九章　激変する町場・市街地の社会環境

富士紡小山工場の出現によって急速に形成された町場・市街地においては、近代都市に固有といってよいさまざまな社会問題が発生した。それらは、頻発する洪水、伝染病の蔓延、火災の頻発、犯罪や事件・事故の激増といった多方面にわたる社会現象となって現れた。ここではまずその実態と原因を、人と自然並びに人と人との関係変化に着目しつつ明らかにし、あわせて周辺町村がどのような対応策を講じていったのかについても解明したい。

一　頻発する洪水と災害復旧事業

1　洪水多発の社会的要因

日本が産業革命を迎えた日清日露戦後期は全国的にも大洪水が頻発した時期であった。それは単なる自然災害という枠を越えて、近代化・工業化にともなう山野の乱伐が森林の保水能力を減じて大規模な洪水を誘発するという人災としての側面を多分に含んでいたものといえよう。明治初期以降、鉄道建設用枕木や電柱用木材、工場・官庁・学校・住宅・橋梁等の建築材料、鉱工業あるいは家庭用燃料などに供するため薪炭需要が急速に増大したこと、また商業的農業として発展を遂げていた養蚕や茶生産のために桑園や茶畑が山野を開墾して拡大されたこと、さらに大規模な鉱山開発の進展などによって、森林の乱伐が進み、明治七・八年から十五年頃（一八七四〜八二年）にはすでに各府県における「樹木欠乏山林衰退」という状況が明治政府の為政者達にも認識されていた。[1]しかも、幕藩体制下の厳格な山野伐採への禁令や農山村民が山野保全と利用の法を定めた入会法なども、地租改正による近代的土地所有制度の導入や官民有区分の施行などによって大きく動揺し、林産物への競争的乱伐をますます助長する結果を招いていた。

周囲に広大な富士裾野と箱根外輪山の共有林野を有する小山地方においても、右のような状況は例外ではなかった。明治二十二年の東海道線敷設工事並びに複線化工事に際しては相当量の木材が地元から供給された。富士紡の工場建設では主としてアメリカからの輸入木材が使用されたということから地元木材との関連は薄いが、[2]富士紡進出にともなう町場の形成は木材需要や薪炭材の需要を喚起し、さらに東海道線の開通によって京浜地方や周辺都市部へも移出された。小山駅からの木材の発送量は、明治三十六年（一九〇三）一九五トンから四十四年（一九一一）には一〇二四トン、大正七年（一九一八）には一六八五トンへと増大し、薪炭材も同時期に年間二二五八〜二九六四トンの多きに上っている。[3]

当地の山林は多くが近世以来村落間の入会地であったが、地租改正にともなう官有地編入等で境界線が攪乱され村落間で入会争論が激化した後は、山林組合や村落共有の林野として管理運営が整備され、乱獲を防止しつつ利用する秩序が整備されていたのであるが、このような木材および薪炭材需要の増大は、そうした規制を有名無実化させて林野への競争的乱伐となって現れた。炭焼きについては、家屋、養蚕部屋や工場における火鉢の普及によって需要が増し、明治四十一年五月十九日の『静岡民友新聞』の記事にも「駿東郡六合村小山地方は従来多くの薪炭を産出し、東京、横浜、横須賀等其の他各地へ搬出せしが小山停車場設置以来は其の額頗る莫大となり、為に何れの山もいたる所伐採し尽くし、現時は人遠く隔絶したる深山ならでは産出せざるに至りし」と報じられるほどであった。

山林組合に組織された共有林野も、山野肥料や茅あるいは隣接する御殿場地方の特産物となった竹行李の材料であるすす竹等も含めて、大正期には「其産物採集ニ関シテハ何等節制ノ行ハレタル無之、殊ニ戸数ノ増加ニ伴フ必然的趨勢ハ入会町村民間ニ於ケル競争的濫採ノ状態ヲ誘発シ、年一年荒廃ニ傾キ、全山殆ド不毛ノ広野ト化シ去ルノ惨況ヲ呈セントス[4]」という状態に立ち至っていた。しかも、隣村足柄村村有林野に関して「本村有林野ハ実ニ七百余町歩ニ亘リ従来ヨリ乱伐浪採ノ結果国土保安ニ治水上ニ悪影響ヲ残シ、先年ノ鮎沢川沿岸ノ大災害ノ如キ大ニ関係アルモノト信ズ[5]」と当地の行政官に指摘されているように、大規模な洪水災害をもたらす原因として認識されていたのであった。

2　小山地方の洪水と被害の集中・拡大化

小山地方でもこうした山野の荒廃が進むなかで洪水被害も激しさを増していった。表9-1は明治三十年から大正三年（一八九七～一九一四）までの小山町（菅沼・六合両村）に起こった主要な水害をまとめたものである。これによると洪水は梅雨時の六月頃から台風シーズンの九月頃までに発生した集中豪雨や台風によってもたらされ、右の一八年間に少なくとも一三回もの洪水が小山町を襲い、多いときには年三回もの惨害に見舞われた年もあることがわかる。特に明治三十四・四十・四十三・四十四年・大正三年の被害は甚大であった。しかもあとの年になるに従い被害がむしろ拡大していることが読みとれよう。

小山地域を通過する東海道線は、山間部を縫って鮎沢川に沿って線路が敷かれており、しかもそのなかには山肌を削って路線建設を行ったところがいくつもあり、急勾配の山北―小山間には七つものトンネルが掘られていたから、鉄路は鮎沢川の増水や山崩れによる被害、さらにトンネル崩落等の事故に常に直面していたといってよ

表 9-1　小山地域におけるおもな水害（明治 30～大正 3 年）

年・月・日	被害状況
明治 30 年 10 月　1～3 日	水害で小山—山北間汽車不通.
31 年　9 月　8～11 日	同上.
34 年　7 月　6 日	大雨で富士紡工場に土砂流れ込み水流が不通となり停電，工場操業ストップ．損害 1 万円以上.
40 年　8 月 27 日	台風による大洪水で汽車不通，小山—山北間．山崩れで鉄道線路埋まる．開通・復旧まで約 1 ヶ月.
8 月 30 日～9 月 5 日	その間小山の運送店フル稼働で対応，小山は一時旅客や貨物が多数集まり混雑を極める.
	富士紡工場の新設寄宿舎跡形もなく流出．第 2 工場護岸石垣の崩壊，水路圧塞，水道泥に埋まり，発電にも支障．対岸の民家も破損または流出．駿東郡における救助人員 3,220 人.
43 年　8 月 12 日	大型台風により六合村・菅沼村で田・宅地崩壊流出，須川橋墜落．家屋半壊 2 戸，浸水 10 戸.
	富士紡工場，鮎沢川増水して第 1 水門破損，第 2・3・4 工場休業．峰発電所一時運転中止.
	鉄道小山—山北間一時単線運転.
44 年　6 月 19 日	大暴風雨（台風）のため家屋 10 戸，建物 20 棟全壊，浅間神社拝殿等破壊，負傷 10 名，交通途絶，電灯切断のため 200 余戸に被害.
6 月 28～29 日	豪雨のため鮎沢川増水．農作物被害，神奈川富士紡峰水力発電所被害.
8 月　2～4 日	集中豪雨，建物板塀倒壊，交通途絶.
8 月　9 日	生土川氾濫，小山町音淵区 250 余戸浸水．藤曲下野沢橋倒壊，六合村役場倉庫埋没，その上の堰台破壊．役場周辺の住宅倒壊．多くの橋梁流出.
大正　2 年　9 月 30 日	豪雨のため生土大堰用水路破壊．土手の崩壊，大小水路の破壊 20 ヶ所.
3 年　8 月 12，30 日	台風の暴風雨による.
9 月 13 日	・家屋被害 86 戸：流出 25 戸，全壊 1 戸，半壊 22 戸，浸水 33 戸，破損 1 戸，堤防，決壊 52 ヶ所，道路決壊 176 ヶ所，橋梁流出 15 ヶ所・同破損 12 ヶ所，宅地流出・埋没 1,470 坪，田流出・埋没 10,500 坪，畑・同 1,470 坪，山林原野・同 1,100 坪，山林崩壊 34 ヶ所，用水路破壊 30 ヶ所，電柱傾倒 45 本，電信電話・交通不適・富士紡工場護岸・第 1 工場の一部，第 3・4・5 工場の本館の一部，食堂・炊事場・倉庫等流出，三水路崩壊等により数日間運転停止．男女職工町家へ避難. 漆田発電所浸水，同所水門倒壊. ・鉄道線路御殿場—山北間大決壊 15 ヶ所，鉄橋流出 2 ヶ所．小山—山北間の隧道数ヶ所崩落. 鉄道は不通となり 10 日以上の復旧期間を要す.

出所：『静岡民友新聞』『小山町史』第 4 巻，1018 頁以下，『小山町 20 周年史』より作成.
注：上に記載されている地域は，小山町（菅沼村・六合村）に限ったもの.

かろう。明治四十年と大正三年の台風時には山北―小山間のトンネル崩壊と土砂崩れによって交通が遮断され、物資・食糧等の搬入に支障を来して一時その欠乏に悩み、旅客その他人員の輸送も滞り、その復興には一〇日～一ヶ月余を要した。その間小山の停車場周辺の町場は一時足止めを余儀なくされた旅客や貨物で混雑を極め、それらの御殿場や箱根・神奈川県方面への輸送には運送会社が奔走して急場をしのいだが、人力や車馬による輸送は、屈折した山間の坂道を通らざるをえず、困難を極めたという(6)。

河岸に建設された富士紡小山工場が、頻繁にこうした洪水被害に見舞われたことは第一部で見たとおりであるが、工場と駅周辺に密集して広がっていった民家や商店街も、河川と山肌に挟まれた狭い土地にひしめくように集住していたから、洪水と山崩れの危険と常に隣り合わせの状態にあった。明治四十年、大正三年の集中豪雨時にも、山崩れ、多数の民家・工場施設や発電所への浸水と倒壊、農産物の汚濁、電灯切断・電柱倒壊による電信不通、道路・橋梁の破壊、流失などの被害が確認される(7)。

このようにいったん洪水に見舞われると、いずれの場合も河川と山に挟まれて密集して建てられた富士紡工場・発電所・町場市街地・鉄道のそれぞれが、崖崩れ・堤防や堰の決壊による浸水、家屋・橋・堰・水路等の流失・破壊等の被害を集中的に被ったから、交通も電信・電灯も一挙に不通となっていっそう人々の日常生活や生産活動を麻痺状態におとしめる場合が多かったのである。こうして、山林原野の乱伐、山肌を削りトンネルを掘り河川を埋め立てて工場・発電所・鉄道・民家を密集して作りあげたこと、すなわち自然を改変して近代化・産業化・都市化・文明化を推進したことそのものが、洪水被害の複合的原因をなしており、それらが重なり合い関連しあって被害を集中させ、拡大させていったのであった(8)。

しかしながら、近代化のなかで生み出された企業も地方行政団体もこうした事態をただ手をこまねいて座視していたわけではなかった。

3　水害・洪水対策

富士紡の洪水・水害対策については第六章において詳述したので、ここでは周辺町村の対応を検証しよう。

まず実際の洪水に当たって最も活発な活動を示したのは各町村の消防組であった。その活動は『静岡民友新聞』が報じるところではまず、「明治四十三年八月十日、藤曲・湯船消防組、大洪水々災予防として全員出勤、勤務予防箇所、藤曲野沢川・須川・湯船川」とあるように、洪水に際しての事前の予防活動で、主要河川の堤防の点検や修繕であった。

次に、同日の洪水に際しても「一棟は十日午後五時流失に瀕し、御殿場分署にては消防夫を率いて救護に尽くし流失を免れしめたり。同所の牛倉間口三間奥行五間一棟流失に瀕し、救護中同村落合、森小太郎居宅敷地側崩壊す。富士紡運転中止……その他家屋半壊二戸、人畜に死傷なく浸水家屋数十戸あり、消防組・警察官等必死防水に務めたり。」等というように、警察の指揮を仰ぎ、また地元住民とも連携して、流失せんとする家屋の防護、家屋への浸水防止、人命救助等の活動に奮闘していたことがわかる。そしてさらに四十四年六月十九日の浅間神社拝殿の倒壊の後片づけに出勤していること(9)から察せられるように、水害後の復旧活動にも消防組は従事していた。

このような消防組を核とした水防・救助・復旧活動と並んで、六合・菅沼・足柄等の各町村では判明するだけで、明治三十四年・四十四年・大正一〜四年と、県補助並びに銀行借入金や寄付金、さらに町村税を動員して町村財政の三二〜八一％という巨費をかけて護岸工事や道路修復のための土木事業に取り組んでいた（詳細は、第九章参照）。

このような復旧工事においては、時として水害予防の観点から小山町と富士紡の間で施設工事のやり方をめぐって対立が生じる場合も見られた。大正二年富士紡は、工場拡張のため駿河駅（旧小山駅）前の小川を埋設し、代わりに暗渠を敷設しようとしたが、小山町では「数十年来の経験上大出水に際し到底暗渠にては排水不能にして町家に浸水のおそれ無しとせず[10]」として委員を立てて抗議している。この抗議は結局受け入れられなかったようで、小山町民の杞憂は翌大正三年の大洪水に際しての多数の家屋浸水という事態となって現実化してしまった。

さらに、復旧並びに拡幅工事は町村間の連携によって広域になされる場合も見られた。前述のように洪水時には御殿場―小山―山北（神奈川県）の区間は、鉄道不通のため沿線の町場や人家は陸の孤島となり、物資人員の輸送に多大の困難を来していたことから、小山町をはじめとして神奈川・静岡両県にまたがる町村は連携して、御殿場―山北間の道路を県道に移管して大規模な道路拡幅工事を施工すべしとする請願を明治三十年代より繰り返し両県知事に対して行っている。その結果、明治三十六年より県費による該道路の改良工事が着手せられ、ようやく大正六年までには小山町駿河駅（大正元年より小山駅名改称）と神奈川県谷峨村までの改修工事を残すまでに工事が進み、その後も順次工事が施工されていった[11]。

さらに町村下の村落（区）においても防災並びに救恤活動に腐心していた。富士紡第一・二工場のある菅沼村茅沼区では、大正三年の水害に際しては損壊した西山堰の修繕活動を行うとともに罹災者や家屋流失のため移転を余儀なくされた者に対し見舞金を送付している。また富士紡工場に対しても、見舞金を送るとともに、非常用鉄管用水布設について区の用水から富士紡が取水することを自用水に不足を来さない限りという条件付きで許可し協力している[12]。

このように地域社会と富士紡とは、時として対立を含みながらも、未曾有の災害に対して協力しつつ対処していたといえよう。

二　伝染病の蔓延と衛生対策

1　蔓延する水系伝染病への対応

うち続く洪水は、赤痢やチフスといった水系伝染病を当地に蔓延させた。高温・多雨・多湿が重なる梅雨時から夏にかけての時期は、生ものを腐敗させて繁殖した病原菌が、井戸や河川・清水等の水系を伝わって感染し、特に洪水時には氾濫した泥水によって感染が急速かつ広範に広まっていった。そして多数の職工が寝起きし生活する寄宿舎や昼夜交代の重労働で勤務する工場、さまざまな職種の人々が集まり出入りする町場では、そうして感染する伝染病がいっそう猛威を振るった。

表9-2によって伝染病の発生状況を見ると、日清戦後期に静岡県下では赤痢・チフス等の流行を見るが、当地では明治三十一年に足柄村で六〇名という多数の赤痢患者が発生し内七名が死亡するという大流行を見たほかは、概して患者数・死亡者数ともに一桁台の小規模にとどまっていた。明治三十年には伝染病予防法が制定されて、市町村に隔離病舎の建設と、飲料水の管理や井戸・溝渠・下水・厠等の清掃と消毒あるいは伝染病患者の取り扱いをなす衛生組合並びにそれらの業務を管轄する衛生委員の設置が促された。これにともなって明治三十一年菅沼村足柄村組合村に衛生組合が設置され、三十二年には菅沼村・足柄村・六合村に隔離病舎が建設された。

日露戦後期になると伝染病対策にはいっそうの進展が見られた。第一に、従来の防疫業務が組織的に拡充された点である。明治四十年の大洪水時には幸運にも伝染病の発生は見られなかったが、翌四十一年には春からチフスの発生を見て、十二月の健康診断では富士紡工場で七名のチフス患者が発見され、即座に隔離病舎に収容されて総計二三名の患者収容数になったと報告されている。こうしたなかで最もおそれられたことは工場内で発生し

表 9-2　富士紡並びに小山地域における伝染病発生状況（明治 31〜大正 4 年）

年・月	富士紡	小山地域
明治 31 年（1898）		・赤痢流行 菅沼村患者 3 名大脇寺に収容（1 名死亡） 足柄村患者 60 名　宝境寺・興雲寺に収容（7 名死亡） ・菅沼村足柄村組合村に衛生組合設置
32 年		・同村並びに六合村に隔離病舎建設
34 年　8 月	赤痢患者 5 名	・菅沼村に赤痢患者 1 名 ・菅沼村，足柄村，六合村小学校にて生徒全員に健康診断，トラホーム多数 ・村医を各字に出張させ児童に種痘 ・33 年県令に基き部内各所に清潔法実施
35 年 10 月	インド棉花ペスト予防消毒	・菅沼村・足柄村にて赤痢 1 名ずつ発生 小学校健康診断，村医大字出張にて種痘 ・六合村赤痢 1 名（死亡），腸チフス 2 名 種痘春秋 2 回村医が実施
36 年　1 月	ペスト予防消毒	・六合村赤痢 3 名発生
41 年	腸チフス流行，地元とともに大消毒	・春より六合村・菅沼村でチフス大流行
12 月	チフス患者 7 名以上発生	全村にわたり大消毒 1,384 戸・下水 100 余町，患者富士紡社員合わせ 23 名隔離病舎に収容 ・10 月菅沼村共同火葬場建設
大正　2 年（1913）	4 月より伝染病流行，23 名が富士紡内隔離棟へ，48 名が町隔離病舎に収容	・小山町 4 月より伝染病流行，12 月までに患者 71 名．死亡 13 名は火葬料を町が出して火葬に付す．
3 年　4〜9 月	腸チフス・パラチフス・赤痢大流行 夏　寄宿舎工女患者数 230 名， 病舎収容 197 名（死亡 2 名）	・小山町にても左と同様 病舎収容 49 名（3 名死亡）
4 年　3 月以降	伝染病流行 病舎収容・腸チフス 6 名・パラチフス 23 名・赤痢 1 名（死亡 4 名以上）	・小山町にても同左 病舎収容：腸チフス 74 名・パラチフス 16 名・赤痢 9 名（死亡富士紡社員含め 15 名）

出所：菅沼村足柄村組合村・六合村・小山町各年次「事務報告書」『小山町史』第 4 巻，富士紡小山工場『営業報告書』，『静岡民友新聞』より作成．

た伝染病が町内に広まることであった。そこで菅沼・六合両村と富士紡は協力して数次にわたる健康診断を行い、警察・町村吏も総出で大規模な消毒を実施している。消毒は石灰を用い、対象箇所は便所・台所・会社内寄宿舎・便所、下水・河川等にまで及び、総戸数一三〇〇戸以上に達し、その費用は千円以上に上った(13)。

第二に、衛生上の観点からこの年の十月には菅沼村に共同火葬場が建設されている。その経緯や規模・費用等は明らかではないが、富士紡では建設費の内金二〇〇円を菅沼村に寄付している(14)。この火葬場は大正元年小山町に合併後は同町に引き継がれたが、そこでは行政当局が「死亡者(伝染病で亡くなった一二三名を指す—引用者)ハ各火葬料ヲ支給シ火葬セシメタリ(15)」というように、行政的指導によって伝染病死亡者を火葬に付させていた。ちなみに、大正四年度における小山町の火葬者は埋葬者一〇三名に対して五四名というようになお一般に普及したわけではなかった(16)。だが土葬というきわめて宗教性の強い土着の習俗も、近代伝染病対策のなかで確実に掘り崩されていったのである。

第三に、地域住民有志の手によって簡易水道の布設がなされたことである。菅沼村茅沼の平田義烈・深沢永吉等は、「富士紡工場創立以来人口増殖シ、之ニ随伴シ累歳悪疫流行時ニ猖獗ヲ極ムルニ至リ、防遏方法トシテ水道ニ待ツヨリ他ニ良策無ケント決シ」、明治四十三年秋、月米《つきよね》水道組合を組織し、同年十二月に竣工した。資金は一五〇〇円を静岡県農工銀行より、五〇〇円を御厨銀行より借り入れ、水源は、須川の上流蟹ヶ窪に求めた(17)。このような簡易水道の布設は、翌年には六合村小山区音淵にも見られ、以後同地区の有志による水道組合組織によって運営されていった。

こうして日露戦後には新たな伝染病対策が展開されたのであるが、それにもかかわらず頻発する洪水にともなう伝染病の拡大を抑え込むことができなかった。大正二年は、九月に豪雨のため生土《いきど》区の用水が破壊されるなどの被害が生じた年であったが、四月より伝染病が発生し十二月までには七一名の患者を出し、町隔離病舎に四八名、会社内隔離棟に二三名が収容され、それらの内一三名が死亡するというほど猛威を振るった。これに対し、小山町では衛生組合員並びに衛生委員が協力して「町内市街部ニ対スル塵芥ノ除去・運搬・焼却ノ事業ヲ始メ投書箱並ビニ制札、常用飲用水ノ目標設備等着々本町ノ衛生状態改善ニ貢献シツツアリ」という。また旧六合村より譲り受けた隔離病舎では手狭にすぎるため、同年より藤曲鰐塚の地に土地を購入し、さらに敷地を拡張して総経費一万一三六三円をもって隔離病舎を新築している。なお衛生組合では塵芥を蒐集運搬し特定の場所に投棄していたが、堆積する塵芥が不潔で伝染病の媒介をなすおそれがあるので適当な場所に塵芥投棄処分施設を建設し、さらに町内に共同便所を設置するよう町長に建議している。また町内で便所の清掃業務に当たっていた「清潔舎」なる業者が、町内町場四区の塵芥処分の請負を行いたいので、具体的な塵芥の蒐集方法（回数・期間・分別蒐集等）について取りはからうよう町長に願い出ている。[18]

翌大正三年には未曾有の水害に見舞われたことから、従来を上回る規模で伝染病が蔓延した。すでに第六章でみたように四月から九月までの患者数は、富士紡工場で二三〇名以上（内死亡二名）、小山町内で四九名（内死亡三名）に達し、富士紡工場では真夏の折は休業休錘に追い込まれるという深刻な影響を被り、防疫委員を組織して予防消毒活動に従事させ、健康診断及び細菌検査の徹底施行等の措置を講じている。[19]

この時小山町は県より伝染病流行地として指定され、衛生指導のため防疫官の派遣を受けて伝染病予防委員の設置を指示された。小山町では町制施行以来伝染病予防委員六名を設けていたが、この県の指示に従って同委員を一一名に増員している。こうして引き続き従来からの衛生行政をいっそう強化するとともに、新設の隔離病舎においては衛生費を一四〇〇円台から三〇〇〇円台に増額させて、医師往診回数の増加、看護婦の補塡、衛生組合への補助等を図って衛生行政の向上を図っていった。[20]

大正三年から四年にかけて、町と工場側とで協議して患者の早期発見や健康診断、清潔法、飲料水の改良、下水の浚渫などを実施していったが、翌四年には双方で合計一二九名という多大な伝染病患者が出てしまい、伝染病を封じ込めることは難しかった。

2　富士紡購買会と商店街―対立から妥協へ―

このように衛生対策を講じながらもなかなか伝染病を撲滅できないことから、富士紡は工女と外部との接触を制限する策を講じていった。そこでまず大正二年十月には、悪疫防遏を理由に外部からの蔬菜類の購入を禁止する措置をとった。これに対して周辺農民たちは、町農会が仲介となり、蔬菜類を塩漬けにして搬入することで会社側の了承を得ている。(21)

だが、同二年十二月の伝染病流行時には工女達に一時外出禁止令を出している。この措置によって工女達を最大の顧客とする地元商店街は大打撃を被り、工女で賑わう休日もまるで火の消えたように閑散としてしまったという。この時は商店街側が寄宿舎係に請願して、工女部屋にて商品を販売することを許されたが、なおその際に各商店が同一に扱われなかったとして茅沼区の住民三〇余名は、寄宿係長宅へ抗議に赴いたという。(22)

さらに伝染病が猖獗を極めた大正四年には、会社側は十二月に生土区に通じる裏門兼通用門を、五時半～六時半及び一七時～一八時半の時間帯を除いて閉鎖し、表門への通り抜けを禁じた。これに対し日常生活に不便を生ずる生土区民は交渉員を立てて工場長と折衝し、その結果生土区民の通行はようやく認められた。(23)

続いて翌五年六月には伝染病流行の季節に臨んで富士紡はふたたび工女外出禁止の措置をとったため、小山町の商工会の役員や衛生主任等はさっそく工場長へその解禁を申し入れた。善後策が話し合われた結果、今後行政当局や衛生組合等が衛生上不都合な飲食物を販売する者を極力取り締まることで工女外出禁止令はひとまず解除される方向で話し合いはまとまった。(24)これに従って、例えば小山区では工女に対し不都合な物品を販売しないよう互いに注意し、また区役員等が厳重な視察を実行する等を申し合わせている。(25)

ところが会社側では、同年十二月に社内に購買会を設置し、入社と同時に職工を組合員として組織し出資金は会社が年五分で貸与して用立て、日用品はじめ衣服その他米に至るまで安心できる品を廉価で販売する事業を開始したのであった。理事長には従業員の福利厚生に熱心な工場長の朝倉毎人が就いて指導に当たったという。購買会は浴場までも経営し、燃料費は会社負担なので職工達は一人一銭という安価で利用できた。購買会の利益は決して多くはなかったが、三分の一は会員の慰労救済資金として積み立てられ、三分の二は購買高に応じて組合員に払い戻された。大正八年の時点で組合員は男女合わせて一万人余となり、その規模の大きさで県下一の組合組織であった。(26)

こうした事態は、富士紡職工を最大の顧客とする地元商人達にとっても自己の経営基盤を脅かしかねない由々しき事態であった。大正七年四月十五日、小山町商工会員四〇〇余名を代表して会長ほか役員三七名が連署の上、小山町長並びに富士紡購買組合長兼工場長へ購買会縮小の請願を行っている。請願書においては、購買会の拡張によっていかに地元商店が苦境に陥り、商店の減少や破産という状況をも引き起こしていることを訴え、購買会縮小を強く要求している。(27)

実際に大正七年から八年までの県税営業税雑種税納入者の推移を調べてみると、物品販売業は二一六戸から一四七戸へ、飲食店は三六戸から二一戸へ、湯屋は八戸から四戸へとかなり大幅な減少を示しており、(28)あながち商工会の請願書の言うところが大げさではない事態が進展していたことがわかる。

その後の富士紡購買会の営業状況を明らかにすることはできないが、購買会の取扱い物品はできる限り地元商店から購入すること等の妥協策がとられていったようである。しかしながら、購買会がもたらす地元商店と会社側との軋轢は解消されず、昭和十年にも、購買会事業の縮小を求める請願が商人側より提出されており、(29)この問題は小山町と富士紡との協調関係を危うくする火種として存在し続けたのである。

三　頻発する火災と消防活動

火災もまた頻繁に発生するようになっていった。富士紡における火災の発生状況と諸対策についてはすでに第六章で詳述したので、ここでは工場周辺地域の状況について検証しよう。

表9-3を見ると、日清戦後の明治三十四年にも六合村小山に養蚕室からの失火が一例、また菅沼村にも一三戸焼失というかなり大きな火災が確認できるが、日露戦後期以降になると、菅沼地域と並んで特に第三・第四工場が増設されて急速な発展を見た六合村小山・藤曲・音淵といった地域を中心に、しかもほぼ毎年かあるいは年に数回火災が発生するようになっていたことがわかる。その規模も明治四十四年には家屋一七戸全半焼（菅沼）、大正元年には家屋四二戸・富士紡社宅一四戸焼失（城山・音淵）、三年には家屋二五戸焼失（菅沼）、五年にも四二戸全半焼（音淵）というように、大規模化していた。

それらの原因はまず、山間と河川に挟まれた狭量な地に人家や商店街・富士紡社宅等が密集して形成されたことである。第二に、いずれの場合も「まれなる暴風中」「富士颪《おろし》猛烈を極め」ということである。火災の炎が山間の谷間に吹き通る富士颪などの烈風に煽られてまたたくまに多くの家屋を呑み込んでいったことである。第三に、急速に町場を形成した商店・長屋などの建物が、「多くバラック的矮屋濫造を見る状態」にあって防火上の問題点を抱えていた点である。要するに小山工場が水力を求めるために立地した山間谷間の工場周辺地域が狭量で山から吹き下ろす風の通り道になっているという地理的自然条件と、短期間に急速に叢生した安普請の建造物の密集という都市化に伴う社会的条件が重なって、火災の頻発と規模拡大を招いたのであった。

これら多発する火災に対処したのは消防組であった。消防組は明治二十七年消防組規則の公布によって市町村を区域として設置することを義務づけられ、その活動は府県知事や警察署長の指揮系統のもとにおかれたが、費

表 9-3　小山町域（六合・菅沼村）における火災一覧（明治 34～大正 5 年）

年・月・日	発生場所	火災の状況
明治 34 年　5 月	六合村小山	養蚕室から発火し 3 戸焼失.
34 年 11 月	菅沼村	家屋 13 戸全焼.
42 年　1 月　1 日	六合村藤曲	全焼家屋 3 戸，半焼家屋 1 戸，藤曲消防組全員出動，徹夜で警戒.
1 月 30 日	六合村藤曲	藤曲馬療所焼失.
2 月　1 日	六合村藤曲	干草小屋 1 棟焼失，藤曲湯舟消防組 22 人出動.
5 月	六合村柳島	家屋 1 戸焼失，消防組全員出動.
43 年　5 月 14 日	六合村音淵	富士紡音淵社宅 1 棟焼失，藤曲消防組全員出動.
44 年　5 月　4 日	菅沼村奈良橋	家屋 16 戸焼失，半焼 1 戸，稀なる暴風中に焼失，藤曲消防組全員出動.
12 月　7 日	六合村生土	干草小屋 2 戸焼失，藤曲消防組勤務.
45 年　1 月　2 日	六合村小山	小山駅内運送店番小屋焼失，藤曲消防組全員勤務.
1 月　9 日	六合村藤曲	薪小屋 1 戸焼失，藤曲消防組勤務消し止める.
1 月 18 日	六合村藤曲	同共有林堰山焼失，藤曲消防組勤務消し止める.
2 月 17 日	菅沼村大久保	厠 1 戸焼失，藤曲消防組全員勤務.
3 月 15 日	菅沼村字切ドーシ	二階家屋 1 戸焼失，藤曲消防組全員勤務.
大正　1 年　8 月 15 日	小山町小山	家屋 1 戸焼失，藤曲消防組全員勤務.
9 月　5 日	小山町柳島	干草小屋 1 棟焼失.
9 月 28 日	小山町城山・音淵	家屋 42 戸焼失，富士紡社宅 14 戸焼失，東南の風に煽られる. 藤曲消防組全員勤務. 活動目覚ましく，鎮火させた.
3 年　1 月	小山町菅沼	家屋 25 戸焼失，富士颪猛烈を極め 25 戸を舐め尽す.
5 年　1 月	小山町音淵	家屋 35 戸焼失，7 戸半焼，烈風に煽られて燃え広がる. 12 部の消防組，駆けつけて消火活動に従事して鎮火させる.

出所：『静岡民友新聞』並びに「明治 41～大正元年六合村藤曲消防組の防災活動」『小山町史』第 4 巻，1028～1030 頁，による.

用は市町村が負うものとされた。小山町域においても藩政期以来の村落における自治的な消防組織をもとに、同年町村を単位に各区を支部にして消防組が設置され、「常夜番人」による夜警や簡易喞筒《ポンプ》や梯子を用いた防火訓練を定期的に行う等の活動を実施していた。日露戦後のたび重なる火災に際しても表9－3に見るようにほとんど全員出動態勢で臨み、巡査とともに「各消防夫の出動目覚ましく同四時二〇分ようやく鎮火せしめたり[30]」「一二部の消防隊警鐘の乱打とともに駆けつけ全力を尽くしたるため半焼七戸のみにて午後十一時三〇分全く鎮火せり[31]」というように消火活動に尽力していた。

さて罹災民に対しては、大正元年の音淵地区の大火に対しては、「同地区は多く労働職工にして殊に米価騰貴のため只さへ生活難を訴へつつありし折柄斯かる災害を蒙れる事とてその惨状目も当てられず、町役場にては出張中の事務監掌山崎郡書記主任となり、吏員総出にて炊き出しをなし罹災民救助に従事しつつあり」[32]、また大正五年の同地区の火事においても「目下罹災者は町役場に収容し救護中なり」[33]というように、小山町役場において吏員達が郡役所の援助も得ながら総出で救助活動を行っていたことがわかる。

富士紡も明治三十四年の菅沼村での火災に際しては菅沼村役場の罹災民救助の申入れに応えて、罹災者中同社員へは一人五円、その他へは三円、計一四七円の援助を行っている[34]。その後の火災において毎回このような措置がなされたかどうかは詳かではないが、大正四年の菅沼地区の大火の際にも罹災窮民に五〇〇人分の弁当が富士紡工場から支給されており、その功を表して県知事から木杯一個を賜っている[35]。

四　犯罪・事故・事件の激増と対策

富士紡の進出にともなう町場の形成は、さまざまな犯罪や事故・事件の激増という現象を引き起こした。表9-4は『静岡民友新聞』紙上に現れた犯罪・事件・事故等を、富士紡小山工場がフル操業に入った明治三十二年から五年間単位で、町場の形成が見られた小山町域（旧菅沼・六合両村、富士紡関連含まず）、富士紡工場関連、周辺二農村（北郷・足柄両村）に分けて、分類整理したものである。これによると総件数は、小山第一・二工場がフル操業に入った第一期（明治三十二～三十六年）および、第三工場が六合村に建設された三十七～四十一年の第二期もともに一九件にとどまっている。これは一村平均年〇・九件と、件数的には決して多い数字ではない。それに対し、明治四十二年六合村生土に第四工場の完成を見て以降の第三期（明治四十二～大正二年）は、件数で一六九軒と一挙に八・九倍、一村当たり年平均八・五件と、まったくそれまでと様相を一変し激増している。地域別の発生状況を見ると、第一・二・三期ともに、小山町域の町場形成地域が周辺農村の約三倍の発生件数を見ているが、第三期になると両者とも発生件数が約八倍に激増し、特に町場エリア（小山町）は九八件に達している。またこの期は富士紡関連の件数も前二期の二〜三件から四一件へと著増して直接富士紡従業員が犯罪や事件と関わるケースが格段と増え、その数は農村地域の数をも上回るに至っている。

それでは各時期ごとにより内容に踏み込んでみてみよう。

まず第一期を見ると、小山町域では窃盗・詐欺等も見られたが、小山駅を中心とした鉄道関連の事故が最も多かったことである。だが他方で、富士紡工女の逃亡や、「淫売」といった当地に固有の問題をはらむ事件も少数ながら早くも現れていた。創業当初の富士紡は不振にあえぎ、多くの職工が早期退職したり逃亡する者も後を絶たなかったことはすでに見たとおりであるが、工女逃亡の記事はそうした実態の氷山の一角を示すものであった。

さらに、「淫売」関係の事件については、明治三十六年十二月十三日の『静岡民友新聞』の記事にも「御殿場地方をはじめとして小山、山北その他西面の各地にわたり……淫売女の殖えたること近時一方ならず」と報じられている。しかし、五年前の明治三十一年十二月三日付の同紙記事には、県下各地の遊郭地として北駿地方では唯一御殿場が挙げられ、娼妓数一七人・梅毒患者数三八人を報じていたのみであったから、それ以後、工場進出による町場の拡大によって急速に御殿場的状況が小山地域にも広がっていったことがわかる。

次に日露戦後の第二期の特徴を見ると、小山町域では件数は一二件と前期とほとんど変わらないが、鉄道事故が見られなかった反面、殺人二件（内未遂一）・暴行一件と凶悪犯罪が広まる傾向を強めていた。二件の殺人事件はいずれも町場の中心部の一つ六合村小山で発生したもので、一件は料理店兼旅館の「雇女」と駿東郡原町出身の博徒との間の痴情が縺れたもの、他の一件は米穀商を襲った強盗殺人であった。また工女の逃亡も一件見られるが、これは富士紡水力発電所に働く工女を同じ職場に雇われていた「抗夫」が誘って出奔したものであった。

そのほか新聞紙上には事件としては現れていないが、前期に顕在化していた売春等の問題については、同紙明治四十一年十一月十九日の記事において「同村（六合村）には幾多風教上の悪習慣漸次質朴なる人心に浸み込みつつあるなり。第一には姦通、強姦、堕胎、強奪、詐欺等法律上の罪悪となるべき事件多く行われ、殊に死産数の割合七と三、私生児数は出産の四分の一弱に相当し居るが如き獣性発揮の縮図を見る心地して」と報じられた。この記事の内容を正確に検証することはできないが、「幾多風教上の悪習慣」は少しも改善されたわけではなく、むしろますます悪化の傾向を強めていったことは窺えよう。

こうした状況に対し、菅沼村では遊郭地指定願いを二度にわたって県に願い出ている。請願書では、菅沼地域が停車場設置と富士紡進出以来人口の増加と物質的進歩の増進を遂げたとしたあとで、次のように、風俗の悪化とその防止策の必要性を訴えていた。

頗る慨嘆ニ堪ヘサルハ追年淫靡ノ風俗ヲ増進スルノ一事ニシテ、古来質朴善良ナル風俗ヲ紊乱シ、直接家庭ニ影響ヲ生セシムルノミナラズ、意志堅固ナラザル父兄及一般青年ニモ感染スルノ傾向ニシテ其害毒ノ及フ所真ニ寒心ニ堪ヘ

32～大正6年）

42～大正2年		第4期　大正3～6年					
隣2農村	計	小山町	富士紡関連				計
			3年	4年	5年	6年	
4	14	1	1		1		3
4	12	1	1	1		1	4
11	34	12				1	13
	9(3)						
	32	10	2	1	2		15
1	3						
	3						
	7	3	1				4
	7	4					4
2	2	1					1
	6	2					2
1	3						
1	2	3					3
1	2						
1	8		1	1			2
	2						
1	13(4)	1			1		2
3	10						
30	169(7)	38	6	3	4	2	53

表 9-4　犯罪・事件・事故の発生状況（明治

	第 1 期　明治 32～36 年				第 2 期　明治 37～41 年				第 3 期　明治	
	六合村菅沼村	富士紡関連	隣 2 農村 2)	計	六合村菅沼村	富士紡関連	隣 2 農村	計	小山町	富士紡関連
鉄道事故	3			3			3	3	9	1
その他事故	1		1	2					4	4
窃盗・強盗	2	1	2	5	2	1	1	4	15	8
殺人(未遂)			1	1	3(1)			3(1)	9(3)	
乱暴・暴行					1			1	27	5
騒擾・争議					3			3	1	1
恐喝	1			1	1			1	2	1
誘拐									5	2
賭博									6	1
贈賄・買収										
詐欺	2			2	1			1	5	1
横領									1	1
放火									1	
酒密造					1			1	1	
逃走・逃亡		1		1		1		1		7
行倒れ						1		1	2	
自殺(未遂)	1(1)			1					5(1)	7(3)
その他	3 1)			3 1)					5	2
計	13(1)	2	4	19(1)	12(1)	3	4	19(1)	98(4)	41(3)

出所：『静岡民友新聞』より作成.
注：富士紡関連とは主に富士紡従業員がかかわったか，会社・工場で発生したもの.
1）「淫売」2 件含む.
2）隣 2 農村とは北郷村と足柄村.

サルモノアリ。挽近如斯ノ趨勢ヲ来シタル所以ノモノハ、主トシテ当地ニ富士瓦斯紡績会社ナル工業大工場ノ設置アリ、其現在使役スル六千余人ノ男女工及拡張工事ニ従事スル諸職人其他営業者等無慮二万有余人ノ出入アルガ為メニシテ、彼等ノ多数ハ元来無教育且秩序ナク謂所旅渡リノ単身者数多ナレバ、目的ノ欲望ヲ充スヲ唯之ヲ事トシ、言語ニ絶スル醜態ヲ敢テシ憚ラサルカ如シ、又其弱点ヲ唯一ノ目的トシ各地ヨリ謂集シ来ル婦女子モ甚タ少カラス、其風紀ヲ紊乱シ病毒ヲ蔓延セシムル虞有之。……如斯情況ニ付、一日モ早ク遊郭ヲ設置シ之レガ改善ヲ計リ、地方ノ秩序ヲ

維持セシムルノ急務ナル事ハ地方識者ノ一斉ニ唱導シテ止サル所ニ候。(36)

この請願書の文言から判明するように、地元の住民達が官許の遊郭地設置によってなにより防止したかったのは、病毒の蔓延といった事柄だけでなく、すでに前述の殺人事件や工女出奔等の事件の際に見られたように、工女や町場に集まる婦女子達と「旅渡りの単身者」が多くを占める工事人夫や職人・営業者といった外来者との間に引き起こされる犯罪や事件、また「風紀の紊乱」といった事態であり、それが工場や旧来の地域社会の秩序を乱してゆくことを恐れたのであった。しかしながら、遊郭地指定は許可されず、恐れていた事態は次期に至って現実化することとなる。

さらにこの時期には、騒擾といった社会的な大事件が三件も発生していたことも注目される。一つは、すでに第五章で見たように明治三十九年九月に、当時全国遊説中の日本社会党員らが行った富士紡の労働条件を糾弾した批判演説会に関するものである。

これと並んで明治三十九年には、富士紡からの廃水処理をめぐって六合村民の間にも騒擾が発生している。同年十月六日の記事によれば、富士紡の拡張工事によって、河川の水が工場内の染色・洗浄工程で薬品・石鹸等のため汚染されてふたたび河川に排出されるにもかかわらず、村長や村議達は会社側から金銭の贈与を受けて十分村民に知らせず、それに激昂した村民は排水口の変更等を求めて、村長側と二派に別れて対立したという。これは須川を分水して発電所を作る際に発生した事件であり、次章三節でより詳しく見ることとしよう。

さらに翌四十年六月には、当時相次いで行われた富士紡の工場や発電所の新増築や洪水後の復旧工事に集まった多数の土木作業員（土工・人夫等）の間で争いが生じていたことであり、長期に及ぶ抗争に際して富士紡側が行政当局に要請して請願巡査をたびたび派遣してもらっていたこともすでに第六章五節で見たとおりである。

そして次の第三期になると、第二期に現れていた犯罪の凶悪化、騒擾・争議の発生という傾向はより顕著に現れ、犯罪や事件・事故はあらゆる分野・地域に及んで激増・多様化した。一六九件に達した全件数のうち小山町は富士紡関連を除いても九八件を占めているが、その中でも特に増加したのが、窃盗・強盗一五件、殺人九件（未遂三）、乱暴・暴行二七件、誘拐五件、賭博六件、詐欺五件、自殺五件（未遂一）等であり、凶悪化・悪質化の傾向をいっそう強めている。

殺人事件は、土工・日雇い・農業・元富士紡工女ほかで、外来者あるいは町場に入寄留した者によって引き起こされた場合が多く、原因は男女の痴情のもつれが四件・強盗二件・喧嘩二件・せっかん等であり、犠牲者には女性（妻・人妻・料理屋の内縁の妻等四人）や子供（二人）が多かった。凶器には合口や鉈等のほか猟銃・短銃が使われた例が二件みられた。

乱暴・暴行事件の主なものとしては、土工同士の争い四件・男女間の争い三件・富士紡職工間の喧嘩二件・酒乱四件・土工と工女間のもめ事一件等であり、ここでも外来の土工や職工等の寄留者がほとんどの事件を引き起こしており、賭博等もそうした土工や博徒に係るものであった。また暴行や殺人事件においては料理屋や飲食店がその舞台となり、女性店員をめぐるトラブルや酒を媒介として暴力沙汰に発展するケースが少なからずみられた。町場に集う多くの単身者の飲食の場として飲食店は続々設けられ（大正二年飲食店二五軒―表8－3）、そこで、見知らぬ土地で見知らぬ者同士の交際・交流を円滑にし、仕事などの疲れを癒すはずの酒の摂取量も増加し（小山［駿河］駅の和酒到着量、明治四十四年一二トン→大正七年一二七トン）、宴会の機会も増加していったが、そうした事態はまた「隣保相助の情を知らざる」他人同志の交流が、一歩過てば酒に媒介されて喧嘩や暴行にまで容易にエスカレートして騒擾化してしまう危険性を日常的にはらむこととなった[37]。

そして行政当局や会社側が最も憂慮していた外来者が工女達との間に引き起こす犯罪については、この時期にはそれが誘拐という最も悪質で卑劣な形となって現れた。富士紡関連として分類したものを含め七件が数えられるが、いずれも工女達を巧みに誘い出し、あるいは暴力的に誘拐暴行した上で、他の紡績会社や山梨・沼津方面に工女や娼婦等として売りとばさんとしたものであった。犯人の多くは同業の前科を抱えて町から町へ渡り歩き富士紡のある小山町に狙いをつけてやってきた者であったが、地元農村部出身者や町場で商売に従事する者も若干含まれていた。

こうして小山町の町場や富士紡工場周辺では犯罪と事件・事故が激増したのであるが、周辺の二つの農村を見ると、件数では三〇件とやはり著しく増加しているが、その内容は、鉄道その他の事故八件と窃盗・強盗の一一件で六割を占め、そのほか贈賄・買収二件、横領・放火・密造酒・遁走・自殺等が一件ずつあるのみで、殺人、乱暴・暴行、恐喝、誘拐、賭博、詐欺といった小山町で見たような凶悪・悪質な犯罪はいまだ発生していなかったことがわかる。農村では代々顔見知りの隣人達が作る安定的な自治組織が生きており、消防組も防火・防水活動だけでなく防犯活動や犯罪人の探索といった活動にも従事していた。農村においても、祭りはもとより役場や農会その他の団体での会合、寄合等において宴会がもたれ飲酒をなす機会は、藩政期に比べれば格段と多くなっていったと思われるが、それでも町場のように、見知らぬ外部の人々が多数交わって、日常的に飲酒をする慣習も場所もいまだ形成されてはおらず、酒はまだハレの場における非日常的な飲み物という属性を脱してはいなかったと思われる。

しかしながら、次章で見るようにこの期の農村は、富士紡の進出と町場の形成につれて商業的農業を発展させており、米作をはじめ養蚕や炭焼、都市向け蔬菜等の換金作物の増大を図り、そこで得た現金収入をもって公租公課、小作料等の負担の支払い、さらには町場に流入する新たな日用品や肥料を購入する割合を増大させていた。このような農村社会における商品経済の浸透という傾向の中で、窃盗・盗難事件の増加という事態が現れてきたと言ってよい。盗難の対象となったものは、金銭が三件あるが、他は森林・サツマイモ・玄米・籾といった農作物であった。

次に騒擾・争議についても、労働争議、小作争議といった階層間の争いが顕在化し、同時に日露戦後の町村行財政をめぐる地域間騒擾が激しさを増すという、この時期各地に現れた状況を小山地方も典型的に示す事態が現れていた。一つには、富士紡絹糸紡績工女が行った賃上げの示威行動であり、若干の賃金引き上げが実施されて収束したことは第五章で見たとおりである。いま一つは、大正元年十二月に、富士紡工場と隣接する小山町藤曲区の小作農民が小作料の二～三割の割引を主張して起こした小作争議である。これについても、富士紡の進出に伴う商業的農業の進展や労働市場の変化が地主小作関係に大きく影響して発生したものであった（第十章参照）。

第三には、明治四十三月三月八日付で「（足柄村）竹之下のお家騒動」として報じられたもので、明治四十年の小学校令改正による五・六学年設置に伴って、小学校の増築を余儀なくされた足柄村内部で起こった激しい地域間対立である。こうした小学校問題をめぐる地域間対立は日露戦後の村々では広く見られた事件であるが、小山地域の場合は富士紡の進出がもたらした地域間の不均等な発展という背景が横たわって、複雑な政治過程をとることとなった（第十一章及び第十二章参照）。

さて以上見てきたような特に第三期に町場で激増した犯罪・事件に対してどのような対策が採られたのであろうか。富士紡では、工場内では監察や守衛による警備体制を拡充し、さらに監督人・外勤係・女工警戒員等の職員を配して、町場での工女の保護監督、自殺者救助、誘拐犯の探索と工女保護を行い、土工達の騒擾に対しては県当局に請願して数次にわたって巡査を派遣してもらって警護に当たらせていたが（第六章参照）、地元町村の側も、特に頻発した工女の誘拐事件に対して具体的な対策を講じている。次に示すのは、菅沼村茅沼区において、明治末年、富士紡職工等の取扱いについて区民・商人一同連署捺印の上取り決められた規約である。(38)

第一条　休日職工外出ノ節、逃走人ナキ様予防スル為メ商人中ヨリ休日毎ニ弐名宛ノ番人ヲ付シ警戒ヲ厳ニスルコト

第弐条　休日外出者ノ帰社時間ニハ門衛ニ出頭、未ダ帰社セザル者ナルヲ承知スル時ハ、当部落ヲ戸毎ニ尋

ネ廻リ、若シ尋ネ出シタル時ハ直チニ門衛迄送リ届クベキ事

第三条　御会社ノ職工ニシテ疑シキ所業ト認ムル時ハ直ニ門衛迄送リ届クベキ事

第四条　部落営業人ニシテ時間外ニ至ルモ女工ヲ蔵シ置又疑シキ振舞ヲナス場合ハ其場所ヲ明放シ取調ベヲナスコト

　　　　　　　　　　附　此場合ニ拒ム事ヲ得ズ

第五条　時間外ニ女工ヲ留置スル為メ損害ヲ生シタル時ハ其損害ヲ賠償シ、然シテ自ラ其場所ヲ引払ベキ事、若然ラサレバ部落惣掛ニテ立除ヲ迫ル事

第六条　警戒ノ為メ消費シタル償金ハ商人仲間ニテ支弁シ、其支弁方法ハ一等ヨリ五等迄ノ等級ヲ附シ、割合ヲ以テ支出スル事

第七条　当部落ニ於テ商業ヲ開始セントスル者ハ営業便利上必此規約ニ基キ総代人等ヘ申出ラルベキ事

第八条　該規約条項ニ悖リタル者アル場合ハ部落惣代人協議之上相当ノ処置ヲ附ス事

　　　右規約如件

　　　　　　　　　　　　　　　　　　　　商人世話係外四名署名捺印

このように、工女の逃亡防止のための番人の配置と警戒、帰社時間を守らない工女の各戸への探索、疑わしき振舞いをなした営業人の取調べとそれによって損害を与えた場合の賠償責任、これら工女・職工の保護・警戒のための費用の支弁方法等について、区民・営業人自らが厳しい罰則（立ち退き等）と村八分的制裁をも擁して、署名捺印の上取り決めているのである。地元の営業者や商人達にとっても、工女の逃亡防止や犯罪・誘拐からの防護活動に村ぐるみで取り組むことは、彼らにとって最大の顧客を守り、富士紡との信頼関係を構築することによって自己の営業基盤をも安定化させるという重要な意義を有していたのである。

しかしながらなお増加する犯罪や事件を前に、小山町では大正三年十月、派出所に一名の巡査部長と四名の巡

査が居るのみの警備体制の不備を憂慮し、「警察事故ハ日夜突発シ、伝染病ハ毎年発生セサルハナク、且本町民ノ多数ハ日本全土各方面人民ノ集団ニシテ隣保相助ノ情乏シク、土木工事ハ頻々トシテ起工セラレ、獰猛ナル土方人足ノ類無数来住シ、……在住人民二万ノ生命ト財産トヲ保護」するため、警察分署の設置ないし警部補派出所の設置と巡査の増員を静岡県に請願している。(39)

以上見てきたように、山間の河川敷の狭量な地に、女子工員を多数含む巨大工場が短期間に進出し、またたくまに膨れ上がる人口で小都会が形成されたという、当地に急速な産業化と都市化をもたらした条件そのものによって、小山町は毎年のように洪水・伝染病・火事・犯罪・事故など近代都市社会が多かれ少なかれ共有する負の側面をも抱え込むこととなった。小山町と富士紡はそれぞれ独自に、あるいは協力しながらこれらを防遏し、復旧し、予防し改修・改善するための施策を講じていったのであるが、その過程で、購買組合と地元商店との関係に見られたように両者の利害が衝突し、協力関係を揺るがしかねない不安定要素もまた醸成されていったのである。

注

(1) 筒井迪夫『森林文化への道』朝日選書、平成七年(一九九五)六七〜六八頁。
(2) 前掲『富士紡生るゝ頃』一〇頁。
(3) 「小山の統計42 明治〜大正期の駿河小山駅の主要貨物」『小山町史 第五巻近現代資料編Ⅱ』(以下『小山町史』第五巻、と略記)一二九二〜一二九三頁。
(4) 「印野村外八か町村(北郷村含む―引用者)共有地分割証書」『御殿場市史』第六巻、八二六頁。
(5) 大正十一年「足柄村公有林野造林契約書」『小山町史 第四巻近現代資料編Ⅰ』(以下『小山町史』第四巻、と略記)四九三頁。
(6) 「明治四〇年八月 台風による水害」『小山町史』第四巻、一〇二三〜一〇二七頁。「大正三年八月 台風による風水害」

一〇四〇～一〇四三頁。

（7）注（6）と同じ。

（8）こうした状況を目の当たりにすると、戦前早い時期から災害の危険性とその原因並びに予防等に鋭い警告を発していた寺田寅彦の次のような警句が想起せられる。すなわち明治以前は長年の集落の知恵で災害の危険性のある土地に人は住まず経験上安全と判断された建築法を墨守しており、明治以降もそうした経験が生きている旧集落は災害の被害が意外に少なかったこと、むしろ被害が集中しているのは、そうした伝統的な知恵を無視して官僚的経済的立場から割り出して立地が決定された停車場付近の新開町、田圃の中に発展した新開地の新式家屋、新様式の学校や工場といった近代以降に立てられた建造物であったことを、各地の罹災地の実地見聞に基づいて指摘している（「天災と国防」昭和九年〔一九三四〕十一月、『寺田寅彦著作集』第五巻、岩波文庫所収）。

（9）「明治四十一年～大正元年　六合村藤曲消防組の消防活動」『小山町史』第四巻、一〇二九頁。

（10）『静岡民友新聞』大正二年（一九一三）十月二日。

（11）「武相県道改修之義ニ付請願書　大正三年八月一五日」ほか、駿東郡小山町役場『建議・請願・陳情書類綴』所収。

（12）茅沼区有「大正三年度、四年度、議事録、茅沼部落」。

（13）「明治四十一年十二月　六合・菅沼村腸チフスの消毒」。ここでは明治四十一年十二月に警察・村役場・富士紡工場が協力して実施した数次のチフス撲滅のための大消毒について報じた『静岡民友新聞』の記事がまとめて掲載されている。『小山町史』第四巻、八五九～八六三頁。

（14）明治四十一年下期富士紡小山工場『営業報告書』。

（15）大正二年度『小山町事務報告書』。

（16）大正四年度『小山町事務報告書』。

（17）「昭和十五年九月　小山町茅沼月米水道組合の沿革碑」『小山町史』第五巻、四〇七頁。

（18）引用文とも大正二年度『小山町事務報告書』。また前掲、駿東郡小山町役場『建議・請願・陳情、書類綴』による。

（19）大正三年富士紡小山工場『営業報告書』による。

（20）大正三年度『小山町事務報告書』より。

（21）「大正二年十月　富士紡への蔬菜納入禁止につき町の対策」『小山町史』第四巻、八六三頁。

（22）「小山町民の激昂」『静岡民友新聞』大正二年（一九一三）十二月十日。

(23)「大正五年一月　富士紡裏門閉鎖につき生土区の折衝」『小山町史』第四巻、六四八〜六五〇頁。
(24)「大正五年六月　富士紡女工への飲食物販売取締りにつき町の通達」同前、八六四頁。
(25)「大正五年六月　富士紡女工への物品販売自粛につき小山区申合せ」同前、八六五頁。
(26)「小山紡績購買会」『静岡民友新聞』大正八年（一九一九）七月十九日。
(27)「(富士紡購買会縮小につき) 御願、大正七年四月十五日」、前掲、駿東郡小山町役場『建議・請願・陳情、書類綴』所収。
(28)「大正五年度並びに同八年度小山町県税営業税雑種税納入者等級」より。
(29)「昭和十年五月　富士紡小山工場購買会に付共和会の請願」『小山町史』第五巻、二〇九頁。
(30)「小山町の大火　全焼五〇余戸」『静岡民友新聞』大正元年（一九一二）九月二十九日。
(31)「小山町大火　烈風中四二戸焼失」同、大正五年一月十三日。こうした消防組の活動に関しては、現小山町須走地区の事例であるが、明治三十五〜三十九年の実態を詳細に紹介しているので参照されたい（拙稿「史料紹介　須走消防組日誌」『小山町の歴史』第三号、平成元年〔一九八九年〕）。
(32)注（30）と同じ。
(33)注（31）と同じ。
(34)「明治三十四年度菅沼村足柄村組合村事務報告書」『小山町史』第四巻、三一九頁。
(35)大正四年上期富士紡小山工場『営業報告書』より。
(36)「明治三十九年四月及び八月　遊郭地御指定願」（小山町菅沼　湯山勝美氏文書）。
(37)柳田国男は周知のように、明治以降近代になって酒の消費量が増加したことの要因を、知らぬ人に会う機会・近づきになる場合が増加し、町が酒飲みを多くしたこと、かつては村落において祭りというハレの日に皆で酒を廻し飲んでいたものが、近年は町の居酒屋で一人で飲む酒（居酒や独酌）の機会が増えたこと、宴会の増加、瓶詰めによる遠隔地への輸送の便の発達等に求め、酒の乱用による弊害がますます増大するなかで禁酒運動が盛んになっていることを指摘している（同氏『明治大正史　世相編』第七章「酒」、朝日新聞社、昭和六年〔一九三一〕）。
(38)小山町茅沼区有文書所蔵。
(39)「大正三年十月二十四日　小山町、県へ警察分署設立並びに巡査増員の請願」『小山町史』第四巻、三九二頁。

第十章　周辺農村との関係

富士紡の進出とそれに伴う人口増と町場の拡大は、周辺農村部にも多大な影響を及ぼした。ここでは、農業や地主制、さらに水利や肥料をめぐる関係、電燈普及に至るまで富士紡と農村地域が取り結んだ多面的な関係について明らかにしよう。

一　商業的農業の進展

小山地方の農村地帯は、すでに述べたように北西部を富士の広大な共有林野に、東南部を箱根・足柄の外輪山に囲まれた比較的高冷地に属し、その土壌は富士山の噴火による砂礫や火山灰が堆積してできあがったものであった。このような環境から、豊富な富士の伏流水に恵まれて水田が開発されたが、冷涼な気候と地力の弱い土質のため広大な水田単作地帯は形成されず、痩せ地にも適する麦・稗・粟、豆類・玉蜀黍《とうもろこし》・根菜類・蕎麦《そば》・桑等の多様な畑作物が年間を通じて栽培され、田と畑を組み合わせた多様な多毛作地帯として発展してきた。小山町は田一六八町歩・畑一四八町歩、その東部に隣接する足柄村は田八三町歩・畑一〇八町歩、北部に接する北郷村は田三三六町歩・畑二五八町歩を数えた。また周辺の山野からは、春の山菜、秋の茸類、肥料となる下草、茅、薪炭材、木材、竹材など豊富な恵みを得つつ、焼畑や桑畑にも山野は利用され、小山の農業は田・畑・山林を一体のものとして成り立っていた。

このような当地の農業も産業革命期に大きな編成替えを経験する。ここでは、明治三十五年に発足した御殿場農学校が大正初期に行った調査報告書『組合町村誌　後編産業編』にもとづいて、当地の農業が、東海道線の開通や富士紡の進出にともなう町場の形成によってどのような影響を被ったのかを明らかにしよう(1)。

米は最も商品性の高い作物であったが、富士紡の進出によって、鮎沢川沿いの水田は工場用地として買収され、水田面積は明治二十二年から大正元年（一八八九〜一九一二）の二三年間の間に、六合村では一〇町歩が、菅沼村でも五町歩が、また足柄村では水害の被害も重なって一町三反歩が失われている。これに対し北郷村では富士紡工場の建設による田の損失はなかったが、日露戦後に水力発電所建設に伴う貯水池の造成によって若干の耕地が失われた。しかしながら開墾や日露戦後の耕地整理の結果、この間に五二町歩の水田を拡張している。

収量の変化を見ると、水田を多く消失した小山町（六合村・菅沼村）においても八〇〇石の増収を示し、足柄村でも二九九石の増加を見ている。水田を拡張した北郷村では当然のことながら一四八五石も増収させている。したがって一反当たりの収量も、小山町一・六石→二・三石、足柄村一・二石→一・六石、北郷村二・〇七石→二・一八石へとそれぞれ増加させている。こうした米の増収は、当地の精農家達が優良品種の選択・実験・普及、塩水選や馬耕の導入等を、農会などの指導も取り入れて実践した賜であった。

当地の米は、従来から自給分を除いて御殿場町や遠く山梨県郡内地方にまで運ばれていたが、明治十九年酒造法改正によって自家醸造が原則禁止になると移出にまわせる米が増え、東海道線が開通すると御殿場駅や小山駅周辺の町場に供給されるのみならず、広く外部へも両駅から移出が増大していった。しかしながら他方で、明治末期には小山町全体では一万六〇〇〇人にも膨れ上がった人口に対し、到底地元農村からのみでは安価で安定的な米の供給を保障することはできず、また取引先の定まった移出米を直ちに振り向けることも容易ではなく、明

表10-1　大正3年（1914）小山地方の畑作物

種別	小山町			足柄村			北郷村		
	作付面積	収量	価額	作付面積	収量	価額	作付面積	収量	価額
	反	石	円	反	石	円	反	石	円
麦	817	910		370	88		123	965	
大豆	360	252	2,016	20	16	160	900	400	4,000
小豆	450	360	3,600	10	2	26	100	30	360
粟				30	9	36	4	7	70
稗	224	448	1,568	60	30	60	400	1,600	8,000
蕎麦	600	360	4,320	210	84	588	300	500	650
玉蜀黍	300	450	3,600	600	600	4,800	500	200	2,000
		貫			貫			貫	
甘藷	280	33,600	2,688	100	10,000	500	400	120,000	6,000
馬鈴薯	60	12,000	960	20	2,000	200	50	7,000	350
大根	90	27,000	1,080	10	3,000	90	100	30,000	1,200
ニンジン				5	250	12	50	2,500	125
ゴボウ	6	420	63	10	1,000	80	20	1,000	80
里芋	320	2,880	432	300	4,500	135	400	120,000	6,000
ネギ	40	2,800	224	5	300	15	30	2,500	150
菜類	128	38,400	1,536	10	3,000	90	50	15,000	600
キュウリ	12	1,800	180	5	1,000	100	10	1,000	50
ナス				5	250	50	10	1,000	60

出所：御殿場農学校（現御殿場高校）『組合町村誌－後編産業編－』.
注：大豆～玉蜀黍の収量単位は「石」．甘藷～ナスの収量単位は「貫」である．
麦は大麦・小麦の田・畑作の合計値.

治四十四年六合村の小山駅には一万一八一一石もの米が移入され、そのうち七一四六石が国内米（内三〇三〇石が県外米）、四六六五石が安価な外米であった(2)。

この間最も富士紡工場や小山の町場への直接的な需要に応えて発展したものは、畑作物であった。大正三年（一九一四）時点における小山地方の畑作物は表10-1のとおりであるが、そこに至る明治中後期の畑作の変遷を前掲『組合町村誌』によって見てみよう（以下、断らない場合は、引用はこの史料による）。

畑作物の中で重要な地位を占めるのは麦である。当地では大麦の中の皮麦と小麦を主として栽培し、麦飯やうどんなどの食糧のほか馬糧にも供された。麦栽培が増加していった背景には、次に見るような玉蜀黍や粟栽培との関連があった。

往時ハ一般ニ粟ヲ栽培シ以テ粟飯ヲ常食トセシモ麦ノ粟ニ比シ収量多ク用途モ比較的広ク且ツ食用トスルニ適セルヲ以テ粟栽培益々減少セリ、尚麦類ノ栽培盛トナリシ所以ハ、夏作タル玉蜀黍ノ栽培盛トナリシ所ヨリ粟ノ栽培面積ヲ縮小セラレ、従来米ノ補食タル粟ノ減ゼルヨリ之ニ変フルニ冬作タル麦作ノ栽培増加セシニアリ

また玉蜀黍も表10-1では、麦に次ぐ収量を誇っていることがわかるが、当地では江戸後期に駿東郡南部から伝播して以来、副食ならびに馬耕を支える馬糧として急速に普及し、明治二十九年頃には従来夏作として栽培してきた稗・粟を圧倒して当地の特産物的存在にまで成長した。大正三年には、玉蜀黍は北郷・足柄・小山の町村で三〇～六〇町歩の作付けをなし、小山町では「近年青莢《さや》ニテ販売シ利益大ナレバ栽培スル者増加シ」「小山町ニテハ小山富士紡績ニ……販売」された。

このように、夏作の玉蜀黍が、食用や馬糧として多く栽培されるにつれ、夏季の稗《ヒエ》や粟《アワ》の栽培が駆逐され、従来常食であった粟飯に代わって麦を米の補食として冬季に栽培する者が増えていったのである。

粟は「米麦ニ次グ重要ナ作物ニシテ永ク貯フルモ虫害ヲ受クルコトナク品質ヲ損スルコトナク用途広ク性気候ニ応化スル力大ナレバ何レノ地方ニモ往時ハ栽培セラレ」「昔麦ノ栽培少キ頃ハ粟飯トシテ常食ニ供シ、飴・餅・団子・粟ヲコシ等ニ用ヒタリ」というが、「麦及玉蜀黍ニ圧倒セラレ現今ニテハ殆ンド栽培スルモノ少シ」という。事実、表10-1をみても大正三年時点で小山町での栽培は皆無となっていた。

「性強健ニシテ旱湿ニ耐フル力強ク土質ハ選ブ事ナク……当地方ニテハ古来ヨリ栽培」されてきた稗も、粟と同じく麦と玉蜀黍に圧倒されて栽培が少なくなってきたと指摘されるが、表10-1では、小山町や北郷村などで

三〇～四〇町歩と、玉蜀黍の七、八割の作付面積を維持している。これはおそらく稗が玉蜀黍と並んで馬糧としての価値を有していたためと思われる。

馬鈴薯（ジャガイモ）もアーリーローズなる新品種が明治中期に横浜より導入され、馬糧として、また野菜類や米も欠乏する五月初旬からの一ヶ月間の貴重な副食として普及し、北郷村では小山町に販売する者も多かった。甘藷（サツマイモ）・里芋も明治中期より新品種が導入され、補食に供され、北郷村や小山町では一部が町場に販売された。大根も明治三十五年頃より聖護院や練馬の品種が導入され、補食・切り干し・漬け物と多様に供され、小山町特に富士紡工場に販売された。北郷村ではこうした「根菜類ハ小山町富士紡績会社ノ設立以来年々需要ヲ増スニ従ヒ産出高多クナリタリ(3)」という。

蔬菜類も、小山町や北郷村では冬季の水田裏作として漬け物にして出荷される「水菜」の製造が盛んとなり、補食のほか町場や富士紡工場に販売された。養鶏もまた大正初期には北郷村で飼育戸数五三七戸、足柄村で一六〇戸、小山町で三八四戸と普及し、北郷村では自給分以外の卵は主として小山町に販売し、一ヶ月一万二千～一万三千個が富士紡工場に納められた。

当地では明治二十年代、特に日清戦後から農民の現金収入源として蚕糸業組合や農会を通じて養蚕業の普及が促進された。農民たちにとっては、納税をはじめ現金支出の必要性が増すとともに、拡大する町場の需要や移出に供される換金作物の栽培を増大させるにしたがい自給用畑作物の比重を小さくし、従来自給していたさまざまな日用品や一部の食糧さえ購入しなければならなくなっていった。そうした現金収入をもたらす重要な副業が養蚕業であった。表10－2に見るように日清戦後の明治二十八年には各村（須走村を除く）とも全戸数の五三～五八％であった養蚕戸数は、大正三年（一九一四）には六七～八七％にまで達し、掃立枚数も同時期に二・六～四・六倍に増大させている。これは特に麦作の増加と春蚕の普及によって、冬麦の刈取りと田植えと春蚕の掃立てが時期的に重なって繁忙を極めたため、春蚕より秋蚕の飼育を増大させたためである。それにともなって桑も不足を来たし、従来は畑の間作や畦に植えられていた程度であったものが、需要が減退してきた粟・稗・大豆等の畑を桑園に切替え、山間部も開墾して桑園を増殖し、大正二年には北郷村八五町歩・足柄村三六町歩・小山町三八町歩にも達した。

表 10-2 小山地方各村別養蚕業の進展－明治 28 年～大正 3 年（1895～1914）－

		明治 28（1895）	明 37（1904）	大正 3（1914）
北郷村	①養蚕戸数（対全戸比）	335 戸（54%）	351.00	425（74）
	②仲買人：桑商人	18 人：7 人		
	③掃立枚数	459.25 枚	772.00	1,200
	④同 1 戸当（③/①）	1.37 枚	2.20	2.8
六合村	①養蚕戸数（対全戸比）	159（53）	132.00	小山町
	②仲買人：桑商人	13：11		① 310 戸(67)
	③掃立枚数	226.75	213.70	
	④同 1 戸当（③/①）	1.43	1.62	③ 1,225
菅沼村	①養蚕戸数（対全戸比）	89（58）	90.00	
	②仲買人：桑商人	3：5		④ 3.9
	③掃立枚数	148.00	139.70	
	④同 1 戸当（③/①）	1.67	1.55	
足柄村	①養蚕戸数（対全戸比）	133（58）	113.00	211（87）
	②仲買人：桑商人	2：0		
	③掃立枚数	160.00	174.95	732
	④同 1 戸当（③/①）	1.21	1.55	3.5
須走村	①養蚕戸数（対全戸比）	31（31）	24.00	
	②仲買人：桑商人			不明
	③掃立枚数	40.10	27.50	
	④同 1 戸当（③/①）	1.29	1.150	

出所：駿東郡蚕糸業組合『組合員町村区別』明治 28・明治 37 年より集計．大正 3 年は『組合町村誌産業編』より．
注：明治 37 年の北郷村には大御神区のデータは含まれず，同年の六合村にも小山区のデータは　含まれていない．
大正 3 年小山町の養蚕戸数（　）の数値は対全農家比（%）．

小山の村々の生活と生産はまた山野からの多様な恵みによって支えられていたが、産業革命期には移出用として木材や炭焼き用材の乱伐が行われて洪水の一因となっていたことはすでに見たところである。茅も「特ニ当地ハ養蚕業ノ発達に伴ヒ茅屋根ヲ奨励シ益々需要高ハ増加スルモ、茅発生地域ノ次第ニ減縮スルコトハ養蚕業上洵《マコト》ニ憂慮ニ堪ヘザル所ナリ」(4) という状態にあった。春の蕨《わらび》・蕗・芹等の山菜も自給用のほか漬物として小山町の商店街や工場に販売されたり東京方面にも移出された。大正三年の小山町漬物商人の取扱高は、蕨四万七千貫目（一八八〇円）、蕗一万貫目（四〇〇円）、芹一万貫目（四〇〇円）にのぼった。

こうした商業的畑作物の興隆にともなって、稗・粟・黍・大豆・蕎麦といった自給的穀物類はこの時期に作付面積を奪われ、停滞ないし減少を余儀なくされていった。また明治十年代に伊豆地方からもたらされ、当地の冷涼な気候と豊富かつ清冽な水を利用して北郷村棚頭付近で盛んに栽培されるようになったわさびも、明治三十九年の須川発電所の建設にともなう阿多野貯水池の造成によって打撃を受け、以後生産は衰退していった。

表 10-3　一農家の金銭出入（明治 40 年 1 月）

収　入	円	支　出	円
無尽受取 2 回	100.00	無尽支払	129.00
炭売却	26.65	公租・公課	5.15
米売却	25.20	塩	4.30
卵売却	0.32	魚	3.02
山鳥	0.50	煙草	1.50
		ミカン	0.80
		菓子	1.72
		薬・膏薬	4.02
		ガラス	2.02
		鋸・鎌	6.07
		針・糸	4.75
		足袋・脚絆	3.26
		旗	1.35
		手帳・葉書	1.20
		新聞	0.50
計	152.67	計	168.66

出所：六合村柳島勝又政平家「金銭出入帳」より明治 40 年 1 月分を集計.
注：勝又家は戸数割等級 13 等の自作地主.
炭・米・卵・山鳥の売却は工場・駅周辺の商店街（小山・落合・音淵地区）で売却，購入物も同様.

それでは農民達は商業的作物の販売によって得た現金をどのように消費したのだろうか。炭焼きを例に取ってみてみよう。六合村の農村部柳島区の農民勝又政平の明治四十五年の日記を見ると一月から三月にかけて炭焼きが頻繁に現れ、「藤曲鈴木屋ニ炭一駄半売リテ塩ト石油ヲ求メ」（二月四日）というように、町場の商店街藤曲の商人に炭を売りに行き、塩や石油といった生活品を購入していたことがわかる。明治四十年一月の同家の金銭出入りをまとめた表10-3を見ても、無尽の支払い一二九円と受取り一〇〇円があるほか、炭・米・卵・山鳥を町場の商店街へ運んで売却し、その代金（炭二六円、米二五円余）で、公租公課の支払いをなすとともに、塩・魚・煙草・ミカン・菓子・薬・膏薬・ガラス・鋸・鎌・針・糸・足袋・旗・脚絆・手帳・葉書・新聞などの食糧・日用品や農具等を購入していることがわかる。

第八章で見たように、日露戦後富士紡第三・四工場が六合村に進出すると同村藤曲地区には各種の商店が集まって町場が形成され、膨大な富士紡従業員の必要とする日用品や食糧、工場並びに住居等に供する資材・燃料等が販売された。これらの中には地元社会で購入できるものは限られており、鉄道を介して外部からもたらされた新たな消費財も多く含まれていた。山がちの農村から炭や米を藤曲の町場に運び、工場や商店その他の需要に供し、そこで得られた代金で、遠隔地から鉄道で運ばれるさまざまな日用品や生活用具・海産物・嗜好品などを購入していたことがわかる。

このように、周辺農村は、富士紡工場の建設によって水田等耕地の一部を失い、貯水池の造成でわさび田を失うなどの損失を被ったが、全体としては、工場・町場あるいはより外部の市場向けの商業的農産物が成長し、農民達は商品経済や金銭感覚により鋭敏となって、新たに遠隔地から流入してくる消費物の購入を図り、食生活も以前のような粟飯に稗・黍や若干の蔬菜・山菜などを組合わせたものから、米・麦飯を主食とし、玉蜀黍・馬鈴薯・甘藷・大根などの蔬菜・根菜や卵等を副食とするものに変化していった。だがこうした食生活の変化や町場を介して流入してくる新たな都市的な品々の導入は、他面で、粟飯・粟餅・粟おこし、稗・黍等の独自の食文化や、さらには衣類や農具といった従来農民達が自ら製造・加工してきた日用品・道具類さえ、外部の商品供給に依存する部分を強めていく過程であり、農村内部に長年かかって蓄積されてきた食文化や自給的加工技術が徐々にではあるが失われていく過程でもあった(5)。

二　地主小作関係への影響

まず、富士紡の進出が当地の地主経済に与えた影響を、地主層の富士紡への株式投資の動向からみてみよう。

すでに述べたように富士紡進出当初の明治二十九年時の発行株数四万株の内上位二五名の株主が総株数の五四％を占め、しかも彼らのほとんどが会社の設立に携わった東京在住者であったから、小山地方の株主の占める割合はけっして大きなものではなかった。小山地方からの投資者をあげると室伏董平二四〇株（三八位）を筆頭に池谷愛三郎一五六株、岩田荘吾一三二株、湯山壽介六〇株、尾崎賀六二五株、岩田蜂三郎二四株と、湯山壽介を除いてほとんどが六合村の有力家であった。[6]その後も、明治三十七年頃には北郷村の渡辺啓三八八株、須走村の梶禎四〇株と他村の地主も若干顔を見せるが、北駿・小山地方の有力地主層にとっての株式投資先としては富士紡はそれほど重要な位置を占めていなかったといってよい。

むしろ重要なことは、富士紡監査役を務め、菅沼村及び六合村の村長、合併後は小山町長をも務め、県議などの要職を歴任した最大地主室伏董平・完（子息）と湯山壽介が一貫して多数の株を保持していたことである。特に室伏死去の後、明治三十五年七月から大正十二年三月に亡くなるまで監査役を務めた湯山壽介は、明治三十七年一三八株、四十五年八二八株、大正五年一〇一八株と富士紡が増資を繰り返すたびに保有株を増大していった。[7]この間富士紡は一大発展期にあり株式配当もほぼ一割五歩～二割五歩の高率を維持しており、湯山家にも大きな利益をもたらしたはずである。また富士紡にとっても、工場の拡張と土地買収、洪水復旧、消防、防犯など、地元社会との協力によって解決処理していかなければならない事件が続発する中で、「小山町」誕生にも尽力し、衆議院議員や初代小山町長も務めた当地きっての名望家湯山壽介を常に役員として遇し、有力株主として経営者の一角を担ってもらうことは、地域掌握にとっても必須の施策であったと思われる。

小山地方の小作地率は大正中期に小山町五一％、北郷村三七％、足柄村二五％であるが、当地では小山町の湯山壽介二五～二九町歩、北郷村の遠藤五郎約二〇町歩、喜多誠逸郎約二一町歩など、田畑二〇～三〇町歩を所有する在村地主を頂点に、各村落には二～五町歩の自作上層・耕作地主層（北郷村一色区で一六％）、五反～二町歩の自作・自小作層（同四四％）、五反以下の小自作・小作層（同四〇％）が続いていた。[8]今、大正十一年一月の

「小作慣行調査」によって富士紡工場の進出が当地の地主小作関係に与えた影響を検証してみよう。

まず小山町では、田においては「明治四十年頃迄ハ小作人ノ懇望ニ依リ耕作スルカ如キ状態ナリシカ、同二十九年富士瓦斯紡績株式会社ノ創立以来漸次同会社ノ発展拡張ニ伴ヒテ農家ノ子弟ハ亦同会社ノ職工トシテ転業スル者多ク、タメニ農家ノ労力ハ減退シ従テ稍トモスレバ農事ハ等閑ニ付サレ、従来ノ小作人ガ其ノ小作ヲ厭フノ今日ノ状況トナリ、目下ニ在リテハ地主ヨリ小作人ニ対シ耕作方ヲ希望スルノ有様トナレリ、従ッテ期間ヲ定メサルモノ増加シツツアリ」という。田の収穫高に対する実納小作料の割合（小作料率）は五〇～六〇％に及んでいたが、上記の趨勢のなかで「耕地ノ面積ニ比較シテ労力相伴ハザルト亦労多クシテ利益ノ少キ農業ヨリ収入ノ割合ヨキ会社ニ就業スル方ヲ得策ナルモノナレバ、小作スル者減少スルニ至リ……小作料モ低落ノ傾向ヲ示スニ至レリ」という。また富士紡が地主となっている小作地では小作料の代金納（時の作物の相場で代金に換算して納入する方法）が行われていたという。

たしかに第八章でみたように明治四十五年時点で六合村内の農村から富士紡の職工になったり、町場に出てさまざまな職種の商人や職工・日雇い等になる者が多く輩出していたことを確認した。また前節で見たように同じ時期に小山町藤曲では明治末年頃には小作料をめぐって地主小作間に紛擾を生じ、小作側は常に二、三割の割引を主張し、受け入れられなければ共同して小作に従事せざることを決議する事態が生じていたのであった。

このように、富士紡工場と隣接する小山町の農村ではその影響を強く受け、水田では労多く高額小作料の負担故収益少ない小作を嫌い、利益多い富士紡職工となる者が日露戦後の明治四十年代から増えていったのであろう。こうした傾向は、富士紡の業況がさらに大きく発展する第一次大戦期にいっそう顕著となり、戦後の大正十一年の小作慣行調査において、小作人が減少して小作料も減額される傾向にあると指摘されたのである。

続いて畑においては「従来ノ畑ノ小作料ハ大豆ヲ以テセラレタルモ当作物ハ天候ニ支配セラル、コト多ク、其の変動ハ豊凶ノ差ヲ多カラシメ不作ノ年ニ於イテハ到底現品ヲ以テ納入スルコト出来ザル等ノコトアリ、亦明治二十九年富士瓦斯紡績株式会社ノ創立以来同会社ノ発展拡張ト人口ノ増加トニヨリ、其ノ需給品ノ変遷ノ関係上其ノ栽培セラル、作物ノ種類亦漸次推移シ来リシタメ、其ノ生産物ガ大豆ニ限ラザルタメ他ノ生産物ニテハ納入不便ナルガ故ニ、年ヲ追フテ便宜上代金納トナリシモノニシテ、今日ニ於イテハ其ノ割合四割ヲ占ムル有様ナリ」と指摘されている。要するに、富士紡進出にともなう畑作物への新たな需要が、従来の大豆による畑小作料の納入を困難にし、金納小作料へ移行してきたというのである。

また畑の収穫高に対する実納小作料の割合は田の場合より格段と低く、一三〜一七%であったが、「近時人口ノ増加ニ伴ヒテ蔬菜ノ需要多ク、此レガ栽培ハ比較的収得多ク、一方養蚕ノ発達ニ伴ヒテ桑ノ栽培増加シ畑ノ耕作ヲ希望スルモノ多キタメ耕地ニ不足ヲ来スモノナレバ、従ッテ小作料ハ騰貴ノ趨勢ニアルナリ」という。畑では富士紡や町場からの需要高で蔬菜栽培が増大したため、それまでの大豆での小作料納入が困難となって代金納化が進み、さらに養蚕の興隆で桑栽培を望む者も多く、小作地耕作への需要が高まって畑小作料は騰貴する傾向にあったという。この場合代金納は小作人にとって現物小作料を運搬する煩雑さがなく、またいかなる作物を作っても自由であったため、ますます蔬菜や桑の栽培等が助長され、また地主にとっても収納物の検査・貯蔵・売却といった手間が省け、双方ともに有益であったという。こうしたなかで小作人達は、若干の増額が見られても田とは格段に低い畑小作料水準のもとで蔬菜その他の商業的作物を拡大し、小商品生産者としての発展を可能にしていったものと思われる。

これに対し、小山町の北に接する北郷村については、二〇町歩地主の喜多家の地主小作関係の分析を行った研究(9)によれば、明治三十年代から大正期にかけて喜多家では田畑小作料の実納率をそれ以前の七〇%台から九〇%台に上昇させて、安定的な小作経営を展開していったという。それはこの時期富士紡や小山町商店街に向けての蔬菜栽培の増大と養蚕業の発展に伴う桑園の拡大で、従来からの現物による小作料収取が困難になるが、一つには代金納に切替えることで、今一つは、同じ集落の信頼できる中核的な小作人に、契約期限の短い他の小作人の人選や管理等にも関与させることで、安定的な小作人掌握と小作料収取を可能にしていったという。

足柄村においても富士紡進出以降職工や人夫が増加しそのために家屋の建設が頻繁となり、その建設に従事して得た収入で田の小作料を代金納で支払う者も現れてきたこと、さらに畑小作では明治三十年頃から、養蚕業の興隆により桑畑に金納（契約時より金銭を以て小作料を協議決定して納入する法）が導入されて、桑園以外の小作畑も従来の大豆での納入に代わってすべて金納で行うこととなったという。

このように、富士紡工場や町場の需要に応ずる商業的農業の興隆は、特に畑において代金納や金納を普及させ、それがさらに蔬菜等の栽培を促進して小作民の小商品生産者としての成長を促すという連関を生むとともに、富士紡と隣接した小山町では小作人の富士紡職工への転職という事態を背景に田小作料の軽減を求める小作人の攻勢的な要求が実現を見ていたのであった。

しかしながらこの過程は他方で、「労多クシテ利益ノ少キ農業ヨリ収入ノ割合ヨキ会社ニ就業スルヲ方得策ナルモノナレバ」という文言に現れているように、小作人達が農業を収益や利益を中心に捉えて判断し、金銭的な商業的経営という観点から、工場労働者と「収入」を比較して農業の不利化を認識し、自ら農業を離れ、農業を「労多く利益少な」い故に「厭う」という現象を伴っていたことも忘れることができない。それは、いかに高額な小作料負担のもとであったとはいえ、商業的生産や都市の労働者の労働とは異なる、自然との密接な関係のなかで営まれる農業労働の特性や幾世代にもわたって蓄積されてきた自給的な衣食住に係わる多様な生活技術の重要性や魅力を農民自らが自覚できなくなっていく過程でもあったといえよう。それはやがて、第一次大戦期以降、農村の価値を見失い、都市の魅力に憧れて都市に向かっていく向都熱の奔流となって拡大していくであろう。

しかしながら、日露戦後の町場に集まってきた膨大な外来者たちが繰り広げた犯罪や風俗紊乱の醜態に対し、地元農村の有志たちが「頗ル慨嘆ニ堪ヘサルハ追年淫靡ノ風俗ヲ増進スルノ一事ニシテ、古来質朴善良ナル風俗ヲ紊乱シ」（明治三十九年四月及び八月「遊郭地指定願」）と喝破していたように、都市部・市街地の無秩序と風紀紊乱の状況が、かえって農村の持つ「古来質朴善良ナル風俗」を自覚させていったことも事実である。農村に留まる農民は、やがてこうした都市の醜態に対して反都市意識を強めると共に、農村や農業の独自の存在意義や価値への自覚を深め農本主義的心情を醸成させていくことになる。このように第一次大戦以降に露わになっていく向都熱と都市への人口流出、反都市意識と農本主義、そして都市との比較のなかで顕在化する地主・小作の階級対立の意識が、いまだ未分化のまま日露戦後期には胚胎していたのである。[10]

三　水利をめぐる関係

次々に建設された富士紡の工場や水力発電所は、ともに多量の水力を周辺河川から動力として供給する必要があったから、生活用水や農業用水として河川を利用する地元農村と水利をめぐってさまざまな軋轢を生じた。その結果、両者間には数次にわたる対立・交渉・妥協の結果、順次協定が結ばれていった。

明治二十九年から着手した富士紡工場の建設に際して、菅沼村字天神下より須川の水を分水して鮎沢川に噴出させ、そこに西洋型水車が設置されることになった。しかしこの工事は、村の里道・橋梁・堤防・水路等に影響を与え、また水勢低下が農業用水や飲料水に直接間接の損害を与えることとなった。富士紡は里道・橋梁等の修繕工事の費用を負担し、水勢低下による損害についても、補償として一千円を菅沼村基本財産に寄付している。さらに菅沼村上合・谷戸・下原の三地区が計画していた水路開鑿工事についても、将来工場が利用する水量が減少しないように工事計画を変更させ、それにともなう費用は富士紡が負担するという契約を結んでいる。[11]

翌三十年五月にも、工場建設にともなう村内の用水利用と道路・用水路の廃止や変更に対して、会社は地元菅沼村に三〇〇円、同村茅沼区に八〇〇円の補償を行っている。[12]七月には須川分水路新設工事に対する菅沼村への補償契約が締結され、総額一五〇〇円が同村内の新地四地区と本村・坂下関係四一戸に分配された。[13]

次に日露戦後の水力発電を擁した第三工場の建設に際しても、田畑原野の買収を進めるとともに、水利権の確保が図られていった。工場が利用を予定していた鮎沢川には六合村小山区や足柄村竹ノ下元所領地区が利用・管轄していた花戸堰が設置されており、明治三十八年十一月二十六日、両者の間に次のような契約が締結された(14)。

一、富士紡も花戸用水から工業用水を引水することとし、また水路を拡張あるいは新設して工業用水として利用する場合も従来の田地潅漑用水に差し障りがない限り、地元において故障無きこと
但し、富士紡の工業用水利用のための水路維持修繕費は会社が負担すること
二、花戸堰水路の修繕費は、潅漑反別割りに両村平等負担とするが、毎年春の修繕および臨時浚渫等の場合は富士紡との協議の上進めること

この契約内容は富士紡側の補償金等の負担金もなく、会社側にかなり有利な内容と見られるが、ここには前述した明治三十六年の小山運送組発足に際して、富士紡が二五〇円の出資金提供と裏腹に小山区と確認した、富士紡の花戸堰修繕費負担の免除並びに今後苦情や賦課金の申し出はいっさい受け付けないという約束事項が反映していたといえよう。

また三十九年の須川発電所建設の折には、富士紡は、北郷村上野・中日向《なかひなた》・棚頭《たながしら》の各地域において須川の水を分水し、発電所までの水路建設の便宜や必要な用地の提供を受けた見返りとして、北郷村に八〇〇円の寄付を行う契約を取り交わしている(15)。

六合村藤曲《ふじまがり》区とも同様に次のような契約が結ばれた。

一、藤曲区飲用潅漑用水路取り入れ口と同一の場所において須川を堰止め富士紡へ分水すること
二、将来富士紡が取り入れ口を変更して水門を設ける場合には修繕費は会社負担とすること

三、藤曲区は富士紡の承諾なくして他のものと工業用水使用に関する契約等は成さず、また富士紡が行う土地買収・水路家屋の建設等の工事に意義をはさまず協力すること
四、工事中また落成後も富士紡は藤曲水路に汚穢物を流さないこと
五、富士紡は藤曲区へ金二〇〇〇円を贈与すること

藤曲区ではこの契約で得た金額を各戸へ分配している。(16)

このように富士紡と周辺農村とは水利をめぐるさまざまな協定を取り交わし、結論的には富士紡から地元地域へ金銭が供与される形で、富士紡の大量の水利用が可能となったのであるが、そこに至るまでの過程は決して順風満帆ではなく、さまざまな軋轢、葛藤があった。

まず明治三十八年の第三工場建設にともなう土地買収に直面した六合村生土《いきど》区は、翌年になって「前耕地」を含む田畑の売却に応じているが、その過程では次のような事態も生じていた。生土区は、十一月二十五日の区集会において、一、所有権や地価高騰等のいかんに関わらず、区民協議上でなければ富士紡への土地売却は行わないこと、二、「前耕地」は将来のためいっさい売却しないこと、を決定している。その理由は「前耕地」は重要な土地であり、また富士紡に売却した場合は、土地が切崩されたり、建物が建てられて役宅の住人等との交際が生じ、「将来農家ノ教育乱レ、漸次怠惰ニ流レ、生土三〇戸ノ団体及先代ノ諸氏ノ勤勉苦積シタル明徳社報徳法ノ貯蓄金共有ヲ保維持スルノ現在ヲ致ス事能ハザ」ることになるのではないかと、危惧したからであった。(17)富士紡進出以来の外来者の大量流入と社会秩序の乱れを眼前にみている村民達にとって、その悪影響が村内にまで浸透し村の安定が突き崩されることがいかに不安であったかが推察されよう。

また前述した須川発電所建設のために富士紡が須川から分水使用する件についても、明治三十九年十二月に契約書が締結されるまでには富士紡と北郷村上野・中日向・棚頭三区との間に次のような問題が生じた。一つには、

富士紡から北郷村に提示された「趣意金」について、さらなる増額を求める村会議員や、関係三区にも別に趣意金の支払いを要求する声があがり、交渉を長引かせたこと、二つには、前述の棚頭地区のわさび田損壊の補償をめぐって地権者と借地人あるいは富士紡との対立が発生したこと、三つには、水路建設に際して地所買収に応じない地主が現れたことなどである。(18)

続いてより下流に位置する藤曲区との間にも対立がみられた。藤曲区では富士紡との交渉談判委員五名を選挙して事に当たらせていたが、同年五月の段階では、「富士紡積会社ニ対シ藤曲要求ノ趣意金額ヲ会社ニ於テ承諾ナキ為一同ニ謀リタルニ、惣集会ノ結果時期ヲ待ツ事ニ談決ス」という状態にあった。七月に至って、小野帰一六合村長や六合村出身の前県会議員岩田実が調停に乗り出し、趣意金二千円と約定書の案文が提示された。

藤曲区では、趣意金額は受諾したが、約定条項中、区の堰委員の中に富士紡社員一名を入れるという条文の削除と、一時水量の増減を要するときには富士紡と「協議の上」施行すべしという条文を富士紡に「通知の上」と修正することを要求し、会社側と物別れに終わっている。藤曲区としては、これを機に堰の運営等に富士紡の干渉と統制が加えられていくことに警戒したものと思われる。このような対立関係は十月中旬になっても続いていたが、結局、藤曲区の要求事項中前者は認められ、後者は退けられるという形で妥協が成立し、十二月二十八日の契約締結に至ったのである。(19)

さらに十月六日には、前節で見たような工場からの汚濁物の排水をめぐっての村民同士の対立を伝える『静岡民友新聞』の報道がなされた。それによれば、工場で染色等に用いた薬品や石鹸ソーダ等が混入した排水を六合村中央の河川に排出するに際し、六合村会では小野帰一や室伏辰次郎等の村議が独断で会社側に承諾を与え、見返りとして受け取った五〇〇円の補償金も村民に分配しないままになっているという。この報道内容の真偽には十分慎重を期す必要があると思われるが、記事はさらに続けて、これに激昂した村民の一部は自らを「新部」、反対派を「旧部」と唱え、汚染され飲料水として適さなくなった河川の現状を憂い村会の専断的処置に抗議して、郡長に上申したという。ここに言う「旧部」「新部」が何を指すのかは明らかではないが、十二月に締結された富士紡との契約の中に「工事中また落成後も富士紡は藤曲水路に汚穢物を流さないこと」という一項が挿入されたことは、こうした地元住民側の働きかけがあったことによるものと判断できよう。

また明治四十四年九月、菅沼村の須川堰関係住民三二名は、須川の水力利用について菅沼村が富士紡から受け取った寄付金二千円のうち一五〇〇円を分配するよう菅沼村役場へ訴え出ている。こうした事件は、富士紡から得た寄付金の使途方法についても、村役場と関係住民との間に意見の対立があったことを示している。[20]

さて右に見たようなさまざまな軋轢が生じたにもかかわらず、地元住民と富士紡との間に水利をめぐる契約が締結されていった背景には、両者の間にはいって相互の利害調整に腐心した地元名望家達の活動があった。明治三十九年の須川発電所建設の際に、地域住民のとりまとめや利害調節に奔走した北郷村棚頭の名望家小野勇逸が自らその時の経緯について詳細に綴った「須川発電成立日誌」によって、彼らの活動の特徴を見てみよう。小野家は大地主ではなかったが藩政期にも代々村役を務め、勇逸も戸長・連合町村戸長、初代北郷村長等を歴任し、地租改正やその後の数度の入会争論にも調停・仲裁に奔走して地域住民から信望が厚い人物であった。

まず指摘できることは、北郷村会が発電所建設に対し「北郷村全体に関し幾分意見の相違有りしも結局許可するの利益あるに如かずとの説大賛成をえたり」といい、また小野自身も発電が開始した暁には「粉骨砕身相互の実益を計り自他の幸福を増大ならしめんと欲す、是拙者が国に報する本分なり」と認めているように、富士紡の発電事業が地元にとっても利益あることであり、企業と地域の相互の利益を増大するように取りはからうことが国に報いる本分であると認識していたことである。

小野は、そうした信念のもと、水力試験の実施の下準備、北郷村会・関係三区の意見調節と水面並びに土地利用についての承諾の取り付け、「趣意金」増額を訴える個人や区の説得、反対・苦情が多く難航する六合村藤曲区の取りまとめ、わさび田損壊に係わる関係者の利害調節、土地買収を渋る地主の説得、工事の実地調査への協力等の活動に一年半余りの間日夜奔走している。そしてその活動の基本姿勢は、地元民の意向を受けて富士紡側に「掛け合いに行」き地元への「趣意金」等の利益確保に尽力する一方、次に見るように富士紡の意向を超える条件提示や反対派の苦情があった場合には、富士紡の指示に則って、基本的に発電所建設推進の立場でその沈静化をはかることに腐心していたのである。

またそうした過程で「日記」には、より上層の名望家や富士紡の役員と小野や地域住民との関係がはっきりと現れている。まず、富士紡の意向や工事の予定などの情報を得る際には常に、富士紡進出当初から富士紡に協力して土地買収等に尽力してきた六合村落合の岩田蜂三郎を頼っていることである。さらに、村会議員などが趣意金増額といった要求を強力に押し出してきた場合には、富士紡監査役で国会議員も務めた当地の大名望家湯山壽介が乗り出し、小野を呼びだして「君に来車を乞ひし は□□議員趣意金の増加を主張して止まず、故に君の諭示を煩はさんことを欲せばなり、願くは君援助せよ、若し□□議員にして強て多額の金を請求せんとせは到底成功の見込無し、君よく是を謀れ」と指示を与えている。

岩田蜂三郎は、小野から得た情報を和田豊治富士紡専務に伝え、善後策を講じていたが、最も強力な反対が藤曲区民から起こった際には、「岩田老人より書面来る依て和田邸に行く、六合村長及室伏辰次郎（村議・郵便局長―引用者）、岩田実（前県会議員―同）、岩田老人より藤曲の苦情を沈静するの任務を依頼せらる」（明治三十九年六月三十日）というように、和田専務が直接乗りだし、村長・県会議員・岩田蜂三郎をも招いて、小野に苦情の沈静化を指示している。しかしながら、なお藤曲の同意が得られず交渉が暗礁に乗り上げた同年十一月になると、今度は富士紡工場長が小野に会って熱心に発電所建設の意義を説き協力を懇請している。その後小野は岩田蜂三郎に相談し、工場長と藤曲常設委員さらに反対村民達とも直接談判して説得を試みている。

このように、富士紡は、和田専務・工場長を筆頭に、岩田蜂三郎が仲介役となり、湯山壽介監査役や県会議員・村長・村議といった名望家層を動員し、実際の利害調節や苦情処理では小野のような村民の人望の厚いより村落密着型の名望家を介して地元民の苦情や反対に対処していったのである。富士紡という巨大企業と周辺地域社会の利害調節と安定的な関係構築には、こうした地元の大小の名望家の根強い活動があったのである。

四　肥料をめぐる関係

さて、右に見た水利をめぐる調停過程のなかで、小野勇逸は「趣意金」の件について北郷村長や村議を伴って富士紡に交渉にいった際、「肥料の件掛け合い」も行っている（「日記」明治三十九年七月十一日）。ここで肥料とは富士紡工場が排出する大量の人糞尿のことである。富士紡では工場建設以来増大する職工職員の排泄物の処理に困り、一時桶まで新調して毎日貨車で神奈川県平塚方面まで運んでいたが、手数や費用がかさみ、なんとか地元農村に肥料として還元できないかと思案し、人糞肥料の速効性を近隣農村に説いて回ったという[21]。他方周辺農村でも大量の工場人糞尿の肥料としての利用には積極的に対応し、明治四十年七月に、六合村・菅沼村足柄村組合村・北郷村の各農会並びにそれまで特別の縁故があった小山区の四団体が小山肥料組合を組織し、富士紡と下肥肥料払い下げの契約を正式に結んだ。汲み取り料金は、工場内住居人百名につき一ヶ月九〇銭、通勤者の場合は同四五銭とし、毎月二五日までに会社へ納入した。また悪疫流行の際には、消毒薬の撒布投入が厳格に義務づけられた[22]。

肥料汲み取りの権利は、年三〇駄を一株として、合計四〇〇株が、小山区八〇株・六合村農会一二八株・菅沼村足柄村組合農会七二株・北郷村農会一二〇株の割合で分配された。各村ではさらに区ごとに株が分配され、汲み取り期間もそれに比例して割り当てられた。ちなみに、明治四十三年の六合村農会の場合は、九九日間が割り振られ、毎月一日から八日ないし九日までが汲み取り期間と定められた。そしてそれがさらに区ごとに分割されるのである[23]。

ではこの富士紡からの下肥肥料は、当時農家の肥料使用量のうちどの程度を占めていたのであろうか。中日向・上野地先北山御料地を利用する上野、中日向、棚頭、阿多野、大胡田、吉久保、下古城、菅沼、藤曲の内大久保・奈良橋の計四〇六戸の農家が田畑に用いる年間肥料需要高は、緑肥換算で四七万五一一四束に上ったが、富士紡からの購入肥料は同四万五七〇二束を占め、これは全体の一割弱に当たる額であった。[24]

富士紡からの肥料供給は、右に見てきたような人糞尿に止まらなかった。それは綿紡績過程で排出される綿粕である。綿粕は、大正元年より年間排出量約一万貫のほとんどが地元農家に払下げられるようになった。[25]

当地では、広大な富士山麓の共有地を有し、山野肥料の供給を支えていたが、前述のように、競争的乱採によって山野の下草が減少傾向にあるなかで、富士紡からの人糞尿や綿粕肥料は大豆粕や過燐酸石灰等の購入肥料ほど高価ではなく、しかも山野下草より手間がかからず即効性のある貴重な肥料として、興隆しつつある商業的農業を支えたのである。[26]

五　電灯供給事業の拡張

そしてまた日露戦後から大正期にかけての水力発電所の建設による地域社会への電灯の供給もまた、人糞肥料とともに富士紡と地元とを結び付ける絆の一つであった。富士紡からの電気供給は日露戦後に六合・菅沼両村の一部に開始され、大正五年には隣町御殿場町の御殿場電気株式会社への電気供給を始め、さらに大正八〜十年には小山町各区への供給を終えている。須川発電所建設に協力した北郷村上野・中日向・棚頭・吉久保・阿多野等の各区は、明治四十四年以降電灯架設願いを繰り返し富士紡に請願しているが、ようやく大正十〜十五年の間に、北郷村の各区および高根・足柄の周辺諸村々へ次々と電灯はともされていった。[27] 富士紡の電灯供給戸数並びに使用灯数は、大正元年六一七戸・一七三七灯、同三年九九五戸・二五四三灯、同八年一六一七戸・四一三九灯、同

十四年四八三九戸・一万一二二四灯と飛躍的に増加していった。(28)

電灯事業は町営等公営化されず、各区が富士紡と協定を結んで電灯の供給を受けていたが、その条件については、次のような二つの異なったケースが見いだされる。一つは、小山町藤曲区のように富士紡進出当時より水利をめぐって富士紡と確執があり、対立関係を克服して妥協点を見いだし共同利用しているような地域である。大正八年藤曲区字大久保・奈良橋地区が電灯供給を受ける際に取り交わした約定覚書では、電灯の設備及び料金等は特別の料率を用いないことを確認するとともに、従来取り交わしてきた藤曲用水の利用範囲についていっそう藤曲区に制限が加えられ、工場の取水により以上の便宜が与えられている。(29) ここでいう「特別な料率」の内容は判然としないが、いわゆる電灯利用者の補償金負担や電柱建設の地元負担等の件は明記されておらず、会社側はそれらを免除するか軽減することで、用水利用に関していっそう有利な条件を獲得しようとしたものと思われる。事実富士紡小山工場の営業報告書（大正八年下半期）にはこの件に関し「藤曲区内二部落電灯供給ニ対スル交換条件ニツキ覚書ヲ徴取シタリ」（傍点引用者）と記されていた。富士紡側も水利条件と電灯供給条件とを「交換条件」と認識していたのである。

これに対し、水利等で工場と特別な利害関係のない足柄村新柴・桑木両区の場合は相当厳しい条件が賦与された。大正十四年に締結された両区と富士紡との契約書では、両区利用者は電灯料金滞納や違約等の場合、会社に電灯料金一ヶ月分の保証金の供託を義務づけられ、電柱及び根枷《ねかせ》・施設建設用地等はすべて電灯需要者の負担とし、電灯敷設等の作業も手伝うことが定められ、電灯料金の徴収は区において責任をもってとりまとめ、連帯責任をもって滞納や違約をなさないことが明記された。両区ではこうした義務を履行するために電灯組合を組織して、電灯料金の徴収と納付を行っている。(30) 同様の事例は、北郷村大胡田区等についてもみられる。このように富士紡では、その地域が富士紡と有する関係のあり方に応じて異なる対応をとっていたのであった。

当時の電灯利用状況は、一戸当たり平均二・五灯程度であり、その料金は年間一戸平均一〇〜一六円ほどであった。[31]これは大正元年の小山町の一戸当たり町税八・八円よりも高額であり、なお庶民にとってはかなりの高負担であった。しかしながら、町場には深夜業の工場だけでなく夜の芝居小屋や料理屋にも電灯が灯り、農村では夜なべの裁縫、藁細工、そして蚕への給桑作業等にとって電灯の光は大きな助けとなったのである。

以上見てきたように、富士紡工場の進出は、人口の急増に伴う町場・商店街の形成をもたらし、周辺農家から職工や商人となる者も現れた。膨張する町場に向けて商業的農業が興隆し、食生活の多様化や町場からの新製品の購入も可能となり、畑小作においては代金納の普及拡大と田小作における耕作者減少を背景とした小作人の攻勢的小作料減額争議の発生も現れた。周辺農家では、富士紡から供給される人糞尿や綿粕によって不足がちな山野肥料を補い、さらに電灯の供給は日常生活に多大な利便性をもたらしたといえよう。

しかしながら周辺農村は、富士紡工場や発電所建設によって水田の一部やわさび田を失うなどの損害を被り、農業用水の減少や堰の変更といった影響を余儀なくされ、汚染水の河川への流出もみられた。町場への労働力の流出は、農業そのものを厭う風潮を生み、それは、これまで培ってきた伝統的な食生活や作物栽培等の知恵を失っていく過程でもあり、他方、多数の外来者が引起す犯罪や暴行による町場の風紀紊乱は隣接する農村には脅威となり、自らの純朴な公序良俗を再認識させることともなった。

こうしたなかで、会社側と協議を重ね、農村側の利害との調整を図り、被害に対する補償の獲得、水利や電気の利用条件を協議・妥結し、工場から出る廃物の地元利用を図って、富士紡と地元農村社会と双方の利益供与による共存共栄を図っていったのは、地元で住民の信頼を得ていた大・中の名望家層であった。彼らこそ、富士紡と地域社会を結ぶ紐帯であり、企業側も彼らの代表者を監査役・有力株主として遇して地域との円滑な関係構築に腐心したのである。

注

（1）小山地域の農業の産業革命期の編成替え並びに以下の当地の水田の変化についても拙稿「農業生産の展開」『小山町史』第四巻、第四章第四節による。
（2）静岡県農会事務所編『静岡県米穀調査書』大正元年（一九一二）二五一頁。
（3）『北郷村誌』（小山町『北郷支所文書』）の記述。
（4）「大正六年十二月　北山御料地下草需要につき取調書」、『小山町史』第四巻、四八九頁。
（5）御殿場・小山地方の明治前半期におけるいわゆる伝統的な田・畑・山野を一体とした農耕の在り方やムラの共同体的機能、そこに蓄積された種々の耕作・栽培法や社会的救恤機能、動植物との関係、消費の慣行、生産と消費の地域的連携に関しては、拙稿「明治前期農業・農村論」（中村政則編『近現代日本の新視点―経済史からのアプローチ―』吉川弘文館、二〇〇〇年）、「明治前期中山間地帯の経済構造―静岡県駿東郡御殿場・小山地域の事例―」『滋賀大学経済学部研究年報』第一〇巻、平成十五年（二〇〇三）所収、を参照されたい。
（6）明治二十九年上期富士紡『報告書』より。
（7）各期富士紡『報告書』並びに湯山壽介家「大正五年十月末株式調」。
（8）北郷村一色区の農業構成については同区有文書「農会員登録簿」（明治三十六年）を分析した拙稿「農家経営と地主小作関係」『小山町史』第四巻、三二四～三二六頁、参照。
（9）前田俊「在村耕作地主の「小作張」にみる地主経営の特質―静岡県駿東郡北郷村（現小山町）喜多家の場合」『小山町の歴史』第九号、平成八年（一九九六）。
（10）小山町に近接する御殿場町における第一次世界大戦後一九二〇年代における農村から町場への人口流出状況並びに経済不況に直面する中で、下層農民が都市との自家労賃の比較から向都意識とともに農業不利化、小作料割高の意識が生まれ、やがて反都市意識や反政党意識と結びついていく過程については、拙稿「「政党政治」確立期における地域支配構造―静岡県御殿場地域の事例にそくして」（1）及び（4）『彦根論叢』（滋賀大学）第二四四号（一九八七年）・第二四九号（一九八八年）を参照されたい。
（11）「明治二十九年二月　富士紡工場建設につき菅沼村決議」『小山町史』第四巻、六〇三～六〇五頁。
（12）「明治三十年五月　富士紡工場設置につき道路・用水路等の契約」同前書、六〇六～六〇七頁。
（13）「明治三十年七月　富士紡補償金につき分配約定」同前書、六〇八～六一〇頁。

(14)「明治三十八年十一月　花戸堰水路使用につき契約」同前書、六二二～六二三頁。
(15)「明治三十九年七月　須川水力使用につき富士紡・北郷村の約定」同前書、六二八～六二九頁。
(16)「明治三十九年十二月　須川水力使用につき富士紡・藤曲区の契約」同前書、六二九～六三〇頁。
(17)「明治三十八年十一月二十五日　生土部落総協議会記録」(「小山町生土区有文書」)。
(18)「小野勇逸　須川発電成立日誌」(明治四十年十二月、小野正信家文書) より。
(19) 以上「明治三十九年以降部落集会録　六合村藤曲常設委員高杉栄蔵」『小山町史』第四巻、六三一～六三三頁。
(20)「明治四十四年九月　富士紡寄付金につき菅沼村住民の願」同前書、六三九～六四〇頁。
(21) 前掲『富士紡生るゝ頃』二八一～二八二頁。
(22)「明治四十年七月　富士紡小山第三工場汲取りにつき約定」『小山町史』第四巻、六三三～六三五頁。
(23)「明治四十年七月　小山肥料組合につき約定」同前書、六三五～六三六頁。
(24)「大正六年十二月　北山御料地下草需要につき取調」同前書、四八八～四九一頁。
(25) 前掲『組合町村誌　後編　産業編　御殿場実業学校』の記載より。
(26) 工場以外の近代の巨大施設、例えば軍事基地や軍事演習場が地域に建設された場合においても、地域社会との間で様々に生じた軋轢を調停・解決するために、地域社会がこうむる被害に対する補償金の供与、軍隊から排出される廃品(廃弾等)・排泄物等の地域社会への安価な払下げ等が行われた。こうした事例については、拙稿「日本帝国主義成立期における農村支配体制―静岡県原里村の事例を中心に―」『土地制度史学』第一〇五号、昭和五十九年(一九八四)十月、参照。
(27) 以上の記述は大正五年から同十五年の富士紡小山工場『営業報告書』による。
(28)「小山の統計50　大正期の電灯普及」『小山町史』第五巻、一三〇三頁。
(29)「大正八年　電気供給につき富士紡・藤曲区の覚書」『小山町史』第四巻、六五〇～六五一頁。
(30)「大正十四年　電灯供給につき富士紡と足柄村新柴・桑木両区との契約」『小山町史』第五巻、四〇四～四〇六頁。
(31)「小山の統計50　大正期の電灯普及」同前書、一三〇三頁。

第十一章　地方行財政の構造と機能

本章では、富士紡小山工場の進出が地域社会に定着していく上で地方行財政はいかなる機能を果たしたのか、また逆に行財政機構はどのような影響を被ったのかを、地元町村に焦点を当てて明らかにしたい。

一　富士紡小山工場の出現と菅沼・六合両村の行財政

富士紡が菅沼村で本格的な操業を開始した明治三十一年（一八九八）下期から日露戦争が開始される三十七年（一九〇四）までの時期における、各村の行財政の際入出構造（表11‐1〜3）を富士紡との関係にしぼって検討していこう。まずこの時期第一・第二工場が建設された菅沼村は、明治二十二年町村制施行時に隣村足柄村と組合村を形成しており、明治四十三年三月に組合村が解除されて二村が独立するまでは組合村役場は両村が共有する小学校の運営ほかさまざまな業務を行っており、財政の費目としては役場費・会議費と教育費、勧業費が中心であり、土木費は別個に菅沼村と足柄村それぞれの財政で処理され、衛生費・警備費等は組合村役場と各役場の双方に計上されて施行されていた（表11‐1・2）。

富士紡進出の影響としてまずあげられることは、組合村の役場費が明治二十八年四七五円から三十四年一〇一

○円と二倍以上に著増していることである（表11-1）。明治三十四年の組合村役場の取扱い文書件数は庶務・財務・兵事・戸籍計六八四二件に及び、前年に比べ八八五件の増加を見ていたが、同村の事務報告書はこれについては次のように述べている。すなわち「此ノ内著シキ事務ハ富士紡績会社寄留ノ出入ト倶ニ、営業ノ開廃ニ関スル書面及戸籍ニ係ル総テノ書面ハ、本役書記ニ代書セシムル始末、殊に本年度ハ金融逼迫ノ為国税滞納処分法ニ随ヒ、県税滞納督促令状ヲ発シタル人数合計八百拾人内差押ヘ上納セシメタルモ、定期外之事務頗ル繁劇ヲ極ムル」(1)あるいは明治三十三年も「其寄留者ニ付テハ最モ多数ヲ届出ツル富士紡績会社工女ノ如キハ……一名ニ付再三ノ照会往復ヲナス等非常ノ手数ヲ要スル」(2)と行政当局によって指摘されている。すなわちこの時期の役場事務増加は日清戦後経営に基づく一般的な地方行政の活発化という要因とともに、富士紡の進出にともなう多数の職工・職員の入寄留事務、増大する営業者の開業・廃業にともなう戸籍事務、さらにはそうした営業者の税務関係事務が加わったことがその繁劇をいっそう激しくしていたのである。事実この年の寄留総数は一三五八件にのぼり、その内富士紡工女寄留者は三八○件を占め、そうした寄留事務の処理のため役場では臨時雇いを一名雇っている。(3)

また富士紡の工場建設にともなうさまざまな許認可事務がこれに加わった。例えば明治三十一年上期の富士紡の営業報告書の「願届之事」には次のような記載が見られる。

一　同年八月十二日、菅沼村字北久保千百一番地先外四ヵ所（道路）反別一畝歩弐合（新水路横断ノヵ所）使用ノ権ヲ菅沼村足柄村組合村長ヨリ許可ヲ得、同月弐拾日受書差出タリ

一　同年九月二十一日、菅沼村工場内用悪水路反別九畝拾三歩直接公用廃止願ヲ同村長ニ差出タリ

さらにこの時期にはいまだ工場が進出しておらず、日露戦後に第三・第四工場が建設される六合村についても

明治三十三年の「六合村役場事務引渡演説書」のなかには当事建設が進められようとしていた小名木川綿布会社の工場に関するものも含めて、次のような記載がみられる。

一　明治二十九年四月一日提出セシ議第一号東海鉄道用地使用願之義、本村ニ於テ逓信省へ出願同二十九年六月十五日付ヲ以テ許可ノ上富士紡績株式会社取締役会長富田鉄之助へ議定ノ契約書ヲ徴シ使用ヲ与ヘタリ

一　明治二十九年十二月二十五日提出セシ議第拾号富士紡績株式会社工場用須川ヲ分水ノ水面使用願証明ノ件議定ノ契約書ヲ徴シ、故障無之旨ノ証明ヲ与ヘタリ

一　明治三十年四月八日提出シ議第一号小名木川綿布株式会社分工場本村小山ニ設置ニ付、本村生土地内鮎沢川水面使用願証明ノ件議定ノ契約書ヲ徴シ、故障無之旨ノ証明ヲ与ヘタリ

このように、工場が稼働する上で必要な土地・水路・鉄道用地等の利用に関して、両村役場は種々の許認可事務を処理していたことがわかる。そのなかで設置予定の小名木川工場に関しては水面利用等について地元村落との契約書を徴しており、役場はそうした進出企業と地域社会との契約の成立を確認した上で行政機関としての認可を下していたのである。

（単位：円）

34	42
2,018.834	4,399.676[5)
381.697	
220.980[4)	
1,416.157	
249.698	239.403
7.530	6.550
41.000	
9.500	
	1.166
150.000[3)	
22.623	384.608
	56.760
2,499.185	5,088.163
1,010.736	1,724.817
20.776	133.325
1,384.031	2,911.096
6.370	
	32.730
2.900	18.300
70.000	
2,494.813	4,820.268

合村議案議決書』，湯山幸

計し訂正した数値を表記

表 11-1　菅沼村足柄村組合村財政歳入出表（明治 24～42 年）

		24 年	26	28	30	31	33(予)
歳入	村税	732.277	630.407	747.685	1,096.509	1,293.963	1,489.195
	国税地租付加税	313.248	283.564	310.669	389.194	440.874	385.210
	国税営業税付加税					10.144	6.240
	県税営業税付加税	25.344	17.217	17.096	56.446	29.092	41.745
	県税戸数割付加税	393.685	329.626	419.920	650.869	813.853	1,056.000
	財産収入 1)	224.393	242.397	231.655	249.794	250.335	273.450
	雑収入 2)	51.511	60.585	74.582	85.138	79.540	65.252
	国・県税徴収交付金	9.149	13.086	14.305	15.034	21.789	10.323
	使用料・手数料					2.850	5.000
	県補助金						
	寄付金		16.817		20.000		100.000 3)
	繰越金	39.959	57.874	116.979	43.031	114.141	1.000
	過年度収入						
	歳入合計	1,057.289	1,021.166	1,185.206	1,509.506	1,762.618	1,944.220
歳出	役場費	463.518	454.039	475.000	600.494	751.325	804.870
	会議費	16.063	25.065	7.672	37.975	61.775	48.390
	教育費	408.646	444.532	500.794	590.037	721.318	958.360
	土木費						
	衛生費	1.250	1.280	7.840	21.995	8.100	8.000
	警備費	1.400	2.000	1.600	1.600	4.600	4.600
	勧業費		6.680	6.070	86.830	87.380	103.000
	その他 6)			100.000 6)	50.000 6)	50.000 6)	17.000
	歳出合計	890.877	933.596	1,098.976	1,388.931	1,684.503	1,944.220

出所：『静岡県統計書』（明治 34 年），『足柄村村会決議書』，『小山町町会決議書』，高杉伊保利家文書『六栄家・湯山定幸家の『菅沼村足柄村組合村財政関係文書』より作成.

注：（予）は予算額．数値はすべて臨時費を含んだ決算額．42 年の村税の内訳は判明しない.

1）ほとんどが貸付金利子.
2）ほとんどが小学校授業料.
3）富士紡よりの寄付金.
4）国税営業税付加税含む.
5）村税の内訳判明せず.
6）すべて学校基本財産積立金.
7）31 年原史料では，村税合計値は 1,293.873 円，歳入合計値 1,792.528 円と記載してあるが，集した.

表 11-2　菅沼村財政歳入出表（明治 23〜45 年）

（単位：円）

		23 年	26	30	34	45（予）
歳入	村税	130.075	148.615	276.398	225.034	9,310.945
	国税地租付加税	27.493	43.905	30.410		457.122
	国税営業税付加税					3,000.000
	県税営業税付加税					558.148
	国税所得税付加税					2,700.000
	県税戸数割付加税	102.582	104.710	245.988		2,595.675
	財産収入 1)		86.156	192.923	452.215	766.236
	雑収入					357.100
	国・県税徴収交付金					237.830
	使用料・手数料					9.000
	県補助金					670.000
	寄付金			1,020.000 4)	30.750	200.000
	町村債・借入金					184.000
	繰越金		4.441	33.587		5.000
	歳入合計	130.075	239.212	1,522.908	707.999	11,740.111
歳出	役場費	14.260	13.970	16.500	29.730	1,960.000
	会議費	2.450	3.450	9.600	48.500	201.500
	教育費					2,969.770
	土木費	81.065	100.223	152.125	319.199	1,788.610
	衛生費	2.000	2.000	7.175	67.776	1,042.000
	警備費 2)			51.680	42.400	270.000
	勧業費	2.500				110.000
	救助費	4.020	1.755	1.750		20.000
	諸税・負担 3)	3.636	3.811	9.305	76.693	275.080
	公債費					
	火葬場費					30.000
	財産費					70.000
	神社費					7.000
	雑支出	5.272	88.383	11.900		
	予備費					285.151
	その他			1,212.923 5)	116.621	
	歳出合計	115.203	213.592	1,472.958	700.919	9,029.111

出所：前表と同じ.
注：（予）は予算額．すべて臨時費を含んだ決算額.
1）貸地料・貸付金利子等.
2）消防組関係費.
3）共有入会山諸負担.
4）富士紡の須川分水利用に対する補償金 1,000 円含む.
5）共有財産積立金，前記の富士紡補償金 1,000 円含む.

さらに菅沼村足柄村組合村では明治三十四年「時世ノ然ラシムル所ナル諸事務ノ繁雑ヲ来シ候ノミナラス、道改鑿準備及ヒ足柄街道字竹之下千束橋架換工事ノ為メ雇書記一名ヲ加ヘ」[4]と報告されているように、この時期頻発した洪水や富士紡進出以来拡大した運輸交通量に対処するための土木事業が、役場職員の増員を余儀なくさせていたことがわかる。

こうした役場事務の増大に対応して吏員数も、菅沼村足柄村組合村の場合、明治二十八年、村長・助役・収入役各一名、書記二名、使丁一人、臨時使丁一人という構成から、三十四年には書記を二名増加させており、報酬・給与（月額）も二十八年から三十三年に、村長五円→八円三〇銭、収入役五円→七円、助役五円→八円、書記六円（二人）→一一円一六銭（四人）というように増加しており[5]、総じて役場費を押し上げたのである。

東海道線小山駅を有し、第一・第二工場への道が鮎沢川沿いに貫通する六合村もまた、明治三十年四月以降小名木川綿布株式会社の分工場建設の準備が小山駅近くで進められ、上記のように両工場のさまざまな許認可事務の応対に追われていた。また、小山駅周辺や第一・第二工場に至る道沿いには商店街が形成され始めて、人口も明治二十四年一七三一人から三十四年三〇四三人へ[6]と著増していった。「富士紡績会社役員及び職工ノ更迭頻繁ニ因リ従テ事務多端ナリ」[7]という状況のなかで、役場吏員は村長・助役・収入役・書記各一名に「常雇書記」一名と使丁数名を加え、給与・報酬も七六〇円余に上り、役場費も二十四年三五〇円から三十四年八二六円へと上昇していった（表11-3）。

次に教育費の動向を見ると、菅沼村足柄村組合村の場合明治二十八年五〇〇円から三十四年一三八四円へと増加し全歳出に対する割合も四五％から五五％へと上昇している（表11-1）。この間菅沼村足柄村尋常小学校では学齢児童数は一二五人から二九〇人に増加しているが[8]、それは富士紡進出によって人口が増大したこと（明治二十四年八四五人→三十四年四〇六五人）、明治三十二年の小学校令改正により授業料が原則廃止になったこと、そして「学務委員ニ於テ各戸ニ付就学を督促セシ」というような熱心な就学向上のための活動の賜であった。こうした状況に対応するため教員も訓導二人（内一人校長）・準訓導二人・裁縫科雇一人から代用教員二人を増員させ、給与の増加も行って三十四年には「五カ年前トハ経常費ニ於テ金四百円余ヲ増シ」ている。このため同年には二〇〇円をかけて教員住宅を建設している(9)。六合村でも就学児童数は明治二十二年一四二人から三十五年四五七人（高等科一三三人含む）(10)に達し、菅沼村同様教育費は著増しているが、特に三十四年には一一四二円という巨額を御厨銀行小山支店から借り入れて校舎増築を行っている。

土木事業においても、第九章で見たような頻発する洪水への対応とともに、富士紡や商業的農業を中心とした当地の産業発展が駅と村落間の物資・人員の交通をいっそう活発化させると、従来のような各村での生活道や里道の修繕といった小規模な土木工事ではなく、村落間を貫徹しあるいは駅や工場と直結してしかも馬車や荷車が通行可能な幅広の道路の建設が要請されるようになった。明治三十三年、東海道線の隣駅・御殿場駅を有する御厨町と小山駅を有する六合村とを貫通する幅広の御殿場小山往還道路の建設が、沿線町村の協力のもとに執り行われた。御厨町・高根村・北郷村・菅沼村・六合村の五ヶ町村は道路組合を組織し、県からの補助申請をなしつつ工事に取り組み、三十四年には四千円の補助を得ている(11)。

しかし、この年は大規模な水害に見舞われたため、その復旧工事費も嵩み、六合村では全歳出の三二％に当たる二四二〇円の土木費を計上して道路改修を行っている（表11-3）。この年の県補助は二三〇円しか下りなかっ

（単位：円）

44(予)	45(予)
16,042.276 [12]	15,682.120
	622.120
	3,450.000
	800.000
	3,010.000
	7,800.000
152.883	98.045
381.620	347.000
490.000	480.000
57.000	65.000
2,846.370	855.000
2,479.521	50.000
284.000	
22,733.670	17,577.165
3,041.500	4,043.500
139.000	129.000
4,441.140	6,228.950 [13]
2,500.000	1,900.000 [14]
610.000	750.000
162.000	162.000
50.000	430.000
410.387	494.380
4,690.000	2,720.000
500.135	719.335
16,544.162	17,577.165

決書』より作成.

校舎増築のため 1,142.365 円を

表 11-3　六合村財政歳入出表（明治 24～45 年）

		24 年(予)	34	35	36(予)	41[9]
歳入	村税	402.634	1,920.340[4]	2,674.106[8]	2,733.339	5,806.990
	国税地租付加税	250.134		613.320	611.339	604.890
	国税営業税付加税			70.150	120.000	164.010
	県税営業税付加税	20.000		181.028	160.000	416.435
	国税所得税付加税			107.350	120.000	232.470
	県税戸数割付加税	132.500		1,702.258	1,722.000	4,389.185
	財産収入[1]	309.978	416.669	307.209	311.709	136.739
	雑収入[2]	93.900		461.800	481.000	494.640
	国・県税徴収交付金	19.080	56.398	56.183	34.000	339.634
	使用料・手数料		6.500	6.100	7.000	29.600
	県補助金		230.391	246.746	236.231	3,300.685[10]
	寄付金		969.815	18.560	201.428	390.000
	町村債		3,507.092[5]		(3,206.365)[8]	3,680.000[11]
	繰越金	0.874	13.935			35.397
	過年度収入					356.769
	その他		460.322			
	歳入合計	826.466	7,581.462	3,770.704	4,004.707	14,570.454
歳出	役場費	350.960	826.299	975.024	859.940	
	会議費	14.500	31.735	32.014	33.500	
	教育費	420.200	4,000.491[6]	1,697.530	1,813.086	
	土木費		2,419.791[7]	358.629	257.159	
	衛生費	3.500	160.633	105.535	126.000	
	警備費[3]	2.500	17.532	15.708	35.500	
	勧業費	3.000	33.935	18.700	20.000	
	救助費					
	諸税・負担			64.062	108.827	
	公債費			276.928	700.000	
	雑支出	10.000				
	予備費	11.106			50.695	
	その他		91.046			
	歳出合計	815.766	7,581.462	3,544.130	4,004.707	

出所：『静岡県統計書』（明治 34 年），『小山町町会決議書』（同 44 年），高杉伊保利家文書『六合村議案議
注：（予）は予算額．すべて臨時費を含んだ決算額．
1）小学校基本財産貸付利子がほとんど．
2）小学校授業料がほとんど．
3）消防組関係費．
4）内訳判明せず．
5）道路改良復旧土木工事のため銀行借入（350 円駿東実業銀行，1,714 円御厨銀行小山支店より）．
御厨銀行小山支店より借入．
6）校舎増築費 1,142.365 円含む．
7）御殿場―小山往還道路改修費含む．
8）財政表には現れないが旧債（明治 34 年）償還費として駿東実業銀行から 3,206 円借入れている．
9）この年の歳出の内訳判明せず．
10）衛生費補助 3,076 円，土木費補助 224 円（予算では，3,374 円計上）．
11）小学校令改正にともなう教育年限延長による校舎増築のため銀行より 3,000 円借り入れ．
12）村税の内訳判明せず．
13）校舎増築費 1,375 円含む．
14）六合橋・小菅橋架橋費 1,250 円含む．

たため、寄付金を九七〇円徴収し、さらに二〇六四円を地方銀行（駿東実業銀行三五〇円・御厨銀行小山支店一七一四円）から借入れている。菅沼村でも三一九円（全歳出の四六％）を土木費に費やしている。表出はしていないが、組合村を組んでいた足柄村においても一九四九円（同八八％）という巨額をつぎ込んで、竹之下足柄街道の修復ならびに千束橋架換え工事に当たっていた。同村では県補助を一一一四円得たが残りは八二五円を寄付に求めている。(12)

そのほかこの時期いよいよ激しさを増してきた伝染病対策としては、菅沼村足柄村組合村並びに六合村ともに明治三十二年に衛生組合を設け、隔離病舎を建設している。隔離病舎建設に要した費用負担に関しては史料的につまびらかではないが、六合村等ではその後村医への報酬や伝染病予防委員への手当・消毒費・患者への補助・病舎敷地並びに修繕費等で、一〇〇円台の支出を計上している。

それではこのように膨張した財政支出を賄う歳入面にはどのような特徴が見られ、富士紡の影響はいかなる形で表れたのであろうか。再び表11‐1～3を見よう。まず菅沼村足柄村組合村においては、財産収入として計上されている小学校学資金の村民からの利子徴収額が毎年二五〇円弱あったが、それを除くと主な収入は村税であり、その額は明治二十八年七四七円から三十四年には二〇一八円へと二・七倍に増大している。その内容を見ると、国税地租付加税は三一〇～四四〇円の範囲に止まっており、また明治三十二年からは国税所得税には法人課税もなされることとなり、当然富士紡にも課されたと思われるが、それに対する組合村税の付加税は判明する史料ではこの期には計上されていない。

また明治二十九年には従来の県税営業税に対して国税営業税が新設されて県税営業税は国税営業税の免税点以下の零細な営業者を対象とすることとなり、市町村では両営業税の付加税徴収が可能となった。県税営業税付加税はこの期の商人雑業層の増大を反映して三十年五六円から三十四年二二〇円へと増加しているが、富士紡からの税収が予想される国税営業税付加税は六～一〇円というわずかな額に止まっている。富士紡の税負担額は、三十四年下期五七二円、三十五年上期二一六〇円、同下期八〇六一円、三十六年下期一万六六六五円と著増するが[13]、この時期の組合村税には、富士紡からの税収は確認できない。おそらく富士紡が負担する税は、本店の置かれた東京市（日本橋区堀江町）に納められたと考えられる。こうして、富士紡からの税収が見込めないなか、税収不足を補うため一般村民への県税戸数割付加税の課税は、戸数の増大も反映して四一九円から一四一六円へと三倍以上に増加し、組合村税の七〇％を占めるに至っている。

このような傾向は菅沼村でもほぼ同様に見られ、明治三十年しか確認できないが営業税付加税は見られず、国税地租付加税が一一％、県税戸数割付加税が八九％を占めていた。六合村では、国税並びに県税営業税付加税とさらに国税所得税付加税も課されていたが、絶対額は三者合計で全体の一三％（三十五年）と少額であり、村税の太宗はやはり県税戸数割で六四％、その次に国税地租付加税が二三％で続いていた。

このようにこの時期は富士紡からの税収がほとんど見られず村税は戸数割に大きく依存していたが、その戸数割課税も「寄留出入りと極貧ナル旨[14]」あるいは「戸数ノ移動激甚ナリシヲ以テ予想以上ノ減額ヲ来シ[15]」というように、町場に頻繁に出入りする零細な営業者・雑業者・職工・土工等の把握が困難で、常に多くの滞納者を出す状態に陥っていた。菅沼村足柄村組合村の場合、明治三十四年の歳入予算高二五七一円三五銭の内不足高は五八五円六九銭（二三％）に及び、その内四三五円三二銭（七四％）が戸数割未納によるものであった[16]。六合村でも明治三十五年歳入予算高三九九四円三六銭に対し二五％に当たる一〇一七円二六銭が未納であり、その内六四七円余（六四％）が戸数割であった[17]。

こうした危機的な税収不足に対処するために菅沼村では、前章で見たように富士紡による須川分水利用に対する補償として受け取った一千円を明治三十年基本財産に繰り入れている。その内二八〇余円は明治三十四年授業料収入が廃止されて資金不足に悩む小学校経営費の一部に当てられている。さらに菅沼村足柄村組合村でも富士紡より寄付として明治三十三年一〇〇円、三十四年一五〇円を受け取り、租税負担の軽減に資している。

これに対し六合村では多額の借入金を地方銀行に仰いでいる。明治三十四年改良道路工事費と小学校増築費を捻出するため、御厨銀行小山支店より年利一割三歩二厘にて二八五六円を、駿東実業銀行より年利一割四歩五厘にて三五〇円を借り入れ[18]（そのほか一四四三円の借入あるも借入先等は不明）、さらに三十六年にはその償還のために駿東実業銀行より年利一割で三二〇六円余の借換えの契約をなしている。しかしなおその返済期限である三十七年一月になっても返済がままならないので、同銀行に六月十五日まで返済期限の延期を申し入れている[19]。まさに自転車操業であった。

六合村ではこうした財政窮状の中で「教育基金」として富士紡から五か年賦で合計二二五〇円の寄付を取り付けている。その二ヶ年分の九〇〇円は上記の借入金の償還に当てられたが、明治三十八年にはなお二〇四三円の負債を抱える状況に立ち至っていた。同村では基本財産から一〇二五円を取崩して償還に当てる[20]とともに、富士紡に財政破綻状況を救うべくさらなる援助を願い出ている[21]。その結果三十八年度の予算変更案には「富士紡績会社ヨリ年々百八十円宛ツツノ寄附ノ処一時ニ貰ヒ九百円ヲ村債ニ充ツル事[22]」とあり、合計九〇〇円の追加援助が富士紡からなされていることがわかる。

以上見たように地元の村役場は、富士紡の進出に伴う寄留事務や許認可事務に忙殺されながらも吏員を増員してよく対応し、また増大する小学校生徒がもたらす教育費の急増や交通インフラの拡充に要する土木費も増大させ、富士紡進出による地域社会の変動に行財政面から必死に対応していることがわかる。しかし、この時期富士紡からの税収は望めず、いきおい村税戸数割が町場を形成しつつ増大する村民に課せられた。しかし、頻繁に流出入を繰り返す営業者・雑業者・職工・土工等は十分把捉できず、村財政は村税滞納による恒常的な歳入不足に陥り、地方銀行からの借入金に依存するが、それさえも償還期限が来てさらに借換えをしながら急場をしのぐという危機的状況に陥っていたのであり、それを救ったのは富士紡からの多額の寄付を含む資金援助であった。

二　菅沼村と足柄村の不均等発展と課税をめぐる対立

　さて富士紡工場の進出で町場が形成されつつあった菅沼・六合両村で如上のような行財政問題が発生していた一方で、組合村を組んでいた菅沼村と足柄村との間にも特に租税負担のあり方をめぐって新たな問題が発生していた。両村は町村制発足当時の明治二十二年組合村を形成するにあたって、両村の資力を考慮しつつ組合村税の賦課方法について協議し次のような協定を結んでいる。すなわち戸数割の賦課対象となる戸数では菅沼村は一三〇戸で足柄村の二一五戸に対し八五戸少ないが、国税地租付加税の賦課基準である地価では一一六〇円で一〇八〇円の足柄村より八〇円多く、また小学校の運営の原資となる小学校基本財産においては一一一五円と足柄村の七五五円より三六〇円多いという状況から、菅沼村の方が若干有利と判断され、菅沼村は足柄村に五〇円を譲渡することで、以後「組合村共同事業ニ係ル費用ハ、組合村会ノ議決ニ依リ双方均一ノ課率ヲ以テ之ヲ課スル事」に決している。(23)

　しかしながら菅沼村における富士紡の進出はこうした税負担上の協定の前提条件そのものを掘り崩していった。菅沼村では富士紡進出以来人口・戸数が増加し、明治三十六年には二十二年当時より一七〇戸増加し、足柄村の戸数を八一戸凌駕して三〇〇戸に達していた。今や菅沼村は「衛生・土木費等一村経費多額ニ昇リ、財政ハ維持ニ関係ヲ及シ来リタル」(24)状態であった。また単独での村費負担も、明治二十三年時には菅沼村一三〇円、足柄村八〇円程度であったが、三十四年にはそれぞれ二二五円、二二四円へと増大し、双方とも税負担感が増大していた。(25)

　このような状況のなか明治三十七年七月の菅沼村足柄村組合村会では「従前約束ノ例ニ基ヅキ両村戸数ヲ標準トシテ本組合総額費用ヲ村負担割トシ、足柄村ヨリ三歩五厘、菅沼村ヨリ六歩五厘賦課分担」(26)をなすことが決せられた。要するに従来のように組合村費を両村均一の賦課基準で組合村が主体となって徴収するのではなく、組合村費を両村の戸数に鑑みて三五対六五とし、各々の村で別個に徴収するシステムに切り替えたのであった。

この決定はいったいどのような意味を持つのであろうか。まずこの時の両村の実際の戸数比を見ると、足柄村二一三戸、菅沼村三〇四戸で、その比率は四一対五九となり、協定比率より実際は菅沼村の方が戸数は少なかったのである。しかし組合村税中国税地租付加税の課税額では菅沼村が足柄村より多く、また営業税付加税でも営業者が増大していた菅沼村が足柄村を凌駕していたので、こうした実質的な両村の資力の現状を勘案して実際の戸数比より菅沼村が六ポイント多い負担区分で両村の負担均衡が図られたのである。

したがって、富士紡の発展によって菅沼村への人口流入がさらに続けばこの均衡が崩れ、近い将来菅沼村に税負担上有利な状況がもたらされることは容易に予測できることであった。その後の足柄村と菅沼村の戸数比を見てみると、明治三十九年四〇対六〇、四十年三七対六三、四十二年二七対七三となり、菅沼村が有利な状況が年々進展していくこととなる。すなわち菅沼村は足柄村と比べ相対的に少ない税負担でより大きい教育費や役場行政費等の組合村の財政支出の恩恵に浴することができたわけである。さらに菅沼村における営業者の増大を考慮に入れるとこうした状況はもっと早まっていたに相違ない。

実際足柄村ではそうした状況に気づき、明治三十九年八月「一昨年三十七年組合村会ニ於テ菅沼足柄負担額ヲ議定セラレシ以来、足柄村費戸数割之重キ事平年ニ類ナキカ故ニ、私共人民一同ノ困難一方ナラズ為メ諸税金ノ納税ニ堪兼自然不納ノ止ムナキニ陥リ候次第ニ付、何卒特別之事情御洞察之上足柄村菅沼村税壱戸数割金ノ額従前通リ平分相成候様[27]」、各区総代連署の上組合村会に請願している。ここで言う「平分」とは、両村同一基準で課税し、実際の戸数に見合った税負担に戻してほしいというのがこの請願の趣旨であった。しかしながら、この請願は受け入れられず、両村間の対立の火種は残されたままとなった。

三　日露戦後の行財政

日露戦後になると、右のような状態にあった小山地域にさらに次のような新たな社会状況が展開された。

一つには、明治四十年の小学校令改正によって五・六学年の設置が義務づけられ、そのための校舎増築が必至となると、菅沼・足柄両村は、明治四十一年五月、それまでの村税負担区分をめぐる対立を解決するためにも両村別々に小学校を建設・経営することに決し、明治四十三年三月三十一日をもって従来の組合村を解除して両村が独立したことである（その政治過程については次章参照）。

二つには、富士紡小山第三・第四工場が六合村に相次いで建設され、明治三十七年から四十四年にかけて同村の人口・戸数は六一一戸・三一三九人から一五六六戸・一万三四七人へと激増し、菅沼村でも同じく三〇四戸・三二四六人から五八〇戸・五二二七人へと増加したことである。

三つには、第九章で見たように小山地域に密集して形成された町場が毎年のように洪水・伝染病・火事・犯罪・事件・事故等に見舞われるようになったことである。こうした状況はどう行財政に現れたのであろうか。表11-1〜3によって検討しよう。

まず、明治四十四年度以降は菅沼村足柄村組合村が消滅したため、菅沼・足柄両村は独立した村財政を構成し、従来組合村費に組み込まれていた役場費・教育費が各村財政に編入され、村税賦課も独自の賦課方法でなされるようになったことである。

次に、日露戦時期の地方財政の制限が緩和され、経費がいっせいに膨張し、六合村では明治三十五年三五四四円から四十一年一万四五七〇円（歳入）、四十四年一万六五四四円へと四倍強もの増加ぶりを示している。そうした経費増の中心が教育費であり、六合村成美小学校では明治三十七〜四十四年に、児童数は五〇一人から八九九人へ、学級数は八から一五へ、教員数も九人から一七人へとほぼ倍増している。第八章で見たように明治四十五年に成美小学校に寄留編入された児童一二三名の内七四名・六〇%が富士紡の社員・職工の子供であった。そして明治四十一年六合村では「近来本村ハ戸ロノ増加ニ伴ヒ児童数漸次増加シ、加フルニ小学校令改正ノ結果、義務教育年限延長セラレシヨリ従テ校舎ノ狭隘ヲ来セリ、故ニ校舎ニ対スル諸費支弁ノ為メ」、三千円を地元銀行より借入ており、[28]四十五年度にはさらに校舎建築費として一三七五円の予算を計上している。

菅沼村でも明治四十二年一万四千円という巨費を投じて校舎を新築し（次章参照）、四十五年度の教育費には二九六九円を計上している。この額は、足柄村と共同で運営していた四十二年当時の教育費を若干上回る額であった。

土木費についても、明治四十年・四十三年・四十四年に洪水が発生しており、その復旧工事等については資料的につまびらかにできないが、判明する限りでは、六合村では四十一年予算で県からの土木費補助として三三七四円という巨費を計上しており（決算では二二四円のみ）、四十四年には土木費として二五〇〇円を、四十五年には一九〇〇円を六合橋・小菅橋等の掛替えのために予算計上しており、一連の大規模な復旧工事を推測させる。

衛生費においても、明治四十一年には六合村は腸チフスの大流行に対し経費一千円以上を以て一三〇〇戸に大規模な消毒を行っており、県から衛生費補助として三〇七六円という巨費を受けている。また経常費においても四十四・四十五年の予算では村医手当や看護婦給料、消毒費・種痘費のほか火葬費も含めて六合村六一〇〜七五〇円、菅沼村一〇四二円が計上されており、いずれも日露戦前期をはるかに上回る高額に達している。

警備費は、火防・水紡の両面に活躍した消防組の経費であったが、これも一六二（六合村）〜二七〇円（菅沼村）と、日露戦前期の一五〜五〇円という規模を大きく上まわっていた。

そして上記のような膨張する諸行政を担う役場事務もまた増大したが、六合村では役場行政を強化するために、明治四十五年には役場吏員を日露戦前の書記二名から七名に増員し、使丁も二名・同臨時一〇〇名を雇い、さらに収入役にも同代理を加え、助役も名誉職でなく有給助役を雇用していることが判明する[29]。こうして役場費は同年予算では四〇四三円という多額に上り、明治三十五年の四倍強に達しているが、その八〇％は吏員の報酬や給与等の人件費であった。

さらにこの時期は次章で詳しく見るように、菅沼村や足柄村では新設する小学校の位置をめぐり、また菅沼村では六合村との合併の是非をめぐって村内が激しく対立し、六合村でも前章において見たように明治三十九年には富士紡との水利契約のあり方をめぐって村内が二派に分かれて争うという状況が生まれていた。これに対し六合村では明治四十二年二月に「職員会」を作り、役場行政に携わる吏員・学校職員・村会議員・常設委員総代・学務委員・村医及び学校医が定期的に一堂に会し、職務執行上の知識・情報の交換と注意・改善を行って、行政の統一強化を図る措置がとられた[30]。さらに四十四年八月から翌四十五年二月までは政治上の対立により村長不在期間となり、役場機構が混乱する事態に立ち至ったが、四十五年四月には六合村吏員分担区規定が定められ、毎月三回吏員が村内各区を分担して巡回し、納税促進・寄留注意・兵籍届注意・無届営業者注意・就学督促・貧困者救済・伝染病者発見等の事項について巡視結果を報告することが義務づけられている[31]。

次にこの時期の歳入構造についてみると、まず指摘できることは村税の激増である。六合村では明治三十五年二六七四円から四十一年五八〇六円、四十四年には一万六〇四二円へと六倍に増えている。菅沼村足柄村組合村も三十四年から四十二年に二倍強の増税、菅沼村も三十四年から四十五年に組合村税負担分も推計して計算すると六～七倍増に跳ね上がっている。

その内容を見ると、明治四十一年地方税制限に関する法律が公布され、地租・営業税・所得税等の国税よりの付加率が市町村の場合一〇〇分の三五～四〇に制限された結果、県税戸数割付加税への課税が増大し、六合村では明治三十五年六四％から四十一年七六％にまで上昇している。しかしながら、四十五年予算では富士紡からの税収が過半を占める国税営業税付加税が三四五〇円、同じく所得税付加税が三〇一〇円と両者合計で四一％に上る多額が計上されており、そのために県税戸数割付加税の割合は五〇%にまで下がっている。菅沼村の明治四十五年の予算においてもやはり、ほとんど富士紡からの税収からなる国税営業税と同所得税付加税が六一%を占め、県税戸数割付加税は二八%まで低く抑えられている。この予算が執行された明治四十五年は八月一日から大正と改元され、六合村と菅沼村は合併して小山町が誕生した。新生小山町では、日露戦後のような窮迫した財政状況は改善されたのだろうか、次にそれを検討しよう。

四　初期小山町制下の行財政

小山町の初代町長には富士紡監査役でもあり県会議員・衆議院議員を歴任した当地きっての名望家湯山壽介が就任した。ここでは大正四年頃までの初期小山町制下の行財政について表11-4に依りながら見ていこう。

この時期の小山町制の特徴としてまず指摘できることは、従来、第一・第二工場＝菅沼村、第三・第四工場＝六合村と分裂していた行政区域と工場の区域とが小山町域の中で統一されることにより、小山町は富士紡とより密着して行財政を展開していくこととなった。このことは例えば、町内の一方の地域に特定の行政サービスを行った場合、それは他の地区にとって不公平・不利益となるだけでなく、その地区に在住する富士紡工場の職工・職員にとっても不公平・不利益となることを意味し、必然的に全町統一的な行政の施行が求められることとなった。また税負担の面からも全工場の職工職員が同一の基準で課税されるようになったこと、さらに富士紡からの許認可申請事務の手続きも従来の二つの村役場から小山町役場に統一されて繁雑さが解消された点等も、合併の利点であった。

第二に、大正三年六月に職工三七四名を擁する綿織布を担当する第五工場が新設されたこともあり、小山町の人口・戸数は、大正元年一万六一八五人・二二五七戸から四年には一万七〇〇三人・二四四三戸となり、日露戦

表 11-4　小山町財政歳入出表（大正 1 ～ 4 年）

（単位：円）

		1 年	2	3	4
歳入	町税	19,595.689	14,079.705	24,443.320	29,043.160
	国税地租付加税	497.259	1,060.300	1,036.675	1,023.410
	国税所得税付加税	11,776.390	319.935 [4)]	8,604.425	14,157.210
	国税営業税付加税	2,597.380	5,542.900	6,167.840	5,162.340
	県税営業税付加税	761.510	288.680	348.660	466.190
	県税雑種税付加税		1,036.160	1,042.040 [10)]	1,211.210
	県税戸数割付加税	3,963.150	5,831.730	7,244.200	7,022.800
	財産収入		669.660 [5)]	810.610	948.870
	雑収入	3,647.467 [1)]	278.255	605.232	109.475
	国・県税徴収交付金	981.803	1,002.497	1,238.502	1,359.473
	使用料・手数料	51.850	625.400	861.700	925.650
	県補助金	2,113.320	2,384.880	22,779.290 [11)]	3,916.990 [16)]
	寄付金	2,507.423	916.500	11,053.590 [12)]	1,301.733
	町村債		(17,000.000 [6)])		
	繰越金		1,489.691		991.673
	過年度収入			18,676.680	529.110
	その他		13,950.441 [7)]		
	歳入合計	28,897.552	35,397.029	80,468.924	39,126.134
歳出	役場費	8,127.565 [2)]	4,810.183	5,754.775	5,668.875
	会議費	464.590	320.940	340.575	131.830
	教育費	4,786.799	8,434.677	8,582.124	8,899.293
	土木費	3,450.070	2,361.225	42,866.711 [13)]	6,802.308 [17)]
	衛生費	882.782	15,182.119 [8)]	4,107.480 [14)]	6,942.200
	警備費	942.850	391.390	430.425	965.800
	勧業費	160.000			
	救助費	11.320	1.360	10.930	9.000
	諸税・負担	347.480	870.875	1,059.140	915.400
	公債費	8,055.405 [3)]		713.660	1,047.940
	神社費	14.000	87.400	69.460	54.570
	基本財産造成費	165.000	1,457.595	914.670	1,044.430
	補助費		320.500 [9)]	660.000	860.000
	雑支出		1,158.765	16.860	70.850
	その他			13,950.441 [15)]	
	歳出合計	27,407.861	35,397.029	79,477.251	33,412.496

出所：『小山町町会決議書』より作成.
注：すべて臨時費を含む決算額.
1）元菅沼村税及決算残余金 880 円，元六合村税決算残余金 1,410 円含む.
2）役場・会議室・倉庫建設費 4,230 円含む.
3）元菅沼村債償還費 3,502 円，元六合村債償還費 4,342 円余含む.
4）319 円と少額なのは，富士紡工場所在町村間の調停が成立しないため富士紡からの税収が遅延したため.
5）富士紡和田豊治より同社株 100 株 100 株（額面 5,000 円）寄付による株式配当金 600 円含む.
6）決算書に現れないが財政補填として駿河銀行・御厨銀行から借入れ.
7）翌年度繰入金.
8）隔離病舎建設費 11,783 円余含む．同運営費 3,338 円含む.
9）農会・青年会・在郷軍人会への補助，その後，衛生組合・商工会への補助奨励費含む.
10）以後売薬営業税付加税若干（1 円未満）含む.
11）土木費並びに治水堤防費国庫補助 21,254 円含む.
12）富士紡より治水堤防費指定寄附 10,376 円含む.
13）ほとんどが災害復旧土木費.
14）隔離病舎費 3,483 円含む.
15）前年度補充金.
16）伝染病予防費県補助 2,128 円含む.
17）隔離病舎費 5,882 円含む.

後期のような急速かつ大幅な増大というペースではなかったが、依然として着実に増加していた点である。

そして第三に、前期同様、洪水・伝染病・火災・犯罪・事件は頻発していたが、特に大正三年の大洪水と伝染病の猖獗が小山町の行財政にも大きな影響を与えた点である。

これらの点を町財政の各項に即してみると、まず役場費は大正元年度に新役場の発足にともなう役場・会議室・倉庫の建設費が臨時費として四二三〇円計上され、二年以降は経常費も四八一〇円から五六六八円へと漸増していった。小山町では町長以下名誉職助役一名・有給助役一名、収入役一名・同副一名、書記七名、雇一名・使丁三名という陣容で出発し、これら役場吏員の人件費が役場費の七割を占めた。役場が毎年取り扱う文書件数は五五〇〇～六八〇〇件に上り、「事務ノ繁劇ハ日ヲ追フテ増加ノ一方ニ傾キ加フルニ町新事業ノ計画セラルルアリテ一層其ノ数ヲ増加セル」[32]という状態であり、この期の費用増加は主として事務量増加にともなう需用費(備品・雑費)等の支出増によるものであった。

そして町として統一した行政機構を形成するため大正元年十二月、小山町区長設置条例が制定され、小山・生土・音渕・中島・柳島・湯船・藤曲・落合・菅沼の九区が定められ、各区に区長と同代理がおかれ、役場費から毎年区長報酬が支払われることとなった。[33]

さらに従来富士紡から六合・菅沼両村になされていた水面ならびに道路の使用願、新水路開鑿願、水力発電工事施行願、橋梁ならびに護岸工事執行願といった件についても、小山町議会において年四・五回の割で審議の上許可されている。[34]

次に教育費を見てみると、大正二年以降八四〇〇円台から八八〇〇円台へと上昇傾向を示している。大正元～四年に、児童数は成美小学校(旧六合村)では八五二人から一〇一〇人へ、菅沼小学校(旧菅沼村)では三八五人から五七七人へと増加し、教員数もそれぞれ二人および一人増員している。

児童の出席率も大正二年は成美小学校八八%・菅沼小学校九二%であったが、四年には両校とも九五%に上昇している[35]。従来出席率の低下の主な原因となっていたのは、尋常科五年くらいになると女子生徒が「家庭貧困ノタメ中途退学シテ紡績会社ヘ入社」してしまうことであり、尋常科でも高等科でも女子の出席率は男子より三〜六ポイント下回っており、そうした状況を改善するために、大正四年には「同会社寄宿社内ニ於テ尋常小学校ノ教科ヲ就業セシムルコトニ認可シタリ[36]」という措置をとっている。また両小学校では、毎年保護者会を開き学校と家庭の意志疎通、特に欠席多い児童への注意等を行っている[37]。

さらに従来編入や転出等の移動が頻繁であって学級編成が難しかったり、通学距離が遠いため児童が困難を感じたりする場合などへの対応として、両小学校が同一町内の小学校となった利点を活かした対策がとられていることである。まず大正二年に高等科の学級編成においては、男子生徒は菅沼校に、女子生徒は成美校に収容するようにして、二校協力して効率よい学級ならびに校舎利用の途を講じている。また三年には本来成美小学校区である「藤曲ノ内落合・大久保・奈良橋ノ新入学児童ヲ菅沼小学校ヘ入学セシメタル」という措置をとり、四年には「菅沼小学校ヘ収容スベキモノ菅沼ノ内茅沼児童ハ同校舎狭隘ノ為メ成美小学校ヘ収容」させ、互いに近隣に位置する児童を受け入れ児童通学の便を図っている[38]。こうした措置が出席率の向上にも寄与していたと思われる。

次に土木費も小山停車場往還・小山御殿場往還といった主要道路の修繕費とともに、明治四十四年・大正二年・三年と打ち続いた洪水の復旧工事費が嵩み、大正元年三四五〇円・二年二三六一円・四年六八〇二円とコンスタントに増大し、特に洪水被害が甚大であった三年には前年度の歳出合計額を二割も上回る四万二八六六円という巨額支出を余儀なくされている。もちろんその全額が町民負担となったわけではなく、大正二年の場合には、県費補助八二七円・寄付二七八円・町税一万二五六円となっている。三年度の巨額土木費の場合には明治四十四年公布の府県災害土木費国庫補助に関する法律に基づいて国庫補助が二万一二五四円支給され、県補助はわずかに二六一円余であったが、残りを土木費指定寄付一万一〇一二円と町税九四二九円をもって賄っている。

ここで注目すべきことは、この寄付の内一万三七六円余が、五ヵ所にわたる治水堤防工事に対して富士紡工場長からなされていることである。そしてこの五カ所の工事はすべて随意契約によって富士紡に請け負われ、その工事費は寄付金額の一・六倍余に上っていた[39]。おそらくこれらの工事箇所は町場に集う多くの町民の生活と富士紡工場の稼働に密接に関連する道路や河川に係わるところが多かったと思われる。富士紡としては、この工費を用いて自らの関連会社に工事を請負わせることでそれらの会社の利益に資している。もちろん多額の寄付を受ける小山町にとってこのやり方に不満のあろうはずはなかろう。このような事例は、この年次ほど多額ではないが他の年次においても、また他の業者との間にも確認できる。そしてこのように災害復旧工事が生み出す莫大な財政スペンディングはさまざまな土木関連業者の所得を潤し、そうした機会を求めて小山町に多数流入する土工・人夫達にも行き渡って商店街への需要も増大したが、他方で彼らが繰り広げる騒擾が、社会秩序を攪乱する一因ともなっていたことはすでに見たとおりである。

洪水とともに猛威を振るった伝染病対策費としての衛生費も増大し、特に大正二年には一万一七八三円の巨費を投じて隔離病舎を新築したため、衛生費は一万五一八二円に達している。その他の通常経費としてはやはり隔離病舎の運営費が大半を占め、二年度三三三八円から四年には五八八二円に上昇している。その内容を見ると、医師往診費に加えて看護婦給与や収容患者の手当、備品薬品費等がこの期に増加している。そのほか患者の火葬が増加するにしたがってその費用も衛生費として二五円から七二円へ増大していた。

また二年二月には衛生組合の幹部には各区長と富士紡小山工場事務所次長が就き、各区に委員を配して、富士紡と協力して全町的に伝染病防遏に取り組む体制が整えられた[40]。町から衛生組合への補助も大正二年一八〇円から四年には二〇〇円に増額され、伝染病予防委員も県からの指示で五名増員された結果、町医も含め彼等への手当は二年一八四円から四年三八〇円に増額されて、その活動を財政面から支えたのである。

そのほか火防・水防活動に活躍した消防組も、大正二年十一月には各区に支部を置いて全町組織に編成替えされた[41]。彼らへの手当とともに、大正元年には請願巡査費、四年には消防組の被服費や機械器具修繕費等が嵩んで警備費を押し上げていた。

衛生組合や消防組だけでなく町内には各区に支部を置く農会・青年会・在郷軍人会・商工会等の諸団体が活発な活動を繰り広げていた。それらへの財政補助も大正二年三二〇円から四年には八六〇円へと増大させていった。このように、小山町の財政支出は当初より活発になされたが、それはどのようにして賄われたのであろうか。歳入構造を見てみよう。

まず全体の割合からすれば少額であるが財産収入が大正二年六六九円から四年九四八円と一定の比重を持ちつつ増大している。これは小山町制発足を期して、富士紡の和田豊治専務が町の基本財産に寄付した富士紡株百株・額面五千円の配当金が、毎年六〇〇円以上もたらされるようになったためである。

次に、町税収入は、莫大な国庫補助が下りた大正三年を除いて、依然として歳入の六七~七〇%と大宗を占めていた。そのなかでも国税所得税付加税は、収税が遅延した大正二年（後述）を除いて町税の三五~六〇%を占め、同じく一三~二五%という少なからざる比重を保つ国税営業税付加税と合わせると、町税の六〇~七五%という高率に達していることがわかる。

それでは、富士紡からの税収はどのくらいを占めていたのであろうか。大正二年度の予算案についてみると、町税二万五四七五円余のうち国税所得税付加税は九二七〇円（町税の三六%）を占め、その内富士紡からの税収は八八五〇円、すなわち同税の九五%に上っていた。また国税営業税付加税も五一九七円余（同二〇%）を見込んでいるが、そのうち富士紡の税額は四八二二円余、九七%であった。すなわちこの二つの国税付加税のほとんどは富士紡からのものであった。

このように富士紡からの多額の税収がもたらされるようになったのは、明治四十四年に交付された改正町村制によって、富士紡のように町村の内外にわたって工場が存在し所得を生み出している企業・営業所に対して町村が付加税を課する場合について、明確に規定が定められたことによるものである。すなわち同第百条によって

「町村ノ内外ニ於テ営業所ヲ設ケ営業ヲ為ス者ニシテ其ノ営業又ハ収入ニ対スル本税ヲ分別シテ納メサルモノニ対シ附加税ヲ賦課スル場合……ニ付テハ勅令ヲ以テ之ヲ定ム」とされ、勅令第二百四十一号第一条において同上の場合には「市町村長又ハ関係市長又ハ町村長ト協議ノ上其ノ本税額ノ歩合ヲ定ムベシ」とされ、「前項ノ協議調ハサルトキハ其ノ郡内ニ止マルモノハ郡長之ヲ定メ、其ノ数府県ニ渉ルモノハ内務大臣及大蔵大臣之ヲ定ムベシ」と規定された。この勅令は、従来工場が存在しながらそこから得られるはずの税収が本社所在地の自治体に収められて税収不足に陥っていた市町村に、工場立地に見合った財政基盤の獲得を可能にした画期的なものであった。

富士紡は小山町だけでなく、東京府南葛飾郡大島町（本店、小名木川綿布工場）・東京市本所区押上町（綿糸工場）・神奈川県保土ヶ谷町（絹糸工場）・東京市日本橋区（出張所）等にも工場や事務所を有していたから、これらの区町村は右の規定によって富士紡にかかる国税所得税・同営業税の付加税を徴収することが可能となり、その賦課額の算定と各町村間の分割歩合については調停して決定している。(42)

こうして小山町は、富士紡から多額の税収がもたらされたおかげで、それまで町村税の大宗であった県税戸数割付加税は町税の二〇～三〇%を占めるにすぎなくなり、一戸当たり負担額でも大正四年の場合隣村北郷村九・一円、足柄村一二円に対し、小山町は二・九円(43)という格段と低い水準に止まるようになった。行政当局も「本町々税ハ富士瓦斯紡績株式会社ノ存在ニヨリ比較的町民ノ負担ヲ軽減シ、県税戸数割付加税ノ如キ他町村ニ類ナキ最低歩合ノ課率ヲ賦課シ(44)」と評している。

しかしながらこうした事態のなかでも町財政を危うくさせる要因が生まれていた。一つには、富士紡からの付加税課税額の調整において、関係区町村間にしばしば対立が生じ、その解決が遅れたために町村税の税収が遅延するという事態がたびたび発生していたことである。このため、大正二年度も国税所得税付加税は富士紡からの収税予定額を除いて三一九円しか集まらず、小山町では予算が執行できずに新規事業が施行できない事態が生じ、その影響は翌年度にまで及んだ(45)。二年度には会計処理として、富士紡からの税収不足分を一万三九五〇円の翌年度繰り上り金として処理し、実際にはその補填のため駿河銀行・御厨銀行から合計一万七〇〇〇円を借り入れている。そして翌三年度は富士紡からの税収がもたらされた時点で前年度補充金としてそれを計上処理している。

今一つは、「町民ノ大半ハ同社職工ニシテ滞在若シクハ寄留者等ナルガ故ニ生活程度最モ低ク、少額ナル税金ノ負担ニモ困難ナルトトモニ納税思想ノ乏シク為ニ町税滞納者ノ数殆ンド全町民ノ一〇分ノ八以上ナルハ実ニ慨嘆ニ堪ヘザル処ナリ(46)」という従前からの弊風を依然として改善できていなかったことである。県税戸数割付加税の未納額と未納者は大正四年においても一四五六円（同賦課額の一六％）・一一〇五人（同賦課人員の二三％）に達していた(47)。

以上見てきたように、小山町は財政収入面で大きく富士紡に依存し、歳出面でも、富士紡工場進出によってもたらされた、洪水・伝染病・火災・犯罪等の防止策や道路整備、小学校の拡充等に資するために多額が用いられた。こうした経費増に対し富士紡からも寄付金など応分の資金援助がなされ、特に明治四十五年からは国税営業税並びに所得税付加税が工場所在地である小山町にもたらされて県税戸数割付加税等の税負担の軽減につながった。また大正元年から富士紡工場がそれぞれ存在する菅沼村と六合村が合併して小山町が誕生したことから、富士紡工場に関連する緒事業に町行財政としてより統一的組織的に対応することが可能となった。しかしながら、多数の低所得の職工や町場の雑業層等が租税滞納を常態化していたこと、また富士紡からの国税付加税収入が遅延するおそれをはらんでいたことなど、小山町の行財政が富士紡依存体質を深めることにともなって新たな不安定要素を内包していたことにも留意しておく必要があろう。

注

（1）「明治三十四年菅沼村足柄村組合村事務報告書」『小山町史』第四巻、三一〇頁。
（2）「明治三十三年菅沼村足柄村組合村事務報告書」（小山町湯山定光家文書）。
（3）「明治三十三年六月十日　六合村役場事務引渡演説書」（小山町高杉伊保利家文書）。
（4）「明治三十四年菅沼村足柄村組合村事務報告書」『小山町史』第四巻、三一一頁。
（5）「菅沼村足柄村組合村各年次予算表」より。
（6）「小山の統計」『小山町史』第五巻、一二〇七～一二一一頁。以下各町村の人口・戸数に関しては断らない限りこの資料による。
（7）「明治三十五年中駿東郡六合村事務報告書」『小山町足柄支所文書』。
（8）菅沼村足柄村組合村「明治二十八年予算表」、前掲「菅沼村足柄村明治三十四年事務報告書」による。
（9）前掲「明治三十四年菅沼村足柄村組合村事務報告書」。
（10）前掲「小山の統計」一二四一～一二四三頁。以下各小学校の児童数・教員数・学級数に関しては断らない限りこの史料による。
（11）『明治三十四年北郷村村会決議書』（小山町北郷支所文書）より。
（12）明治三十四年足柄村財政については、小山の統計10「明治中期の村財政」『小山町史』第五巻、一二二六頁及び『明治三十三年足柄村村会決議書』（小山町足柄支所文書）の記述による。
（13）各期富士紡『報告書』の数値による。
（14）「明治三十五年菅沼村足柄村組合村事務報告書」。
（15）「明治三十八年十二月　六合村負債償還ニ付富士紡へ援助願」『小山町史』第四巻、三三二頁。
（16）前掲「明治三十四年菅沼村足柄村組合村事務報告書」。
（17）「明治三十五年中駿東郡六合村事務報告書」（小山町室伏久徳家文書）。
（18）「明治三十四年度臨時土木費借入金」（同前史料）。
（19）「改良道路工事費及校舎増築費借入金延期契約之件　明治三十七年二月二十七日　六合村長小野帰一」（同前史料）。
（20）「基本財産ヲ支出シテ村負債金ヲ償還スルノ件　明治三十八年十二月十六日提出　六合村長小野帰一」（同前史料）。
（21）「明治三十八年十二月　六合村負債償還につき富士紡へ援助願」『小山町史』第四巻、三三二頁。

(22)「駿東郡六合村明治三十八年度歳入出予算変更之件　明治三十八年十二月十六日　六合村長小野帰一」（小山町室伏久徳家文書）。
(23)「明治二十二年四月　菅沼村・足柄村組合村形成につき協定」『小山町史』第四巻、二六七頁。
(24)「明治三十七年四月　菅沼村足柄村組合村費につき負担区分の改正」同前書、三五三頁。
(25)「明治中期の村財政」『小山町史』第五巻、一二二七～一二二八頁による。
(26)前掲「明治三十七年四月　菅沼村足柄村組合費につき負担区分の改正」
(27)「明治三十九年八月　菅沼村足柄村組合村負担区分につき足柄村の請願」『小山町史』第四巻、三五四頁。
(28)「明治四十一年三月　小学校舎増築につき六合村の銀行借入」同前書、三四四頁。
(29)「六合村明治四十五年度歳入出総計予算」の「摘要」より。
(30)「明治四十二年二月　六合村の職員会会則」『小山町史』第四巻、三三六頁。
(31)「明治四十五年四月　六合村の吏員分担区規定」同前書、三三八頁。
(32)「大正二年小山町事務報告書」（小山町文書）。
(33)「大正元年八月～同二年八月　初期の小山町行政」『小山町史』第四巻、三七七頁。
(34)大正初期の「小山町事務報告書」（小山町文書）より。
(35)大正二年・四年「小山町事務報告書」（小山町文書）。
(36)いずれの引用とも前掲「大正四年小山町事務報告書」。
(37)「大正二年小山町事務報告書」（「小山町文書」）。
(38)以上引用とも大正二年・三年・四年「小山町事務報告書」（小山町文書）より。
(39)「大正三年小山町町会決議書」（「小山町文書」）より。
(40)前掲「大正元年八月～同二年八月　初期の小山町行政」。
(41)同前史料。
(42)小山町では、大正二年度の富士紡からの所得税等の付加税を各営業所へ按分する際、本店のある大島町への回答のなかで、次のように述べている。「町村内ニ営業所ヲ設ケテ営業ヲナシ其営業若クハ其収入ニ対シ賦課スルヲ得ルモ、其町村外ニ於テ営業所ヲ設ケタル営業者若クハ其収入ニ対シテハ町村税ヲ賦課スルコトヲ得ザルヲ原則トシ、而モ本人ヨリハ夫々各地ヨリ生スル所得高ヲ分別シテ申告シアルモ、本税ヲ一所ニ納付スルコト且日本橋区内ノ営業所ニ於テ直接ニ所得無之ヨリ勅令第二百四十一号ヨリ協議ヲ要スル次第ナルヲ以テ、……」。ここで、明確にこうした措置が勅令第二百四十一号によるものであることが述べられている。「大正二年五月　富士紡付加税につき小山町より大島町へ回答」『小山町史』第四巻、三八五～三八六頁。

また中西啓太「明治中後期における企業進出と市町村税問題」(『社会経済史学』八一ー一、二〇一五年)は、本書で扱ったような企業からの国税付加税が一括納税され、工場がある市町村は徴収できない問題が、明治四十四年になって市町村間で税分割を協定できるようになり、本社が集中する大都市から地方に税源が移転する構造が成立する過程を、制度の整備状況や訴訟問題、制度成立後の地域の対応も含めて分析している。

(43) 前掲「小山の統計」一二二八・一二三一頁より。

(44) 前掲「大正二年小山町事務報告書」。

(45) 「小山町の大正二年度財政事務報告」「大正二年五月　富士紡付加税につき小山町より大島町へ回答」『小山町史』第四巻、三八三～三八六頁。

(46) 前掲「大正二年小山町事務報告書」。

(47) 前掲「大正四年小山町事務報告書」。

第十二章　町村政治の再編成―町村合併と小山町の誕生―

本章では、富士紡小山工場の進出が地域の政治状況にいかなる変動をもたらしたのかを段階的に検討するが、特に富士紡と地元社会の一心同体とも言うべき関係の形成を決定づけた日露戦後期の菅沼村と六合村の合併過程と、その結果成立した小山町制下における政治状況について具体的に明らかにしたい。

一　日清戦後期の政治状況

1　静岡県会と当地出身議員の活動

第八章で見たように、明治二十四年から二十九年にかけて湯山壽介や室伏董平といった当地きっての名望家たちは、民権期以来持ち続けてきた経費節減・民力休養の方針を改め、鉄道・道路・学校・工場といった近代的施設の誘致・拡充によって地域の発展を図っていこうという政治姿勢に転回していったが、これと並行して、当初難色を示していた富士紡進出にともなう土地買収に対し、工場誘致による地域振興策を唱える自由党系の開明的な名望家岩田蜂三郎の説得に応じて、買収賛成、工場建設歓迎の方向に大きく転換していった。

表 12-1　静岡県議会での室伏董平の主張（明治 27〜32 年）

27 年 11 月の通常県会	・沼津町に静岡尋常中学校分校設置建議（林正平・永井嘉六郎と共に．→否決） ・監獄費減額説に賛成（減額説否決，原案可決）． ・安倍川筋大里村堤防費へ地方税支弁の建議（賛成，県議可決）．
28 年 11 月の通常県会	・勧業費郡市補助費減額（否決，原案可決） ・中学校拡充のため浜松中学を県立とし，沼津・掛川を町村立負担の分校として補助すべし（この建議に賛成，可決）
29 年 11 月の通常県会	・附属小学校の建設反対（同委のもの多数で原案否決） ・勧業費中製糸用蚕種検査費を削除し，組合の仕事に任すべし（否決され原案可決）． ・私立豆陽中学に地方税 500 円補助建議に反対（反対者多く，建議否決）
30 年 11 月の通常県会	・中学校程度以上の県立郡立補助学校静岡外 7 か所補助の件，建議（賛成者少数にて否決）． ・漁業税 1 割増（賛成多く可決）．
31 年 11 月の通常県会	・憲政党分裂，政友会の加藤知事就任に際し進歩党の板倉議長は辞職表明し，知事に辞任要求．→これに対し室伏は地方議会が政党に偏せられるべきでないとして強く反対．
32 年 3 月の通常県会	・短い議事日程で議案を議了するのは困難なので 9 名の査定委員を選んで議案を付託したいという動議に対し，多数派である進歩派の専横と非難．

出所：『静岡県議会史』第 2 巻より作成．

室伏は明治二十四年県議を辞した後二十六年より六合村長を務めるが、駿東郡富士岡村の名望家で自由党員の土屋五東らの影響でそれまでの経費節減・民力休養を信条とした改進党員としての立場を捨て、静岡県自由党支部の常議員となり、明治二十七年十一月から三十二年二月までふたたび県議として活躍している。県会での彼は、監獄費や勧業費の減額を主張する一方、中学校の増設、安倍川筋への堤防費支弁、漁業税一割増といった積極主義の主張を展開している（表12-1）。特に中学校については明治二十六年に一県一校の制限が解かれてから県下各地が競い合って設置を求め、すでに静岡のほか浜松に分校が開設されていたが、室伏は駿東郡の自由党県議林庄平や永井嘉六郎とともに駿東郡に沼津分校の設置を熱心に訴え、二十八年十一月の通常県会でも中学校の整備拡張と補助獲得に尽力している(1)。

その後、明治三十二年九月の改正府県制のもとで初めて行われた県議選挙では、六合村藤曲出身で沼津や御殿場で弁護士を開業していた岩田実が富士岡村の土屋五東とともに選出され、憲政党＝自由派が初めて多数派を占めるに至った静岡県会に進出している。

岩田・土屋両県議の活動を見ると（表12―2）、三十二年十～十一月の臨時県会から三十三年度の予算審議が行われたが、岩田は憲政党が多数を占める参事会への委任条項案を起草する委員の一人に選出されている。十二月の県会では特に土木に関しては県会の議を経ず参事会に一任し、土木箇所の細目を指定せず総額の提示をもって可とする与党＝憲政党に有利な建議を土屋らが提起して可決している。これに対しては、土木事業を党勢拡大の手段にするものとの批判が出されたが、岩田は反駁している。三十三年にかけては製茶会社への補助支出、道路改良費増額修正案等を提出し、反対する進歩派県議に対し積極的論陣を張って可決させている。自らが社長を務める御殿場馬車鉄道開通にともなう御殿場新橋―須走間の道路工事に、三十三年一万円から三十四年一万七千円もの巨額の県補助がついたのもこの時期である。岩田はまた、与党の地盤である田方郡立高等女学校・浜名郡立水産学校・富士郡立農学校等への補助増額の建議や県費負担の道路河川堤防敷地のうち不用地の無代下付に土屋五東とともに尽力し、いずれも可決させている。こうした活動が評価され三十五年に岩田は県会副議長に就任している。そのほか御殿場小山往還道路や小山明神峠往還道路の類別編入の変更も憲政党＝政友会の領袖大橋頼模等の建議で実現している。

だが、こうして集中的に財政資金が撒布された政友会の地盤では、財政資金や補助金をめぐる不正事件が頻発し、土屋五東も富士岡村の隔離病舎建設に絡む種々の疑惑が新聞紙上で指摘され、また岩田実も財産相続をめぐって刑事告発され、ともに県議を辞している。室伏董平も三十四年六月十四日に没しているので、湯山壽介が三十五年九月に県議に選出され副議長の職に就いている。しかし三十四年から三十五年にかけて憲政本党の河井重蔵県議や島田三郎代議士の政友会の腐敗に対する激しい攻撃と批判が展開されたこともあり、打ち続く不況の中、湯山は県会では露骨な政友会よりの財政撒布は展開せず、むしろ勧業費等の削減を主張している。

その後湯山は翌三十六年一月の衆議院選挙に立候補して当選し、三十七年三月の総選挙でも連続当選を果たし、

表 12-2　静岡県議会での岩田実・土屋五東・湯山壽介の活動（明治 32～35 年）

	岩田実	土屋五東
32 年 10～11 月 臨時県会	・参事会への委任条項起草委員となる． ・田子浦一帯の災害救助土木工事の特例支出案への反対意見を反駁（原案可決） ・道路橋梁費のより以上の削減説に対し，1 割減の参事会修正説に賛成（参事会案可決）	・県会議員参事会員費用旅費支給規程中議長・副議長の手当増額動議提出（多数ニテ可決）．
32 年 12 月 通常県会	・勧業費の地方森林費を減額修正の参事会に賛成（参事会案可決） ・勧業費中製茶会社への補助に賛成（原案可決）	・土木ニ関シ細目指定ナク総額提示ニテ一括参事会ニ委任スル建議（可決） ・道路改良費増額動議賛成（可決） ・警察庁舎建築費につき原案，一部参事会案に賛成（土屋説に可決）
33 年 11 月 通常県会	・道路改良費の詳細を明らかにしないのは党勢拡張の手段にしているという批判に対し，論難． ・田方郡立高等女学校へ 500 円補助の建議（岩田・土屋他 4 名，建議可決） ・高等女学校（田方郡立ではない）建築延期（建設を訴える強い反論を論難して可決）．	・郡市町村教育費中浜名郡立水産学校への補助減額，富士郡立農学校又静岡商業学校への補助増額修正（土屋案可決） ・県費負担の道路河川堤防敷地のうち不要のものの無代下付を参事会議決事項に加えるべしとの建議（土屋，岩田ほか 3 名提出→可決）
34 年 11 月 通常県会	・警察費の削減修正説に賛成（削減説に可決）	
	湯山壽介	土屋五東
35 年 11 月 通常県会	・勧業銀行の視察実施の建議に反対（建議可決） ・勧業費中地方測候所費また出張旅費等減額基調で修正（修正案可決） ・農事試験場費削減また志太に試験場作る際の不手際の責任追及（湯山説可決） ・水産並びに養蚕巡回教師費削減（湯山説可決） ・勧業奨励費のうち県農会・蚕業・漆器改良・畜産改良等のほかは減額修正（湯山案可決） ・勧業補助費中製糸業費削減(湯山案可決)	・衛生諸費削減（土屋案に可決）

出所：『静岡県議会史』第 2 巻・「静岡県会涯録誌」（土屋五東文書）より作成．

四十一年まで議員活動を行っている。湯山は、村・郡・県の農会役員を務め、三十三年以降は全国農事会の役職を歴任してきた経歴をかわれて、明治三十八年第二一帝国議会において、衆議院で農会法改正を審議する委員に指名され、委員会の中心メンバーの一人として農会員の拡充と会費徴収の強化を目指した農会法の改正に尽力している。

2　六合村、菅沼村足柄村組合村の吏員ならびに村議構成

このような名望家層の政治的転換と県政の変化のなかで、富士紡が進出した当地の政治状況も展開していった。室伏董平は明治二十六年に前述のように、土屋五束らの影響でそれまでの改進党員としての立場を捨て、静岡県自由党支部の常議員になり、中央線の起点を御殿場にする請願運動や地価修正の請願運動の先頭に立つなど、地元利益に立脚した政治活動家として生まれ変わるが、その室伏が県議を辞して選んだ道が明治二十六年三月から二十九年二月まで六合村長として村治に尽力することであった。そしてこの間六合村では、小学校基本財産の増殖とそれに基づいた教員住宅の建設、富士紡の水面ならびに鉄道用地使用願い等に対する許認可業務の施行、湯船区や柳島区の御料地払戻し請願運動への支援等が、室伏村長のイニシアティヴのもとで進められていった。

その後、六合村長は高杉勇三（明治三十三年二月まで）・岩田万次郎（三十五年八月まで）・尾崎賀六（三十七年一月まで）と続く。このなかで岩田万次郎は旧岳南自由党員で父は富士紡の工場誘致に尽力した岩田蜂三郎であった。尾崎賀六も明治十年代には熱心な自由主義者であったが、日清戦後は政友会員として明治三十五年の総選挙の際には町村における選挙委員かつ評議員として選挙運動に奔走している。

次に六合村会議員の構成を表12-3によって見てみると、階層的には戸数割二等の村長尾崎賀六を筆頭に六等までの上層地主層が三人あるのに対し、一三等から九等の自作地主や自作上層と思われる層が七人と過半を占めており、政治的にはほとんどが政友会の選挙委員（選挙時に、選挙運動の中心となって働いた実働部隊）や候補者

表 12-3　菅沼村・六合村の村会議員（明治 35 年）

	氏　名	戸数割等級	政党関係	職業・職歴等
菅沼村	岩田　保	不明	◉	富士紡社員，卸売兼小売商
	湯山定五郎	4		物品販売業
	湯山剛平	2		地主，木管製造所取締役
	室伏惣太郎	7		
	岩田駒次郎	3		
	湯山政蔵	3	○	地主
	山口仁三郎	4		
	湯山壽介	1	◉	地主，県議，元村長，農会長
	鈴木栄吉	4		
六合村	尾崎賀六	2	◉	地主，村長
	高橋房五郎	9	◎	
	佐藤太一	13	○　◎	助役
	室伏辰次郎	6	◎	地主，郵便局長
	岩田万次郎	11		前村長　岩田蜂三郎・息
	池谷忠太郎	13	○　◎	
	高橋広吉	10	○　◎	
	岩田勝太郎	13	○	
	山崎銀次郎	13	○　◎	
	高橋嘉逸	4	◎	
	野木太紋	10	◎	

出所：「明治 35 年菅沼村足柄村事務報告書」，「明治 35 年六合村事務報告書」.
注：戸数割等級は菅沼村は明治 27 年全 10 等中．六合村は明治 35 年全 18 等中.
政党関係.
○明治 35 年政友会選挙委員　◉同評議員または幹事
◎明治 44 年政友会県会議員または郡会議員候補者の推薦者

の推薦者に名を連ねる党員であった。この時期の六合村は富士紡工場の進出は見られず、町場も形成途中であったため、村議の中にはいまだ商人層の進出は見られず、また富士紡との関係を有する者もほとんど見られなかった。したがってこの段階では、もっぱら富士紡監査役を務め当地で最大の株主でもある室伏董平と、土地買収に功績のあった岩田蜂三郎・万次郎がパイプ役を果たして土地や水利等の許認可事務を円滑に遂行するとともに富士紡からの巨額の寄付金援助を獲得することが可能となったものといえよう。

菅沼村の場合を見ると村長は菅沼村足柄村組合村長であり、日清戦後の時期は菅沼村の湯山壽介の後を足柄村出身の岩田房五郎と鈴木桂蔵が交互に務めていた。両人とも湯山壽介のもとで選挙運動に奔走する熱心な政友会員であった。菅沼村の村議構成を見ると（表12-3）、戸数割一〇等中三等までの上層地主が八人中四人を占めており、一等の湯山壽介も明治三十五年に衆議院議員に立つまでは村議を務めている。そのなかで政友会員と明確に判別できるものは湯山を含めて三名で六合村ほど多くはない。しかし六合村に比べ早くも商人が二名村議に名を連ねており、富士紡関係者としても、村議では監査役を勤めた湯山壽介のほかに、人事係に勤めて遠隔地からの工女の募集にもあたったという岩田保がおり、書記の岩田幸恵も富士紡に勤務する職員であった。(2) このように富士紡第一・第二工場が稼働し、急速に町場が形成されつつあった菅沼村では、湯山を中心として富士紡関係の議員・吏員をも含んで自由党＝政友会の積極路線の上に富士紡の進出にともなう教育・土木・衛生等の村行財政の拡充を図りつつ、同時に水利や土木工事等で軋轢が生じつつあった富士紡との協力関係の構築をも図っていたものといえよう。

だがこの時期は富士紡の拡張に見合った行財政の急膨張にもかかわらず富士紡からの税収は見込めず、戸数割をはじめとする村税滞納者の増大と富士紡への寄付金依存体質が深まるという悪循環に陥り、他方で菅沼村の急成長は組合村のパートナーである足柄村との不均衡発展を際立たせるという不安定面をも露わにしていたのである。

二　日露戦後期の政治状況

1　菅沼・六合両村合併策の始動

日露戦後期になると、六合村に富士紡第三・第四工場が建設され、人口増と町場の拡大が続くなか、村々は頻発する洪水・伝染病・火災・犯罪等への対応、さらに教育等の国政委任事務の施行、増大する社会資本整備等の要求に追われ、その一方で急増する租税負担と滞納者の処置に腐心しなければならなかった。そうしたなか当地での政治過程の中心となったものは、一つには明治四十年小学校令改正に端を発した地域間の対立であり、いま一つは、政府の広域行政団体の創出策と富士紡の思惑が重なって進行した菅沼村・六合村の合併問題であった。そしてこの二つの問題は、お互いに交錯しつつ絡み合いながら進展していくことになる。

駿東郡では明治四十年、郡長が訓辞を発し、町村財政の窮状を救い戦後経営を積極的に推進できるような強力な町村を創出するために町村合併を促進するよう町村長に指示している。[3]このような動きに呼応するかたちで菅沼・六合両村は翌四十一年には合併協議に入っている。両村に工場を有する富士紡もこの合併を強く望み、年内には、両村合併の協議は進み、富士紡小山工場長と代議士湯山壽介の臨席のもとに、一旦は町名を富士町、小山駅名も富士駅と改称することでまとまりかけた。しかしこの話は、六合村側から町名を小山町となすことが主張され、菅沼村の「小前ノ者」にも合併に反対する者が多く、この合併談義は頓挫し、特に反対の多かった菅沼村では村長は辞任に追い込まれた。[4]

菅沼村の反対理由は、第一に、六合村民は菅沼村民より政治思想が向上しており、合併後は「六合町政」となってしまうことが懸念されたこと、第二に、菅沼村は基本財産と共有土地を六合村より多く所有していること、第三に、菅沼村は富士紡第一・第二工場を有するのに対し、当時六合村は第三工場のみであり、村税の「賦課原資」に格差があること、第四に、当時菅沼村戸数割賦課率は六合村より軽く、合併後はより重くなる可能性がある、というものであった。[5]

要するに、菅沼村ではこの時期に六合村と合併してもメリットが多く見いだせないということである。六合村でも駅名と町名にこだわって強い難色を示すものがあり、六合村ではその後独自に町制への移管と駅名改正に取り組んでいった。

2 菅沼村足柄村組合村の分離と小学校問題

こうして合併は一頓挫をきたしたが、菅沼村では今一つの重要課題である足柄村との関係を整理する必要に迫られていた。前章で見たように、富士紡進出以来組合村を形成していた菅沼村と足柄村の均衡は崩れ、明治三十七年には組合村税の負担区分をめぐって改定がなされたが、なお三十九年にはそれに対し不満をもつ足柄村から改定負担比率の撤廃を求める請願が出されていた。

このような軋轢が両村間に生じていたさなかの明治四十年、小学校令が改正されて五・六学年増設が義務づけられ、教室や教員住宅等の増設による巨額の費用負担が余儀なくされる状況になると、菅沼村では四十一年四月八日の村会において、足柄村との組合村学校を解除して各村別に一校ずつ設置したい旨を決定し、四月十一日の組合村会に提出した。(6) 足柄村でもこの提案を受けてすぐに討議に入り、おおむね菅沼村の提案を承諾したが、二村独立した場合には費用負担が急増することが予想されるため、各村が組合村に提出した寄付金の返還と積立金・基本財産・校舎買収準備金・校舎建物等を二分する案を組合村会に建議して了承された（同年五月）。

こうして小学校の分離独立が決定され、組合村費の中心をなしていた小学校費もそれぞれ独立して徴収されることとなったため、懸案であった組合村費の負担区分をめぐる両村の対立は解消されることとなり菅沼村足柄村組合村も明治四十三年三月に解消され、両村は分離独立した。ところがこの「解決」は、次のような新たな問題点を生み出すこととなった。一つには、両村とも小学校舎を独自の力で新築しなければならず、その場合共同経営の時よりもはるかに経費がかさむことが予想されたことである。二つには、両村で独立して小学校を運営する場合に、改めて各々の村における小学校の適正な位置の問題が、村民にとって重要な検討課題として浮上してきたことである。このように増改築する新校舎をどの位置に建てるかという問題は、多額の税負担と児童の通学距離の遠近という村民生活に直接影響を及ぼす問題だけに、両村内に深刻な対立を引き起こすこととなった。

足柄村では、従来の場所（竹之下字坂ノ下）への存置を主張する近隣地区の竹之下所領等の住民と足柄村内の中央部たる竹之下神田平への移築を求める竹之下向方・桑木区・新柴区の住民達との対立がその後三年余にわたって延々と続き、結局新校舎位置が村中央部の神田平に決まって建物が竣工したのはようやく明治四十四年三月になってのことであった。

次に菅沼村の場合も、明治四十一年四月に学校の分離独立を組合村会に提起してから、ほぼ村の中央に位置する字馬場に校舎を新築することに決し、四十二年二月に工事起工にこぎつけるまでに一〇か月を要している。その間通学距離の違いや危険区域の存在等の理由で各区相互間に確執が生じ、工事が遅延されていたのであった。そこで村内有力者の湯山佐十郎・岩田八十吉・湯山定五郎の三名が調停に奔走し、四十二年七月二十四日、村内六区の間に協定書が取り交わされるに至った。そこでは校舎位置が確定されるとともに、通学距離や危険区域等を斟酌して、小学校建設後に順次道路工事を行うことが約されて、村落間の利害の調節が図られた。その際特に重点が置かれたのは、村中央部の発展を期しての「中央道路」拡幅工事とともに校舎移転によって不利益を被る遠隔地区からの通学にとって危険性のある道路や隧道の開鑿工事であった[7]。新校舎建設には、一万四千円という巨額を要したが、こうして道路工事による利害調節によって村内合意が取り付けられてからは工事も順調に進み、四十二年十一月二十三日には開校式を迎えている。

3　六合村の町昇格請願と町名・駅名問題[8]

菅沼村で小学校校舎がようやく竣工を見たのとほぼ同時に、六合村では富士紡小山第四工場が完成している。そこで村長池谷忠太郎は村会を招集し、工場竣工による人口増と商業の発展を見た今、菅沼村との合併ではなく独自に町に昇格すべきことを決議している。

その際町名は駅名と同じく小山の名を冠することになったわけであるが、翌明治四十三年十一月、鉄道院では栃木県下野の地にすでに小山駅・小山町が存在し、荷物の搬出入等においてはなはだ紛らわしいので駅名改称を六合村に申し入れた。その後四十五年二月には鉄道院から駿東駅・駿東町という具体案も示されたが、小山区出身の室伏辰次郎村議や佐藤太一・田中身喜等の村議等は、絶対反対を唱えてあくまで小山駅・小山町名の保存にこだわり、数百名の反対署名を携えて鉄道院への陳情を繰り返した。当時富士郡から選出されていた政友会の代議士清崟太郎も仲介の労をとって奔走し、結局小山駅は許されないことから、小山の一小字の名たる駿河を駅名とし、町名は小山町とすることで両者の妥協は成立した（同年四月六日）。

ところでこの場合の小山町とは菅沼村との合併後の町名ではなく、六合村単独での町制施行後の名称であったから、町村合併を進める静岡県当局は到底こうした決着に賛同することはできなかった。四月二十日には、県は郡長・県属を両村に派遣して合併を強力に推進しようとし、五月二十五日には新町名は駿河町、両村現在の財産はすべて新町に引き継ぐ旨の答申を行っている。

これに対し、六合村側の室伏辰次郎ほかの有力村議達は小山町名での合併を強く主張し、合併そのものや小山町名での合併に一部で根強い反対のある菅沼村会にまで乗り込んで説得に当たったり、郡役所や県庁に出向いて県知事・郡長に直接談判する等の熱心な活動を繰り広げた。その結果菅沼村での一部村議の強固な反対や、村役場を取り囲むほどの村民達の抵抗をも押し切る形で、駅名は駿河駅とするものの町名は小山町で合併することに決している。

六合村側、特に小山区出身の室伏辰次郎等は何故これほどまでに駅名・町名に小山の名を冠することに固執したのであろうか。彼らは、陳情の際に常に東海道線小山駅開設にともなって春日神社の移転を余儀なくされた境遇やその後の小山駅を中心とした当地の急速な発展に強いこだわりを有しており、小山の名を何とか駅名及び町名に残したいと念願したのであろう。それは六合村の内部にあっては小山区こそが中心であるとの明確な意思表示であると同時に、地元地域が有力者のイニシアティヴのもとに自らのアイデンティティをかけて国や県とも互角に交渉してその主張を貫こうとする運動は、当時労働争議や小作争議が発生し、また富士紡との水利利用のあり方をめぐって二派に分かれて争い、分裂抗争の状態を深めていた六合村民を、署名運動や村民大会に動員し地域ナショナリズムのもとに一つにまとめ上げていく作用を果たしたと言えよう。

さらに町村合併に際しては、明治四十五年当時は第三・四工場を有する六合村はすでに人口・戸数ともに菅沼村を凌駕しており、室伏辰次郎が知事に対して「然ラバ戸数人口多キ六合ノ答申ヲ採用スルヲ相当ト思フ」と述べたように、合併過程並びに合併後を見越した六合・菅沼両村間の主導権争いがこの町名問題に象徴的に現れたものといえよう。

4 合併に対する富士紡の意向

合併問題では、窮乏化する町村財政の打開策として強固な町村の創出を図ろうとする県・郡の行政当局の政策意図(9)ばかりでなく、いま一つ富士紡の強い意向が働いていた。当時富士紡の技師として勤務し六合村会議員として合併過程にも深く関わった田中身喜の回顧録『富士紡生るゝ頃』によって富士紡の意向を検討しよう。まず富士紡にとって従来の状態では、第一に、水利・水路・護岸工事・道路修築等富士紡が行う工場運営のための諸事業もすべて、関係する菅沼・六合両村役場へ届け出てその承諾を得なければならず、きわめて繁雑なこと、第二に、富士紡従業員の税賦課額が、菅沼・六合の村ごとに異なり管理上不都合であったことが指摘されている(10)。ちなみに、明治四十五年度の予算案では菅沼村の一人当たり村税負担額は一・七八円であるのに対し、六合村では一・五円にとどまっていた。富士紡としては職工・社員がそれぞれ属する工場が菅沼村か六合村かに存在することによって、納税だけでなくさまざまな行政サーヴィスに違いが出てくることは、統一的な労務管理を敷いていく上で支障をきたしていたことが推測される。両村合併はこれらの問題点を解消するために富士紡側から強く要請されたのである。

しかもその要請は単なる希望ではなくて、合併を具体的に進める政治力として現れた。合併問題がふたたび暗礁にのり上げた明治四十五年四月頃、和田豊治専務自身が、合併問題について静岡県知事松井茂に交渉を行い、それが駿東郡長を通じて菅沼村長に話がもたらされ、事が進展していったという(11)。さらに和田は、合併を成功に導くために、合併成立の暁には富士紡株百株を基本財産として寄贈する提案をなし、これを実行している。

そしてこうした和田の意向を実現すべく中心となって働いたのが、田中身喜等の富士紡社員で当地に居住し村議となって活躍した者、また菅沼村民で富士紡社員となり菅沼村議でもあった岩田幸恵、さらに富士紡監査役の湯山壽介といった、会社と地元社会の双方に関係を有する人々であった。岩田幸恵は菅沼村の有力者湯山剛平・湯山政蔵・岩田歌吉等への説得に尽力している。田中身喜も富士紡の意を呈して、六合村の小野帰一・高杉栄蔵・山崎銀次郎・岩田蜂三郎といった有力者・村長・村議等に合併を提唱し説得を試みるほか、駿東郡長にも私宅を訪ねて合併問題の報告等を行っている。特に最大の名望家湯山壽介へは、繰り返し要請・談判に及んだ。当初難色を示した湯山も納得し、反対を唱えて騒擾寸前の菅沼村民を前に「時代の趨勢を説き両村合併の利益を説明した」という。[12]

5　合併覚書の締結と小山町の成立

さて合併過程にもう一度話を戻すと、明治四十三年三月には菅沼村足柄村組合村も解除され、交渉は明治四十四年十二月に再開されたのであったが、当時六合村は単独での町制施行を目指しており、また町名改正問題への対応に追われていて、この交渉は翌四十五年一月にはふたたび断絶する。その後前述のように同年四月頃より富士紡の後押しもあって、県・郡が、六合村単独での町制施行路線に強力に介入するかたちで合併への条件が形成されていった。

その際湯山壽介が合併に際しての最大の懸案事項の一つとしてあげたのは、菅沼村の村有財産の処理問題であったという。かつて明治二十九年にも須川での水車運転のため富士紡が支払った寄付金一千円が菅沼村基本財産に繰入れられており、さらに明治四十四年九月にも須川発電所開設にともなう補償金として富士紡から二千円の寄付が菅沼村にもたらされていた。菅沼村民にとって危惧されたのは何よりこうした村の財産が合併によって新町の財産に移管され、所有権があいまいになってしまうことであった。

翌四十五年五月三十一日には合併成立・小山町設置の県告示が示されるに至るが、そこでは、両村の小学校の敷地・校舎等は新町へ提供するが、六合村の六大字（＝集落・区）の財産並びに菅沼村の財産は新町へ引き継がずそのまま各字共有のまま据え置くことが約されている。こうして最大の懸案事項の一つであった各村の財産は新町とは切り離されることで処理された。その結果新町の基本財産は貧弱になるが、その欠を埋めるものとして富士紡和田豊治からの会社株百株の寄贈がなされたといえよう。

五月二十八日には両村間で合併の覚書が交わされるに至るが[13]、そこで約されたのは、第一に、新町設置後の町会議員選挙は競争を避け一方に偏せざるようにすることである。当時両村の人口は、菅沼村五二二七人、六合村一万三四七七人でそのまま選挙を行えば、一級・二級とも選挙人は六合村が多くを占めることは明らかであり、従来の均衡を失することが懸念されたのである。その結果議員数の両村への配分が申し合わされたことは次節において見るとおりである。

第二に、菅沼村で今年度起工の予定となっていた土木工事を速やかに施行することである。それらの土木工事の中には当然小学校問題の解決の妥協策として菅沼村各大字間に調停されて施行が約された道路工事が含まれており、菅沼村会では岩田八十吉や岩田為蔵といった小学校問題の解決に尽力した村議たちが合併反対を唱えていたのである。彼らにとって見れば、せっかく苦心して菅沼村内の円満な協定を成立させた条件が六合村との合併によってうやむやとなり、あるいは反故にされてしまうのではないかというおそれが生じたに違いない。したがってこの覚書条項は、これら土木工事が合併後にも速やかに施行されることを明記して菅沼村側の懸念を払拭するためになされたものといえよう。

さらに同年六月二十五日に結ばれた両村間の協定[14]の中でも、両村の四十五年度の既定の予算は新町の予算として踏襲されることが約され、この懸念は改めて払拭され、加えて村債や村費不納額等も四十五年度においてそれぞれ整理し合併以後に持ち越さないことが申し合わされた。この後者の条項については実際には果たせず、菅沼村旧債四七八五円と六合村旧債四二二〇円は合併後の小山町財政に引き継がれ、富士紡からの税収が確保されるなかで処理されていった。

第三に、将来学校を設置する場合は菅沼月米地内に建設するものとし、隔離病舎新設も菅沼村字鰐塚もしくは大久保両地内とすることが約された。この条項は菅沼村に有利な条件を付与したものといえるが、その裏には、新町の役場位置は六合村藤曲地内とすること、そして特に六合村側の主張する小山町という名称を菅沼村側が受け入れたことへの妥協案としてこの条項が約されたものと思われる。

こうしてようやく両村間に妥協案が形成され、新生小山町は大正元年（一九一二）八月一日をもって新たな船出を迎えることができたのである。こうした富士紡と小山町の事例は、近代—現代において多く見られた企業の地域進出による工業化・都市化の進展が自治体の合併をもたらした典型例と言えるだろう[15]。

6 「地方改良」による村治立直しと御大葬[16]

以上みてきたように日露戦後小山町合併に至る時期の菅沼・六合等の村々では、小学校拡充政策、洪水や伝染病対策、防火・防犯対策、電気・水道や道路整備事業等に追われたが、富士紡からの税収はほとんど還流せず、多額の負債や多数の滞納者が存在するなかで行政当局は直面する諸問題に十分対処すべき財源の確保に窮し、富士紡からの寄付金等の資金援助に頼らざるを得ない状況が続いていた。他方、小学校や町村分離・合併問題等をめぐる地域間対立さらに地主小作間の対立も顕在化して、村落秩序は大きく動揺した。六合村ではさらに、風紀紊乱、犯罪・騒擾の増加、また富士紡が排出する排水をめぐる地域間対立も重なって、役場行政が行き詰まり、明治四十四年八月には村長は辞任に追い込まれ、その後六ヶ月間村長不在期間が続いたことはすでに述べたとおりである。

こうした日露戦後の国民が疲弊する事態を前に、明治四十一年十月、戊申詔書が渙発され、勤倹・貯蓄・共同一致・公共への奉仕等の精神が鼓吹された。また国家を支える町村団体を強化するために部落有財産や村落神社等の行政村への整理統合が推し進められるとともに、農会や産業組合の活動を活性化して産業基盤そのものを強化する取り組みが行われた。これら内務省が中心となり農商務省や文部省も協力して全国的に推進された「地方改良運動」は、しかしながらかえって行政村役場と各村落、また村落間の激しい対立を惹起してしまい、それに対処するために明治四十四年には町村制が改正されて行政村の執行権限が強化された。富士紡工場を有する当地方にとっては、この改正町村制によって富士紡小山工場から生じる営業所得にかかる付加税が東京本店ではなく工場所在地の行政村にもたらされるようなったことが極めて重要であることはすでに前章において指摘し、また小山地方における神社合祀や部落共有林野の統一事業の実態についても『小山町史　第八巻』所収の拙稿において詳述したところなので、ここでは六合村の役場行政の強化・統合策について触れておこう。

六合村では明治四十二年二月に「職員会」を作り、役場吏員・学校職員・村会議員・常設委員総代・学務委員・村医並びに学校医が年六回定期に会合し、職務執行上の知識の交換と注意・改善を図る場が設けられた(17)。続いて明治四十五年四月、半年の村長不在期間後に就任した高杉栄蔵村長のもとで「六合村吏員分担区規程」が定められた(18)。この規程によって助役以下の吏員は、村内六区の行政区を受持ち分担して次のような行政指導を行っていくこととなった。

一　納税ニ付注意シ、怠納ナカラシムル事
一　寄留出入無届者ニ注意スル事
一　無届営業者ニ注意スル事
一　学齢児童不就学者ニ注意スル事

一　孝子節婦其他善行者ヲ取調ル事
一　恤救必要ト認ムルモノヲ取調ブル事
一　兵籍ニアルモノ出入無届者ニ注意スル事
一　官公署ニ可為手続キ質問者アルトキハ、親切ニ之ヲ指示スル事、並ニ伝染病患者・未痘者ニ注意スル事
一　行政上参考トナルベキ申出ヲ受クル事
一　右ノ外担当吏員ガ必要ト認メタル事項

受持吏員は、右の事項について毎月三回、土曜・日曜のうちに受持区を巡回し、毎月村長に報告すべきこととし、村長または代理者も臨時に各区内を視察すべきことが規定された。また受持吏員は巡視に際して、必要に応じて各区の常設委員・衛生委員・学務委員と打合せをなし、重要な事件は村長の指揮を受けて協議の上実行すべきこととされた。

こうした巡視報告の一例をみると、「村税戸数割不納者へ注意し、一部完納、一部逃走」「髪結営業の無届注意」「富士紡社宅における病父孝養の実情報告」「老女の救恤対策に付協議」「予備砲兵の兵籍無届注意」「乞食徘徊につき派出所へ通知」「納税切符の一週間以前の配布を望む申出受理」というものであった。まさに村役場の吏員総出で、停滞する村行財政の立直しを図っていたのである。

この時期はまた、明治四十三年以降これまで旧暦で施行されることが多かった盆祭りも新暦の七月二十三日・二十四日・二十五日と統一することが定められ、さらに新暦での祝祭日に日清日露戦後に指定された陸軍記念日や海軍記念日が新たに盛込まれ、日常生活への国家意識・軍国意識の浸透が図られた(19)。

このような国家意識は、明治天皇の崩御と御大葬として国家国民を挙げて執り行われた葬儀の式典を通して、いっそう国民のなかに浸透していった。明治天皇の病状悪化、重篤の報は明治四十五年七月二十一日頃国民に伝

えられ、同二十八日朝には危篤が報じられた。

六合村では、二十七日と二十九日に小学校と藤曲浅間神社において教職員・小学児童・役場吏員・村名誉職、さらに富士紡会社社員ほか村内有志者が参集して平癒祈願を行った[20]。菅沼村では同様に小学校と神社で平癒祈願を行うとともに青年会員が二十五日から五日間毎夜菅沼・六合内五社を参って熱心に平癒祈願を挙行している。八〇歳の老人も十輪寺において念仏平癒祈願を行っているほか各寺院においても毎朝執り行われ、「神社ニアリテハ参拝者頗ル多ク、神官率先平癒奉祈セリ、御病中ニハ民心神社ニ集中シ」たという。

七月三十日午前五時に明治天皇の崩御が報じられ、激動の明治は終焉を迎え大正と改元された。六合村では村民に弔旗の掲揚と謹慎に服すべき旨を達している。六合・菅沼両村とも三十日・三十一日に村民一同と教員・生徒が小学校に集まり、御真影を拝して「拝訣式」を執り行い、両村長は宮内省に「天機奉伺書」を送呈している。期しくも大正という新時代の開幕とともに八月一日から小山町制が正式に施行された。

新生小山町では八月初旬に各寺院において「拝悼式」や聖徳奉賛講話会が開催され、湯山壽介小山町長や小学校長はじめ町民一同が出席した。九月十三日に挙行された御大葬に関しては、十三〜十五日の三日間、国中一般の謹慎と歌舞音曲の停止、半旗の掲揚、諸官公署・学校の休業が通達され、国民一同厳かに喪に服した。また「霊柩列車」並びに「供奉列車」の駿河駅通過に際しては、奉送者に礼服の着用、喪章の付帯、敬礼の励行を義務付け、沿道の家々の二階以上の窓や汽車に面する門戸を閉ざすこと等の措置が講じられた[21]。

こうして明治天皇の危篤に際しての国を挙げ村々を挙げての平癒祈願と、崩御に際しての「拝悼」「服喪」の挙式のなかで、対立と騒擾に明け暮れた日露戦後の当地の人々も富士紡従業員も小学校生徒も老若男女の多くが心を一にして祈りを奉げ、心深く天皇の下での日本国家の一員としての意識を深めたのである。時あたかも、大正新時代の幕開けであり、それは新たな町村制の下での新生小山町の始まりとぴたりと重なり、平癒祈願や大葬の儀式の中で育まれた帝国臣民としての共同一致の精神は、そのまま新生小山町を支える精神として引き継がれていったものと思われる。

7　村会議員構成

ここで小山町政の分析に進む前に、表12-4によって菅沼・六合両村の吏員並びに村議構成を確認しておこう。まず菅沼村の場合は、独立以後村長を務めたのは明治四十一年に合併問題の渦中で辞任に追い込まれた湯山剛平であった。彼は湯山壽介の親戚で長年助役を務めた経験があり、また農会長も務める篤農家でもあった。この時期の村議は、日清戦後期と同様、村長を擁する一～六等までの上層地主四人と九～一四等までの中堅層六人の二層からなっており、富士紡に関係する者として監査役の湯山壽介と富士紡職員の岩田幸恵が村議を務めている。商人も一名増えて三名となったが、富士紡工女の取締まりや工女への掛売り禁止等を申し合わせた茅沼の商人組合からはこの段階では選出されていない。だが、この時期伝染病流行に際して水道敷設に尽力した平田義烈が登場し、また小学校建設問題で村内の調停に奔走した岩田八十吉・岩田為蔵が戸数割等級が一四・一〇等と低いにもかかわらず選出されていることが注目される。湯山壽介等富士紡関係の有力村議が進める六合村との合併問題に、一番強い抵抗を示したのもまた彼らであった。

次に六合村を見ると、村長は明治三十七年一月～四十一年一月までは町場である生土区の地主小野帰一（戸数割等級六等）が就くが、次の四十四年八月までの時期には湯船区出身の池谷忠太郎（一三等）が務めている。池谷村長は長年村議を務め、また六合村農会長や蚕種組合の責任者としての経験を有する篤農家であったが、第三・第四工場の稼働で急速に市街地化が進展したこの時期になぜ農村部出身で中堅層に属する彼が村長に就任できたかは定かではない。その後多発する都市型の社会問題に十分対応できなかったのか、また町場地域の政治勢力から反発を招いたのか、四十四年八月には政治抗争の中で辞任を余儀なくされている。[22]以後は半年以上村長不在期間が続き、四十五年二月になってようやく助役であった高杉栄蔵（町場藤曲区、一三等）が村長に昇進する

表 12-4　菅沼村・六合村の村会議員（明治 45 年）

	氏名	戸数割等級	政党関係	職業・職歴等
菅沼村	湯山剛平	3	△	村長，地主，村農会長，勧業家
	岩田国太郎	11		小売業
	湯山政蔵	6	○ △	地主
	岩田幸恵	9		富士紡社員
	岩田為蔵	10		
	岩田八十吉	14		小売商
	平田義烈	5	◎	士族，中学校教師
	金森勝三郎	10		
	湯山壽介	1	⊙ △	元村長，県議，衆議院議員，地主，各級農会長，富士紡監査役
	湯山和三郎	11	△	物品販売業
六合村	高杉栄蔵	13	◎	村長
	小野帰一	6	◎ △	前村長，郡会議員
	佐藤太一	13	◎	
	遠藤司馬太郎	8	◎ △	洋服店，富士紡技術者の義弟
	芹沢利十郎	9		
	臼井儀内	12*		
	山崎銀次郎	13	◎	
	田中身喜	8		富士紡工作部主任技師
	早川森之助	12*		
	岩田荘吾	8		医師，富士紡医務所勤務
	高橋広吉	10	◎	
	小沢勝太郎	14*	◎	
	松本紋次郎	13		
	室伏辰次郎	6	◎ △	地主，郵便局長，郡会議員
	池谷隆	14*		

出所：「明治 45 年 6 月町制施行につき六合・菅沼両村間の協定」（『小山町史第 4 巻』366 頁），その他より．

注：1）六合村会議員 18 名中 15 名を表出，残り 3 名は不明．
2）戸数割等級は菅沼村明治 45 年全 20 等中より．六合村は明治 35 年全 18 等中より．但し＊印は大正元年小山町全 23 等中より．
3）政党関係は表 12-3 と同じ．△印は大正 4 年政友会県会議員推薦者．

という経緯をとっている。政党関係では、菅沼村と比べて政友会の影響力が強くほとんどの村議がその構成員と思われ、駅名・町名の改正問題での政友会代議士清嵩太郎との連携の強さの根拠を見て取ることができる。

階層構成を見ると最上層が見られなくなり、六〜一四等の上層から中堅層までで占められている。また町場の拡充にともなって商人も二名ほど現れるようになるが、より注目すべきことは、富士紡社員として富士紡工場工作部主任技師の職にあった田中身喜と富士紡医務所に勤務する医師岩田荘吾が選出されていることである。田中は四十年より村議に選出されるが、『富士紡生る、頃』にはその間の事情として、時の工場長から「会社は一級選挙権の過半を有する。咋今会社と村との関係が、色々にこんがらがってきて甚だ面倒である故、一つ田中君を煩はして、その円満を図らうといふ考へで、既に重役の承認を得て、君を一級より選出した次第だ(23)」と申し渡されたことが記されている。

前章で見たとおり明治四十年時点では、国税営業税付加税等の富士紡が法人として納める村税は少額であったが、職工・社員が戸数割等を納める額は相当多額に上っていたと思われ、「会社は一級選挙権の過半を有する」という言葉もあながち大げさでないように思われる。富士紡は、日露戦後工場や発電所建設にともなって土地買収・水利利用・伝染病対策、防災防犯対策といった多方面で地元社会と軋轢を生じており、そうした問題への対処と菅沼六合両村の合併推進を図る目的で、意図的に自社員を村議に送り込んでいたのであった。

それでは、新生小山町において、富士紡と地元社会とはどのようにして共存関係を構築していったのだろうか、富士紡から町村との利害関係の調整を託されて町議に送り込まれた田中身喜技師の活動も踏まえて検討することにしよう。

三　小山町制下の政治状況

1　町吏員ならびに町議の構成

右のような産みの苦しみの果て、大正元年八月一日ようやく小山町は発足したが、その初代町長には、菅沼村出身の名望家湯山壽介が就任した。彼こそ、県会議員・衆議院議員を歴任した最大の大物政治家として、合併過程で激しい対立のしこりの残る菅沼村・六合村両村をまとめあげ統合していく政治的力量と経歴を有しており、また監査役として富士紡と太いパイプを有し、合併過程や土地買収・水利利用等において、地元と富士紡との協調関係形成に尽力してきた実績があることから、初代町長として最適の人物であった。しかも湯山は、耕地四〇町余を有する当地最大級の地主（戸数割等級一等）で、村・郡・県・国レベルの農会の要職を歴任して勧業活動にも尽力して農村部の支持も厚く、また大正三年に町村農会と共同して農事改良と小作人の福利増進を目的として設立された駿東郡地主会の会長も務め、(24) 明治末期に小作騒擾も発生していた小山町において、農村部への諸対策を講じる上でも十分な資格を備えていたといえよう。その後町長は二代湯山剛平（元菅沼村長、大正五～九年）、三代室伏完（元六合村長室伏董平の子息、大正九～十三年）というように安定して引き継がれる。

助役には、湯山壽介と並び称された六合村生土の名望家室伏董平（前県会議員・前六合村長・前富士紡監査役）の子息で、駿東郡地主会の評議員にもなっていた室伏完（戸数割二等）が就いて、菅沼・六合両地域間のバランスが保たれた。これ以後町長と助役は、旧菅沼村と旧六合村から一人ずつ選ばれることが慣例化していった。収入役には旧菅沼村時代の助役鈴木栄吉がついたが、そのほか肥大化した町行財政事務の強化と菅沼・六合両地区の均衡を図って、旧六合村から有給助役に中村兼次郎（前助役）と副収入役に高橋清作を雇っている。

次に町会議員の構成を表12-5によって見てみよう。議員数は合併前の六合村一五名・菅沼村一〇名の計二五名より一名少ない二四名とされ、六合村から一五名、菅沼村から九名が選出された。こうしてほぼ合併前の状況が維持され、第二回選挙の時にも保たれている。また若干年は下るが大正九年の第三回町議選挙時に選挙対策を語った菅沼区の湯山敏行候補の書簡には「議員には定員がありまして慣例によりて各区へ凡その人員の配当もあるようです」とあり、そのメモ書きには「六（合）―一七人、菅（沼）―七人内二級四人、一級三人、会社一人」と記されており、六合・菅沼・富士紡に町議数が割り振られていたことがわかる。

また大正五年第二回選挙時の得票数の分布を見ると、二級選挙では三七～四五票という僅差の票数に一〇人が集中しており、一級選挙では全員が九～一二票の間に収まっている。有権者数が町場と周辺農村部で著しく異なる小山町の場合、こうした均等な票の分布は不自然であり、事前に各区への票の配分が行われそれを基準に投票が行われていたことは明らかであろう。そのなかで、国税営業税付加税や同所得税付加税で町税の過半に達していた富士紡へは等級選挙制のもとで、一定の人数が振り分けられていたと思われ、富士紡としても日露戦後期に引き続いて、自社の意向を町政に反映させるために意図的に社員を町議に送り込んでいたものと考えられる。

実際の選挙にあたっては各区で割り振られた人数の候補を選定するための予備選挙が行われ、大正五年九月の町議選では例えば生土区は一級選挙人候補に小野帰一を、同二級に室伏完を推薦し、当選に必要な得票数に満たない場合は「生土外部有権者ヨリ収得スルコト」を決し[25]、選挙委員を中心に収得者を報告して選挙に臨み、この二名の当選を果たしている。このように完全に区間の票をめぐる獲得競争がなくなってしまったわけではなかったが、議員割り振りと予選による候補者選定システムによって、各地域・区間の制限のない競争は抑止されて政治勢力の調整がはかられた[26]。

こうして選ばれた町議の構成を第一回（大正元年九月）と第二回（五年九月）の町議選の結果について見ると、菅沼・六合の旧村の各区から町議は選出されているが、特に小山区四名・生土区二名・藤曲区二名（以上旧六合村）、茅沼区二名（旧菅沼村）という商店街や富士紡社宅が存在する地区から多数が選出され、富士紡からも二～三名の当選者が判明する。富士紡関係者のなかには、主任技師田中身喜や遠藤司馬太郎が選出されている。遠藤は、富士紡創業時から技術者として尽力した酒井兎一の義弟で、いち早く落合に洋服店を開業し、商工会相談役として地元商人達のまとめ役であり、また田中身喜とともに友愛会小山支部[27]の会員でもあった。

選出された町議の政治的経験を見ると、村長や郡会議員・村議・常設委員等を歴任した者が多く、富士紡進出以来発生したさまざまな社会問題や軋轢の解決に尽力してきた経歴を持つものが少なくなかった。例えば小山区の室伏辰次郎や臼井儀内は、同区の常設委員等として、富士紡と小山組運送会社運営についての契約（明治三十

表 12-5　小山町会議員の構成

戸数割等級	政党関係	職業・役職・得票数・その他
1 等	△	地主，町長，前衆議院議員・県議，各級農会長，富士紡監査役
5 等	△	地主，前菅沼村長，木管製造所取締役，前農会長
12 等		富士紡社員
8 等		
8 等	◎	士族，中学校教師
13 等	△	
5 等	◎△	地主・郡会議員・郵便局長，小山常設委員
8 等		富士紡工作部主任技師，友愛会小山支部評議員
9 等	◎	商工会相談役
7 等	◎△	地主，旧六合村長
7 等	◎△	商工会相談役，代弁業
6 等		
12 等		旧菅沼村助役
7 等		
11 等		商工会相談役兼評議員，商人世話係，富士紡技術者，呉服店
9 等	◎△	洋服店，商工会相談役，義兄が富士紡技術者，友愛会小山支部賛助会員
12 等	◎	農業
12 等		商工会役員，小山区常設委員，花戸堰世話人
7 等		自作地主，柳島常設委員
10 等	△	農業，魚屋，農事監督，富士蚕種製造組合幹事，藤曲常設委員
10 等		
13 等	◎	旧六合村長・同農会長，富士蚕種製造組合長
11 等	◎	旧六合村助役
13 等	◎	旧六合村長，藤曲常設委員，農業
1 等	△	12 票，大正元年と同じ
5 等	△	11 票，大正元年と同じ
11 等		12 票，大正元年と同じ
15 等		9 票
7 等		12 票
5 等	◎△	11 票，大正元年と同じ
7 等	◎△	12 票，大正元年と同じ
12 等		11 票，物品販売業
6 等		10 票，大正元年と同じ
5 等		10 票，(富士紡社員)
4 等		12 票，地主
14 等	◎	10 票
11 等		45 票，元菅沼村助役
12 等		45 票，小売業
11 等		43 票，商工会長
8 等		37 票
11 等	□	67 票，商工会相談役
2 等		52 票，地主，助役，小山町衛生組合長
8 等	◎	45 票，商工会相談役
8 等		45 票，医師，富士紡職員
10 等	◎	40 票，小山区富士見常設委員
13 等	◎	40 票
9 等	△	40 票，大正元年と同じ
6 等		37 票，大正元年と同じ

(旧進歩党系) 評議員を示す．役職における商工会の情報は大正 7 年時のもの．

		町会議員氏名	出身地区
大正元年	1級	湯山壽介	菅沼・大脇
		湯山剛平	〃・谷戸
		岩田幸恵	〃・坂下
		岩田平次郎	〃・坂下
		平田義烈	〃・茅沼
		湯山和三郎	〃・原向
		室伏辰次郎	小山
		田中身喜	小山
		平川信太郎	生土
		小野帰一	生土
		清水寛	（旧六合村）
		山口勝平	小山
	2級	岩田歌吉	菅沼・坂下
		岩田駒次郎	菅沼・下原
		深沢栄吉	菅沼・茅沼
		遠藤司馬太郎	落合
		山崎銀次郎	中島
		臼井儀内	小山
		勝又乙吉	柳島
		藤曲啓作	藤曲
		阿部文一郎	小山
		池谷忠太郎	湯船
		佐藤太一	生土
		高杉栄蔵	藤曲
大正5年	1級	湯山壽介	菅沼
		湯山剛平	〃・谷戸
		岩田幸恵	〃・坂下
		湯山佐十郎	〃・上合
		岩田駒次郎	菅沼・下原
		室伏辰次郎	小山
		小野帰一	生土
		室伏彦太郎	小山
		清水寛	（旧六合村）
		乾棟三郎	小山
		池谷貞治	湯船
		野木太紋	南藤曲
	2級	岩田歌吉	菅沼・坂下
		岩田国太郎	菅沼・茅沼
		秋山仁哉	菅沼・茅沼
		湯山亀太郎	菅沼・原向
		遠山浜次郎	小山
		室伏完	生土
		平川信太郎	音淵
		岩田荘吾	落合
		本田穂波	小山
		山崎銀次郎	中島
		藤曲啓作	藤曲
		勝又乙吉	柳島

出所：「大正元年・三年小山町町会決議書」等より作成.
注：戸数割等級は大正2年時，全23等級より.
政党関係の◎と△は前表と同じ，□は県同志会

六年[28]）や花戸堰水路使用条件で契約締結（三十八年[29]）に尽力しているし、小野帰一（旧六合村長）や高杉栄蔵（同上）・佐藤太一（旧六合村助役）等は、工場建設の護岸工事や土地買収（三十八年[30]）、須川水力使用について富士紡との協定（三十九～四十年[31]）、菅沼村との合併交渉等の際に、それぞれ旧六合村長・助役あるいは生土区や藤曲区の総代や常設委員として、富士紡と区民の利益を妥結させつつ契約締結のために奮闘した人物であった。伝染病対策としての簡易水道敷設事業（明治四十三・四十四年）には、前述の平田義烈のほか深沢栄吉・秋山仁哉・平川信太郎等の商人層がその功労を地元から称えられている[32]。このなかの深沢栄吉は富士紡創業時から工手補として紡績部門の技術指導に当ってきた人物で、茅沼にて呉服店も営み、工女の保護と逃亡防止を図った茅沼商人組合世話係も務めた経歴があった[33]。富士紡工場からの人糞尿肥料利用に関しても、湯山剛平・池谷忠太郎・室伏辰次郎が農会長あるいは区代表として払い下げ契約の締結に努めていたし（明治四十年[34]）、池谷忠太郎や藤曲啓作は蚕種共同飼育のために富士蚕種製造組合を組織したり（四十三年[35]）、農会長や農事監督として農事改良の指導に尽力した経験を有していた。そして彼等はこうした諸事業への尽力と貢献を区民に認められて区の予選で候補者

となり、町議に選出されてきたのであった。

こうした経歴を持つ町議の階層を見てみると、日露戦後期、特に六合村で顕著に現れた戸数割等級九～一三等といった中堅層の村議への進出傾向に歯止めがかけられ、一～五等の最上層が大正元年に三名、五年に六名選出され、六～一〇等の上層も同じく一〇名・八名を数えて両者で過半を占め、それ以下の中堅層（一一～一五等）の九名を上回っていることがわかる。このように、町会でふたたび上層のイニシアティヴが強まった理由として、日露戦後期を振り返ると、多様な社会問題の発生と地域間ならびに地域と富士紡との軋轢が激化する事態に中堅層主導の村長・村議体制では十分対応できず、政争と混乱が収束されなかったこと、また両村合併後の新町政の運営という点で、自区のみならず両村域にも勢力が及び富士紡とも太いつながりがある上層名望家の統合力が改めて必要とされたものといえよう。

職業別構成としては、大正元年の場合農業・地主層以外の商業その他を営む者が判明するだけで六名数えられ、しかもその内五名が大正七年の商工会の役員（相談役・評議員）に就いていることが注目される。彼等は明治末期以降、工女外出禁止令等をめぐって富士紡と度重なる交渉を行ってきた者達であり、そうしたなかでいよいよ商工会（商工組合）として商人の声を町会に反映させることが企図されたものといえよう。

政党別では、政友会支持者あるいは党員と思われる者が大正元年で一四人と依然多数を占めているが、五年には政友会支持者は九名と若干減少し、旧憲政本党系の静岡県同志会の評議員を務める遠山浜次郎がトップ当選を果たし、非政友系の静岡民有新聞紙上では「非政友派を標榜する者過半数を占むるに至りたり」[36]と報じている。また日露戦後から大正元年に当選の臼井儀内も大正末期には当地における憲政会（旧進歩党系）の重鎮となっていたことが知られている。[37]ともあれ、この報道はあまりに非政友派の躍進を過大評価していると思われるが、従来の政友会の絶対的支配がこの選挙を機に揺らぎ始めたことだけは確かなようである。

2　小山町会の動向

次に小山町会に現れた動向をこの時期盛んになった請願運動の行方（表12－6）と併せて検討しよう。前章では地域が一体となりまた富士紡と協力して教育・衛生・災害復旧等の諸行政が進められた実態を見たが、ここではそうした側面をより小山町政に即してみてみよう。

まず大正元年十一月、この時期富士紡がさらなる綿紡織工場を神奈川県川崎町に建設する予定であるとの情報に接すると、小山町では引き続き第五・第六・第七工場を地元に増設してもらいたい旨を町議全員の建議をもって富士紡に請願している。そのなかでは「翻テ当町ノ現在及将来ヲ考フルニ、会社従業員ハ論ヲ俣タズ其他如何ナル業ニアルモ均シク会社ヲ本位トシ、一切ノ経営総テ会社ヲ中心トシテ画策企画セサルベカラズ、斯クテ会社ノ膨張ハ自ラ地方ノ発展トナリ、地方ノ発展ハ亦自カラ会社ノ発展ヲ助ケントス、自今会社ニ於テ拡張セラルベキモノハ予期ノ第五、第六、第七工場ノ増設ナラスンバアラス、本会ハ茲ニ本町ノ発展ヲ望ミ町民永遠ノ幸福ヲ思ヒ、町民一同ヲ代表シテ右工場ノ増設ヲ熱望スル(38)」とあり、富士紡の拡張と地元社会の発展が相互不可分のものであり、地元ではあらゆる経営が富士紡中心に企画されており、将来とも共存共栄の途がとられるべきことが強調されている。この建議はひとまず受け入れられた形となり、加工高級綿布生産の第五工場は川崎に建設されずに大正三年小山の地に建てられた。

そのほか道路交通手段の整備要求として、将来東海道熱海迂回線（後の丹那トンネル）竣工の際には駿河駅（旧小山駅）のある国府津―沼津間も広軌を敷設すべしとする請願を大正元年関係町村とともに帝国議会に行っているが、これも「鉄道ニ係ル件衆議院ニ於テ採択セラレタリ(39)」と町会において町長から報告されている。

さらに当地の産業発展を支える中心道路の一つである小山―御殿場間の県道を、地元町村に道路整備の負担がかからない第一類に編入することを、富士紡と小山町さらに北郷・御殿場・高根・須走の各町村が県に請願して

表12-6　小山町政下の諸請願（大正1～7年）

年月日	請　願　者	請　願　先	内　　容
1．8．16	富士紡工場長	静岡県知事	小山御殿場往還小山停車場より菅沼七曲まで県道第1類編入願
1．11．29	小山町会議員	町長及び富士紡	小山にて第5・6・7工場の増設要求
1年	小山町ほか沿線町村	衆議院	東海道線熱海迂回線竣工の際，国府－津沼津間の広軌敷設願
2．10．5	小山区	町長及び富士紡	富士紡の水路埋設に反対し公水路となすべし
2．10．30	神奈川県4ヶ村，小・北・御・高須	神奈川県知事	山北谷峨間県道改修願い
2．11．19	小山町衛生組合長	小山町長	1. 塵芥投棄場所の特定と設備完備 2. 共同便所設置
2．11	小林勇作	町長	小山町清潔舎設立につき塵芥処理場所の特定願い
3．1．27	湯船・柳島・中島・落合・音淵・生土・小山各区	町長	実業中学の設置
3．1．30	菅沼区民代表	町長	特殊実業教育機関の設置
3．2．17	生土区長	町長	生土区内の道路工事の予算編入願い
3．10．24	小山町長	静岡県知事	警察分署の設置もしくは警部補派出所への昇格と巡査増員
4．6．23	小山区長・組頭一同	町長	駿河駅より神奈川県境までの道路を県道とすべくその筋に請願すべし
6．1	藤曲・柳島・湯船各区長	町長	各区関連道路の改修
6．2	茅沼・新屋・菅沼各総代	町長	実業学校の設置
6．3	神奈川県谷峨村・小山町	神奈川県知事	武相県道谷峨村より静岡県境までの県道改修工事促成
6．3．19	菅沼区原向総代	町長	小学校に通ずる羽黒神社坂字原阿弥陀窪の道路開鑿
6．3．28	中島区長	町長	小山中島道路の開鑿
6．8．24	茅沼総代・菅沼区長	町長	富士紡の隔離病舎建設予定地を人家の少ない場所へ変更願
6．9．18	富士紡工場長	町長	旧道路敷地払い下げ願い
6．10．3	湯船区長	町長	道路2類を1類へ変更願い
6．10	室伏完ほか19名	町長	野沢川洪水防止のための改修工事願い
7．4．15	小山商工会長	町長	富士紡購買会の縮小

出所：『小山町建議・請願・陳情書類綴』，『小山町町会議事録』，『小山町史』第4巻等より作成．

いる。大正三年の大洪水を機に、同県道の小山から神奈川県谷峨方面に通じる道路についても、第一類への編入と拡幅工事の促成を求める請願が、町下各区から噴出するが、この請願運動はやがて神奈川県谷峨村方面とも連携して広域な協力体制のもとで行われ、順次その成果は挙がっていった。

また新興の工業地域にふさわしい中等の実業学校の設置実現を求める請願が、大正三年一月に小山町長に対してなされている。その建設場所については、合併の際に、菅沼月米地区に建設予定という申し合わせが交わされ、菅沼区と旧六合村の各区のそれぞれから請願が出されている。[40] これには富士紡の和田豊治も前向きで援助を内諾し、政友会代議士清崟太郎も熱心な賛助を表明したという。結局この中等の実業学校の建設は実現はできなかったが、その分初等教育の充実を図り、菅沼・成美両小学校とも、大正五〜七年に校舎施設の増改築を次々に行っている。

そのほか、前章で見たように、多発する犯罪・事件に対して現在の巡査派出所の体制では治安対策上不十分なため、警察分署ないし警部補派出所への昇格と巡査の増員を県に請願しているが（大正三年）、これは六年に警部補派出所への昇格がなされて実現している。[41] また大正二年衛生対策上から塵芥投棄施設の建設と共同便所の設置が衛生組合からなされていたが、この期は隔離病舎の建設や消毒事業の拡充といったより直接的な防疫事業の充実に忙しく、それらの要求は実現できなかったようである。

このように新生小山町は富士紡との協調関係をより強固にして、工場誘致、道路整備、教育・衛生・警察等の施設充実を図り、十全とはいかないまでも確実に成果をあげていったのである。それらの要求実現に関して、政友会領袖である町長湯山壽介と、政友会党員の郡会議員室伏辰次郎・小野帰一、そして同党代議士清崟太郎のパイプが導管の役割を果たしていたことは想像に難くない。

だが、すべてが円滑に進んだわけではない。この時期にも次のような諸対立が見られた。

第一に、大正二年（一九一三）の水害復旧工事に関し、富士紡と地元小山区の間に対立が発生した。工場拡張の観点からも駅前の水路の埋設と暗渠の布設を主張する富士紡に対し、それでは民家への浸水を防げないとする小山区は水路埋設に反対し、富士紡に水路を上地させ公水路に戻させる旨の請願を小山町会に提出した[42]。町会では小山区と富士紡に直接関係しない町議六名を委員に選出して両者の説得に当たり、郡役所の調停も仰いだが、両者譲らぬまま調停交渉は暗礁に乗り上げてしまった。

大正二年十月五日の町会においても、小山工場技師の田中身喜町議は、問題の水路埋設工事が、小山町会が大正元年に富士紡に建議請願して立地場所を川崎から小山に変更してもらった新設工場の拡張に付随するものであること、そして工場と郡役所の二度の調査により地元に障害が及ばないのは明らかだと会社側の立場を主張した。

これに対し、小山区出身の室伏辰次郎町議は「小山部落へ障害ナラサル水路ノ設備ヲナシ然シテ後工場ノ発展ヲ希望スルモノニシテ全然技術者ノ調査ニ信頼スベキニアラズ、我々ハ数十年来ノ実検ニヨリ果シテ有害ナルモノト確信ス」と主張して、「小山部落トシテハ飽迄会社ノ処置ニ反抗スル意見ニシテ是非町会ニ於テ可否ヲ争フ心算[43]」を吐露した。その後連日連夜にわたって「町ノ平和」を最優先にする立場から町長・関係町議・委員達の説得が続き、ついに小山区も八日の町会で請願を取り下げる旨陳述し、富士紡の水路埋設暗渠布設の工事は予定どおり施行されることとなった。

しかしながら、翌大正三年の未曾有の大洪水は、多くの家屋流失と浸水をもたらして小山区の「数十年来ノ実検」が証明されることとなった。このような水利をめぐる富士紡との軋轢は菅沼区との間にも見られ、完全に払拭されたわけではなかったのである。

第二に、菅沼区の原向や茅沼地区から、日露戦後小学校移転新築の位置決定の際に村落間協定として締結され、六合村との合併協定の中でも新町設立後にその施行が約束されていた、道路整備と実業学校の建設が履行されていないとして、大正六年その実施を迫る請願がなされている。道路については約束の一つである中央道路については竣工されたが、原向地区に関係する羽黒神社―阿弥陀窪道路については工事が着手されていなかったのである。しかし当時は町内他区からも道路修繕の請願は噴出しており、結局そうした諸請願の一つとして処理されていったようであり、実業学校についてはついに実現されることはなかった。こうして菅沼区の一部にも新町政について不満が残ったのである。

第三に、第七章で詳しく見たように伝染病の流行に端を発した、富士紡の工女外出禁止令や購買会の工場内設置をめぐる、地元商人たち＝商工会と富士紡との対立が続いたことである。商人組合や商工会の役員達は、工場側の措置を撤回させるため、工場長と談判したり、請願書を提出する等の積極的活動を展開していたが、結局購買会撤廃はならず、購買会で扱う商品をなるべく地元商店から購入するといった妥協策で折り合いをつけるほかなく、商人側に大きな不満が残ったことが想像される。

第四に、富士紡から選出された田中身喜町議は社員・職工の戸数割等級査定を行ったが、その際、徴収に際して富士紡の慰安施設・富士倶楽部に合宿している社員五、六人が団結して、一戸を構えていない者から戸数割を徴収するのは不当であると言い張って納税拒否を表明した。町長はじめ田中町議は、一戸を構えていなくても独立の生計ある者は戸数割納税の義務があるといって説得したが、逆に田中町議は富士紡社員の立場を弁護すべきであると論難されて、説得は不首尾に終わり、結局強制執行による差し押さえがなされている[44]。友愛会小山支部評議員も務めていた田中町議に、低所得者の利害の代弁者を期待した富士紡職工達にはこの処置は大いに不満であったに違いない。

そしてこのような小山町政に内在した種々の不満や不安定要因が、大正五年の非政友勢力の一定の進展となって現れたものと見ることもできよう。しかしながら、この時期には、工場からの巨額の税収も大きな力となって（もちろんそれが他町村との税収分配割合の調停難航によって遅延するという不安定さは抱えていたが）前述のような富士紡と地域との協調体制がようやく安定的に軌道に乗り、種々の伏在する諸問題が鋭い政治問題として立ち現れるのは、なお大正末期を待たねばならなかったのである。

注

（1）日清戦後の静岡県下の政治状況と室伏董平・岩田実・土屋五東の県会活動、湯山壽介の県会ならびに国会活動については、拙稿「第四節　日清戦後の地方政治」『小山町史』第八巻第三章、平成十一年（一九九九）を参照されたい。本章の記述もこの拙稿に依っている。また明治十年代後半から日清戦後の政治状況の変質過程を、山梨県政を舞台に近代化にともなって変動する地方状況に対応して民党勢力の地域利益獲得＝積極主義への転換として跡付けたのは、周知のように有泉貞夫であるが（『明治政治史の基礎課程—地方政治状況史論—』吉川弘文館、昭和五十五年［一九八〇］）、本書では、そうした政治的変化が県政レベルにとどまらず町村段階においても深く進行していたことを、産業革命の進展にともなう地域における工場誘致を含めて追及したものである。

（2）前掲『富士紡生る ゝ頃』二一九頁。

（3）「町村合併に関する郡長の訓示」『御殿場市史』第六巻、二八九頁。

（4）以下とも菅沼・六合両村の合併過程ならびに町名・駅名問題の経緯については「明治四十五年小山駅名変更並ニ六合村菅沼村合併の由来」『小山町史』第四巻、三六六頁以下、による。

（5）「湯山敏行書簡」小山町菅沼、湯山勝美家文書。

（6）以下足柄村の小学校位置をめぐる村落間の紛擾の詳細については、拙稿「紛糾する小学校問題と小山の「地方改良」」前掲『小山町史』第八巻、第三章第六節、を参照されたい。

（7）「明治四十二年七月　菅沼村小学校敷地決定につき村内協定」『小山町史』第四巻、三五八頁。

（8）以下は断らない限り、「小山町名変更並ニ六合村菅沼村合併之由来」同前書、三六六〜三七六頁による。

（9）中央政界においては、特に明治三十九年発足の西園寺内閣に内務大臣として入閣した原敬が、郡制廃止（但し、原の郡制廃止案は郡役所廃止を除いた妥協的なものであった）と町村合併を推進したのに対し、四十一年七月から発足した桂内閣が、郡制廃止も町村合併も政策的に排して、それに代わっていわゆる地方改良運動を推進していったとされる（宮本憲一「明治大正期の町村合併政策」島恭彦編『町村合併と農村の変貌』有斐閣、昭和三十三年）。地方改良運動が展開されると、部落有財産の統一や神社合併、小学校五、六学年設置などの事業は、行政村と村落（区）、あるいは村落同士の激しい対立を引き起こす場合が多く、そうした過程は町村合併には困難さを増す方向で作用したものと思われる。菅沼・六合村の場合にも同様の困難さが横たわっていたが、両村間にまたがる工場群を持つ富士紡の合併推進を強く求める意向がそうした困難さを上回って合併推進へと作用していったと考えられる。

(10) 前掲『富士紡生るゝ頃』二一七頁。また以下の記述は、同二一七〜二二九頁による。

(11) 同前書、二二六頁。

(12) 同前書、二二五頁。

(13) 同前書、二二五〜二二六頁。

(14) 「明治四十五年六月　町制施行につき六合・菅沼両村間の協定」『小山町史』第四巻、三六五・三六六頁。

(15) そうした事例として、日立鉱工業と日立町の関係を挙げておこう。日立村から日立町、日立町から日立市、さらに戦後の大日立市への発展にいたる地方自治体としての拡大膨張としての過程に、日立鉱工業の発展の歴史がほぼそのまま具現されており、特に画期的意味をもっているのは昭和十四年に行われた日立、助川合併による日立市の成立と、昭和三十年に行われた一市二町四村の大合併による大日立市の成立であった（前掲、日本人文科学会『近代鉱工業と地域社会の展開』四一六頁）。海外における事例として、一九世紀後半から二〇世紀初頭においてドイツのフランクフルトが、市場や取引、営業等においてさまざまな関連を有していた隣接自治体の合併を積極的に実施することを通じて、その工業施設を取り込むことによって工業都市としての性格を備えていったことが明らかにされている（馬場哲「一九世紀後半〜二〇世紀初頭におけるフランクフルト・アム・マインの工業化と自治体合併」前掲『地域工業化の比較史的研究』所収。同氏『ドイツ都市計画の社会経済史』第4章、東京大学出版会、平成二十八年〔二〇一六〕に再録）。

(16) 以下の記述は、基本的に拙稿「紛糾する小学校問題と小山の「地方改良」」『小山町史』第八巻、第三章第六節、二五〇〜二五三頁、による。

(17) 「明治四十二年二月　六合村の職員会々則」、『小山町史』第四巻、三三六〜三三七頁。

(18) 以下の記述とも「明治四十五年四月　六合村の吏員分担区規程」同前書、三三八〜三三九頁。

(19) 「明治四十二年十二月　戊申詔書に基づく北郷村用沢区の節倹規約」同前書、三三四〜三三五頁に記載されている「農業ノ休業日」による。

(20) 以下の記述とも「明治四十五年七月　明治天皇崩御に際し六合・菅沼両村の状況」同前書、三四八〜三四九頁。

(21) 「大正元年九月　大葬につき小山町の一般心得」同前書、三五〇〜三五一頁。

(22)「六合村長選挙」『静岡民友新聞』明治四十五年(一九一二)二月二十一日。
(23)前掲『富士紡生る、頃』二一八頁。
(24)「大正三年二月　駿東郡地主会の発足」『小山町史』第四巻、四五〇頁。
(25)「大正五年九月　小山町生土区の町会議員選挙運動」同前書、三九四～三九六頁。
(26)近代都市における土着資産家秩序と商工業資本家秩序を一本化させて維持していくのに最も適合的な支配体制として「予選体制」を捉え、その成立と崩壊を大阪市を事例に考察した論考として、原田敬一「都市支配の構造」『日本近代都市史研究』第四章、思文閣出版、平成九年(一九九七)を参照。
(27)友愛会小山支部は会長鈴木文治の直接の指導のもと当初講演会・講習会など活発な活動を展開したが、大正六年頃までには幹部が他へ転出したりして活動は衰退したという。岩田晶「友愛会小山支部の盛衰」『小山町の歴史』第九号、平成八年(一九九六年)参照。
(28)「明治三十六年十月　小山運送組組合規約」『小山町史』第四巻、六一六～六一七頁。
(29)「明治三十八年十一月　花戸堰水路使用につき契約」同前書、六二二～六二三頁。
(30)「明治三十八年十月　富士紡工場増設につき六合村へ約定」同前書、六二一～六二三頁。
(31)「明治三十九年十二月　須川水力使用につき富士紡・藤曲区の契約」同前書、六二九～六三一頁。
(32)「昭和十五年九月　小山町茅沼月米水道組合の沿革碑」『小山町史』第五巻、四〇七頁。
(33)「明治三十六年三月　茅沼商人組合規約」『小山町史』第四巻、六一八頁。
(34)「明治四十年七月　小山肥料組合につき約定」同前書、六三五・六三六頁。
(35)「明治四十三年六月　富士蚕種製造組合の設立」同前書、四三七・四三八頁。
(36)「小山政友覆滅 町会の形成一転」『静岡民友新聞』大正五年(一九一六)十月六日。
(37)「優雅なる小山町会議員候補者」同前紙、大正十三年(一九二四)九月二十六日。
(38)『小山町会議録』大正元年十一月二十九日。
(39)同前史料、大正二年三月十二日。
(40)「殊種学校設置ノ儀ニ付陳情　大正三年一月三十日　駿東郡小山町菅沼区民総代・小山町菅沼区長鈴木栄吉　駿東郡小山町湯山壽介殿」「(中等学校設立につき)陳情書」『大正元年　建議・請願・陳情書類綴　駿東郡小山町役場』所収。
(41)『静岡県警察史　上巻』静岡県警察本部、昭和五十三年(一九七八)三〇七・三〇八頁。

（42）『小山町会会議録』大正二年九月二十三日。
（43）同前史料、大正二年十月五日・六日。
（44）前掲『富士紡生るゝ頃』二二八・二二九頁。

終章　総括―富士紡発展の諸要因と地域社会への多面的影響―

日本が欧米列強の植民地化を逃れ独立した近代国家を確立するためには、国家を支える経済力の涵養、すなわち資本主義国家として確立するより途はなかった。しかも、江戸期より発達してきた在来産業を土台としつつもそれのみでは不十分であり、国益に係わる重要分野でしかも技術の遅れた産業においては、西洋から先端技術と機械制大工場のシステムそのものを導入し、開港以後独自に対応・展開してきた在来産業と新たな結合・補完関係を形成していかなければならなかった。本書が主として対象とした綿紡織分野においても、原料棉花と機械を輸入して紡績し、その綿糸を用いた兼営織布と在来織物業との競合と棲み分けが進展し、国産の棉花と手紡部門を犠牲にしつつも輸入綿糸・綿布の防遏を成し遂げていったのである。

絹糸分野においては、国産原料と輸入改良器械による製糸業を軸とした輸出業と在来織物業が展開されていったが、養蚕・製糸過程で排出される屑物の再利用が志向されて、それを原料とした輸入機械による絹糸紡績と在来織物への供給、さらに機械での兼営織布による輸出と国内市場への供給という事態が進展していった。

本書で扱った富士紡績会社は、絹綿両部門の紡績と織布も扱う機械制大工場を擁し、動力は水力にこだわる異色の巨大企業であったが、明治二十九年に創業してからいかにしてその経営を安定化させ有数の大企業として発展させていったのかを、企業経営史的観点と労務管理史的観点の双方から分析したのが第一部である。

第一章では、これまで不明瞭であった富士紡創業に至る経緯が明らかにされた。明治七年頃から、政府の外交や勧業政策、対米輸出促進政策に携わる官僚（富田鉄之助、神鞭知常、河瀬秀治）や対米貿易や企業勃興を企図する商人（森村市左衛門）・事業家（村田一郎）は、アメリカ留学や対米貿易、さらに福沢諭吉や勝海舟との繋がりを介して互いに結びつき、日本銀行や横浜正金銀行の人事・交渉、東京商法会議所の設立等でも連携を深めていった。彼らは、輸入防遏による国益増進という強い理念を共有し、明治十四年頃までには、資源の少ない日本で安価で豊富な水力を活用した殖産興業の推進を信条とする「水力組」なる同志的結合を図っていった。

彼らは、明治二十年に小名木川綿布会社、二十三年に富士製紙会社を設立し、明治二十九年、いよいよ富士山の大量の伏流水を水源に見込める静岡県駿東郡菅沼村（後の小山町）に工場を立地する富士紡績会社を創設する。しかも東海道線（現御殿場線）が貫通しており、工場予定地の近くには小山駅があった。富士紡の主力製品である綿糸の原料棉花は、七割弱が横浜港からもたらされ、製品の仕向け先もほとんどが足利など関東の企業地であり輸出の割合は多くはなかった。紡績絹糸も足利や伊勢崎等の関東の企業地が中心であり、輸出は絹布とともに横浜港から搬出した。綿糸布取扱商人は東京在住の木綿問屋商人であり、絹糸関係は横浜に拠点を置く生糸売込商であり、いずれにしても東京・横浜と鉄道で直結する小山の地は、豊富な水量とともに工場立地上のメリットを備えていたといえよう。

さて、創業時までには、東京の木棉問屋商人や横浜の生糸売込商、さらに近江商人の一部も合流し、経営陣や株主に加わった。このように、幕末からの紡績始祖企業、政府の殖産興業政策に由来する二千錘紡績、そして渋沢栄一と結びついた大阪紡績やその後に輩出した関西系企業群という一連の系譜とは別に、福沢―三井系の人脈で形成された鐘紡とともに、勝・福沢・富田・森村の人脈に連なり水資源の有効活用という理念で結びついたユニークなネットワークが巨大紡績会社誕生に至る系譜として存在していたのである。

第二章では、日清戦後創業期の富士紡の経営危機と和田豊治の改革が分析された。日清戦後の明治二十九年に創業した富士紡は、低番手・太糸が主流の綿業界に対し細糸・中高番手と、興隆しつつあった絹糸紡績部門に戦略的商品を定めた。それに必要な人材を見ると、水車動力担当技師は二千錘水力紡績の島田紡績から、本店支配人・機械設計担当・絹糸紡績技師長・取締役などは鐘紡から、さらに絹糸紡績では官立時代の新町紡績所からの系譜をひく技術者が参集し、技師長にも工部大学校出身で幾多の紡績会社で工務長・技師長の経験ある専門家を擁しており、それまで日本の綿絹紡績業の育成・成長を連続して担ってきた官民の人脈が富士紡に合流したのである。

だが、富士紡にはこうした技術者を使いこなし増収・増益に結び付ける現場の指揮官としての専門経営者が不在（工場長は紡績未経験の前郡長）で、水力工事に多額の初期投資を要しながら経営不振に喘ぐ業況に対し、綿糸布商・柿沼谷蔵を中心とした重役・株主陣と富田鉄之助会長を軸とした水力組の経営陣との間に熾烈な主導権争いが続き、前者が金巾製織会社から招聘した田村正寛も主要技師の解雇を含む強引な経営改革を断行したため、かえって職場は混乱して人心は離れ、工女の離職者も相次ぎ、経営陣の対立そのものが企業ガバナンスを破壊して収益を停滞させていった。その後、中高番手・瓦斯糸紡績で成功していた東京瓦斯紡績会社の日比谷平左衛門が森村の強い意向で取締役に入って経営立直しを進めた後、明治三十四年一月に鐘紡出身の和田豊治が、日比谷や森村の意向を受けて専務取締役に就き抜本的な経営改革を断行した。和田就任をめぐっては、柿沼側の不満が尾を引き、結局富田共々取締役から退いて、ここに会社創業を担った水力組と棉商人系の役員はすべていなくなったが、水力組の経営理念は森村や日比谷、そして和田による水力発電による事業発展として引き継がれていった。その後取締役も和田・日比谷のほか、和田の慶應時代からの友人・浜口吉右衛門をはじめ鐘紡重役を兼ねるものが就き、その後森村の子息開作や地元名望家も加わって、和田を支える体制が整えられた。

和田は、戦略的製品である中高番手・瓦斯糸等は、尼ヶ崎紡績で使用されていた湿式撚糸機の導入や専門技術者の招聘により改善を図り、糸価に応じた番手の切替えとそれに対応した輸入棉花の混綿によるコスト減により品質改善を進め、関東並びに静岡以西等の織物地帯への販路拡張を図った。絹糸部門も専門技術者井上篤太郎を招いて輸出も含め販路拡大に取り組んだ。この井上篤太郎をはじめ、紡績並びに水力電気事業の専門家持田巽、紡績工場管理の専門家高橋茂澄や棚橋琢之進等を得て、戦略的部門の技術開発と拡大する工場管理の充実を図った。さらに和田は、昼夜工場や事務所の現場に張り付いて職工職員に直接対峙して彼らの適材適所な配置を行い、職場の労働環境改善、機械の有効な運転法等を実地に指導していった。技師たちに対してはトップダウンの厳しい指導とボトムアップで職員や技術者の意見を取り入れる温情ある指導を行って信頼を勝ち得、労務管理面では就業年齢の引き上げ、満期賞与や皆勤賞の改善、綿紡績職工への請負給の導入、職工担当の専門職として職工係の設置、工場内に物品販売所の設置等を行って労働環境の改善と労働意欲の喚起を図った。こうして生産性は改善して大手企業と比べても競争力を獲得していき、当初多大な損失を計上したものの以後は劇的に収益を改善していった。

だが、請負給（綿糸部門）や夜業（絹糸部門）導入による労働強化、夏季の猛暑や洪水被害、旧技師長や技師・工手層の解雇を含む和田の新人事などに動揺した職工たちの逃亡や離職も進み、打ち続く恐慌の中で賃金引き下げを余儀なくされる事態となり、役付職工層による騒擾にまで発展しかねない事態を招いた。こうした事態は、中間層に位置する技師層によって何とか回避され、一部で囚人雇用も行って事態の改善が図られた。また、社史などでは逃亡する職工を監視する見張り番なども廃止されたというが、この時期は「監察」が置かれて工女の無断外出や逃亡を監視し、工場内でも職工に対する監督は厳しさを増していた。このような和田改革の持つ痛みを伴う部分については従来まったく指摘されなかったところであり、この時点での労務改革がなお限界を持っており、引き続いて改革が続行される必要があったことを物語っている。

それでは、この時代の労使関係はこれまでの評価のように（例えば間宏『日本労務管理史研究』）、生産第一主義に則った経営者のもと労働者はあたかも一個の物体のごとく取り扱われ、長時間、低賃金の原生的労働関係のもとに過酷な罰則と人身拘束的諸制度に束縛されて労働させられ、消耗した労働力は非情に工場外に放り出されたのだろうか。また、和田の採った諸対策なども温情主義にもとづくもので、職工に対しても慈恵的、下僕的意識によるものであったと判断してよいものだろうか。

紡績職工のおもな供給源である農村における労働事情は、近世江戸期においても、男女ともに朝早くから夜なべに至るまで農耕と機稼ぎなど長時間労働と重労働に従事していた。だが、そこでは婦女子が従事する家計補充的機織や養蚕等の場合、家族との生活や周囲の自然環境とともにあり、労働の主体は働き手の側にあり、労働の目的も家族への扶助などの場合が多く、仕事の配分や時間の使い方も基本的に家主や副業に携わる婦女子たちの裁量に委ねられ、作業中の談笑や歌い合いもみられ、休憩も随時に取られていたといってよかろう。これに対し、近代工場労働では、労働作業の主体は機械に移り、その目的も顔の見えない消費者への製品提供と賃金獲得であり、工男・工女たちは機械の回転に合わせて細分化された均質な作業を、外界と隔絶された労働専門の空間の中で厳格な規律の下に緊張を強いられながら連続的に行わねばならなかった。こうした機械制大工場がもたらす労働環境の激変と、工場経営自体に不慣れな経営者の双方の事情が重なって、工女の工場労働への不適合と経営者の不適切な対応も見られたのであり、けっして労働者を利潤のために物体のごとく扱い、拘束して労働を強い消耗したら工場外に非情にも投げ捨てたものではなかろう。

和田豊治らの採った諸対策は、個人的な温情や慈恵的心情で場当たり的に行ったものではなく、職工規則を改変して賃金や賞与等のあり方を改め、職工を人間として見て職場環境の改善に組織的に取り組んでいたのである。そして労務管理政策だけを取り出して云々するのではなく、前述のような和田の経営革新全般との関連の中に位置付けて評価されねばならないであろう。

続く第三章では、日露戦後から大正初期の企業合併と事業拡張の実態が示された。この時期富士紡の行った一連の企業合併は、中小企業の吸収による規模の拡大を通じた利益増大そのものを目的にしていたわけではない。

小名木川綿布会社合併による隣接する膨大な工場敷地と豊富な水力を有する水利権の確保、日本絹綿の合併による絹糸紡績の高度な技術者と機械、横浜という輸出入に最適な立地の確保、東京瓦斯紡績との合併による高番手細糸・瓦斯糸分野の技術とシェア確保、相模水電の合併による水力発電事業の拡張というように、概ね従来の基本方針——戦略的商品としての中高番手糸・瓦斯糸部門強化、絹糸紡績部門の拡充、水力発電部門の拡充——に沿ったものであり、それに小名木川工場での兼営綿布生産が加わったのである。これらの事業展開のなかからさらに普通糸供給を拡充する小山第三工場や川崎工場、中細糸高級綿布生産の第五工場の建設と紡績絹糸を用いた絹布＝富士絹生産の開発という展望が開けたのである。その際、水力発電の動力を用い、単独小型モーターで最新の紡績並びに織布機械を運転して高い生産力を得るという構想にとって大正元年に行った欧洲視察が決定的に重要な契機となった。さらに水力発電による単独小型モータの長所と水力発電の経費上の利点が具体的に示された。

富士紡はこうした拡張事業で莫大な資金を要し、株式払込金のほか社債や借入金など外部資金に頼らざるをえなかったが、経費や労働コストが削減されて、当期利益を蓄積することができ大手企業並みの配当を確保しつつ、役員賞与を三分の一に削って職工・職員へ賞与金等として恒常的に分配していった。

この時期の取締役や主要株主は、基本的に和田を核に、森村グループと日比谷グループが支え、事業拡張で関係した事業家が加わっていったが、そのなかで多額の投資を賄うための金融支援、特に外資からの依存を脱却する過程で三菱からの金融的援助を受けたことも一因となって、大正初期から三菱系の人脈が経営陣や有力株主に加わっていった。こうして大正後期から昭和期にかけての富士紡の三菱系への移行を準備する素地がすでにこの時から形成されていたことを示した。

第四章では、製造各部門の業況を具体的に検討した。

綿糸紡績業では、明治三十六年下期から三十七年の日露戦争開始期の原棉の急騰に直面した富士紡は窮地に立たされるが、職工・従業員の和田への信頼は厚く、高価なアメリカ棉をインド棉や支那棉に切り替え、価格が低減するやふたたびアメリカ棉の比重を増して富士紡の目指す中細糸分野で生産を伸ばして収益を挽回していった。その後の好況局面から日露戦後恐慌、そして中間景気から不況局面へと移行するなかで、紡連による操短が継続的に実施された。富士紡は、価格変動に応じた原棉切替と混綿により製糸番手を巧みに変更してこうした景気変動に対応していった。また和田豊治は、太糸生産と輸出に重きを置く関西系の企業の操短要求に対し、中細糸・国内向けに重きを置く関東系の企業の代表格としてたびたび反対を表明しつつも、二〇番手以上の中細糸と兼営織布用製糸に対する操短免除規定を活用して撚糸四二番や瓦斯糸六〇番といった中細糸分野でシェアを伸ばし、織布工場への原糸供給も兼ねて第四工場も操業した。しかし二〇番手以上の分野には鐘紡など従来太糸分野でシェアを占めていた大企業が参入して競争が激化し、糸価も上昇してこの分野への操短要求も強まった。

明治四十三年下期には大洪水が関東を襲い、その被害で操業率を下げ復旧に喘いでいた富士紡ほか関東の企業も二〇番手以上の操短を受け入れ、企業再生の糧として活用していった。こうして中高番手を得意とする富士紡などの有利な条件は操短規定からなくなり、低番手から中高番手まで各社の競争はいっそう激化するなか、富士紡の中高番手での地位も揺らぎ、参入を推し進めた低番手においてはいまだ鐘紡・三重紡などの優良企業の牙城を崩せず苦戦が続いた。和田はこうした状況を打開せんとして操短規定で除外項目として残されている兼営織布部門の拡充を企図し、得意の中細糸を用いた高級綿布生産のための小山第五工場を建設した。さらに欧洲視察で水力電気の単独小型モーターの性能を確信し、それを新設の綿糸紡績・川崎工場と細糸綿布・小山第五工場、絹糸紡績並びに富士絹生産の第二工場に投入した。富士紡は、操短の中でも水力電気動力の活用等で生産力を上昇維持してきたが、明治四十三年下期以降の競争激化のなかで呻吟していた。しかし、右のような新装備を充填した川崎工場が全面稼働した大正四年には一段高い生産性を獲得して競争力を回復し、他方で輸出奨励金などにも助けられて、清国等への輸出も増加させていったのである。

綿布製造部門では、小名木川工場の機械を増設して夜業を実施して、日露戦後は朝鮮市場を支配する三栄綿布組合（金巾製織・大阪紡績・三重紡績）の牙城を崩すべく奮闘するが、品質・生産性ともに劣位に立って結局大洪水に見舞われた明治四十三年に撤退する。以後は清国への輸出が好調で、さらに新設第五工場での中高番手の綿布生産に活路を見出した。原糸は第一工場で賄い、豊田自動織機を導入して水力発電の単独小型モーターで駆動させた。晒練工程まで行い、特に技術的に困難な裏糊加工では、欧洲視察の際にイギリスから熟練工を招聘して指導に当たらせるとともに、独自に研究して漂白用として電解塩素を用いる方法を導入して生産効率を上げた。その結果、夜業を中止しても綿布業界一般並の生産力を獲得することができ、賃金面でも特に工男を中心に厚遇することができた。製品は三巾金巾を中心に清国や朝鮮に輸出を拡大し、国内にも生地用綿布などを販売した。

絹糸紡績部門では、日露戦後の不況下にも生糸に比べての価格優位と、絹織物産地の特質に応じた形で交織物等に取り入れられて、中層以下の需要が拡大するなか、特に群馬県伊勢崎や栃木県足利の銘仙を中心に需要を伸ばし、丹後縮緬などにも供された。特に富士紡では、井上篤太郎らの尽力で生精錬法という新たな技術を開発して、時間短縮と精錬剤の節約を図りながら品質向上を推し進め市場開拓に繋げていった。輸出も紡績絹糸・展綿（ペニー）ともにインドや欧洲そしてアメリカにも市場を伸ばしていったが、その際にも荷造り法の改良を図るなどして品質維持と流通改善に努めていたのである。

富士紡では、さらに経緯共に紡績絹糸からなる絹地・富士絹を苦心の末開発し、国内絹織物地帯に販路を広げるとともに輸出も拡大していった。富士紡が開発した生精錬法も富士絹も広く絹糸紡績業界に普及し、ペニー製造会社が叢生したり、富士絹製造を取り入れる絹糸紡績会社も増えていったのである。

このように富士紡は、不況下に操短が実施されるなかにおいても常に、新たな動力開発（水力電気）と単独小型モーター使用、晒練過程も含んだ細糸綿布製造、絹糸紡績での生精錬法や新製品富士絹の開発普及というように技術開発によって新生面を切り開き、需要を喚起し、また新たな産業分野さえ創造しながら自社の発展を図っていったのである。

以上のような富士紡の発展は、それを根底で支える職員・職工たちの自発的協力と仕事への貢献があって初めて可能となる。日露戦後から大正期にかけては経営者同士の抗争による企業統治の混乱と崩壊という事態はなかったが、明治三十五年の和田改革ではいまだ克服されていなかった限界をいかにして乗り越え、飛躍的に拡大した工場・施設と労働者をどのように統括していくのかが新たな課題となった。

第五章では、小山工場における職員・職工の部門ごとの変遷と従業員の組織再編のあり方を検証し、日露戦後の水力発電や絹綿織布部門に関連する技術者や職工が拡充されるとともに、諸会社合併と業務の増大にともなって明治四十一年以降本店機能が拡充され、また小山工場でも同年九月に中央事務所が設置された。本店は、取締役の評議会などでの基本方針の決定や各工場・事務所への需要品の供給、また綿糸販売部門を担当していたが、四十一年から営業部と調査部が設置され、四十三年から工務部が置かれて紡織係と電気係が新設され、新たな技術開発と市場開拓を推進していた絹綿紡織部門と水力発電事業を調査研究し、事業推進していくための専門部署が設けられた。さらに小山工場中央事務所は、当時四工場に増えた工場を統括するため、各工場の庶務係は諸般の事務を掌握して中央事務所の各係りと連絡するものと規定され、中央事務所の所管には職員以下の進退賞罰や諸規則、賃金計算、官衙交渉、工場衛生管理、職工募集や寄宿舎管理、職工幸福増進、慰安救済といった職員職工の福利厚生や生活保全に係わる分野が含まれ、さらには工務係を独立管掌して動力や機械運転といった工場の基幹部分を統括したのである。こうして、ますます多角化・専門化する工場・事業所の増大と取扱事業の拡張に対応して、重要戦略部門を専門的に調査講究・バックアップするとともに、多くの部署の連携と統括を有機的に図っていく態勢が整えられた。

職工は、工場が拡張されるにつれ、工女は東北全県下を中心としつつ関東をはじめ広く全国から、また工男は関東の近隣諸県から多くが参集し、さらに小山工場周辺に移住して通勤する職工や電力事業や工場建設に従事する男子従業員や職員も増大していった。職工数の長期的変動を観察すると、梅雨頃から盛夏を過ぎ秋頃まで職工数が下方に弧を描いて減少する現象がほぼ毎年確認できる。夏場の高温多雨、洪水と台風、さらにそれらに連動して発生した伝染病が工場を襲い、退職者の増加となって現れていたのである。この時期は生産額も減退するので企業経営にとっては危機的な時期でもあった。したがって、洪水・防疫・衛生・疾病対策とともに夏季の職工引留め策が企業の死活的課題となっていたのである。

綿糸紡績の職工について賃金の動向を長期的に追うと、男子は企業平均を上回る厚遇を受けていたのに対し、女子はむしろ平均を若干下回るレベルに低迷していた。絹糸紡績では男子は明治期には綿糸職工を下回っていたが大正期になるとむしろ若干上回るようになる。女子も綿糸職工より概して低かったが、四十五年に賃上げの示威運動が行われて以後は若干上昇した。総じて、工場や発電所、機械の増設に多額の費用が費やされるなか、労賃コストの抑制が求められ、新設機械や発電所の操業に携わる男子職工を厚遇する反面、一般工女の賃金は抑えられ、それが彼女たちの夏場の職場離反にも繋がっていたのである。

明治三十九年九月には、日本社会党員らによって富士紡の労働条件を糾弾する演説会が小山で開催された。富士紡の職場からの内発的な動きではなく、和田の職場改革の実態なども無視した非現実的な改善要求が掲げられて、職工たちに大きな影響はなかったと思われるが、ちょうどこの時は富士紡が東京瓦斯紡績との合併を果たし、それを機に毎期の利益金のうち重役賞与として支払われていた一五%を三等分して、三分の一ずつを職員と職工に分配する制度を創設した。こうした試みは三重紡績などですでに行われていたが、明治三十年代後半には中止となり、また鐘紡でも「職工幸福増進資金」などが利益金より支給されたが、これも毎期ではなく長らく休止することも多かった。富士紡の場合は、賞与金が、職員・職工の勤続年数と賃金等級に準じ、毎期の勤務日数を勘案して支払われ、さらに勤務ぶり等が査定されて成績優秀工等に特別賞与金が支払われたもので、他社に例がなく画期的な制度であった。その支給の実態についてここでは繰り返さないが、総じて一人当たり支給額は職員が職工よりかなり多く、職工、特に工女に関しては広く薄く配分され、工場運営や機械操作の要となる役付職工や特待工、優良工、抜擢工などにはそれなりに手厚い特別賞与が付与され、この時期の新たな技術革新や製品開発、さらに職場環境の改善等に勤しむ優良な職工に対して、評価と報酬が付与されたといえよう。

第六章では、富士紡の防災・防疫・防犯対策と労務管理対策の一端を検討した。頻繁に起こる火災や水害に対しては消防規則並びに消防心得、水防規則を定め、火防や水防のための組織的な体制と各組織員の役割を定め、中央事務所に本部を、各工場に部を置き、工場長以下、技師、技手、職工主任などがそれぞれ役職に就き、消防・水防に関する準備、設備や備品の管理、防災演習、災害発生時の連絡や消火・防水・救助活動、復旧事業等へ対応がなされた。また火災に対しては自動消火装置の設置や火災保険の整備が進められていき、水害復旧工事は関係自治体とも協力して進められた。

衛生・防疫対策でも、日露戦後期には、工場や寄宿舎での労働・生活環境の改善を図るためアメリカのバッファローホージ社からエアコンを導入したり、ヒーターや風車装置を装備したりして空調と換気、温度調整のための施設改善が図られた。また工場内の医務所並びに中央病院が拡充されて医師・看護婦が増員され、従業員の診療治療にあたるとともに、医務係を設けて病院管理のほか工場・寄宿舎・社宅の衛生管理を進めた。定期的な清掃と殺菌のほか清潔な飲料水確保のため貯水池を設置して簡易水道を敷設した。また伝染病発生時には、防疫委員を組織して予防消毒と健康診断を実施し、時には工女の外出を禁じて感染拡大を防ごうとした。また職員・職工を組合員とする共済組合を組織して職務中の負傷や疾病に対して扶助を与え、職工救恤規則を定めて共済組合で救済してもなお家計困難なものに対しその家族も含めて救済の措置を講じ、さらに退社後の扶助（実質的な退職金）をも定めた。

また増大する通勤工のために工場周辺に社宅を次々に建設し、主に職員やその家族のための役宅のほか通勤職工・職員で家族または同僚が同居して利用する自炊舎も用意され同居人員の多い入居者には家賃面で優遇する措置がとられた。通勤工女で既婚者のためには託児所も設けられて、乳児を預け子育てをしながら働き続ける工女達に便宜がはかられた。その一方で、増大する工場出身の小学校児童が工場労働のために授業の出席が覚束ない事態が生まれ、結局工場への教師派遣という小学校側の協力を得て児童への初等教育付与の問題は改善されていった。

こうして富士紡では防災対策を充実させるとともに、病気治療、伝染病防遏、衛生管理、健康維持や家計扶助、住宅の充実や育児扶助、児童教育充実にまで意を砕いて従業員の福利厚生を充実させた。しかしながら、日露戦後の工場施設の大拡張は、多種多様な外部の人々の大量流入と工場周辺地域の急速な町場化をもたらし、郷里のムラやイエの規範を忘れて利害がぶつかり合い、富士紡従業員も巻き込んでさまざまな犯罪・事件・事故が噴出した。富士紡に関連したものでも乱暴・暴行・窃盗などの事件が急増し、工女の逃走や誘拐、自殺も新聞を賑わした。会社では、監督人・外勤係等を配して工女の監視、自殺者救助、誘拐犯の探索と工女保護などの対策を講じた。しかし、郷里の親元、友達、学校を離れ、故郷と全く異なる工場での労働環境に耐えられず心身を疲労させ呻吟した果てに自殺に追い込まれた年若い工女たちの苦悩を十分に救うことはできなかった。

第七章では、日露戦後に噴出してきたそうした諸問題に対し、富士紡がどのような抜本的対策を講じていったのかを考察している。富士紡では、寄宿舎学校を明治四十三年に開設し、普通科目（読み書きと算術）と裁縫、修身の科目を設けて、郷里の小学校を退校して入社した年少工女や通勤工女等に対して毎日一時間程度の教育を施した。寄宿舎学校では単に知識教育のみでなく一坪農業や行儀作法の練習会、就学旅行や、修身講話講演会等を通じて、立居振舞いの礼儀作法、自立心、正直や勤勉といった規範、地域の歴史や報徳の精神などを学んでいった。講演会には小学校教師のほか道徳と経済の調和を説くモラロジーの提唱者・廣池千九郎や童話作家・巌谷小波など一流の文化人を招聘して精神修養のための講話がなされた。

修養教育や従業員の精神的安寧、道徳意識の涵養といった面では、天理教や仏教、キリスト教の関係者が、講演や宗教行事の開催等を通じて果たした役割も大きなものがあった。またキリスト教徒の尽力で労使協調を理念とする友愛会の小山支部が大正二年七月に設立され、工場長から主任・医師・町助役・小学校長・住職等も賛助会員に組織して、約一年間にわたって鈴木文治会長の講演会、読書倶楽部、体育部や娯楽部の設置といった諸活動を行っている。

そうしたなかで工場や寄宿舎では、勤勉・節約・正直、清潔と整理整頓、老若弱者の擁護、服装・言語・動作の厳正、公共の秩序遵守、動植物の愛護、自律自助と自己規律といった規範が年若い従業員に訓育されていった。また従業員・職工からも職場環境の改善を求める策を募集して参考に供している。

工場や寄宿舎ではまた雛祭りや盂蘭盆会、夏の遊覧会といった季節の行事のほか、新年祝賀会・紀元節・神武天皇祭・天長節並びに起業祭といった国家的な祝祭日は、社を挙げて盛大に挙行された。そうした日には天皇と国家に対する奉祝行事が挙行され、紡績業の国家的使命が鼓吹され、同時に大運動会や演芸会、演劇や学芸会などが趣向を凝らして催され、日頃の労働を忘れさせる競演と娯楽の中で歓喜と熱狂が交錯するハレの場となった。そしてこれらすべてのことは『富士のほまれ』誌上に掲載されて、従業員共通の認識が作られていった。

これらの諸活動を通じて工場や寄宿舎は、単なる職場空間というよりも自己の知識と修養を磨き、全員で年中行事や国家の祝祭日に参加し、学校の授業や行事や旅行に参加する、いわば第二のムラのような存在であったと言えよう。故郷のイエとムラから離れ、帰属意識も道徳規範も薄れ、工場で働く意味も解らず、非人間的な労働に縛られる幼い職工達を預かり、工場という新たなムラ、新たな学校で、道徳心と公共心、さらに国家意識をもった一人前の人間として育て、退社後も社会で生きてゆける基礎的な技能と生活力・規範意識を養うことが企業の目的であり、そのことを通じてその企業で働くことの意味や楽しさ、延いては国家に貢献できる誇りを感得させ、積極的に企業に貢献する人材を育成することで安定的な利益を確保しようとしたのである。

大正三〜六年の時期には、富士紡と関連するものとしては、それ以前に増大していた乱暴・暴行・誘拐・逃亡といった事件はその数を減少させており、全体にようやく沈静化に向かっていったと言えるだろう。この時期絹綿紡績・織布いずれの部門においても新たな動力機械導入のもと技術開発と製品開発に成功して業況を安定させていけたのも右に見たような従業員統括が浸透してきたからにほかならないと言えよう。

こうして、伝統社会とは異質な労働環境を本質とする機械制大工場もようやく安定的な基盤を得ることができた。しかし、それを本当の意味で可能とさせるためには、いま一つの重要な要素、すなわち未だ伝統社会に属する周辺地域社会の協力を恒常的に獲得できることが不可欠であった。富士紡小山工場の進出や水利権確保はいかにして可能となったのか。地域と工場の相互依存関係はどのようにして形成されていったのか、そもそも企業・工場という異質な要素を組み込んだ地域社会はいかにして形成されたのか、そのことによって地域社会はいかなる変貌を遂げたのか、こうした点を考察したのが第二部である。

まず巨大水源を発見して静岡県小山町に進出しようとした富士紡にとって最大の障害として立ちはだかったのは、土地買収に強固に反対する地元の地主たちであった。父祖伝来の田畑と水利権まで浸食されることはとうてい容認できることではなかったからである。こうした反対論を説き伏せ企業誘致に導いたのは、すでに水力組によって製紙工場が建設されて都市型の発展を歩み始めていた富士郡大宮付近の動向を知り、ぜひ小山地方にも工場誘致による発展を望む近代的価値観に目覚めた名望家たちであった。地元で村長や県議会議員を務め、かつては民権運動にも奔走した彼らが、富士紡の工場進出のための土地買収の話に遭遇したのは明治二十四〜二十六年のことで、ちょうどその時期は東海道線開通後の地域社会の変貌が進むなかで、彼らも従来の民力休養・経費節減論から地域利益の実現による開発発展論に脱皮を図ろうとしていた時期であった。そうした社会的論調、社会的公共観の大きな転換のなかで、小山の名望家達は大企業誘致による都市型発展の途に将来を賭けたのである(第八章・十二章)。

その後の工場進出は急速に地域社会を変貌させ、そのなかでさまざまな利点と同時にマイナス面が地域に現れてくる。

まず地元社会は富士紡進出によって大きなメリットを得た。一寒村に過ぎなかった小山地域が巨大工場の進出によって急速な人口増大、商人その他諸営業者の参集によって商店街や町場が形成され、商工業ばかりでなく娯楽や金融・交通等の地域的拠点＝小都市として発展を遂げていったことである（第八章）。これによって周辺農村地域も町場や工場からの莫大な需要に応じて商業的農業が進展し、その収益によって町場から流入する新しい消費物資の購入も可能となった（第十章）。

だがこうして急速に進められた近代化・都市化・産業化は、人と自然あるいは人と人の関係に大きな変化をもたらし、山野資源の乱獲による洪水と伝染病の頻発、さらに狭小な土地に多くの安普請が集住して火災が多発した。そしてそれまでの伝統的農村社会では見られなかったようなさまざまな犯罪や事件・騒擾等を毎年のように「発展する」町場社会にもたらし（第九章）、工場建設は周辺農村にも農業に不可欠な水利や田畑そのものに多大な損害を与えるとともに商業的農業の進展は、旧来の自給的畑作物である稗・粟・黍・蕎麦・大豆といった貴重な自給食物の栽培地を減じていった。その結果畑小作においては現物小作料・大豆の減少を背景として代金納への移行が見られ、田小作においても、農業所得と比較して有利な工場や町場に職を求めて流出する下層農民が増えるなかで小作料減額を要求する争議も発生した。農村では都市・町場との比較を通じて従来の地主小作関係のありように疑問が投げかけられ、都市に向かおうとする意識とともに都市部の風紀紊乱に直面するなかで素朴な農村秩序を再認識しようとする意識も同時に発生していた（第十章）。

そして企業・工場と地域社会はこのような諸問題の解決を図ることを通じて、お互いに他を不可分の要素とする利益共有体を形成していった。工場の河川や土地利用がもたらす損害については、金銭による補償を前提に両者による河川や堰の共同利用条件が整えられ、工場から排出される人糞尿肥料や綿屑の払い下げは商業的農業を支えて農村との良好な関係構築に大きく寄与した。町場でも駅から工場へ搬入出する貨物の運搬に関して地元と富士紡側とが利益を共有する体制が形作られ、富士紡から供給される電灯は地域住民の生活と生産の向上に寄与するところが大きかったに違いない。こうした際に、地元運送会社の営業権と河川・水利の利用条件、さらには電灯供給利用の条件などは、互いに取引されて妥協が図られていったのである（第八・第十章）。また頻発する水害や火事では工場と役場とが協力し合って防災や復旧工事にあたった。また逃亡する工女や誘拐される工女等を守り、そうした事態を防ぐための地元商人側の措置も講じられた。

そして地域の行政団体では、工場進出に係わる膨大な寄留事務や許認可事務に追われ、増大する小学校児童に対処する校舎・教員の充実にも莫大な財政資金を投じた。活性化する地域交通に対処した道路整備や頻発する水害の復旧工事、蔓延する伝染病対策や火事に対処する消防組の活動にも応分の費用が必要であった。こうして経費は嵩んでいったが、富士紡からの営業税や所得税の付加税収入は地元にもたらされず、財政は逼迫して地方銀行への借り入れが常態化し、村税戸数割などの税負担も増大していった。富士紡ではそうした教育資金や土木費負担等に応分の寄付を提供し、周辺村財政は何とか維持されていったのであった（第十一章）。

日清戦後から日露戦後期にかけて企業合併が進むと、企業からの税収は基本的に本社のある自治体に納められるため、実際に工場が立地しさまざまな企業のための行政サービスを行っている市町村では眼前の企業からの税収が得られず、財政上は大きな負担であった。特に日露戦後は小学校令が改正されて四年制が六学年まで延長されたため校舎増築や教員の増員が多大な税負担を町村財政に強いたことから、こうした企業の発展・合併等とそれを支える地方行財政の間の矛盾は大きくなっていった。日露戦後の六合村では、財政難のなか地域間対立や地主小作間対立が顕在化し、風紀紊乱、犯罪・騒擾等が激化し村治が行き詰まった。こうした状況を立直すために役場吏員・村会議員・各種委員などが職員会を作り村内を巡回して、諸行政の遂行と秩序の安定化に努めなければならなかったのである（第十二章）。

こうした矛盾を解決する財政上の基盤を与えたものこそ明治四十四年の町村制改正に合わせて渙発された勅令第二百四十一号である。これによって、企業・営業所からの税収を関係する営業所（工場）所在地や本社等と協議し、分割して納付することが可能となったからである。富士紡からの国税所得税並びに同営業税付加税も、各工場の所在町村と協議・分割してその所在町村に納められることとなり、明治四十五年以降、すなわち六合・菅沼両村合併後の小山町に至って富士紡から莫大な税収がもたらされることになり、その分戸数割付加税などが著しく軽減されたのである。そして工場からもたらされる莫大な税収や寄付は、工場と地域発展のための道路橋梁の整備、従業員の子弟が多くを占める学校の拡充、衛生・消防・防災・治安対策に用いられた（第十一章）。

また富士紡の進出は地域間に大きな不均衡を生じさせた。小山第一・第二工場を有する菅沼村は人口集中著しく町場ができて賑わっていたが、隣村足柄村は旧宿場町で交通の要衝でありながら人口が減少して宿場町は衰退に向かった。このことは組合村を形成していた両村の税負担関係に大きな変更を生じさせ、その負担割合をめぐって対立が生じ、明治四十年の小学校令改正による小学校増築を機に両村は組合村を解消してそれぞれ別個に小学校費を負担することとなったのである（第十一章）。

こうした事態は、地方の政治的対立を惹起した。それは、一つには、それぞれの村での増設あるいは新築する小学校の位置をめぐって熾烈な村落間対立が発生したことであり、いま一つは、足柄村と分離した菅沼村と、同じ富士紡の第三・第四工場を有する六合村との合併案が急速に進められたことである。この町村合併は、日露戦後町村財政の窮乏化を緩和するための策として政府からも勧奨されたが、何よりも富士紡の和田豊治が積極的にこの合併を推進した。富士紡にとっても第一・二工場のある菅沼村と第三・四工場のある六合村とに分断され、同じ富士紡従業員でも両村で異なる基準で村税を徴収され、許認可事務も両役場に出さざるを得ず、極めて煩雑であったからである。この合併に至る政治過程は双方合意に至るまで多くの問題を処理しなければならなかったが、富士紡の技師で六合村の村会議員を務めていた田中身喜やその他地元の富士紡関連の住民も合併の進展に尽力した（第十二章）。

この町村合併の過程をはじめとして、企業と地域社会の間に立って、両者の利害を調節し、また攪乱された地域間の利害調整に奔走し、両者並び立つ妥協策を構築していくのに最も力を発揮したものは、地域社会の経済的・政治的指導者で支配者でもあった地主層・名望家層であった。彼らは、行政団体の首長や諸団体・諸企業・政党の役職を務め、国・県の政界にも進出してさまざまな財政供与や政治的恩恵をもたらす政治力を有し、富士紡とも監査役として太いパイプを持つ湯山壽介や室伏董平等の大名望家層（大地主）と、町村や区レベルで住民に接触して勧業・衛生・消防・防犯等の諸業務に尽力する小野勇一や室伏辰次郎に代表される耕作地主・自作上層・中堅商人からなるより地域密着型の名望家という二層からなり、前者のイニシアティヴのもとに、地域対企業、また地域間の利害調節が図られていったのである。彼らは、そうした諸活動に尽力し、「地域公共」に尽くす姿を町村民に示すことで、彼らからの信頼と尊敬を獲得し、近代という新たな社会に適合した名望家として自己の存在価値をアピールし、統治の正当性を獲得していったものといえよう。

また企業側でも和田豊治が一貫して周辺地域社会との良好な関係を維持すべく常に腐心し、湯山や室伏を監査役に迎えることはもちろん、さまざまな寄付を町村に対して行うほか町村合併にもイニシアティヴを発揮したことはもちろんであるが、日常的な工事でのトラブル等で地域社会と直接対峙し、問題解決に当たってきたのは村会議員も歴任した田中身喜などの技師層であった。田中は、富士紡のなかにあっても和田や工場長クラスと職工達との間に立って上意下達と下意上達の双方を仲介し、職工層への日常的な技術指導や労働条件の改善に現場で当たるほか、彼らの不満をなだめて争議を未然に防ぐ役割も果たした。企業側においても大名望家和田の配下にあって実働部隊として種々の利害調整に働いたのが田中に代表される技師層であった。

そして富士紡と地域社会との利益共有体は、工場と行政区域を一体とした小山町の成立によって完成した。そこでは、これまで地域社会と富士紡との間に立って諸問題の解決に尽力してきた地域代表（地域名望家層）と企業代表、また農業者と商人の代表も町会議員として参画して、互いの利益を反映させるとともに、湯山壽介という最上層の名望家町長のイニシアティヴのもとに、利害調節が図られ、旧二村域と富士紡が協力しつつ双方に必要な社会資本整備等の諸行政が進められていったのである（第十二章）。それを財政的に可能にしたものこそ町村制改正とともに敷かれた勅令第二百四十一号の措置であった。

小山町の誕生こそ、富士紡という巨大企業の存在を不可分のものとして組み込んだ新たな自治団体の誕生を意味した。それは、企業進出による共通の社会経済圏の形成が土台となって自治体合併が行われ、さらにそのもとで共通となった行財政機能や政治システムを介して企業を基盤とした地域発展がもたらされていくという、産業革命期から現代に至るまで日本や西洋において見られた事例（日立やフランクフルトの事例）の一典型を示すものであった。

しかしそこには、諸利害の調節の下に、切り捨てられる地域利害や反映されることの少ない階級利害や、調節が十分効かない商人層と富士紡購買会の対立といった不安定要因が伏在していたことも事実である。だがそうした諸要素が政治的矛盾として発現し、政治闘争にまで顕在化するのは、大正末期を待たねばならなかった。

あとがき

本書は、以下に示す論文をもとに新たに加筆修正を加えて一書にまとめたものである。その初出一覧と本書との関係を示せば以下のとおりである。

①「工場の出現と地域社会―産業革命期における富士紡績会社と静岡県小山地域―」(1)『彦根論叢』(滋賀大学)第三〇五号、平成九年(一九九七)一月
本書第八章となる。

②「工場の出現と地域社会―産業革命期における富士紡績会社と静岡県小山地域―」(2)『滋賀大学経済学部研究年報』第五巻、平成十年(一九九八)十二月
加筆修正して、本書第六章一・二・三・六節、第九章・第十章となる。

③「工場の出現と地域社会―産業革命期における富士紡績会社と静岡県小山地域―」(3)『彦根論叢』(滋賀大学)第三一六号、平成十年(一九九八)十二月
本書第十一章となる。

④「工場の出現と地域社会―産業革命期における富士紡績会社と静岡県小山地域―」(4)『彦根論叢』(滋賀大学)第三一八号、平成十一年(一九九九)二月
加筆修正して、本書第十二章となる。

⑤「富士紡績株式会社設立に至る企業家ネットワークの形成」『彦根論叢』三八四号、平成二十二年(二〇一

〇）六月
加筆修正して、本書第一章となる。
⑥「日清戦後、富士紡績会社の経営危機とその克服課程　和田豊治の経営労務改革（1）」『滋賀大学経済学部研究年報』第一八巻、平成二十三年（二〇一一）十一月
加筆修正して、本書第二章となる。
⑦「日露戦後、富士紡績会社の労務管理規則―史料紹介を中心に―」『滋賀大学経済学部ワーキングペーパー』一七六号、平成二十四年（二〇一二）十一月
加筆修正して、本書第六章四節となる。
今回書き下ろした部分は、「はじめに」・第三章・第四章・第五章・第六章五節・第七章・終章である。

こうして改めて本書の成り立ちを振り返ってみると、「蝸牛の歩み」という言葉はまさに私のためにあることを実感する。本書の第二部の原型となった①～④の論稿が刊行された平成十一年二月から本書が世に出るまで一七年余の年月を要しているからである。

本書が形成されてくる過程は、『小山町史』の編纂過程（一九八六～九九年）から数えると、その間にバブル経済の到来と崩壊、ソ連・東欧社会主義国家の崩壊、リーマンショックを経て「失われた二〇年」と呼ばれる日本経済の沈滞、阪神淡路大震災と東日本大震災という未曾有の災害被害、日中、日韓の外交問題の緊張など、国難ともいえる時代状況が続いた。この間、老舗の巨大企業が倒産したり、地方自治体が財政破綻に陥ったり、大震災や打ち続く不況のなかで多くの同胞が命を落とすのを目の当たりにしながら、幸運にも生きながらえ一子を授かるという天恵にも浴することができた。また不況と災害のなかでも、新たな需要を発掘し新製品を開拓して前進していく企業や、災害の傷跡から雄々しく立ち上がり、自らの文化・歴史を見つめなおして再発見し、村おこ

し、町おこしに奮闘していく自治体が全国各地で沸き上がった。

こうした破壊と再生の営みのなかで、自然の恩恵と脅威、人の命の儚さと尊さ、人が作り上げた文明社会の危うさとともに壊れても壊れてもより良いものを再生していこうとする日本人の逞しさを実感した。そしてすべての現存するものが今日まで連綿と続く人と自然の営みのなかで築き上げられてきたものなのだという当たり前の事実に改めて思いめぐらすなかで、こうした困難な状況に我々の大先輩、先人たちはいかにして立ち向かい、それを解決してきたのか、そうした歴史的遺産を今日に蘇らせ、現代に生きる知恵として提供することにこそ、歴史研究に携わる者の使命があるのではないかという思いを募らせていった。

ところで、今日は国難的状況にあるといったが、幕末維新期の植民地化の危機のなかで、二六〇年続いた幕藩体制を打ち破り、新たに近代国家を創り上げてゆかねばならなかった状況とは比ぶべくもないであろう。何しろ当時は近代という社会そのもの、すなわち工場、企業、銀行、鉄道、郵便、学校、議会、行政機構、軍隊等々、あらゆるものを早急に創出していかねばならなかったからである。

本書は、富士紡績会社と周辺村落を事例に、日本が近代社会を創り上げていく過程で、我々の祖先たちが、度重なる災害や恐慌などの困難に直面しながら、それにいかにして立ち向かい、どのような知恵と工夫と努力を傾けて問題を一つ一つ解決していき、現代まで連綿と受け継がれる巨大企業と自治団体の基礎を作り上げていったのかを解明しようとしたものにほかならない。

この研究を進めるに際して一番留意したことは、既存の研究史に十分な敬意を払うことはもちろんであるが、それに囚われるあまりこれまでの研究史の眼で史料を見たり、ある特定の価値観、歴史観から史料を判断し、さらに現代的価値観や状況から過去を断罪したりするような態度を意識的に戒めようと努めたことである。できるだけ過去に生きた人物たちが、その時々に置かれた状況や直面した課題を理解し、それをどう解決していったかの知恵と勇気と経験に学ぼうと努めたことである。もちろんそれらには、迷いや争いや過ちと見えるものも多々含まれていた。そうした蹉跌や葛藤も含めて過去の人々の実践は、さまざまな史料のなかに埋もれており、それを見出し、現代に蘇らせることが私にとって大いなる喜びであった。

本書が今日、企業の経営革新・技術革新・労働環境改善に日々携わっている方々、災害復興や町おこしに奮闘している人々にとって、少しでも勇気と知恵をもたらす歴史の証言となってくれたらこれに勝る喜びはない。

本書作成の過程では、実にさまざまな方々のお世話になった。小山町史編纂過程では、田代和男・長田央小山町長、編纂室の渡邊賢二・岩田貞行・鈴木利昌各室長、高梨俊夫主任、岩田文子職員、大岩美奈子・湯山千鶴・斎藤春江の史料整理員の諸氏には、発刊に至る編纂事業はもちろんのこと史料の収集と整理、聞取りや史跡調査等にいたるまで誠にお世話になった。特に本書との関係で言えば、膨大な富士紡小山工場史料の整理と保存を行っていただいた金子節郎氏をはじめとする小山町教育委員会の皆様と、工場史料という貴重な一次史料の保存と学問研究への活用にご理解とご協力を賜った富士紡績会社（現富士紡ホールディングス株式会社）には改めて深甚の感謝の意を申し述べる次第である。

また小山町史編纂専門委員長であった永原慶二先生、同専門委員兼近現代部会長であった松元宏先生には、実際の編纂・執筆過程だけでなく歴史史料の収集・整理、叙述の仕方に至るまで実に多くのものを教えていただいた。さらに近現代部会の永原和子・佐々木哲也・疋田康行・岩田晶の諸氏、民俗部会の田口洋美、古代中世部会の川島茂裕・蔵持重裕・榑林一美の各氏には、史料検討の会議の場だけでなく宿泊した富士倶楽部等での議論を通して多様な歴史分野への関心とモノの見方を育んでくださった。こうした経験が私の大きな財産となっている。

また私のこれまでの学問形成にとって大学時代以来公私にわたってご指導を賜った松元宏先生（横浜国立大学経済学部名誉教授）、東京都立大学（現首都大学東京）大学院修士課程でご指導を受けた水沼知一先生・杉山和雄先生、さらに一橋大学博士課程で指導教官としてご教授いただいた中村政則先生、五加村研究会や地方都市史研究会で長年ご指導いただいた大石嘉一郎先生や西田美昭先生、そして大門正克氏を始めとする共同研究者の皆様、これらの諸先生・諸学兄の中にはすでに鬼籍に入られた方も多いが、今日までの学恩に対し、改めて深甚なる感謝の意を表する次第である。

なお本書の刊行に際しては滋賀大学経済学会から出版助成を賜った。論文審査の労をとられた諸先生方に感謝申し上げる。また関連資史料の収集と整理、活用については滋賀大学経済学部附属経済経営研究所の江竜美子氏をはじめとするスタッフの方々には大変お世話になった。文献収集等については、亀井大樹君（現大阪大学経済学部大学院博士後期課程在学）の協力を得ることができた。併せてお礼申し上げる。

こうして多くの煩雑な表を含む本書が刊行に至ったのは、ひとえに清達二・新井由紀子両氏をはじめとする日本経済評論社の方々のおかげである。心より感謝申し上げる。

最後に、これまで幾度かの病気や蹉跌にもかかわらず常に私のそばに居て支えてくれた妻昭子と長女晴海に「ありがとう」と言いたい。

本書を、昭和初期から今日に至るまで、戦乱、貧困、病苦を乗り越え、家族を育み、地域社会を、そして日本を底辺で支えてきた一婦人、私の母に、奉げたい。

平成二十八年五月一日　京都岩倉の寓居にて

〔や行〕

〔らわ行〕

〔な行〕

〔は行〕

〔ま行〕

〔た行〕

〔さ行〕

索　　引

〔あ行〕

〔か行〕

著者紹介

筒井正夫（つつい　まさお）

1955年生まれ
1979年　横浜国立大学経済学部卒業
1985年　一橋大学経済学研究科博士課程 単位取得退学
1986年　滋賀大学経済学部講師
1999年～滋賀大学経済学部教授
経済学修士（1982年　東京都立大学）

主要業績
『近江骨董紀行』（新評論、2007年）
「地方改良運動と農民」（西田美昭，アン・ワズオ編『20世紀日本の農村と農民』第２編第３章，東京大学出版会，2006年）
「明治期日野における山中家の企業活動と投資」（松元宏編著『近江日野商人の研究』第５章，日本経済評論社，2010年）

巨大企業と地域社会
――富士紡績会社と静岡県小山町

2016年11月25日　　第１刷発行　　定価（本体8300円＋税）

著　者　筒　井　正　夫
発行者　柿　﨑　　均

発行所　株式会社　日本経済評論社
〒101-0051　東京都千代田区神田神保町3-2
電話　03-3230-1661　FAX　03-3265-2993
URL: http://www.nikkeihyo.co.jp/
印刷＊太平印刷社・製本＊高地製本所
装幀＊渡辺美知子

乱丁・落丁本はお取替いたします.　Printed in Japan

ISBN978-4-8188-2435-5